쓸모 있는 독서 실행 챌린지

북킷 Bookit 초대장

북킷은요

책의 지식을 오롯이 내 것으로 만들 수 있도록 돕는 길벗의 독서 실행 챌린지 프로그램입니다.
책과 세상에 대한 호기심만 있다면 누구나 북킷 크루가 될 수 있어요.

크루들과 함께 책을 읽고, 내 손으로 미션을 수행하며, 나의 성장을 기록해 보세요.
세상을 잘 살기 위한 배움과 성취의 경험이 여러분의 삶의 해상도를 높여줄 거예요!

독학이 어렵다고 느껴진다면, 부담 없는 챌린지로 함께 시작해요!

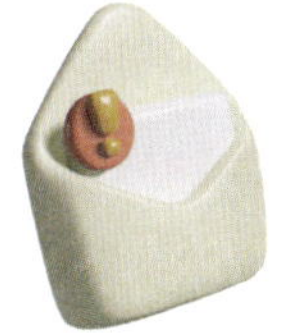

책만 있다면 누구나 참여 가능!

혜택

완주만 해도 길벗포인트 20,000점 지급

(길벗 홈페이지 내 2만 원 이하 도서 모두 구매 가능)

장소

온라인

네이버 카페 '북킷'

수시 모집

챌린지 소식은 북킷레터 혹은 네이버 카페 '북킷'에서 확인해 보실 수 있습니다!

모집 소식을 보내드려요!
북킷 카카오톡 채널 추가하기 ▸

챌린지는 어떻게 진행될까?
북킷 카페 구경하기 ▸

디자인 스킬을 더 확실하게 내 것으로 만들고 싶은 분들을 기다립니다.

사용 버전

이 책은 '프리미어 프로+애프터 이펙트 CC 2026 영문 버전'을 기준으로 만들었습니다.
컴퓨터에 설치된 프리미어 프로 및 애프터 이펙트 버전이 CC 2026이 아니더라도 학습할 수 있도록 프로그램 버전 차이를 팁으로 설명하였습니다.

운영 체제

컴퓨터 운영체제는 윈도우를 기준으로 서술하였습니다.
맥 사용자는 윈도우의 Ctrl을 맥의 command로, Alt를 option으로 사용하시기 바랍니다.

예제 및 완성 파일 다운로드

이 책에 사용된 예제 파일과 완성 파일은 길벗출판사 홈페이지(www.gilbut.co.kr)에서 다운로드할 수 있습니다.

- **예제 및 완성 파일 :** 예제를 따라하면서 꼭 필요한 예제 파일과 완성 파일을 파트별로 담았습니다.

1단계	프리미어 프로+애프터 이펙트 CC 2026 무작정 따라하기 [검색] 에 찾고자 하는 책 이름을 입력하세요.
2단계	검색한 도서로 이동한 다음 〔자료실〕 탭을 선택하세요.
3단계	예제 및 완성 파일 등 다양한 실습 자료를 다운로드하세요.

프리미어 프로 + 애프터 이펙트

CC 2026 무작정 따라하기

전은재, 민지영, 문수민, 앤미디어 지음

길벗

프리미어 프로 & 애프터 이펙트 CC 2026 무작정 따라하기

The Cakewalk Series – Premiere Pro & After Effects CC 2026

초판 발행 · 2026년 2월 10일

지은이 · 전은재, 민지영, 문수민, 앤미디어
발행인 · 이종원
발행처 · (주)도서출판 길벗
출판사 등록일 · 1990년 12월 24일
주소 · 서울시 마포구 월드컵로 10길 56(서교동)
대표전화 · 02)332-0931 | **팩스** · 02)323-3895
홈페이지 · www.gilbut.co.kr | **이메일** · gilbut@gilbut.co.kr

기획 및 책임 편집 · 최근혜(kookoo1223@gilbut.co.kr)
제작 · 이준호, 손일순, 이진혁 | **영업 마케팅** · 전선하, 박민영, 서현정
유통혁신 · 한준희 | **영업관리** · 김명자 | **독자지원** · 윤정아

본문 디자인 · 장기춘 | **표지 디자인** · 앤미디어 | **편집 진행** · 앤미디어 | **전산 편집** · 앤미디어
CTP 출력 및 인쇄 · 상지사 | **제본** · 상지사

ISBN 979-11-407-1729-3 03000
(길벗 도서번호 007236)

정가 27,000원

독자의 1초까지 아껴주는 정성 길벗출판사

길벗 IT교육서, IT단행본, 경제경영, 교양, 성인어학, 자녀교육, 취미실용 ▶ www.gilbut.co.kr
길벗스쿨 국어학습, 수학학습, 주니어어학, 어린이단행본, 학습단행본 ▶ www.gilbutschool.co.kr

인스타그램 · gilbut.it / **페이스북** · gilbutzigy / **네이버 블로그** · blog.naver.com/gilbutzigy

머리말

프리미어 프로 & 애프터 이펙트 CC 2026과 AI, 효율적인 영상 편집 협업 노하우

AI 시대의 영상 제작

영상 제작 환경은 지금 이 순간에도 빠르게 변화하고 있습니다. 텍스트 몇 줄만으로 이미지와 영상이 생성되고, 촬영하지 않은 장면도 AI를 통해 만들 수 있는 시대가 되었습니다. 과거에는 기획, 촬영, 편집, 합성, 색 보정까지 모든 과정이 사람의 손을 거쳐야 했다면, 이제는 AI가 그중 상당 부분을 보조하거나 대체하는 단계에 도달했습니다. 하지만 그렇다고 해서 기존의 영상 편집 도구가 필요 없어졌다고 보기는 어렵습니다.

AI가 만들어 준 결과물은 하나의 소스일 뿐이며, 그것을 어떻게 연결하고 어떤 흐름으로 이야기를 연출 및 구성하느냐는 여전히 제작자의 판단에 달려 있습니다. 이 과정에서 중심 역할을 하는 도구가 프리미어 프로와 애프터 이펙트입니다.

프리미어 프로와 애프터 이펙트의 역할

프리미어 프로는 영상 제작의 전체 흐름을 정리하고 완성하는 편집 도구입니다. 실사 촬영 영상, AI로 생성한 영상, 사운드, 자막, 음악 등을 하나의 타임라인에서 구성하며 영상의 리듬과 이야기 전개를 만들어 갑니다. 다양한 형태의 소스가 모이는 지점에서 최종 결과물의 구조를 결정하는 역할을 합니다. 애프터 이펙트는 장면의 연출과 합성을 담당하는 도구입니다. 화면 속 요소를 분리하고 결합하며, 현실에 없는 움직임과 효과를 추가해 장면의 완성도를 높입니다.

AI로 생성된 영상을 실사 촬영 영상과 자연스럽게 연결하는 과정에서도 중요한 역할을 합니다. AI는 영상 제작 과정을 빠르게 만들지만, 모든 결정을 대신해 주지는 않습니다. 무엇을 보여줄지, 어떤 순서로 보여줄지, 어느 부분에 시선을 집중시킬지는 여전히 제작자가 판단해야 할 영역입니다. 따라서 AI 시대의 영상 제작자에게는 여러 도구를 연결해 하나의 콘텐츠로 완성할 수 있는 종합적인 제작 역량이 더욱 중요해지고 있습니다.

이 책에서는 프리미어 프로와 애프터 이펙트를 어떻게 활용하면 좋은지 기본 설명과 함께 다양한 활용 예제를 통해 살펴봅니다. 각 도구를 개별적으로 익히는 것이 아니라, 하나의 제작 흐름 안에서 서로 연계하여 사용하는 방법을 이해하는 것을 목표로 합니다. 영상 제작의 본질은 기술 그 자체가 아니라, 전달하고자 하는 내용과 그것을 어떻게 표현하느냐에 있습니다. AI는 표현의 가능성을 확장해 주는 도구이며, AI 시대에서 프리미어 프로와 애프터 이펙트는 그 가능성을 실제 결과물로 구현하는 과정에서 앞으로도 중요한 역할을 담당할 것입니다.

전은재

책 소개

최신 AI 모델의 프리미어 프로와 애프터 이펙트 CC 2026을 한 권으로 공부하세요.

이 책은 프리미어 프로와 애프터 이펙트의 핵심 기능과 신기능을 기능과 예제 형식으로 나눠 설명하며 예제를 통해 쉽고 빠르게 학습할 수 있도록 구성했습니다. CC 2026에 새롭게 도입된 생성형 AI 기능을 학습해 효율적인 영상 편집 작업을 익히세요.

1권 > 프리미어 프로

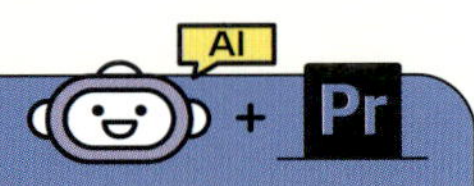

프리미어 프로와 함께 어도비 파이어플라이 AI로 새로운 차원의 영상 편집 워크플로우를 가속화하세요. 영상을 손쉽게 편집 및 트리밍하고, 효과를 추가하고, 오디오를 믹싱하고, 생동감 넘치는 타이틀을 만드는 등 다양한 작업을 완벽하게 할 수 있습니다.

학습계획표

체계적으로 프리미어 프로 학습 계획을 세워 보세요!

본격적으로 공부를 시작하기 전에 자신에게 맞는 학습 계획을 세워 보세요. 여기서 안내하는 계획표대로 내 실력에 맞게 프리미어 프로를 마스터할 수 있습니다. 체계적인 학습 로드맵을 따라가면 기초부터 고급 기법까지 단계적으로 실력을 향상시킬 수 있습니다.

✧ 1단계 ✧	프리미어 프로를 처음 배우는 분이세요?	
레슨 1일차	기본 영상 편집 작업을 위한 준비!	028쪽
레슨 2일차	프리미어 프로 CC 2026 기본 도구와 패널	036쪽
레슨 3일차	따라 하면서 익히는 영상 편집 핵심 기능	048쪽
레슨 4일차	영상 퀄리티 UP! 키프레임으로 완성하는 실전 노하우	062쪽
레슨 5일차	원클릭 보정으로 영상 무드 체인지	109쪽
레슨 6일차	FONT-astic! 프리미어 프로 텍스트 디자인의 모든 것	134쪽
레슨 7일차	소리의 균형, 오디오 믹싱 기초	186쪽
레슨 8일차	쉽고 빠르게 완성하는 기본 합성 & 효과	210쪽
✧ 2단계 ✧	프리미어 프로 이전 버전을 사용한 적이 있나요?	
레슨 1일차	AI로 영상 편집을 재정의하다, 프리미어 프로 CC 2026	016쪽
레슨 2일차	어도비 파이어플라이로 확장하는 AI 영상 제작	020쪽
레슨 3일차	영상 퀄리티 UP! 키프레임으로 완성하는 실전 노하우	062쪽
레슨 4일차	원클릭 보정으로 영상 무드 체인지	109쪽
레슨 5일차	움직이는 자막, 살아 있는 디자인	146쪽
레슨 6일차	프로 느낌의 고급 특수효과	222쪽
레슨 7일차	프리미어 프로 고급 기능 마스터	244쪽
레슨 8일차	플러그인 & 최종 마무리 워크플로우	256쪽
✧ 3단계 ✧	프리미어 프로 AI 기능을 사용하여 결과물을 만들고 싶나요?	
레슨 1일차	AI로 영상 편집을 재정의하다, 프리미어 프로 CC 2026	016쪽
레슨 2일차	어도비 파이어플라이로 확장하는 AI 영상 제작	020쪽
레슨 3일차	클릭 몇 번으로 색감 복제하기	122쪽
	AI 음성 인식으로 자막 제작 효율 높이기	164쪽
	AI 도구로 손상된 오디오 녹음본 살리기	195쪽
	AI 리믹스로 배경음악을 영상 길이에 자연스럽게 맞추기	199쪽
	인물 뒤에 따라다니는 타이틀 만들기	216쪽
	짧게 촬영된 영상을 AI로 연장하기	248쪽
✧ 동영상 강의 ✧	동영상을 이용한 실전 활용 강의	

체계적인 구성을 따라 빠르고 간편하게 공부하세요.

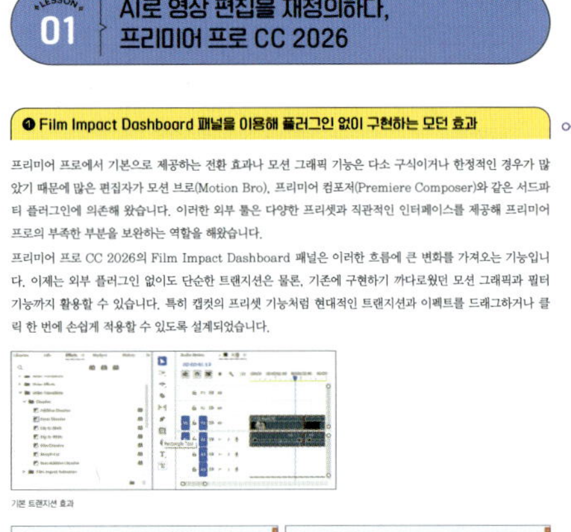

LESSON 01 AI로 영상 편집을 재정의하다, 프리미어 프로 CC 2026

❶ Film Impact Dashboard 패널을 이용해 플러그인 없이 구현하는 모던 효과

프리미어 프로에서 기본으로 제공하는 전환 효과나 모션 그래픽 기능은 다소 구식이거나 한정적인 경우가 많았기 때문에 많은 편집자가 모션 브로(Motion Bro), 프리미어 컴포저(Premiere Composer)와 같은 서드파티 플러그인에 의존해 왔습니다. 이러한 외부 툴은 다양한 프리셋과 직관적인 인터페이스를 제공해 프리미어 프로의 부족한 부분을 보완하는 역할을 해왔습니다.

프리미어 프로 CC 2026의 Film Impact Dashboard 패널은 이러한 흐름에 큰 변화를 가져오는 기능입니다. 이제는 외부 플러그인 없이도 단순한 트랜지션은 물론, 기존에 구현하기 까다로웠던 모션 그래픽과 필터 기능까지 활용할 수 있습니다. 특히 캡컷의 프리셋 기능처럼 현대적인 트랜지션과 이펙트를 드래그하거나 클릭 한 번에 손쉽게 적용할 수 있도록 설계되었습니다.

기본 트랜지션 효과

필수 이론

프리미어 프로를 다루기 위해 꼭 알아야 할 기능과 이론을 알아봅니다. 개념을 알아 두면 프리미어 프로를 실습하는 데 기초가 됩니다.

실습 및 완성 파일

예제를 직접 따라하기 위한 실습파일을 제공합니다. 길벗 홈페이지에서 다운로드할 수 있습니다.

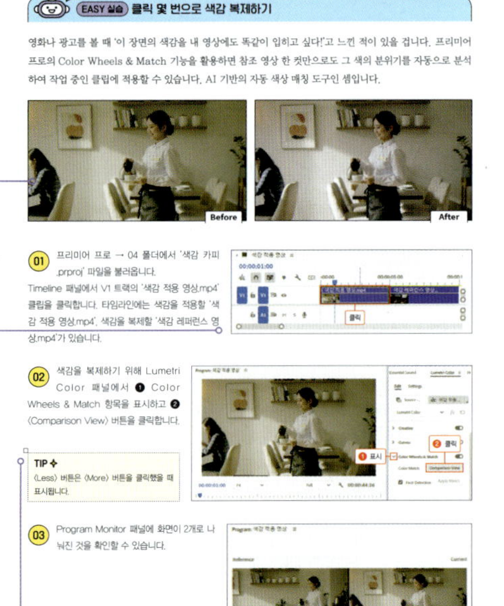

• 실습파일 : 프리미어 프로\04\색감 카피.prproj • 완성파일 : 프리미어 프로\04\색감 카피_완.prproj

AI EASY 실습 클릭 몇 번으로 색감 복제하기

영화나 광고를 볼 때 '이 장면의 색감을 내 영상에도 똑같이 입히고 싶다!'고 느낀 적이 있을 겁니다. 프리미어 프로의 Color Wheels & Match 기능을 활용하면 참조 영상 한 컷만으로도 그 색의 분위기를 자동으로 분석하여 작업 중인 클립에 적용할 수 있습니다. AI 기반의 자동 색상 매칭 도구인 셈입니다.

01 프리미어 프로 → 04 폴더에서 '색감 카피.prproj' 파일을 불러옵니다.
Timeline 패널에서 V1 트랙의 '색감 적용 영상.mp4' 클립을 클릭합니다. 타임라인에는 색감을 적용할 '색감 적용 영상.mp4', 색감을 복제할 '색감 레퍼런스 영상.mp4'가 있습니다.

02 색감을 복제하기 위해 Lumetri Color 패널에서 ❶ Color Wheels & Match 항목을 표시하고 ❷ (Comparison View) 버튼을 클릭합니다.

TIP (Less) 버튼은 (More) 버튼을 클릭했을 때 표시됩니다.

03 Program Monitor 패널에 화면이 2개로 나뉘진 것을 확인할 수 있습니다.

Before, After

예제를 위해 제공하는 원본 이미지와 실습 결과물의 이미지를 미리 볼 수 있도록 표시합니다.

Easy 실습

프리미어 프로 명령이나 기능을 이용하여 이미지에 적용하는 방법을 따라하기 형식으로 설명합니다.

PR Special Page 자막의 계층 구조

영상 자막 디자인에서 가장 중요한 원리는 시각적 위계(Visual Hierarchy)입니다. 모든 자막은 정보의 중요도에 따라 글자 크기, 굵기, 색상, 배치가 달라져야 합니다. 예를 들어 제목은 가장 크고 두껍게 강조해 시선을 먼저 끌고, 소제목은 상대적으로 작지만 명확하게 구분되도록 설계합니다. 본문 자막은 읽기 편한 크기와 간결한 색상을 사용하여 자연스럽게 내용을 전달합니다. 이러한 자막의 계층 구조는 단순히 크고 작음의 문제가 아니라 시청자가 어떤 정보를 먼저 보고 어떤 순서로 이해하도록 유도할지를 결정하는 시각적 언어 체계입니다.

EX1 A vs B – 더 좋은 디자인은?

예시에서 Screen B가 더 완성도 높은 디자인입니다. 그 이유는 시각적 위계(Visual Hierarchy) 원리가 적용되어 있기 때문입니다. Screen B는 각 요소의 크기를 조절하고 아이콘을 텍스트 주변에 밀도 있게 배치해 시선이 자연스럽게 중앙의 핵심 메시지로 모입니다. 요소 간 크기 대비와 공간 활용이 명확하여 화면 전체에 질서감과 집중도를 높이는 구조적 디자인의 좋은 예시입니다.

EX2 제목과 소제목과 본문의 계층 구조

예시에서 No Hierarchy는 모든 문장이 비슷한 크기와 두께로 구성되어 어떤 부분이 중요한지 한눈에 파악하기 어렵습니다. 시선이 특정 지점에 머무르지 않고 전체가 평면적으로 보입니다. 반면 With Hierarchy는

TIP

예제 관련 기본 팁을 제공합니다. 개념에 대한 부연 설명, 관련 기능 정보, 주의할 점 등을 설명합니다.

Special Page

영상 자막의 계층 구조와 함께 릴스 / 쇼츠 / 틱톡의 세이프존에 관해 설명합니다.

동영상을 이용한 실전 예제 학습

이론과 실습 예제를 이용하여 프리미어 프로의 기본기를 배웠다면 이 책에서 제공하는 동영상 활용 예제를 만들어 보세요. 스마트폰이나 태블릿 PC 카메라로 QR 코드를 찍거나 PC의 유튜브 채널(youtube.com/@Eunjac93)에서 프리미어 프로 전문 저자 강의 동영상으로 활용 예제 제작 방법을 배워 보세요.

활용 예제

필수 활용 예제를 제공합니다. 작업 과정을 이해한 다음 작업하고, 동영상으로 확인합니다.

예제 소개 영상

완성된 예제의 영상을 미리 볼 수 있습니다. 실습하기 전에 최종 결과물이 어떻게 나올지 확인해 보세요. 미리보기를 통해 학습 목표를 명확히 하고, 어떤 기법과 효과를 배울지 파악할 수 있습니다.

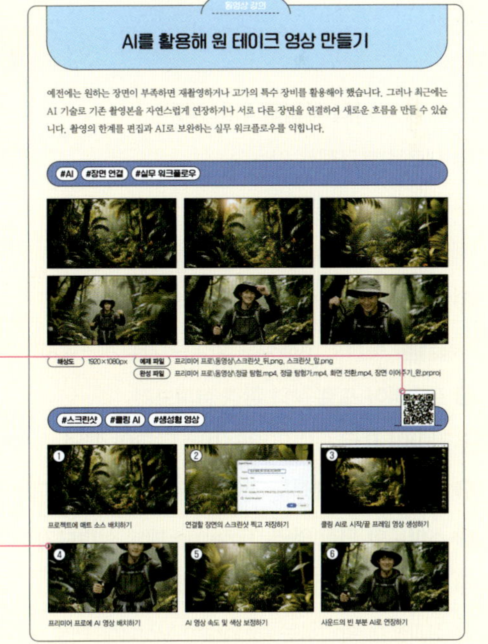

작업 과정 영상(QR 코드)

스마트폰이나 태블릿 PC로 QR 코드를 촬영하면 예제 작업 과정을 동영상으로 확인할 수 있습니다. 유튜브 채널을 통해 강사의 해설이 포함된 강의 영상을 들으며 학습하세요.

작업 과정 소개

예제 작업 시 사용 기능과 작업 과정을 소개합니다. 가장 효율적인 작업 과정을 확인해 보세요.

목차

part01 > 프리미어 프로 CC 2026 원포인트로 시작하기

01. AI로 영상 편집을 재정의하다, 프리미어 프로 CC 2026 016
❶ Film Impact Dashboard 패널을 이용해 플러그인 없이 구현하는 모던 효과 016
❷ Media Intelligence를 활용한 유사 시각 요소 검색 017
❸ 직관적인 실시간 오디오 파형 편집 017
❹ 몰입형 편집을 위한 0.1초 안에 재생되는 타임라인 018
❺ 일괄 음소거 또는 비프음 처리로 오디오 정리 018
❻ AI 객체 추적으로 달라진 누끼 작업 019
❼ Nikon N-RAW 네이티브 지원 019
02. 어도비 파이어플라이로 확장하는 AI 영상 제작 020
❶ 어도비 파이어플라이 살펴보기 020
AI EASY 실습 파이어플라이로 자연스러운 AI 영상 생성하기 021
AI EASY 실습 파이어플라이로 영상에 맞는 시네마틱 BGM 제작하기 023

part02 > 체크! 프리미어 프로 CC 2026 기본 도구와 패널

03. 기본 영상 편집 작업을 위한 준비! 028
❶ 새로운 프로젝트 만들기 028
❷ 프로젝트 불러오기 029
EASY 실습 영상 소스 불러오고 원하는 포맷으로 시퀀스 설정하기 030
❸ 용도와 환경에 맞는 작업 환경 구축하기 032
EASY 실습 무거운 고해상도 영상을 가볍게 편집하기 033
❹ 프리미어 프로 작업 환경 살펴보기 035
04. 프리미어 프로 CC 2026 기본 도구와 패널 036
❶ 편리한 영상 편집을 위한 기본 편집 도구 살펴보기 036
❷ 스마트한 편집 영역, Timeline 패널 살펴보기 040
❸ 자유자재로 작업 영역 설정하기 042
❹ 결과물을 확인하는 Program Monitor 패널 살펴보기 044
EASY 실습 클립을 원하는 대로 자르고 붙이기 046

05. 따라 하면서 익히는 영상 편집 핵심 기능 048

❶ 기본 자막 디자인하기 048

❷ 오디오 볼륨 조절하기 050

❸ 영상 속도 제어하기 051

EASY 실습 영상 속도를 빠르게 제어하기 053

EASY 실습 원하는 형식, 해상도, 품질로 출력하기 056

part03 > 영상 편집 전문가에 한 걸음 다가가기 Pr

06. 영상 퀄리티 UP! 키프레임으로 완성하는 실전 노하우 062

❶ 소스를 세밀하게 조정하는 Effect Controls 패널 살펴보기 062

❷ 속성을 설정하는 Properties 패널 살펴보기 063

EASY 실습 이동하는 키프레임 애니메이션 만들기 066

EASY 실습 크기가 달라지는 키프레임 애니메이션 만들기 069

EASY 실습 회전 키프레임 애니메이션 만들기 071

EASY 실습 불투명도 키프레임 애니메이션 만들기 073

Quick 활용 2개의 영상 페이드 인/아웃으로 장면 전환하기 075

Quick 활용 키프레임 애니메이션으로 임팩트 있는 자막 연출하기 078

❸ 분할 화면부터 PIP까지, 마스크 알아보기 080

EASY 실습 인터뷰에서 자주 사용하는 분할 영상 만들기 081

EASY 실습 관찰형 예능에서 자주 사용하는 화면 속 화면 영상 만들기 085

part04 > 컬러 매직으로 영상 레벨업! Pr

07. 영상 무드 메이커, 컬러 그레이딩 090

❶ 색상 조정 및 보정의 정의와 필요성 알아보기 090

❷ Lumetri Color 패널로 전문적인 색감 조정 및 보정하기 091

❸ Basic Correction으로 기본 색감 조정하기 092

❹ Creative로 영상의 스타일 및 감정 연출하기 096

❺ Curves로 정밀하게 영상 보정하기 099
❻ Color Wheels & Match로 색감 보정 및 색상 일치시키기 103
❼ HSL Secondary로 특정 색상 분리하고 보정하기 104
❽ Vignette로 시선을 자연스럽게 화면 중심으로 유도하기 107
08. 원클릭 보정으로 영상 무드 체인지 109
❶ 칙칙해 보여도 LOG로 찍는 이유 알아보기 109
❷ LUT을 활용한 효율적인 색상 보정하기 110
EASY 실습 몰입감을 높이는 흑백 영상 만들기 114
EASY 실습 세피아 톤으로 감성적인 영상 만들기 116
EASY 실습 Lumetri Color 패널을 이용해 LOG 영상 보정하기 119
AI EASY 실습 클릭 몇 번으로 색감 복제하기 122
EASY 실습 빈티지 필름 느낌의 VHS 룩 보정하기 124
EASY 실습 칙칙하고 어두운 피부를 화사하게 만들기 129

part05 > 보이는 목소리, 프리미어 프로 자막 디자인 Pr

09. FONT-astic! 프리미어 프로 텍스트 디자인의 모든 것 134
❶ 텍스트 설정을 위한 Properties 패널 살펴보기 134
❷ 텍스트 디자인의 90%를 차지하는 다양한 글꼴 사용하기 139
EASY 실습 글꼴 다운로드하고 설치하기 143
10. 움직이는 자막, 살아 있는 디자인 146
EASY 실습 눈에 띄는 컬러와 글꼴로 가독성 좋은 자막 디자인하기 146
EASY 실습 도형과 텍스트를 조합한 포인트 자막 만들기 153
EASY 실습 텍스트 길이에 따라 달라지는 반응형 자막 디자인하기 159
AI EASY 실습 AI 음성 인식으로 자막 제작 효율 높이기 164
EASY 실습 한 번에 싹! 통일감 있는 자막 스타일 만들기 169
EASY 실습 키프레임을 활용한 따라다니는 자막 만들기 173
Quick 활용 클릭 몇 번에 완성하는 타이틀 모션 디자인하기 178
PR Special Page 자막의 계층 구조 182
PR Special Page 릴스 / 쇼츠 / 틱톡의 세이프존 183

part06 〉 귀를 사로잡는 사운드 편집

11. 소리의 균형, 오디오 믹싱 기초 186

❶ 사운드를 체크하는 Audio Clip Mixer 패널 살펴보기 186

❷ 사운드 볼륨 조절과 오디오 레벨 맞추기 190

EASY 실습 답답하고 작게 들리는 대화 복원하기 192

AI EASY 실습 AI 도구로 손상된 오디오 녹음본 살리기 195

12. 감성 폭발 배경음악과 효과음 199

AI EASY 실습 AI 리믹스로 배경음악을 영상 길이에 자연스럽게 맞추기 199

EASY 실습 두 개의 사운드를 자연스럽게 전환하기 201

Quick 활용 페이드 인/아웃으로 분위기 있게 영상 마무리하기 203

❸ 효과음 기초와 준비 과정 살펴보기 204

EASY 실습 효과음 적용하기 206

part07 〉 영상 합성 & 특수효과 완벽 가이드

13. 쉽고 빠르게 완성하는 기본 합성 & 효과 210

EASY 실습 크로마키 영상 합성하기 210

AI EASY 실습 인물 뒤에 따라다니는 타이틀 만들기 216

Quick 활용 초상권 보호를 위한 얼굴을 따라다니는 모자이크 만들기 219

14. 프로 느낌의 고급 특수효과 222

❶ Film Impact Dashboard 패널에서 쉽게 만드는 특수효과 이해하기 222

❷ Film Impact Dashboard 패널 – Effects(특수효과) 223

❸ Film Impact Dashboard 패널 – Transition(화면 전환) 227

EASY 실습 역동적인 트랜지션 만들기 233

EASY 실습 고급스러운 글로우 효과 구현하기 235

EASY 실습 화면 속에 다른 화면 넣기 238

part08 › 프리미어 프로 고급 실무 테크닉

15. 프리미어 프로 고급 기능 마스터 244

Quick 활용 애프터 이펙트와 연동하여 카툰 효과 적용하기 244

AI EASY 실습 짧게 촬영된 영상을 AI로 연장하기 248

EASY 실습 시퀀스 정리의 핵심, Nest(중첩) 기능 익히기 251

EASY 실습 외부 템플릿 맞춤형 수정하기 253

16. 플러그인 & 최종 마무리 워크플로우 256

❶ 외부 템플릿을 다운로드하는 방법 256

❷ 써드파티 플러그인으로 확장하는 프리미어 프로 258

EASY 실습 Premiere Composer 플러그인 설치하기 260

Quick 활용 Premiere Composer로 타이틀 애니메이션 만들기 263

EASY 실습 장면 포착! 프리미어 프로에서 이미지 캡처하기 267

EASY 실습 후반 작업 및 납품을 위한 고품질 렌더링 설정하기 268

● 동영상 강의 ●

- Film Impact Dashboard 패널을 활용해 귀여운 인트로 만들기 270
- 오토 마스크를 활용한 피사체와 배경 분리하기 271
- 임팩트 있는 타이틀 디자인 만들기 272
- AI를 활용해 원 테이크 영상 만들기 273
- 렌더링 및 렌더 설정하기 274

찾아보기 275

책 활용

길벗출판사 홈페이지를 적극 활용하세요!

길벗출판사에서 운영하는 홈페이지(www.gilbut.co.kr)에서는 출간 도서에 대한 정보뿐만 아니라 예제 및 완성 파일, 최신 기능 업로드 등 학습에 필요한 자료를 제공합니다. 또한 책을 읽다 모르는 내용이 있다면 언제든지 홈페이지의 도서 게시판에 문의하세요. 저자와 길벗 독자지원센터에서 신속하고 친절하게 답해 드립니다.

활용01 > 무엇이든 물어보세요!

길벗출판사 홈페이지에 접속한 후 ❶ 검색(🔍) 창에 『프리미어 프로+애프터 이펙트 CC 2026 무작정 따라하기』를 입력해 해당 도서 페이지로 이동하세요. 홈페이지 화면의 오른쪽에 보이는 퀵 메뉴를 이용하면 ❷ 도서 문의를 빠르게 할 수 있습니다.

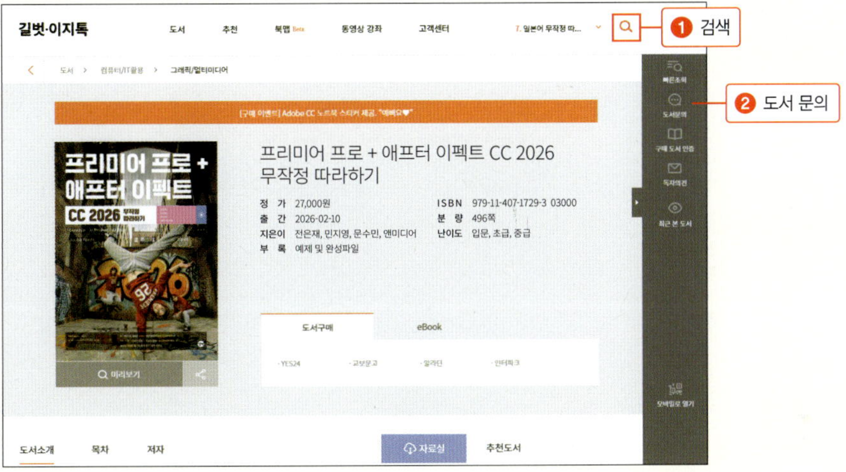

활용02 > 실습 자료 다운로드

이 책에 사용된 모든 예제 파일 및 완성 파일은 자료실에서 다운로드할 수 있습니다. 해당 도서 페이지 아래쪽의 ❸ [자료실]을 클릭해 실습 파일을 다운로드하세요. 홈페이지 회원으로 가입하지 않아도 누구나 자료를 다운로드할 수 있습니다.

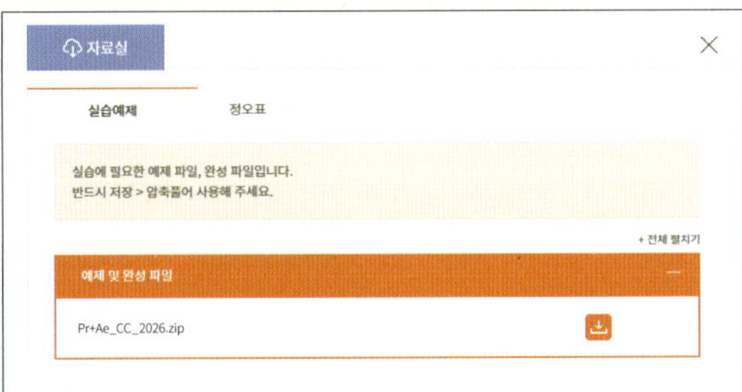

프리미어 프로 CC 2026 원포인트로 시작하기

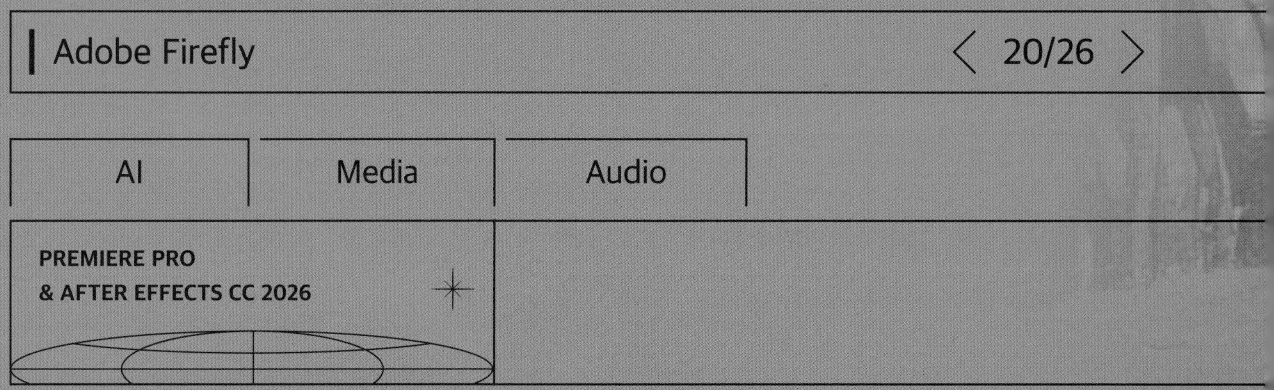

Generate
PREMIERE
26

LESSON 01

AI로 영상 편집을 재정의하다, 프리미어 프로 CC 2026

❶ Film Impact Dashboard 패널을 이용해 플러그인 없이 구현하는 모던 효과

프리미어 프로에서 기본으로 제공하는 전환 효과나 모션 그래픽 기능은 다소 구식이거나 한정적인 경우가 많았기 때문에 많은 편집자가 모션 브로(Motion Bro), 프리미어 컴포저(Premiere Composer)와 같은 서드파티 플러그인에 의존해 왔습니다. 이러한 외부 툴은 다양한 프리셋과 직관적인 인터페이스를 제공해 프리미어 프로의 부족한 부분을 보완하는 역할을 해왔습니다.

프리미어 프로 CC 2026의 Film Impact Dashboard 패널은 이러한 흐름에 큰 변화를 가져오는 기능입니다. 이제는 외부 플러그인 없이도 단순한 트랜지션은 물론, 기존에 구현하기 까다로웠던 모션 그래픽과 필터 기능까지 활용할 수 있습니다. 특히 캡컷의 프리셋 기능처럼 현대적인 트랜지션과 이펙트를 드래그하거나 클릭 한 번에 손쉽게 적용할 수 있도록 설계되었습니다.

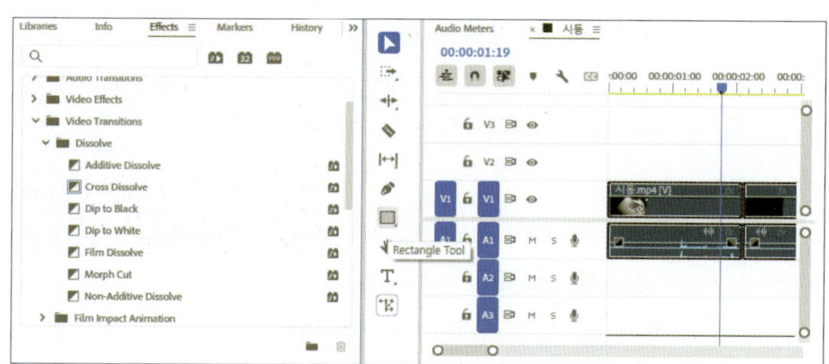

기본 트랜지션 효과

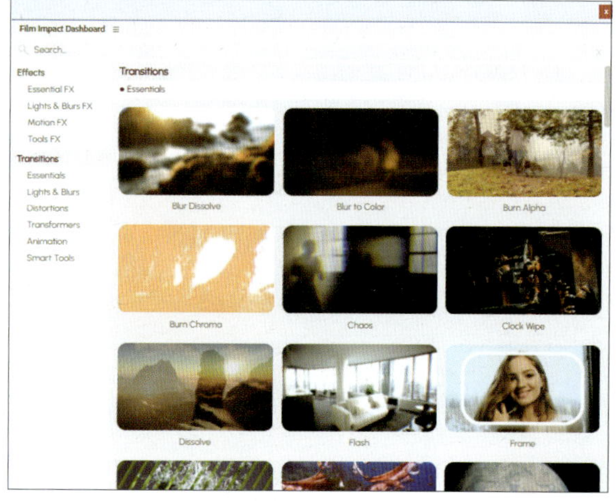

Film Impact Dashboard 패널

❷ Media Intelligence를 활용한 유사 시각 요소 검색

프리미어 프로의 AI 기반 Media Intelligence 기능을 활용하면, 선택한 프레임과 시각적으로 유사한 장면이나 대체 촬영본을 빠르게 검색할 수 있습니다. 수많은 촬영본을 일일이 스크롤하며 확인할 필요 없이, 현재 선택한 컷을 기준으로 색감, 구도, 피사체, 움직임 등이 유사한 장면을 자동으로 탐색할 수 있습니다. 이를 통해 같은 콘셉트의 다른 컷을 찾거나, 자연스럽게 이어지는 연속 장면을 손쉽게 확보할 수 있습니다. 이 기능은 특히 러프 컷 단계에서 대체 촬영본을 빠르게 비교 및 선택하거나, 클라이언트 수정 요청에 대응해 유사한 분위기의 컷을 즉시 제안해야 하는 실무 환경에서 유용합니다. Media Intelligence를 활용하면 검색 및 정리 시간을 크게 줄이고, 편집자는 연출과 흐름 구성에 더욱 집중할 수 있습니다.

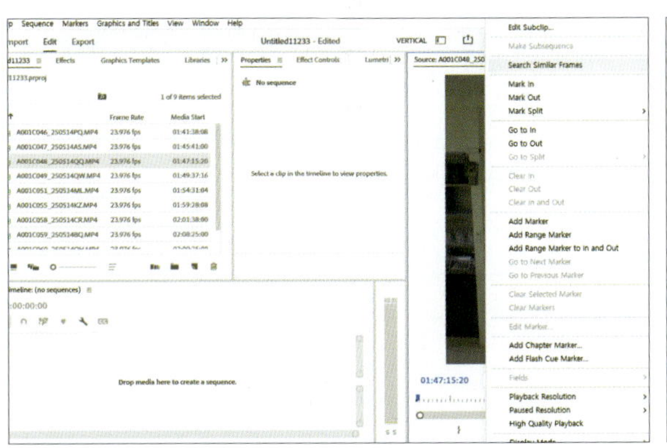

프로그램 모니터에 찾고자 하는 장면을 표시하고, 마우스 오른쪽 버튼을 클릭하여 **Search Similar Frames**를 실행하면 해당 장면과 시각적으로 유사한 프레임을 검색할 수 있습니다.

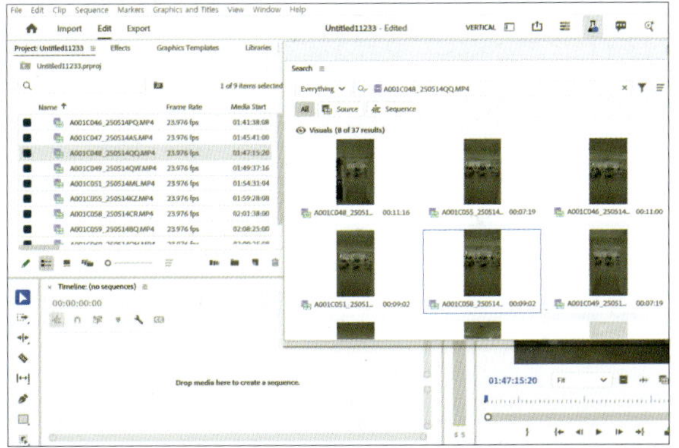

Search 패널이 표시되며, Project 패널에 포함된 푸티지와 시퀀스 중에서 구도와 분위기가 유사한 클립들이 자동으로 표시됩니다.

❸ 직관적인 실시간 오디오 파형 편집

실시간 파형 편집 기능이 추가되어 타임라인에서 오디오 편집의 직관성이 크게 향상되었습니다. 볼륨 조정, 키프레임 추가, 리플 컷이나 롤 컷 적용 시에도 오디오 파형이 즉시 업데이트되어 편집 결과를 실시간으로 확인할 수 있습니다. 이를 통해 재생 없이도 비트에 맞춘 컷 분할이나 음량 변화의 영향을 시각적으로 파악할 수 있어, 음악 편집은 물론 대화 중심 콘텐츠에서도 빠르고 정밀한 오디오 편집을 할 수 있습니다.

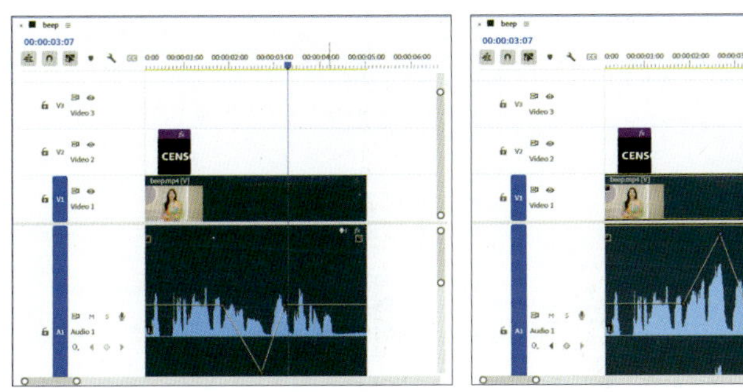
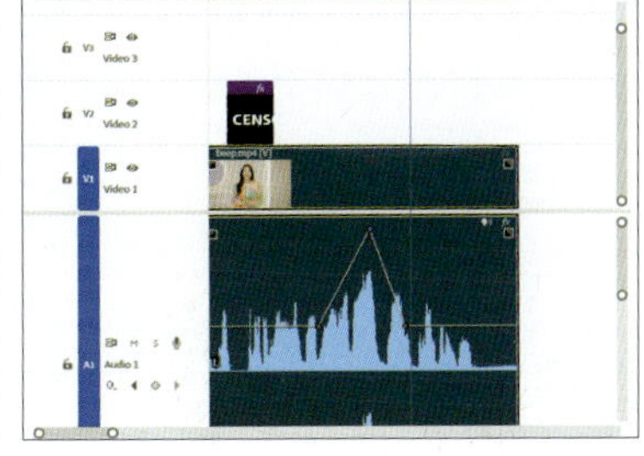

볼륨을 변경하거나 키프레임을 설정하는 상황에서 오디오 파형이 즉각적으로 반영되어 표시됩니다.

❹ 몰입형 편집을 위한 0.1초 안에 재생되는 타임라인

어도비의 최종 목표는 모든 사용자가 '재생' 아이콘(▶)을 클릭하는 즉시 0.1초 내에 타임라인에서 영상이 바로 재생되도록 만드는 것입니다. 이는 사용자의 작업 흐름을 방해하지 않고 끊김 없이 편집에 몰입할 수 있도록 하기 위한 핵심 개선 방향입니다. 어도비는 이를 위해 엔진 최적화, 하드웨어 가속 활용, 소프트웨어 구조 개편 등 다양한 기술적 접근을 지속해 왔습니다. 이미 수차례 업데이트를 통해 눈에 띄는 성과를 거두었으며, 이전보다 훨씬 빠르고 안정적인 재생 환경을 제공하고 있습니다. 특히 최근 릴리스에서는 스크롤과 스키밍 속도, UI 새로고침, 재생 준비 과정 전반에 걸쳐 최적화가 이뤄져 사용자가 느끼는 반응 속도가 획기적으로 향상되었습니다.

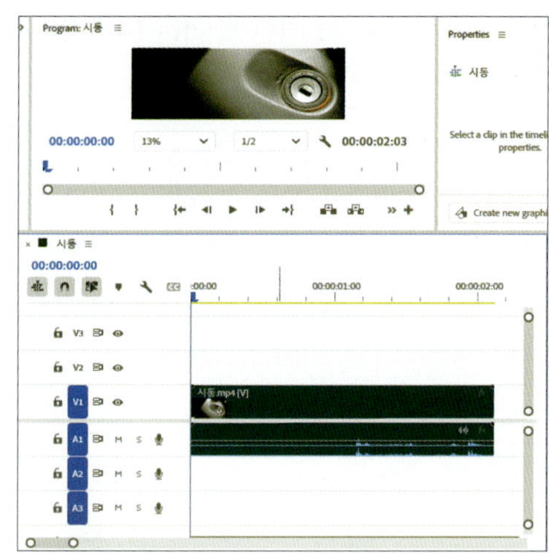

빨라진 프리미어 프로의 타임라인

❺ 일괄 음소거 또는 비프음 처리로 오디오 정리

Censored Words 기능을 활용하면, 내장된 AI가 대화가 포함된 클립 전체를 분석해 비속어나 특정 키워드를 자동으로 감지하고 해당 구간에 플래그를 지정합니다. 감지된 구간에는 음소거 처리나 비프음 효과를 일괄 적용할 수 있어, 기존처럼 대사를 하나하나 확인하며 수작업으로 '삐' 처리를 해야 했던 번거로운 편집 과정을 크게 줄일 수 있습니다. 이를 통해 오디오 검열 작업 시간을 최소화하고, 전체 편집 흐름을 더 효율적으로 관리할 수 있습니다. 다만 현재는 영어 파일명과 영어 대사 인식만 지원하므로 국내 실무 환경에 바로 적용하기에는 한계가 있으나, AI 기능의 지속적인 발전으로 향후 한국어를 포함한 다양한 언어 지원도 기대할 수 있습니다.

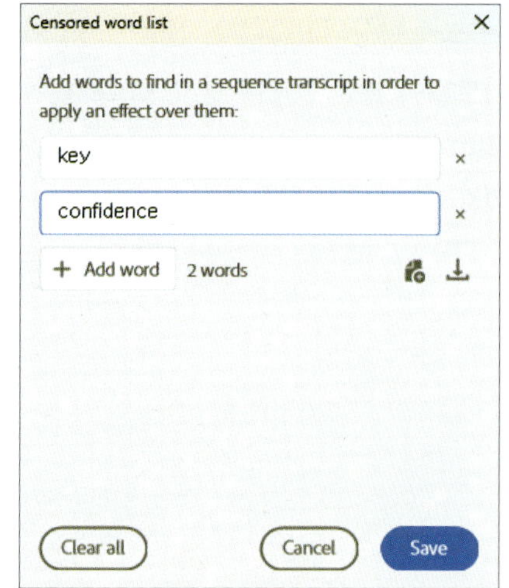

Censored Words 기능을 활용하면, 대화가 포함된 클립 전체에서 비속어나 숨기고자 하는 특정 키워드를 지정할 수 있습니다.

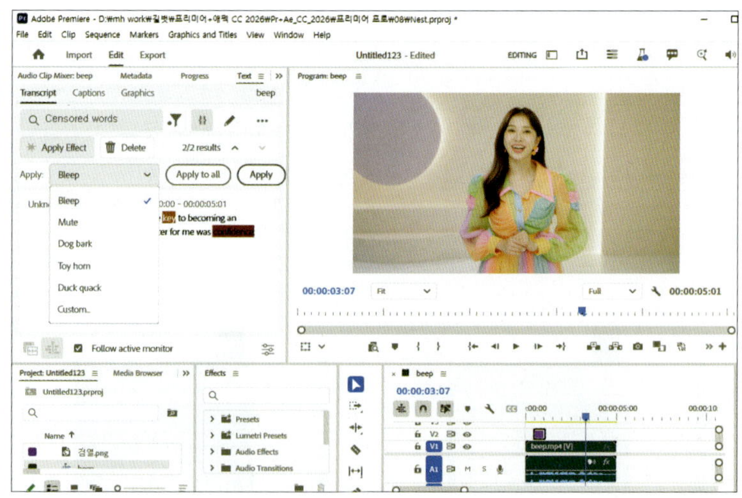

Censored Word 지정 후 Apply Effect를 통해 비프음, 강아지 짖는 소리, 소리 제거 등 다양한 사운드 효과를 적용하여 특정 구간의 오디오를 원하는 소리로 대체하거나 제거할 수 있습니다.

❻ AI 객체 추적으로 달라진 누끼 작업

프리미어 프로에서 피사체를 추출하거나 배경을 제거하는 일은 사실상 불가능했습니다. 크로마키 환경에서 촬영하지 않는 이상, 인물이나 피사체를 정교하게 분리하는 작업은 프리미어 프로만으로는 어려웠습니다. 이 때문에 많은 사용자가 애프터 이펙트의 로토 브러시 기능이나 모카 프로(Mocha Pro) 같은 유료 합성 프로그램을 함께 사용해야 했습니다. 그러나 이러한 방식은 프로그램 간 전환 과정에서 시간 소모와 호환성 문제를 일으켰고, 특히 로토 브러시는 높은 정확성을 제공하는 대신 시스템 자원을 과도하게 소모한다는 한계가 있었습니다. 프리미어 프로 CC 2026의 객체 추적 기능은 이러한 문제를 근본적으로 해결합니다. 포토샵의 개체 선택 도구를 연상케 하는 이 기능은 프리미어 프로 안에서 바로 AI 기반 자동 피사체 인식을 활용할 수 있습니다. 사용자가 대상을 대략 지정하기만 하면 시스템이 스스로 피사체와 배경을 분리해, 복잡한 마스크 작업이나 외부 툴 전환 없이도 정밀한 누끼 작업을 빠르게 처리할 수 있습니다.

객체 추적 중

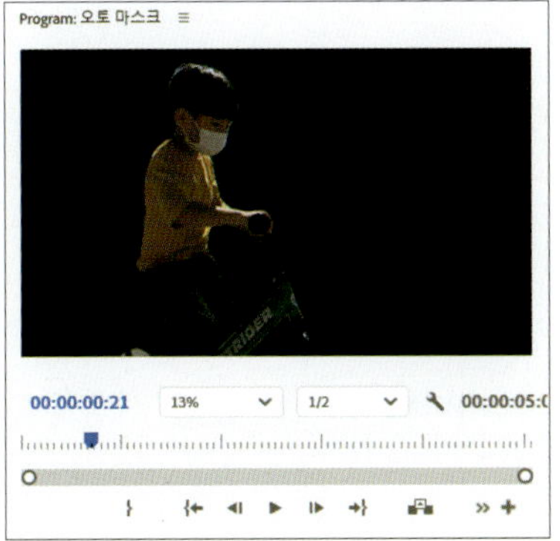

객체 추적 적용

❼ Nikon N-RAW 네이티브 지원

프리미어 프로에서 Nikon N-RAW 포맷을 네이티브로 지원하게 되었습니다. N-RAW는 니콘(Nikon)에서 개발한 RAW 영상 포맷으로, 촬영할 때 센서 데이터를 최대한 그대로 기록하여 넓은 다이내믹 레인지와 풍부한 색 정보, 높은 후반 작업 자유도를 제공하는 것이 특징입니다. 이제 프리미어 프로에서는 N-RAW 영상을 별도의 트랜스코딩 없이 바로 불러와 편집할 수 있어, RAW 포맷의 장점을 그대로 유지한 상태로 정밀한 색 보정과 이미지 보정 작업을 할 수 있습니다. 또한, 불필요한 변환 과정을 생략함으로써 전체 편집 속도와 작업 효율이 향상되며, Nikon Z 시리즈 카메라로 촬영한 영상 역시 촬영부터 편집까지 하나의 연속된 워크플로우로 연결되어 실무 환경에서 더 안정적이고 효율적인 후반 작업을 수행할 수 있습니다.

LESSON 02 어도비 파이어플라이로 확장하는 AI 영상 제작

AI 기술 발전으로 영상 제작 방식이 빠르게 변화하고 있습니다. 소라(Sora), 클링(Kling), 루마(Luma), 런웨이(Runway), 베오(Veo) 등 다양한 생성형 AI 영상 모델이 등장하며 새로운 제작 패러다임을 만들어가고 있습니다. 어도비 파이어플라이(Adobe Firefly) 역시 이러한 변화의 중심에 있는 도구로, 이미지 생성은 물론 합성, 장면 확장, 사운드 제작 등 영상 제작의 여러 영역에서 새로운 가능성을 제시하고 있습니다.

파이어플라이가 만드는 최신 영상 트렌드를 살펴보고, 실제 영상에 AI 합성을 자연스럽게 적용하는 방법, 장면 분위기에 맞는 시네마틱 BGM을 직접 생성하며 파이어플라이의 다양한 기능과 잠재력을 이해합니다.

❶ 어도비 파이어플라이 살펴보기

어도비 파이어플라이 사이트(firefly.adobe.com/generate)에 접속하면 이미지, 영상, 오디오 등 다양한 생성형 AI 기능을 한눈에 살펴볼 수 있는 직관적인 메인 화면이 표시됩니다. 화면 중앙에서는 생성할 항목(이미지, 비디오, 오디오 등)을 선택할 수 있으며, 파이어플라이는 어도비 내부 모델뿐 아니라 '나노 바나나(Nano Banana)' 및 '베오(Veo) 3'와 같은 외부 생성 모델까지 연동해 더욱 폭넓은 결과물을 제작할 수 있습니다. 하단에는 파이어플라이 주요 기능이 카드 형태로 정리되어 있어 처음 사용하더라도 어떤 기능을 사용할지 쉽게 선택할 수 있습니다.

추천/대표 기능

❶ **이미지 생성** : 텍스트를 입력해 원하는 스타일의 이미지를 제작합니다.

❷ **비디오 생성** : 텍스트나 이미지를 기반으로 짧은 영상을 생성합니다.

❸ **사운드트랙 생성** : 비디오 분위기에 맞는 음악을 자동 생성합니다.

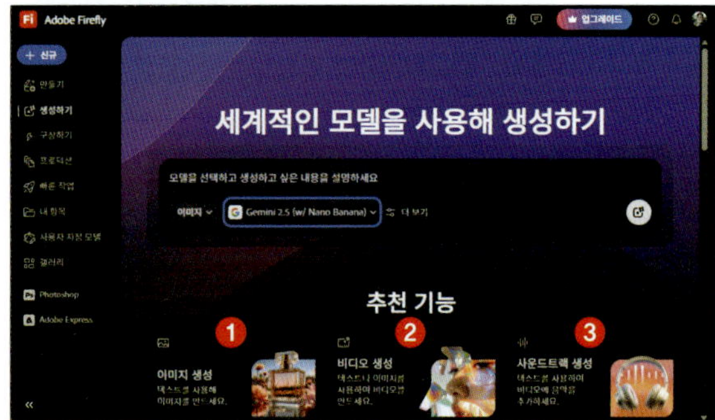

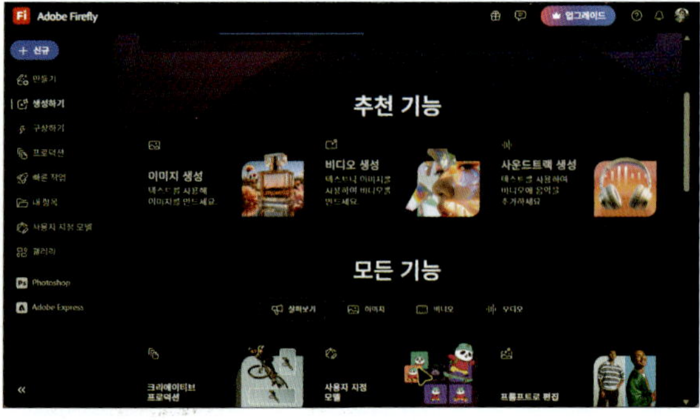

EASY 실습 파이어플라이로 자연스러운 AI 영상 생성하기

어도비 파이어플라이는 텍스트 입력만으로 짧은 영상을 자동으로 생성할 수 있는 기능을 제공해 복잡한 편집이나 촬영 과정 없이도 자연스러운 AI 영상을 제작할 수 있습니다. 파이어플라이의 비디오 생성 기능은 장면의 분위기 · 카메라 이동 · 조명 정보 등을 AI가 자동으로 해석해 매끄러운 결과물을 만들기 때문에, 영상 제작의 아이디어 스케치 단계부터 실제로 활용할 수 있는 클립 제작까지 폭넓게 활용할 수 있습니다.

01 ❶ 파이어플라이(firefly.adobe.com/generate)에 접속하고 영상을 생성하기 위해 먼저 ❷ 생성 유형을 '비디오'로 지정합니다. 이후 화면 상단의 ❸ 모델 선택 메뉴에서 Firefly Video 고유 모델뿐 아니라 여러 외부 영상 모델도 함께 지원되는 것을 확인할 수 있습니다. 예제에서는 가장 완성도가 높은 'Veo 3.1' 모델을 지정한 다음 ❹ '더 보기'를 클릭해 세부 설정을 표시합니다.

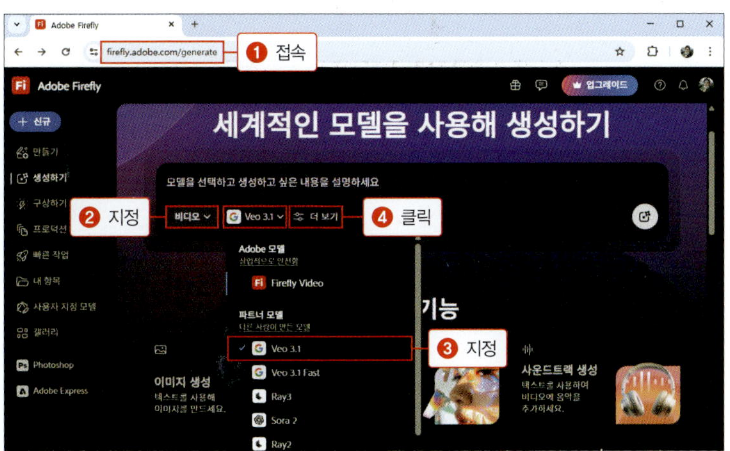

02 비디오 생성 화면이 표시되면 ❶ 해상도를 '1080p'로 지정하고 ❷ 프롬프트 입력 창에 원하는 내용을 입력합니다. 설정과 프롬프트 입력이 완료되면 ❸ 〈생성하기〉 버튼을 클릭합니다.

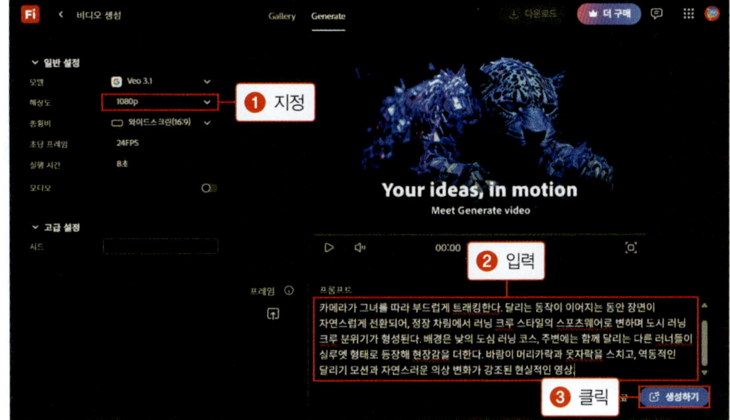

| 프롬프트

밝은 정장을 입은 여성이 달리고 있는 장면. 인물의 얼굴과 체형은 그대로 유지되며, 카메라가 그녀를 따라 부드럽게 트래킹한다. 달리는 동작이 이어지는 동안 장면이 자연스럽게 전환되어, 정장 차림의 사람이 러닝 크루 스타일의 스포츠웨어로 환복하여 도시 러닝 크루 분위기가 형성된다. 배경은 낮의 도심 러닝 코스, 주변에는 함께 달리는 다른 러너들이 실루엣 형태로 등장해 현장감을 더한다. 바람이 머리카락과 옷자락을 스치고, 역동적인 달리기 모션과 자연스러운 의상 변화가 강조된 현실적인 영상.

03 생성 과정에는 다소 시간이 걸릴 수 있습니다. 파이어플라이의 영상 생성 기능은 원래 유료 요금제에서만 사용할 수 있지만, 현재는 프리미엄 기능이 제한적으로 무료 제공되어 계정당 최대 3개의 AI 영상을 무료로 생성할 수 있습니다.

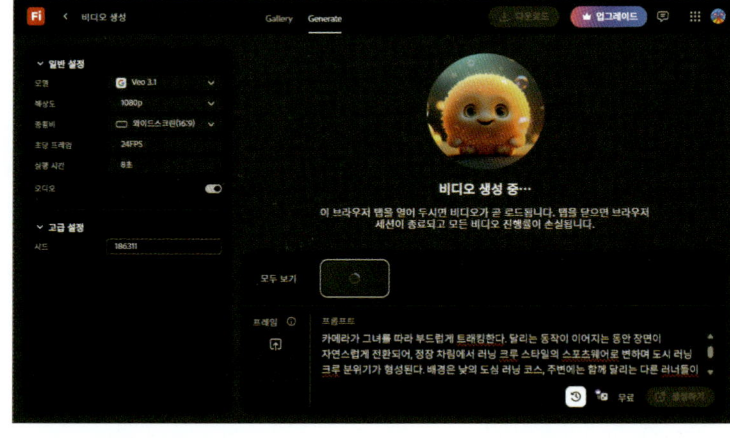

TIP
생성 모델마다 사용량 한도가 다릅니다.

04 생성이 완료되면 ❶ 영상을 재생해 확인할 수 있습니다. ❷ 마음에 들지 않으면 프롬프트를 수정하거나 〈생성하기〉 버튼을 클릭해 다시 생성할 수 있습니다. ❸ 상단의 〈다운로드〉 버튼을 클릭하면 영상을 다운로드할 수 있습니다.

05 프롬프트대로 영상이 생성되었는지 확인합니다. AI 영상은 특성상 결과가 매번 조금씩 달라질 수 있으므로, 원하는 퀄리티가 나올 때까지 여러 번 생성하고 그중 가장 자연스럽고 완성도 높은 결과물을 선택하는 게 좋습니다.

EASY 실습 파이어플라이로 영상에 맞는 시네마틱 BGM 제작하기

어도비 파이어플라이는 영상 생성뿐만 아니라 장면의 분위기에 맞는 시네마틱 BGM을 자동으로 만들어주는 오디오 생성 기능을 지원합니다. 사용자는 텍스트로 원하는 분위기, 속도, 감정, 악기 구성 등을 입력하면 파이어플라이가 이를 분석해 영상에 어울리는 음악을 제작합니다.

특히 '잔잔한', '영화적', '긴장감 있는', '웅장한 오케스트라' 같은 감정 표현을 자연스럽게 반영할 수 있어 별도의 작곡 과정 없이도 분위기 있는 배경음악을 손쉽게 만들 수 있습니다. 또한 생성된 BGM은 길이를 조절할 수 있어 실제 편집할 때 영상 길이에 맞춰 유연하게 사용할 수 있습니다.

01 ❶ 파이어플라이(firefly.adobe.com/generate)에 접속하고 ❷ 왼쪽 영역에서 [생성하기] 메뉴를 선택한 다음 ❸ '사운드트랙 생성'을 선택합니다.

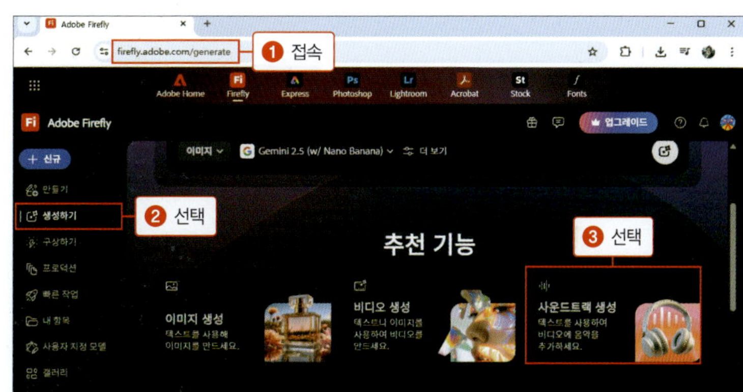

> **TIP** 사운드트랙 생성 기능은 텍스트로 분위기를 설명하거나 비디오를 첨부하면 해당 장면에 어울리는 배경음악을 AI가 자동으로 생성할 수 있습니다.

02 사운드트랙 생성 화면이 표시되면 원하는 장르나 분위기를 직접 입력해 음악을 만들 수도 있지만, 비디오 파일을 업로드하면 파이어플라이가 영상을 분석하여 어울리는 프롬프트와 음악 장르를 자동으로 추천합니다. 〈비디오 업로드〉 버튼을 클릭하여 영상을 불러옵니다.

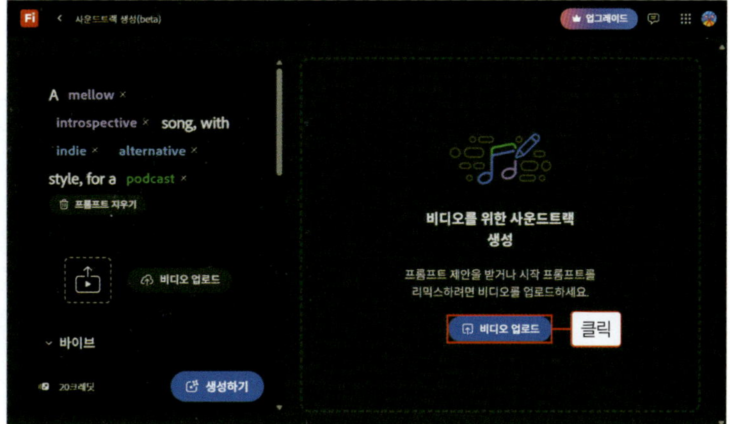

> **TIP** 업로드할 수 있는 비디오는 최대 5분이며, 길이에 따라 소모되는 크레딧이 증가합니다.

03 열기 대화상자가 표시되면 ❶ 프리미어 프로 → 01 폴더에서 ❷ '서핑타는 여성.mp4' 파일을 선택한 다음 ❸ 〈열기〉 버튼을 클릭합니다.

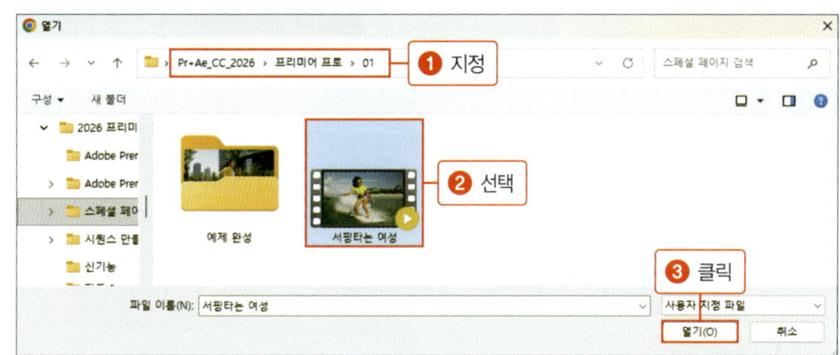

04 비디오 기반으로 파이어플라이가 프롬프트를 자동 생성합니다.

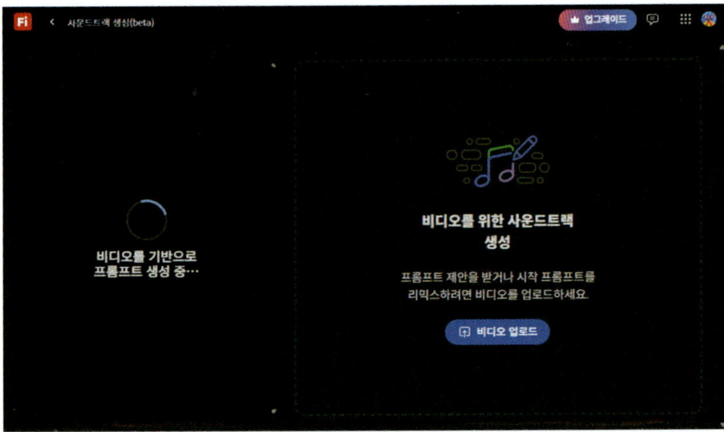

05 〈생성하기〉 버튼을 클릭해 비디오에 맞는 BGM을 생성합니다.

06 생성에는 약간의 시간이 소요되므로 기다립니다.

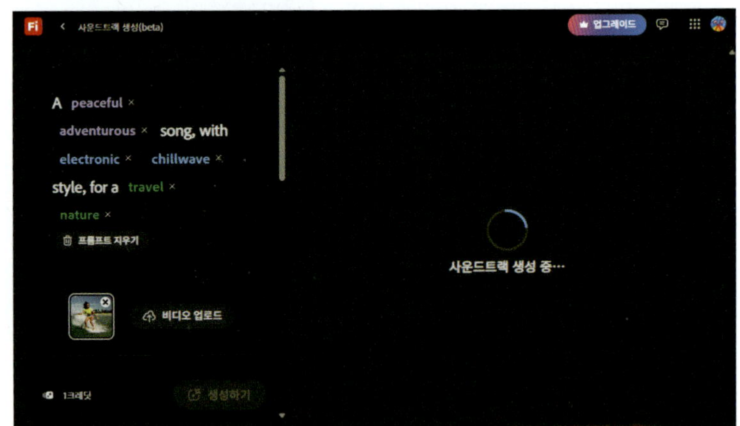

TIP

파이어플라이는 기본으로 유료 생성 크레딧 기반 서비스입니다. 무료 계정에도 제한된 생성 크레딧이 제공되어 이미지 및 프리미엄 기능을 체험할 수 있으며, 영상 생성(프리미엄 기능) 역시 무료 크레딧 범위 내에서 할 수 있습니다. 무료 크레딧을 모두 사용한 후에는 유료 플랜 가입 또는 추가 크레딧 구매가 필요합니다.

07 생성이 완료되면 총 4개의 사운드트랙이 자동으로 제안됩니다. 각 사운드트랙 아이콘을 클릭하면 해당 음악이 영상에 적용된 형태로 재생되어 장면과의 조화를 바로 확인할 수 있습니다.

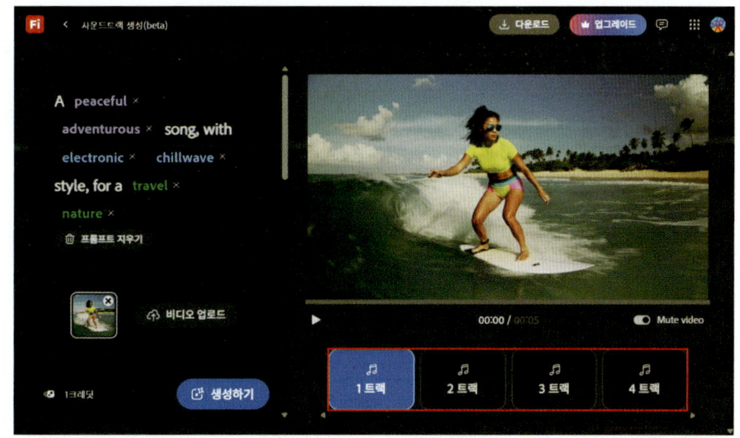

08 마음에 드는 BGM이 생성되면 〈다운로드〉 버튼을 클릭하여 영상을 다운로드합니다.

TIP

오른쪽 하단에는 기본으로 'Mute Video'가 활성화되어 있습니다. 이 기능을 비활성화하면 원본 영상의 소리가 유지된 채 생성된 BGM이 함께 재생되며, 두 사운드가 자연스럽게 섞인 미리 보기를 확인할 수 있습니다.

09 다운로드 옵션을 선택합니다. 여러 형식 중 예제에서는 '비디오 다운로드'를 선택해 생성된 BGM이 적용된 영상을 PC에 저장합니다.

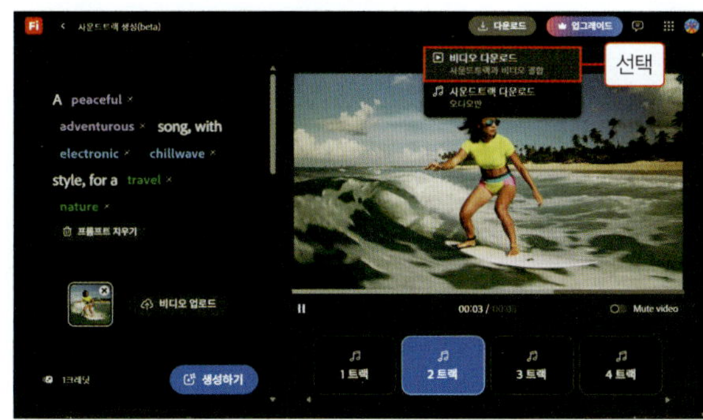

TIP

사운드트랙을 다운로드할 때 음악 파일 형태로 BGM이 제공됩니다. 프리미어 프로에서 오디오 트랙에 추가하여 사용할 수 있습니다.

Part 02

체크! 프리미어 프로 CC 2026 기본 도구와 패널

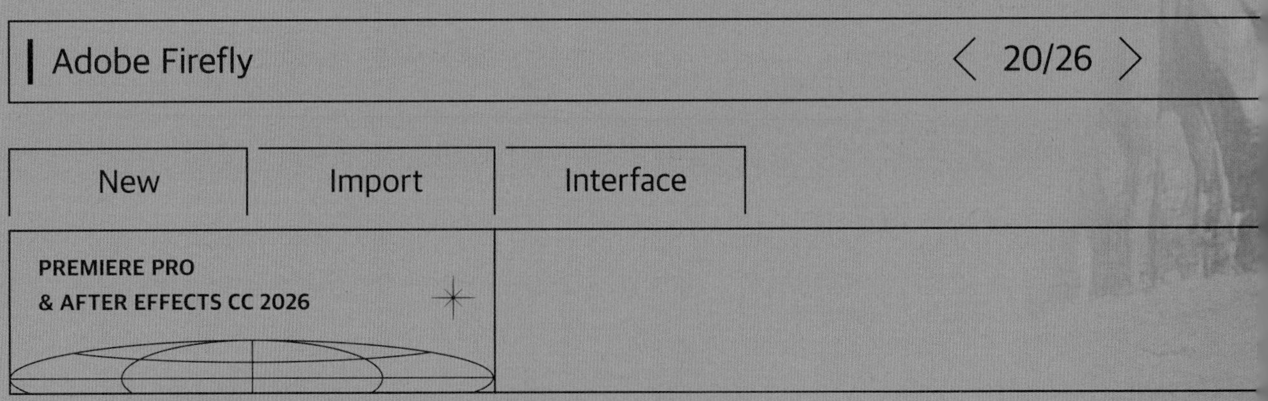

Generate
PREMIERE
26

LESSON 03 기본 영상 편집 작업을 위한 준비!

❶ 새로운 프로젝트 만들기

프리미어 프로를 처음 실행하면 복잡한 화면과 많은 버튼이 표시됩니다. 가장 먼저 해야 할 작업은 프로젝트를 만드는 것입니다. 프리미어 프로를 실행하고 프로젝트를 만드는 과정을 살펴보겠습니다.

Home 화면에서 새 프로젝트 만들기

프리미어 프로를 실행하면 가장 처음 표시되는 화면인 Home 화면에서 새로운 프로젝트를 만들기 위해 ❶ 〈New Project〉 버튼을 클릭합니다. New Project 대화상자가 표시되면 ❷ 프로젝트 이름과 경로를 지정한 다음 ❸ 〈Create〉 버튼을 클릭합니다.

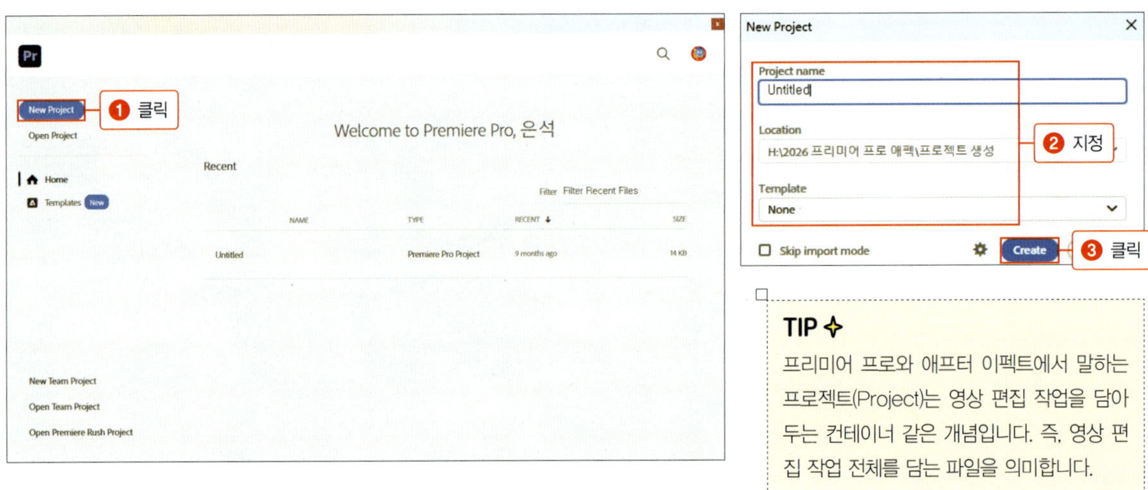

TIP
프리미어 프로와 애프터 이펙트에서 말하는 프로젝트(Project)는 영상 편집 작업을 담아 두는 컨테이너 같은 개념입니다. 즉, 영상 편집 작업 전체를 담는 파일을 의미합니다.

[File] 메뉴에서 새 프로젝트 만들기

❶ 메뉴에서 [File] → New → Project(Ctrl+Alt+N)를 실행합니다. New Project 대화상자가 표시되면 ❷ 프로젝트 이름과 경로를 지정하고 ❸ 〈Create〉 버튼을 클릭합니다.

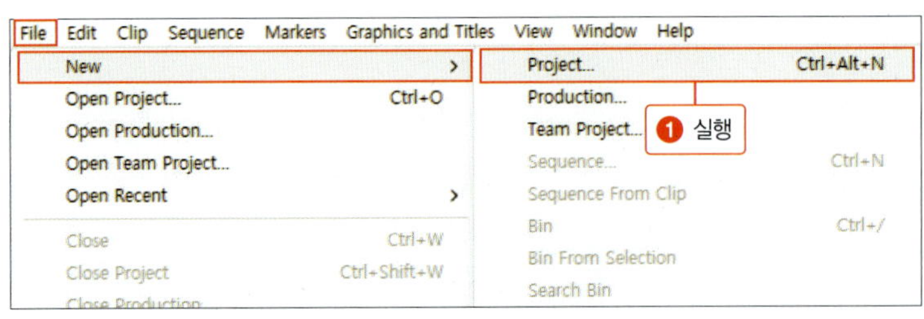

New Project
Project name
Untitled
Location
H:\2026 프리미어 프로 애펙\프로젝트 생성
❷ 지정
Template
None
Skip import mode
Create
❸ 클릭

❷ 프로젝트 불러오기

프리미어 프로에서 작업을 이어서 하려면 새 프로젝트를 생성하여 처음부터 다시 작업하는 것이 아니라 기존 프로젝트를 불러와야 합니다.

Home 화면에서 프로젝트 불러오기

이전에 작업한 프로젝트를 다시 열 때는 프리미어 프로를 실행하여 나타나는 Home 화면에서 ❶ 〈Open Project〉 버튼을 클릭합니다. ❷ Open Project 대화상자에서 저장 위치를 지정한 다음 ❸ 프로젝트를 선택하고 ❹ 〈열기〉 버튼을 클릭하여 불러올 수 있습니다.

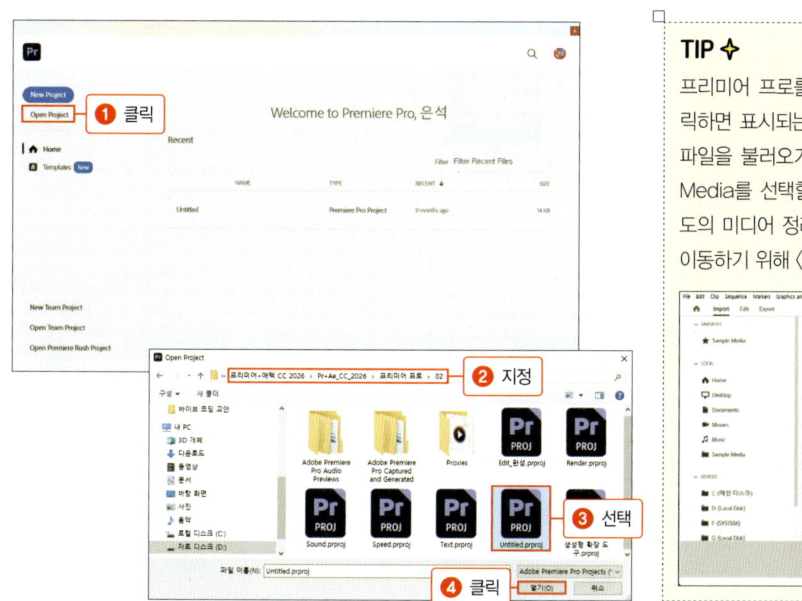

TIP ✦

프리미어 프로를 실행한 다음 〈New Project〉 버튼을 클릭하면 표시되는 [Import] 탭에서는 편집에 사용할 미디어 파일을 불러오거나 프리미어 프로에서 제공하는 Sample Media를 선택할 수 있습니다. 대부분 편집 작업에서는 별도의 미디어 정리나 시퀀스 설정 없이 바로 편집 화면으로 이동하기 위해 〈Skip〉 버튼을 클릭합니다.

[File] 메뉴에서 프로젝트 불러오기

메뉴에서 [File] → Open Project(Ctrl+O)를 실행해 프로젝트를 불러올 수 있습니다. Open Recent 하위 메뉴를 선택하면 최근에 작업한 프로젝트를 시간 순서대로 확인하고 불러올 수도 있습니다.

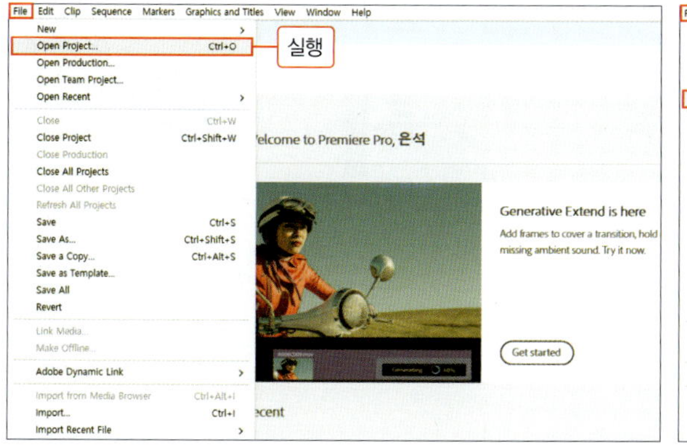

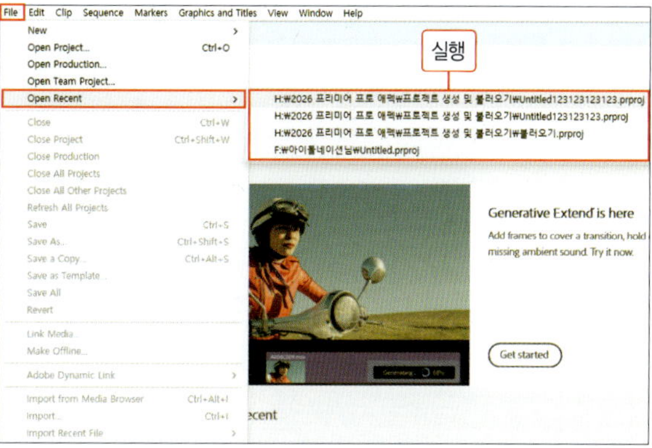

EASY 실습 영상 소스 불러오고 원하는 포맷으로 시퀀스 설정하기

프리미어 프로에서 프로젝트를 만들었다면 다음으로 생성해야 하는 것은 시퀀스입니다. 시퀀스(Sequence)는 여러 장면을 모아 편집할 수 있는 작업 단위로, 하나 이상의 장면을 묶은 것을 의미합니다. 영상 편집을 진행하려면 반드시 시퀀스를 만들어야 하므로, 원하는 포맷에 맞게 시퀀스를 설정하는 방법을 살펴보겠습니다.

[Import] 탭에서 영상 소스를 불러와 시퀀스 생성하기

01 프리미어 프로를 실행하고 프로젝트를 생성하면 표시되는 [Import] 탭에서 영상 소스를 클릭하여 영상 소스를 프리미어 프로에 불러올 수 있습니다. ❶ 왼쪽 영역의 파일 경로를 통해 편집 소스가 있는 경로로 이동하고 ❷ 편집 소스를 선택한 다음 ❸ 〈Import〉 버튼을 클릭합니다.

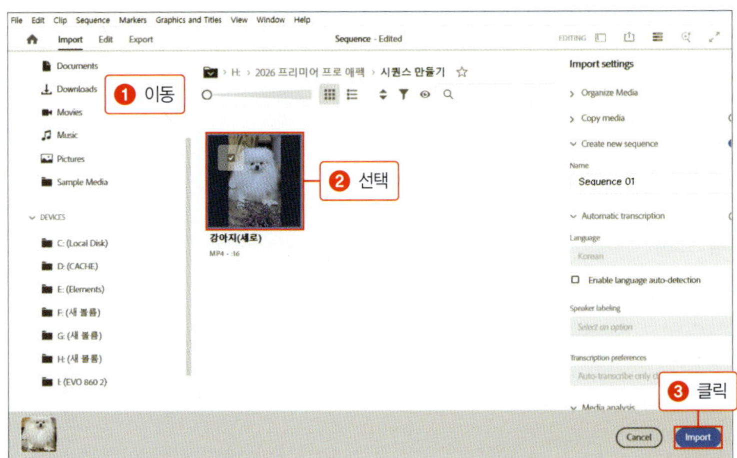

02 [Import] 탭에서 [Edit] 탭으로 전환됩니다. Project 패널에 불러온 영상 소스가 표시되면서 동시에 해당 영상을 기준으로 기본 시퀀스인 'Sequence 01'이 자동으로 생성됩니다.

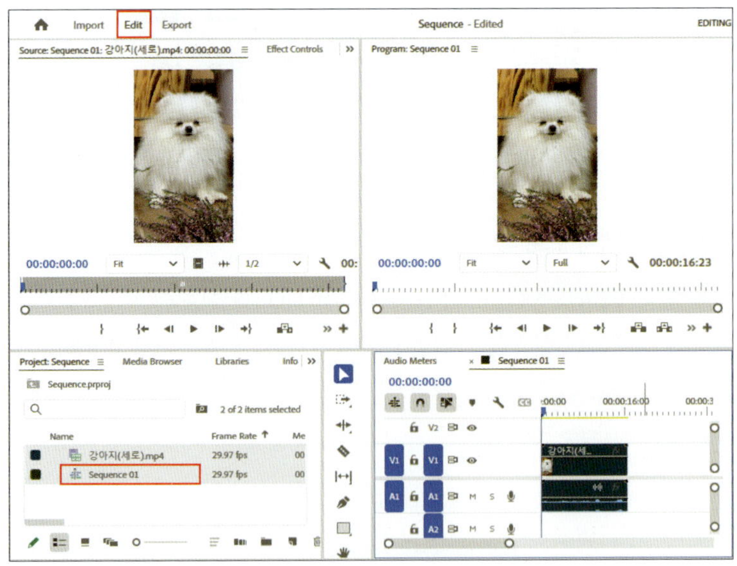

〔Edit〕 탭에서 영상 소스를 불러와 시퀀스 생성하기

01 프리미어 프로를 실행하고 〔Import〕 탭에서 〈Skip〉 버튼을 클릭하면 편집 공간인 〔Edit〕 탭으로 이동합니다.

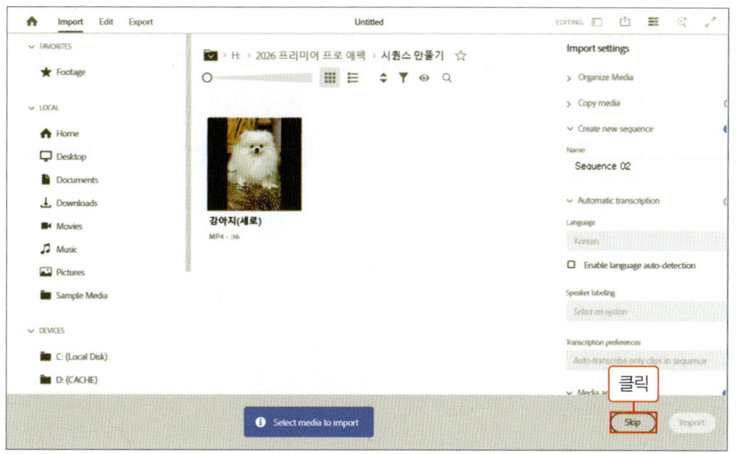

02 Project 패널을 더블클릭하거나 〈Import media〉 버튼을 클릭하면 편집에 필요한 소스를 불러올 수 있습니다.

03 Import 대화상자가 표시되면 ❶ 소스 파일이 저장된 폴더를 지정하고 ❷ 파일을 선택한 다음 ❸ 〈열기〉 버튼을 클릭하여 불러옵니다.

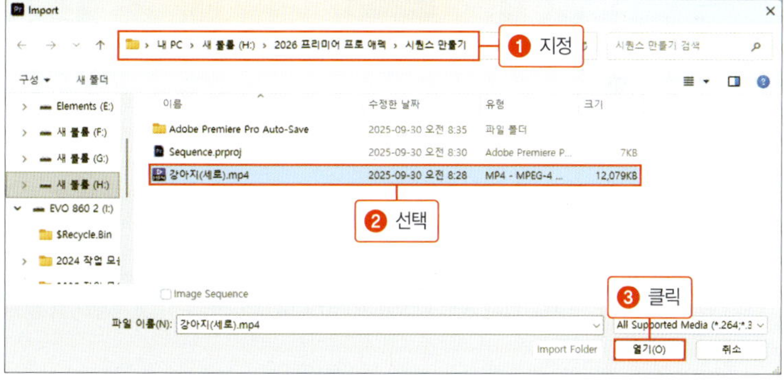

04 Project 패널의 불러온 소스를 Timeline 패널로 드래그하면 해당 소스에 맞는 설정의 시퀀스가 자동 생성됩니다.

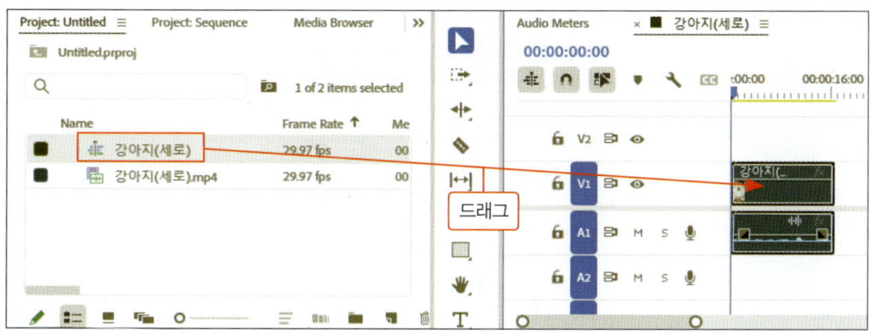

TIP

불과 몇 년 전까지만 해도 시퀀스를 설정하려면 영상의 해상도나 프레임 수(fps) 같은 정보를 일일이 입력해야 했습니다. 하지만 이제는 그런 과정 없이, 불러온 영상의 정보를 바탕으로 프리미어 프로가 자동으로 시퀀스를 생성합니다.

❸ 용도와 환경에 맞는 작업 환경 구축하기

프리미어 프로에서 프로젝트와 시퀀스를 생성하여 본격적인 편집 직전 단계에 도달했습니다. 이번에는 편집을 시작하기에 앞서 작업 효율을 높이기 위해 영상의 종류와 모니터 개수에 맞는 화면 구성 방법을 살펴봅니다. 가로형 영상과 세로형 영상, 모니터 1대와 2대 환경에 따라 프리미어 프로의 작업 화면을 자유롭게 커스터마이징할 수 있습니다. 이렇게 작업 환경을 조정하면 편집의 효율성과 가시성을 동시에 높일 수 있습니다.

가로형 영상

프리미어 프로에서 기본으로 제공하는 편집용 인터페이스입니다. 16:9 영상을 작업할 때 이 인터페이스를 사용하면 Program Monitor 패널에 영상을 가득 찬 상태로 확인하면서 작업할 수 있습니다.

세로형 영상

프리미어 프로에서 기본으로 제공하는 세로형 영상 전용 인터페이스입니다. 9:16 영상을 작업할 때 이 인터페이스를 사용하면 Program Monitor 패널에 영상을 가득 찬 상태로 확인하며 작업할 수 있습니다.

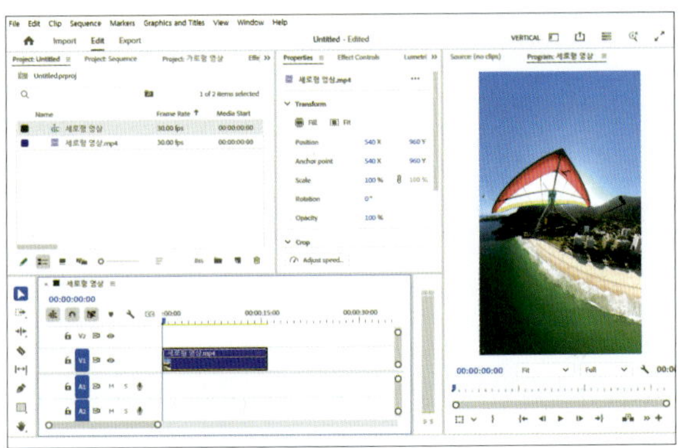

듀얼 모니터

모니터가 2대인 경우 한 모니터에는 Timeline 패널을 할당하면 작업 효율성이 크게 향상됩니다. 영상 작업을 본격적으로 진행하다 보면 타임라인에 수많은 레이어가 쌓이는데, 모니터가 1대인 경우에는 쌓인 레이어를 한눈에 확인하기 어렵지만, 모니터가 2대라면 한 모니터에 타임라인을 따로 할당하여 타임라인을 넓게 확인할 수 있습니다.

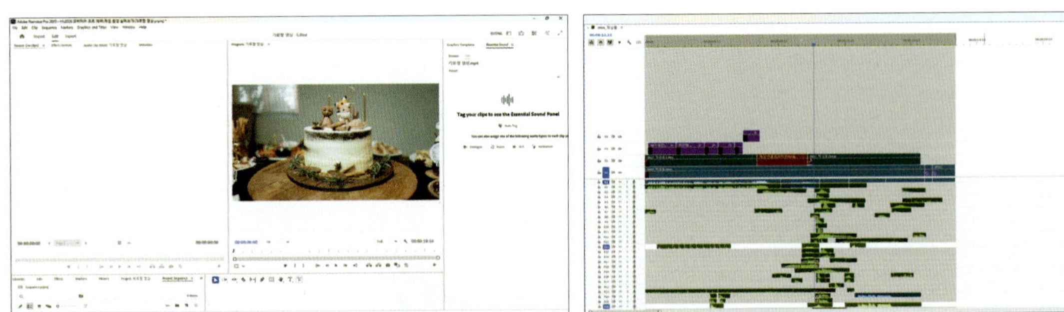

모니터가 2대인 경우, 한 모니터에는 타임라인을 제외한 나머지 화면을, 나머지 모니터에는 타임라인을 두어 효율적으로 작업을 진행할 수 있습니다.

EASY 실습 무거운 고해상도 영상을 가볍게 편집하기

기술이 발전하면서 4K, 8K 등 고해상도 영상에 대한 수요가 늘고, 이를 촬영할 수 있는 카메라도 많아졌습니다. 하지만 고해상도 영상을 편집할 때 작업 PC의 성능이 충분하지 않으면 실시간 재생이나 프리뷰가 어렵고 편집 작업이 힘들어질 수 있습니다. 이때 가장 효율적인 방법은 고해상도 영상을 데이터 용량과 해상도를 낮춘 프록시 파일로 변환하여 작업하는 것입니다. 프록시 파일로 편집하면 영상 재생이 끊김 없이 원활하며, 편집이 끝난 후 별도의 추가 작업 없이 원하는 설정으로 출력하면 자동으로 고해상도 결과물을 얻을 수 있습니다.

01 ❶ Project 패널에서 프록시 파일로 변환하고자 하는 소스를 선택하고 ❷ 마우스 오른쪽 버튼을 클릭한 다음 ❸ Proxy → Create Proxies를 실행합니다.

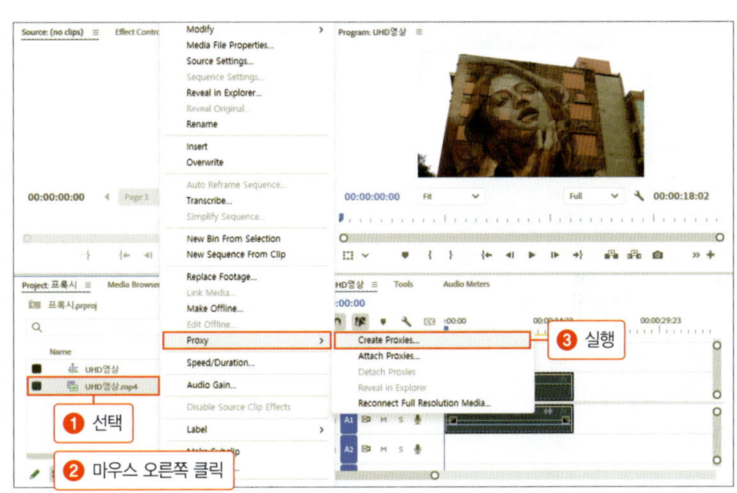

TIP ✦
Composition 패널 오른쪽 하단에 추가되는 Toggle Proxies(아이콘) 아이콘을 클릭하면 원본 영상과 프록시 파일 간 재생 · 편집 모드를 즉시 전환합니다.

02 Create Proxies 대화상자가 표시되면 ❶ 원하는 포맷과 해상도를 지정하고 파일이 저장될 위치를 지정한 다음 ❷ 〈OK〉 버튼을 클릭합니다.

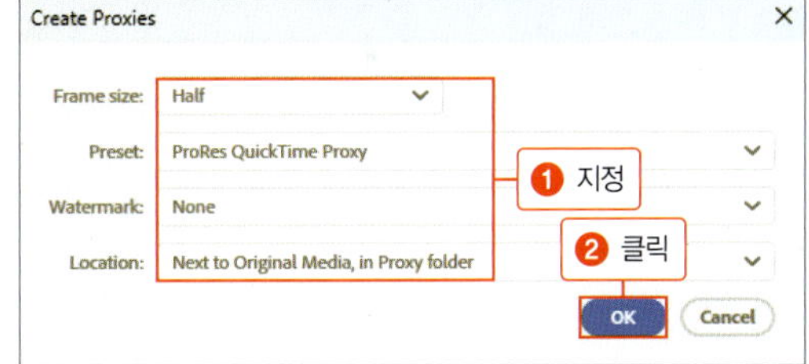

03 어도비 미디어 인코더(Adobe Media Encoder)가 자동으로 실행되어 고해상도 데이터를 가벼운 데이터로 변환해 프록시 파일을 만듭니다.

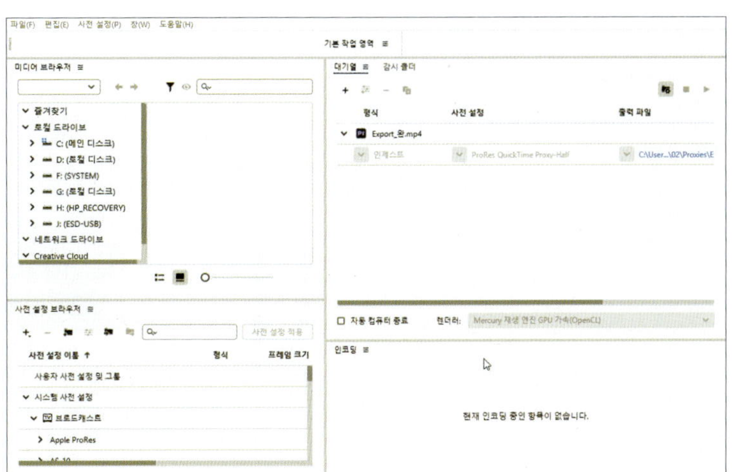

04 파일이 모두 변환되면 ❶ 마우스 오른쪽 버튼을 클릭한 다음 ❷ Proxy → Attach Proxies를 실행합니다.

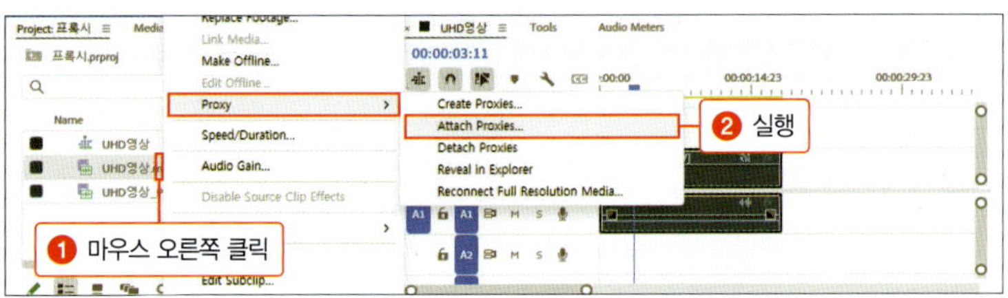

05 Attach Proxies 대화상자가 표시되면 ❶ 프록시 파일을 적용할 파일을 선택하고 ❷ 〈Attach〉 버튼을 클릭합니다.

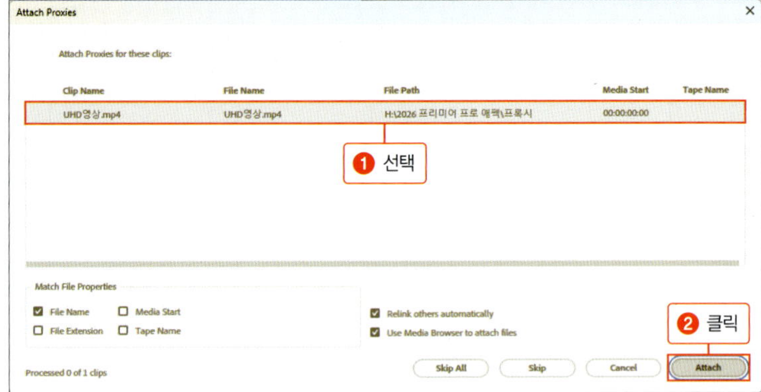

> **TIP**
> 프리미어 프로 버전에 따라 〈Attach〉 버튼이 〈Cancel〉 버튼 왼쪽에 있을 수 있습니다.

06 만들어진 ❶ 저해상도 프록시 파일을 찾고 ❷ 파일을 선택한 다음 ❸ 〈OK〉 버튼을 클릭하면 프록시 파일이 적용됩니다.

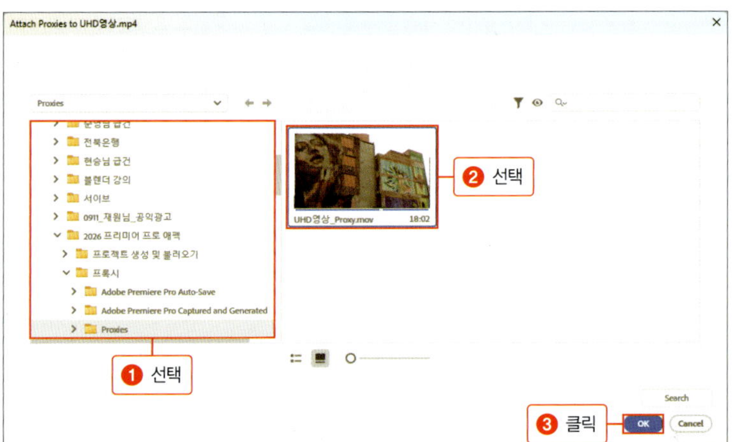

07 Timeline 패널에서 ❶ 프록시로 변경된 파일을 선택하면 ❷ Info 패널에서 적용된 프록시 비디오 정보를 확인할 수 있습니다.

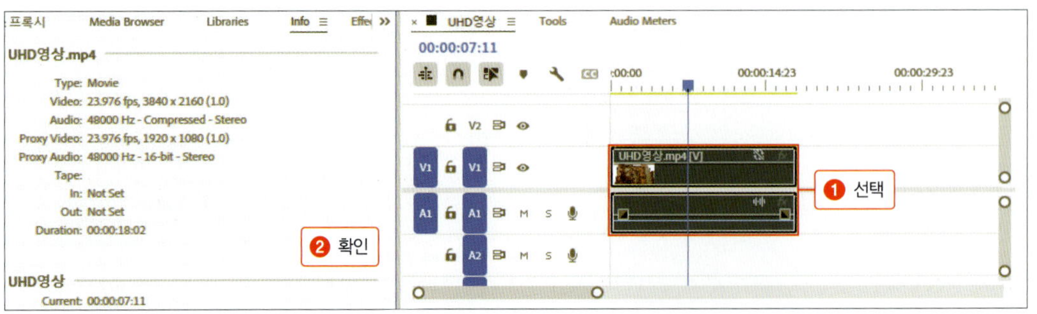

4K 영상인데 Info 패널에는 '1920 x 1080' UHD 영상으로 표시됩니다.

❹ 프리미어 프로 작업 환경 살펴보기

프리미어 프로의 작업 화면은 프로젝트 소스 관리, 영상 및 오디오 편집, 비디오 모니터링, 효과 작업 등을 위한 많은 패널이 있습니다. 본격적인 편집 작업을 시작하기 전에 필수 패널의 정보를 알아봅니다.

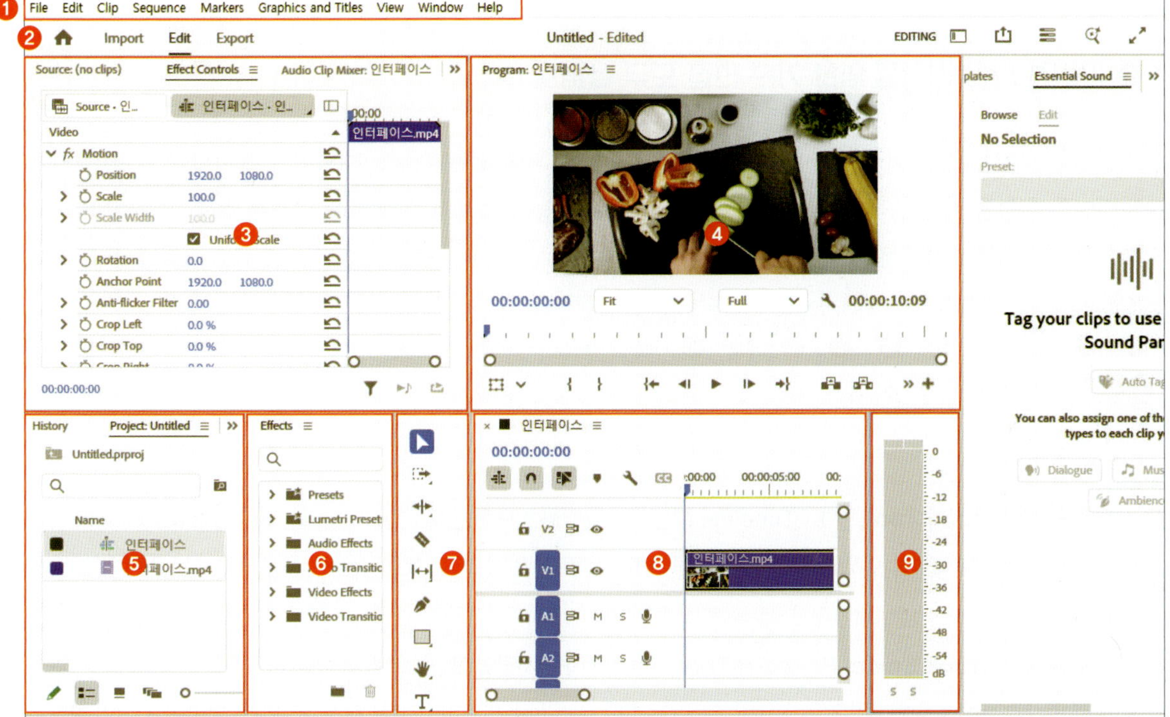

❶ **메뉴** : 프리미어 프로에서 실행할 수 있는 명령들이 9개의 메뉴로 구성되어 있습니다.

❷ **Header Bar** : 왼쪽에는 홈, Import, Edit, Export 등 주요 작업 메뉴가, 오른쪽에는 EDITING, 공유, 보기 옵션, 확대·축소 등 화면 제어 기능이 배치되어 있습니다.

❸ **Effect Controls 패널** : 영상 클립의 모션(Motion), 불투명도(Opacity), 이펙트와 오디오 클립의 볼륨(Volume) 이펙트 등을 한눈에 보면서 제어할 수 있으며, 키프레임을 만들고 제어하여 애니메이션을 만듭니다. 프리미어 프로에서 클립에 적용하면 해당 클립에 적용된 효과가 이 패널에 표시되어 효과를 설정할 수 있습니다.

❹ **Program Monitor 패널** : 현재 시간 표시기가 이동하는 장면을 보여주며, 편집되는 최종 결과물이 표시됩니다. 편집에 도움이 되는 여러 기능을 제어합니다. 예를 들어, 장면을 스크린샷으로 찍어 PC에 저장하는 기능 등이 있습니다.

❺ **Project 패널** : 영상, 이미지, 오디오 등 편집 소스를 관리하며 정보를 표시합니다.

❻ **Effects 패널** : 영상 또는 오디오 작업에 필요한 특수효과들이 모여 있습니다.

❼ **Tools 패널** : 클립을 선택하거나 잘라내는 등의 편집 도구와 자막, AI가 부족한 부분의 영상을 만들어 연장하는 생성형 확장 도구가 있습니다.

❽ **Timeline 패널** : 실질적인 작업이 이루어지는 공간으로 영상을 시간으로 탐색 및 제어합니다.

❾ **Audio Meters 패널** : 재생 중인 오디오의 볼륨을 시각적으로 확인할 수 있는 패널입니다. 오디오 레벨이 빨간색까지 닿으면 소리가 깨질 수 있으므로, 적절한 볼륨으로 조절하는 데 유용합니다.

LESSON 04

프리미어 프로 CC 2026 기본 도구와 패널

❶ 편리한 영상 편집을 위한 기본 편집 도구 살펴보기

프리미어 프로에는 영상 편집에 사용하는 다양한 도구들이 모여 있는 Tools 패널이 있습니다. Tools 패널은 타임라인의 클립을 직접 조작하거나 편집 작업에 필요한 기능을 빠르게 수행할 수 있도록 돕는 공간입니다. 일반적으로 Timeline 패널 왼쪽의 세로 막대 영역에 위치하며, 각 아이콘은 특정 편집 도구를 나타냅니다. 아이콘 아래에 꺾쇠 표시가 있는 메뉴는 길게 클릭하면 숨겨진 메뉴가 표시됩니다.

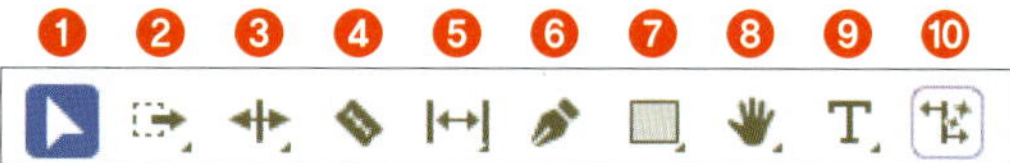

프리미어 프로의 Tools 패널

❶ **선택 도구(Selection Tool, V)** : Timeline 패널에서 클립을 선택하는 도구입니다. Ctrl, Alt, Shift를 함께 눌러 다양한 방법으로 클립을 선택할 수 있습니다. 클립 선택, 이동, 자르기 위치 조정, 트랜지션 조작 등 거의 모든 기본 작업에 사용합니다.

❷ **트랙 선택 도구(Track Select Forward Tool, A)** : 클릭한 지점의 클립과 트랙의 앞쪽 클립들을 선택합니다. Shift를 누르면 하나의 트랙에 있는 클립들을 선택할 수 있습니다. 트랙 선택 도구 아이콘을 길게 클릭하면 클릭한 지점의 클립과 트랙의 뒤쪽 클립들을 선택할 수 있는 뒤로 트랙 선택 도구(Track Select Backward Tool)를 선택할 수 있습니다.

- Track Select Forward Tool (A)
- ⓐ Track Select Backward Tool (Shift+A)

ⓐ **뒤로 트랙 선택 도구(Track Select Backward Tool, Shift+A)** : 클릭한 지점의 클립과 트랙의 뒤쪽 클립들을 선택합니다.

❸ **잔물결 편집 도구(Ripple Edit Tool, B)** : 클립의 시작이나 끝을 조정하면서 공간을 자동으로 채우는 편집 도구입니다. 클립의 끝을 드래그하면 뒤쪽의 클립이 함께 밀려나거나 따라옵니다. 잔물결 편집 도구 아이콘을 길게 클릭하면 롤링 편집 도구(Rolling Edit Tool), 속도 조정 도구(Rate Stretch Tool), 리믹스 도구(Remix Tool)를 선택할 수 있습니다.

- Ripple Edit Tool (B)
- ⓑ Rolling Edit Tool (N)
- ⓒ Rate Stretch Tool (R)
- ⓓ Remix Tool

ⓑ **롤링 편집 도구(Rolling Edit Tool, N)** : 두 클립의 연결 지점을 동시에 조정합니다. 전체 길이는 그대로 유지하고, 앞뒤 클립만 변합니다.

ⓒ **속도 조정 도구(Rate Stretch Tool, R)** : 클립의 재생 속도를 바꿔 클립의 전체 길이를 늘이거나 줄입니다.

ⓓ **리믹스 도구(Remix Tool)** : 오디오 클립의 끝부분을 드래그해 원하는 길이로 조절하면 AI가 클립 길이에 맞춰 자동으로 믹싱합니다. 음악 길이가 영상 길이와 맞지 않을 때 유용하게 사용할 수 있습니다. 이 도구로 리믹스한 음악의 구체적인 설정은 Essential Sound 패널에서 진행할 수 있습니다.

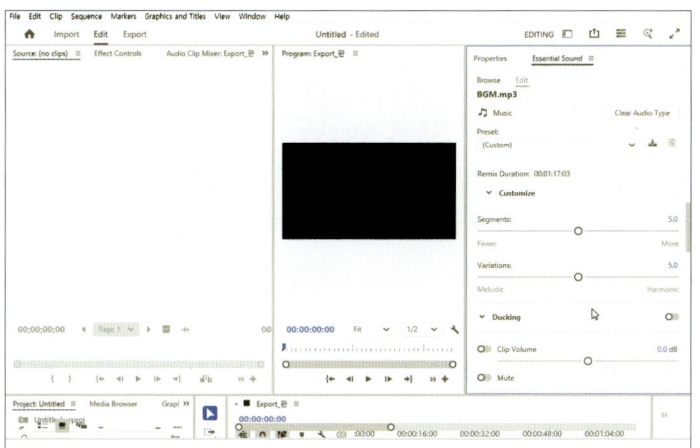

리믹스 제어 영역

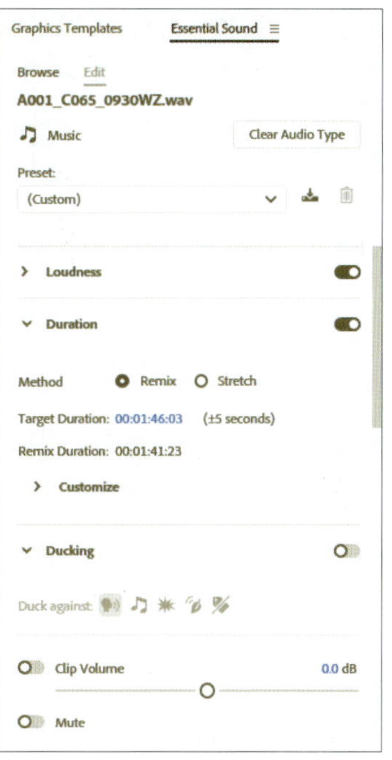

Essential Sound 패널의 오디오 클립 설정

❹ **자르기 도구(Razor Tool, C)** : 클립을 자를 때 사용합니다. 타임라인에서 원하는 위치를 클릭하면 클립이 나뉩니다. Shift를 누른 상태에서 클립을 클릭하면 모든 트랙의 클립들을 한 번에 자를 수 있습니다.

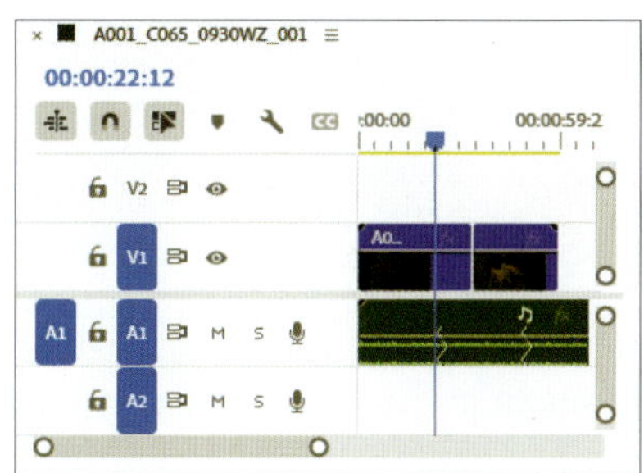

자르기 도구를 선택한 상태로 영상 클립을 클릭하면 영상 클립만 잘립니다.

자르기 도구를 선택하고 Shift를 누른 상태에서 영상 클립을 클릭하면 영상 클립과 아래에 있는 오디오 클립이 함께 잘립니다.

❺ **밀어넣기 도구(Slip Tool, Y)** : 타임라인에서 클립의 위치는 그대로 유지되며 내부 재생 구간만 이동됩니다. 밀어넣기 도구 아이콘을 길게 클릭하면 밀기 도구(Slide Tool)를 선택할 수 있습니다.

ⓔ **밀기도구(Slide Tool, U)** : 클립의 길이는 그대로 유지되면서 좌우로 이동하고, 양옆 클립의 길이를 자동으로 조정합니다.

❻ **펜 도구(Pen Tool, P)** : Program Monitor 패널에 원하는 모양의 도형 패스를 만듭니다. 적용된 패스는 Properties 패널의 〔Graphics〕 탭과 Effect Controls 패널의 Shape 항목에서 색상과 모양을 설정할 수 있습니다. 또한 펜 도구는 Effect Controls 패널의 키프레임을 추가 및 제거하거나 영상의 불투명도, 오디오 볼륨 라인 등을 조절할 때도 사용합니다.

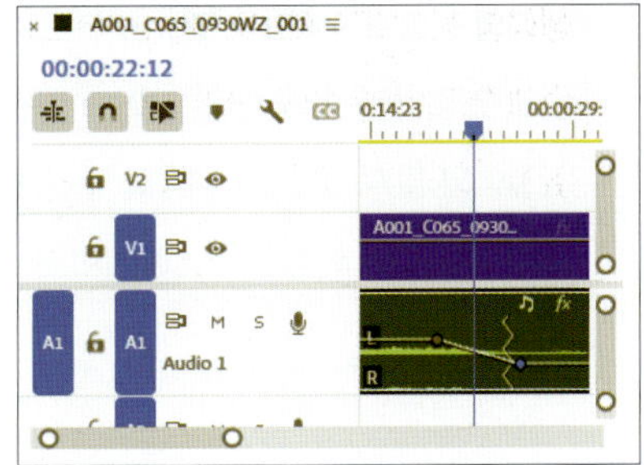

펜 도구는 Timeline 패널의 클립에서도 활용할 수 있으며,
이를 통해 영상의 불투명도나 오디오 볼륨 등을 세밀하게 조절할 수 있습니다.

❼ **사각형 도구(Rectangle Tool)** : Program Monitor 패널에 사각형 모양의 도형 패스를 만듭니다. Shift를 누른 채 드래그하면 정사각형 패스를 만들 수 있습니다. 사각형 도구 아이콘을 길게 클릭하면 원형 도구(Ellipse Tool)와 다각형 도구(Polygon Tool)를 선택할 수 있습니다. 생성된 도형은 펜 도구를 활용해 모양을 수정하거나 변형할 수 있습니다.

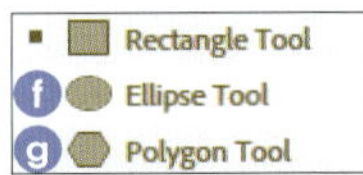

ⓕ **원형 도구(Ellipse Tool)** : Program Monitor 패널에 원형의 도형 패스를 만듭니다. Shift를 누른 상태로 드래그하면 정원형 패스를 만들 수 있습니다.

ⓖ **다각형 도구(Polygon Tool)** : Program Monitor 패널에 다각형의 도형 패스를 만듭니다. Properties 패널의 〔Graphics〕 탭에서 둥글기, 기준점 개수 등의 세부 설정을 통해 모양을 자유롭게 변형할 수 있습니다.

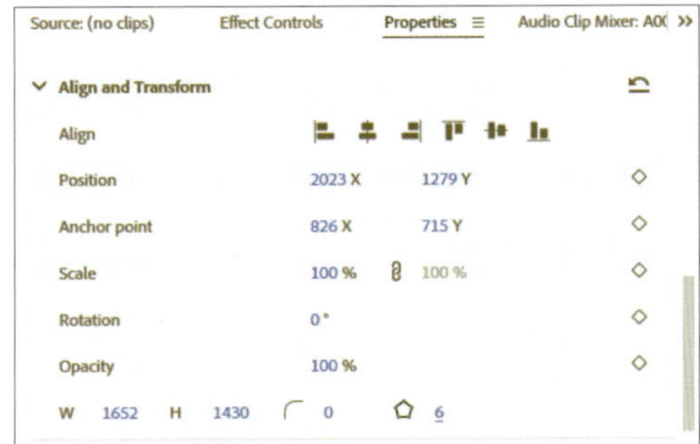

Properties 패널에서 패스를 세부적으로 설정할 수 있습니다.

❽ **손 도구(Hand Tool, H)** : Timeline 패널의 작업 화면을 좌우로 제어하며 이동합니다. 손 도구 아이콘을 길게 클릭하면 확대/축소 도구(Zoom Tool)를 선택할 수 있습니다.

ⓗ **확대/축소 도구(Zoom Tool, Z)** : Timeline 패널의 작업 화면을 확대(클릭) 또는 축소(Alt+클릭)합니다.

❾ **문자 도구(Type Tool, T)** : Program Monitor 패널을 클릭하여 글자를 입력할 수 있습니다. Effect Controls 패널에서 색상과 글꼴, 크기 등을 조절할 수 있습니다. 문자 도구 아이콘을 길게 클릭하면 세로 문자 도구(Vertical Type Tool)를 선택할 수 있습니다.

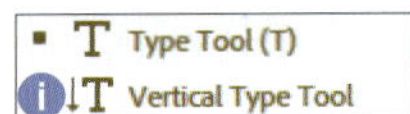

ⓘ **세로 문자 도구(Vertical Type Tool)** : Program Monitor 패널을 클릭해 세로 방향으로 글자를 입력할 수 있습니다. 마찬가지로 Effect Controls 패널에서 색상과 글꼴, 크기 등을 조절할 수 있습니다.

⑩ **생성형 확장 도구(Generative Extend Tool)** : 영상이나 오디오 클립의 끝부분을 드래그하여 클립의 길이를 자연스럽게 연장할 수 있습니다. 어도비 파이어플라이(Adobe Firefly) 기반 생성 AI를 이용하여 장면을 몇 초만 더 이어가고 싶을 때 촬영이나 추가 작업 없이 AI로 늘리는 도구입니다. 영상은 2초, 오디오는 10초, 영상+오디오는 2초까지 연장할 수 있습니다.

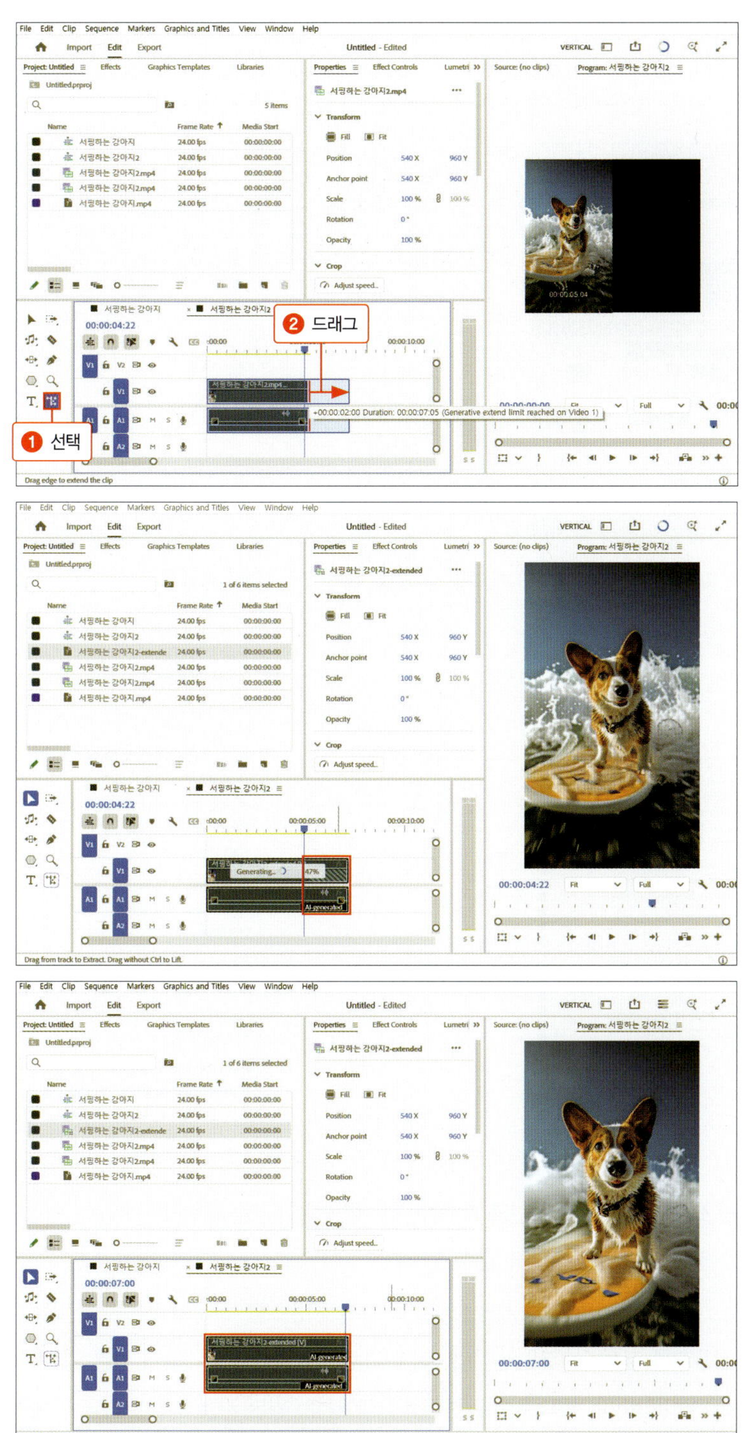

어도비 파이어플라이가 이전 영상을 분석하여 일관성 있는 장면을 연장해 생성합니다.

❷ 스마트한 편집 영역, Timeline 패널 살펴보기

Timeline 패널은 실질적으로 영상 편집이 이루어지는 작업 공간으로, 프리미어 프로에서 가장 중요한 역할을 합니다. 여기서는 다양한 영상, 오디오, 그래픽 클립을 시간 순서에 따라 배치하고, 컷 편집, 트랜지션, 효과, 색 보정 등 모든 편집 과정을 진행합니다.

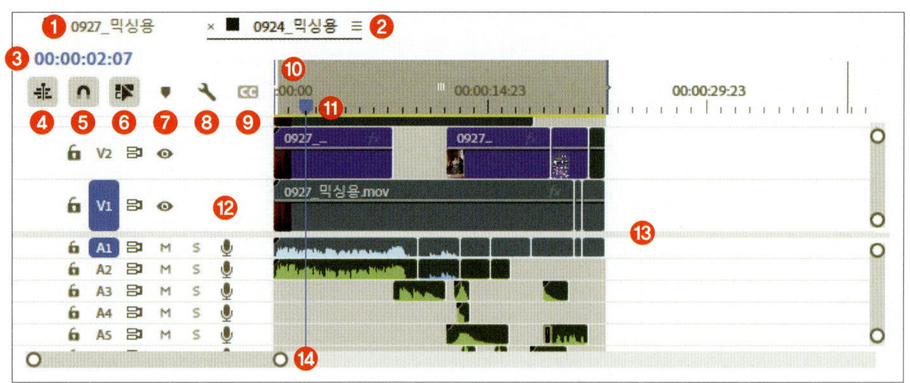

❶ **Sequence Name** : 현재 작업 중인 시퀀스 이름을 표시합니다.

❷ **패널 메뉴(Panel Menu)** : Timeline 패널의 다양한 기능을 제어할 수 있는 옵션 메뉴를 표시합니다.

- Close Panel
- Undock Panel
- Close Other Panels in Group
- Close Other Timeline Panels
- Panel Group Settings ›
- Work Area Bar
- Show Audio Time Units
- ✓ Audio Waveforms Use Label Color
- ✓ Rectified Audio Waveforms
- ✓ Logarithmic Waveform Scaling
- ✓ Time Ruler Numbers
- Start Time...
- Video Head and Tail Thumbnails
- • Video Head Thumbnails
- Continuous Video Thumbnails
- Create Preset from Sequence...
- Reveal Sequence in Project
- Link Media...
- Make Offline...
- Multi-Camera Audio Follows Video
- Multi-Camera Selection Top Down
- Multi-Camera Follows Nest Setting
- Label ›

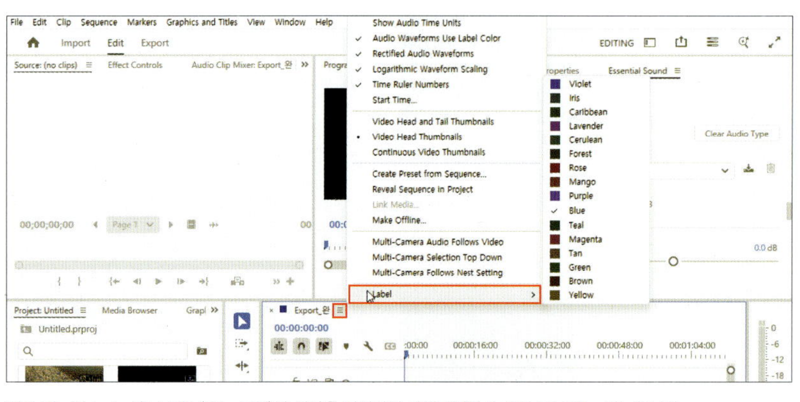

패널 메뉴의 Label은 시퀀스(또는 클립)의 색상을 변경하여 타임라인에서 쉽게 구분하는 기능입니다.

❸ **현재 시간(Current Time)** : 현재 시간 표시기가 위치한 시간을 표시합니다. 클릭해 시간을 입력하면 원하는 시간으로 현재 시간 표시기를 이동할 수 있습니다.

❹ **Insert and Overwrite Sequences** : 한 시퀀스를 다른 시퀀스에 넣을 때 그 시퀀스를 '하나의 묶음'으로 넣을지 아니면 '안에 있는 클립들 각각'을 그대로 넣을지를 결정하는 기능입니다. 이 아이콘이 활성화된 상태에서 시퀀스를 드래그하면 하나의 그룹화된 클립(묶음 클립)으로 들어갑니다. 반대로 비활성화된 상태에서는 원본 시퀀스 안에 있던 각 클립이 개별적으로 풀려서 타임라인에 추가됩니다.

❺ **Snap in Timeline(S)** : 클립을 이동하여 다른 클립 또는 편집 기준선에 붙일 때 자석처럼 경계선이 쉽게 붙도록 합니다.

❻ **Linked Selection** : 연결된 클립의 선택 여부를 설정하는 기능입니다. 기본으로 프리미어 프로에서는 이 기능이 활성화되어 있어 영상과 오디오가 함께 연결된 상태로 선택됩니다. 이 기능을 비활성화하면 연결된 영상과 오디오를 분리하여 각각 따로 선택하거나 편집할 수 있습니다.

❼ **Add Marker(M)** : Timeline 패널의 현재 시간 표시기가 있는 곳에 마커를 삽입하여 정보를 입력할 수 있습니다. M을 눌러 마커를 삽입할 수도 있습니다.

❽ **Timeline Display Settings** : Timeline 패널에 표시되는 UI 디스플레이를 설정합니다.

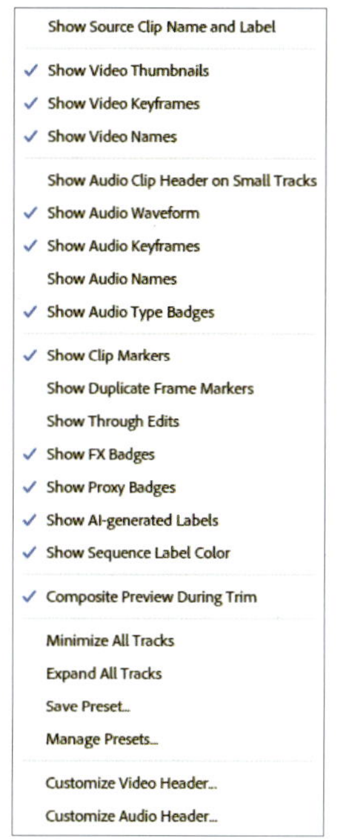

❾ **Caption track options** : 캡션 자막이 적용되었을 때 트랙에 표시되는 옵션을 제어합니다.

❿ **시간 표시자(Time Ruler)** : 타임라인에서 시간과 프레임 단위로 영상의 위치를 보여주는 부분입니다. 표시 형식(Display Format)에 따라 시간이나 프레임 단위로 표시 방식이 달라집니다.

⓫ **현재 시간 표시기(Current Time Indicator)** : 슬라이더를 좌우로 드래그하여 영상을 탐색하거나 편집 기준점을 생성합니다. 현재 시간 표시기가 위치한 시간 구간이 현재 시간에 표시됩니다.

⓬ **트랙 제어 영역** : 트랙의 이름, 표시, 잠금 등의 옵션을 제어할 수 있으며, 오디오 클립의 경우 음소거, 단독 재생, 녹음 등도 제어할 수 있습니다.

⓭ **타임라인 영역(Timeline Area)** : Timeline 패널의 작업이 실제 이뤄지는 공간으로 실제 영상과 오디오 클립이 배치되는 곳입니다. 이곳에서는 각각의 영상, 이미지, 자막, 음악 파일이 시간 순서대로 쌓여 하나의 완성된 영상이 됩니다. +, -를 눌러 화면에 표시되는 범위를 확대하거나 축소할 수 있습니다.

⓮ **작업 영역 확대/축소 슬라이더** : 슬라이더를 이동하거나 끝부분 핸들을 드래그하여 막대 길이를 조정함으로써 Timeline 패널 영역을 탐색하거나 표시되는 범위를 확대 및 축소할 수 있습니다.

❸ 자유자재로 작업 영역 설정하기

Timeline 패널에서 작업 영역을 확대하거나 축소하는 방법은 여러 가지가 있으며, 편리한 방법을 익혀두면 작업 속도를 높일 수 있습니다.

슬라이더로 작업 영역 확대 및 축소하기

Timeline 패널에서 작업 영역 확대/축소는 효율적인 편집을 위해 중요합니다. 클립이 많거나 타임라인이 복잡할 때는 하단 슬라이더의 핸들을 드래그해 클립 크기와 시간 표시 간격을 조절하면 전체 구성을 한눈에 파악할 수 있습니다.

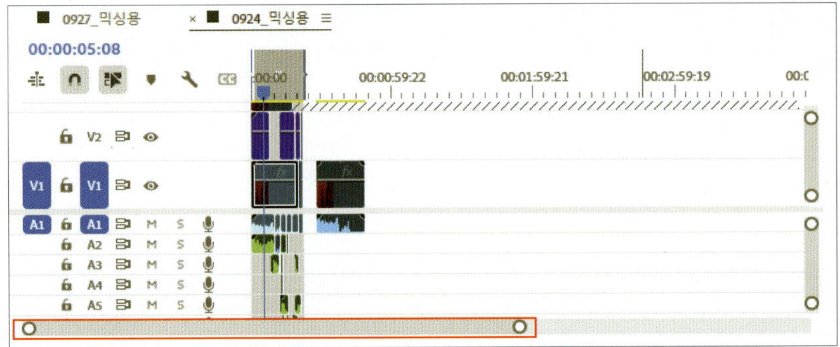

슬라이더를 활용하여 타임라인 축소

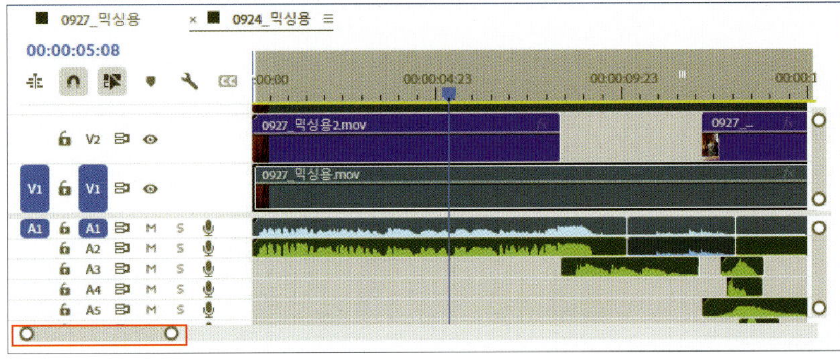

슬라이더를 활용하여 타임라인 확대

작업 영역 가득 채우기

\(Enter 위)를 누르면 Timeline 패널에 있는 모든 클립이 한 화면에 딱 맞게 확대 및 축소됩니다.

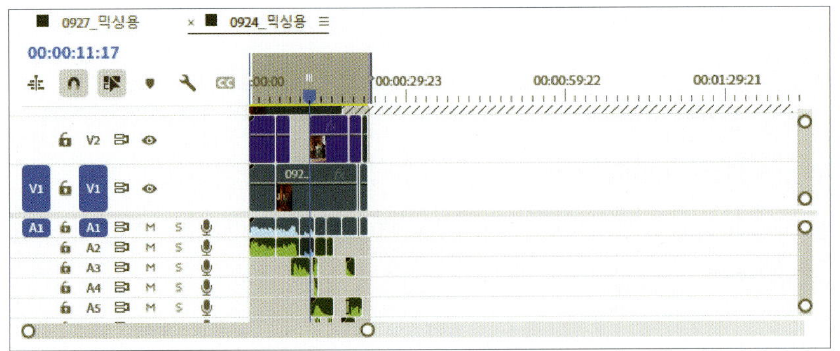

\를 누르기 전

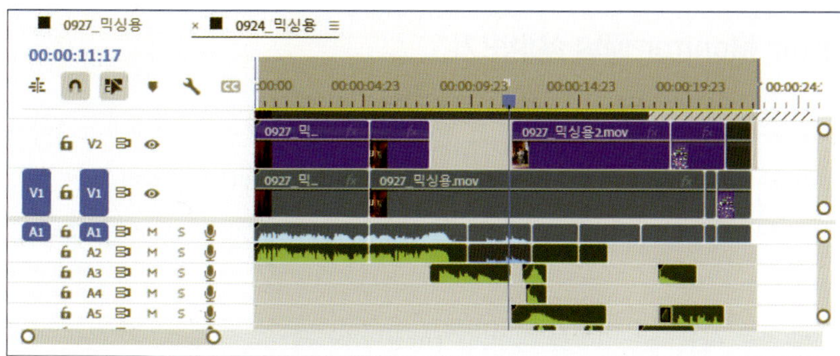

\를 누른 후

단축키로 작업 영역 확대 및 축소하기

+를 여러 번 눌러 작업 영역을 확대할 수 있고, -를 여러 번 눌러 작업 영역을 축소할 수도 있습니다.

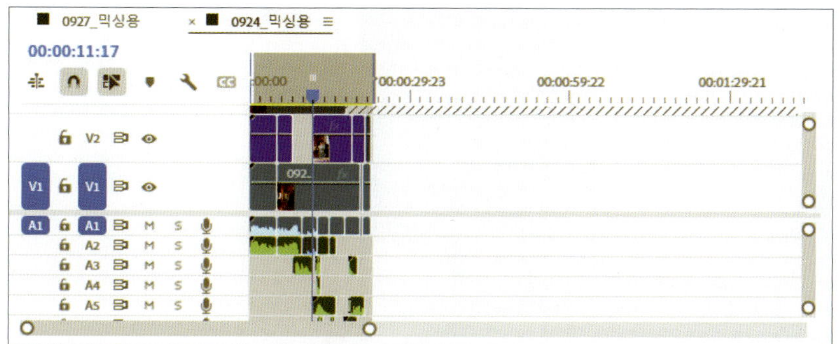

-를 눌러 작업 영역 축소

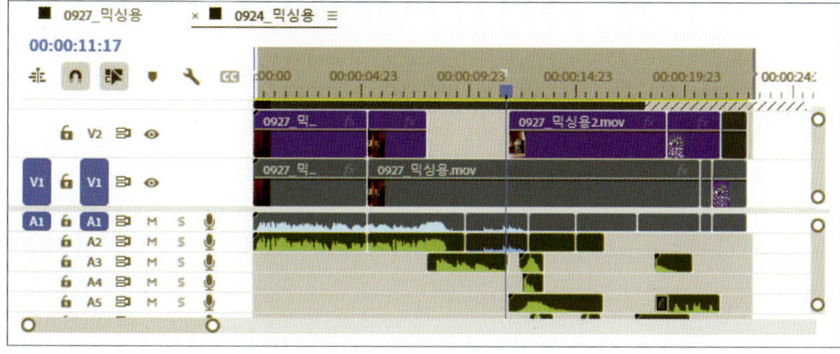

+를 눌러 작업 영역 확대

TIP ✧

여기서 소개한 방법들만큼 편리하고 직관적인 방법은 아니지만, Tools 패널의 돋보기 도구(🔍)를 활용하여 작업 영역을 확대 및 축소할 수 있습니다. 돋보기 도구는 손 도구(✋)를 길게 클릭하여 선택할 수 있습니다.

더 많은 Video 및 Audio 트랙을 확인하려면, Timeline 패널 오른쪽에 있는 세로 슬라이더와 핸들을 사용해 작업 영역을 위아래로 확대 및 축소할 수 있습니다.

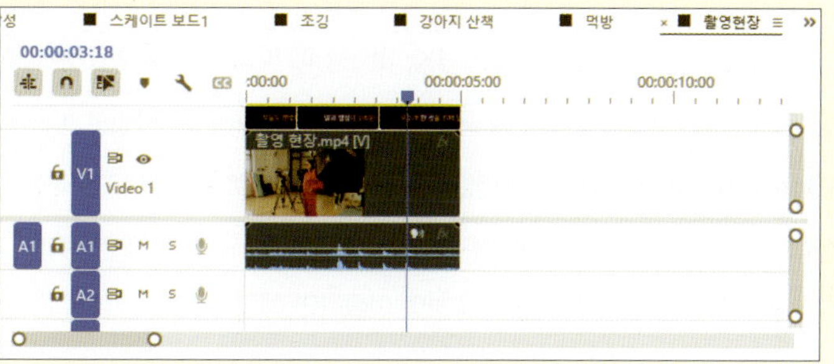

❹ 결과물을 확인하는 Program Monitor 패널 살펴보기

Program Monitor 패널은 Timeline 패널과 함께 프리미어 프로 편집 과정에서 가장 중요한 역할을 담당합니다. 이 패널은 작업 중인 영상이 최종 결과물 형태로 표시되는 공간으로, Timeline 패널의 현재 시간 표시기 위치에 따라 해당 구간이 실시간으로 나타납니다. 필요에 따라 출력 해상도, 화면 크기, 재생 품질, 출력 옵션 등을 자유롭게 조정할 수 있습니다.

Button Editor(버튼 편집기)를 통해 자주 사용하는 기능을 직접 추가하거나 다양한 보조 도구 아이콘을 배치하여 편집 효율을 높일 수 있습니다. 이를 통해 자신만의 맞춤형 프리뷰 환경을 구성할 수 있습니다.

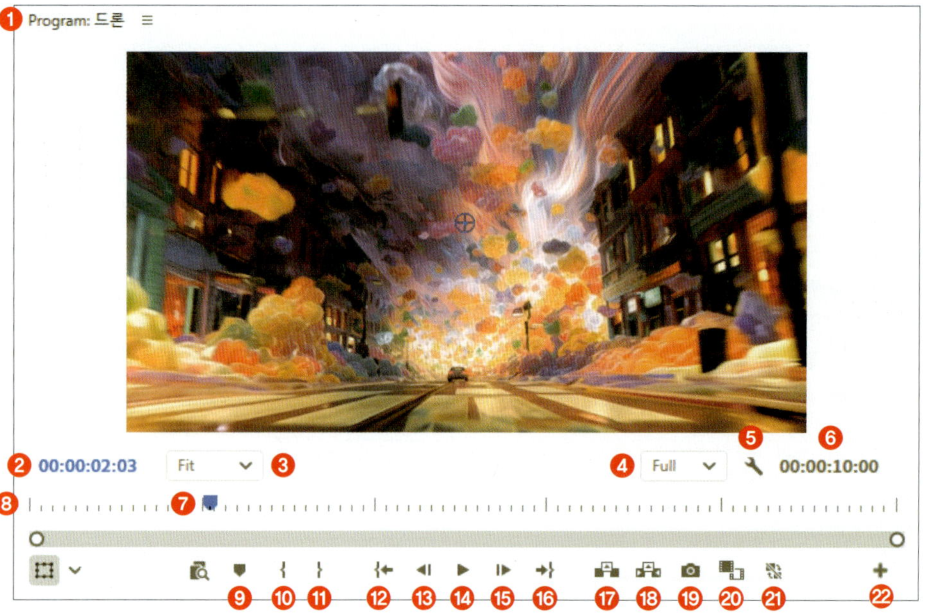

❶ **Sequence Name** : 작업 중인 시퀀스 이름을 표시합니다.

❷ **Playhead Position** : 현재 시간 표시기(Current Time Indicator) 위치에 해당하는 시간이 표시됩니다. 이 시간을 클릭하면 직접 원하는 시간 값을 입력하여 해당 시점으로 이동할 수 있습니다.

❸ **Select Zoom Level** : Program Monitor 패널에서 표시되는 영상의 화면 크기를 설정합니다. 'Fit'으로 지정하면 패널 크기에 맞춰 영상이 자동으로 조정됩니다. 또한, 클릭해 다양한 배율로 화면을 확대하거나 축소할 수 있습니다.

❹ **Select Playback Resolution** : 영상을 재생할 때 표시되는 해상도를 설정하며, 실시간 재생 중 영상 화질을 조정할 때 사용합니다. 표시되는 영상의 화질을 낮추면 컴퓨터 성능이 낮은 환경에서도 원활하게 재생할 수 있습니다. 또한 소스 클립의 해상도(HD, FHD, 4K, 8K 등)에 따라 선택할 수 있는 해상도 단계가 자동으로 조정됩니다.

❺ **Settings** : 모니터 화면에 출력되는 옵션 설정 메뉴를 표시합니다.

❻ **In/Out Duration** : 시작점(In)과 끝점(Out)으로 지정된 구간의 전체 재생 시간을 보여줍니다.

❼ **Time Indicator** : 현재 시간 표시기로 Timeline 패널과 연동되어 재생 중이거나 편집 중인 위치를 표시하는 기준점입니다. 이 지점을 좌우로 드래그하여 이동하면 해당 시점의 영상이 Program Monitor 패널에 표시됩니다.

❽ Timeline Area : Timeline 패널의 전체 작업 구간(Duration) 중 현재 화면에 표시되는 구간의 길이를 나타냅니다. 막대 부분 또는 양끝의 핸들을 드래그하여 표시 구간을 이동하거나 확대 · 축소할 수 있습니다.

❾ Search Similar Frames : 선택한 프레임과 유사한 화면 구성이나 색감, 움직임을 가진 장면을 프리미어 프로가 자동으로 찾아주는 기능입니다. 영상 전체를 분석해 비슷한 프레임을 빠르게 보여주기 때문에 필요한 컷을 찾아내거나 편집 포인트를 비교할 때 매우 효율적입니다.

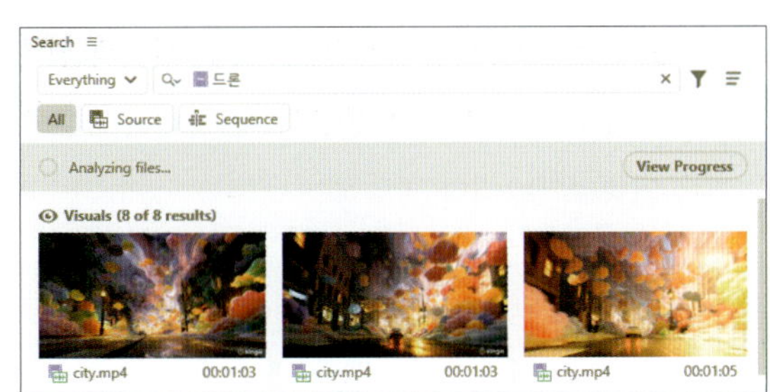

❿ Add Marker(M) : Timeline 패널의 현재 시간 표시기가 있는 곳에 마커를 삽입해 정보를 입력할 수 있습니다. 만든 마커를 더블클릭하여 마커에 대한 정보를 입력하거나 수정할 수 있습니다.

⓫ Mark In(I) : 편집 구간의 시작점을 지정하는 기능입니다.

⓬ Mark Out(O) : 편집 구간의 끝점을 지정하는 기능입니다.

⓭ Go to In(Shift+I) : 시작 부분으로 이동합니다.

⓮ Step Back 1 Frame(←) : 1프레임 뒤로 이동합니다.

⓯ Play-Stop Toggle(Spacebar) : 영상의 재생과 정지를 번갈아 실행합니다.

⓰ Step Forward 1 Frame(→) : 1프레임 앞으로 이동합니다.

⓱ Go to Out(Shift+O) : 끝부분으로 이동합니다.

⓲ Lift(;) : 편집 구간(In/Out 사이)을 비워두고 클립만 삭제합니다. Mark In과 Mark Out으로 지정된 구간의 클립을 삭제하되 그 구간의 길이는 유지합니다.

⓳ Extract(') : 편집 구간(In/Out 사이)에 지정된 클립을 삭제하고, 그만큼 빈 구간을 자동으로 당겨 붙이는 기능입니다. Mark In과 Mark Out으로 지정된 구간의 클립을 삭제하고 해당 구간의 공간을 없앱니다.

⓴ Export Frame(Ctrl+Shift+E) : 현재 시간 표시기(Playhead)가 위치한 프레임을 이미지로 출력합니다. 이 기능을 사용하면 영상의 특정 장면을 이미지 파일(JPEG, PNG 등)로 저장할 수 있으므로, 섬네일 제작이나 장면 분석, 스토리보드 작업 등에 활용할 수 있습니다.

㉑ Comparison View : 시퀀스 안에서 현재 프레임과 다른 시점의 장면을 나란히 비교할 수 있는 모드입니다. 왼쪽 화면 아래의 슬라이더를 움직이면 원하는 시점의 장면을 선택하여 색 보정이나 컷 전환 등을 비교할 수 있습니다.

㉒ Button Editor : Program Monitor 패널 아래에 표시된 버튼 영역의 기능들을 사용자가 직접 구성할 수 있는 도구입니다. 이 기능을 사용하면 자주 사용하는 버튼을 추가하거나 제거하여 자신에게 맞는 맞춤형 편집 인터페이스를 만들 수 있습니다. 원하는 기능을 추가하려면 파란색 상자 영역으로 아이콘을 드래그하여 배치합니다. 반대로 파란색 상자 안의 아이콘을 밖으로 드래그하면 해당 기능이 삭제됩니다.

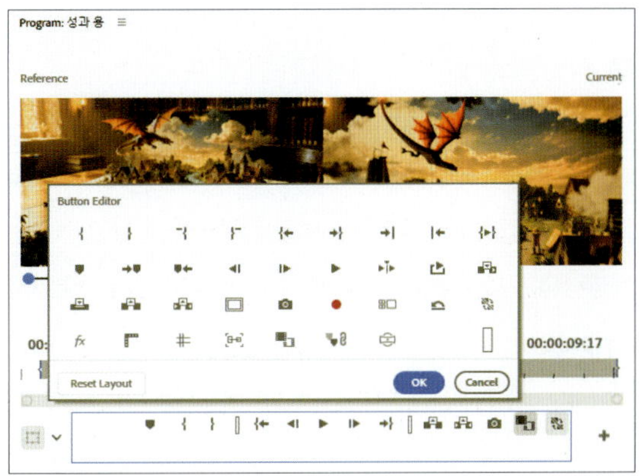

EASY 실습 클립을 원하는 대로 자르고 붙이기

클립을 자르고 붙이는 과정은 프리미어 프로 편집의 가장 기본 개념으로, 장면 전환이나 불필요한 구간 제거 등 모든 영상 편집의 출발점인 핵심 작업입니다. 프리미어 프로에서 실제로 클립을 편집하고 이동하여 배치하는 과정을 알아보겠습니다.

01 프리미어 프로를 실행하고 새 프로젝트를 만든 다음 파일을 불러오기 위해 Ctrl+I를 누릅니다.

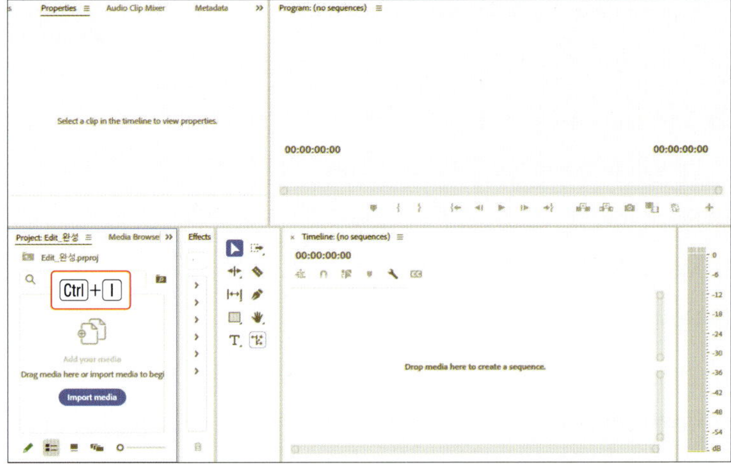

TIP

Project 패널의 여백을 더블클릭하거나 〈Import media〉 버튼을 클릭하여 파일을 불러올 수도 있습니다.

02 Import 대화상자가 표시되면 ❶ 프리미어 프로 → 02 폴더에서 ❷ '타임랩스.mp4' 파일을 선택한 다음 ❸ 〈열기〉 버튼을 클릭합니다.

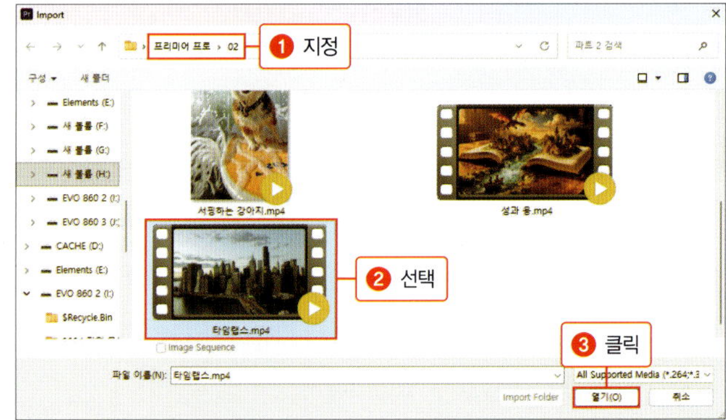

03 소스 클립과 같은 포맷의 시퀀스를 만들기 위해 Project 패널의 ❶ '타임랩스.mp4' 소스에서 마우스 오른쪽 버튼을 클릭하고 ❷ New Sequence From Clip을 실행합니다.

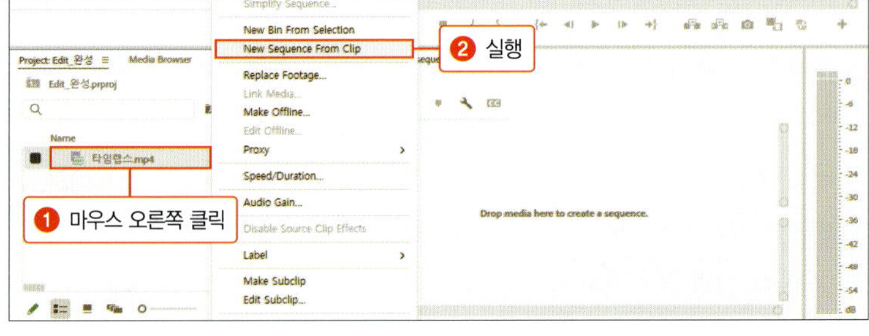

TIP

Project 패널에 불러온 소스 클립을 Timeline 패널로 드래그해도 소스 클립의 해상도와 프레임 속도 등이 같은 시퀀스가 자동으로 생성됩니다. 이는 Timeline 패널이 비어있을 때 시퀀스를 빠르게 만드는 방법입니다.

04 소스 클립의 해상도와 프레임 속도 등이 같은 시퀀스가 자동으로 생성됩니다. Timeline 패널에서 ❶ 현재 시간 표시기를 '00:00:03:00'으로 이동합니다. Tools 패널에서 ❷ 자르기 도구(✎)를 선택하고 Timeline 패널의 ❸ '타임랩스.mp4' 클립을 클릭하여 자릅니다. 영상 클립이 둘로 나뉩니다.

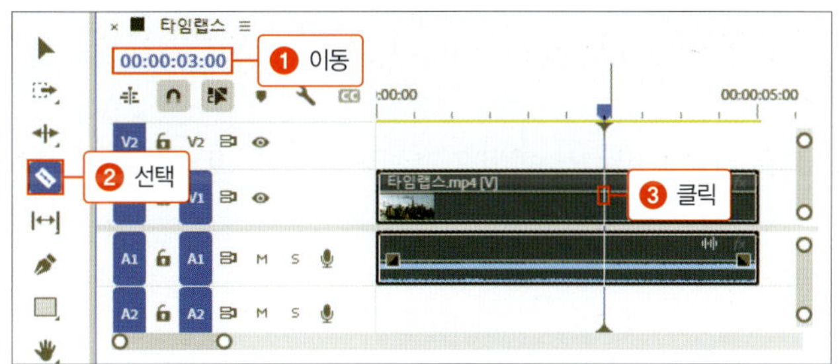

TIP ✦

자르기 도구를 선택하지 않아도 현재 시간 표시기를 이동한 상태에서 Ctrl+K를 누르면 한 번에 편집할 수 있습니다. 해당 단축키는 자주 사용하므로 익혀두면 작업 효율을 높일 수 있습니다.

05 Tools 패널에서 ❶ 선택 도구(▶)를 선택한 다음 ❷ 뒤쪽에 있는 '타임랩스.mp4' 클립을 현재 시간 표시기를 기준으로 끝점에 맞춰 드래그하여 이동합니다.

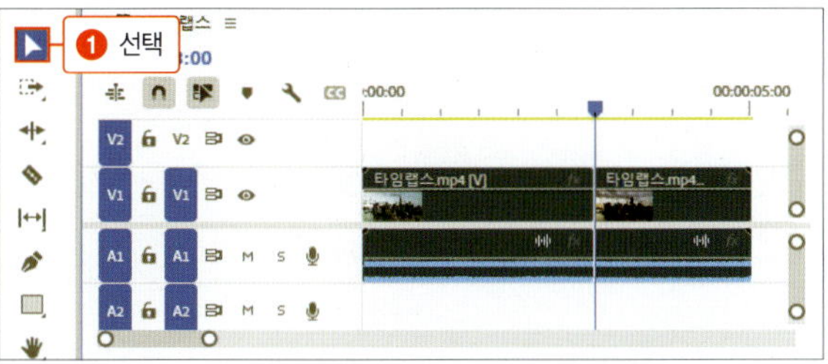

클립을 이동하기 전

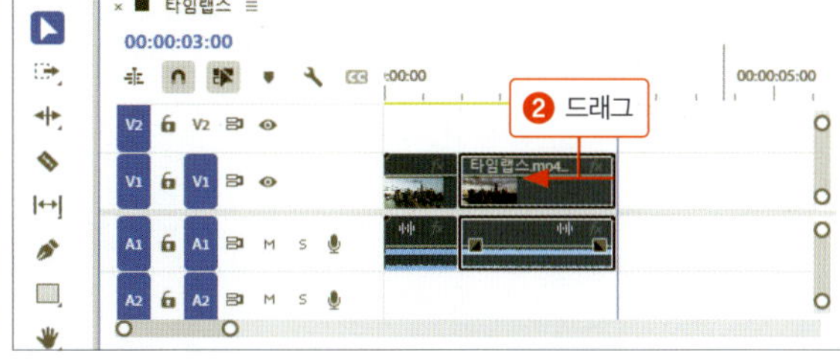

클립을 이동한 후

06 하나의 소스 영상을 잘라 두 개의 클립으로 나눈 후 뒤쪽 클립을 앞으로 당겨 5초짜리 영상을 3초 길이로 편집했습니다.

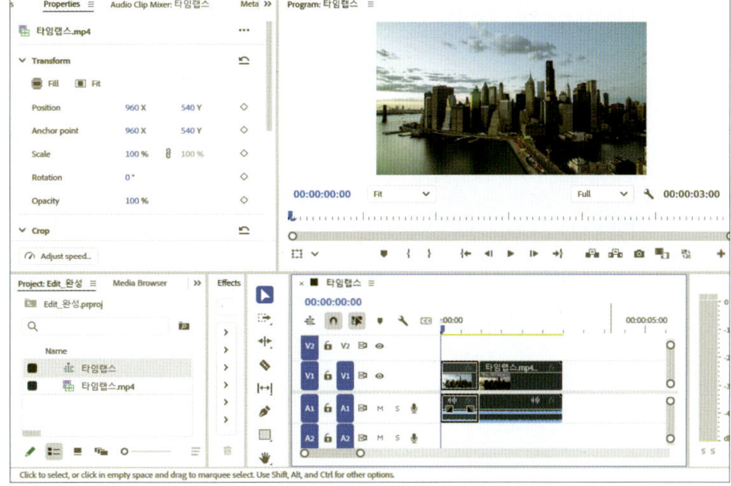

TIP ✦ 영상 편집 과정의 이해

영상 편집은 단순히 장면을 이어 붙이는 작업이 아니라 이야기의 흐름을 완성하는 과정입니다. 편집자는 촬영된 원본 영상에서 전달하고자 하는 내용과 감정의 흐름을 고려해 촬영 원본에서 실질적으로 사용할 가장 알맞은 장면(OK 컷)을 선택하고 필요에 따라 앞뒤를 자르거나 정리합니다. 이후 타임라인에서 불필요한 부분의 클립을 자르고(레이저 도구, Razor Tool), 이동하거나 붙이는(선택 도구, Selection Tool) 과정을 통해 영상의 길이와 구성을 조정합니다. 이러한 클립을 자르고 붙이는 기본 편집 과정은 프리미어 프로의 핵심이자 모든 편집의 출발점인 가장 중요한 단계입니다.

Pr

LESSON 05

따라 하면서 익히는 영상 편집 핵심 기능

❶ 기본 자막 디자인하기

작품의 장르와 스타일에 따라 다양한 타이틀과 자막을 활용합니다. 프리미어 프로에서는 업데이트된 스마트한 텍스트 제작 기능을 통해 작품 성격에 맞는 캡션, 자막, 타이틀 등을 디자인할 수 있습니다.

기본 글자 입력하기

Tools 패널에서 ❶ 문자 도구(T)를 선택한 다음 ❷ Program Monitor 패널을 클릭하고 글자를 입력할 수 있습니다.

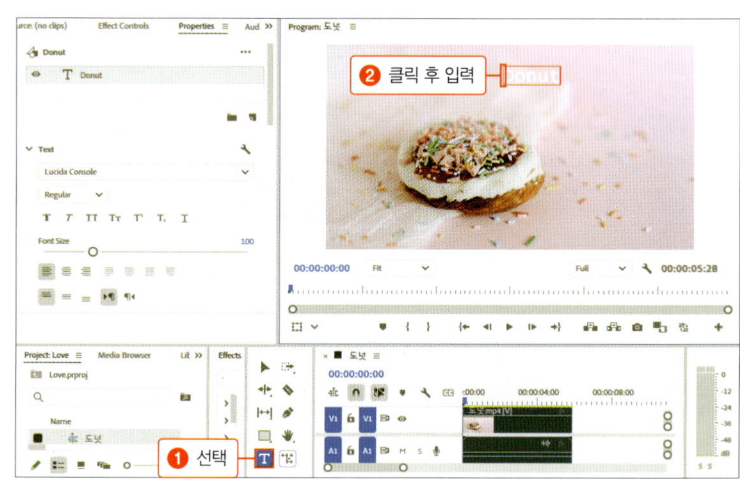

글꼴, 글자 색, 글자 디자인 바꾸기

문자를 입력하고 Tools 패널에서 ❶ 선택 도구(▶)를 선택합니다. Properties 패널이 표시되면 ❷ Text 및 Appearance 항목에서 글꼴, 글자 크기, 색상 등의 속성을 세부적으로 설정할 수 있습니다. Properties 패널을 활용하면 자막이나 그래픽 텍스트의 스타일을 자유롭게 변경해 영상의 분위기와 디자인에 맞는 타이틀을 손쉽게 제작할 수 있습니다.

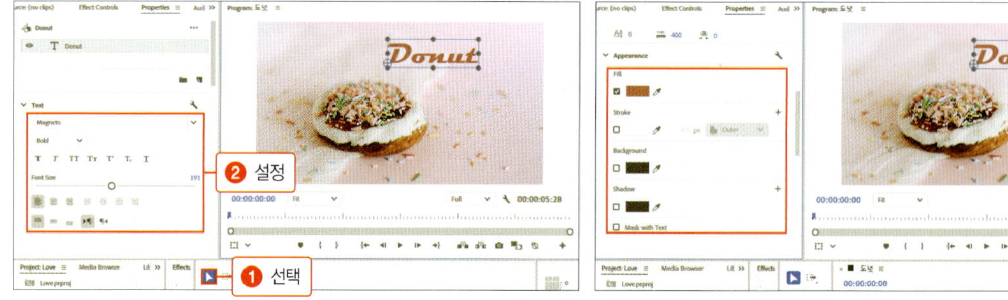

Properties 패널의 Text 항목에서 글꼴과 글자 크기, 정렬 등을 설정할 수 있습니다.

Properties 패널의 Appearance 항목에서 글자 색, 외곽선, 텍스트 박스, 그림자 등을 조절할 수 있습니다.

글자 크기와 위치 변경하기

Properties 패널이 표시되면 Align and Transform 항목에서 텍스트 위치(Position), 크기(Scale), 회전(Rotation), 불투명도(Opacity) 등을 설정할 수 있습니다. 또한 키프레임을 설정하여 텍스트에 애니메이션 효과를 적용할 수도 있습니다. 해당 부분에 수치값을 직접 입력하지 않아도 Program Monitor 패널에서 문자를 드래그하거나 회전하여 글자의 위치와 크기를 직관적으로 조정할 수 있습니다.

세로 문자 입력하기

Tools 패널의 ❶ 문자 도구(T)를 길게 클릭하여 표시되는 ❷ 세로 문자 도구(↓T)를 선택하고 ❸ Program Monitor 패널에 클릭한 후 텍스트를 입력합니다. 세로 문자 도구(Vertical Type Tool)를 사용하면 Program Monitor 패널에서 문자 도구처럼 세로로 진행되는 텍스트를 입력하고 디자인할 수 있습니다.

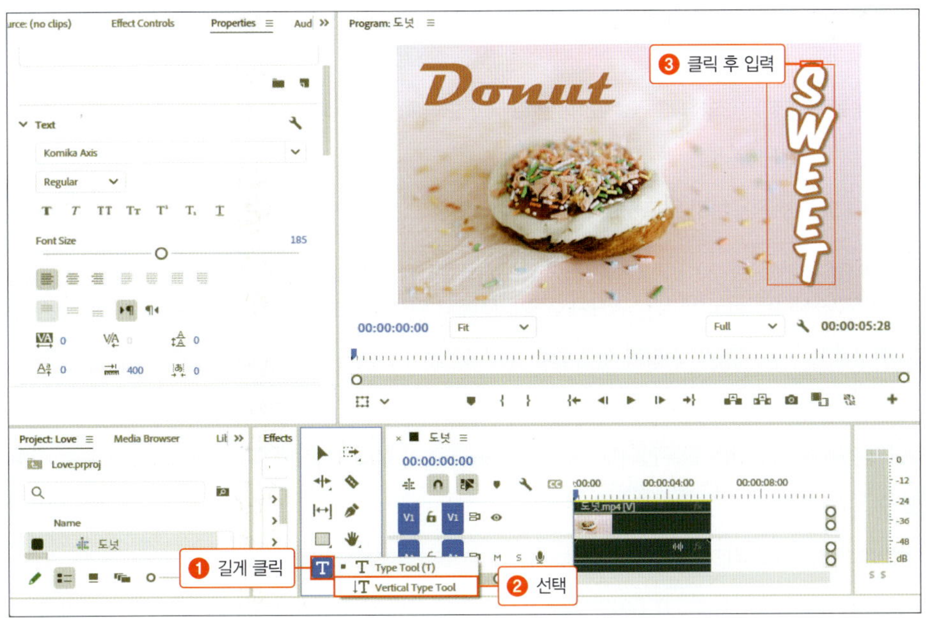

왜? ✧

제목이나 크레딧, 포스터 스타일의 디자인 작업 과정에서 세로 문자 도구를 활용하면 시각적으로 독특한 레이아웃을 연출할 수 있습니다.

❷ 오디오 볼륨 조절하기

영상 편집에서 오디오는 화면의 완성도를 높이는 중요한 요소입니다. 프리미어 프로에서는 Effect Controls 패널을 통해 오디오 크기(Volume), 좌우 밸런스(Balance), 채널별 볼륨(Channel Volume) 등을 세밀하게 조절할 수 있습니다.

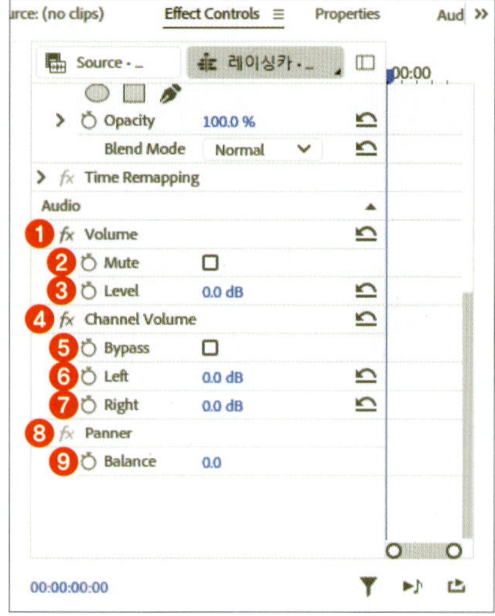

❶ **Volume(전체 볼륨 조절)** : 오디오 클립 전체의 소리 크기를 조절하는 기본 항목입니다.

❷ **Mute** : 체크 표시하면 해당 오디오가 완전히 꺼집니다.

❸ **Level** : 볼륨 크기를 dB(데시벨) 단위로 조절합니다. 0.0dB이면 원본과 같은 크기이며, 클수록 소리 크기가 증가하고 작을수록 소리 크기가 감소합니다.

❹ **Channel Volume(채널별 볼륨 조절)** : 스테레오 오디오의 왼쪽(L)과 오른쪽(R) 채널을 각각 조절하는 기능입니다. 음악이나 대화의 공간감을 조절할 때도 유용합니다.

❺ **Bypass** : 체크 표시하면 이 효과를 적용하지 않고 원본 상태로 유지합니다. 체크 표시 및 체크 표시 해제하면서 원본과 비교할 수 있습니다.

❻ **Left** : 왼쪽(L) 채널의 음량을 조절하는 항목입니다. 스테레오 오디오에서 왼쪽 스피커로 출력되는 소리의 크기를 dB(데시벨) 단위로 조절할 수 있습니다. 왼쪽 채널의 소리가 작게 들릴 경우 이 값이 크면 균형 잡힌 스테레오 오디오를 만들 수 있습니다.

❼ **Right** : 오른쪽(R) 채널의 음량을 조절하는 항목입니다. 오른쪽 채널의 소리가 작게 들릴 경우 이 값이 크면 균형 잡힌 스테레오 오디오를 만들 수 있습니다.

❽ **Panner** : 오디오의 공간적 위치, 즉 소리가 좌우 어느 쪽으로 들리는지를 결정하는 항목입니다.

❾ **Balance** : 전체 오디오의 중심을 조절합니다. 0.0이면 원본과 동일하게 중앙에서 소리가 들리며, 클수록 소리가 오른쪽에서 들리고 작을수록 소리가 왼쪽에서 들립니다.

❸ 영상 속도 제어하기

영상의 속도를 조절하는 방법은 여러 가지가 있지만, 그중 가장 편리한 방법은 속도 조정 도구(Rate Stretch Tool)를 이용하는 것입니다. 속도 조정 도구는 Timeline 패널에서 클립의 끝을 드래그하여 원하는 만큼 자유롭게 늘리거나 줄여 영상의 속도를 조절할 수 있습니다. 반면 Speed/Duration 기능을 활용하면 % 단위로 정확하게 속도를 조절할 수 있는 장점이 있습니다.

속도 조정 도구 선택하기

Tools 패널의 ❶ 잔물결 편집 도구()를 길게 클릭해 표시되는 ❷ 속도 조정 도구()를 선택합니다. 빠른 편집 작업을 위해 단축키 R을 누르면 더 효율적으로 작업할 수 있습니다.

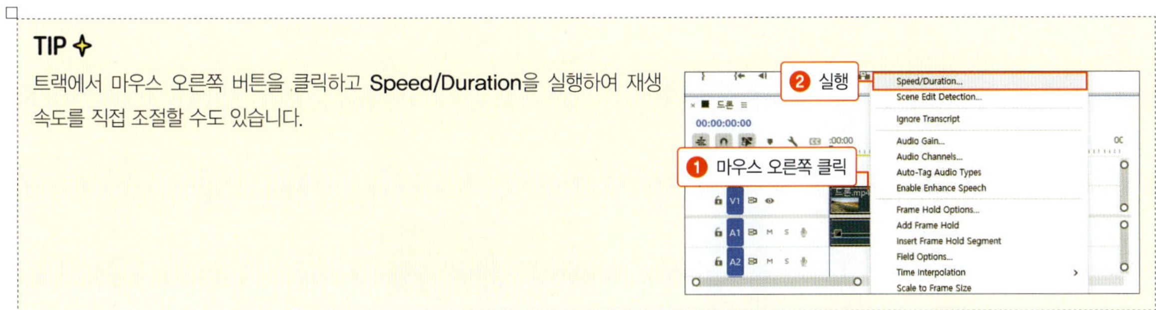

TIP ✦

트랙에서 마우스 오른쪽 버튼을 클릭하고 **Speed/Duration**을 실행하여 재생 속도를 직접 조절할 수도 있습니다.

영상 속도 느리게 하기

클립의 끝점을 오른쪽으로 드래그하면 영상의 재생 속도를 느리게 만들 수 있습니다. 이때 클립의 전체 길이는 함께 늘어나며, 속도 조절이 완료되면 Timeline 패널의 해당 영상 클립 옆에 숫자가 표시되어 적용된 속도 비율을 확인할 수 있습니다.

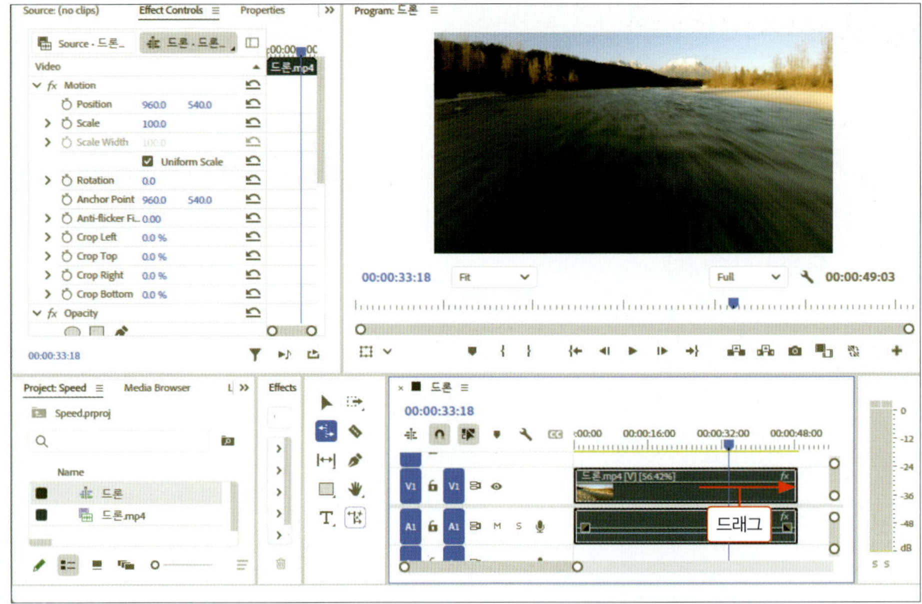

영상 속도 빠르게 하기

클립의 끝점을 왼쪽으로 드래그하면 영상의 재생 속도를 빠르게 만들 수 있습니다. 이때 클립의 전체 길이는 함께 줄어들며, 속도 조절이 완료되면 Timeline 패널의 해당 영상 클립 옆에 숫자가 표시되어 적용된 속도 비율을 확인할 수 있습니다.

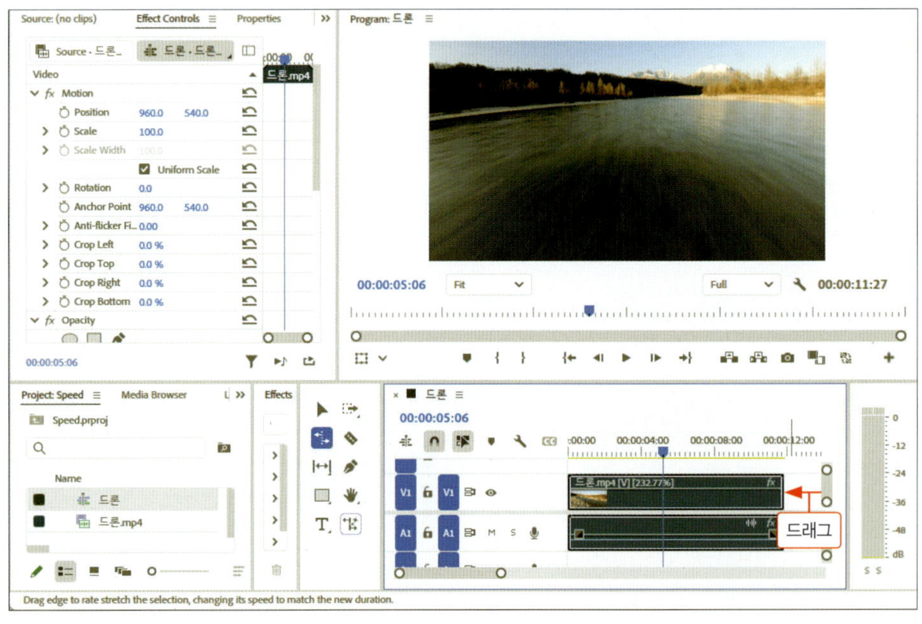

TIP ✧

Alt 를 누른 채 클립의 끝점을 드래그하면 연결이 해제된 상태에서 영상 또는 오디오 클립의 재생 속도를 각각 조절할 수 있습니다.

EASY 실습 영상 속도를 빠르게 제어하기

앞서 살펴본 도구 방식이 아닌 Speed/Duration을 활용해 원하는 수치대로 영상의 속도를 조절하는 방법에 대해 알아보겠습니다.

01 새 프로젝트를 만들고 파일을 불러오기 위해 Ctrl+I를 누릅니다.

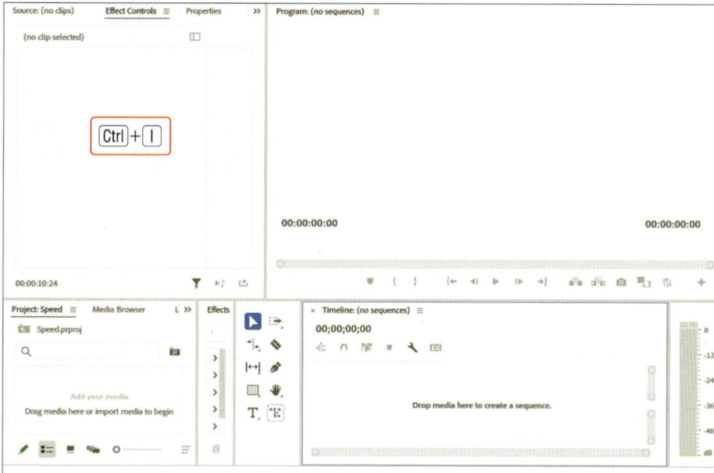

TIP

Project 패널의 여백을 더블클릭하거나 〈Import media〉 버튼을 클릭하여 파일을 불러올 수도 있습니다.

02 Import 대화상자가 표시되면 ❶ 프리미어 프로 → 02 폴더에서 ❷ '드론.mp4' 파일을 선택한 다음 ❸ 〈열기〉 버튼을 클릭합니다.

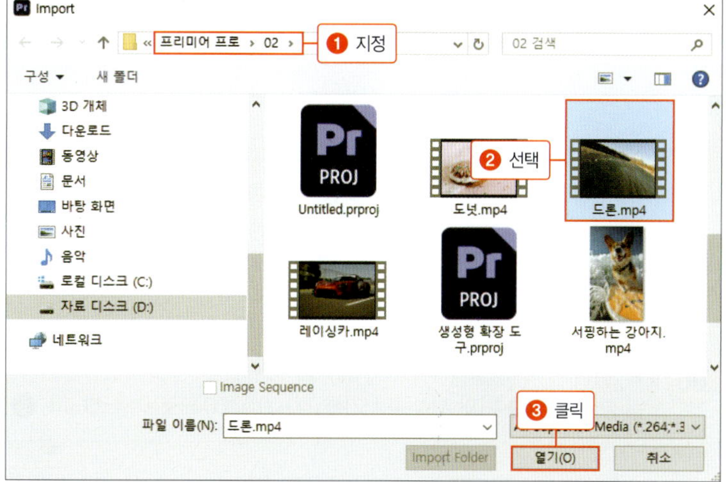

03 Project 패널의 ❶ '드론.mp4' 소스를 선택하고 ❷ Timeline 패널로 드래그하면 소스 클립의 해상도와 프레임 속도 등이 같은 시퀀스가 자동으로 생성됩니다.

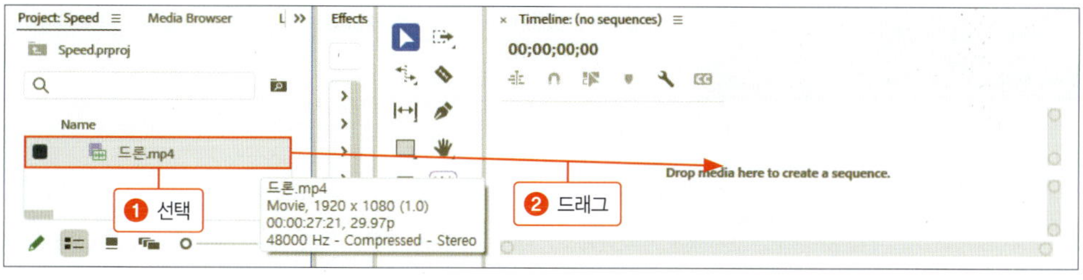

04 Timeline 패널의 ❶ 영상 클립에서 마우스 오른쪽 버튼을 클릭한 다음 ❷ Speed/Duration을 실행합니다.

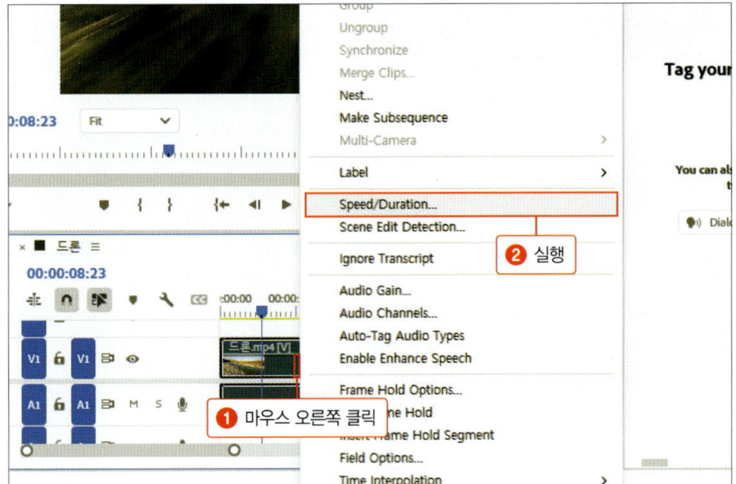

05 Clip speed / duration 대화상자가 표시되면 ❶ Speed를 '200%'로 설정하여 재생 속도를 두 배 빠르게 설정한 다음 ❷ 〈OK〉 버튼을 클릭합니다.

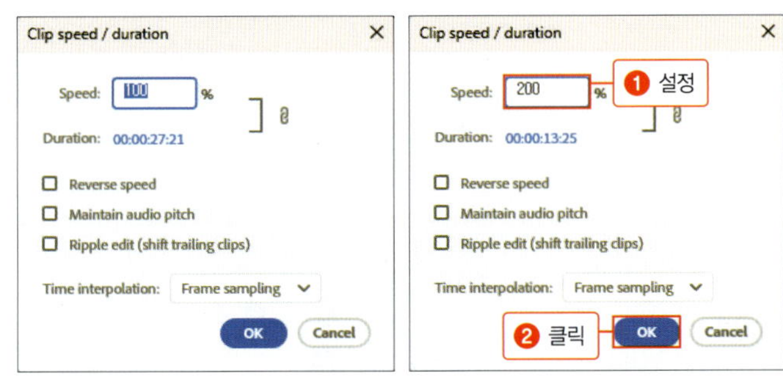

설정 전 설정 후

TIP

Duration을 변경하면 현재 클립의 시간과 프레임 단위에 맞춰 클립의 전체 길이가 조정되며, 이를 통해 재생 속도를 직접 제어할 수 있습니다. 즉, Duration을 늘리면 재생 속도가 느려지고 줄이면 재생 속도가 빨라집니다. 예를 들어 10초짜리 영상을 8초로 줄이고 싶으면 Duration을 '00:00:10:00'에서 '00:00:08:00'으로 변경합니다.

06 ❶ Spacebar를 눌러 영상을 미리 보면 전체 영상 클립의 속도가 2배로 빨라진 것을 확인할 수 있습니다. 속도가 변경된 상태에서 ❷ 현재 시간 표시기를 '00:00:07:00'으로 이동합니다. ❸ Ctrl+K를 눌러 영상 클립을 편집합니다.

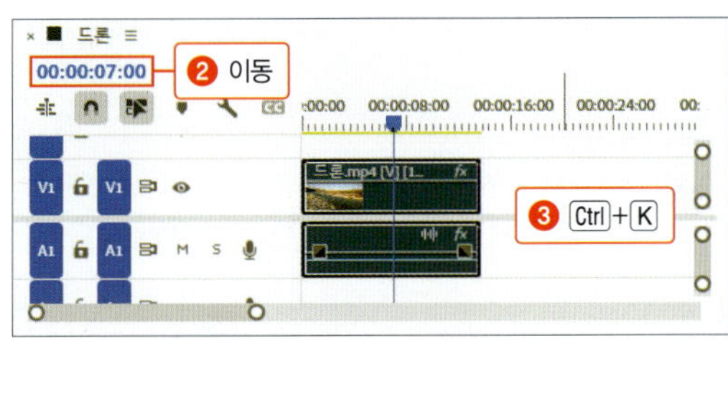

07 영상 클립이 편집되어 두 개로 나뉘었습니다. ❶ 잘린 뒤쪽 클립에서 마우스 오른쪽 버튼을 클릭하고 ❷ Speed/Duration을 실행합니다.

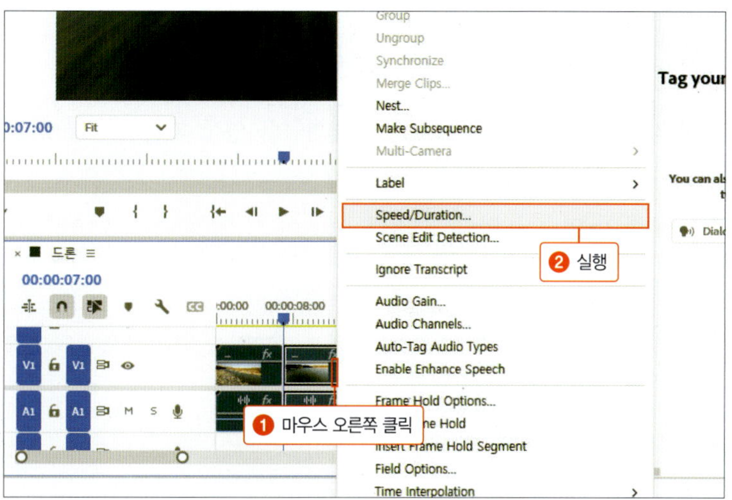

08 Clip speed / duration 대화상자가 표시되면 ❶ Speed를 '50%'로 설정해 재생 속도를 두 배 빠르게 설정하고 ❷ 〈OK〉 버튼을 클릭합니다.

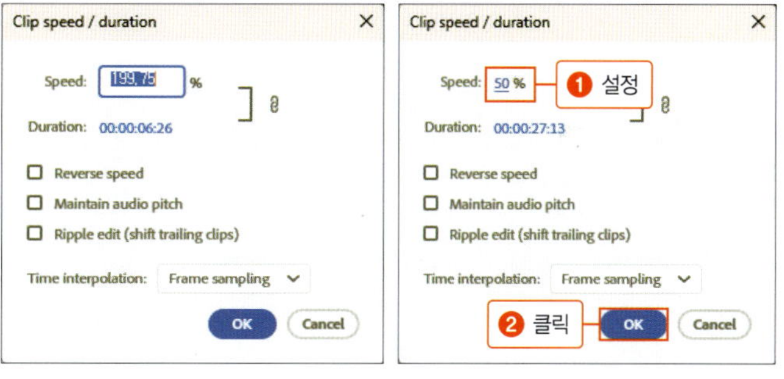

설정 전 설정 후

09 Spacebar를 눌러 영상을 미리 보면 7초 이후의 클립은 원본 대비 2배로 속도가 느려진 것을 확인할 수 있습니다. 이렇게 편집과 속도 조절을 결합하여 원하는 부분의 속도를 개별적으로 조절할 수 있습니다.

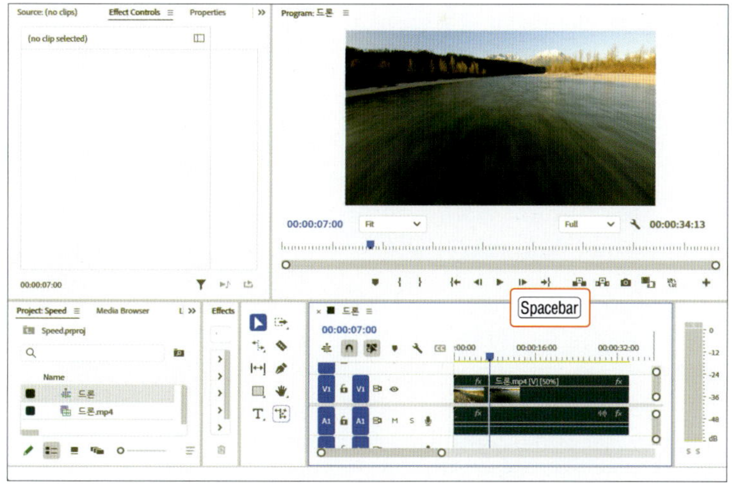

왜?

타임코드에서 콜론(:)은 일반 영상, 세미콜론(;)은 방송용 영상의 시간 계산 방식이며, 클릭한 영상의 속성(fps)에 따라 표시가 자동으로 바뀝니다. 유튜브 같은 일반 편집이라면 보통 콜론(:)을 사용하지만, 방송 규격 영상을 타임라인에 올리면 프리미어 프로가 이를 인식해 세미콜론(;)으로 보여주는 것입니다.

EASY 실습 원하는 형식, 해상도, 품질로 출력하기

영상 작업이 모두 완료되면 편집한 결과물을 영상 파일 형태로 PC에 저장해야 합니다. 이 과정을 '내보내기(Export)'라고 합니다. 프리미어 프로에서는 내보내기 기능을 통해 완성된 영상을 원하는 형식, 해상도, 품질로 출력할 수 있습니다.

01 이전 프로젝트에서 이어서 작업하거나 프리미어 프로 → 02 폴더에서 'Render.prproj' 파일을 불러옵니다. 메뉴에서 (File) → Export → Media (Ctrl+M)를 실행합니다.

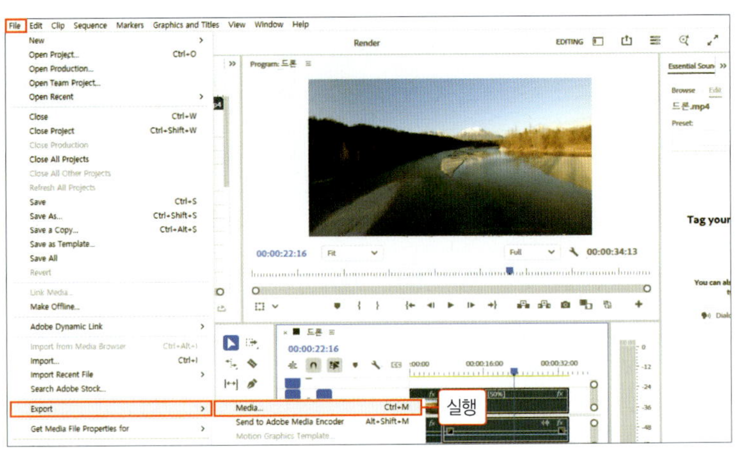

TIP

영상을 출력하는 기능도 단축키를 외워두면 빠르게 작업할 수 있습니다. Ctrl+M을 누르면 빠르게 (Export) 탭으로 이동할 수 있습니다.

02 (Export) 탭이 선택되면 ❶ File Name에 영상의 이름을 입력하여 파일 제목을 변경할 수 있습니다. ❷ Location에서 저장 폴더를 지정하면 내보내기 완료 후 영상 파일이 해당 위치에 저장됩니다.

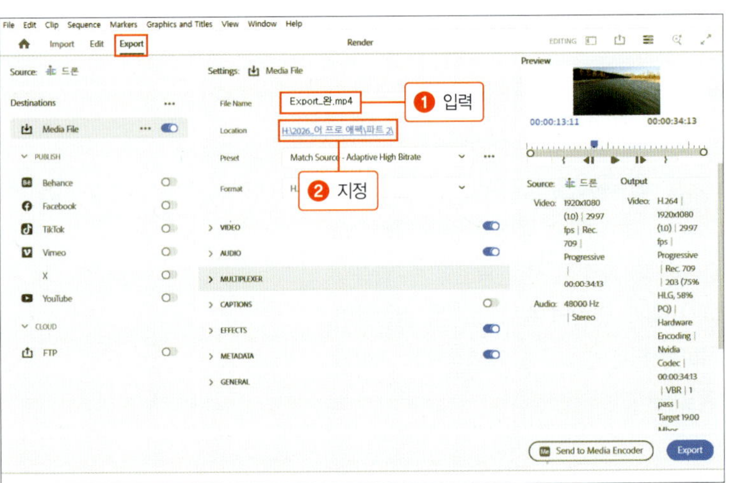

TIP

화면 하단의 Source와 Output 항목에서 원본과 출력 설정을 비교할 수 있습니다. 해상도, 코덱, 비트레이트, 오디오 설정, 예상 용량 등을 확인해 출력 전 최종 점검할 수 있습니다.

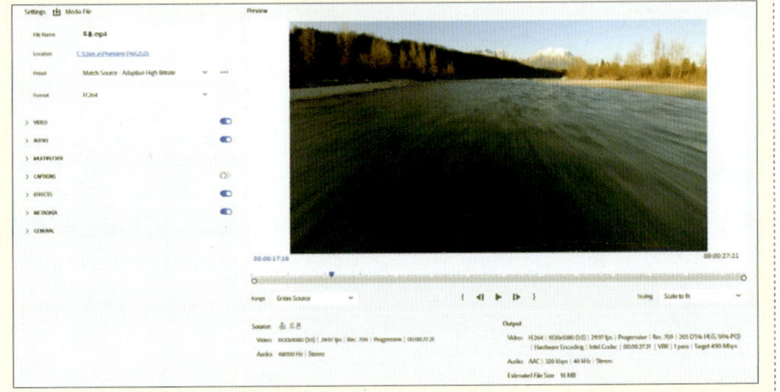

03 Preset에서 'High Quality 1080p HD'를 선택하면 일반 고화질 설정이 자동으로 적용됩니다.

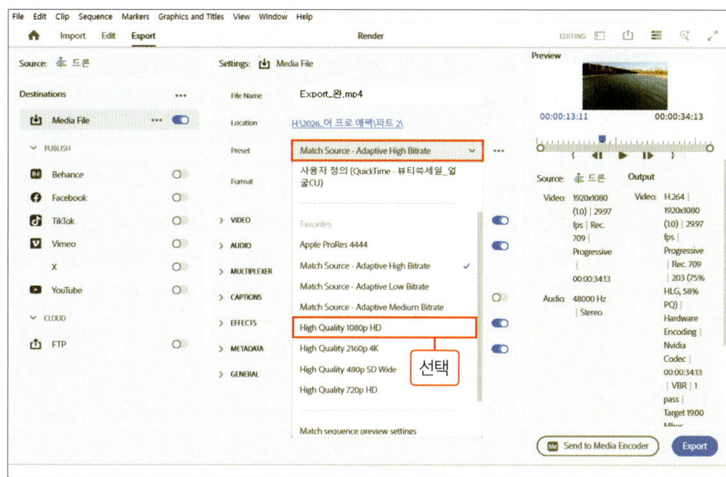

> **TIP ✦**
> 모든 설정값을 일일이 조정할 수도 있지만, 대부분 핵심적인 몇 가지 설정만 변경해도 충분히 좋은 품질로 영상을 출력할 수 있습니다. Preset은 사용한 영상 클립 소스의 해상도에 따라 선택합니다.

04 Format은 MP4로 가볍게 출력할 목적이므로 'H.264'를 선택합니다.

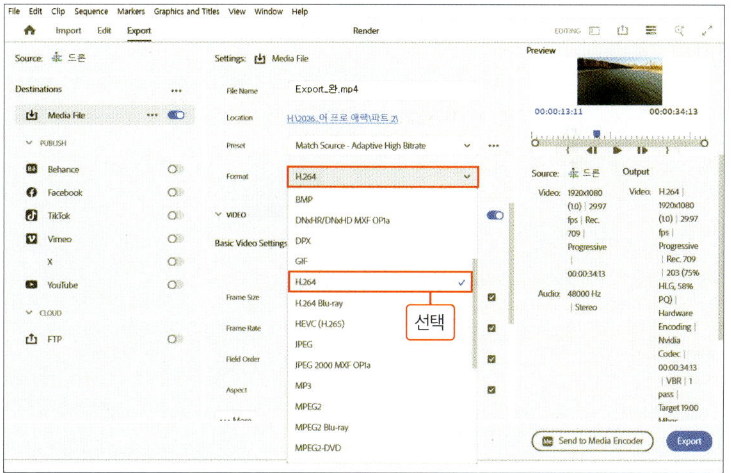

> **TIP ✦**
> 일반적으로 두 가지 형식(H.264, QuickTime)을 주로 사용합니다. 유튜브나 SNS에 업로드할 영상이라면 'H.264'를 선택하는 것이 가장 적합하며, 백업용이나 후반 작업용 또는 영상 프로덕션 관련 작업에서는 'QuickTime' 형식을 사용해 코덱을 적용하는 것이 좋습니다.

05 VIDEO 항목에서 출력되는 영상의 크기, FPS 등을 확인할 수 있습니다. 오른쪽의 Source 및 Output과 비교하여 문제가 없는지 확인합니다.

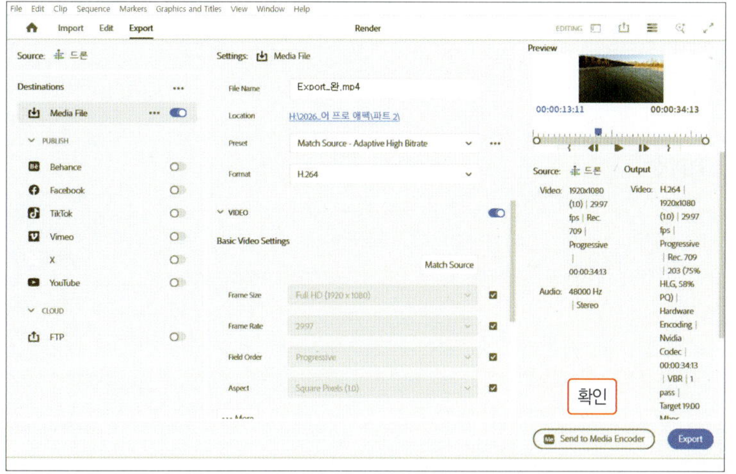

06 VIDEO 항목 아래의 ❶ 〈More〉 버튼을 클릭하여 세부적인 항목을 확인할 수 있습니다. ❷ 'Render at Maximum Depth'와 'Use Maximum Render Quality'를 체크 표시하면 영상 품질이 향상됩니다.

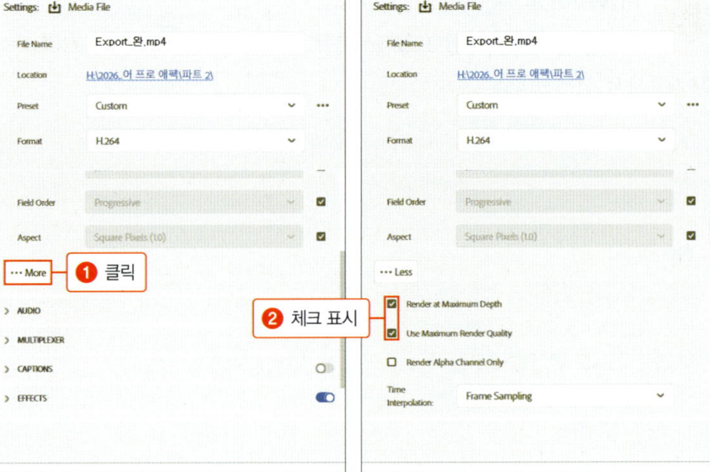

> **TIP ✦**
> 〈Less〉 버튼은 〈More〉 버튼을 클릭했을 때 표시됩니다.

07 하단의 Bitrate Settings(비트레이트 설정) 항목은 영상의 화질과 파일 용량을 결정하는 매우 중요한 설정입니다. 간단히 말해 비트레이트(Bitrate)는 1초당 데이터의 양을 의미하며, 수치가 클수록 화질은 좋아지지만 파일 크기도 커집니다. 예제에서는 ❶ Target Bitrate를 '30'으로 설정하고 ❷ 〈Export〉 버튼을 클릭합니다.

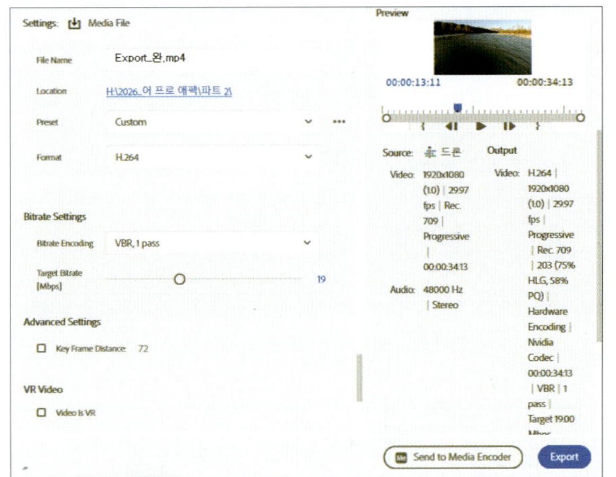

설정 전

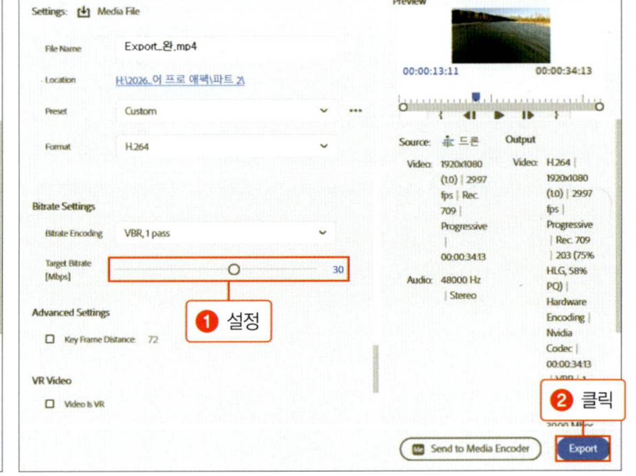

설정 후

> **TIP ✦**
> 비트레이트의 경우 정해진 답은 명확히 없고, 영상의 해상도와 용도에 따라 적절한 값을 선택합니다. 비트레이트(Bitrate)는 보통 10~70Mbps으로 설정하며, 해상도별 권장 설정은 다음과 같습니다.

해상도	권장 비트레이트(약)
720p(1280×720)	10~20Mbps
1080p(1920×1080)	20~40Mbps
4K(3840×2160)	30~70Mbps

08 영상 출력이 시작되면 영상 길이, 해상도, 적용된 효과 등에 따라 소요 시간이 달라집니다. 출력이 완료될 때까지 프로그램을 종료하지 말고 기다립니다.

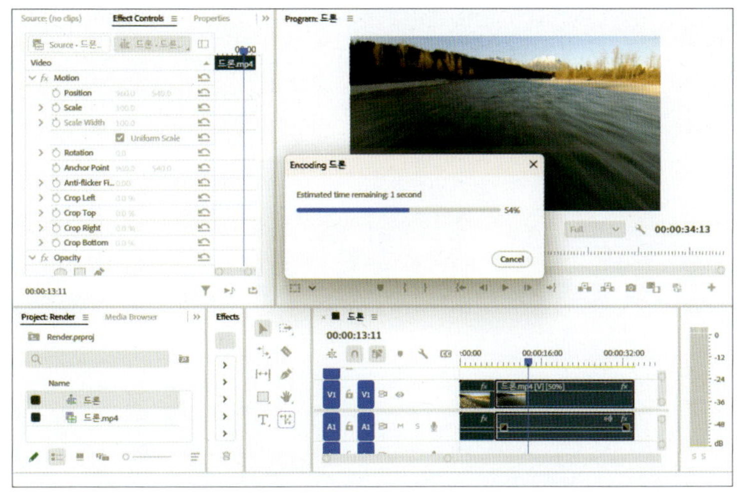

09 Location에 지정한 위치로 파일 출력이 완료됩니다.

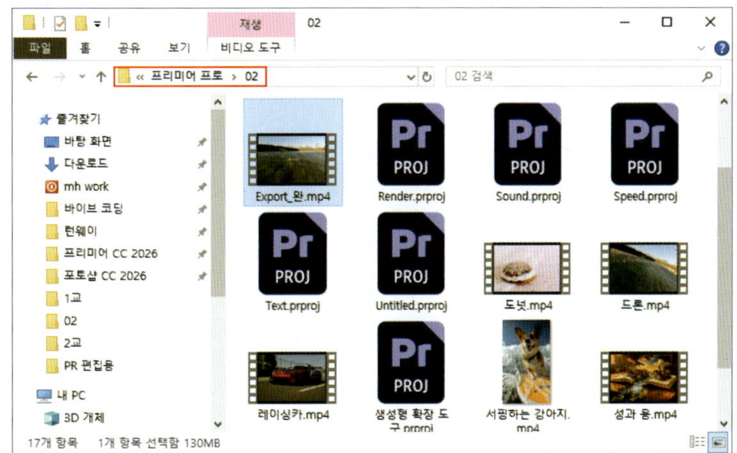

TIP ✦ 무압축 고화질 영상 출력

영상 작업을 마친 후에는 완성된 영상을 고화질로 출력하여 백업용으로 보관하거나, 후반 작업을 위해 종합 편집실 또는 후반 작업을 담당하는 감독에게 전달해야 하는 경우가 많습니다. 이때 일반적으로 퀵타임(QuickTime) 포맷을 사용하여 무압축 또는 저압축 고품질 영상으로 출력합니다. 이 방법은 화질 손실을 최소화하고, 후반 작업에서 색 보정이나 합성 시 원본 퀄리티를 유지할 수 있습니다. 출력 과정은 H.264와 유사하지만, 포맷은 'QuickTime', 비디오 코덱에서는 약간 차이가 있을 수 있습니다. 필자는 'Animation(무압축)'과 'Apple ProRes 4444(색 보정 및 후반 마스터링용)' 두 가지를 주로 사용합니다. 무압축 고화질 영상은 일반 작업에서 자주 사용하지 않으므로, 후반 작업을 담당하는 감독이나 편집 담당자에게 전달 방식과 요구되는 포맷을 미리 확인한 후, 그에 맞춰 출력 설정을 하는 것이 가장 안전하고 효율적입니다.

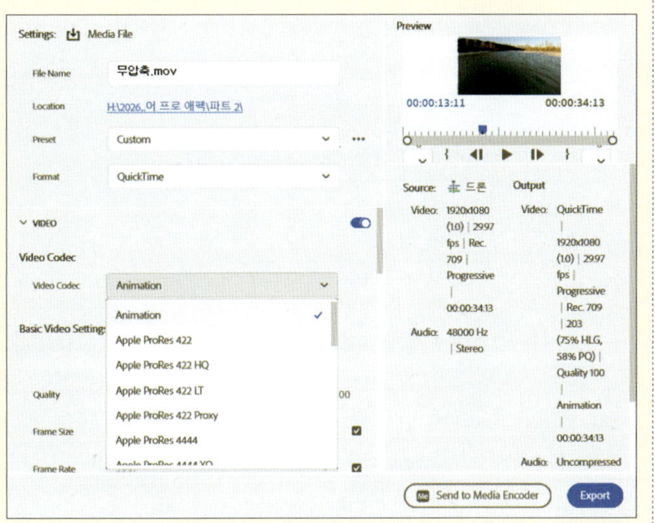

Part 03

영상 편집 전문가에 한 걸음 다가가기

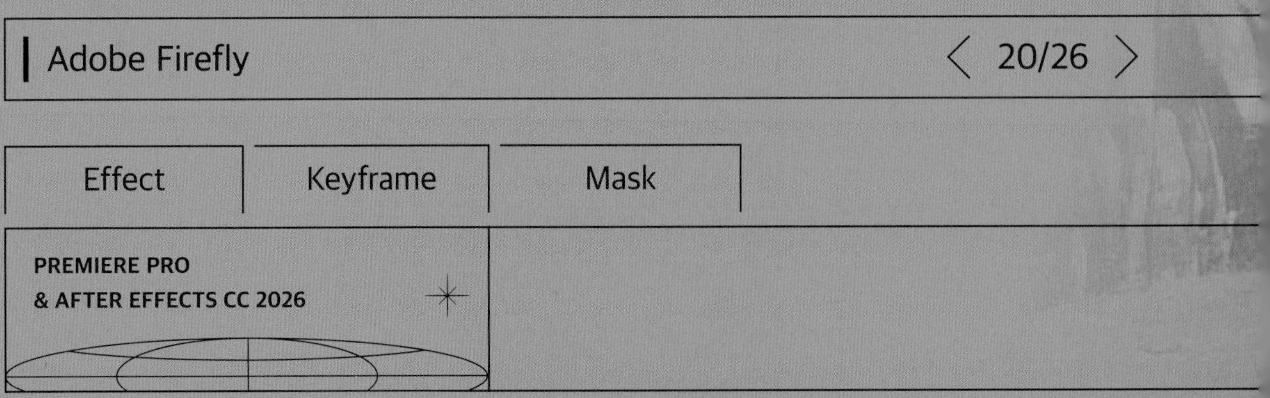

PREMIERE
26
Generate

LESSON 06

영상 퀄리티 UP! 키프레임으로 완성하는 실전 노하우

❶ 소스를 세밀하게 조정하는 Effect Controls 패널 살펴보기

Effect Controls 패널은 선택한 클립에 적용된 모든 효과와 속성을 한눈에 확인하고 세밀하게 조정할 수 있는 영역입니다. 소스의 위치(Position), 크기(Scale), 회전(Rotation), 불투명도(Opacity) 등 기본 모션 속성은 물론, 키프레임 애니메이션, 오디오 설정, Effects & Presets나 외부 서드파티 플러그인을 통해 추가된 다양한 효과의 세부 설정까지 제어할 수 있습니다.

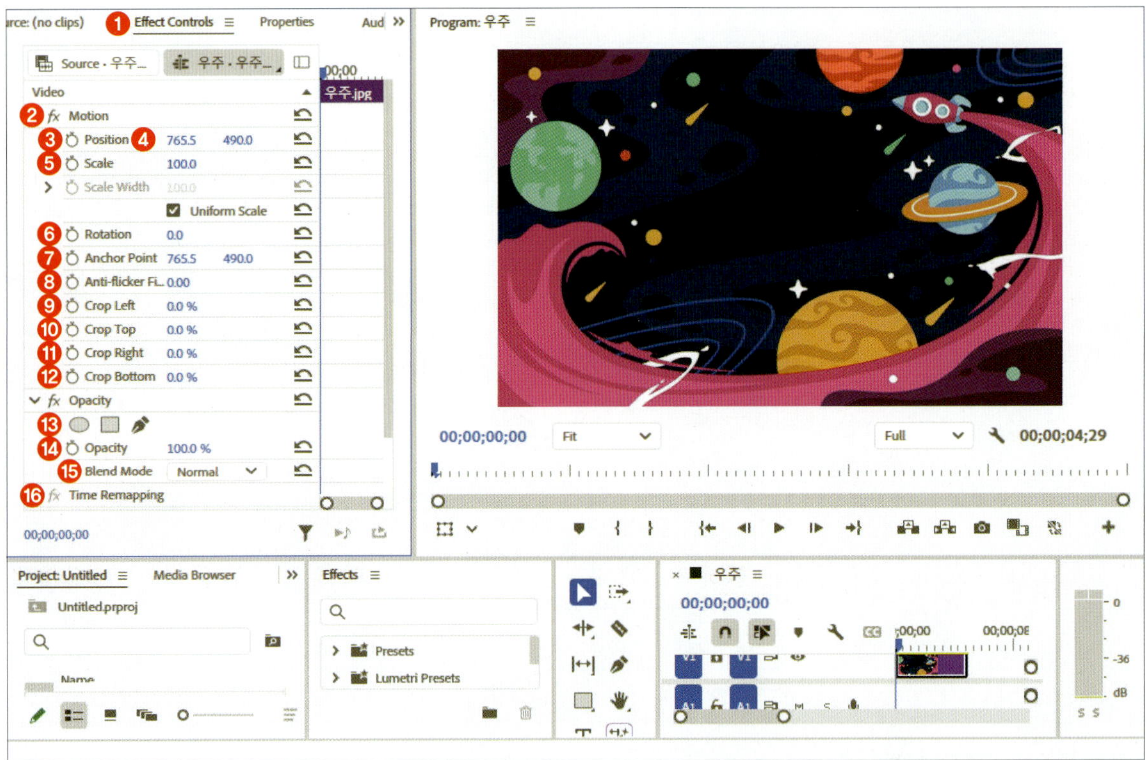

❶ **Effect Controls** : Effect Controls 패널의 탭으로, 클릭하면 패널이 표시됩니다.

❷ **Motion** : 소스의 위치(Position), 크기(Scale), 회전(Rotation) 등 기본 모션 속성을 제어하는 항목입니다.

❸ **키프레임 애니메이션( )** : 시간 흐름에 따라 속성값이 변하도록 설정하는 기능입니다. 스톱워치 아이콘을 클릭해 활성화한 후 특정 시점마다 위치, 크기, 불투명도 등의 값을 다르게 설정하면 프리미어 프로가 중간값을 자동으로 계산해 자연스럽고 연속적인 움직임이나 전환 효과를 만듭니다.

❹ **Position** : 클립의 가로(X), 세로(Y) 위치를 조절합니다. 값을 변경하면 Program Monitor 패널에서 클립 위치가 이동합니다.

❺ **Scale** : 클립의 전체 크기를 확대하거나 축소합니다. 'Uniform Scale'을 체크 표시하면 가로와 세로 비율이 동일하게 유지됩니다.

❻ **Rotation** : 클립을 기준점 중심으로 회전합니다. 양수 값은 시계 방향, 음수 값은 반시계 방향으로 회전합니다.

❼ **Anchor Point** : 회전과 크기를 조정할 때 중심이 되는 기준 좌표입니다. 이 값을 변경하면 회전축이나 확대 기준이 달라집니다.

❽ **Anti-flicker Filter** : 값이 1에 가까울수록 얇은 선이나 패턴에서 발생하는 화면 깜빡임(무아레 현상)을 줄입니다. 0이면 원본 상태를 유지합니다.

❾ **Crop Left** : 영상의 왼쪽을 잘라냅니다. % 값을 조정해 화면 일부를 제거할 수 있습니다.

❿ **Crop Top** : 영상의 위쪽을 잘라냅니다. % 값을 조정해 화면 일부를 제거할 수 있습니다.

⓫ **Crop Right** : 영상의 오른쪽을 잘라냅니다. % 값을 조정해 화면 일부를 제거할 수 있습니다.

⓬ **Crop Bottom** : 영상의 아래쪽을 잘라냅니다. % 값을 조정해 화면 일부를 제거할 수 있습니다.

⓭ **마스크 도구** : Opacity에서 마스크를 생성할 때 사용하는 도구입니다. 클립의 특정 영역만 노출하거나 가리는 데 활용하며, 왼쪽부터 타원형 마스크(Ellipse Mask), 사각형 마스크(Rectangle Mask), 자유형 마스크(Free Draw Bezier)가 있습니다.

⓮ **Opacity** : 클립의 불투명도를 조절합니다. 0%는 완전히 투명해 화면에 보이지 않으며, 100%는 완전히 불투명해 원본 영상이 그대로 표시됩니다.

⓯ **Blend Mode** : 타임라인 기준으로 현재 클립과 아래에 위치한 클립이 섞이는 방식을 설정합니다.

⓰ **Time Remapping** : 영상을 별도로 나누지 않고도 구간별로 재생 속도를 조절할 수 있는 기능입니다. 슬로 모션이나 타임랩스 효과를 구현할 수 있습니다.

❷ 속성을 설정하는 Properties 패널 살펴보기

Properties 패널은 선택한 클립, 그래픽, 텍스트 등의 속성을 빠르게 확인하고 수정할 수 있는 영역입니다. 주로 Effect Controls 패널이나 Essential Graphics 패널에서 조정하던 설정들을 통합적으로 다룰 수 있어 작업 효율을 높이는 핵심 인터페이스로 자리 잡았습니다.

선택한 항목의 종류에 따라 표시되는 속성이 달라집니다. 예를 들어 영상 클립을 선택하면 위치, 크기, 회전 등의 Motion과 Opacity(불투명도) 항목이 표시되고, 텍스트를 선택하면 글꼴, 크기, 색상, 정렬, 스타일 등의 Text Properties(텍스트 속성) 항목이 표시됩니다.

TIP ✦ Properties 패널과 Effect Controls 패널

Effect Controls 패널에서도 모든 항목을 확인할 수 있지만, 여러 효과가 추가되면 정보가 복잡하게 섞일 수 있습니다. 반면 Properties 패널은 위치, 크기, 회전, Opacity, 텍스트 속성 등 핵심 변형값만 집중해서 보여주어 직관적인 작업을 할 수 있습니다.

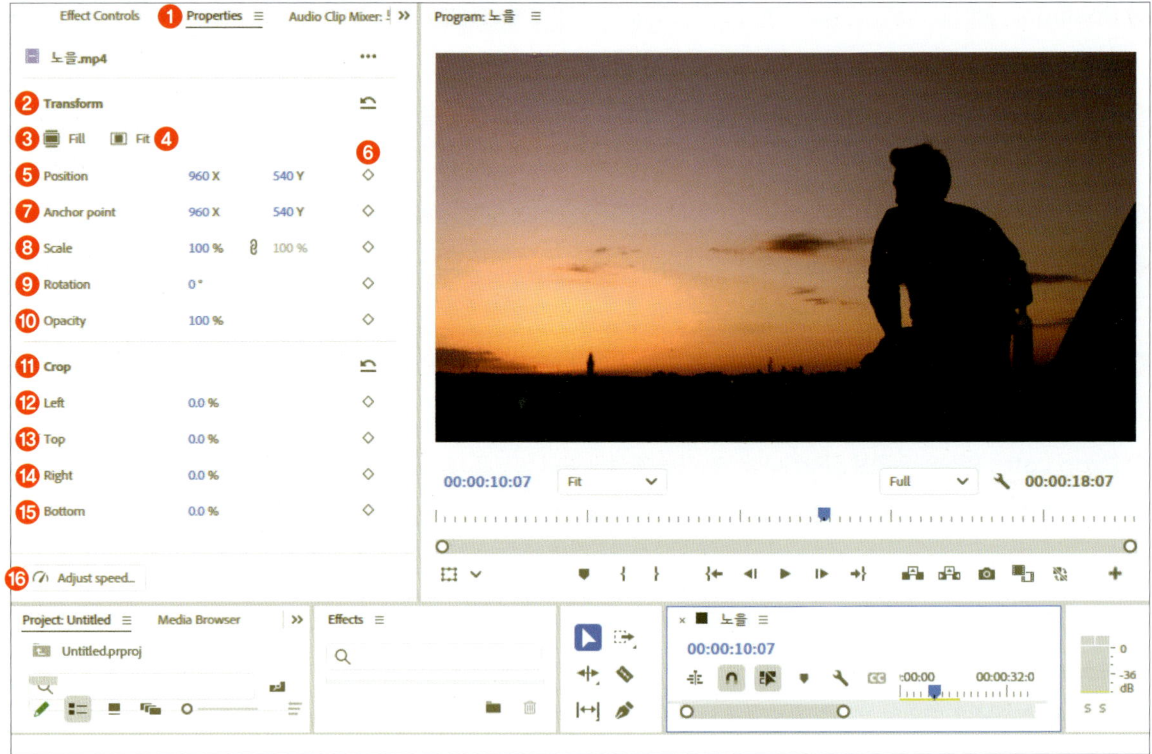

❶ **Properties** : Properties(속성) 패널의 탭입니다. 클릭하면 Properties 패널이 표시됩니다.

❷ **Transform** : 소스의 위치(Position), 크기(Scale), 회전(Rotation) 등 기본 속성을 조절합니다.

❸ **Fill** : 클립의 크기를 자동으로 조정해 시퀀스 화면을 가득 채웁니다. 시퀀스와 클립의 비율이 다를 경우 일부 영역이 잘릴 수 있지만 화면에 여백 없이 꽉 차게 표시됩니다.

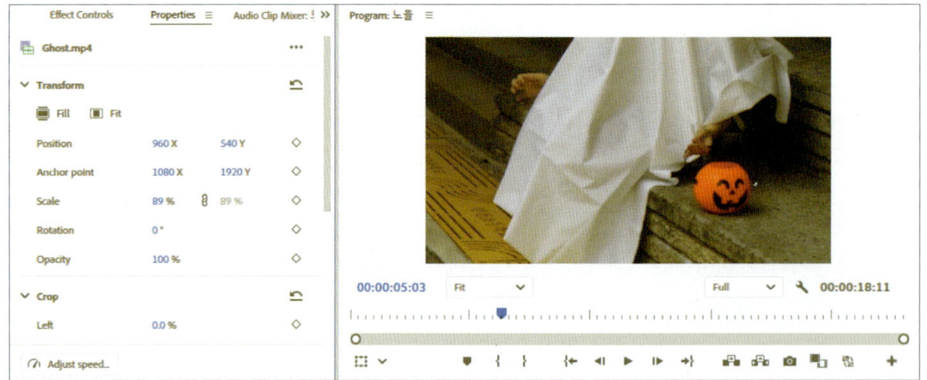

TIP ✦ 패널 작업 영역 확대 및 축소

패널이 잘 보이지 않으면 경계선을 드래그하여 크기를 자유롭게 조절할 수 있습니다. 패널을 넓히면 더 많은 정보가 표시되고, 축소하면 필요한 영역만 집중할 수 있으며, 좌우 · 상하 방향 모두 조절할 수 있습니다.

❹ **Fit** : 클립 전체가 잘리지 않도록 시퀀스 프레임 안에 맞게 자동으로 축소 또는 확대합니다. 시퀀스와 클립의 비율이 다를 경우 상하 또는 좌우에 여백(Black Bar)이 생길 수 있습니다.

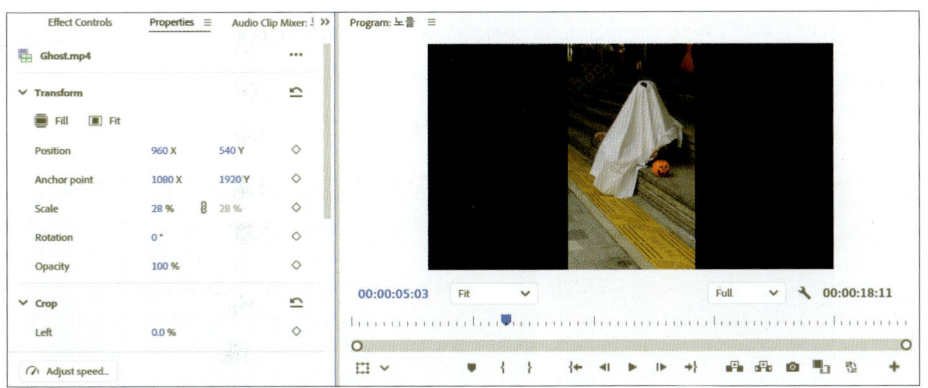

❺ **Position** : 화면에서 클립의 가로(X)와 세로(Y) 위치를 조정합니다. 숫자를 직접 입력하거나 값을 드래그해 영상의 위치를 세밀하게 이동할 수 있습니다.

❻ **키프레임 애니메이션(◇)** : Properties 패널의 키프레임 애니메이션은 각 속성 오른쪽에 있는 마름모 아이콘을 클릭해 활성화할 수 있습니다. Effect Controls 패널처럼 시간의 흐름에 따라 속성값이 변화하도록 설정할 수 있습니다.

❼ **Anchor Point** : 회전(Rotation)이나 크기(Scale)를 조정할 때 중심이 되는 기준 좌표입니다. 기준점을 변경하면 클립이 회전하거나 확대될 때 기준 위치가 달라집니다.

❽ **Scale** : 클립의 크기를 조절합니다. 왼쪽의 연결 아이콘(🔗)을 활성화하면 가로/세로 비율을 유지한 채 확대/축소할 수 있고, 비활성화하면 X축과 Y축 크기를 개별적으로 조정할 수 있습니다.

❾ **Rotation** : 클립을 기준점 중심으로 회전합니다. 양수 값은 시계 방향, 음수 값은 반시계 방향으로 회전합니다.

❿ **Opacity** : 클립의 불투명도를 조절합니다. 0%는 완전히 투명해 화면에 보이지 않으며, 100%는 완전히 불투명해 원본 영상이 그대로 표시됩니다.

⓫ **Crop** : 영상을 잘라내는 기능을 제어합니다.

⓬ **Left** : 영상의 왼쪽을 잘라냅니다. % 값을 조절해 화면 일부를 제거할 수 있습니다.

⓭ **Top** : 영상의 위쪽을 잘라냅니다. % 값을 조절해 화면 일부를 제거할 수 있습니다.

⓮ **Right** : 영상의 오른쪽을 잘라냅니다. % 값을 조절해 화면 일부를 제거할 수 있습니다.

⓯ **Bottom** : 영상의 아래쪽을 잘라냅니다. % 값을 조절해 화면 일부를 제거할 수 있습니다.

⓰ **Adjust Speed** : 영상의 재생 속도를 조절하는 기능입니다. 선택한 클립의 속도를 손쉽게 변경할 수 있습니다.

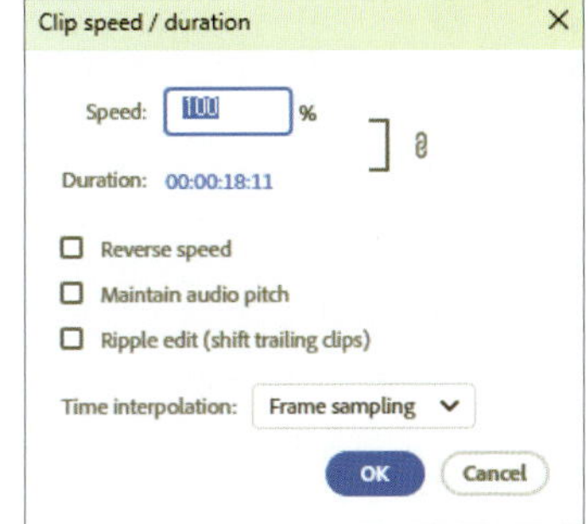

EASY 실습 이동하는 키프레임 애니메이션 만들기

키프레임 애니메이션은 타임라인의 서로 다른 시점에 클립의 속성값(위치, 크기, 회전, 불투명도 등)을 지정하면, 그 사이 값을 프리미어 프로가 자동으로 보간하여 연속적인 변화를 만드는 기능입니다. 프리미어 프로에서 키프레임 애니메이션을 적용해 소스 클립의 위치를 변경하는 애니메이션을 만들어 보겠습니다.

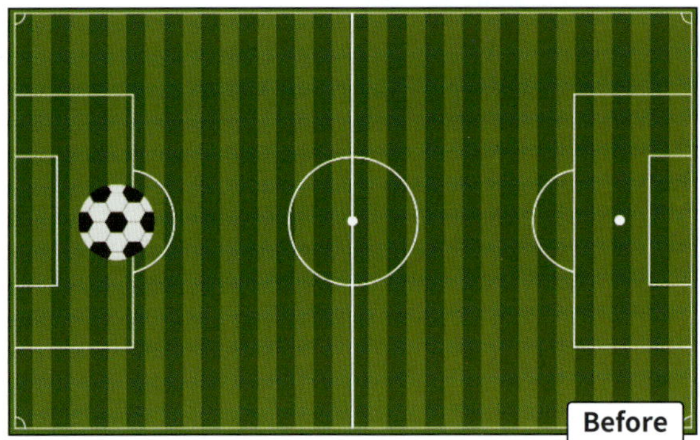

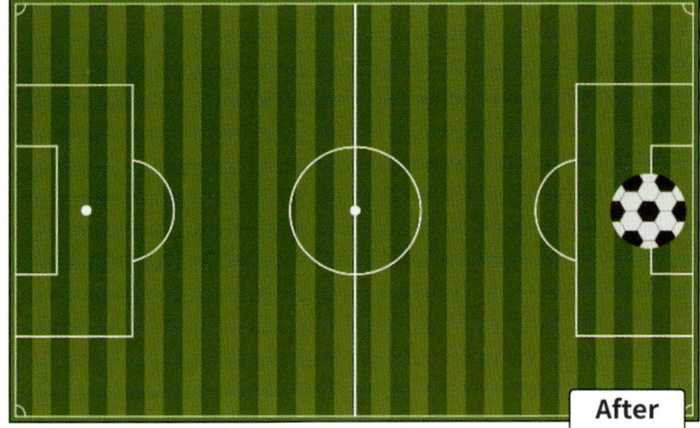

01 프리미어 프로 → 03 폴더에서 'Keyframe_Position.prproj' 파일을 불러옵니다.
Timeline 패널에서 V2 트랙의 '축구공.png' 클립을 클릭해 Effect Controls 패널을 표시합니다.

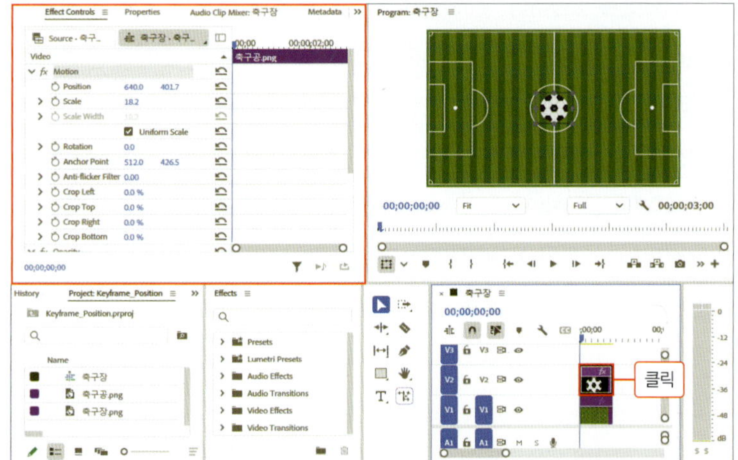

02 ❶ 현재 시간 표시기를 시작(0초) 부분으로 드래그하여 영상의 시작 부분으로 이동합니다. Effect Controls 패널에서 ❷ Motion – Position의 X 좌표를 '200.0'으로 설정해 왼쪽 골대에 공을 위치합니다.

03 Position 왼쪽에 있는 스톱워치 아이콘(⏱)을 클릭하여 키프레임 애니메이션을 적용합니다.

TIP

Effect Controls 패널은 키프레임을 가장 세밀하게 제어할 수 있는 주요 패널로, 각 효과나 속성별로 키프레임의 위치와 변화를 시각적으로 확인하며 조정할 수 있습니다.

04 Timeline 패널의 ❶ 현재 시간 표시기를 '00:00:02:00(2초)'으로 이동합니다. ❷ Position의 X 좌표를 '1285.0'으로 설정하여 오른쪽 골대에 축구공을 골인합니다.

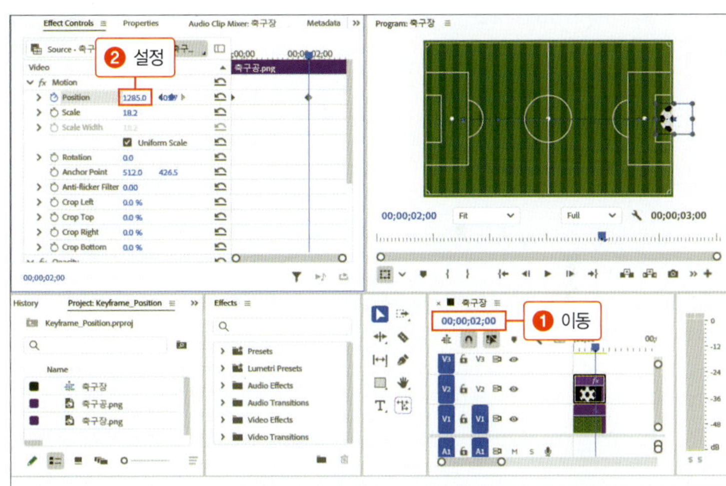

TIP

Program Monitor 패널에서 직접 소스를 드래그하여 위치를 이동해도 키프레임 애니메이션이 자동으로 적용됩니다.

05 Spacebar를 눌러 영상을 미리 보면 0초부터 2초 사이에 축구공이 움직이는 것을 확인할 수 있습니다. 위치값에 대한 키프레임 애니메이션이 적용되었습니다.

06 일정한 속도로 축구공이 움직이는 등속도 운동이 적용되었습니다. Effect Controls 패널에서 ❶ 키프레임들을 드래그하여 모두 선택하고 ❷ 마우스 오른쪽 버튼을 클릭한 다음 ❸ Temporal Interpolation → Ease Out을 실행합니다.

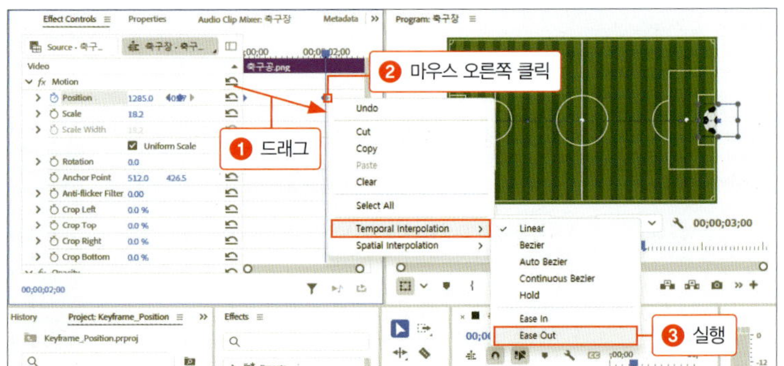

07 키프레임 아이콘이 마름모에서 모래시계 모양으로 바뀌었습니다. Spacebar를 눌러 영상을 미리 보면 0초부터 2초 사이에 축구공에 기존 키프레임 애니메이션과 다르게, 서서히 속도가 빨라지는 등가속도 운동이 적용되었습니다.

왜? ✧

일반적으로 등속도 움직임보다 키프레임 애니메이션에 가속과 감속(Ease In · Ease Out)을 적용하면 시각적으로 훨씬 자연스럽고 완성도 높은 결과를 얻을 수 있습니다. 이처럼 간단한 설정만으로도 영상의 품질을 크게 향상할 수 있습니다.

08 키프레임 애니메이션의 끝부분을 드래그해 간격을 조절하면 애니메이션 속도를 제어할 수 있습니다. 예를 들어 2초에 적용된 애니메이션을 1초로 줄이면 2배 빠른 애니메이션이 됩니다.

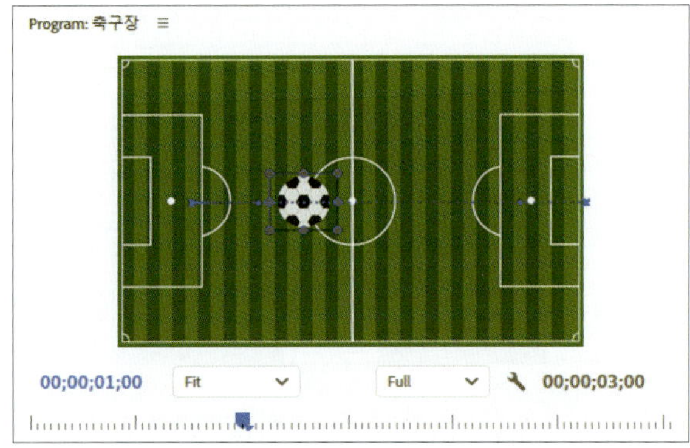

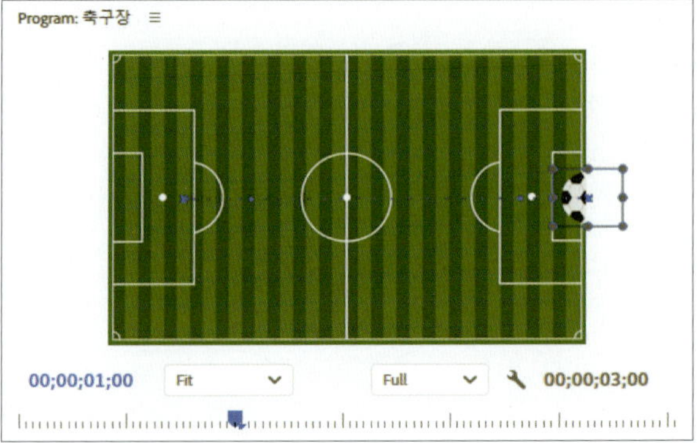

• **실습파일** : 프리미어 프로\03\Keyframe_Scale.prproj • **완성파일** : 프리미어 프로\03\Keyframe_Scale_완.prproj

EASY 실습 크기가 달라지는 키프레임 애니메이션 만들기

이번에는 키프레임 애니메이션을 직접 적용해 자막의 크기가 자연스럽게 변하는 텍스트 애니메이션을 만들어 보겠습니다.

01 프리미어 프로 → 03 폴더에서 'Keyframe_Scale.prproj' 파일을 불러옵니다.

Timeline 패널에서 ❶ V2 트랙의 자막 클립을 선택하여 Effect Controls 패널을 표시합니다. ❷ 현재 시간 표시기를 영상의 시작(0초) 부분으로 이동합니다. Effect Controls 패널의 ❸ Text (스파게티면...) – Transform 항목에서 Scale을 '0'으로 설정해 자막을 숨깁니다.

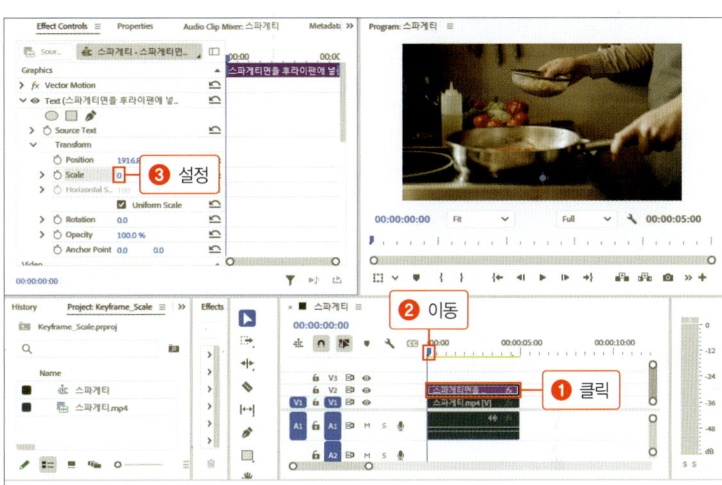

왜?

Vector Motion 항목의 Scale을 설정하면 자막의 크기 변화가 영상의 중앙을 기준으로 적용됩니다. 즉, 화면 중심을 기준으로 확대 및 축소가 이루어지므로 Text에서 Scale을 설정합니다.

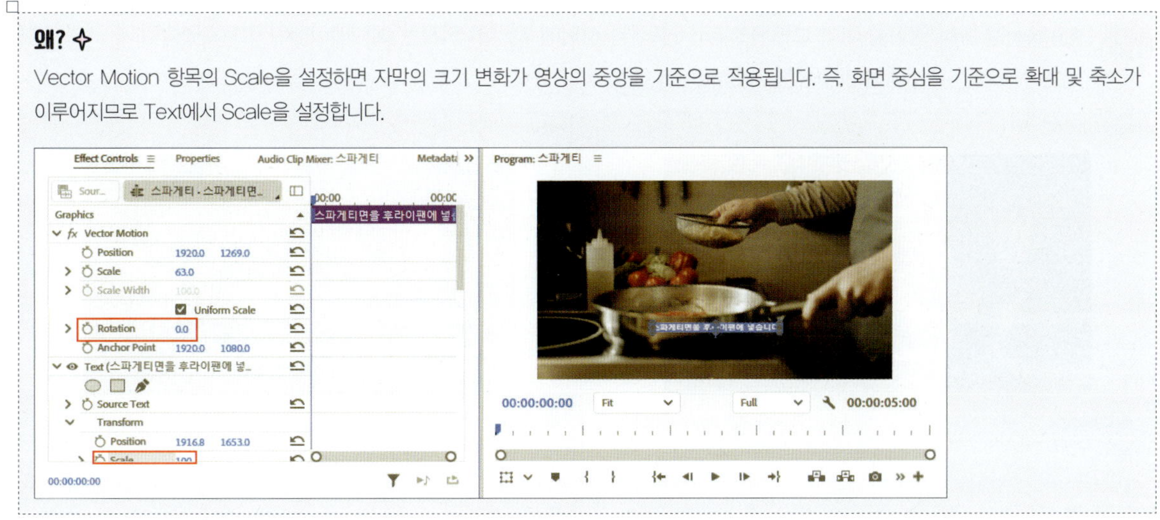

02 Scale 왼쪽에 있는 스톱워치 아이콘(⏱)을 클릭하여 키프레임 애니메이션을 적용합니다.

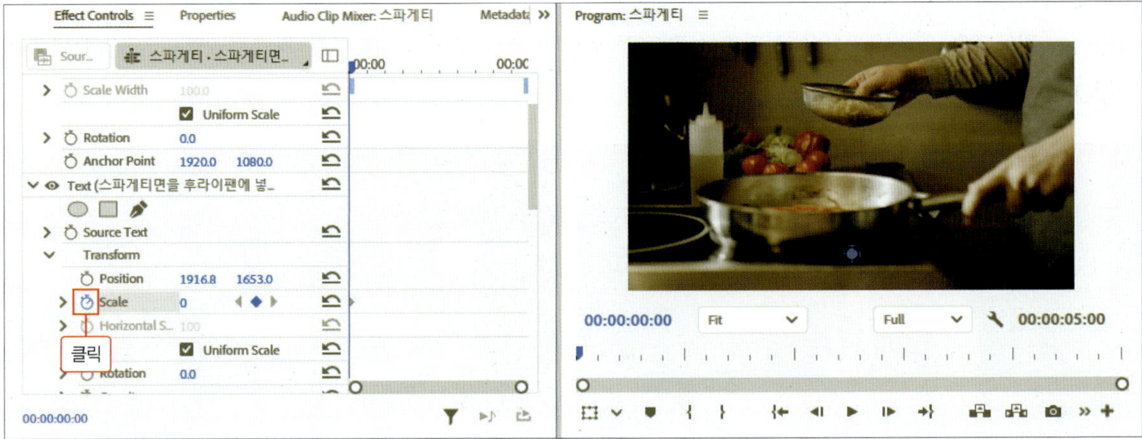

03 Timeline 패널의 ❶ 현재 시간 표시기를 '00:00:00:08(8프레임)'으로 이동하고 ❷ Scale을 '100'으로 설정하여 그림과 같이 자막을 나타냅니다.

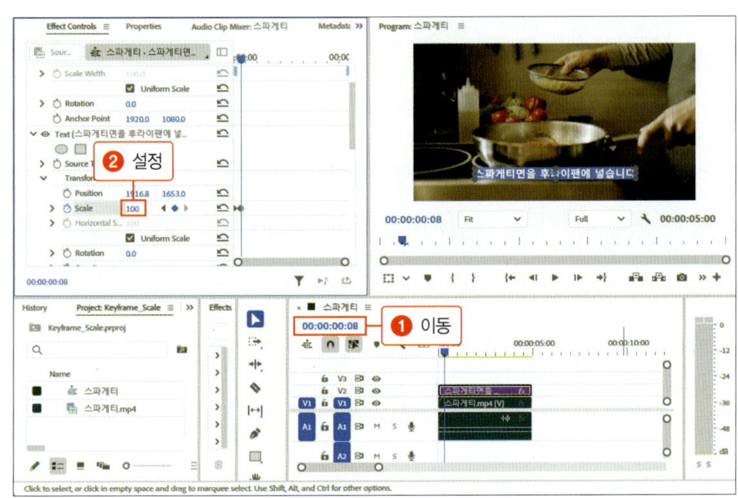

04 Spacebar를 눌러 영상을 미리 보면 0초부터 8프레임 사이에 자막이 커지는 애니메이션이 적용되었습니다. 크기 값에 대한 키프레임 애니메이션이 완성되었습니다.

• **실습파일** : 프리미어 프로\03\Keyframe_Rotation.prproj • **완성파일** : 프리미어 프로\03\Keyframe_Rotation_완.prproj

EASY 실습 회전 키프레임 애니메이션 만들기

이번에는 프리미어 프로에서 키프레임을 직접 적용해 소스 클립 회전 값이 자연스럽게 변화하는 애니메이션을 만들어 보겠습니다.

01 프리미어 프로 → 03 폴더에서 'Keyframe_Rotation.prproj' 파일을 불러옵니다.
Timeline 패널에서 V5 트랙의 '지구본.png'를 선택해 Effect Controls 패널을 표시합니다.

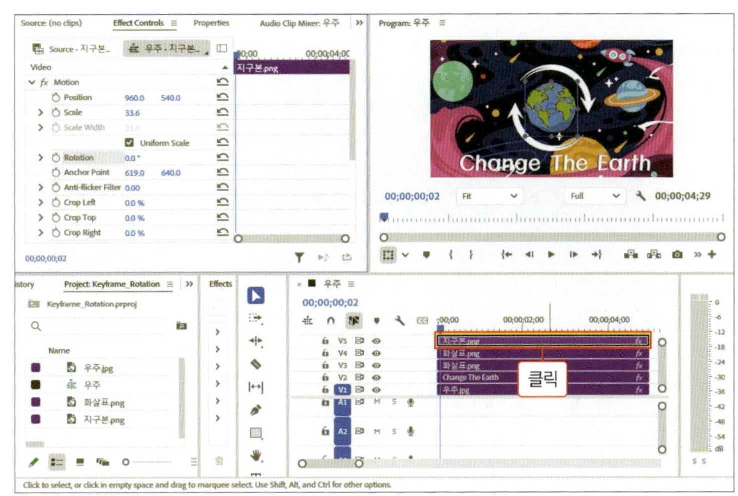

02 Timeline 패널의 ❶ 현재 시간 표시기를 시작(0초) 부분으로 이동합니다. Effect Controls 패널에서 ❷ Motion – Rotation 왼쪽에 있는 스톱워치 아이콘(⏱)을 클릭하여 키프레임 애니메이션을 적용합니다.

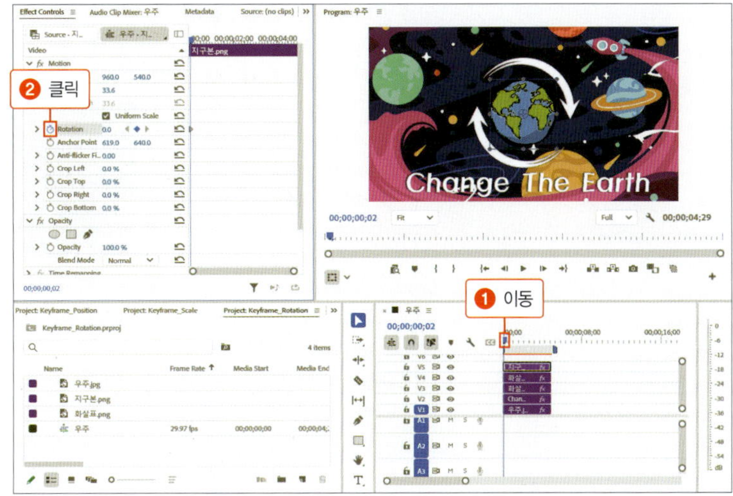

03 Timeline 패널의 ❶ 현재 시간 표시기를 영상의 끝으로 드래그해 이동하고 ❷ Rotation을 '360.0'으로 설정하여 지구본이 한 바퀴 회전하는 애니메이션을 적용합니다.

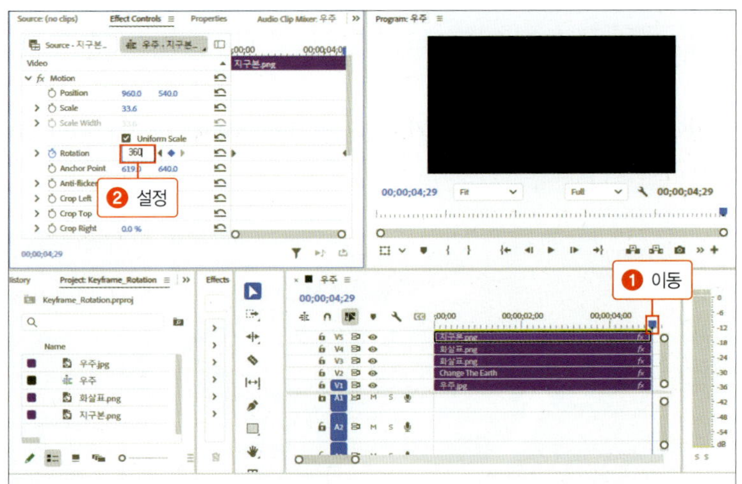

04 Spacebar를 눌러 영상을 미리 보면 0초부터 5초 사이에 지구본이 한 바퀴 회전합니다. 회전 값에 대한 키프레임 애니메이션이 적용되었습니다.

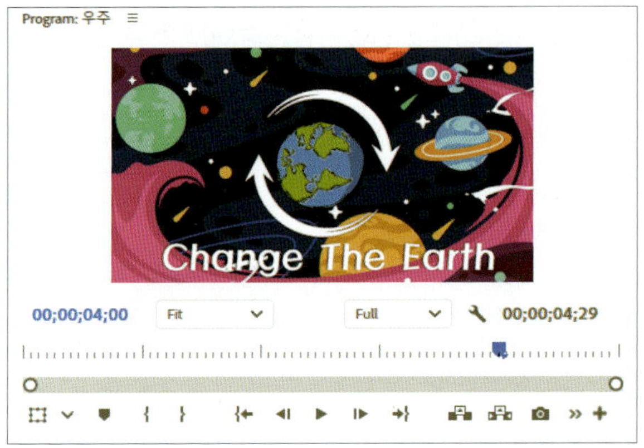

왜? ✧ Effect Controls 패널에서 키프레임을 적용하는 이유

Properties 패널에서도 키프레임 애니메이션을 적용할 수 있지만, Effect Controls 패널에는 속성별 미니 타임라인이 함께 제공되어 더 직관적이고 정밀하게 원하는 시점에 키프레임을 설정하고 조정할 수 있습니다.

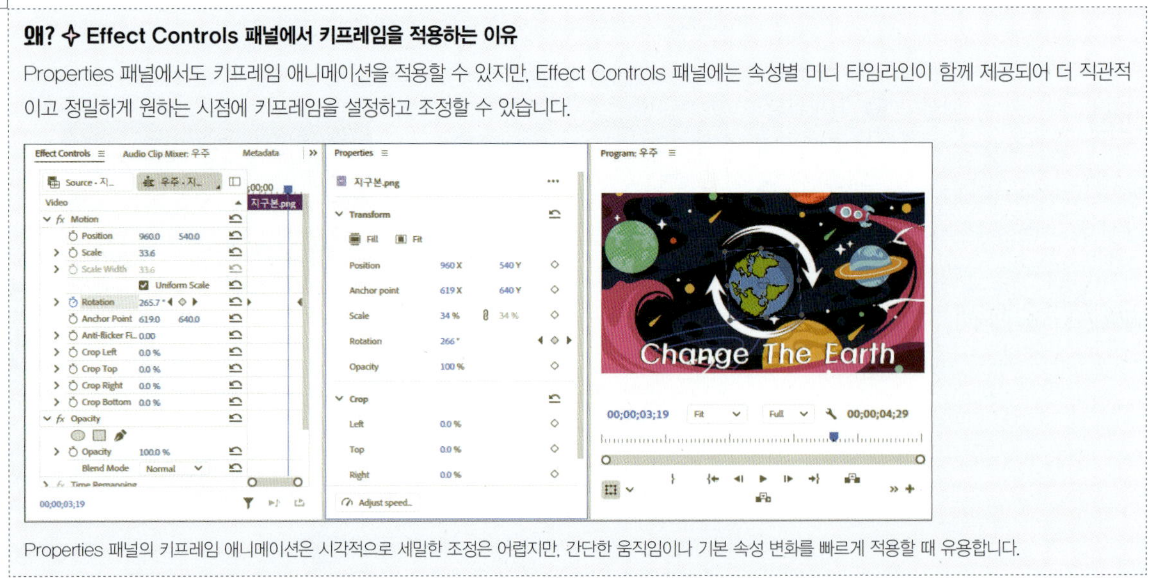

Properties 패널의 키프레임 애니메이션은 시각적으로 세밀한 조정은 어렵지만, 간단한 움직임이나 기본 속성 변화를 빠르게 적용할 때 유용합니다.

EASY 실습 불투명도 키프레임 애니메이션 만들기

이번에는 프리미어 프로에서 키프레임을 직접 적용해 소스 클립의 불투명도 값이 자연스럽게 변화하며 페이드 아웃되는 애니메이션을 만들어 보겠습니다.

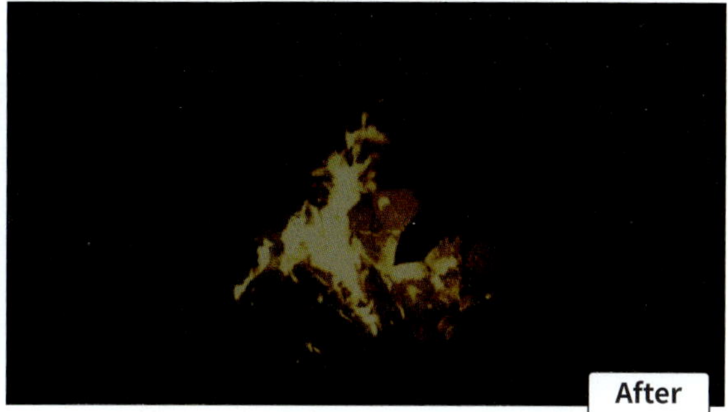

01 프리미어 프로 → 03 폴더에서 'Keyframe_Opacity.prproj' 파일을 불러옵니다.
Timeline 패널에서 V1 트랙의 '불.mp4'를 클릭하여 Effect Controls 패널을 표시합니다.

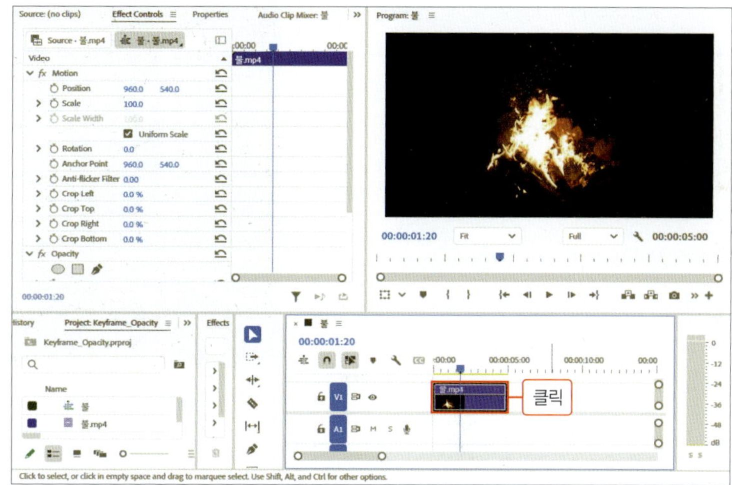

02 Timeline 패널의 ❶ 현재 시간 표시기를 '00:00:03:00(3초)'으로 이동합니다. Effect Controls 패널에서 ❷ Opacity 항목의 Opacity 왼쪽에 있는 스톱워치 아이콘(⏱)을 클릭하여 키프레임 애니메이션을 적용합니다.

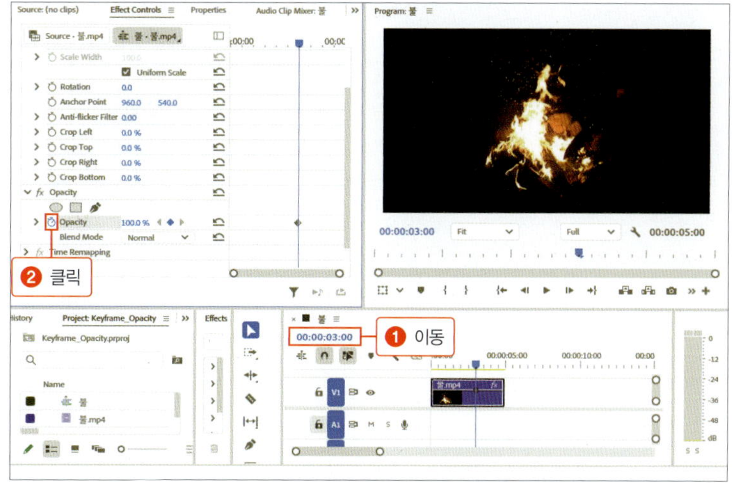

03 Timeline 패널의 ❶ 현재 시간 표시기를 영상의 끝으로 드래그해 이동하고 ❷ Opacity를 '0.0%'로 설정해 3초에서 5초 사이에 불투명도가 서서히 낮아지는 페이드 아웃 애니메이션을 적용합니다.

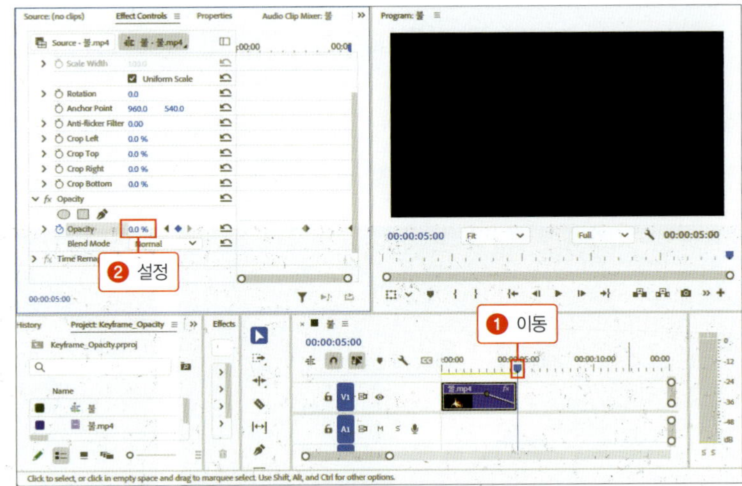

04 Spacebar를 눌러 영상을 미리 보면 3초부터 5초 사이에 서서히 어두워지면서 영상이 마무리되는 효과가 적용됩니다. 불투명도 값에 대한 키프레임 애니메이션이 적용되었습니다.

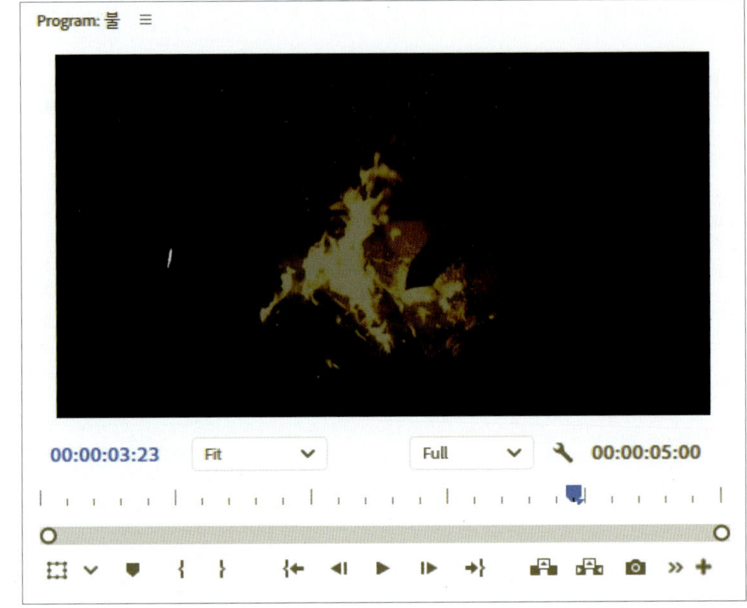

TIP

Timeline 패널에서 클립 하단 그래프를 보면 키프레임이 적용된 구간의 값 변화가 아래로 서서히 내려가는 형태로 표시됩니다. 그래프를 통해 Opacity(불투명도)나 Motion(움직임) 값이 시간에 따라 점진적으로 변화하고 있음을 확인할 수 있습니다.

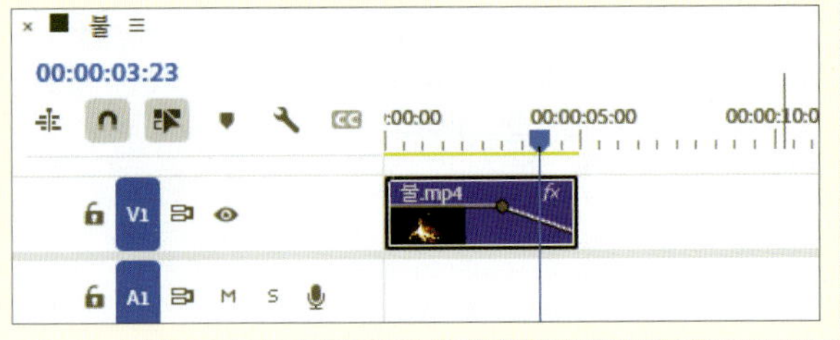

Quick 활용 2개의 영상 페이드 인/아웃으로 장면 전환하기

앞서 프리미어 프로에서 클립의 기본 속성에 키프레임 애니메이션을 적용하는 방법을 알아봤습니다. 이번에는 키프레임 애니메이션을 어떻게 활용하고 영상에 표현할 수 있는지 살펴보겠습니다.

2개의 영상을 페이드 인/아웃으로 장면 전환하기

01 프리미어 프로 → 03 폴더에서 'Keyframe_장면 전환.prproj' 파일을 불러옵니다.
Timeline 패널에서 ❶ V2 트랙의 '노을.mp4'를 클릭해 Effect Controls 패널을 표시합니다. ❷ 현재 시간 표시기를 '00:00:05:00(5초)'으로 이동합니다. Effect Controls 패널에서 ❸ Opacity 항목의 Opacity 왼쪽 스톱워치 아이콘(⏱)을 클릭해 키프레임 애니메이션을 적용합니다.

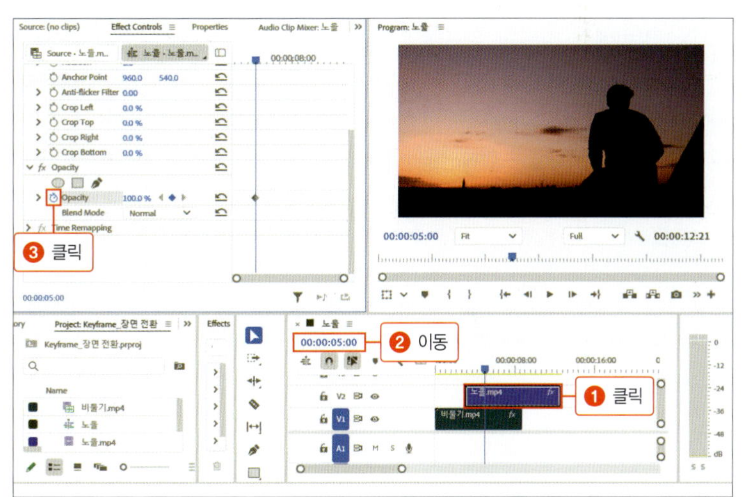

02 Timeline 패널의 ❶ 현재 시간 표시기를 '00:00:03:00(3초)'으로 이동하고 ❷ Opacity를 '0.0%'로 설정합니다. 3초에서 5초 사이에 장면이 전환되는 디졸브 효과를 적용할 것입니다.

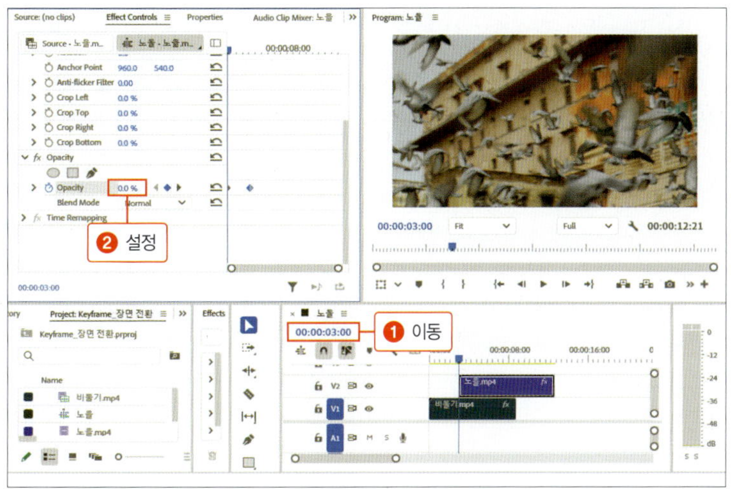

03 Spacebar를 눌러 영상을 미리 보면 3초부터 5초 사이에 2개의 영상이 디졸브되는 애니메이션이 적용되었습니다. 불투명도 값에 대한 키프레임 애니메이션을 통해 2개의 영상을 전환하여 감성적인 장면 전환을 구현할 수 있습니다.

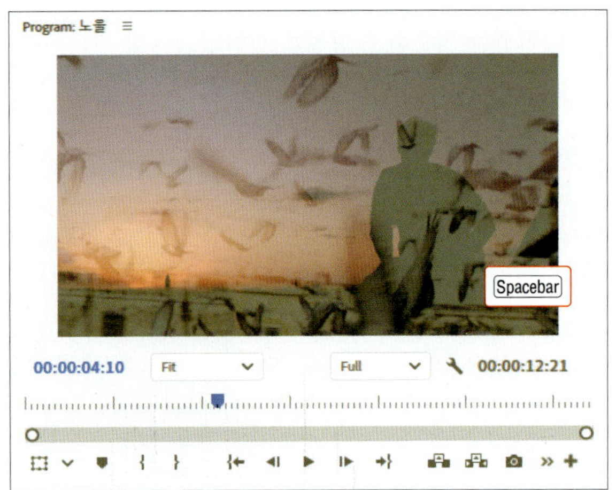

키프레임 설정 없이 불투명도 키프레임 애니메이션 적용하기

01 이번에는 별도의 키프레임 설정 없이 직관적으로 2개의 영상에서 장면을 전환해 보겠습니다.
먼저 프리미어 프로 → 03 폴더에서 'Keyframe_장면 전환.prproj' 파일을 불러옵니다.
Timeline 패널에서 V2 트랙의 '노을.mp4'를 클릭하여 Effect Controls 패널을 표시합니다.

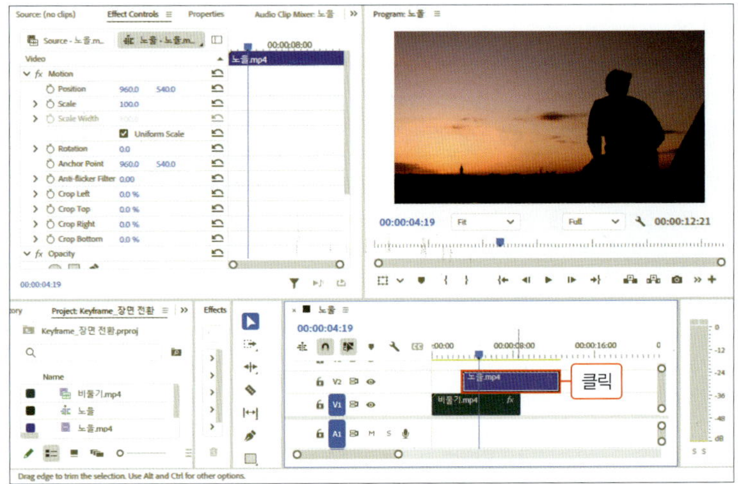

02 Timeline 패널에서 각 트랙 간격을 위아래로 드래그하여 늘리면 그림과 같이 영상 클립 상단에 흰색 막대 선이 나타납니다.

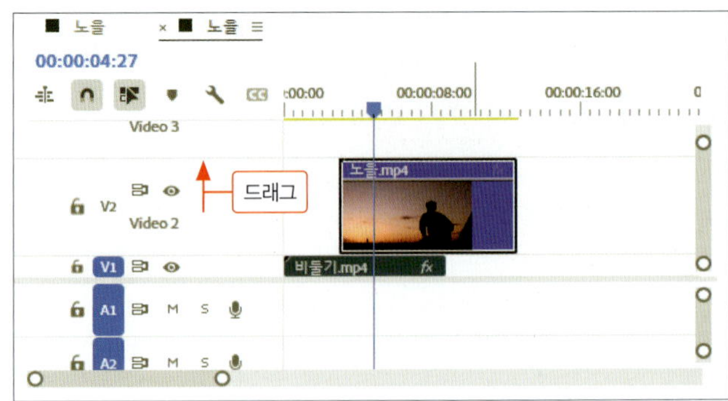

03 Timeline 패널에서 ❶ 현재 시간 표시기를 '00:00:05:00(5초)'으로 이동합니다. ❷ 클립에 표시된 흰색 선을 Ctrl을 누른 채 클릭하면 파란색 기준점이 나타납니다.

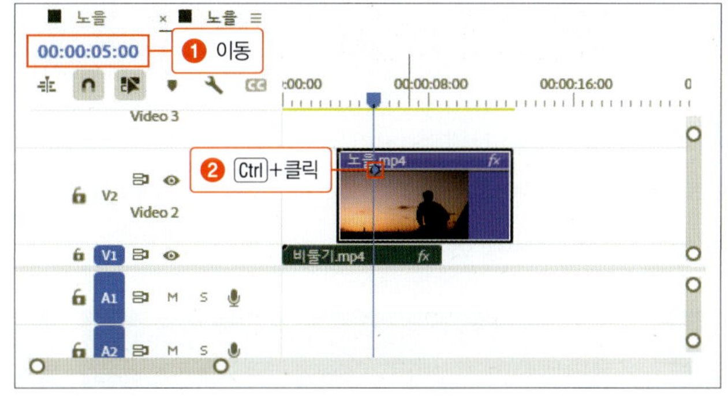

04 Timeline 패널에서 ❶ 현재 시간 표시기를 '00:00:03:00(3초)'으로 이동합니다. ❷ 같은 방법으로 현재 시간 표시기가 있는 흰색 선을 Ctrl을 누른 상태로 클릭하면 파란색 기준점이 나타납니다.

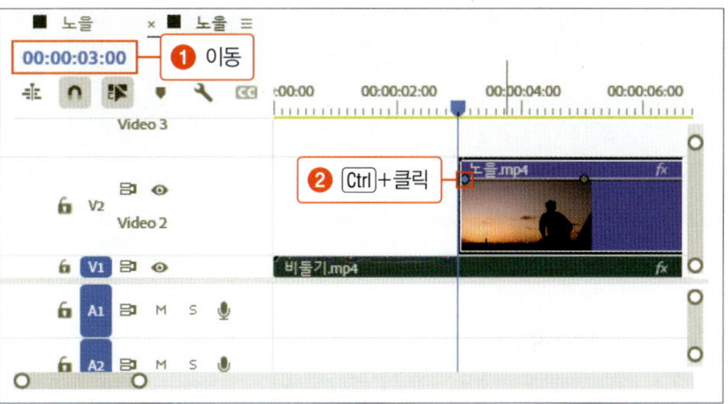

05 3초에 표시된 파란색 기준점을 그림과 같이 아래로 드래그하면 흰색 막대그래프가 꺾이는 형태로 변화합니다. 별도의 키프레임을 설정하지 않아도 불투명도(Opacity)에 대한 키프레임 애니메이션이 자동으로 적용됩니다.

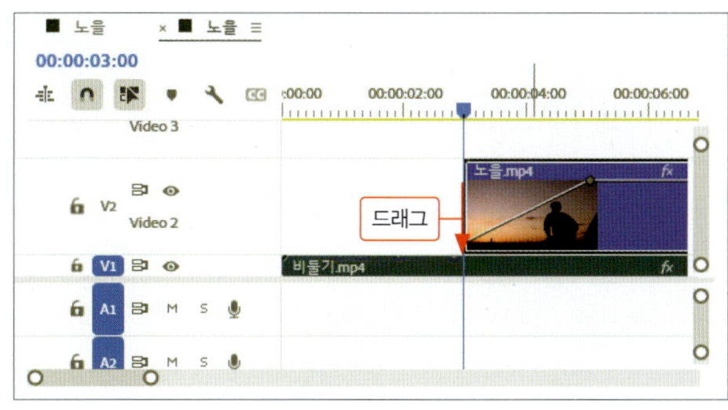

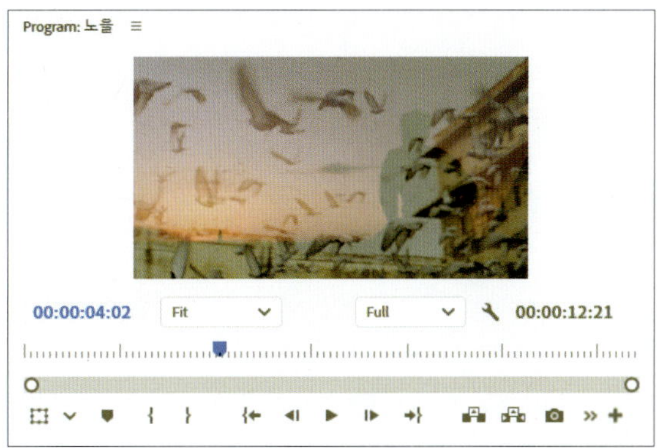

> **TIP ✦ 영상에서 자주 사용하는 연출 용어**
>
> ❶ **페이드 인(Fade In)** : 시작 부분을 천천히 밝아지거나 커지도록 만드는 기법으로, 부드러운 오프닝 연출에 사용합니다.
>
> ❷ **페이드 아웃(Fade Out)** : 서서히 어두워지거나 작아지면서 마무리되는 기법으로, 자연스러운 종료나 장면 전환에 유용합니다.
>
> ❸ **디졸브(Dissolve/Cross Dissolve)** : 두 장면이 겹치며 부드럽게 전환되는 효과로, 시간 흐름이나 감성적 전환에 활용합니다.
>
> ❹ **슬로우 모션(Slow Motion)** : 재생 속도를 낮춰 동작을 강조하거나 감정선을 강화하는 연출입니다.
>
> ❺ **스피드 램핑(Speed Ramping)** : 영상 속도를 다양하게 변화시켜 리듬감과 역동성을 만드는 연출입니다.

Quick 활용 키프레임 애니메이션으로 임팩트 있는 자막 연출하기

이번에는 자막(Text)의 Scale(크기) 속성에 키프레임을 적용하여 예능에서 많이 사용하는 임팩트 있는 자막 애니메이션을 구현해 보겠습니다. 이 과정을 통해 단순히 글자를 띄우는 수준을 넘어, 시선을 집중시키는 임팩트 있는 자막 연출 방법을 익힐 수 있습니다.

01 프리미어 프로 → 03 폴더에서 'Keyframe_예능 자막.prproj' 파일을 불러옵니다.
Timeline 패널에서 V2 트랙의 자막 클립을 클릭하여 Effect Controls 패널을 표시합니다.

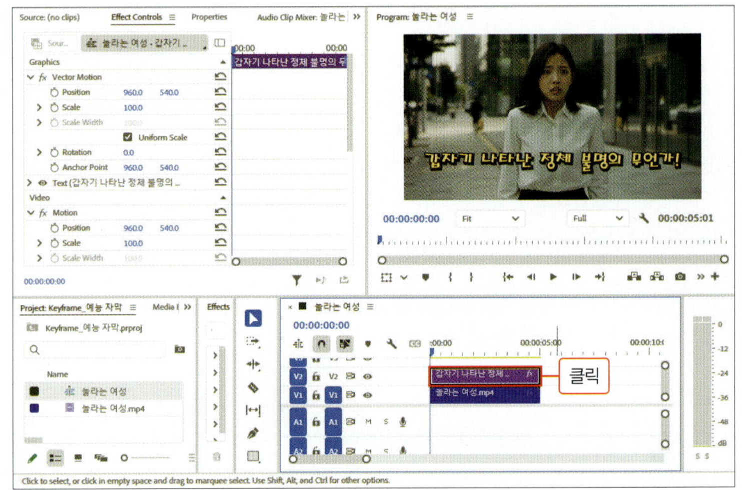

02 Timeline 패널의 ❶ 현재 시간 표시기를 0초로 이동해 영상의 시작으로 이동합니다. Effect Controls 패널에서 ❷ Text (놀라는 여성...) – Transform 항목의 Scale을 '500'으로 설정하면 그림과 같이 자막이 영상의 시작 부분에서 매우 크게 확대됩니다.

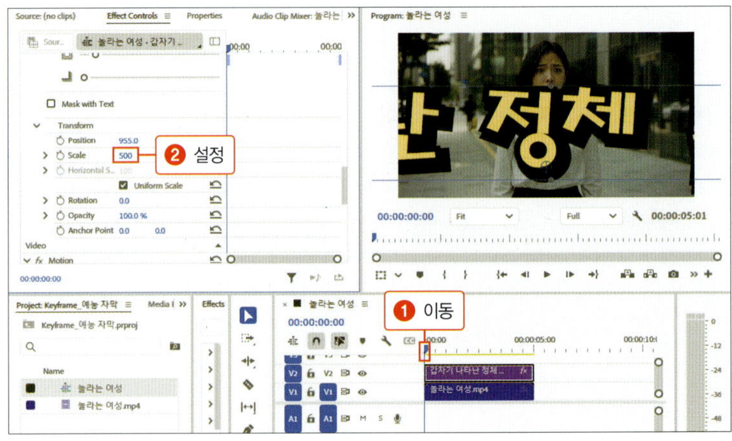

03 Scale 왼쪽의 스톱워치 아이콘(⏱)을 클릭하여 키프레임 애니메이션을 적용합니다.

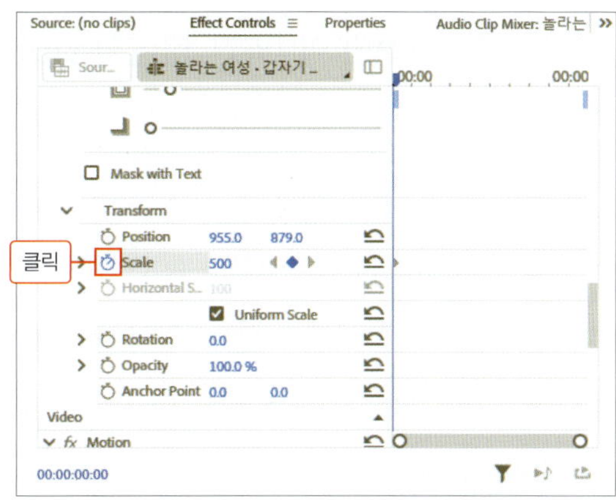

04 Timeline 패널의 ❶ 현재 시간 표시기를 '00:00:00:05(5프레임)'로 이동하고 ❷ Scale을 '100'으로 설정하여 자막을 축소합니다.

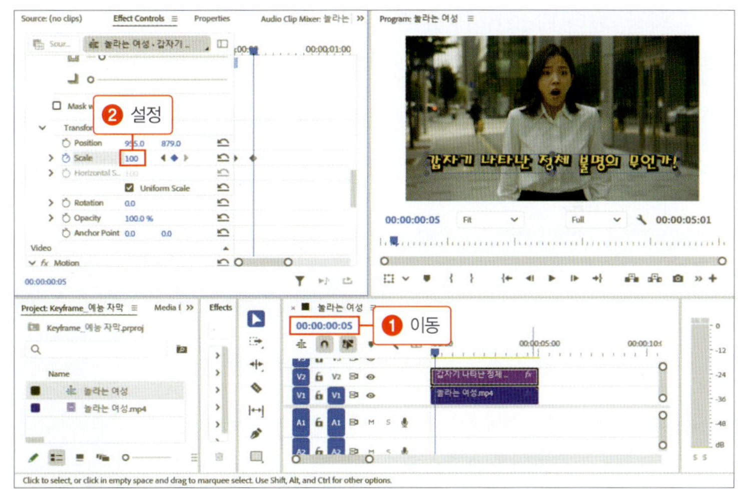

05 Spacebar를 눌러 영상을 미리 보면 0초부터 5프레임 사이에서 자막이 화면에 임팩트 있게 표시되는 애니메이션이 나타납니다. 이처럼 예능에서 상황이 긴박하거나 강조할 때 많이 쓰는 자막을 키프레임 애니메이션으로 연출할 수 있습니다.

❸ 분할 화면부터 PIP까지, 마스크 알아보기

마스크(Mask)는 영상이나 그래픽 클립의 특정 영역만 선택적으로 보이거나 감추는 기능으로, 화면 안에서 필요한 부분만 강조하거나 불필요한 요소를 자연스럽게 제거할 때 활용합니다. 쉽게 말해 전체 화면 중 원하는 부분 위에 '가면(Mask)'을 씌워 노출 범위를 조절하는 개념으로, 분할 화면 구성, 화면 속 화면(PIP) 연출, 특정 인물이나 객체만 따로 강조하는 작업 등 다양한 편집 상황에서 핵심적으로 사용합니다. 또한 트랜지션을 직접 제작하거나 색 보정 영역을 국소적으로 적용할 때에도 필수 기능입니다.

프리미어 프로에서는 Effect Controls 패널의 Opacity(불투명도) 항목에서 마스크를 설정할 수 있으며, 원형(Ellipse), 사각형(Rectangle), 자유형(Pen)의 세 가지 기본 마스크 도구를 제공합니다. 각 마스크는 위치, 크기, 회전, 페더(Feather) 값 등을 세밀하게 조절할 수 있어 가장자리를 부드럽게 처리하거나 특정 영역만 부드럽게 전환하는 효과를 쉽게 만들 수 있습니다. 또한 프리미어 프로 CC 2026에서는 마스크 추적 성능이 강화되어 인물이나 객체의 움직임을 더 정확하게 추적할 수 있으며, 복잡한 동작도 자동으로 분석해 마스크가 자연스럽게 따라가도록 지원합니다. 이를 통해 더 정밀하고 효율적인 마스킹 작업을 수행할 수 있습니다.

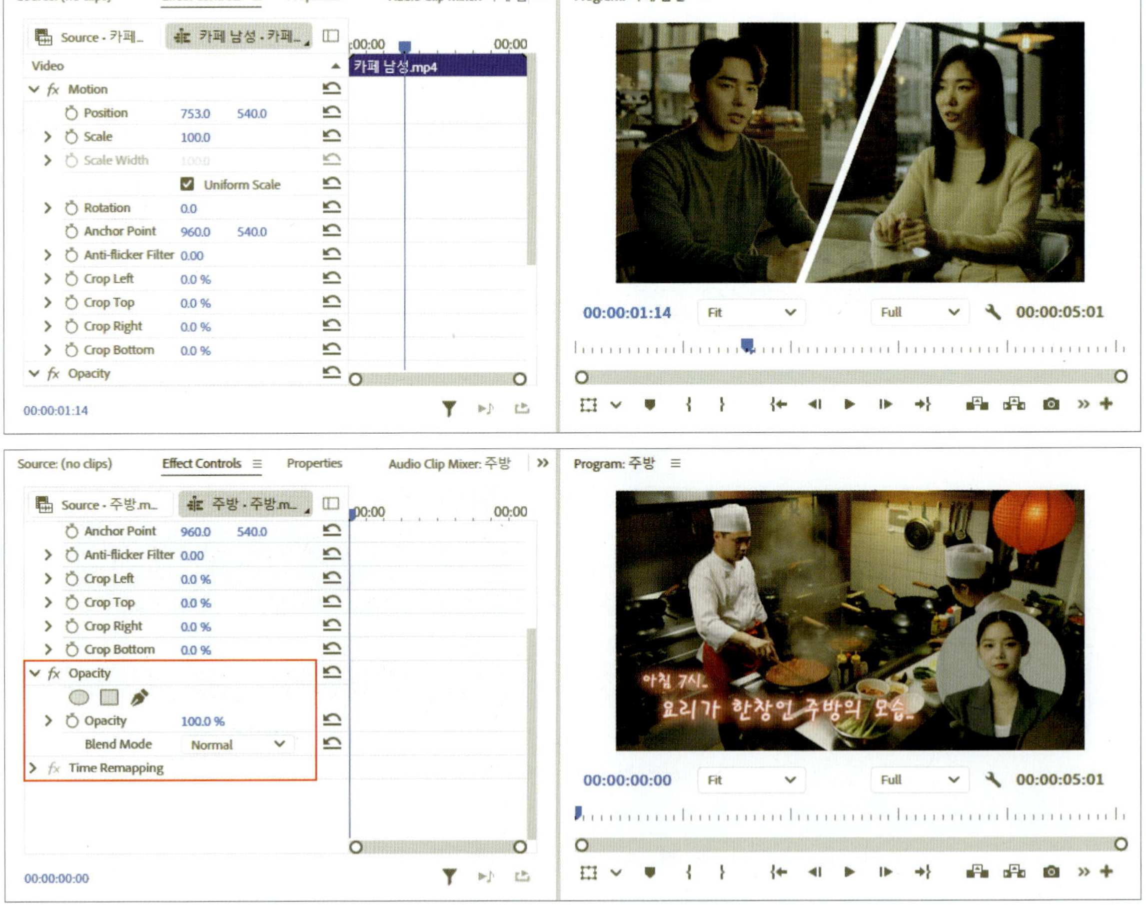

인터뷰 영상의 분할 화면이나 관찰 예능에서 자주 보이는 화면 속 화면 연출에서도 마스크 기능을 활용합니다.

EASY 실습 인터뷰에서 자주 사용하는 분할 영상 만들기

마스크를 사용하면 인터뷰 영상에서 질문자와 답변자를 동시에 보여주거나, 같은 장면을 다른 각도로 나란히 배치하는 등 전문적인 화면을 구성할 수 있습니다. 이번에는 마스크 기능을 활용하여 한 화면에 두 개의 다른 장면이 배치되는 분할 화면을 만들어 보겠습니다.

Before

After

01 프리미어 프로 → 03 폴더에서 'Mask_분할 영상.prproj' 파일을 불러옵니다.

Timeline 패널에서 V2 트랙의 '카페 여성.mp4'를 클릭해 Effect Controls 패널을 표시합니다.

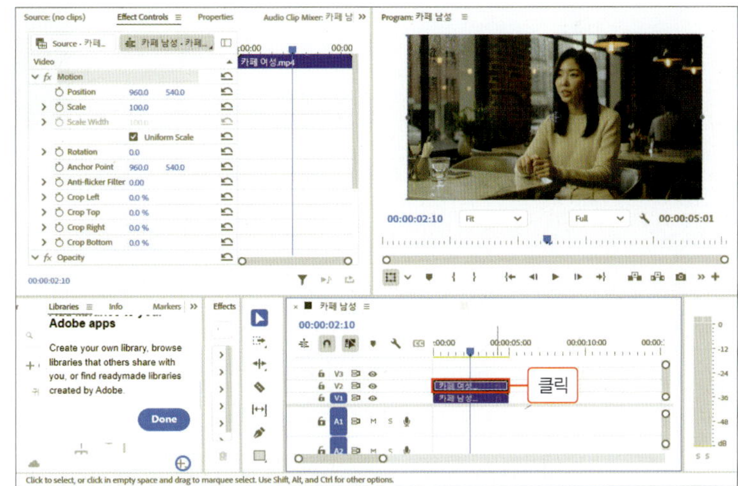

02 Effect Controls 패널에서 Opacity 항목의 'Free draw bezier' 아이콘(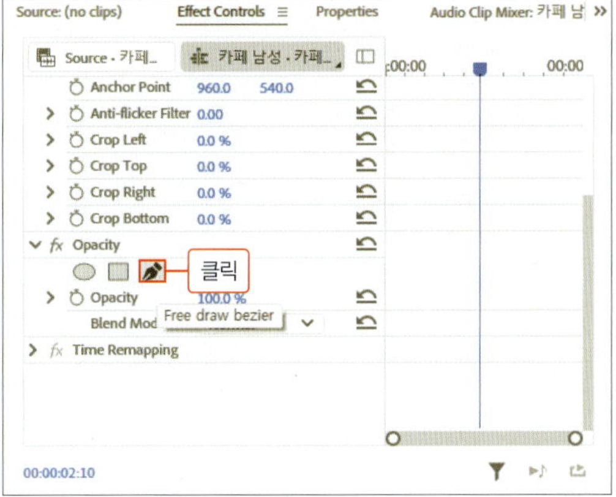)을 클릭해 마스크 기능을 실행합니다.

03 마스크 기능이 활성화된 상태에서 Program Monitor 패널의 화면을 클릭하며 마스크 영역을 만듭니다.

TIP ✦

이때 Tools 패널의 펜 도구가 아니라 '카페 여성' 트랙을 선택한 상태에서 Effect Controls 패널의 Opacity에서 펜 도구를 선택하고 과정을 진행해야 합니다.

도형을 한 붓으로 그리듯이 차근차근 클릭하면 기준점이 추가되며, 마지막 점을 시작점과 연결하면 마스크가 완성됩니다. 이때 점을 드래그하면 위치를 이동해 모양을 보정할 수 있습니다.

04 기준점을 이어서 도형을 완성하면 마스크(영역)가 생성됩니다. 그림과 같이 기본으로 영상이 2개로 표시된 것을 확인할 수 있습니다.

05 Motion 항목의 Position을 설정해 클립이 화면의 전체 구도와 균형에 맞도록 자연스럽게 배치합니다.

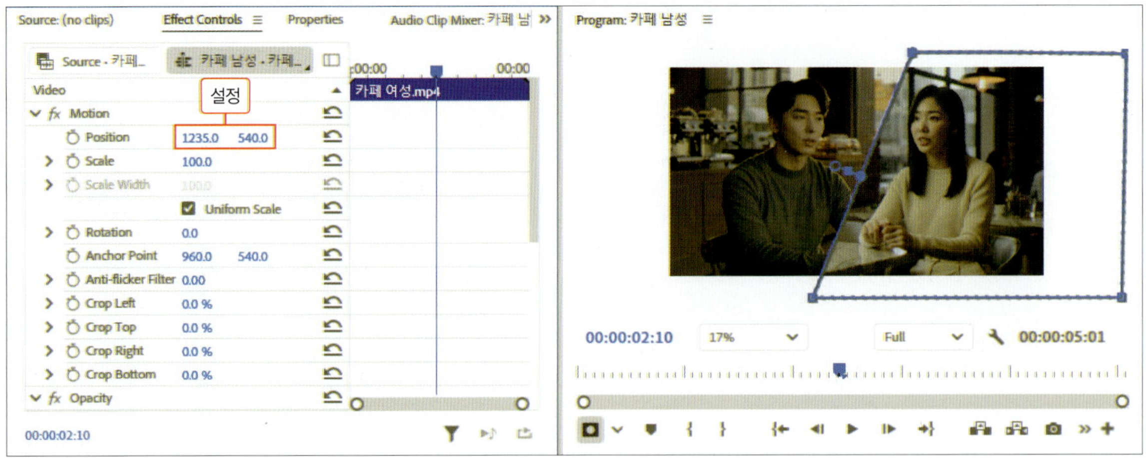

TIP ✦

이때 화면의 중앙이나 좌우 비율을 고려해 시각적으로 안정된 위치에 배치하는 것이 중요합니다.

06 같은 방법으로 ❶ V1 트랙의 '카페 남성.mp4'을 선택한 다음 ❷ Motion 항목의 Position을 설정해 클립이 화면의 전체 구도와 균형에 맞도록 자연스럽게 배치합니다.

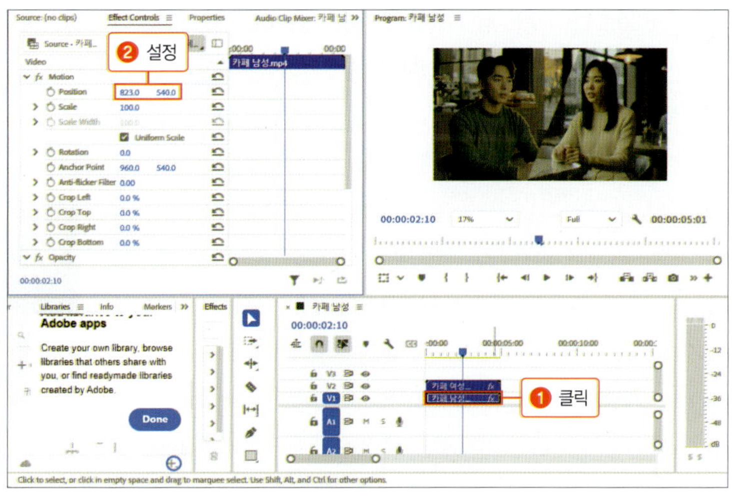

07 기본 분할 화면 구도가 완성되었습니다. 분할 화면에 선을 그리기 위해 먼저 Tools 패널의 펜 도구(Pen Tool, )를 선택합니다.

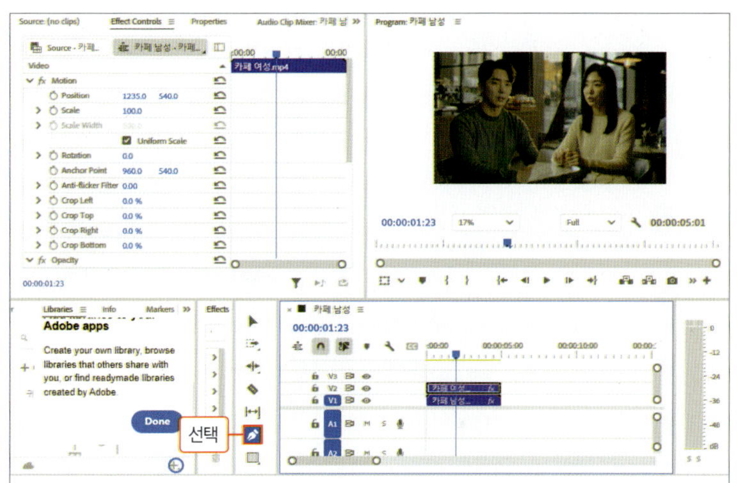

왜?

프리미어 프로에서는 마스크 경계선을 직접 적용하는 기능이 기본으로 제공되지 않기 때문에, 이를 표현하려면 우회적인 방법으로 외곽선을 추가해야 합니다.

08 펜 도구를 선택한 채 Program Monitor 패널에서 그림과 같이 마스크 경계 부분을 따라 ❶ 오른쪽 상단을 클릭하고 ❷ 왼쪽 하단을 클릭해 직선을 그립니다.

09 Effect Controls 패널의 ❶ Shape (Shape 01) – Appearance 항목을 표시하고 ❷ Stroke에서 선 색상을 '흰색'으로 지정합니다. 이어서 ❸ 굵기 값을 '33.0px'로 설정하면 Program Monitor 패널에서 그림과 같이 외곽선이 적용된 형태를 확인할 수 있습니다.

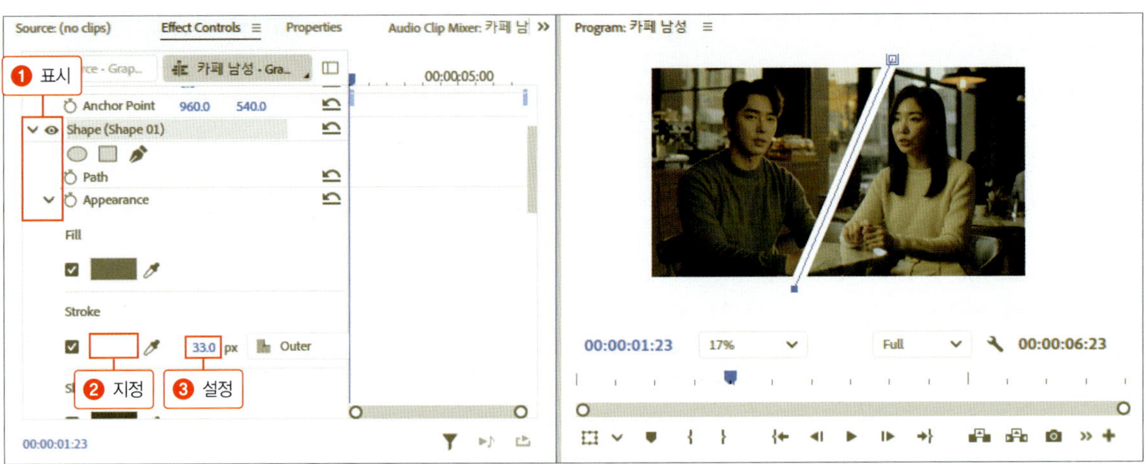

10 ❶ Tools 패널에서 선택 도구(Selection Tool, ▶)를 선택합니다. ❷ Timeline 패널의 V3 트랙에서 'Graphics(마스크 경계)' 클립을 선택한 다음 ❸ 영상의 시작 지점에 맞춰 왼쪽으로 드래그하고 ❹ 필요에 따라 오른쪽 끝 부분도 조정하여 영상의 길이와 타이밍을 일치시킵니다. 마스크 경계선이 영상 전체 구간과 정확히 맞게 배치됩니다.

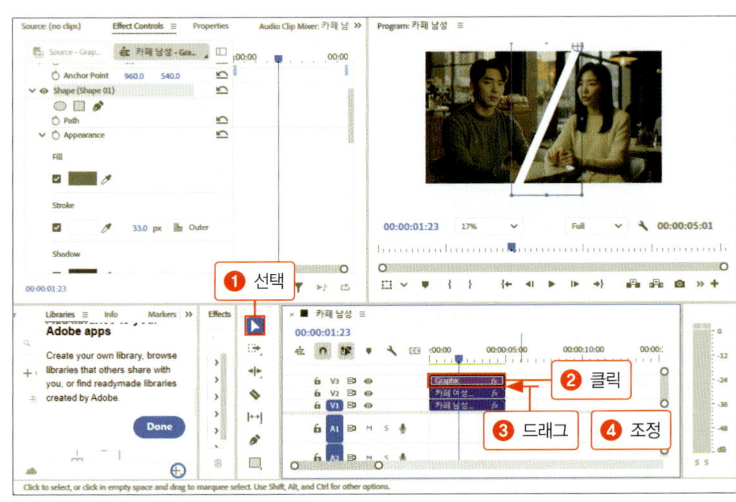

TIP ✦ 화면 분할 연출 시 유의 사항

두 피사체의 시선 방향이 어긋나면 화면 분할 연출이 어색해 보일 수 있습니다. 다른 장소나 독립된 상황을 표현할 때는 허용되지만, 대화 장면에서는 시선 방향을 맞춰 배치해야 자연스러운 연결감을 유지할 수 있습니다.

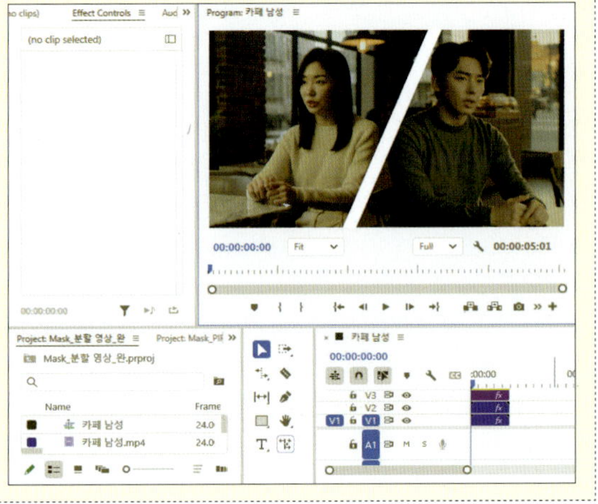

• **실습파일** : 프리미어 프로\03\Mask_PIP.prproj • **완성파일** : 프리미어 프로\03\Mask_PIP_완.prproj

EASY 실습 관찰형 예능에서 자주 사용하는 화면 속 화면 영상 만들기

이번에는 마스크 기능을 활용하여 관찰형 예능, 뉴스, 자료 화면으로 많이 쓰이는 화면 속 화면(PIP)을 연출해 보겠습니다.

01 프리미어 프로 → 03 폴더에서 'Mask_PIP.prproj' 파일을 불러옵니다.
Timeline 패널에서 V2 트랙의 '여성 리액션.mp4'를 클릭하여 Effect Controls 패널을 표시합니다. V3, V4 트랙에는 자막 소스, V1, V2 트랙에는 각각 리액션 영상과 본 화면이 배치된 상태입니다.

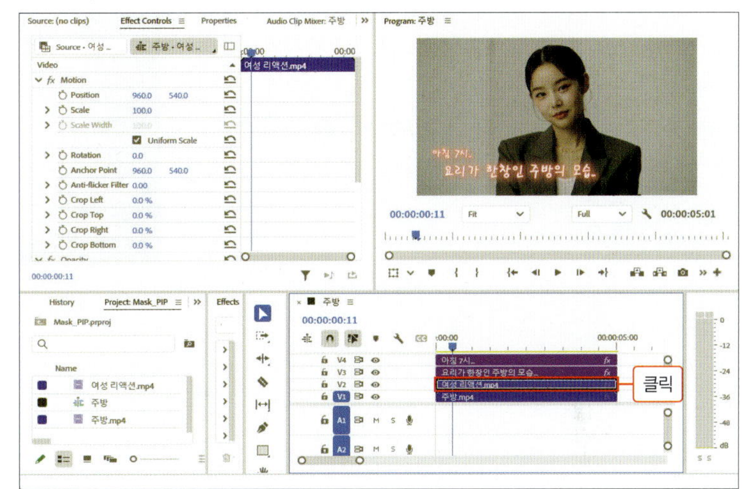

02 Effect Controls 패널에서 Opacity의 'Create ellipse mask' 아이콘(◯)을 클릭해 마스크 기능을 실행합니다.

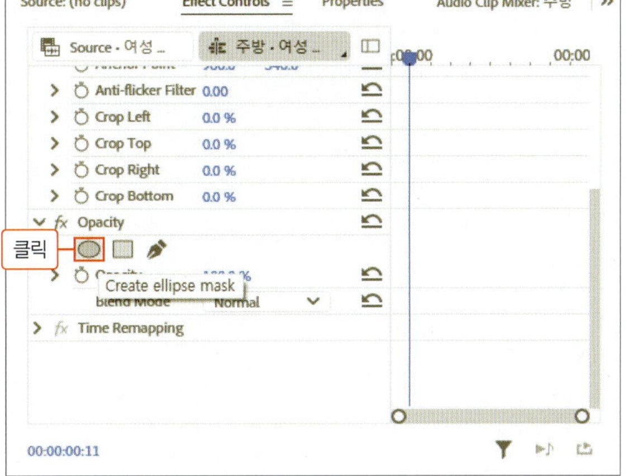

03 화면에 동그라미 형태의 마스크(영역)가 생성되었습니다. 기본으로 4개의 기준점이 표시되며, 이를 드래그하여 마스크의 모양과 크기를 자유롭게 조정할 수 있습니다.

TIP ✦
이때 Shift를 누른 상태에서 기준점을 드래그하면 마스크를 정원형으로 유지하며 크기를 조절할 수 있습니다.

04 화면을 벗어나지 않도록 그림과 같이 ❶ 정원형 마스크를 생성합니다. 마스크를 만든 후 가운데 영역으로 마우스 커서를 이동하면 손바닥 모양 아이콘으로 바뀌며, 이때 드래그하면 크기를 유지한 채 마스크 전체를 이동할 수 있습니다. ❷ 화면의 구도와 중심에 맞게 마스크를 적절한 위치로 이동합니다.

TIP ✦
이때 Shift를 누른 상태에서 드래그하면 수평(X축)으로만 반듯하게 이동할 수 있습니다.

05 메인 화면이 잘 보이도록 Motion 항목의 Position과 Scale을 설정하여 그림과 같이 리액션 화면이 오른쪽 아래에 자연스럽게 배치되도록 설정합니다.

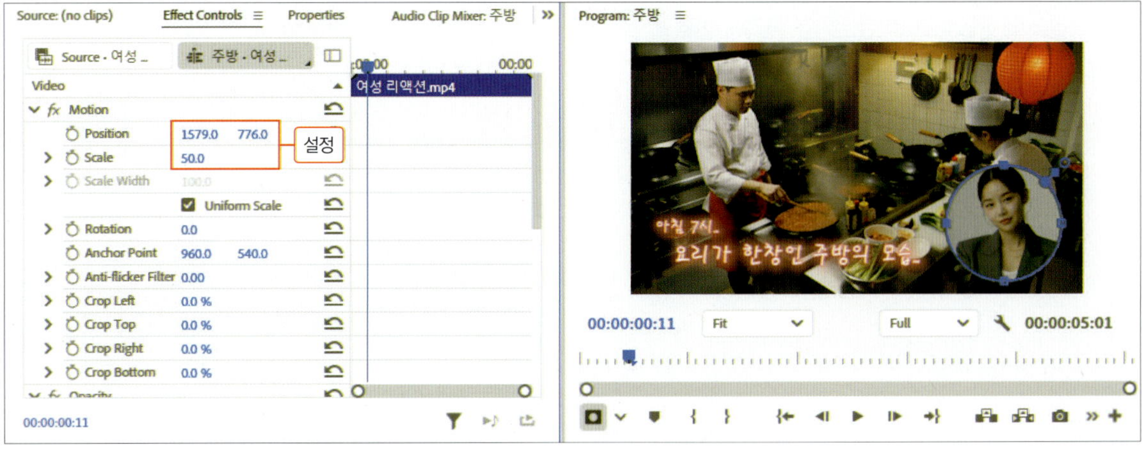

06 화면 속 화면 배치가 완료된 후 마스크 영역을 미세하게 조정해야 하는 경우 기준점을 직접 드래그할 수 있지만, 더 정교한 조정을 위해서는 Opacity 항목의 Mask를 설정할 수 있습니다. Mask Feather를 '0'으로 설정하고 Mask Expansion 값이 크면 실제 지정한 마스크보다 좀 더 넓은 영역이 표시되어 화면에 자연스러운 여유 공간을 확보할 수 있습니다.

TIP ✦ Mask 항목 살펴보기

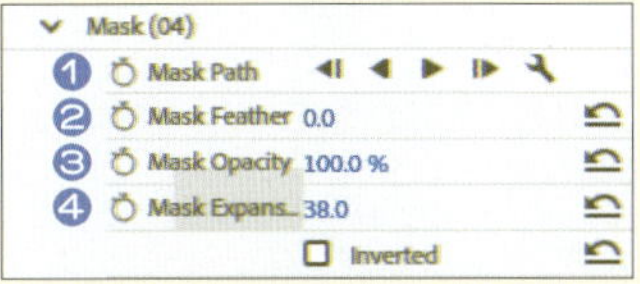

❶ **Mask Path** : 마스크 형태와 위치를 관장하는 경로를 의미합니다. 여기에 키프레임을 적용하면 마스크가 시간 흐름에 따라 움직이거나 형태가 변하도록 애니메이션을 적용할 수 있습니다.

❷ **Mask Feather** : 마스크의 가장자리를 부드럽게 흐리게 만드는 기능입니다. 값이 클수록 경계선이 점점 퍼져 자연스러운 연결 효과를 얻을 수 있습니다. 주로 카메라가 고정된 상태에서 분신술 같은 효과를 연출할 때 사용합니다.

마스크를 활용하여 분신술 특수효과를 연출할 수 있습니다.

❸ **Mask Opacity** : 마스크 영역의 불투명도를 조절합니다. 100%는 완전히 불투명, 0%는 완전히 투명한 상태를 의미합니다. 특정 영역을 살짝 비치게 하거나 흐리게 표현할 때 유용합니다.

❹ **Mask Expansion** : 마스크 영역을 확대하거나 축소하는 기능입니다. 값이 크면 마스크 범위가 바깥쪽으로 넓어지고, 값이 작으면 안쪽으로 좁아집니다. 정밀한 테두리 조정이나 표시 영역을 보정할 때 자주 사용합니다.

Part 04

컬러 매직으로 영상 레벨업!

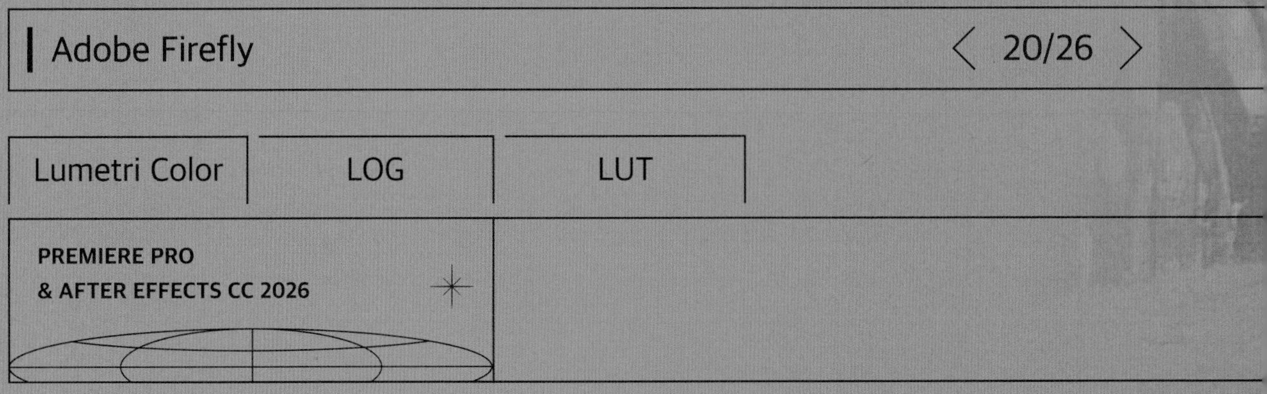

PREMIERE
26
Generate

Pr

LESSON

07 영상 무드 메이커, 컬러 그레이딩

❶ 색상 조정 및 보정의 정의와 필요성 알아보기

촬영된 영상의 색은 언제나 바라던 모습과 정확히 일치하지 않습니다. 조명 환경, 카메라 기종, 화이트 밸런스, 촬영 조건에 따라 밝기나 색의 균형이 쉽게 달라지기 때문입니다. 이런 차이는 장면 간 연결감을 떨어뜨리고 영상이 전달하고자 하는 분위기와 감정에도 영향을 줍니다.

이때 영상 후반 작업에서 색상 조정(Color Correction)을 진행하여 이러한 문제를 해결할 수 있습니다. 색상 조정은 단순히 화면을 예쁘게 만드는 과정이 아닙니다. 촬영된 영상 속 어긋난 밝기와 색의 균형을 바로잡아 전체적인 톤을 안정적으로 맞추는 작업입니다. 이렇게 색의 기준을 먼저 정확히 잡아두어야 다음 단계인 색상 보정, 특수효과 적용, 자막, 화면 분할, CG 작업 등을 진행할 수 있습니다.

색상 보정(Color Grading)은 이러한 기준점 위에서 영상의 분위기와 감정을 설계하는 과정입니다. 전체적인 톤을 따뜻하거나 차갑게 조절하고, 특정 색을 강조해 스타일을 만들며, 장면의 감정선에 맞는 색감을 부여하는 작업이 여기에 해당합니다.

구분	색상 조정(Color Correction)	색상 보정(Color Grading)
목적	원본 영상에서 잘못된 색과 밝기를 기준에 맞게 바로잡는 것	조정된 색상에서 원하는 색상으로 표현하는 것
초점	'정상 상태'로 되돌리기	'의도한 느낌'으로 만들기
예시	• LOG로 촬영된 영상을 일반 색 공간에서 자연스럽게 보이도록 표준 대비와 색을 되살려 작업할 수 있는 상태로 변환하는 과정 • 누렇게 뜬 화면의 색 균형을 바로잡아 자연스러운 밝기와 피부 톤을 회복하는 과정	• 인물 인터뷰 영상에서 따뜻한 색감을 더해 편안하고 인간적인 분위기를 만드는 작업 • 긴장감 있는 장면에서 푸르고 차가운 톤을 적용해 차분하면서도 묘한 불안감을 강조하는 연출

큰 프로젝트 영상의 경우 원본을 그대로 쓰는 경우는 거의 없습니다. 색상 조정 및 색상 보정을 통해 색감을 입힌 영상을 사용합니다.

❷ Lumetri Color 패널로 전문적인 색감 조정 및 보정하기

프리미어 프로의 Lumetri Color 패널은 색상 조정과 색감 연출을 한 곳에서 손쉽게 다룰 수 있도록 설계된 핵심 도구입니다. 화이트 밸런스, 색감, 노출, 대비 등을 활용해 영상의 색감을 바로잡아 화면의 기본 균형을 맞추는 작업부터, 특정 색만 선택해 미세하게 다듬는 작업, 영상 전체의 분위기와 톤을 디자인하는 과정까지 모두 이 패널 안에서 자연스럽게 이어집니다. 이 패널의 각 항목이 어떤 역할을 하는지 차근히 살펴보고, 실제로 색감을 어떻게 조정해 나가는지 순서대로 알아보겠습니다.

Lumetri Color 패널 표시하기

Lumetri Color는 프리미어 프로에서 색 작업을 위해 독립된 패널로 제공됩니다. 메뉴에서 [Window] → Lumetri Color를 실행해 패널을 표시할 수 있습니다.

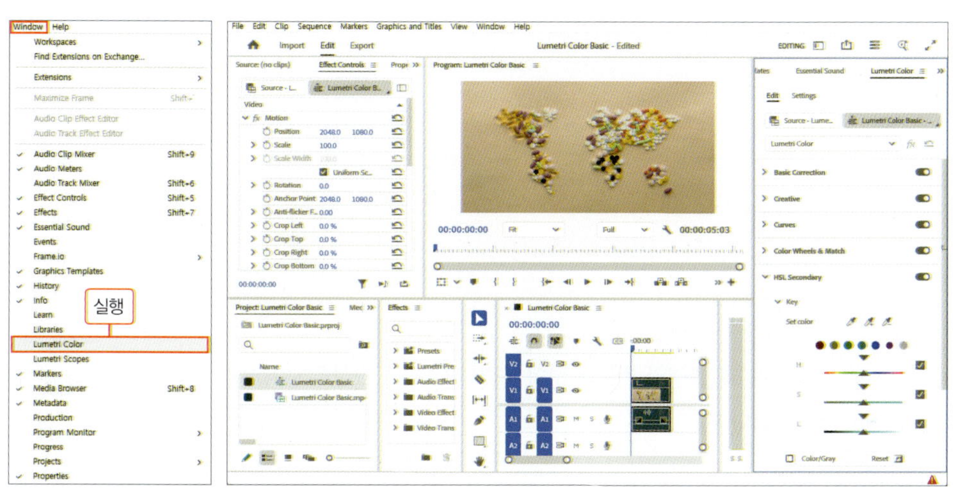

TIP ✦ 작업하기 편하도록 Lumetri Color 패널 크기 조절하기

Lumetri Color 패널의 왼쪽 테두리를 좌우로 드래그하면 패널의 너비를 조절할 수 있습니다. PC 환경에 맞게 보기 편한 크기로 조절해서 사용합니다.

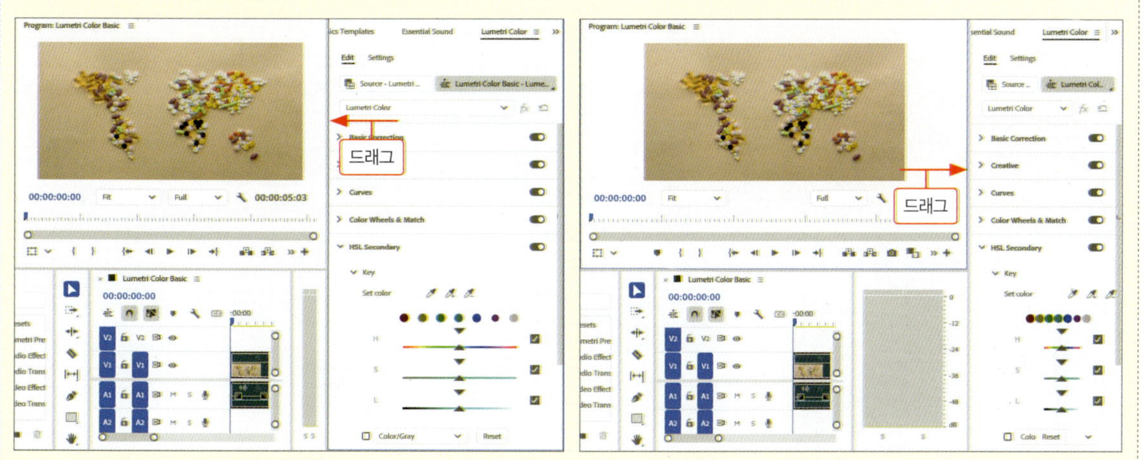

❸ Basic Correction으로 기본 색감 조정하기

Lumetri Color 패널에서는 다양한 항목들을 확인할 수 있습니다. 맨 위 Basic Correction 왼쪽의 '>' 아이콘을 클릭하면 세부 항목이 펼쳐집니다. 여러 세부 항목들을 조합하여 색감을 조정할 수 있습니다.

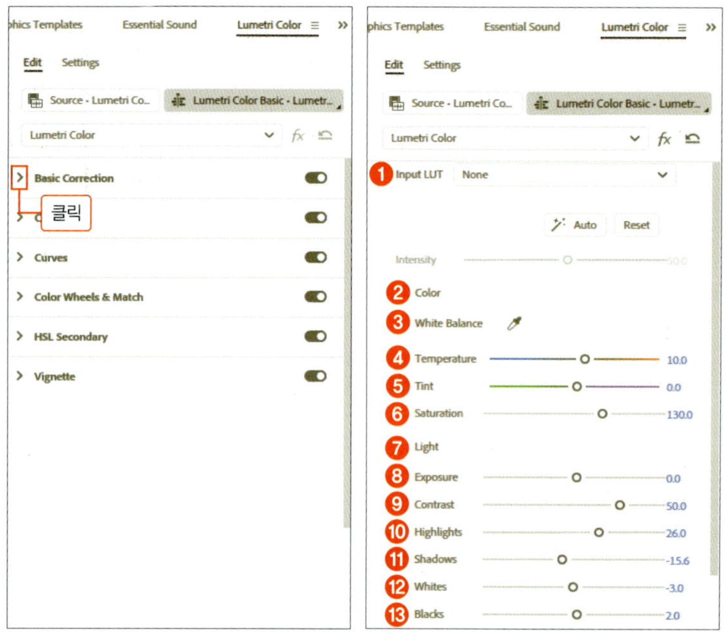

❶ **Input LUT** : LUT(Look-Up Table)를 불러와 영상의 전체 색감을 한 번에 변경합니다. 주로 카메라 로그(Log) 촬영 영상의 기본 색상을 복원할 때 사용합니다.

❷ **Color** : 색감과 관련된 항목입니다.

❸ **White Balance** : 영상의 전체 색온도를 조정해 색감의 균형을 맞춥니다. 스포이트 아이콘(🖉)을 이용해 Program Monitor 패널에 표시된 흰색을 찍어 자동으로 화이트 밸런스를 맞출 수 있습니다.

❹ **Temperature** : 색온도로, 값이 크면 영상이 주황빛(따뜻한 느낌), 작으면 파란빛(차가운 느낌)으로 변합니다.

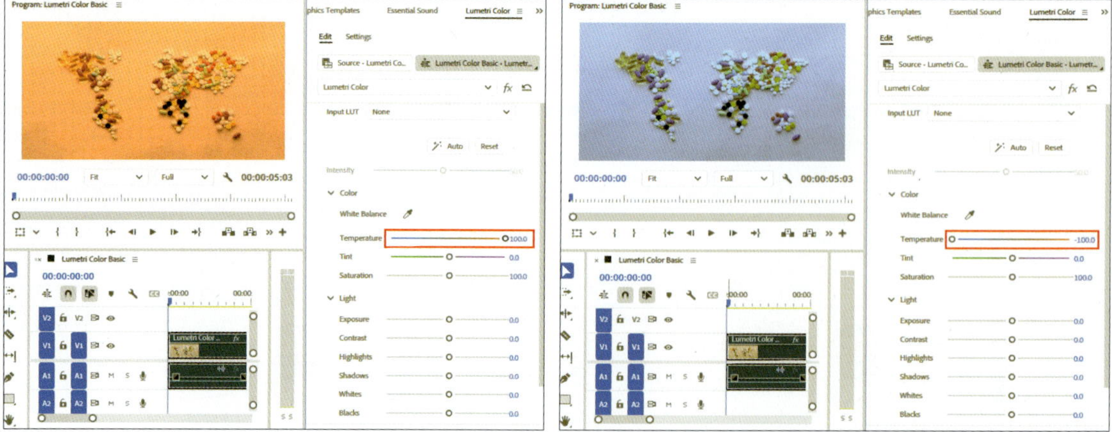

❺ **Tint** : 색조로, 값이 크면 마젠타(분홍빛), 작으면 초록빛이 강해집니다.

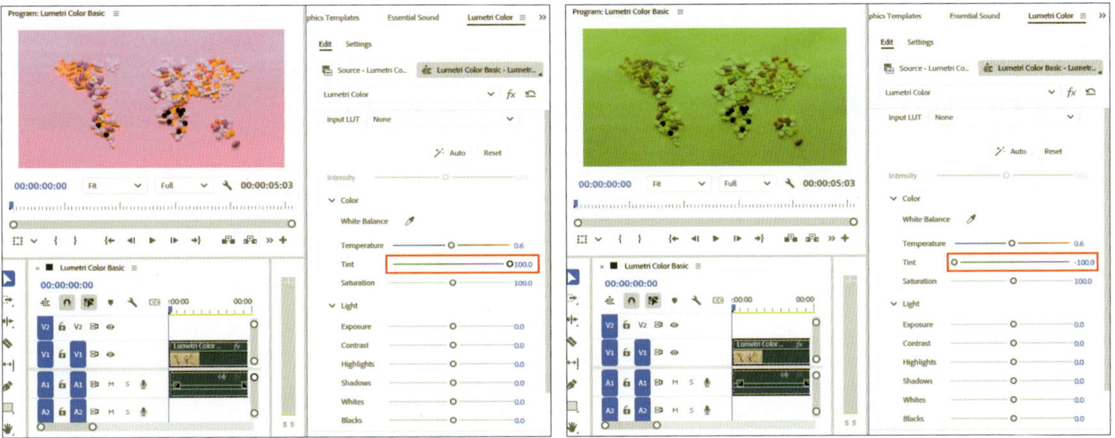

❻ **Saturation** : 색상의 채도로, 0에 가까울수록 채도가 낮아져 흑백에 가까워지며, 100 이상으로 채도가 높아지면 색이 더욱 진하게 표현됩니다.

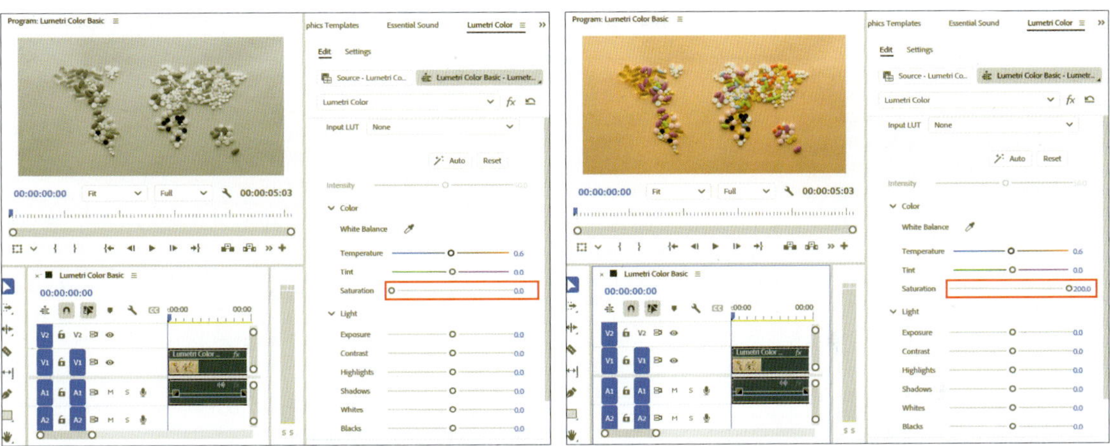

❼ **Light** : 영상의 밝기, 대비, 명암을 세밀하게 조정합니다.

❽ **Exposure** : 영상의 노출로, 영상 전체의 밝기를 균일하게 조정합니다.

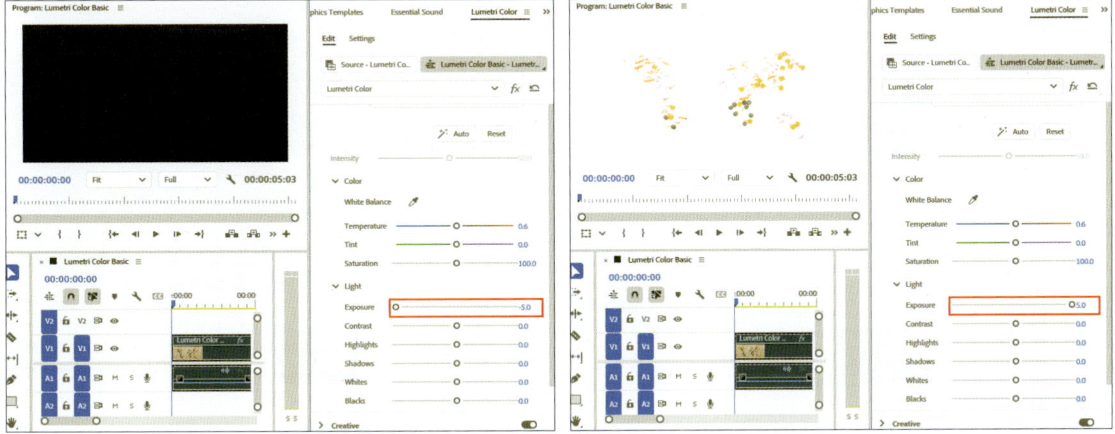

❾ **Contrast** : 영상의 대비로, 밝은 부분과 어두운 부분의 차이를 조정합니다. 값이 크면 밝은 곳은 더 밝아지며, 어두운 곳은 더 어두워집니다.

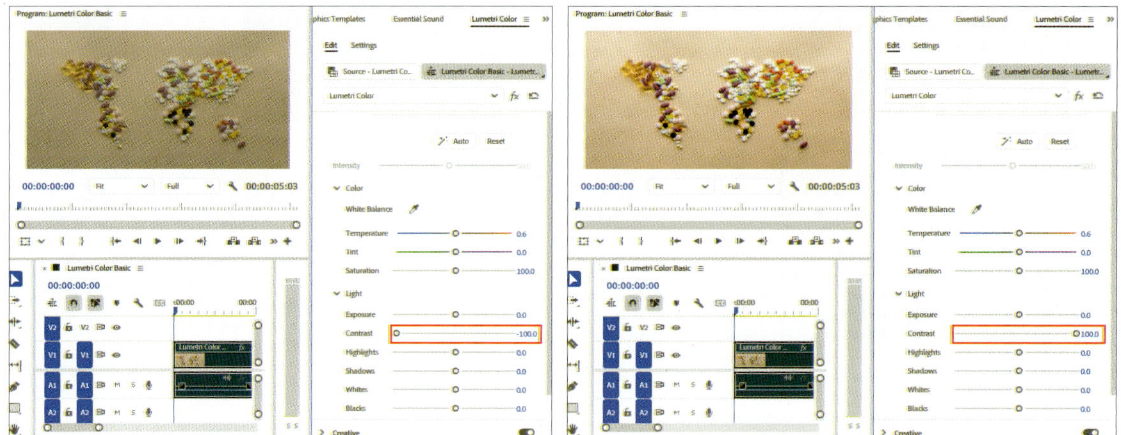

❿ **Highlights** : 하이라이트로, 밝은 영역만 집중적으로 조정합니다. 명부(밝은 부분)의 과노출로 인한 복원에 주로 사용합니다.

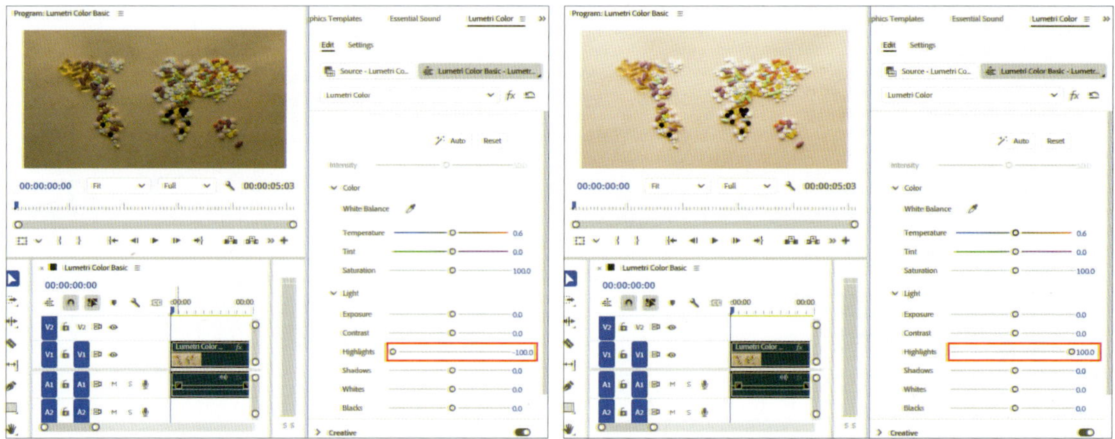

⓫ **Shadows** : 섀도로, 어두운 영역만 집중적으로 조정합니다. 어두운 부분의 디테일 복원에 주로 사용합니다.

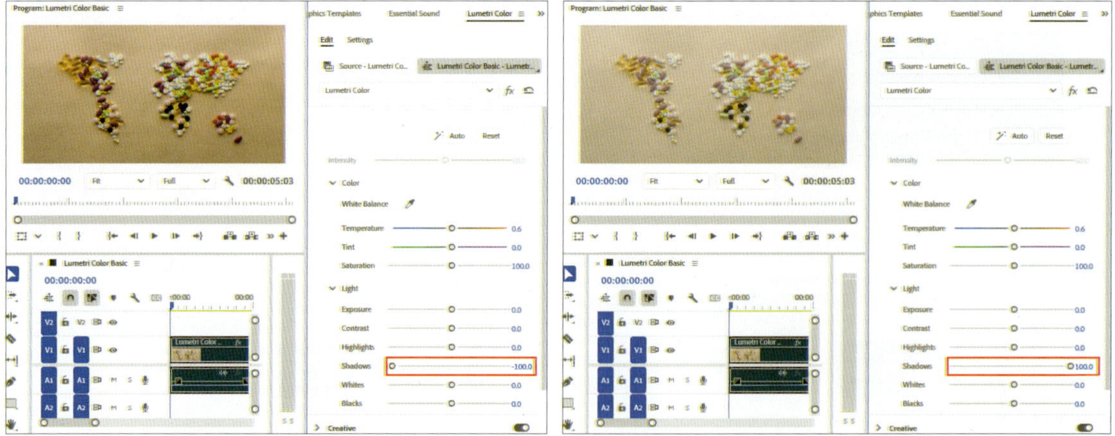

⑫ **Whites** : 화이트로, 영상의 최고로 밝은 영역(흰색)을 조절하여 전체 밝기 균형을 조정합니다.

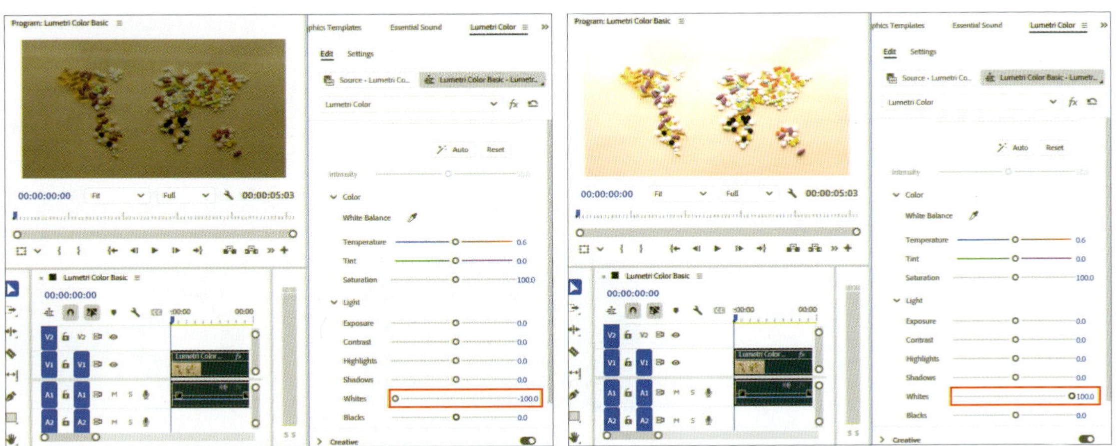

⑬ **Blacks** : 블랙으로, 영상의 가장 어두운 영역(검은색)을 조절하여 전체 대비의 기준이 되는 블랙 포인트를 설정합니다.

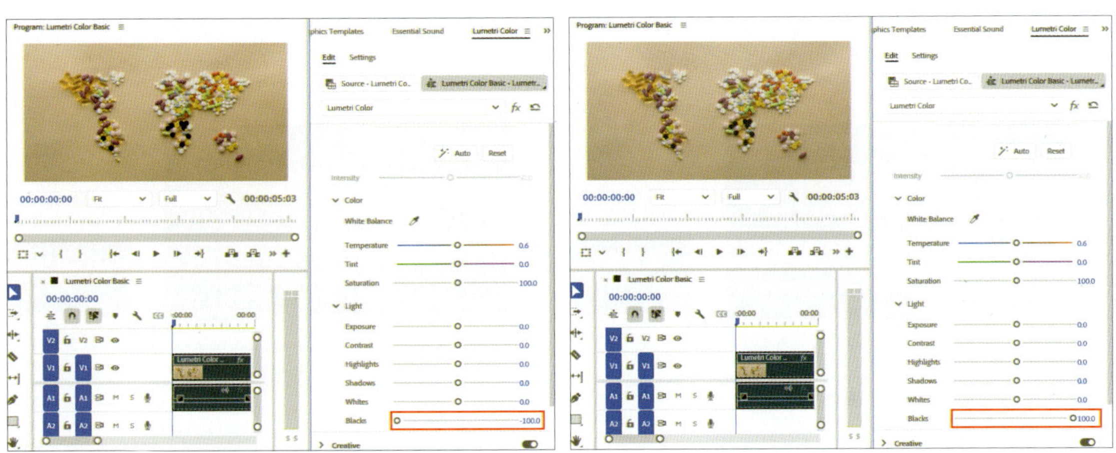

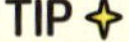

TIP ✦

단일 항목만 조절하지 않고, 각 기능의 특성과 상호작용을 이해하여 유기적으로 조합함으로써 색감의 균형과 원하는 분위기를 완성하는 것이 중요합니다.

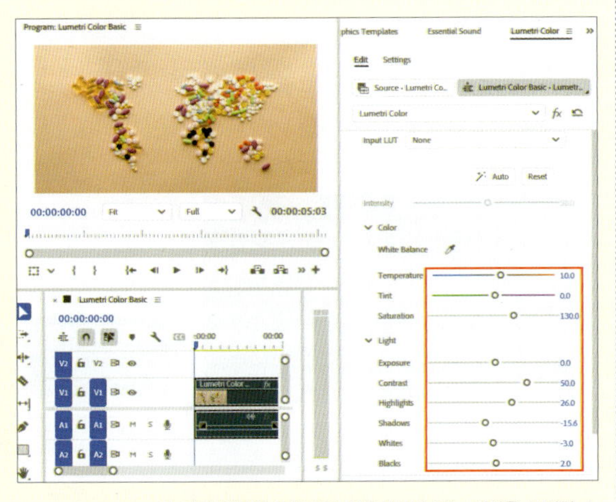

Basic Correction의 여러 항목을 조합하여 연출하고자 하는 색감을 조정할 수 있습니다.

❹ Creative로 영상의 스타일 및 감정 연출하기

Lumetri Color 패널의 Creative 항목에서 색감을 원하는 스타일로 바꿉니다. 단순히 색을 보정하는 것을 넘어 장면이 전달하고자 하는 분위기를 시각적으로 표현할 수 있습니다. 마찬가지로 Creative 왼쪽의 '>' 아이콘을 클릭하면 세부 항목이 펼쳐집니다.

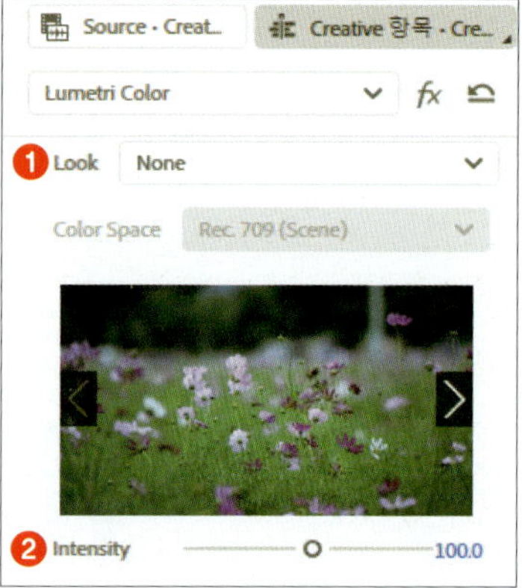

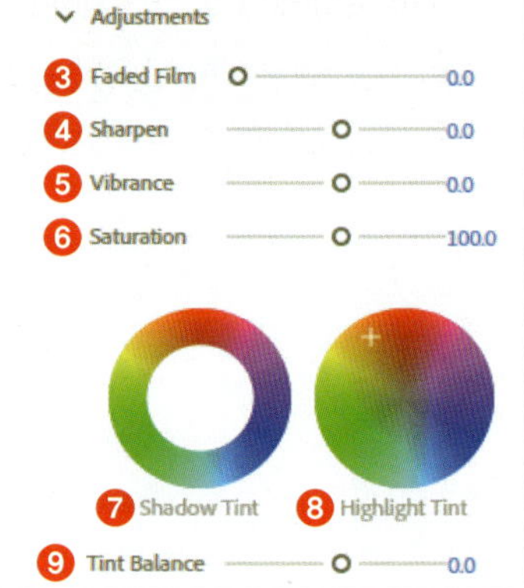

❶ **Look** : 프리셋 LUT(룩)을 불러와 특정 스타일의 색감을 즉시 적용합니다. 기본으로, 프리미어 프로에서는 다양한 프리셋을 제공하고 있습니다.

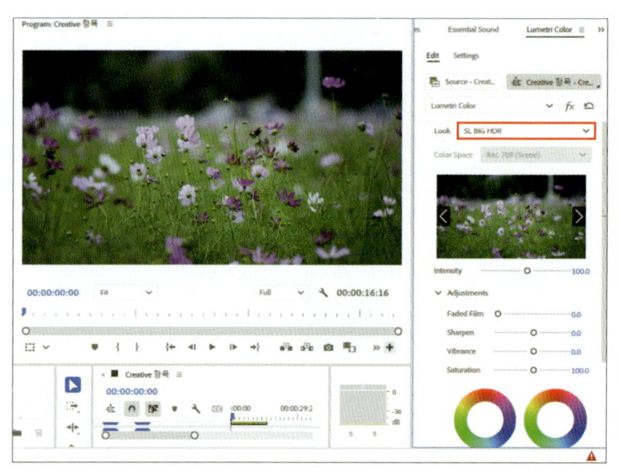

SL BIG HDR 적용

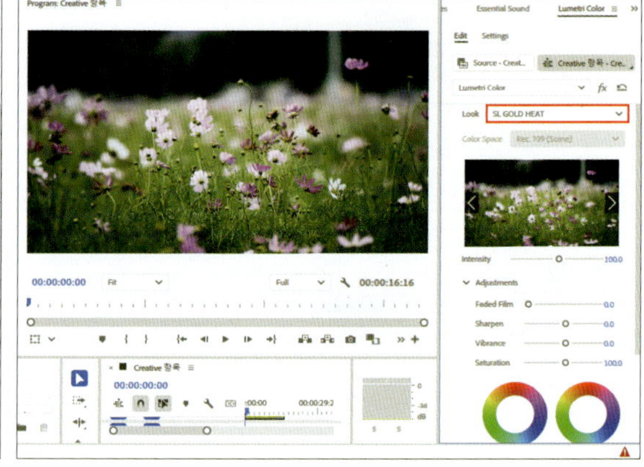

SL GOLD HEAT 적용

❷ **Intensity** : 적용한 Look(LUT)의 강도를 조절합니다. 값이 0일 때는 LUT 효과가 전혀 적용되지 않으며, 값이 클수록 선택한 LUT의 효과가 강하게 적용됩니다.

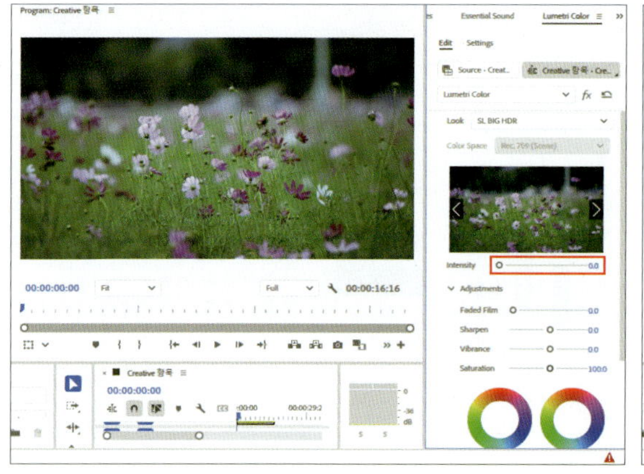

❸ **Faded Film** : 영상의 명암 대비를 줄여 필름 같은 바랜 느낌을 만듭니다.

❹ **Sharpen** : 가장자리(Edge)를 또렷하게 만들어 영상의 디테일을 선명하게 강조합니다.

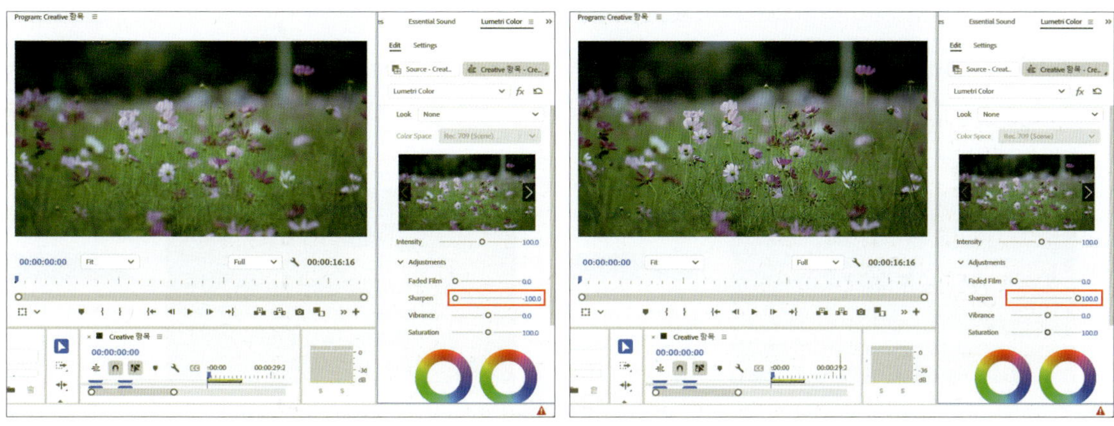

❺ **Vibrance** : 활기로 해석할 수 있으며, 채도가 낮은 색상을 부분적으로 강화하여 색 균형을 자연스럽게 유지합니다.

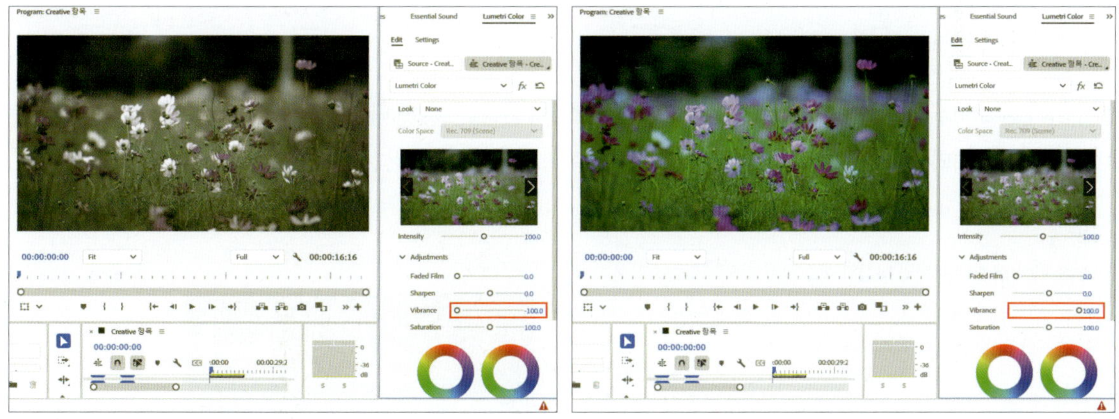

❻ **Saturation** : 영상 전체의 색상 채도를 균일하게 조정하며, Basic Correction 항목의 Saturation과 같은 기능을 수행합니다.

7 Shadow Tint : 그림자(어두운) 영역에 특정 색조를 추가합니다. 푸른색 계열은 차가운 감정을, 주황색 계열은 따뜻한 느낌을 연출합니다.

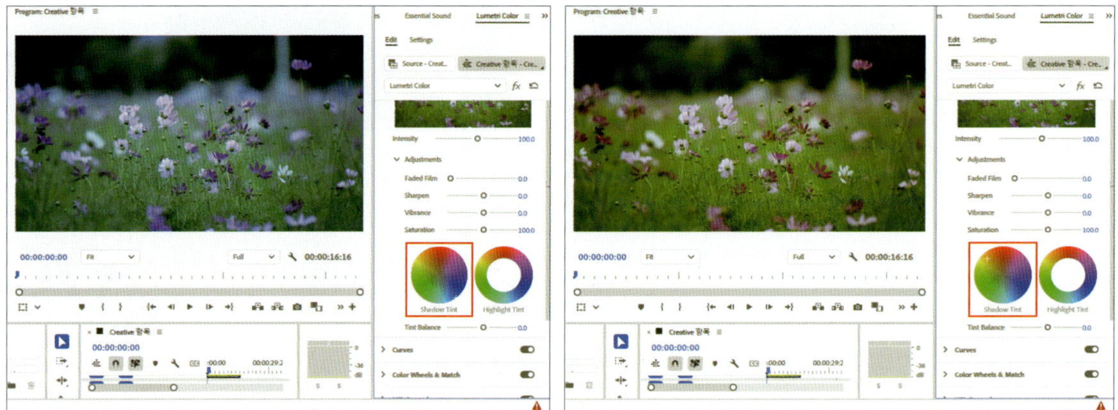

8 Highlight Tint : 하이라이트(밝은 영역)에 색조를 더해 분위기를 조정합니다. 푸른빛은 차분하고 세련된 느낌을, 붉은빛은 따뜻하고 로맨틱한 느낌을 연출합니다.

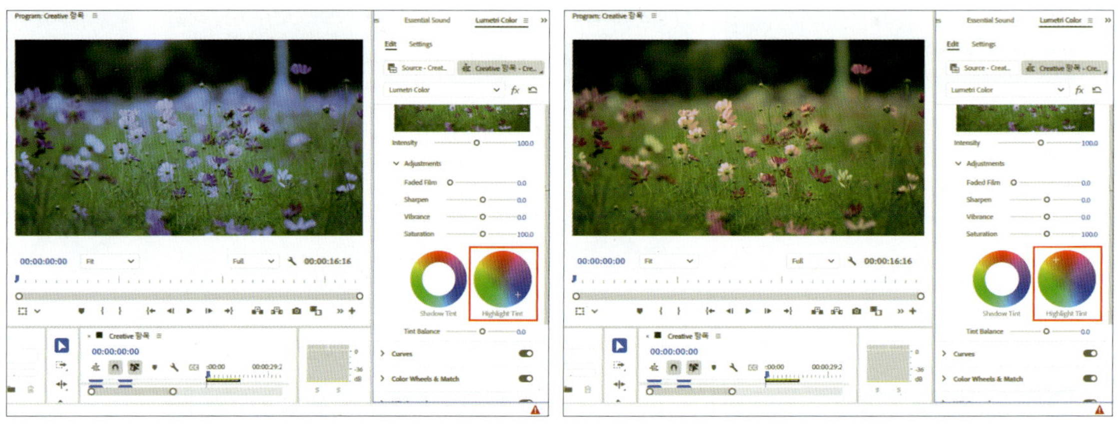

9 Tint Balance : 적용한 그림자 색조와 하이라이트 색조의 균형을 조절합니다. 슬라이더를 왼쪽으로 이동하면 그림자 쪽 색조가 강화되며, 오른쪽으로 이동하면 하이라이트 쪽 색조가 강화됩니다.

TIP

Basic Correction 항목과 마찬가지로, 단일 항목만 조절하지 않고 각 기능의 특성과 상호작용을 이해하여 유기적으로 조합함으로써 색감을 보정하고 나만의 색상을 연출하는 것이 중요합니다.

Creative의 여러 항목을 조합하여 다양한 형태로 색감을 보정할 수 있습니다.

❺ Curves로 정밀하게 영상 보정하기

Lumetri Color 패널의 Curves(곡선) 항목은 영상의 명암 대비와 색상을 곡선 형태로 정밀하게 조절할 수 있습니다. Basic Correction이나 Creative가 전반적인 색감의 방향을 잡는 과정이라면, Curves는 밝기 · 대비 · 색상 등을 세부적으로 미세 조정하는 고급 보정 단계입니다.

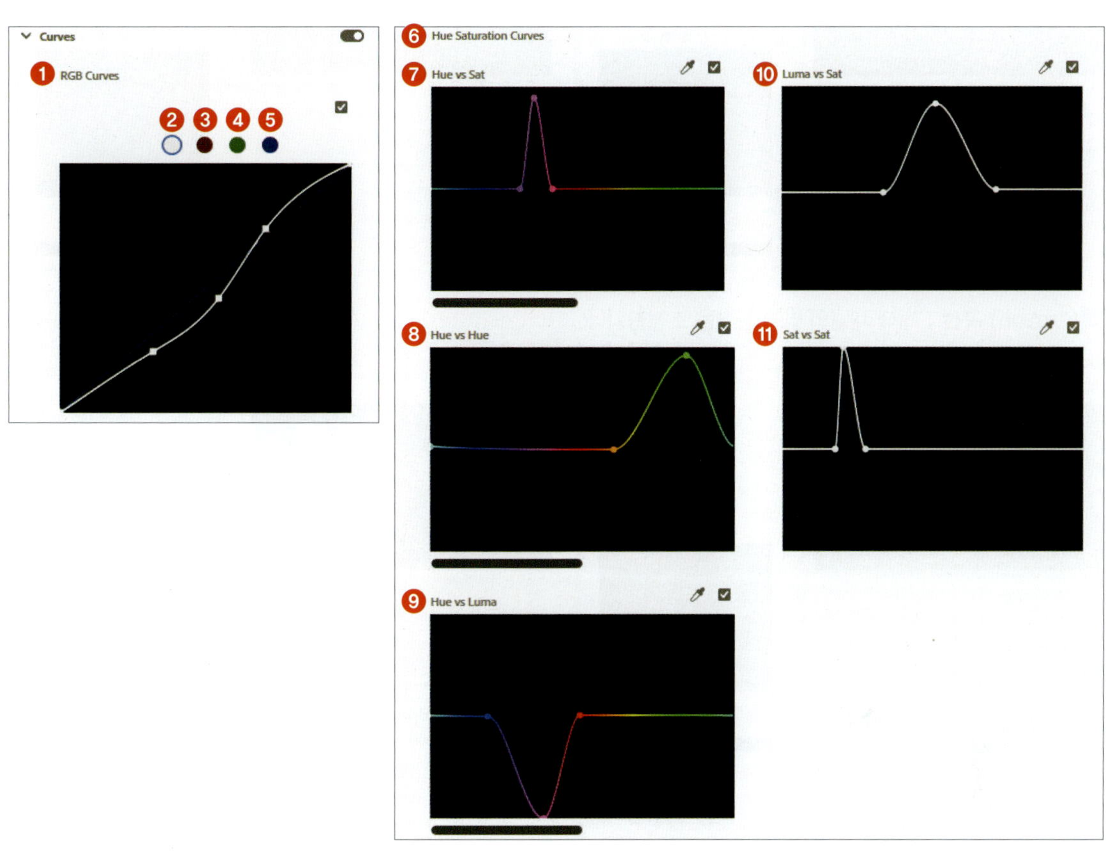

❶ **RGB Curves** : 전체 밝기나 개별 색상 채널(Red, Green, Blue)을 각각 조절할 수 있는, 가장 많이 사용하는 핵심 도구입니다. 곡선을 상하좌우로 드래그하여 색감을 조절할 수 있습니다. 곡선을 클릭하면 생기는 기준점은 Ctrl 을 누른 채 클릭하여 삭제할 수 있으며, 선택하여 드래그하면 위치를 자유롭게 조절할 수 있습니다.

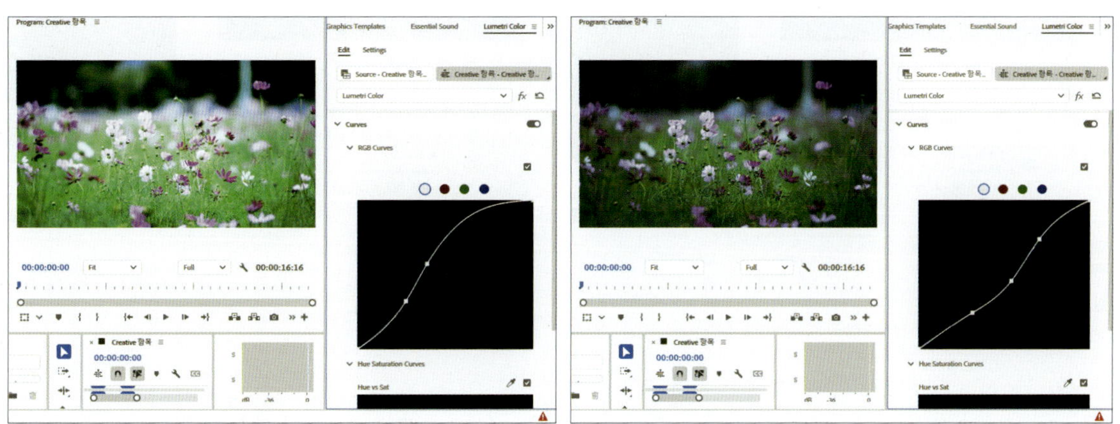

❷ **흰색 곡선(RGB)** : 전체 밝기와 대비를 조정합니다.

❸ **빨강(Red) 곡선** : 붉은색 채널의 밝기 균형을 조정합니다.

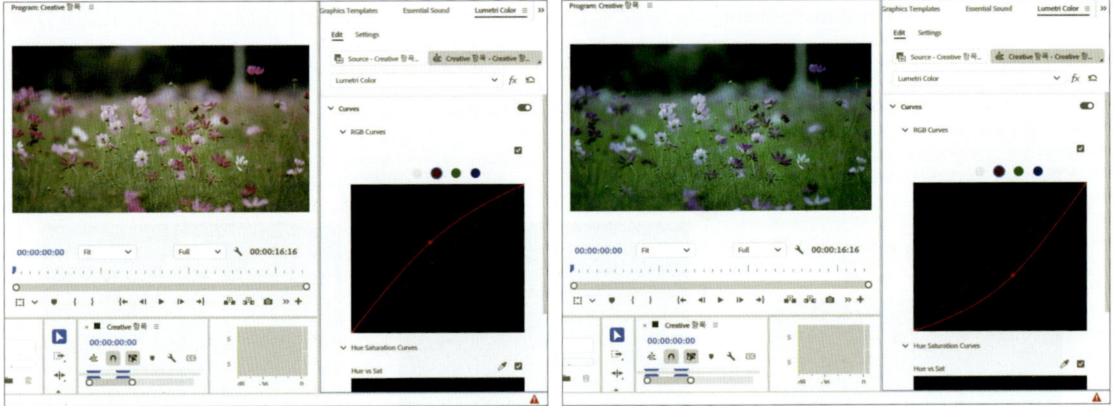

❹ **초록(Green) 곡선** : 녹색 채널의 밝기 균형을 조정합니다.

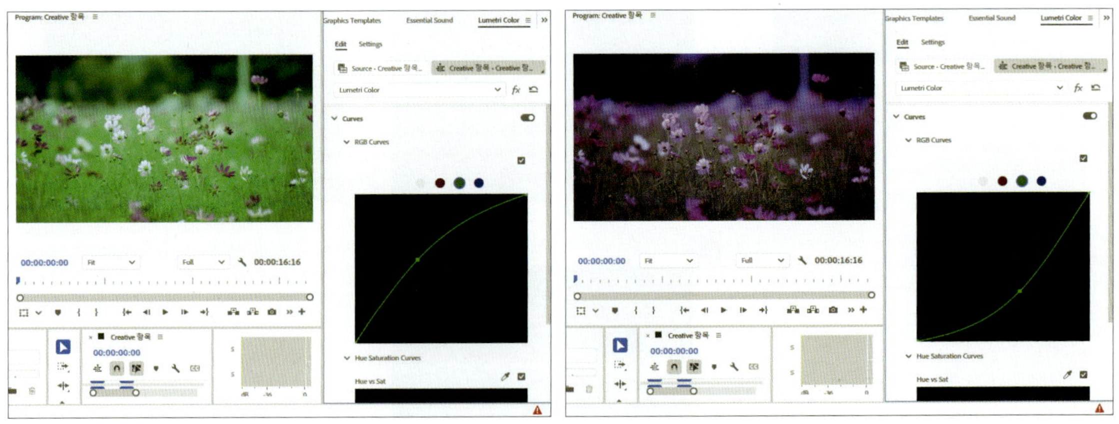

❺ **파랑(Blue) 곡선** : 푸른색 채널의 밝기 균형을 조정합니다.

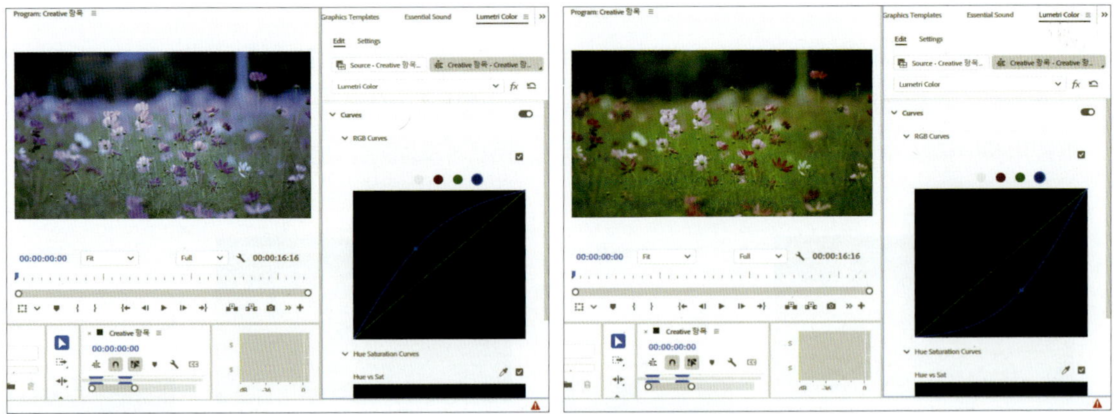

❻ **Hue Saturation Curves(색상 채도 곡선)** : RGB Curves보다 더 정밀하게 특정 색상 영역만 선택하여 보정합니다. 영상 전체의 밝기나 톤이 아닌, 원하는 색상만 따로 조정할 때 사용합니다. 스포이트 아이콘(🖉)을 이용하여 Program Monitor 패널에 표시된 색상을 찍어 특정 색상을 보정할 수 있습니다.

❼ **Hue vs Sat(색조 vs 채도)** : 특정 색을 선택하고 그 계열 색상의 채도를 조절할 수 있습니다.

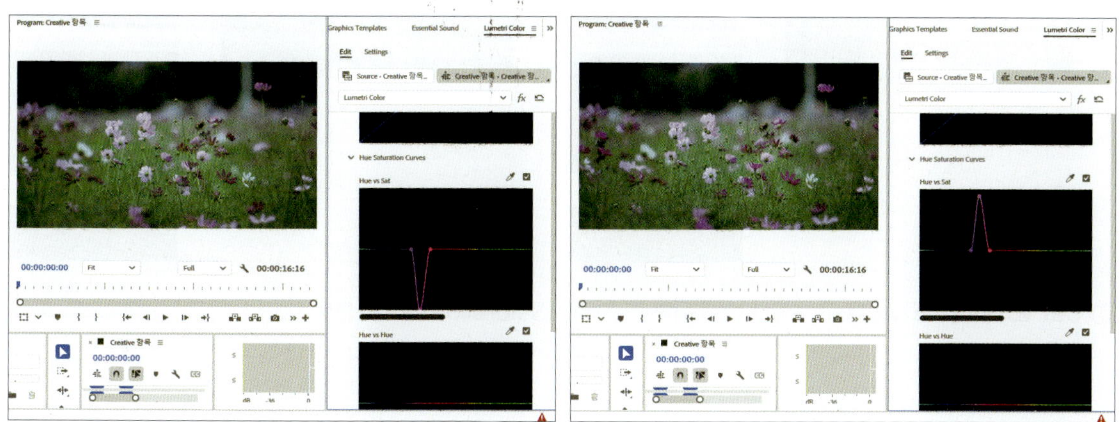

❽ **Hue vs Hue(색조 vs 색조)** : 특정 색을 선택하고 그 계열 색상 자체의 색조(Hue)를 변경할 수 있습니다.

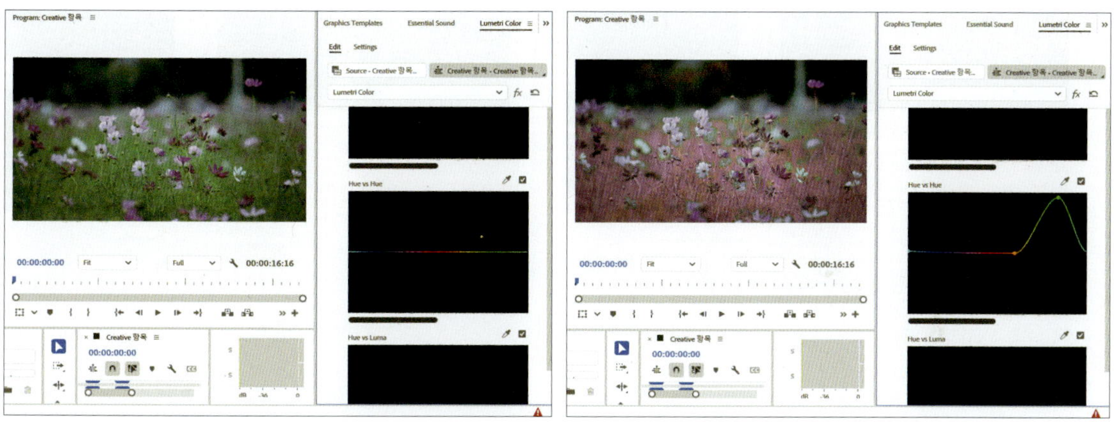

❾ **Hue vs Luma(색조 vs 명도)** : 특정 색을 선택하고 그 계열 색상 자체의 밝기(Luma)를 변경할 수 있습니다.

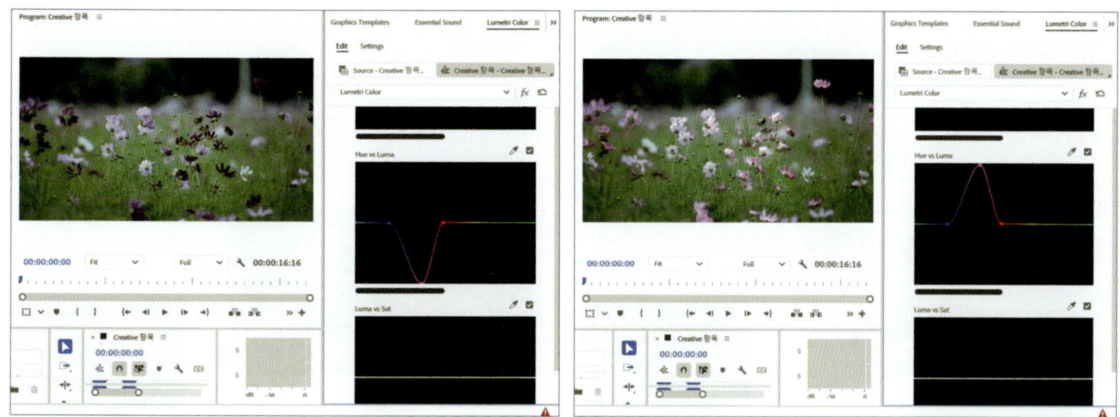

⑩ Luma vs Sat(색조 vs 명도) : 선택한 영상의 명도(Luminance)에 따라 채도(Saturation)를 조정하는 곡선입니다.

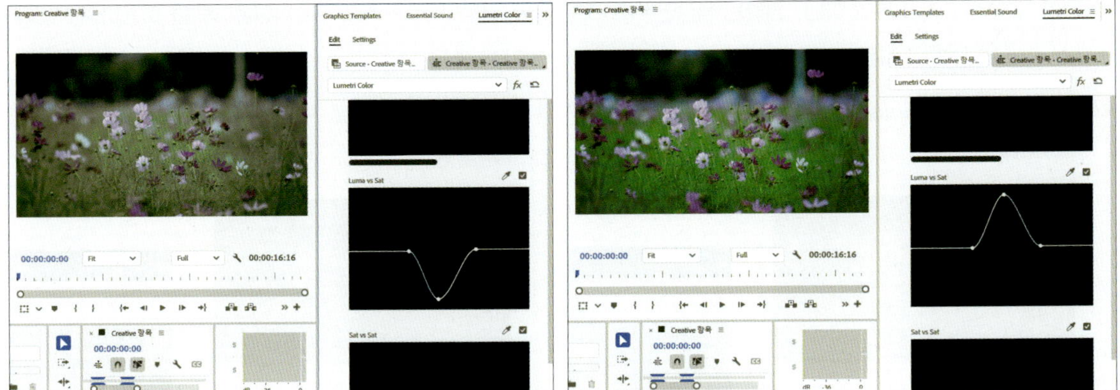

⑪ Sat vs Sat(채도 vs 채도) : 영상 내 색상의 기존 채도(Saturation)를 기준으로 채도의 강도만 선택적으로 조정하는 곡선입니다.

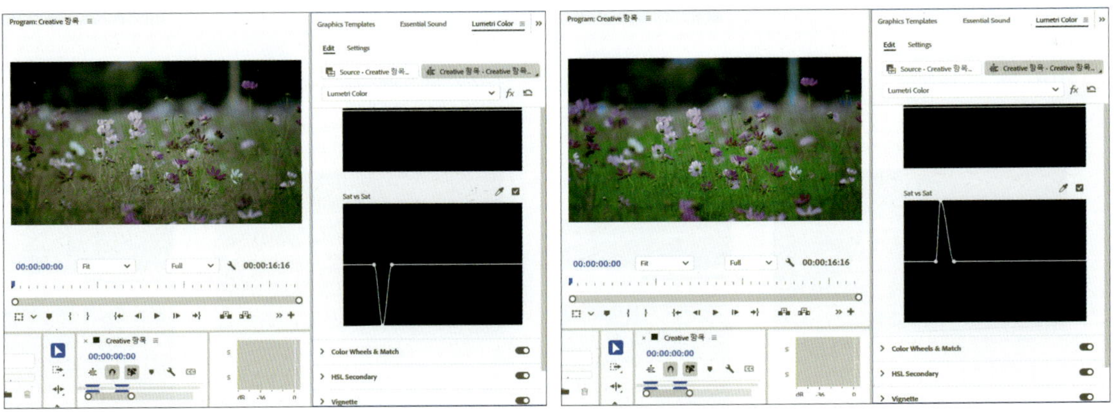

TIP

Shift를 누른 채 기준점을 드래그하면 기준점이 위아래로 곧게 이동합니다. 또한 기준점을 잘못 추가했거나 삭제해야 할 때 Ctrl을 누르고 기준점을 클릭하면 삭제할 수 있습니다.

적용한 보정 영상과 원본을 비교하려면 각 항목 오른쪽 위의 체크 표시를 체크 표시하거나 해제하면서 비교할 수 있습니다.

TIP 한눈에 이해하는 Curves 제어

조절점을 위로 올리면 밝아지고, 아래로 내리면 어두워집니다. 곡선 왼쪽을 조절하면 어두운 영역(Shadow), 오른쪽을 조절하면 밝은 영역(Highlight)을 제어합니다. 이 원리만 기억하면 Curves 조정이 훨씬 쉬워지며, 다빈치 리졸브나 애프터 이펙트에서도 동일하게 적용됩니다.

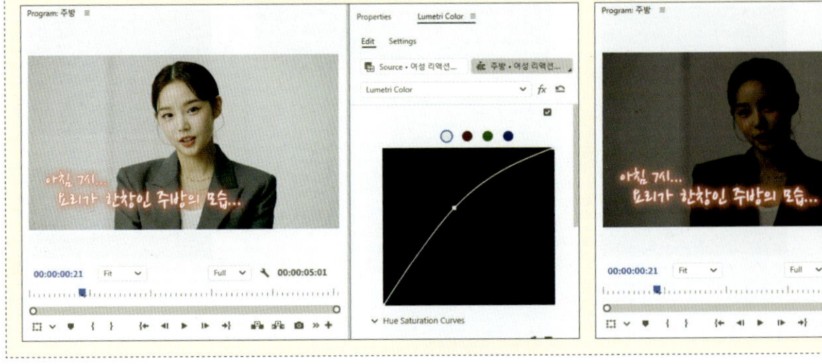

❻ Color Wheels & Match로 색감 보정 및 색상 일치시키기

Lumetri Color 패널의 Color Wheels & Match는 영상의 밝기 구간별 색감 보정(Shadows, Midtones, Highlights)과 서로 다른 클립 간의 색상 일치(Color Match) 기능을 제공합니다. 색 보정의 세부 균형을 잡고, 서로 다른 카메라나 조명 환경에서 촬영된 클립들의 색을 자연스럽게 통일하는 데 사용합니다.

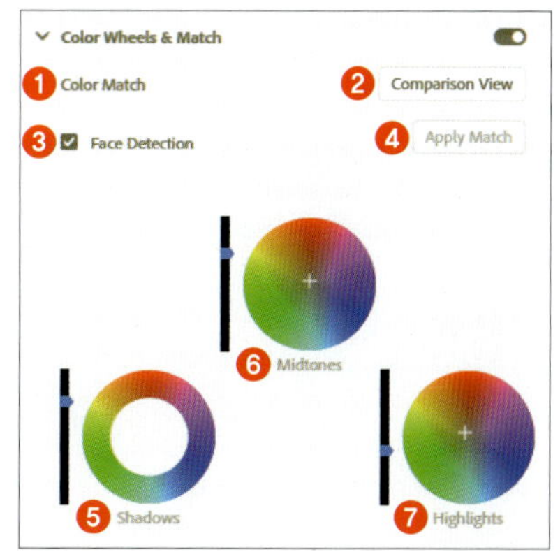

❶ **Color Match** : 두 개의 영상 클립 간 색상 톤을 자동으로 분석하고 일치시킵니다.

❷ **Comparison View** : 두 영상을 나란히 비교해 색감을 매칭할 수 있는 보조 화면을 표시합니다.

❸ **Face Detection** : 얼굴을 자동으로 감지하여 피부색을 중심으로 색상을 맞춥니다. 기본으로 체크 표시되어 있으며, 특별한 상황이 아니라면 대부분 체크 표시한 상태로 사용합니다.

❹ **Apply Match** : 선택한 기준 클립의 색상 특성을 현재 클립에 적용합니다.

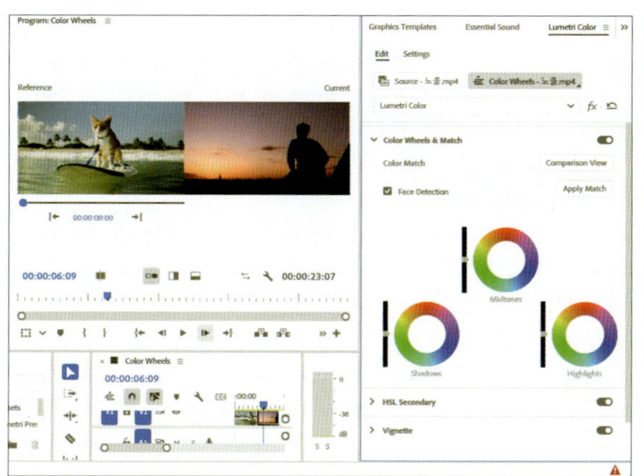

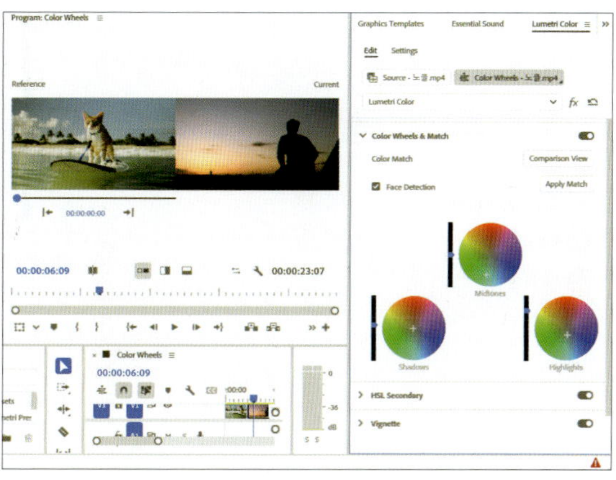

❺ **Shadows(그림자)** : 어두운 영역의 색상을 조정합니다. 왼쪽 휠로 어두운 영역의 명도를 조절하거나, 가운데 색상 팔레트로 색조를 조절할 수 있습니다.

❻ **Midtones(중간톤)** : 중간 영역의 색상을 조정합니다. 왼쪽 휠로 중간톤의 명도를 조절하거나, 가운데 색상 팔레트로 색조를 조절할 수 있습니다.

❼ **Highlights(하이라이트)** : 밝은 영역의 색상을 조정합니다. 왼쪽 휠로 밝은 영역의 명도를 조절하거나, 가운데 색상 팔레트로 색조를 조절할 수 있습니다.

TIP

각 휠은 서로 다른 톤 구간을 담당하며, 미묘한 색 균형을 맞추는 데 사용합니다. 3개 영역의 명도와 색조를 조합하여 다양한 색감을 연출할 수 있습니다.

3개의 Color Wheels 항목을 조합하여 원하는 색감을 보정할 수 있습니다.

❼ HSL Secondary로 특정 색상 분리하고 보정하기

HSL Secondary는 특정 색상(Hue), 채도(Saturation), 명도(Luma) 범위만 분리 선택(Secondary Key)해 해당 부분의 색감만 독립적으로 조정할 수 있는 고급 색 보정 기능입니다. 대표적으로 인물의 피부색을 더 화사하게 표현하거나 하늘의 색감을 다른 분위기로 조정할 때 활용합니다.

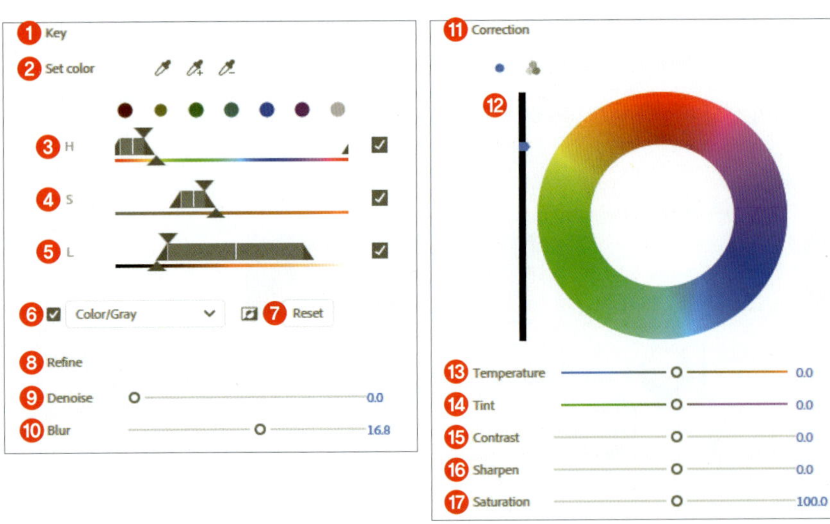

❶ **Key** : 조정하고 싶은 색상을 선택하고 그 범위를 세밀하게 지정합니다.

❷ **Set color(스포이트 도구)** : Program Monitor 패널에 표시되는 화면에서 스포이트 도구로 대상 색상을 직접 클릭해 선택합니다. 추가 선택(+) 또는 제외(−) 스포이트를 사용하여 선택 범위를 조정할 수 있습니다.

❸ **H(Hue)**: 색상 종류를 지정합니다. 슬라이더를 넓혀 색상 범위를 확장할 수 있습니다.

❹ **S(Saturation)**: 색의 채도 범위를 지정합니다. 슬라이더를 넓혀 채도 범위를 확장할 수 있습니다.

❺ **L(Luma)**: 밝기(명도) 범위를 설정합니다. 슬라이더를 넓혀 명도 범위를 확장할 수 있습니다.

TIP ✦ H · S · L 색상을 분리할 때 범위를 좁게 선택하기

HSL Secondary에서 색 선택 범위를 지나치게 넓히면 배경이나 의상까지 함께 선택되어 부자연스러운 결과가 나타날 수 있습니다. 분리할 부분만 정확히 선택되도록 슬라이더를 세밀하게 조정하고, 최소한의 범위로 제한하는 것이 자연스러운 색상 분리 및 보정의 핵심입니다.

❻ **Color/Gray** : 체크 표시하면 선택된 영역만 컬러로, 나머지는 흑백으로 표시하여 선택 범위를 시각적으로 확인할 수 있습니다. 보통 기본 설정인 'Color/Gray' 상태를 그대로 사용합니다.

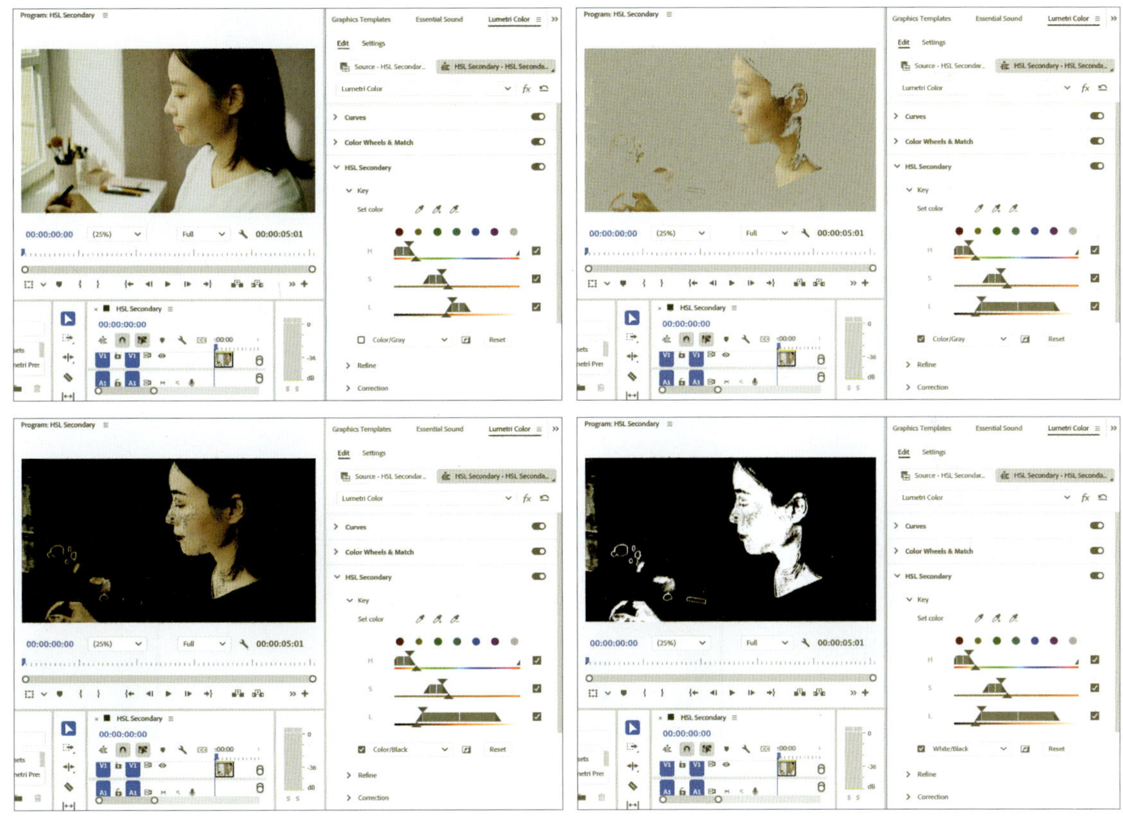

미리 보기 항목의 다양한 옵션

❼ **Reset** : 모든 설정값을 초기화합니다.

❽ **Refine** : HSL Secondary에서 선택한 색상 영역의 경계 품질을 개선하고 불필요한 노이즈를 줄여 자연스러운 보정 결과를 만드는 단계입니다. 색상 선택 후 경계선이 거칠거나 노이즈가 생길 때 유용합니다.

❾ **Denoise** : 선택된 색상 영역 내 색상 노이즈나 얼룩을 부드럽게 정리합니다. 값이 클수록 경계 주변의 노이즈가 줄어들고 색상 선택이 매끄럽게 정제됩니다.

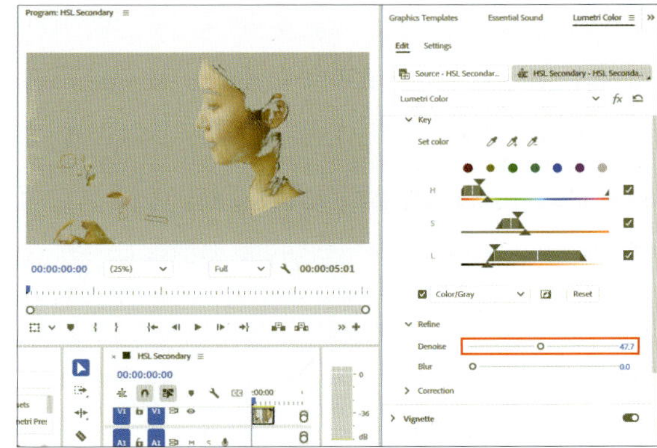

❿ **Blur** : 선택된 영역의 경계선을 부드럽게 블렌딩합니다. 값이 클수록 선택 영역과 주변 색상이 자연스럽게 섞여 경계선의 인위적인 느낌을 줄일 수 있습니다.

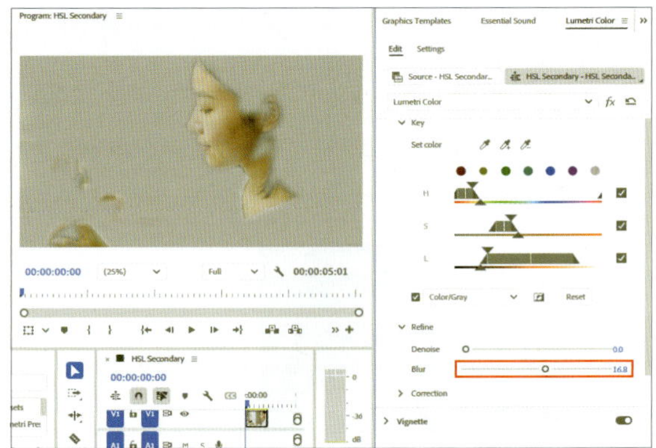

⓫ **Correction** : HSL Secondary에서 선택 · 정제한 색상 영역의 색조, 온도, 대비, 선명도, 채도를 실제로 보정합니다. 이전 항목에서 선택한 색상이 최종 어떤 느낌으로 표현될지 결정되는 핵심 구간입니다.

⓬ **색상 휠(Color Wheel)** : 선택된 색상 영역의 명도 및 색조(Tint)를 자유롭게 변경할 수 있습니다. 왼쪽 슬라이더는 명도를, 가운데 색상 팔레트는 색조를 담당합니다.

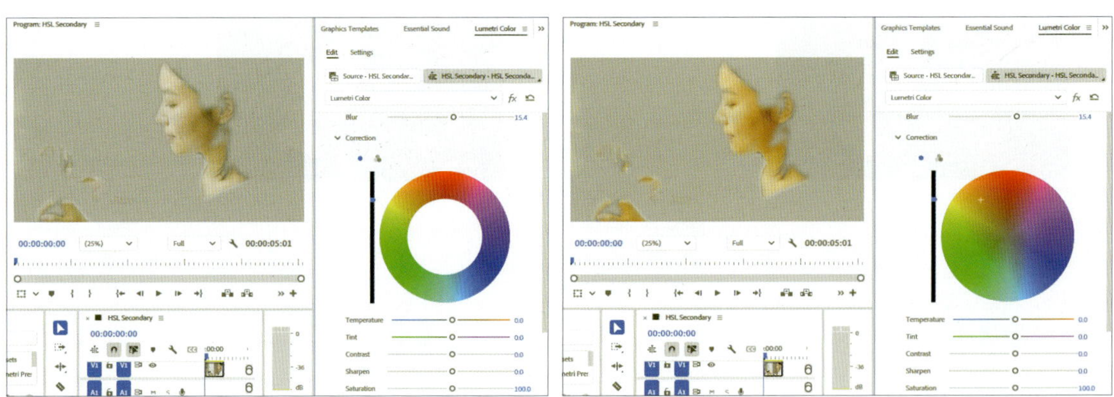

⓭ **Temperature** : 분리한 색상의 따뜻함(주황빛)과 차가움(푸른빛)을 조절합니다.

⓮ **Tint** : 분리한 색상의 녹색과 보라색(마젠타) 계열 색조를 조정합니다.

⓯ **Contrast** : 선택된 영역의 밝고 어두운 차이를 강화하거나 완화합니다.

⓰ **Sharpen** : 선택된 영역의 디테일을 강조하거나 부드럽게 합니다.

⓱ **Saturation** : 선택된 영역의 색 강도를 조정합니다.

❽ Vignette로 시선을 자연스럽게 화면 중심으로 유도하기

Vignette(비네트)는 영상의 가장자리 영역을 어둡게 또는 밝게 조정해 시선이 자연스럽게 화면 중심으로 향하도록 유도하는 효과입니다. 사진 · 영상 편집에서 자주 사용하는 시각적 연출 기법으로, 장면의 감정 톤을 강화하거나 중심 피사체에 집중도를 높이는 데 활용합니다.

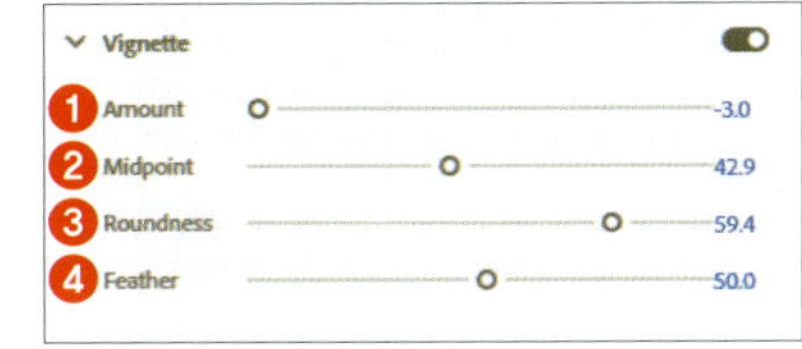

❶ **Amount** : 비네팅의 전체 강도를 조정합니다. 값이 음수(−)로 작으면 가장자리가 어두워지고, 값이 양수(+)로 크면 가장자리가 밝아집니다.

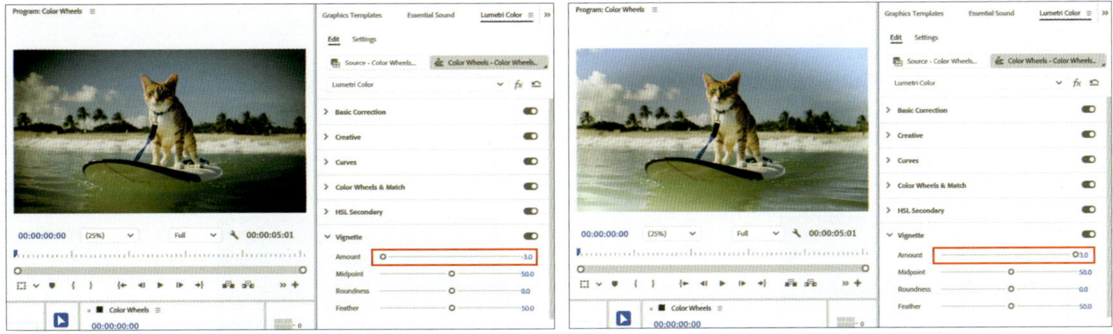

❷ **Midpoint** : 비네팅이 시작되는 지점을 조정합니다. 값이 크면 중심 영역이 넓어지고, 작으면 어두운 영역이 중심 쪽으로 확장됩니다.

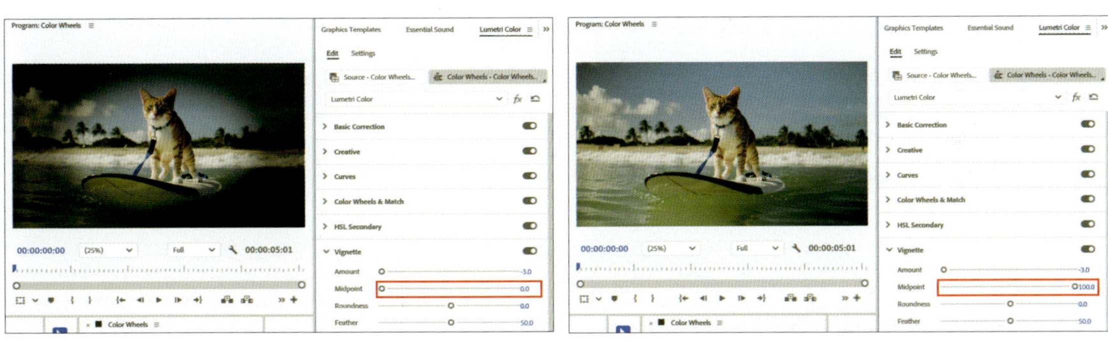

TIP

비율이 다른 영상(1:1 또는 9:16 세로 영상)도 Vignette를 적용할 수 있습니다.

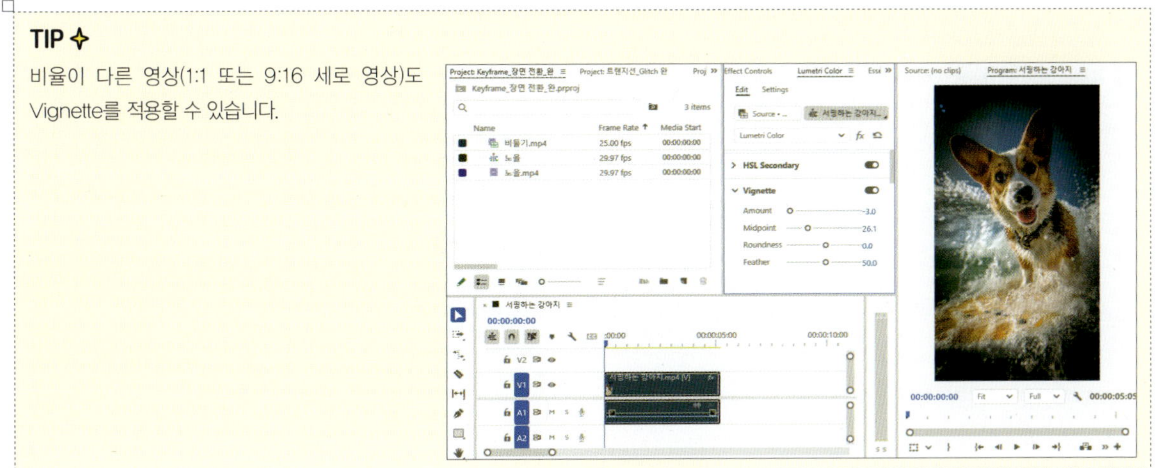

❸ **Roundness** : 비네팅 형태를 조정합니다. 값이 크면 원형에 가까워지고, 작으면 사각형에 가까워집니다.

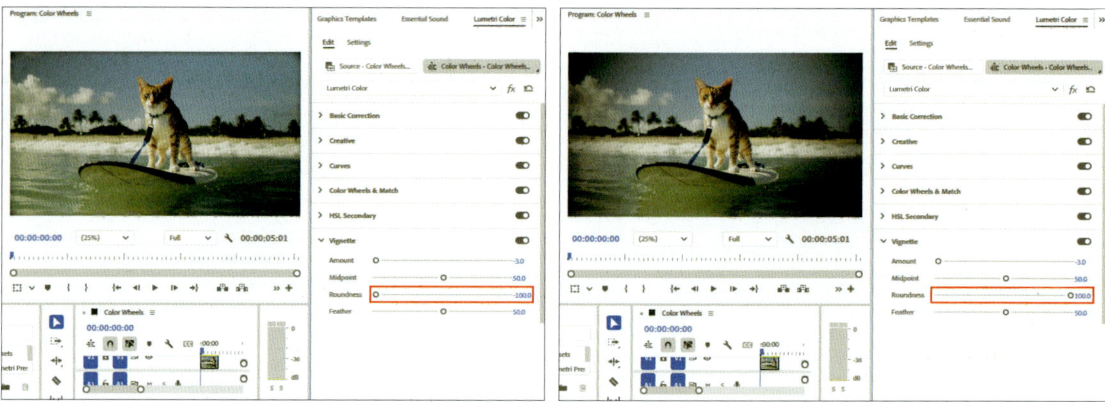

❹ **Feather** : 비네팅 가장자리의 흐림 정도를 설정합니다. 값이 크면 경계가 부드럽게 퍼지면서 자연스러운 전환이 이루어지고, 작으면 경계가 뚜렷하고 강한 효과를 줍니다.

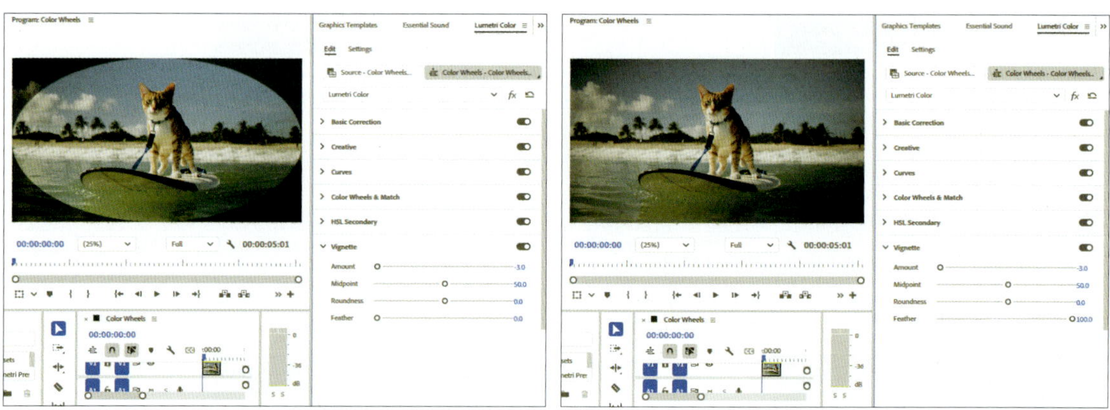

TIP ✦ 비네팅(Vignetting) 연출 활용 팁

❶ 과하게 적용하지 않기

비네팅은 화면 가장자리를 어둡게 만들어 시선이 중앙으로 집중되도록 하는 연출이지만, 강도가 너무 크면 영상이 답답해 보이거나 인위적으로 느껴질 수 있습니다. 자연스럽게 보이도록 적당한 강도로 유지하는 것이 중요합니다.

❷ 인물 중심 영상에서는 타원형 비네팅 사용하기

인물 영상에서는 둥근 타원형 비네팅이 가장 자연스럽게 적용됩니다. 피사체의 얼굴을 중심으로 비네팅의 Feather 값을 넓게 설정하면 배경 정리 및 인물 집중 효과를 부드럽게 얻을 수 있습니다.

❸ 페더(Feather)를 충분히 주기

가장 중요한 포인트는 경계선이 보이지 않게 하는 것입니다. Feather 값이 크면 비네팅이 자연스럽게 배경과 섞여 '효과가 있다는 느낌이 아닌, 집중이 잘 되는 화면'으로 보입니다.

Pr

LESSON 08

원클릭 보정으로 영상 무드 체인지

❶ 칙칙해 보여도 LOG로 찍는 이유 알아보기

LOG 영상은 후반 색 보정을 위한 원본 데이터입니다. 밝은 부분이 날아가거나 어두운 부분이 뭉개지지 않게 카메라가 볼 수 있는 가장 넓은 명암 범위(Dynamic Range)를 그대로 담아두는 방식입니다.

일반적인 일상이나 브이로그에서는 잘 사용하지 않지만, 영화나 광고처럼 색감이 중요한 영상은 대부분 LOG로 촬영합니다. 현장에서는 단조롭게 보이더라도 후반 작업에서 LUT을 적용하고 색 보정을 거치면 놀라울 만큼 풍부한 색감과 깊은 대비를 되살릴 수 있기 때문입니다.

LOG 형태로 촬영한 영상은 흐릿하고 뿌옇지만, 색감 조정 및 색감 보정을 통해서 LOG로 촬영하지 않은 영상보다 풍부한 형태로 색감을 표현할 수 있습니다.

왜 LOG를 사용할까?

LOG를 사용하는 가장 큰 이유는 더 넓은 명암 정보와 색 표현을 확보하기 위해서입니다. 일반 영상에서는 밝은 영역이 쉽게 하얗게 날아가거나 어두운 영역이 검게 뭉개지기 쉽지만, LOG 영상은 밝기 차가 큰 장면에서도 디테일을 최대한 보존할 수 있습니다. 예를 들어, 햇빛이 비치는 창가 옆 인물을 촬영할 때 일반 영상에서는 얼굴이 어둡게 가려지거나 배경이 과하게 밝아질 수 있습니다. LOG로 촬영하면 두 영역 모두의 정보가 남기 때문에 후반 색 보정 과정에서 밝은 곳과 어두운 곳을 각각 조절해 자연스럽게 표현할 수 있습니다.

또한 LOG는 색 보정의 자유도가 매우 높습니다. 밋밋한 원본을 바탕으로 LUT을 적용하거나 Lumetri Color 패널의 Basic Correction 또는 Creative 항목을 통해 감정이나 분위기에 맞는 색을 직접 설계할 수 있습니다. 그래서 영화, 광고, 뮤직비디오처럼 색감이 중요한 작업일수록 LOG는 필수적인 선택입니다.

밝은 부분이 하얗게 날아간 과노출 소스

창문 밖과 창문 안의 밝기 차가 큰 소스

편집에 들어가기 전 LOG 촬영 시 주의점

LOG는 색 보정의 폭이 넓은 만큼 촬영 단계에서 주의해야 할 부분도 많습니다. LOG를 제대로 다루지 못하면 오히려 일반 영상보다 결과물이 더 흐릿하고 색 보정으로 해결할 수 없는 손상된 결과물이 나올 수 있으므로 다음 세 가지를 반드시 촬영 현장에서 확인해야 합니다.

❶ **노출(Exposure)** : LOG는 어두운 영역에 노이즈가 생기기 쉬우므로 약간 밝게(Over) 촬영하는 것이 좋습니다. 이렇게 하면 암부 디테일을 확보하고 색 보정 단계에서 더 깨끗한 결과를 얻을 수 있습니다.

❷ **화이트 밸런스(White Balance)** : 자동 설정보다는 고정값(Manual)으로 설정해야 합니다. LOG 영상은 후반 색 보정이 전제되어 있으므로 촬영 중 화이트 밸런스가 바뀌면 색상 톤이 일정하게 유지되지 않습니다.

❸ **모니터 LUT 적용** : LOG 영상은 원본 상태에서 색이 매우 밋밋하게 보입니다. 따라서 카메라 모니터나 외부 모니터에 미리 보기용 LUT(View LUT)을 적용해 현장에서 실제 색감에 가깝게 확인하면서 노출과 색 균형을 조정하는 것이 좋습니다.

❷ LUT을 활용한 효율적인 색상 보정하기

LOG 영상은 색이 빠지고 밋밋한 상태로 촬영되기 때문에 후반 작업에서는 반드시 색을 복원하는 과정이 필요합니다. 이때 사용하는 대표적인 도구가 바로 LUT(Look-Up Table, 룩업 테이블)입니다. LUT은 한마디로 '색상을 변환하는 지도'입니다. LOG처럼 평평한 톤의 영상을 표준 영상 색 공간(대표적으로 Rec.709)으로 변환하거나, 특정한 영화 톤 · 무드 · 색감을 빠르게 적용할 수 있도록 도와줍니다. 즉, LUT은 일종의 색상 필터이지만 단순히 분위기를 바꾸는 효과가 아니라 색의 밝기, 대비, 감마, 채도 등 정확한 수학적 변환 값을 기반으로 합니다.

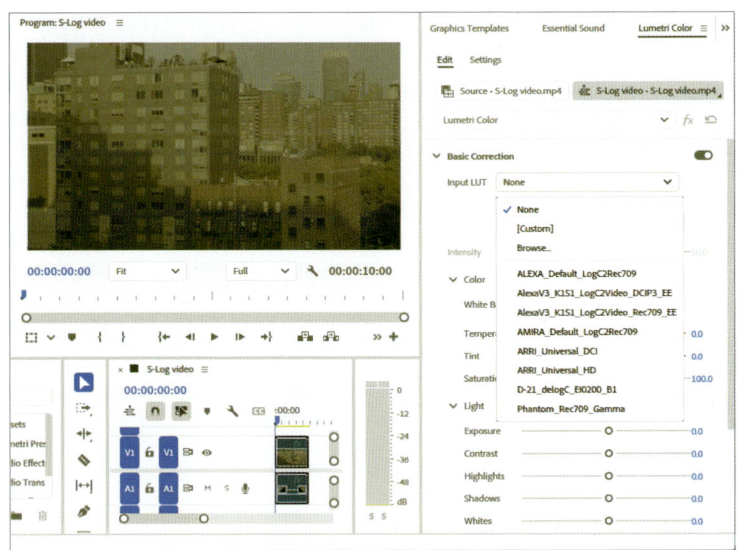

LUT은 대표적으로 LOG 영상을 일반 색 공간으로 바꾸는 데 사용합니다.

프리미어 프로에서의 LUT

프리미어 프로에서는 Lumetri Color 패널에서 LUT을 적용할 수 있습니다. 이때 두 가지 형태의 LUT을 적용할 수 있는데, Basic Correction – Input LUT과 Creative – Look입니다.

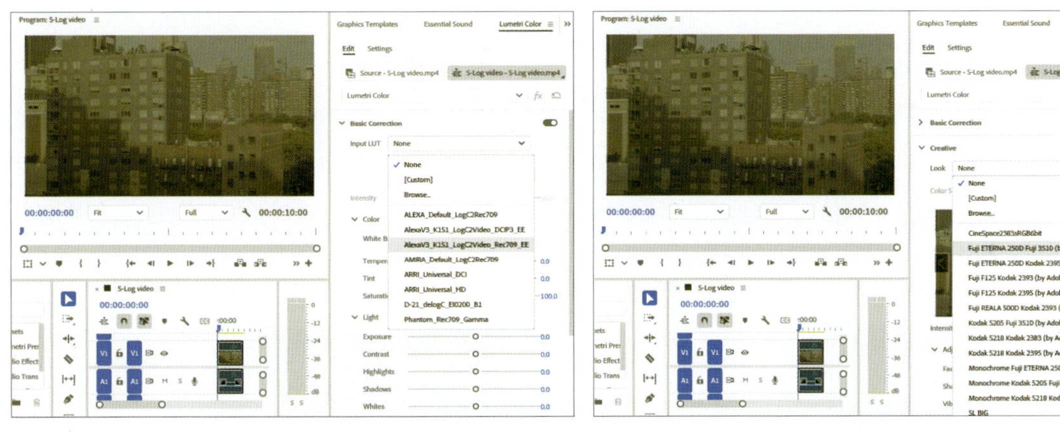

Basic Correction – Input LUT

Creative – Look

Input LUT은 주로 LOG 영상을 표준 색 공간(Rec.709)으로 변환할 때 사용합니다. 도자기의 초벌을 굽듯이 맨 처음 색감을 조정하는 과정으로, 기본 색 공간으로 변형할 때 사용합니다. 촬영 당시의 자연스러운 색감과 대비가 복원되어 색감 조정의 시작점이 깔끔하게 정리됩니다.

반면 Creative – Look은 영상의 분위기나 감정적인 톤을 디자인할 때 사용합니다. 색감 조정이 완료된 상태에서 복원된 영상 위에 추가로 시네마틱 톤, 따뜻한 색감, 쿨한 감정 톤 등을 입히는 단계로, 이 LUT은 단순한 색 보정보다 연출의 성격에 가깝습니다.

이 두 가지 LUT은 함께 사용할 수 있습니다. 보통 Input LUT으로 기본색을 복원한 후 Creative LUT으로 전체 무드를 완성하는 순서로 작업하면 짧은 시간 안에 균형 잡힌 색감을 구현할 수 있습니다.

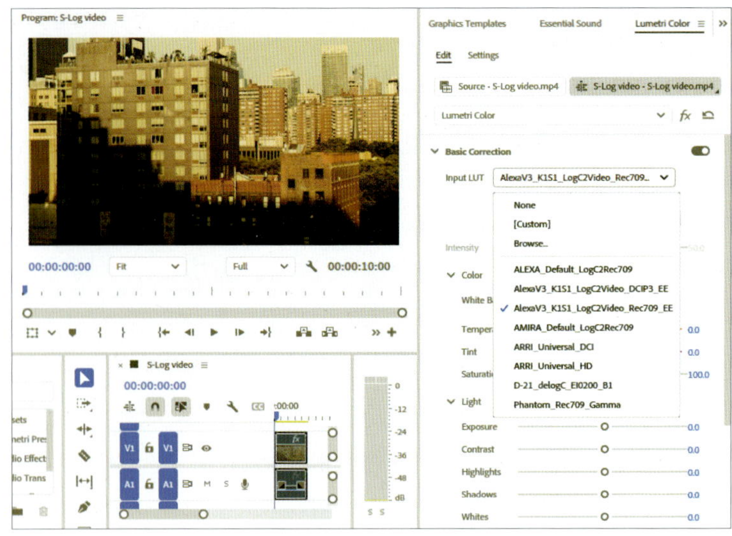

프리미어 프로에서 제공하는 Basic Correction – Input LUT과 Creative – Look 항목을 모두 적용했습니다. 다른 세부 설정 없이 'alexaV3_K1S1_LOGC2Video_Rec709'와 'cinespace2383sRGB6Bit' 2개의 LUT만 적용해서 색을 보정한 결과입니다.

LUT을 구하는 법

LUT은 LOG 영상을 복원하거나 특정 분위기의 색감을 입힐 때 사용하는 핵심 도구입니다. 하지만 LUT은 직접 Lumetri Color 패널의 세부 설정을 하나하나 조절해 만드는 것보다 이미 검증된 LUT을 불러와 사용하는 경우가 대부분입니다. 프리미어 프로에서는 다음 세 가지 방법으로 LUT을 쉽게 구해 적용할 수 있습니다.

❶ 프리미어 프로의 기본 제공 LUT

프리미어 프로에는 기본으로 여러 종류의 LUT이 있습니다. Lumetri Color 패널의 Basic Correction – Input LUT 또는 Creative – Look 항목에서 기본 LUT 목록(예 CineSpace2383, Kodak 5205 Fuji 3510, SL Blue Day4Night 등)을 바로 선택할 수 있습니다. 이 LUT들은 대표적인 영화 필름 톤, 광고용 시네 룩 등 표준 색 공간(Rec.709) 기준으로 설계되어 간단히 적용하는 것만으로도 완성도 높은 색감을 연출할 수 있습니다.

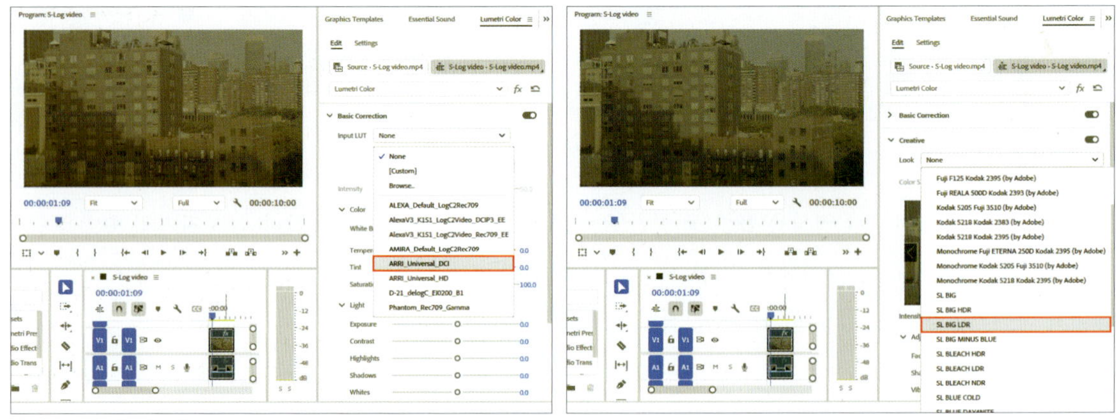

❷ 카메라 제조사별 LUT

각 카메라 브랜드에서는 자사 LOG 포맷에 최적화된 LUT을 제공합니다. 이는 LOG 영상을 표준 색 공간(Rec.709)으로 복원하기 위한 기술용 LUT(Technical LUT)입니다.

- **Sony** : S-Log2 / S-Log3용 LUT(s709, LC-709A 등)
- **Canon** : C-Log / C-Log2용 LUT(CineStyle, Rec.709 Canon LUT)
- **Panasonic** : V-Log용 LUT(V709 LUT)
- **Blackmagic** : BMD Film → Video LUT

이 LUT들은 카메라 제조사 공식 홈페이지나 고객지원 페이지에서 무료로 다운로드할 수 있습니다. 특히 현장 모니터링용(View LUT)과 후반용(Post LUT)을 구분해 제공하기도 하므로 프로젝트 환경에 맞게 선택해야 합니다.

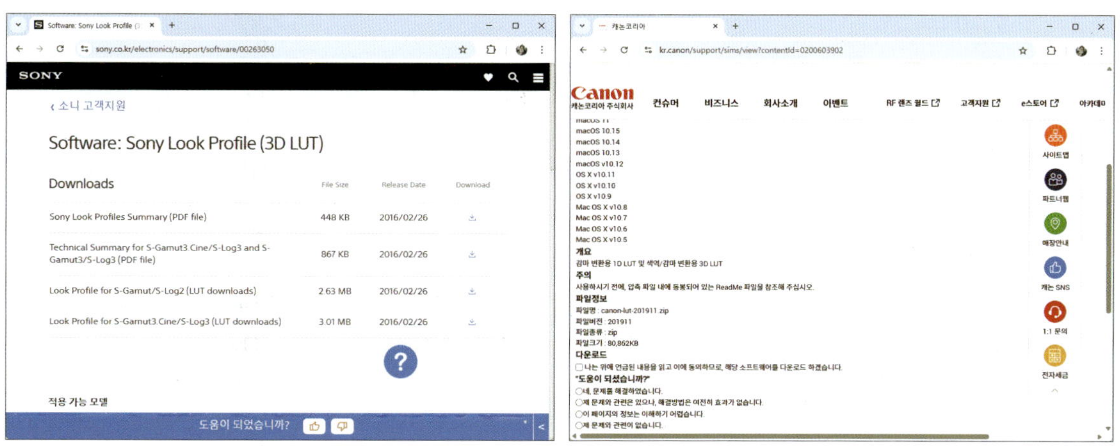

소니 홈페이지에서 제공하는 LUT 다운로드 페이지

캐논 홈페이지에서 제공하는 LUT 다운로드 페이지

❸ LUT 전문 사이트 및 크리에이티브 플랫폼

좀 더 개성 있고 독창적인 색감을 원한다면 LUT 전문 사이트나 구독형 크리에이티브 플랫폼에서 다양한 LUT을 구할 수 있습니다.

Artlist, Motion Array, Cine LUTs, IWLTBAP 같은 영상 소스 및 에셋 판매 사이트에서 시네마틱 톤, 필름 감성, 광고 톤, 뮤직비디오 스타일 등 다양한 분위기의 LUT을 제공합니다. 대부분 .cube 확장자로 제공되며, 프리미어 프로의 Lumetri Color 패널에서 바로 불러올 수 있습니다.

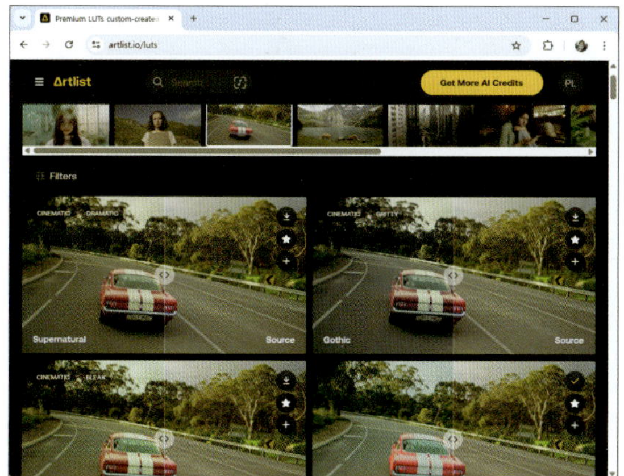

Artlist.io에서 판매하는 LUT은 원본과 비교해 색감이 어떻게 적용되는지 미리 확인할 수 있습니다.

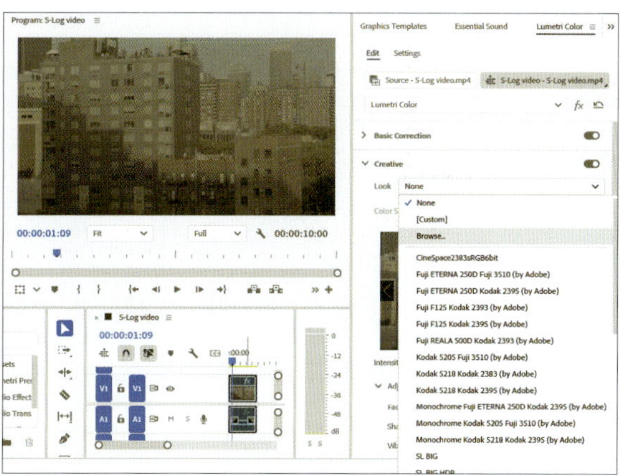

프리미어 프로의 LUT 옵션에서 Browse를 선택하면 PC에 저장된 LUT을 불러올 수 있습니다.

• **실습파일** : 프리미어 프로\04\Black & White.prproj • **완성파일** : 프리미어 프로\04\Black & White_완.prproj

EASY 실습 몰입감을 높이는 흑백 영상 만들기

흑백 영상은 단순히 색이 없는 영상이 아니라 빛과 그림자, 명암, 질감에 집중하게 만드는 강력한 연출 도구입니다. 색이 사라지면 자연스럽게 인물의 표정, 감정, 공간의 깊이에 더 몰입하며, 과거 회상이나 옛스러운 분위기를 연출할 때 자주 사용하는 효과입니다. 프리미어 프로에서 흑백 영상을 만드는 방법은 여러 가지가 있는데, 예제에서는 Black & White 이펙트를 활용해 드래그 한 번에 가장 빠르고 간편하게 영상을 흑백으로 전환하는 방법을 살펴보겠습니다.

01 프리미어 프로 → 04 폴더에서 'Black & White.prproj' 파일을 불러옵니다. Timeline 패널에서 V1 트랙의 '전통.mp4' 클립을 클릭합니다.

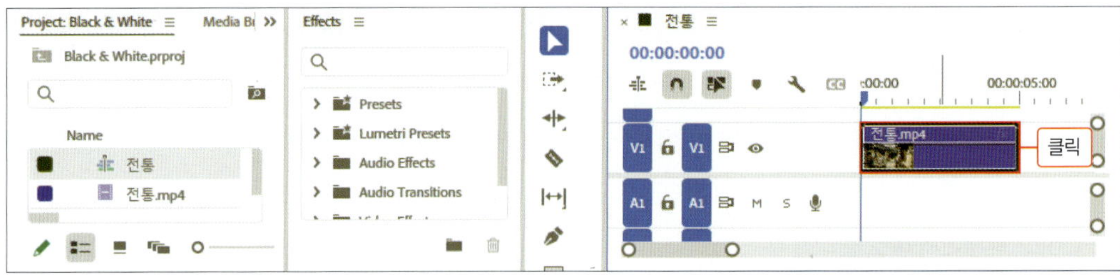

02 Effects 패널에서 ❶ 'Black & White' 이펙트를 검색한 다음 ❷ Video Effects – Image Control – Black & White를 Timeline 패널의 '전통.mp4' 클립에 드래그합니다.

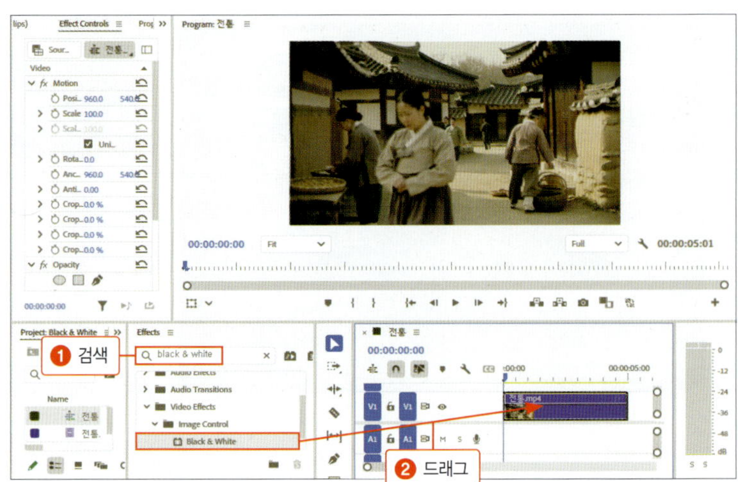

03 Program Monitor 패널에서 영상이 흑백으로 바뀐 것을 확인합니다.

04 화면의 너무 밝고 흐린 부분을 보정하기 위해 '전통.mp4' 클립을 선택한 상태에서 Lumetri Color 패널의 Basic Correction – Light 항목에서 Contrast를 '50.0'으로 설정합니다. 영상의 대비가 더 강해집니다.

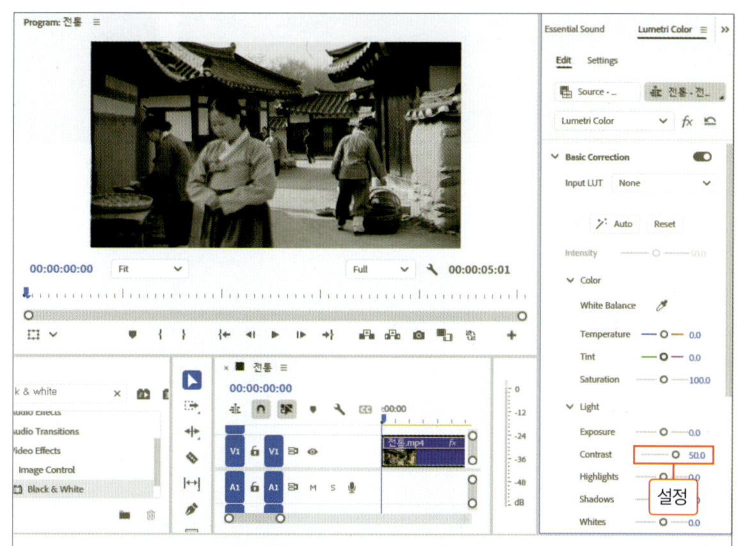

05 어두운 부분을 더 어둡게 만들기 위해 Shadows를 '-60.0'으로 설정합니다. 처음 Black & White 이펙트를 적용했을 때보다 대비가 강해지고, 명암이 뚜렷한 흑백 영상으로 보정됩니다.

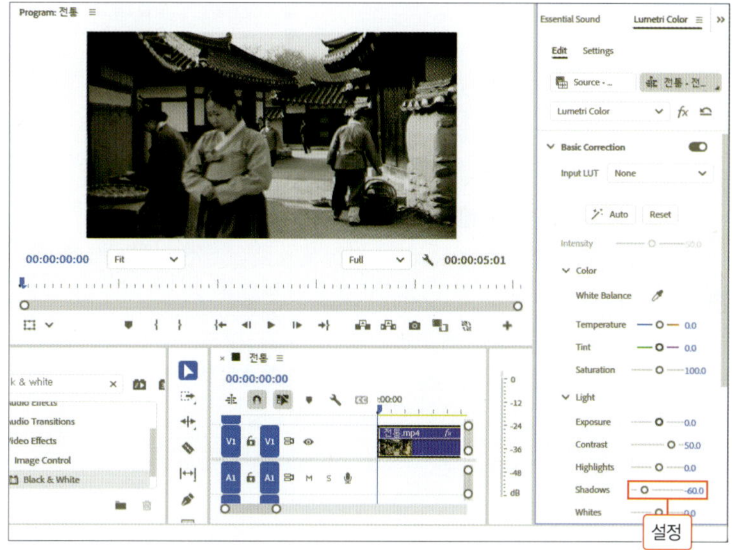

EASY 실습 세피아 톤으로 감성적인 영상 만들기

세피아(Sepia) 효과는 영상에 따뜻한 감성과 고전적인 분위기를 불어넣는 연출 기법입니다. 오래된 사진처럼 시간이 흘러도 남아 있는 기억의 질감을 표현하며, 단순한 색 변환이 아니라 감정의 온도를 입히는 색 보정 방식입니다. 앞서 살펴본 흑백 효과에 색조를 더해 세피아 효과를 구현하는 방법을 알아보겠습니다.

01 프리미어 프로 → 04 폴더에서 'Sepia.prproj' 파일을 불러옵니다. Timeline 패널에서 V1 트랙의 '뉴욕 거리.mp4' 클립을 클릭합니다.

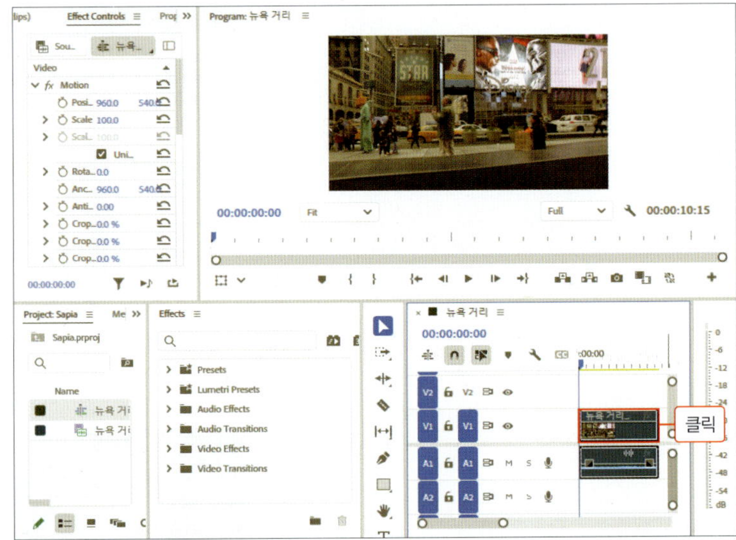

02 Effects 패널에서 ❶ 'Black & White' 이펙트를 검색합니다. ❷ Video Effects – Image Control – Black & White를 Timeline 패널의 '뉴욕 거리.mp4' 클립으로 드래그합니다.

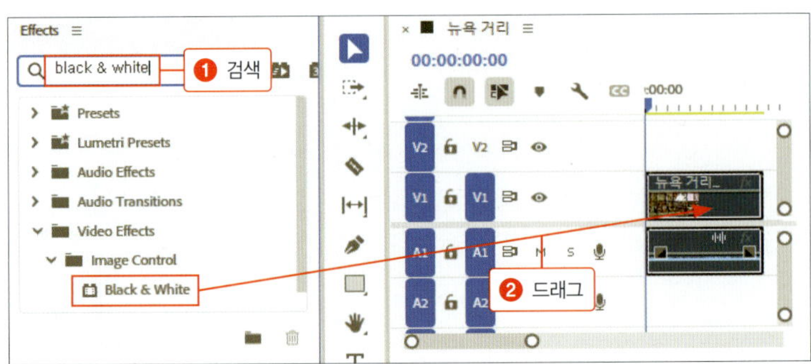

03 Program Monitor 패널에서 영상이 흑백으로 바뀐 것을 확인합니다.

04 이번에는 Effects 패널에서 ❶ 'Tint' 이펙트를 검색하고 ❷ Video Effects – Color Correction – Tint를 Timeline 패널의 '뉴욕 거리.mp4' 클립으로 드래그합니다.

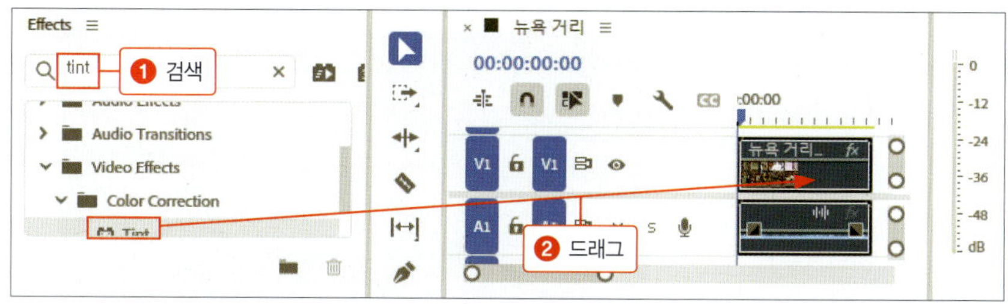

05 Effect Controls 패널에 'Tint' 효과가 나타나면 Map White To의 흰색 색상 상자를 클릭합니다.

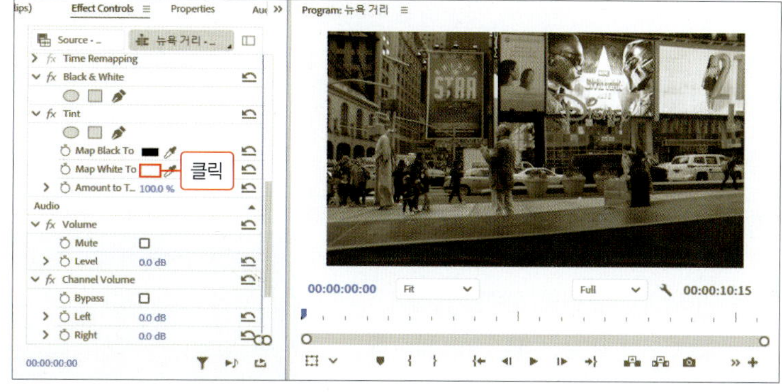

TIP ✧ 세피아 외에도 다양한 감성 색감 연출 기법

세피아 톤은 따뜻하고 클래식한 분위기를 표현하는 대표적인 색감 연출법이지만, 이 외에도 영상 분위기를 바꾸는 다양한 톤 기법이 자주 사용됩니다. 한 가지 색으로 차분한 느낌을 주는 모노톤(Monochrome), 두 가지 색을 조합해 독특한 대비를 만드는 듀오톤(Duotone), 필름 사진처럼 색이 바래고 대비가 낮은 빈티지 톤(Vintage Tone)이 있습니다. 또한 명암을 올려 은은하게 바랜 느낌을 만드는 페이드 톤(Faded Look), 따뜻한 색을 강조하는 웜 톤(Warm Tone), 차가운 분위기를 주는 쿨 톤(Cool Tone)도 상황에 맞는 분위기 연출에 효과적입니다.

듀오톤(Duotone) 연출 예

06 Color Picker 대화상자가 표시되면 ❶ 주황색 계열의 '#FFB956' 색상을 지정한 다음 ❷ 〈OK〉 버튼을 클릭하여 적용합니다.

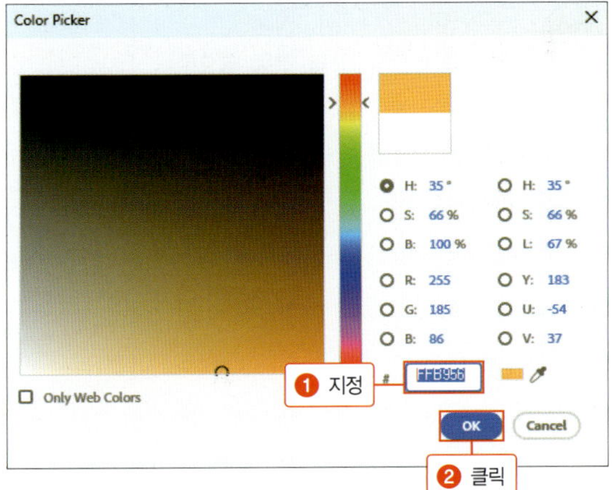

07 Program Monitor 패널에서 영상의 밝은 부분이 주황색 톤으로 변경됩니다.

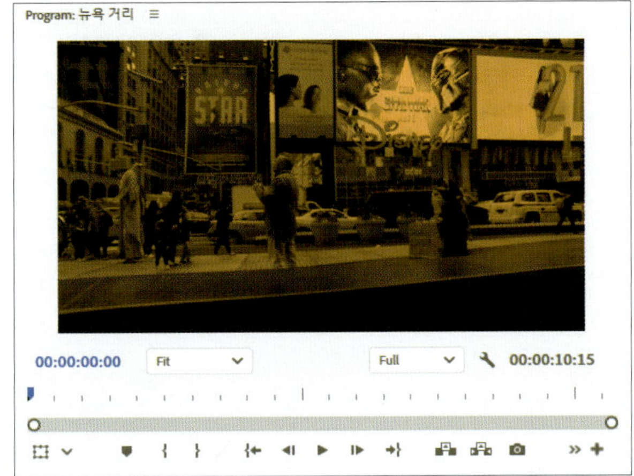

08 화면에 비네팅 효과를 넣어 중앙으로 시선을 집중시키겠습니다. '뉴욕 거리.mp4' 클립을 선택한 상태에서 Lumetri Color 패널의 ❶ Vignette 항목을 표시합니다. ❷ Amount를 '-2.0', Midpoint를 '32.4', Roundness를 '50.0'으로 설정합니다. 화면 가장자리에 비네팅 효과가 적용됩니다.

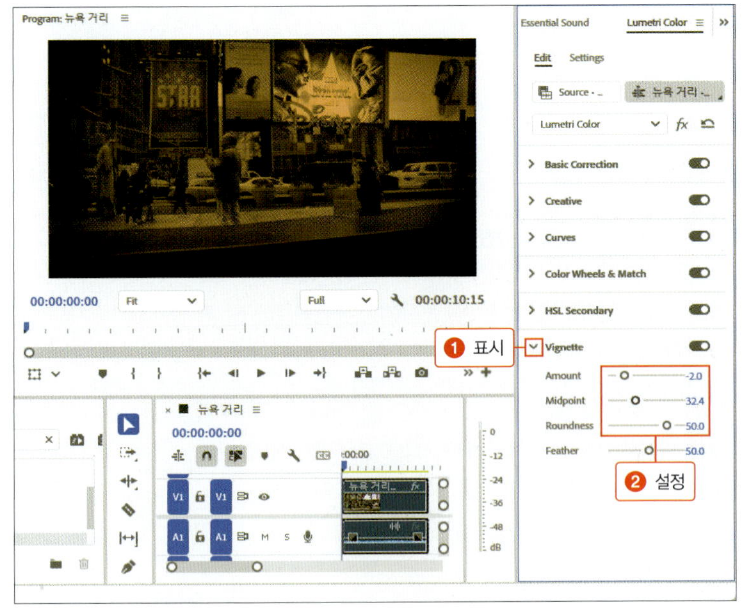

EASY 실습 Lumetri Color 패널을 이용해 LOG 영상 보정하기

LOG 영상을 일반 색 공간(Rec.709)으로 변환하고 색 보정 과정을 알아보겠습니다. LOG는 후반 색 보정을 전제로 한 영상이므로 LUT(Look-Up Table)을 활용해 기본 색 공간으로 되돌리는 단계가 필요합니다. 이를 통해 밋밋했던 LOG 영상을 자연스러운 대비와 색감이 살아 있는 형태로 바꿀 수 있습니다.

01 프리미어 프로 → 04 폴더에서 'Log.prproj' 파일을 불러옵니다.
Timeline 패널에서 V1 트랙의 'S-Log Video.mp4' 클립을 클릭합니다.

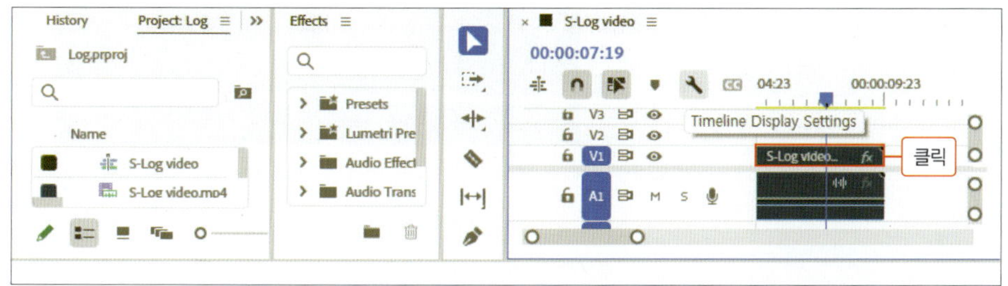

02 LOG 영상을 보정하기 위해 Lumetri Color 패널에서 ❶ Basic Correction 항목을 표시한 다음 ❷ Input LUT을 'AMIRA_Default_LogC2Rec709'로 지정합니다.

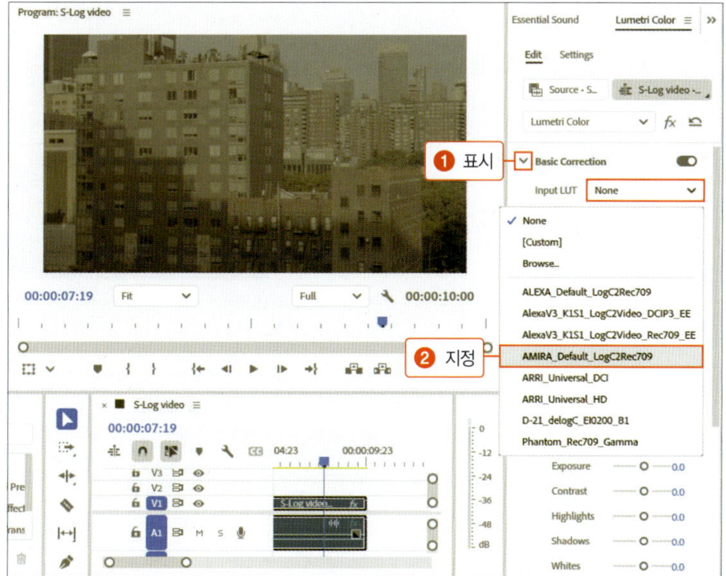

TIP ✦

해당 LUT이 아니더라도 다른 LUT이나 소니 홈페이지에서 제공하는 LUT을 사용해도 상관없습니다. PC에 저장된 LUT을 적용하려면 'Browse'를 선택하고 Select a LUT 대화상자에서 파일을 선택해 프리미어 프로에 불러와 적용할 수 있습니다.

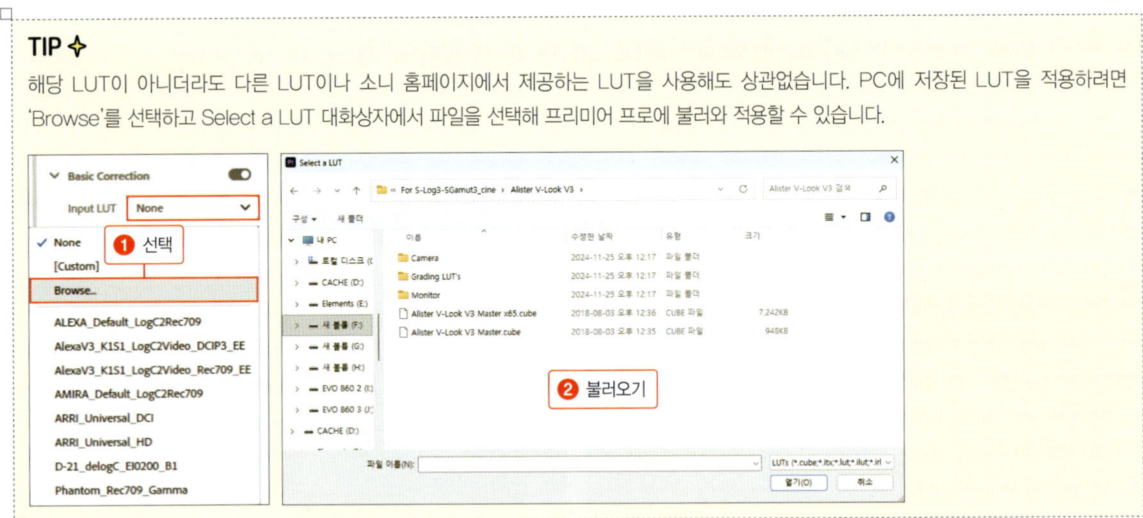

03 Program Monitor 패널에서 밋밋했던 영상에 색감이 더해진 것을 확인할 수 있습니다. 색감 조정이 완료되었습니다.

04 LUT을 적용한 후 옵션을 설정해 색감을 보정합니다. 예제에서는 Saturation을 '120.0', Contrast를 '52.0', Highlights를 '-13.0', Shadows를 '-33.0', Blacks를 '-4.0'으로 설정했습니다. 대비가 진해지고 입체감 있는 색 보정이 적용됩니다.

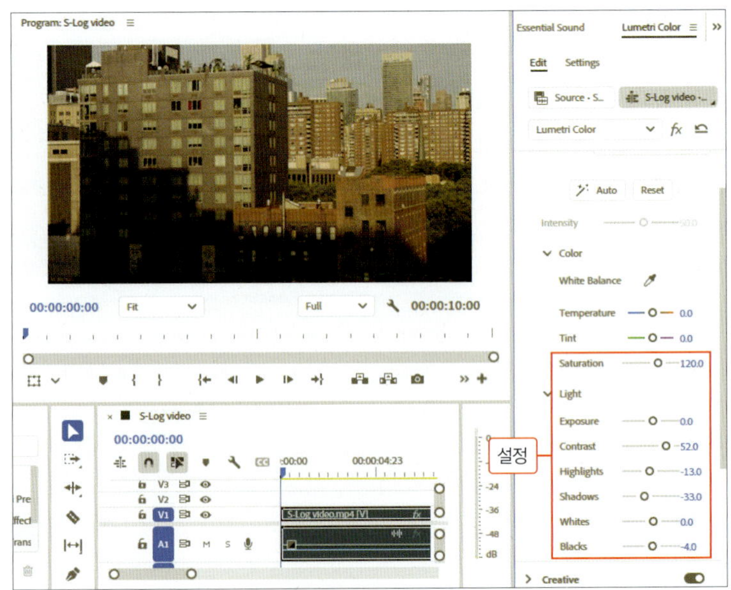

05 이번에는 ❶ Creative 항목을 표시하고 ❷ Look을 'SL BLUE ICE'로 지정합니다.

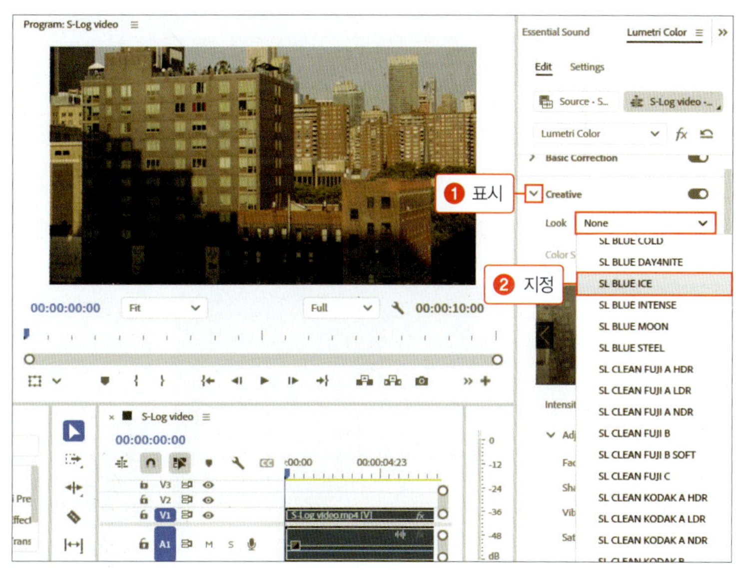

06 Program Monitor 패널에서 기존 대비 ICE 느낌 LUT이 적용되어 푸른색 계열의 차가운 느낌으로 변경된 것을 확인할 수 있습니다.

07 Creative 항목의 Intensity를 '50.0'으로 설정합니다. LUT의 적용 강도를 '100.0'에서 '50.0'으로 줄여 반만 적용했습니다.

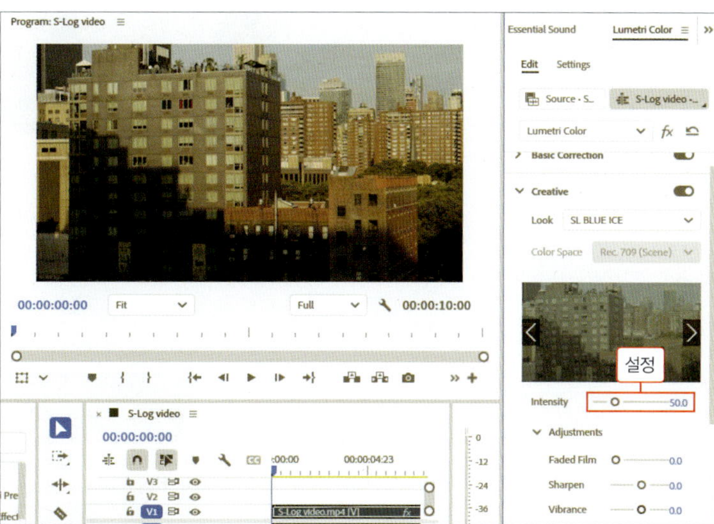

왜? ✧

기본 LUT을 그대로 사용하면 과한 보정이 될 수 있으므로 상황에 맞게 적용 강도를 조절하는 것이 중요합니다.

EASY 실습 클릭 몇 번으로 색감 복제하기

영화나 광고를 볼 때 '이 장면의 색감을 내 영상에도 똑같이 입히고 싶다!'고 느낀 적이 있을 겁니다. 프리미어 프로의 Color Wheels & Match 기능을 활용하면 참조 영상 한 컷만으로도 그 색의 분위기를 자동으로 분석하여 작업 중인 클립에 적용할 수 있습니다. AI 기반의 자동 색상 매칭 도구인 셈입니다.

01 프리미어 프로 → 04 폴더에서 '색감 카피.prproj' 파일을 불러옵니다.
Timeline 패널에서 V1 트랙의 '색감 적용 영상.mp4' 클립을 클릭합니다. 타임라인에는 색감을 적용할 '색감 적용 영상.mp4', 색감을 복제할 '색감 레퍼런스 영상.mp4'가 있습니다.

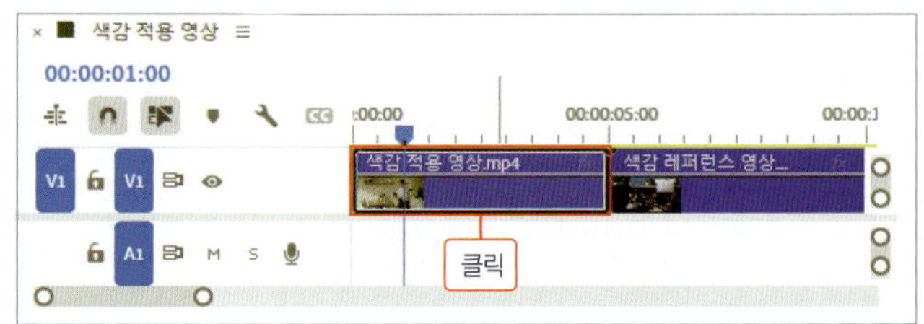

02 색감을 복제하기 위해 Lumetri Color 패널에서 ❶ Color Wheels & Match 항목을 표시하고 ❷ 〈Comparison View〉 버튼을 클릭합니다.

03 Program Monitor 패널에 화면이 2개로 나눠진 것을 확인할 수 있습니다.

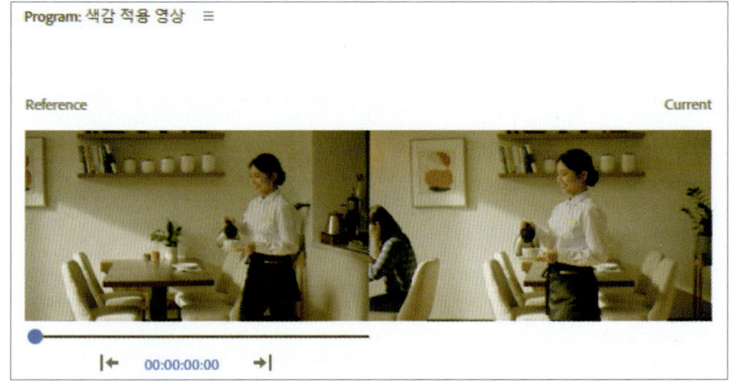

04 Program Monitor 패널에서 Reference 아래의 ❶ 파란색 원형 시간 표시자(●)를 오른쪽으로 드래그하여 '색감 레퍼런스 영상.mp4' 장면을 나타냅니다. 왼쪽 Reference에는 '색감 레퍼런스 영상.mp4' 장면이, 오른쪽 Current에는 '색감 적용 영상.mp4'이 나타납니다. Lumetri Color 패널의 ❷ Color Wheels & Match 항목에서 〈Apply Match〉 버튼을 클릭합니다.

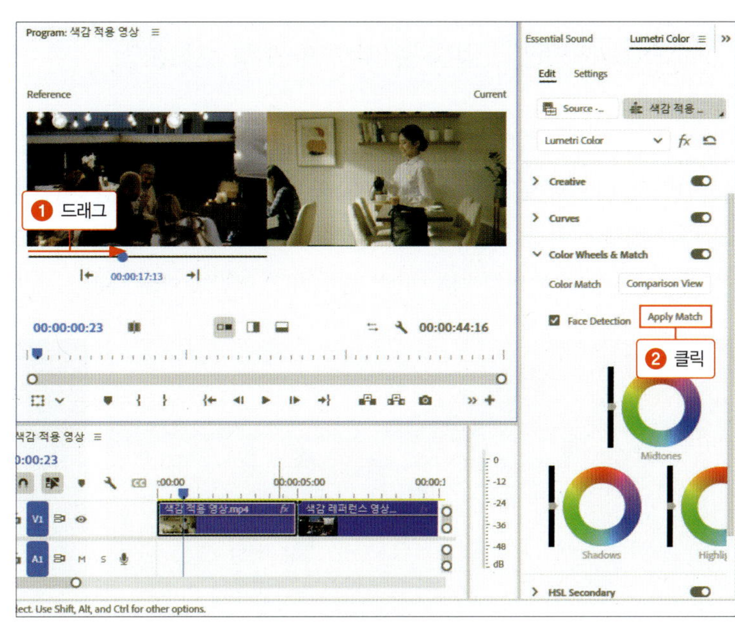

> **TIP ✦**
> 원형 시간 표시자를 이동해도 장면 전환이 되지 않을 때는 바로 아래의 시간 표시자를 좌우로 드래그하여 장면을 전환할 수 있습니다.

05 Program Monitor 패널의 색감 적용 영상에 레퍼런스 영상의 색감이 적용되었습니다. 〈Comparison View〉 버튼을 클릭하여 두 개의 화면을 다시 하나로 만듭니다.

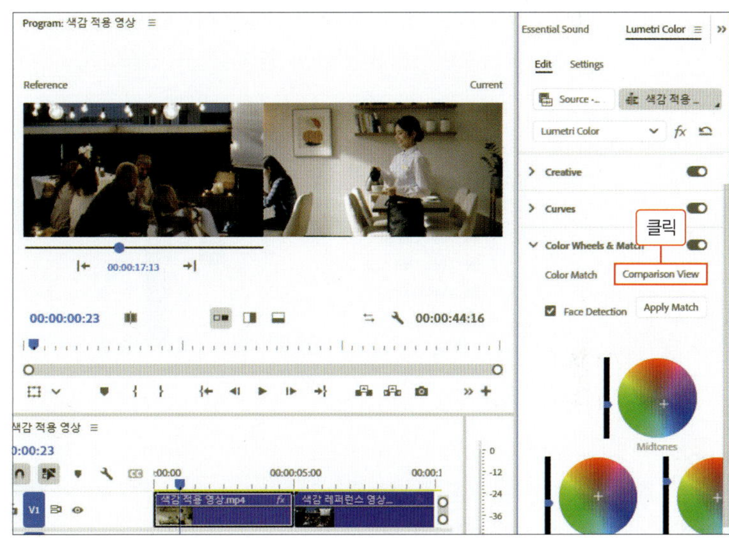

06 색감 복제가 완료되었습니다. Timeline 패널의 ❶ '색감 레퍼런스 영상.mp4'를 선택하고 ❷ Delete를 눌러 삭제합니다. 필요하다면 다른 색 보정 과정처럼 추가로 색 보정을 진행합니다.

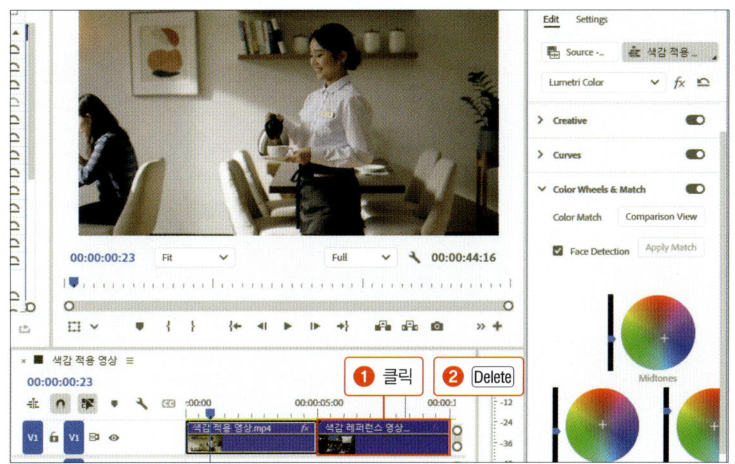

EASY 실습 빈티지 필름 느낌의 VHS 룩 보정하기

영상 트렌드에서 '복고'는 단순한 유행이 아니라 감정과 시간의 질감을 다시 불러오는 시각 언어입니다. 1980~1990년대 VHS 카메라 특유의 거친 질감과 색 번짐, 흐릿한 노이즈는 완벽하게 선명한 디지털 영상과는 다른 매력을 가집니다. 예제에서는 조정 레이어(Adjustment Layer)를 활용해 전체 영상의 톤을 한 번에 조정하고, Noise 효과를 더하여 VHS 특유의 질감과 레트로 무드를 연출하겠습니다.

01 프리미어 프로 → 04 폴더에서 'VHS_Vintage.prproj' 파일을 불러옵니다. Timeline 패널에는 '1990년대 서울.mp4' 영상 클립이 있습니다.

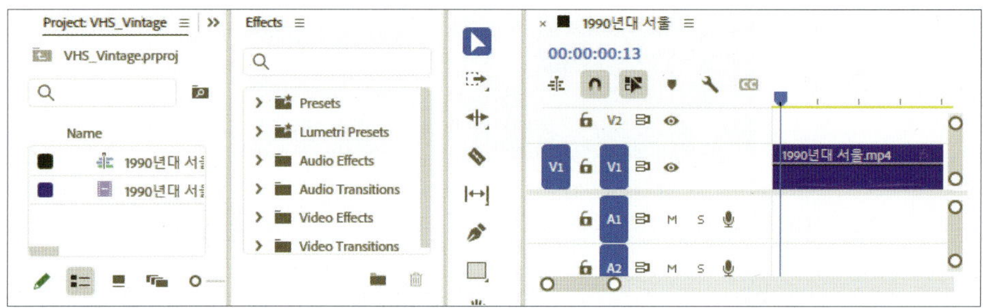

02 조정 레이어(Adjustment Layer)를 활용하여 색감 보정 및 효과를 적용하겠습니다. Project 패널의 여백에서 ❶ 마우스 오른쪽 버튼을 클릭한 다음 ❷ New Item → Adjustment Layer를 실행합니다.

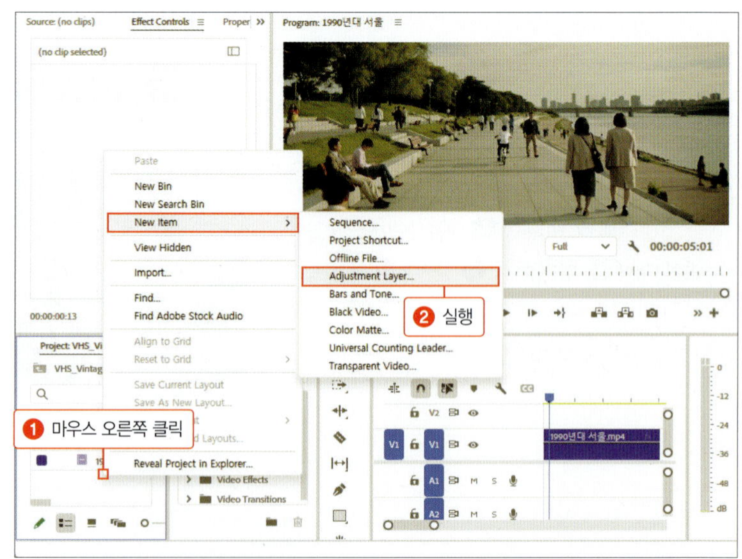

03 Adjustment Layer 대화상자가 표시되고 현재 시퀀스에 맞게 자동으로 옵션이 설정됩니다. 〈OK〉 버튼을 클릭하여 조정 레이어를 생성합니다.

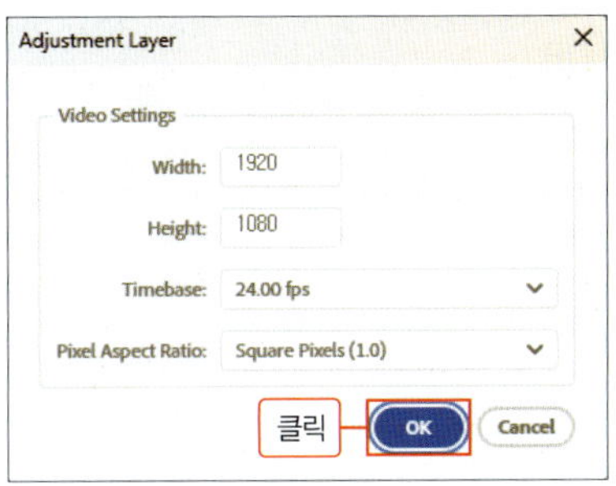

04 Project 패널에 'Adjustment' 레이어가 생성됩니다. 조정 레이어를 Timeline 패널의 'V2' 트랙으로 드래그해 배치합니다.

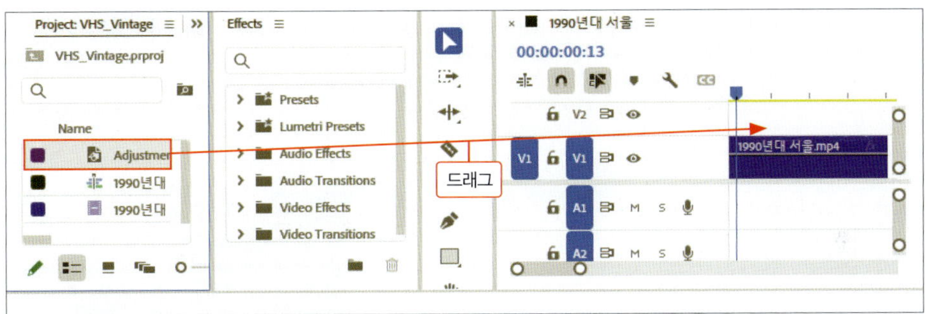

05 조정 레이어가 Timeline 패널에 배치됩니다.

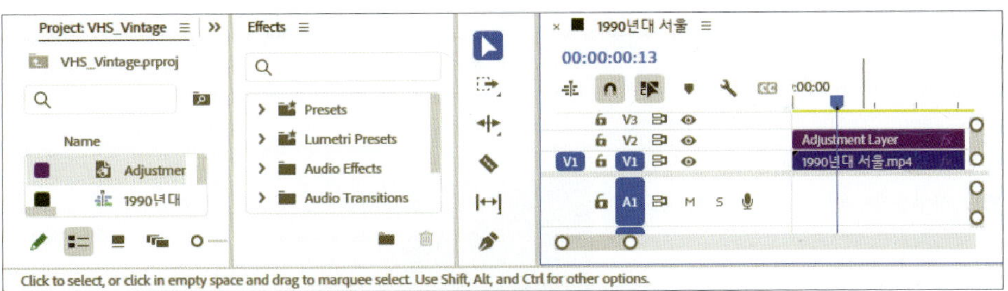

TIP ✦ 조정 레이어(Adjustment Layer)

조정 레이어는 여러 클립에 공통 효과를 적용할 수 있는 투명한 보조 레이어입니다. 실제 영상 콘텐츠 없이 효과만을 하위 클립 전체에 전달하는 방식으로 작동합니다.

예를 들어, 프로젝트 전체에 같은 색 보정이나 노이즈, 비네팅, 블러 효과를 적용할 때 각 클립에 개별적으로 복사·붙여넣기 할 필요 없이 조정 레이어 하나만 타임라인 상단에 배치하면 됩니다. 하위의 모든 클립이 조정 레이어의 영향을 받아 전체 톤과 분위기를 일관성 있게 유지할 수 있습니다.

또한 조정 레이어는 비파괴적(Non-Destructive) 작업 방식을 제공하므로 원본 영상을 직접 수정하지 않고도 자유롭게 효과를 조절할 수 있습니다. 필요한 구간에만 배치하거나 길이를 조절하여 특정 장면에만 효과를 적용하는 등 유연하게 사용할 수 있습니다.

06 빈티지 효과를 구현하기 위해 Effects 패널에서 ❶ 'Color Emboss' 이펙트를 검색하고 ❷ Video Effects – Stylize – Color Emboss를 Timeline 패널의 조정 레이어로 드래그합니다.

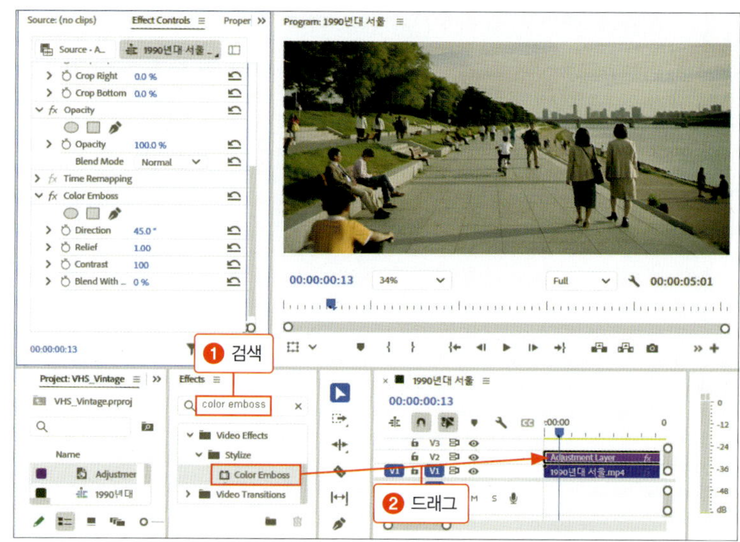

07 Effect Controls 패널에서 Color Emboss 항목의 Contrast를 '150', Blend with Original을 '15%'로 설정합니다. 영상 외곽선에 밝은 하이라이트가 형성되며, 빛이 번진 듯한 입체적인 윤곽 효과가 나타납니다. 특히 물체의 경계선이 살짝 강조되면서 영상 전체가 거칠고 아날로그한 질감을 띱니다.

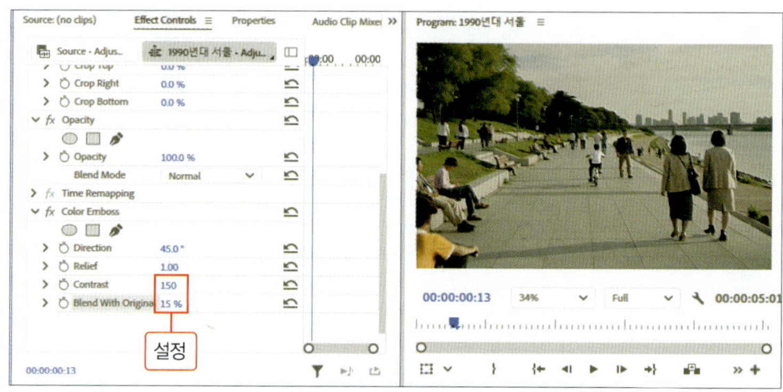

08 이번에는 Lumetri Color 패널의 ❶ Creative 항목을 표시하고 ❷ Adjustments – Faded Film을 '70.0'으로 설정합니다. 빛바랜 필름 효과가 쉽게 적용됩니다.

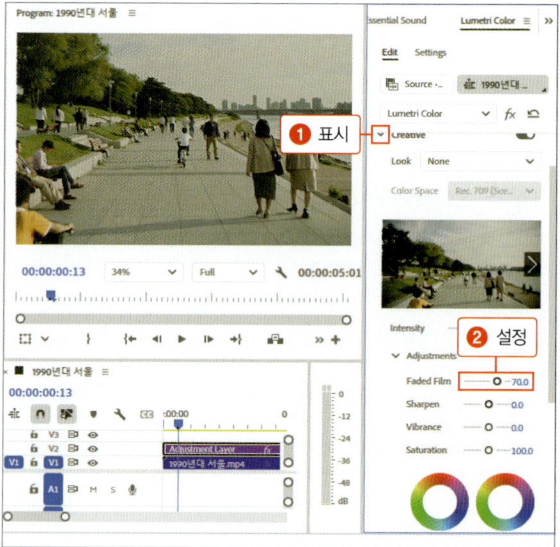

09 노이즈를 적용하기 위해 Effects 패널에서 ❶ 'Noise' 이펙트를 검색하고 ❷ Video Effects – Noise & Grain – Noise를 Timeline 패널의 조정 레이어로 드래그합니다. 영상에 특별한 변화는 없습니다.

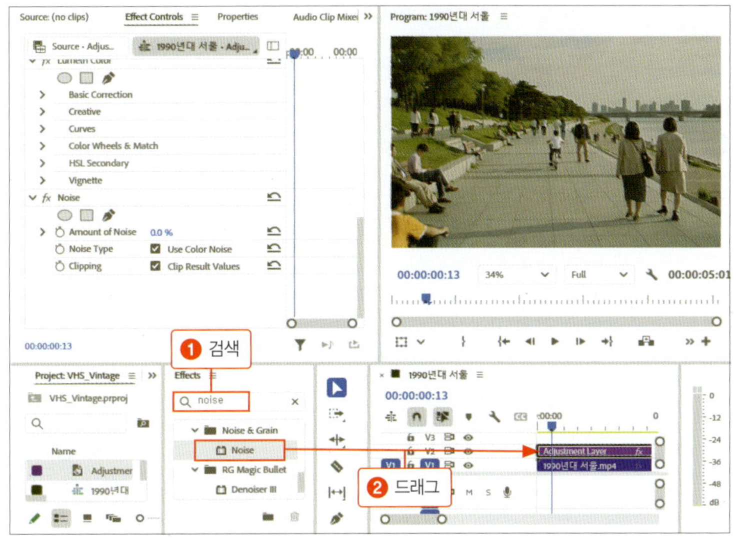

10 Effect Controls 패널에서 Noise 항목의 ❶ Amount of Noise를 '10.0%'로 설정하고 ❷ Noise Type에서 'Use Color Noise'의 체크 표시를 해제합니다. ❸ Spacebar를 눌러 영상을 재생하면 노이즈가 적용된 것을 확인할 수 있습니다.

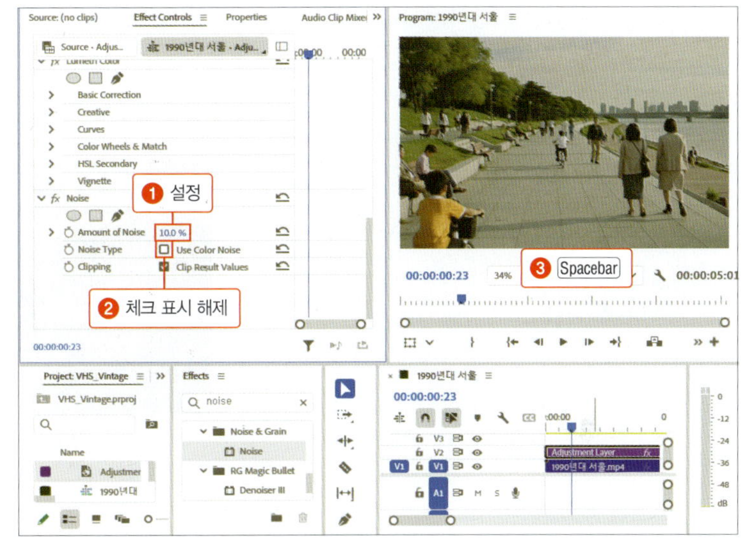

왜?

옛날 카메라에는 노이즈가 흑백으로 적용되는 것이 더 효과적입니다.

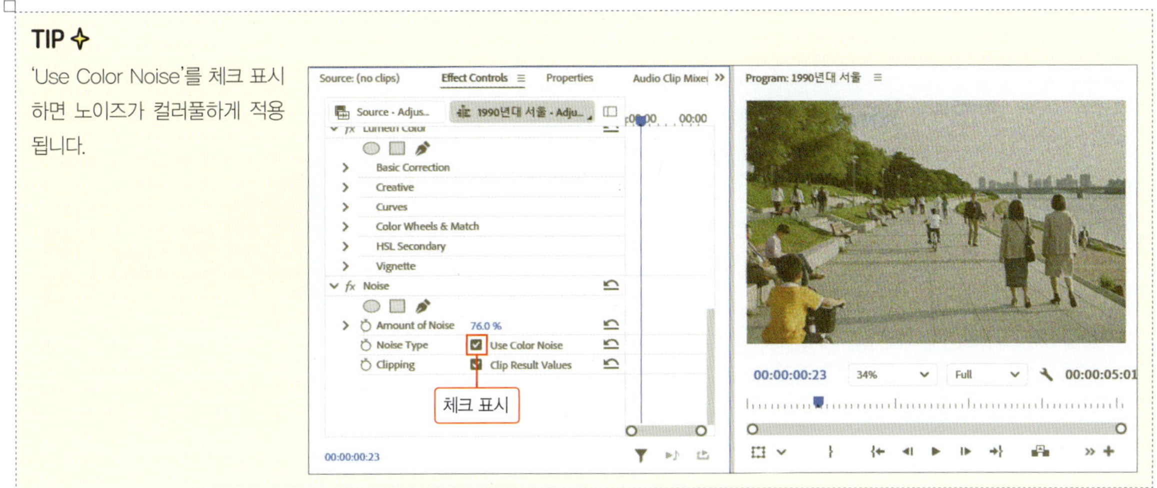

TIP

'Use Color Noise'를 체크 표시하면 노이즈가 컬러풀하게 적용됩니다.

11 영상 크기를 옛날 영상 비율인 4:3 비율로 적용하기 위해 Effects 패널에서 ❶ 'Crop' 이펙트를 검색하고 ❷ Video Effects – Transform – Crop을 Timeline 패널의 조정 레이어로 드래그합니다. 영상에 특별한 변화는 없습니다.

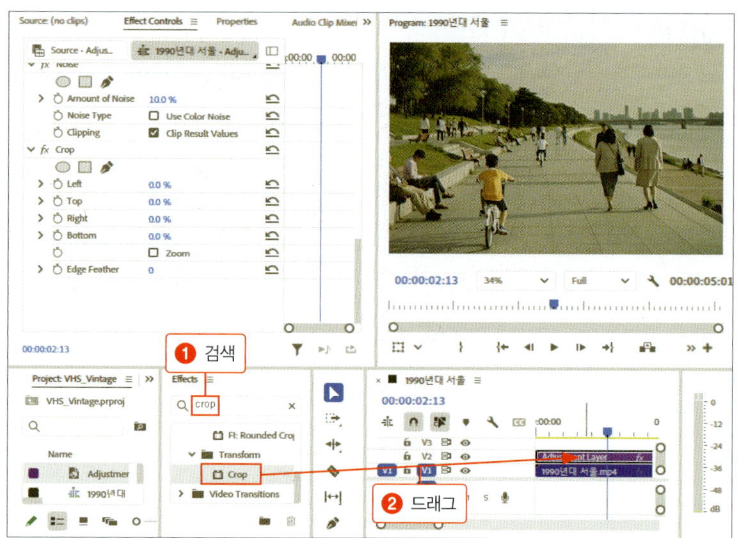

12 Effect Controls 패널에서 Crop 항목의 ❶ Left와 Right를 각각 '15.0%'로 설정한 다음 Program Monitor 패널의 ❷ 비율을 'Fit'으로 지정합니다. 그림과 같이 양옆이 잘리면서 비율적으로도 빈티지한 느낌의 영상이 완성됩니다.

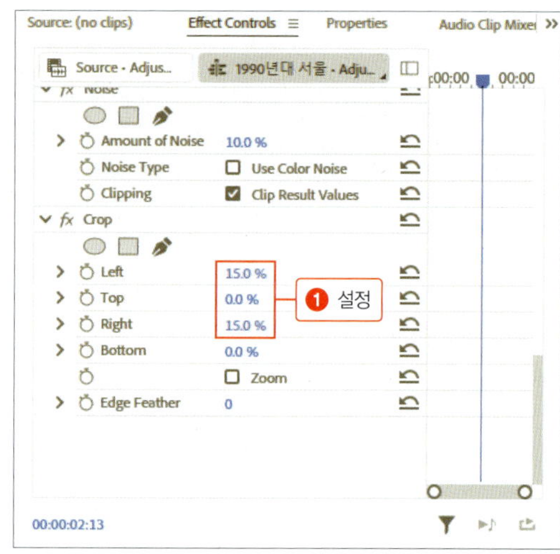

TIP

조정 레이어에 모든 효과를 적용했으므로 조정 레이어를 삭제하거나 비활성화하면 그림과 같이 모든 효과가 제거됩니다. 원본을 보존하면서 작업하는 형태이므로, 클립이나 효과가 많을 때 조정 레이어를 활용합니다.

EASY 실습 칙칙하고 어두운 피부를 화사하게 만들기

프리미어 프로에서는 HSL Secondary 기능을 활용해 조명이 부족하거나 피부가 칙칙하게 촬영된 영상에서도 피부색만 선택적으로 보정할 수 있습니다. 주변 색에는 영향을 주지 않으면서 피부색만 자연스럽게 정리해 조명 없이도 피부가 환하게 빛나는 효과를 연출할 수 있습니다.

01 프리미어 프로 → 04 폴더에서 '뽀샤시.prproj' 파일을 불러옵니다.
Timeline 패널에서 V1 트랙의 '뷰티.mp4' 클립을 클릭합니다.

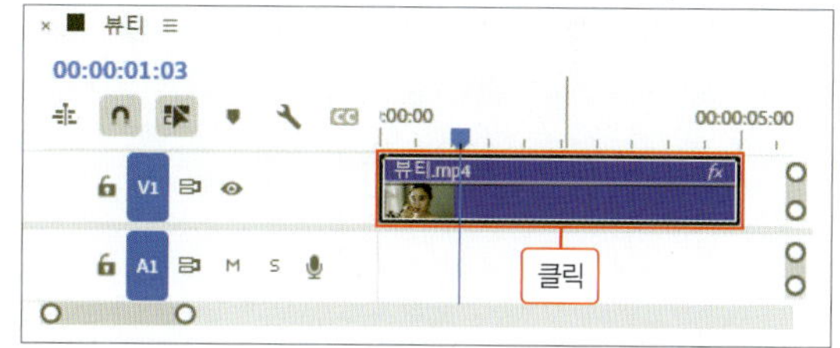

02 Lumetri Color 패널의 ❶ HSL Secondary 항목을 표시하고 ❷ Set color 맨 오른쪽에 있는 스포이트를 클릭한 다음 ❸ Program Monitor 패널의 얼굴을 클릭합니다. 이때 너무 어둡지도 않고 너무 밝지도 않은 부분을 클릭합니다.

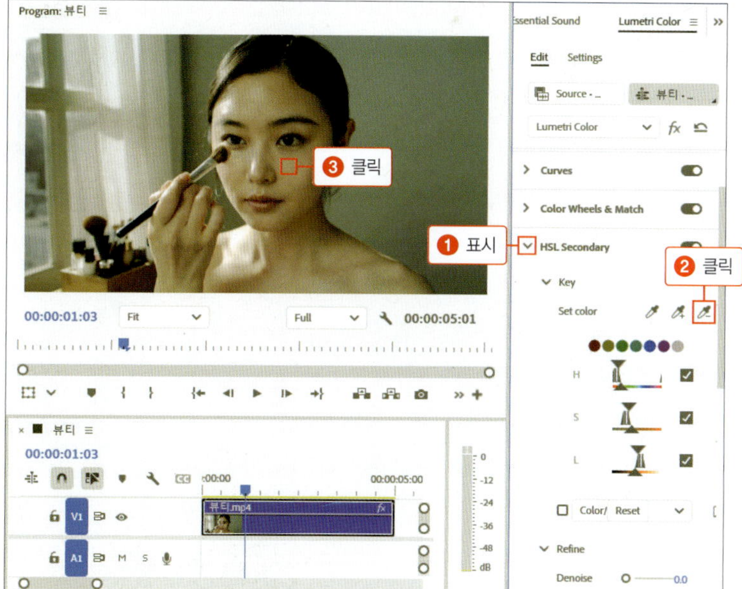

03 ❶ 'Color/Gray'를 체크 표시해 미리 보기를 활성화합니다. ❷ Set color의 각 슬라이더를 좌우로 드래그해 그림과 같이 피부가 모두 분리되도록 설정합니다.

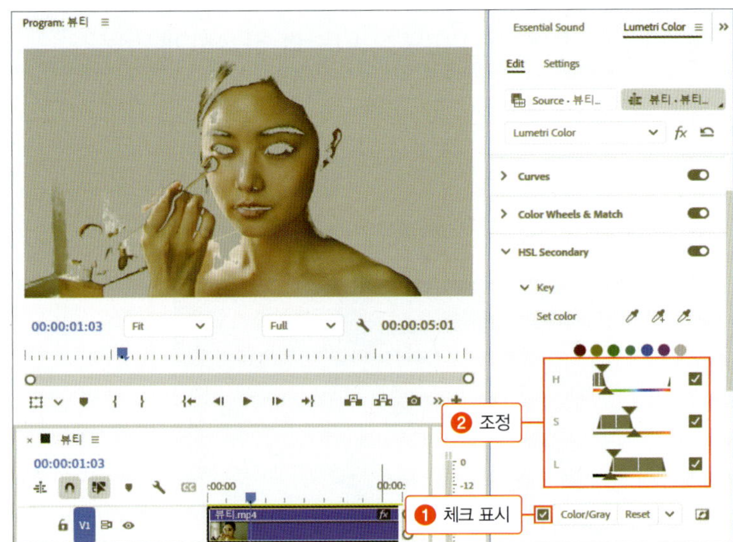

TIP 

슬라이더를 미세 조정해 최대한 인물의 피부만 나타냅니다. 인물과 붙어있는 벽이나 다른 요소가 나타나면 보정의 의미가 없으므로 유의하여 작업합니다.

TIP ✦ 슬라이더 조절 방식

HSL Secondary의 각 슬라이더는 상/하단이 다른 역할을 합니다. 상단 슬라이더는 선택할 색상(Hue), 채도(Saturation), 명도(Luma)의 전체 범위를 지정하여 효과가 적용될 폭을 결정합니다. 하단 슬라이더는 이 범위 안에서 효과가 가장 강하게 적용되는 중심 구간을 설정해 보정 강도와 경계의 부드러움을 조절합니다. 즉, 상단 슬라이더로 선택 영역의 넓이를 결정하고, 하단 슬라이더로 핵심 구간을 세밀하게 다듬어 자연스러운 보정 결과를 만들 수 있습니다. 특히 피부를 보정할 때 스포이트로 기본 색상(H)을 설정한 다음 S와 L 슬라이더의 상/하단 영역을 드래그하면서 변화 범위를 비교하며 조절하면 더 정확한 선택 영역을 만들 수 있습니다.

04 Refine 항목의 Blur를 '7.5'로 설정합니다. 경계 부분이 흐려져 부드러워집니다.

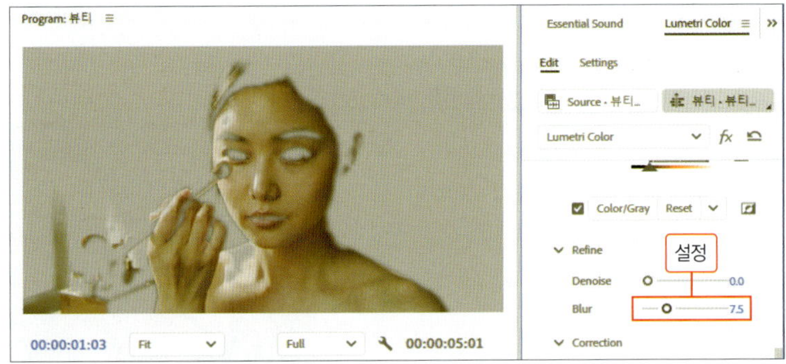

05 Correction 항목의 컬러 휠 왼쪽 슬라이더를 위로 드래그하여 피부를 하얗게 보정하면 피부가 원본 대비 밝아집니다.

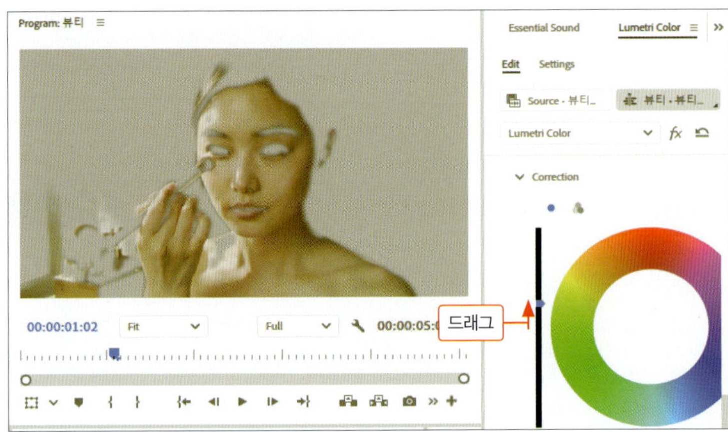

06 분리된 피부만 세부적으로 조절할 수도 있습니다. 피부에 대비를 주기 위해 ❶ Contrast를 '29.0'으로 설정합니다. 피부를 부드럽게 만들어 잡티를 약간 제거하기 위해 ❷ Sharpen을 '-60.0'으로 설정합니다.

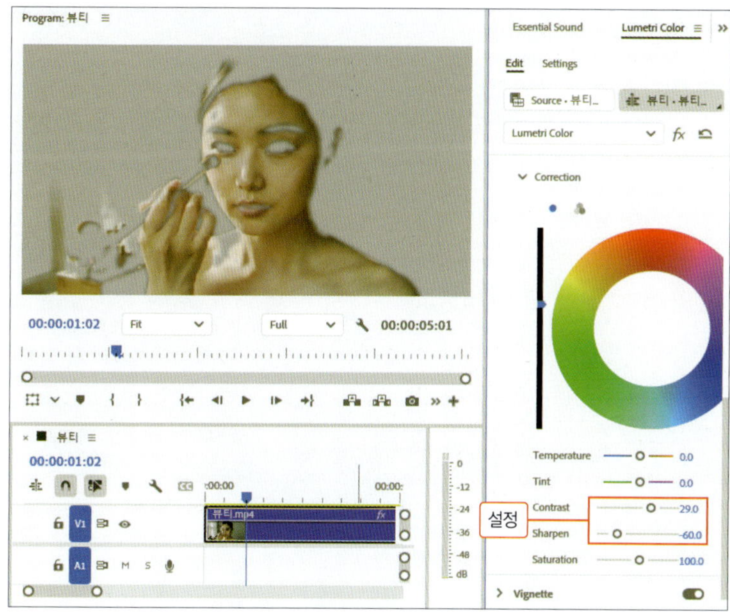

07 'Color/Gray'의 체크 표시를 해제하여 미리 보기를 해제합니다.

08 Lumetri Color 오른쪽 효과 아이콘(fx)을 클릭하여 보정 이전과 이후를 확인할 수 있습니다.

왜? ✧

색 보정의 경우 보정 이전/이후를 비교하면서 미세 조정을 계속해 원하는 결과물을 얻는 것이 중요하므로 원본과 효과가 적용된 영상을 비교하는 습관을 들입니다.

Part 05

보이는 목소리, 프리미어 프로 자막 디자인

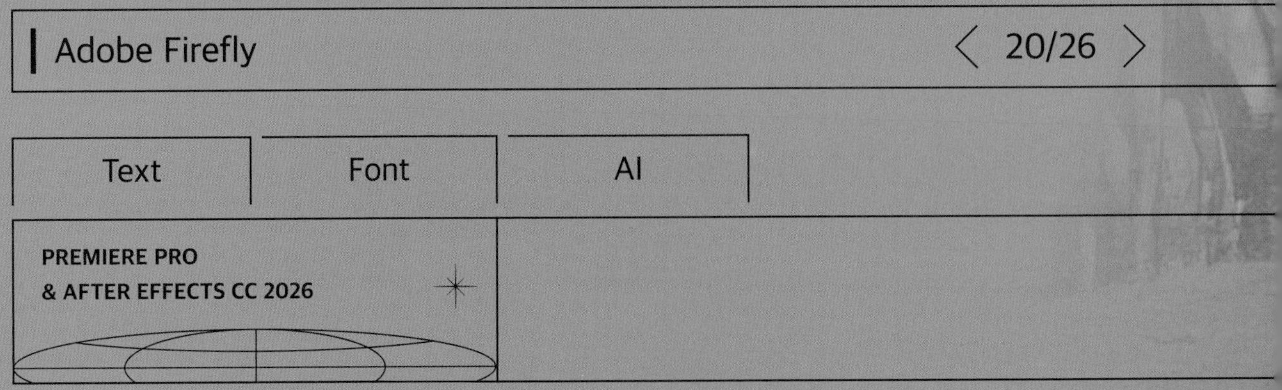

Generate
PREMIERE
26
PREMIERE
26

LESSON 09

FONT-astic! 프리미어 프로 텍스트 디자인의 모든 것

❶ 텍스트 설정을 위한 Properties 패널 살펴보기

Properties 패널은 프리미어 프로에서 선택한 자막 텍스트나 그래픽 속성을 한눈에 확인하고 수정할 수 있는 주요 도구입니다. 이전 버전에서는 Effect Controls나 Essential Graphics 패널을 번갈아 사용했지만, Properties 패널 하나로 통합되어 훨씬 효율적으로 작업할 수 있습니다.

자막 텍스트를 선택하면 글꼴(Font), 글자 크기(Size), 글자 색(Color), 정렬(Align), 자간(Tracking), 줄 간격(Line Spacing), 스타일 연결(Linked Style) 등 텍스트 관련 속성이 표시됩니다. 이곳에서 바로 텍스트의 모양과 스타일을 수정할 수 있습니다.

Text

❶ **텍스트 객체 정보 영역** : 선택한 텍스트 레이어(자막 객체)의 이름과 내용을 한눈에 확인할 수 있는 부분입니다. 클릭하면 텍스트에 관련된 설정 창이 표시됩니다.

❷ **Create Group(▀)** : 텍스트 객체를 관리하기 위한 폴더가 생성됩니다. 텍스트 객체가 많아져 타임라인이나 그래픽 패널에서 관리가 어려운 경우 관련된 자막이나 그래픽 요소를 폴더에 드래그하여 그룹화할 수 있습니다. 이렇게 정리하면 장면별 · 타입별(인트로 자막, 인터뷰 자막 등)로 체계적으로 관리되어 작업 효율이 높아집니다.

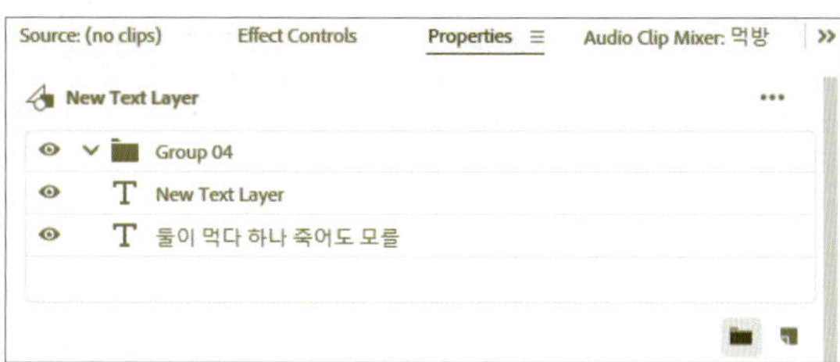

❸ **New Layer(** **)** : 새로운 텍스트 객체 레이어가 생성됩니다. 기존 자막과 별도로 새로운 텍스트 객체 레이어 또는 세로 텍스트 객체 레이어를 추가하거나, 셰이프 레이어를 삽입할 때 사용합니다. 'Text'를 선택하면 'New Text Layer'라는 기본 문구가 Program Monitor 패널에 자동으로 생성되며, 이를 선택한 후 원하는 텍스트로 바로 수정할 수 있습니다.

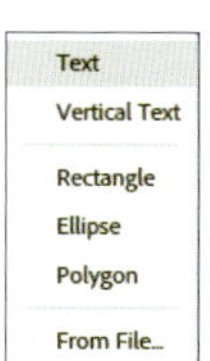

❹ **Font(글꼴)** : 현재 적용된 글꼴을 나타내며, 메뉴에서 다른 글꼴로 변경할 수 있습니다.

❺ **Font Style(스타일)** : Regular, Bold, Italic 등 글꼴 스타일을 선택합니다. 일부 글꼴은 Regular 외에 추가 굵기나 기울임이 제공되지 않을 수도 있습니다.

❻ **Font Size(글자 크기)** : 텍스트 크기를 설정합니다. 수치를 직접 입력하거나 슬라이더로 미세하게 조정할 수 있습니다.

❼ **Alignment(텍스트 정렬)** : 왼쪽, 가운데, 오른쪽 정렬을 설정합니다.

❽ **Tracking(자간)** : 글자 간격(자간)을 조정합니다.

❾ **Kerning(커닝)** : 두 글자 사이의 간격을 조정합니다.

❿ **Leading(리딩)** : 여러 줄의 텍스트 사이 세로 간격을 조정합니다.

Appearance

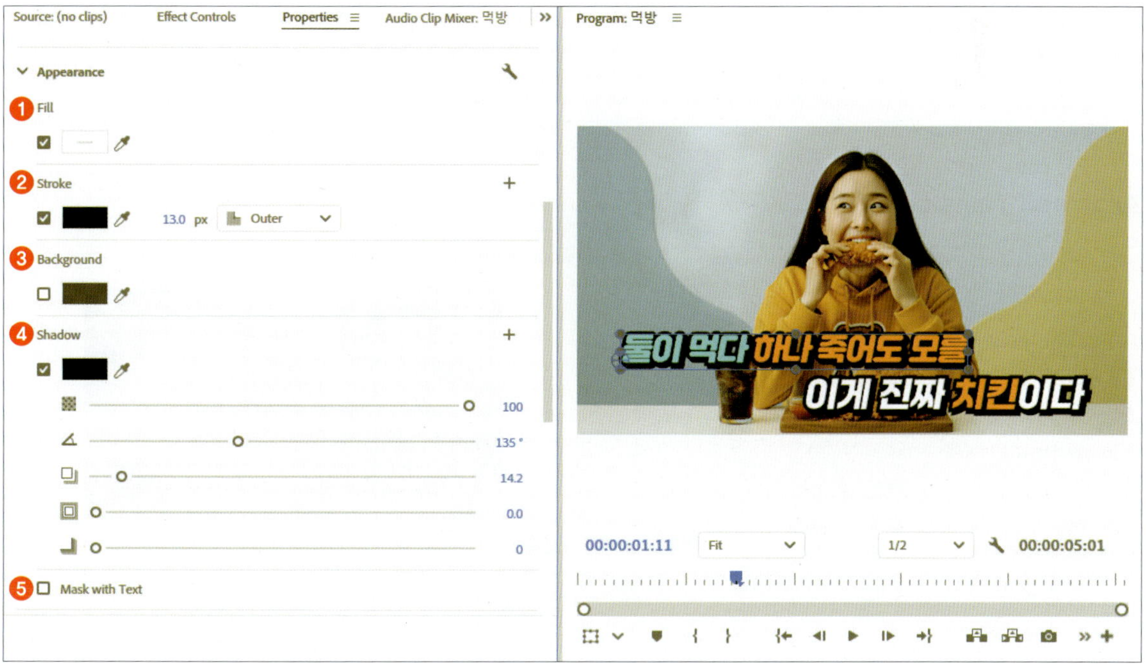

❶ **Fill(채우기)** : 글자의 기본 색상을 설정합니다. 색상 상자를 클릭해 색상을 선택하거나, 스포이트 도구로 영상 내 특정 색을 추출할 수도 있습니다.

❷ **Stroke(외곽선)** : 글자에 테두리를 추가합니다. 색상, 두께, 위치(Outer/Inner/Center)를 설정할 수 있습니다.

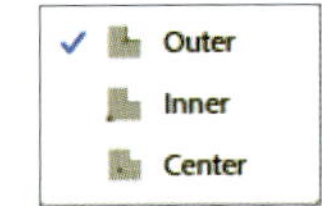

❸ **Background(배경)** : 텍스트 전체 뒤에 사각형 배경을 추가합니다. 불투명도(Opacity)와 여백(Padding)을 조정해 영상과의 시각적 대비를 맞출 수 있습니다.

❹ **Shadow(그림자)** : 글자에 그림자를 추가해 입체감과 가독성을 높입니다. 그림자의 색상, 불투명도, 각도, 거리, 퍼지는 정도, 흐림 효과를 세부적으로 설정할 수 있습니다. 특히 밝은 배경 위에 흰색 자막을 올릴 때 얇은 그림자를 추가하면 가독성이 크게 향상됩니다.

❺ **Mask with Text** : 마스크를 글자 채우기(Fill) 부분에 적용합니다. 기본으로 체크 표시가 해제되어 있습니다. Stroke(외곽선)나 Shadow(그림자)는 마스크 영향에서 제외되어 글자 외곽이나 그림자가 독립적으로 표현됩니다. 체크 표시하면 Invert, Mask Only Fill이 나타나며, Mask Only Fill과 결합해 그림과 같이 외곽선 · 그림자는 그대로 유지할 수 있습니다.

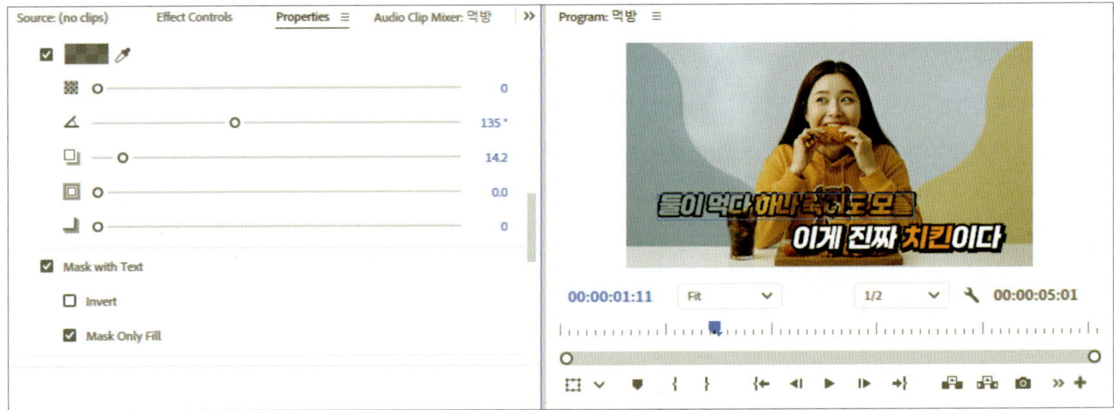

Align and Transform

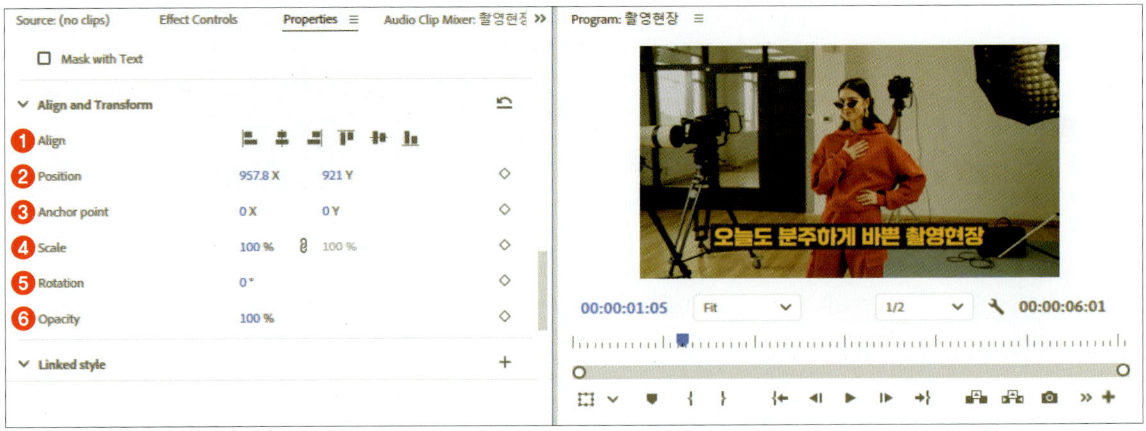

❶ **Align(정렬)** : 선택한 자막을 화면 중앙, 상단, 하단, 좌우 등으로 정렬할 수 있는 아이콘입니다. Program Monitor 패널 화면 기준으로 위치가 맞춰집니다.

❷ **Position(위치)** : 자막의 가로(X), 세로(Y) 좌표를 수치로 조정합니다. 숫자를 클릭한 다음 드래그하거나 직접 입력해 정밀하게 이동할 수 있습니다. 화면 해상도 기준으로 측정되며, '0,0'은 화면의 왼쪽 상단을 의미합니다.

❸ **Anchor Point(기준점)** : 자막의 기준점(Anchor Point)을 설정합니다. 회전이나 확대 · 축소할 때 이 점을 중심으로 변화가 이루어집니다. 보통 텍스트 중앙에 지정되어 있습니다.

❹ **Scale(크기)** : 자막의 크기를 조정합니다. 가로와 세로 비율이 연결된 상태(🔗)에서는 같은 비율로 확대 · 축소됩니다. 링크를 클릭하여 비활성화하면 X축과 Y축 크기를 각각 조정할 수 있습니다.

❺ **Rotation(회전)** : 자막을 기준점 중심으로 회전합니다. 각도를 입력하거나 드래그해 조정할 수 있으며, 시계 방향으로 회전합니다.

❻ **Opacity(불투명도)** : 자막의 불투명도를 설정합니다. 100%는 완전 불투명하고, 0%는 투명해집니다.

TIP

Position, Scale, Rotation, Opacity 옆 키프레임 아이콘(◇)을 클릭하여 키프레임 애니메이션을 추가할 수 있습니다.

Linked style

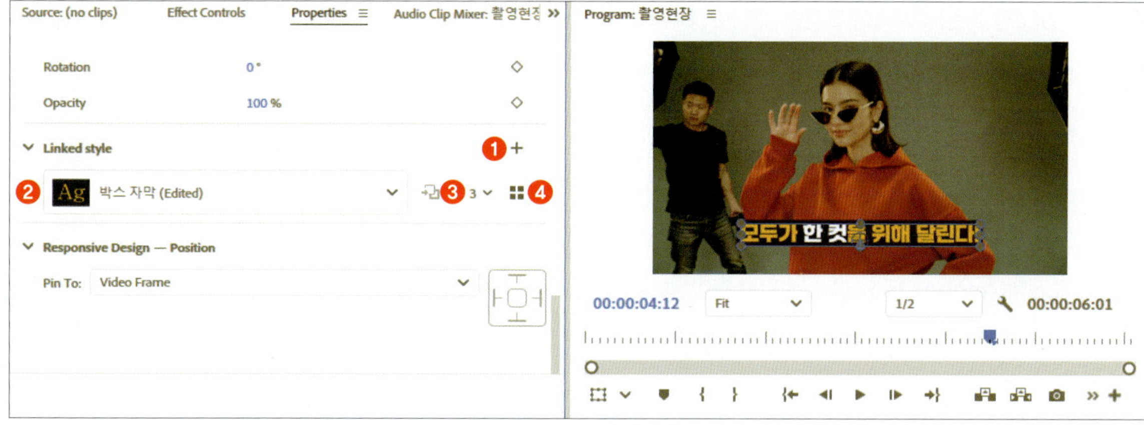

❶ **추가 아이콘(+)** : 새로운 자막 스타일을 생성하거나 외부 프로젝트의 스타일을 불러올 수 있습니다.

ⓐ **Create style** : 선택된 자막의 서식(글꼴, 색상, 외곽선, 그림자, 배경 등)을 새로운 스타일로 저장합니다.

ⓑ **Import style** : 다른 프리미어 프로 프로젝트나 템플릿 파일에서 저장된 스타일을 가져옵니다. 협업이나 브랜드 영상처럼 일관된 디자인을 유지해야 하는 작업에서 유용합니다.

❷ **스타일 미리 보기** : 적용된 자막 스타일의 이름과 미리 보기 이미지가 표시됩니다. '(Edited)'는 현재 자막이 연결된 스타일에서 일부 속성이 변경되었음을 나타냅니다.

❸ **스타일 보기 옵션** : 숫자(3)는 사용 중인 스타일 수를 의미하며, 해당 스타일이 적용된 트랙을 확인할 수 있습니다.

촬영현장 : V2 : 00:00:00:00 : 1
촬영현장 : V2 : 00:00:01:07 : 1
촬영현장 : V2 : 00:00:03:12 : 1

❹ **Open style browser(스타일 브라우저 열기)** : 프로젝트에 저장된 모든 자막 스타일(Linked styles)을 미리 보기 형태로 한눈에 볼 수 있는 영역이 표시됩니다.

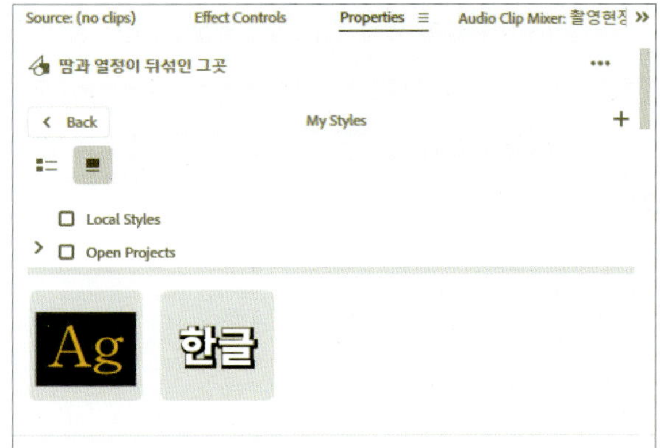

Responsive Design — Position

Responsive Design — Position은 자막이나 그래픽의 고정 기준점을 지정하는 기능입니다. 영상 비율(예 16:9 → 9:16)이나 해상도가 달라지더라도 설정한 기준점에 맞춰 자막이 자동으로 같은 위치를 유지합니다.

❶ **Pin To(고정 기준)** : 자막이 고정될 기준을 선택합니다. 기본값은 'Video Frame(비디오 프레임)'이며, 영상 전체 화면을 기준으로 위치가 고정됩니다. 다른 그래픽 요소나 특정 레이어를 기준으로 고정할 수도 있습니다.

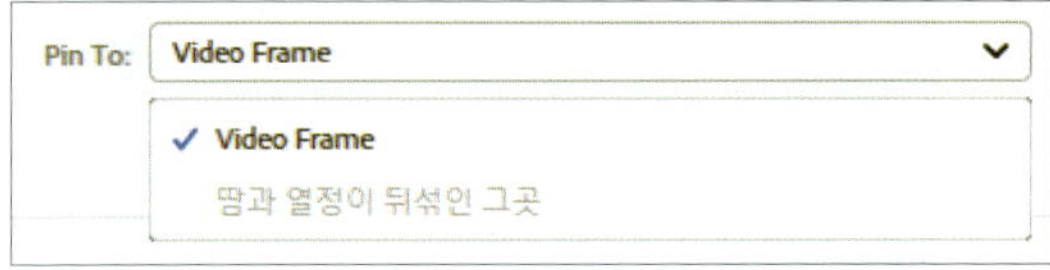

❷ **고정점 선택(Anchor Icons)** : 네 방향 아이콘으로 고정할 위치 방향을 지정합니다. 예를 들어, 하단 중앙에 자막을 유지하고 싶다면 아래쪽 가운데 아이콘을 클릭합니다.

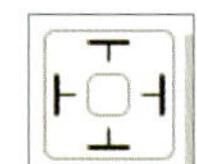

TIP ✦

숏폼(9:16)과 가로 영상(16:9)을 함께 제작할 경우, 반드시 Responsive Design – Position을 설정하는 것이 좋습니다. 설정하지 않으면 자막이 화면 밖으로 밀려나거나 플랫폼마다 위치가 달라져 재작업이 필요할 수 있습니다. 특히 모바일 숏폼에서는 상하단 UI 영역(Safe Zone)에 자막이 가려질 수 있으므로, Anchor를 하단 중앙이 아닌 약간 위쪽 기준으로 설정하면 가독성을 더 안정적으로 유지할 수 있습니다.

❷ 텍스트 디자인의 90%를 차지하는 다양한 글꼴 사용하기

영상 자막과 그래픽 디자인에서 텍스트의 인상은 글꼴이 결정한다고 해도 과언이 아닙니다. 같은 문장이라도 어떤 글꼴을 사용하느냐에 따라 분위기와 감정, 전달력이 완전히 달라집니다. 따라서 영상의 톤앤매너에 어울리는 글꼴을 선택하는 일은 텍스트 디자인에서 가장 핵심이고 중요한 과정입니다.

이번에는 상업적으로 이용할 수 있는 글꼴을 찾는 방법과 함께, 단순히 예쁜 글꼴을 고르는 단계를 넘어 영상의 목적과 메시지를 가장 효과적으로 전달할 수 있는 '의도 있는 글꼴 디자인'을 익힐 것입니다.

글꼴 저작권이란?

누군가가 만든 것에는 반드시 지적 재산권이나 저작권이 존재합니다. 이는 음악, 영상, 이미지뿐 아니라 글꼴도 마찬가지입니다. 하나의 글꼴을 완성하기 위해서는 수많은 글자의 형태를 설계하고, 가독성과 미적 균형을 고려하여 세밀하게 조정하는 디자이너의 창작 과정이 필요합니다. 따라서 글꼴 역시 그 자체로 디자인 저작물이며, 창작자의 권리가 보호되는 결과물입니다.

글꼴을 무단으로 복제하거나 상업적으로 사용하는 것은 다른 사람의 음악이나 영상을 허락 없이 사용하는 것과 같은 저작권 침해 행위에 해당합니다. 이 때문에 영상 제작자나 디자이너라면 항상 사용하는 글꼴의 출처와 라이선스(사용 범위)를 확인하는 습관이 중요합니다.

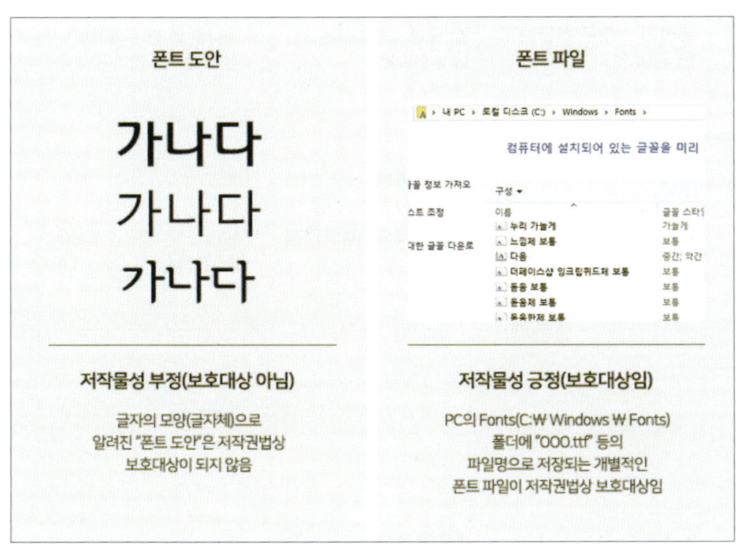

출처 : 〈글꼴 파일에 대한 저작권 바로 알기〉, 문화체육관광부 · 한국저작권위원회, 2013

글꼴 아카이브 눈누 사이트 살펴보기

저작권에서 자유롭고 상업적으로도 이용할 수 있는 안전한 글꼴은 어디서 구해야 할까요? 눈누(Noonnu)는 국내에서 가장 널리 사용하는 무료 상업용 글꼴 아카이브 사이트입니다. 디자이너나 기업이 배포한 다양한 한글 글꼴을 한곳에서 손쉽게 찾을 수 있으며, 상업적으로 자유롭게 사용할 수 있는 글꼴만 모아 제공한다는 점이 가장 큰 장점입니다.

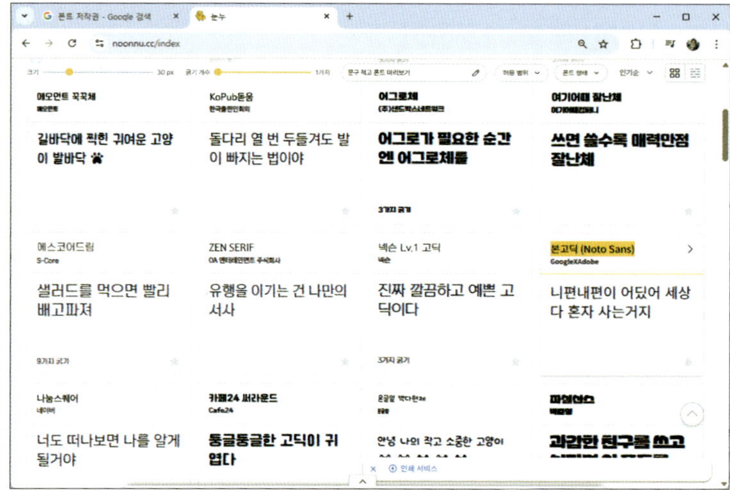

눈누 사이트에서 제공하는 저작권에서 안전한 글꼴 페이지

❶ 상업용 사용 가능 글꼴만 선별 제공

눈누에 등록된 모든 글꼴은 제작자가 명시적으로 '상업적 사용 허용'을 표시한 글꼴만 포함됩니다. 따라서 영상, 유튜브, 광고, 브랜드 콘텐츠 등에서도 안심하고 사용할 수 있습니다.

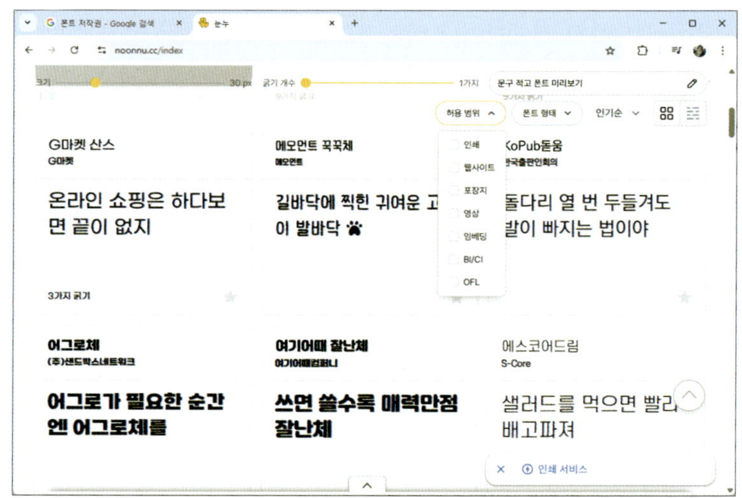

❷ 미리 보기 및 검색 기능

입력창에 원하는 문구를 직접 입력하면 여러 글꼴로 동시에 미리 볼 수 있어 영상 톤에 맞는 글꼴을 직관적으로 비교할 수 있습니다.

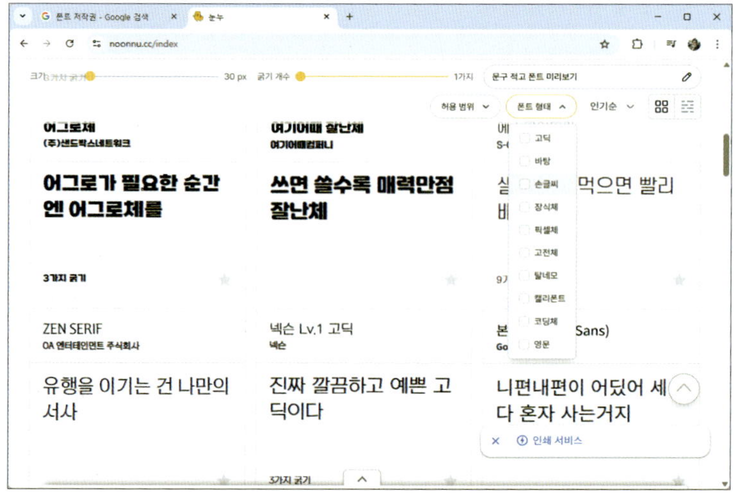

❸ 간편한 다운로드와 설치

클릭 한 번에 글꼴 제공 사이트로 이동하여 글꼴 파일(TTF/OTF)을 문제없이 다운로드할 수 있으며, 윈도우나 맥OS에 설치한 다음 바로 프리미어 프로, 애프터 이펙트, 포토샵 등에서 사용할 수 있습니다.

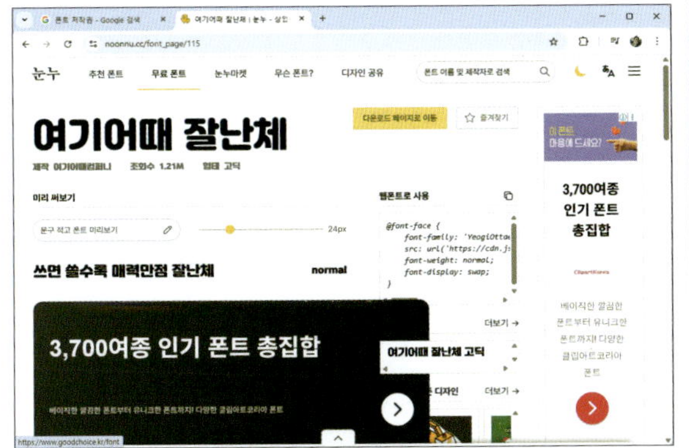

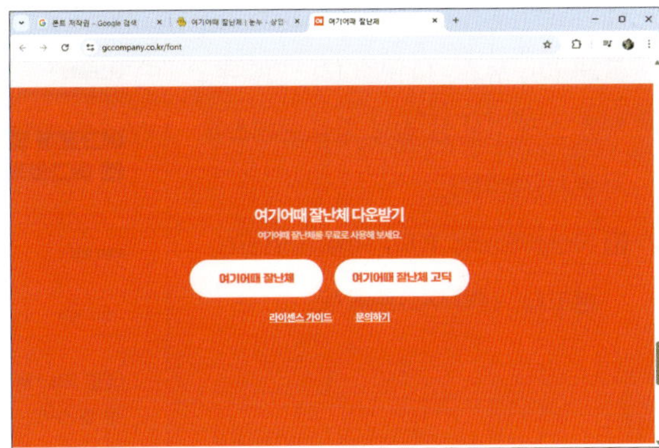

❹ 국내 브랜드 글꼴 다수 포함

배민체, 카페24 폰트, 티머니 둥근체, 샌드박스 어그로체 등 국내 기업과 기관이 배포한 고품질 글꼴을 손쉽게 다운로드하여 개인도 저작권에서 자유롭게 사용할 수 있습니다.

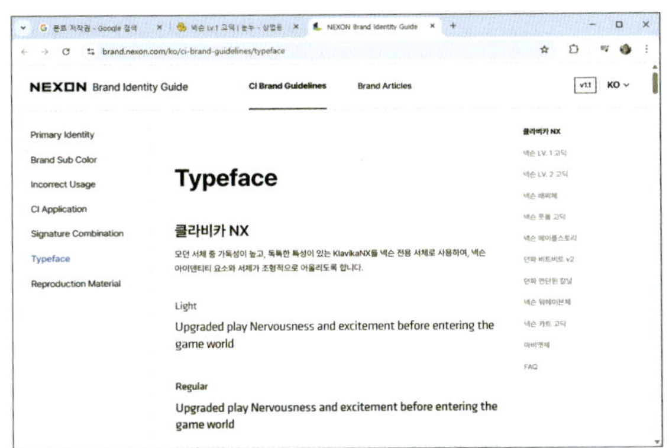

넥슨에서 제공하는 글꼴

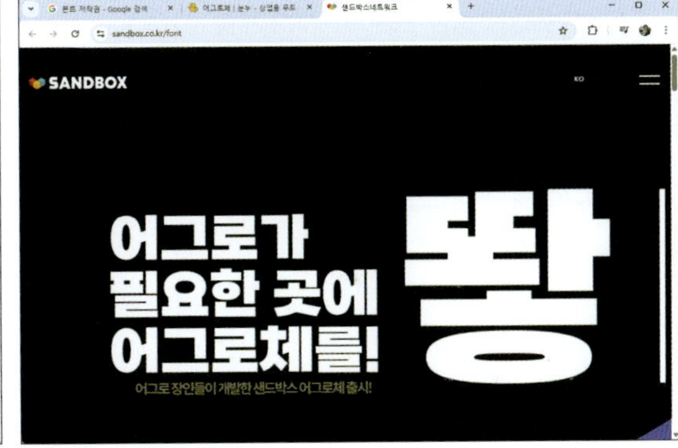

샌드박스에서 제공하는 글꼴

영상의 성격에 따라 달라지는 글꼴 스타일

디자인에는 정답이 없습니다. 하지만 더 많은 사람에게 자연스럽고 설득력 있게 보이는 디자인, 즉 '좋게 보일 확률이 높은 선택'은 분명히 존재합니다. 글꼴 선택도 마찬가지입니다. 영상의 목적, 대상, 톤앤매너에 따라 어울리는 글꼴을 고르는 감각이 쌓이면 같은 장면이라도 훨씬 세련되고 전달력 있는 영상으로 완성됩니다.

영상에서 글꼴은 단순히 글자를 표시하는 도구가 아니라, 콘텐츠의 성격과 감정선을 시각적으로 표현하는 언어입니다. 같은 문장이라도 어떤 글꼴을 선택하느냐에 따라 영상의 분위기, 감정, 메시지의 무게감이 완전히 달라집니다.

다음은 영상의 텍스트 디자인에서 자주 사용하는 세 가지 대표적인 글꼴 스타일입니다. 각 글꼴이 가진 시각적 성격과 사용 목적을 이해하면 텍스트 디자인의 완성도를 한 단계 높일 수 있습니다.

❶ 고딕체 – 깔끔하고 직관적인 정보 전달형

고딕체는 굵고 단정한 획으로 구성되어 있어 가독성이 뛰어나며, 명확한 전달에 적합합니다. 가장 많이 쓰는 형태의 글꼴이며, 뉴스, 다큐멘터리, 인터뷰, 제품 소개 영상 등 정보 중심 콘텐츠에 자주 사용합니다.

예 Noto Sans KR, Pretendard, 본고딕, 샌박 어그로체 등

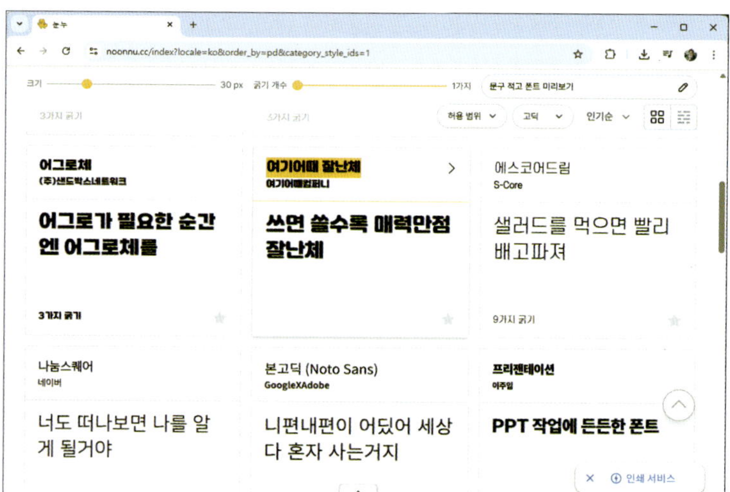

❷ 손글씨체(캘리그라피체) – 친근하고 자연스러운 감성 연출형

손글씨체는 부드럽고 자유로운 획 덕분에 사람 냄새 나는 감정 표현에 강합니다. 브이로그, 일상 콘텐츠, 개인 채널 등 따뜻하고 자연스러운 분위기를 만들 때 효과적입니다.

예 빙그레체, 학교안심 책갈피체, 교보 손글씨 등

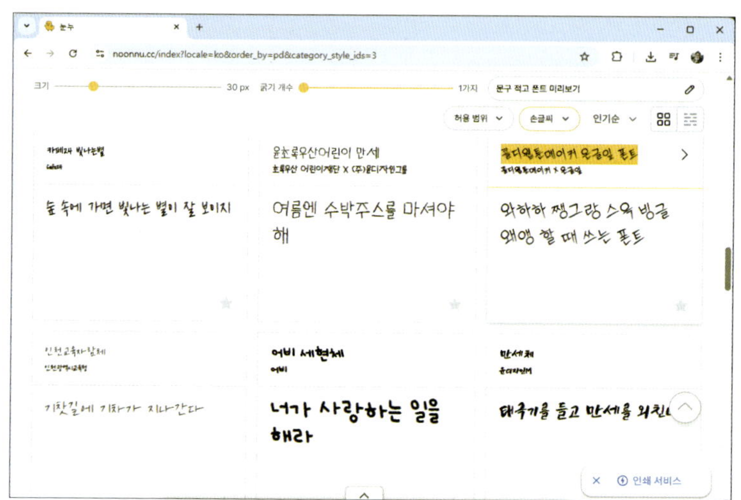

❸ 장식체 – 시선을 사로잡는 포인트형

장식체(디스플레이 글꼴)는 특징적인 형태나 개성 있는 디자인으로 시각적 임팩트를 주는 서체입니다. 예능, 쇼츠, 오프닝 타이틀, 브랜드 캠페인 등 시선을 끌어야 하는 구간의 포인트 자막에 적합합니다.

예 카페24 써라운드, 원스토어 모바일 POP체, 배달의민족 한나체 등

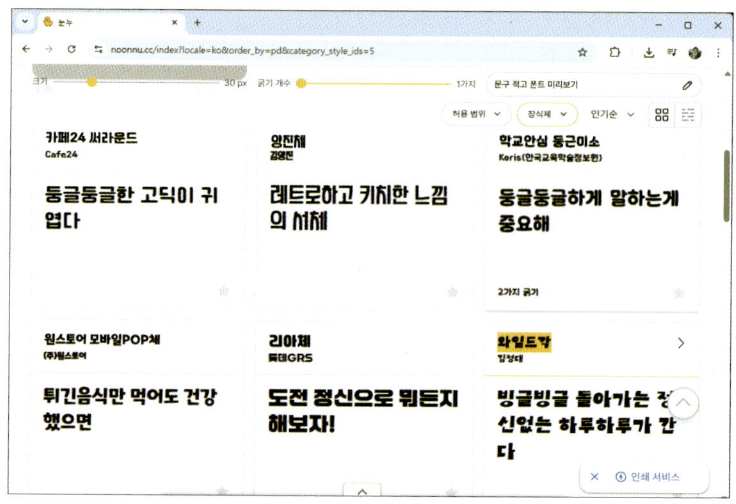

EASY 실습 글꼴 다운로드하고 설치하기

이번에는 직접 눈누에서 글꼴을 찾고 설치하는 과정을 살펴보겠습니다.

01 ❶ 눈누 사이트(noonnu.cc)에 접속하고 ❷ 상단의 [무료 폰트] 메뉴를 선택합니다.

02 저작권에서 비교적 자유로운 무료 글꼴들이 표시됩니다. ❶ '허용 범위'를 클릭하고 용도에 맞게 ❷ '영상'을 선택해 영상 용도로 사용할 수 있는 글꼴을 표시합니다.

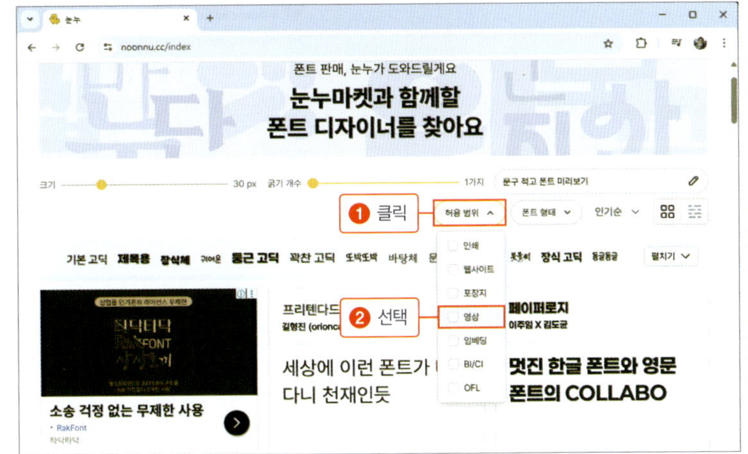

03 ❶ '폰트 형태'를 클릭하고 원하는 형태의 글꼴을 선택합니다. 예제에서는 ❷ '고딕'을 선택합니다. 고딕체 형태의 글꼴만 표시됩니다.

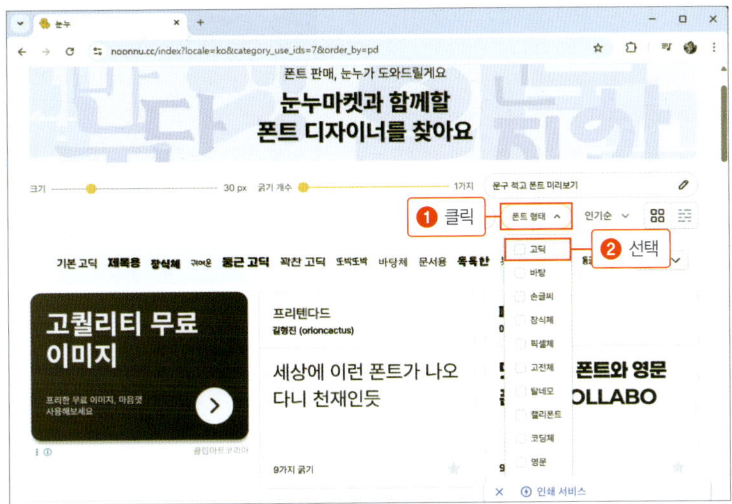

> **TIP**
> 원하는 형태의 글꼴이 없다면 굳이 선택할 필요는 없습니다.

04 '어그로체'를 다운로드하기 위해 '어그로체'를 선택합니다.

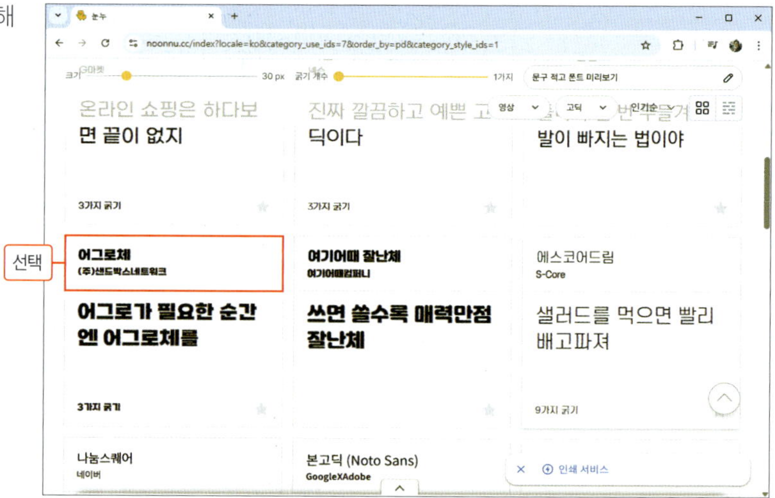

05 〈다운로드 페이지로 이동〉 버튼을 클릭해 글꼴을 제공하는 사이트로 이동합니다.

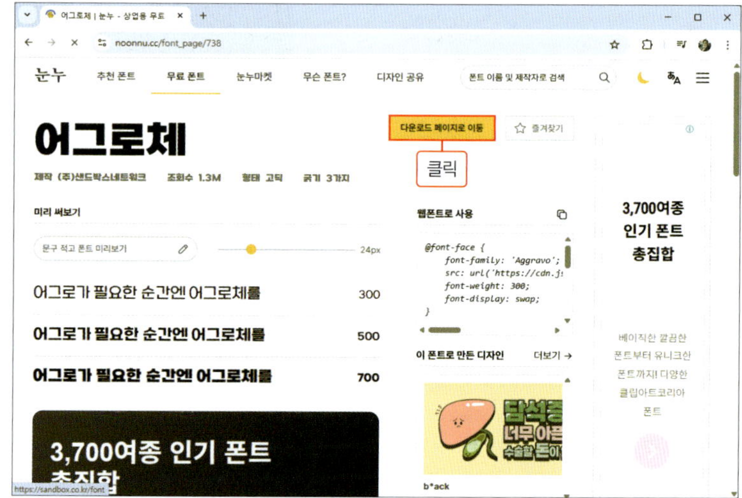

왜? ✦

눈누에서는 글꼴 파일을 직접 제공하지 않습니다.

06 사이트마다 차이는 있지만, 기본 'OTF'나 'TTF' 형태로 글꼴을 제공합니다. 스크롤을 내려 운영체제에 맞는 글꼴을 다운로드합니다.

TIP ✦

윈도우 환경에서는 'OTF(OpenType Font)'와 'TTF(TrueType Font)' 형식의 글꼴을 모두 지원합니다. 따라서 두 형식 중 어느 것을 다운로드해도 동일하게 사용할 수 있습니다.

07 파일을 다운로드하면 압축된 형태로 PC에 저장됩니다. 압축 파일을 풀어서 내용을 확인합니다.

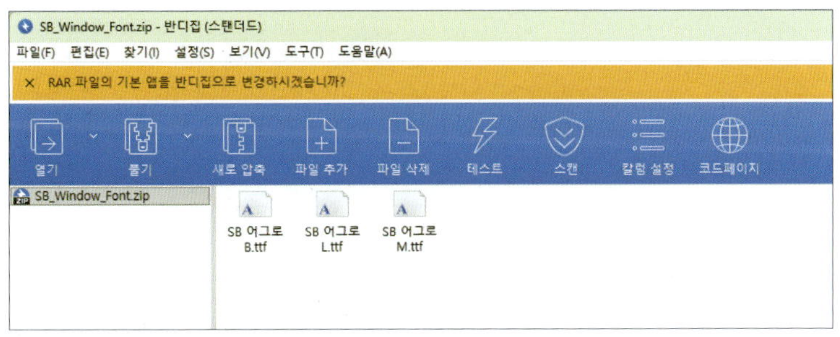

08 일반적으로 글꼴은 굵기별로 여러 파일로 구성되어 있습니다. ❶ 모든 글꼴 파일을 드래그해 한 번에 선택한 다음 ❷ 마우스 오른쪽 버튼을 클릭하고 ❸ 설치를 실행합니다.

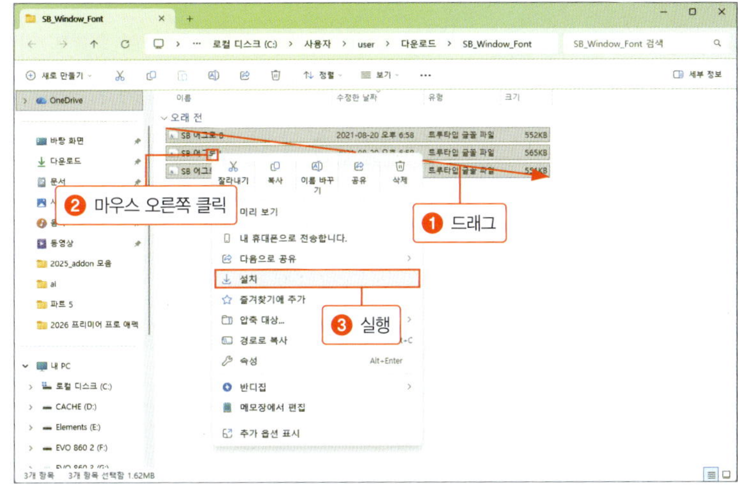

09 PC에 자동으로 글꼴이 설치됩니다.

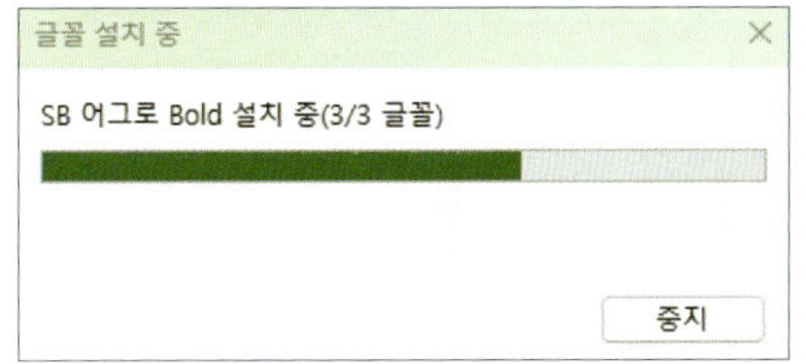

10 글꼴이 성공적으로 설치되면 프리미어 프로와 같은 프로그램에서 설치한 글꼴을 확인하고 사용할 수 있습니다.

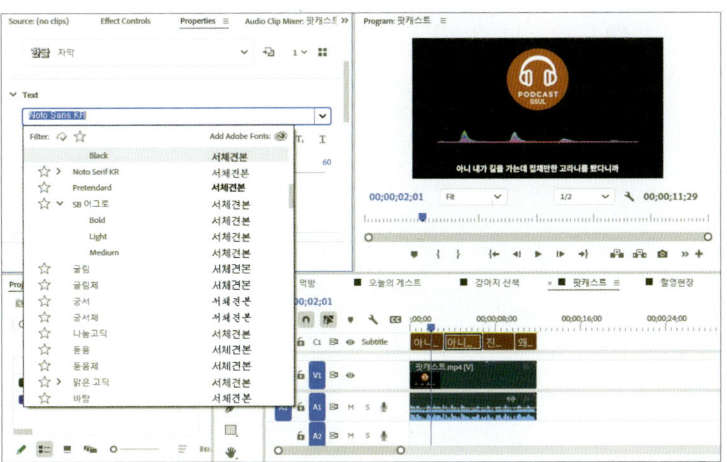

LESSON 10

움직이는 자막, 살아 있는 디자인

• **실습파일** : 프리미어 프로\05\Color&Font Text.prproj • **완성파일** : 프리미어 프로\05\Color&Font Text_완.prproj

EASY 실습 눈에 띄는 컬러와 글꼴로 가독성 좋은 자막 디자인하기

자막은 영상의 내용을 보조하는 요소이지만, 동시에 화면의 완성도와 전문성을 결정하는 중요한 디자인 요소입니다. 특히 컬러와 글꼴은 자막의 인상과 분위기를 크게 좌우하며, 같은 문장이라도 색의 조합이나 글꼴의 형태에 따라 전달되는 감정과 메시지가 달라집니다. 예제에서는 자막 디자인의 핵심인 컬러와 글꼴 설정을 통해 눈에 띄는 예능 형태의 자막을 디자인해 봅니다.

01 프리미어 프로 → 05 폴더에서 'Color&Font Text.prproj' 파일을 불러옵니다.

Tools 패널에서 ❶ 문자 도구(T, T)를 선택하고 ❷ Program Monitor 패널의 왼쪽 하단 영역을 클릭합니다.

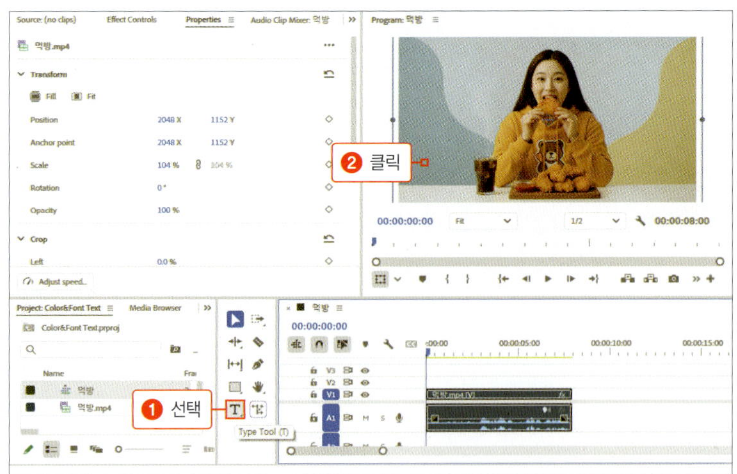

TIP

예제에서는 글꼴을 '여기어때 잘난체'와 '샌박 어그로체'로 사용했습니다. 눈누 사이트에서 글꼴을 찾아 설치하여 간편하게 적용할 수 있습니다.

02 "둘이 먹다 하나 죽어도 모를"을 입력하여 자막을 만듭니다. Properties 패널이 표시되어 텍스트와 관련된 효과를 설정할 수 있습니다.

03 Timeline 패널의 V2 트랙에서 자막 클립의 오른쪽 끝점을 선택하고 오른쪽으로 드래그하여 그림과 같이 '먹방.mp4' 클립과 길이를 같게 만듭니다.

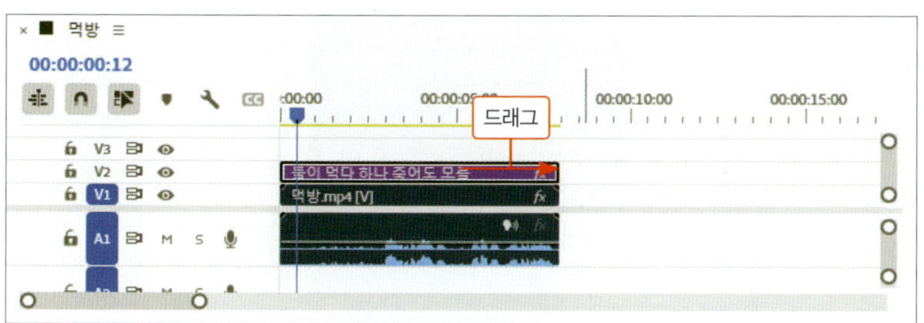

04 Properties 패널에서 ❶ '둘이 먹다 하나 죽어도 모를' 자막 레이어를 선택합니다. ❷ Text 항목에서 글꼴을 '여기어때 잘난체', Font Size를 '220'으로 설정합니다. Tools 패널에서 ❸ 선택 도구(▶)를 선택한 다음 Program Monitor 패널에서 ❹ 자막을 드래그하여 그림과 같이 화면의 왼쪽 영역에 위치하도록 조정합니다.

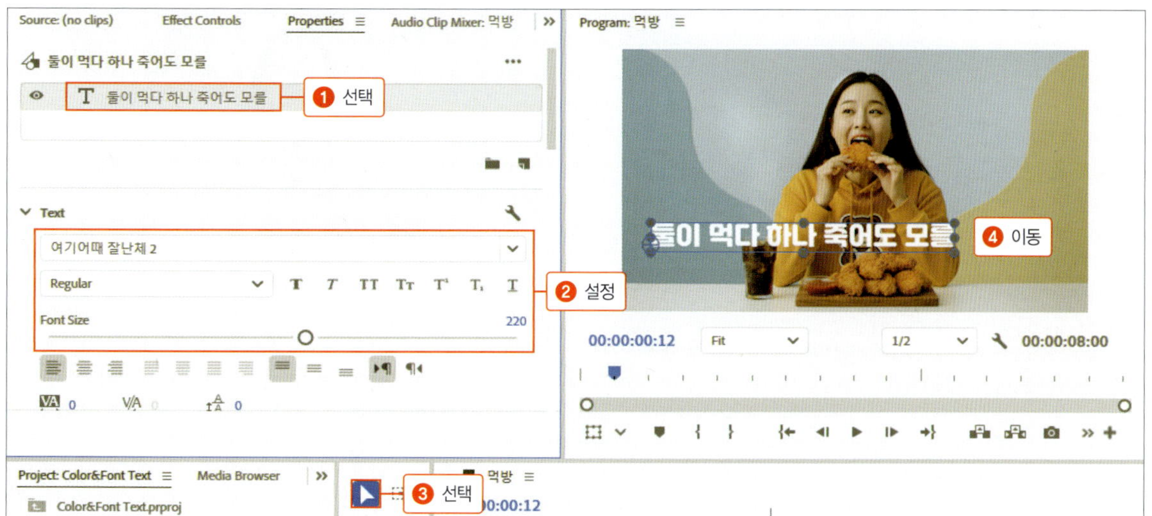

05 Program Monitor 패널의 ❶ '둘이 먹다' 자막을 드래그하여 선택합니다. Properties 패널 하단의 Appearance 항목에서 색상을 바꾸기 위해 ❷ Fill의 색상 상자를 클릭합니다.

06 Color Picker 대화상자가 표시되면 ❶ 색상을 '#00FCFF(하늘색)'으로 지정한 다음 ❷ 〈OK〉 버튼을 클릭합니다.

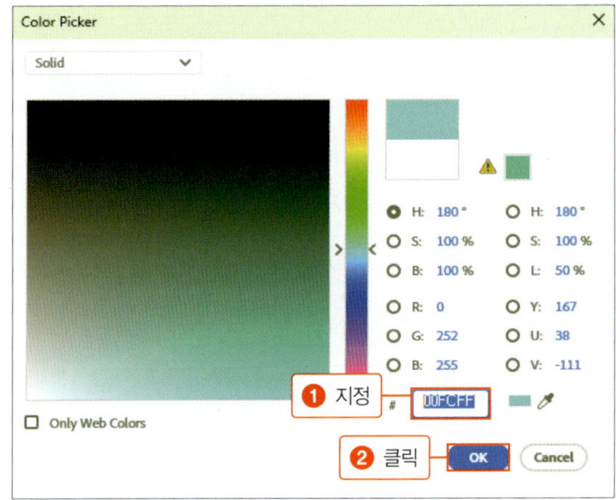

07 '둘이 먹다' 자막의 색상이 하늘색으로 변경됩니다.

TIP ✧

문장에서 원하는 부분을 드래그해 선택하면 자막 색상을 개별적으로 변경할 수 있습니다.

08 같은 방법으로 ❶ '하나 죽어도 모를' 자막을 드래그하고 ❷ Fill 색상을 '주황색(#FFA800)'으로 지정해 변경합니다.

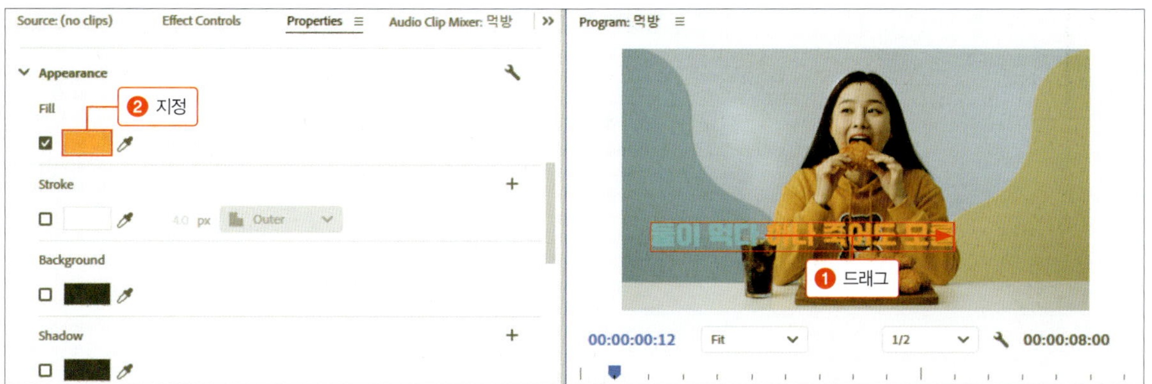

09 현재 자막은 색상만 변경된 상태이며, 영상 배경이 밝아 자막이 잘 읽히지 않습니다. 이를 개선하기 위해 ❶ 자막을 드래그하여 모두 선택한 상태에서 ❷ 'Stroke'를 체크 표시하고 ❸ 색상을 '검은색'으로 변경한 다음 ❹ 외곽선 두께를 '20.0px'로 설정합니다.

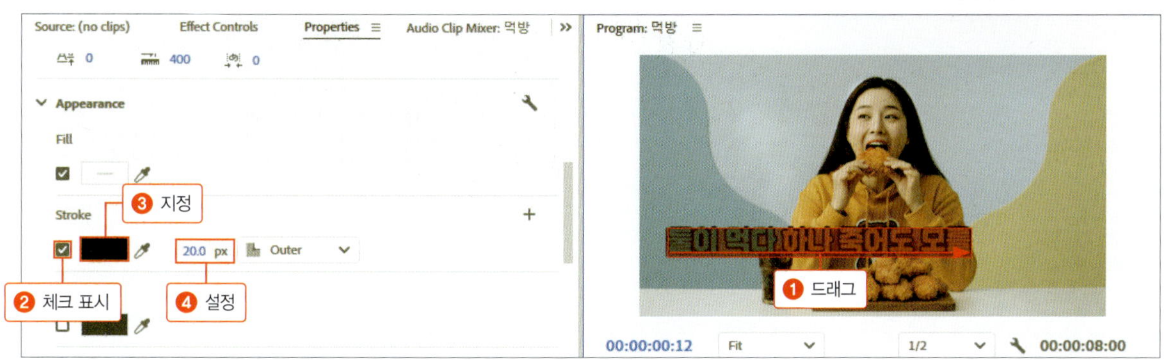

10 가독성을 좀 더 높이기 위해 ❶ 'Shadow'를 체크 표시하고 ❷ 색상을 '검은색'으로 지정한 다음 ❸ 그림자 불투명도를 '100', 각도를 '135°', 그림자 거리를 '30.0', 그림자 확산 정도를 '5.7', 그림자 흐림을 '0'으로 설정합니다. 예능에서 자주 볼 수 있는 알록달록한 스타일의 가독성 높은 자막이 완성되었습니다.

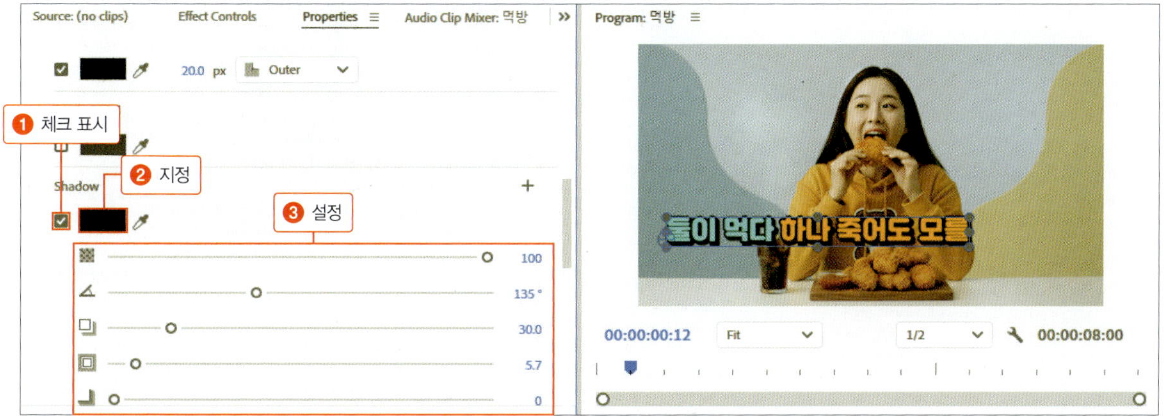

11 자막 레이어 아래의 ❶ 'New Layer' 아이콘( )을 클릭하고 ❷ 'Text(텍스트)'를 선택합니다.

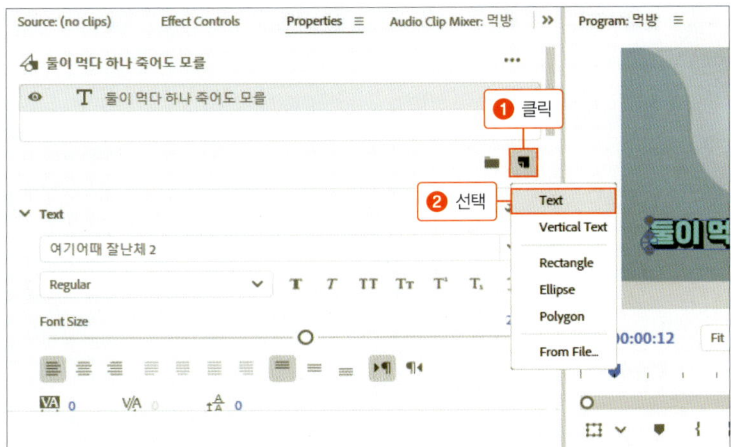

12 텍스트 레이어가 하나 더 추가됩니다. Program Monitor 패널에서 'New Text Layer' 자막을 드래그하여 그림과 같이 기존 자막의 아래, 화면의 오른쪽 영역에 위치하도록 조정합니다.

13 ❶ 'New Text Layer' 자막 레이어를 더블클릭하고 ❷ "이게 진짜 치킨이다"를 입력하여 자막을 수정합니다.

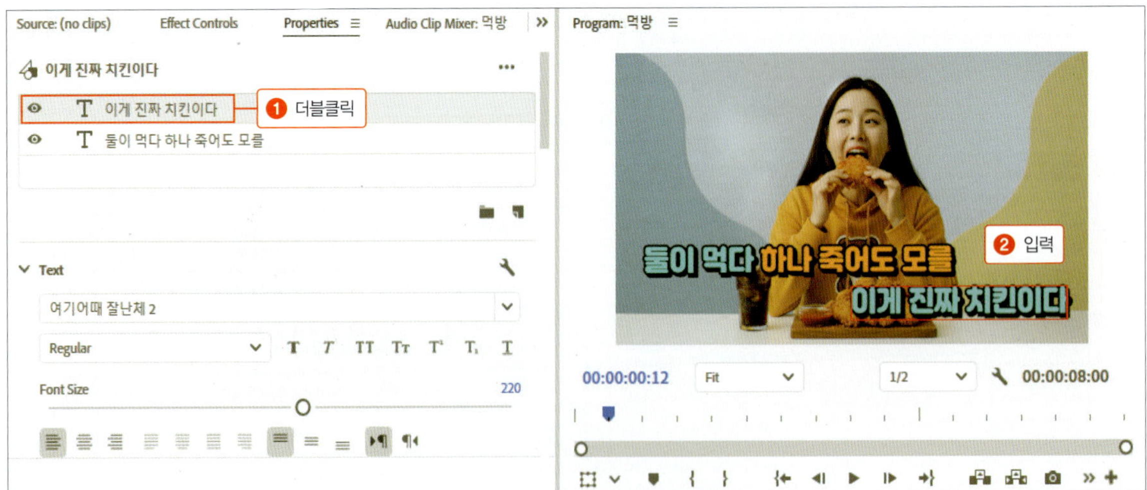

14 Properties 패널에서 ❶ '이게 진짜 치킨이다' 자막 레이어를 선택합니다. Text 항목에서 ❷ 글꼴을 'SB 어그로', 스타일을 'Bold', Font Size를 '230'으로 설정합니다. Program Monitor 패널에서 ❸ 자막을 드래그해 그림과 같이 화면 밸런스에 맞게 위치를 조정합니다.

15 Properties 패널 하단의 Appearance 항목에서 색상을 바꾸기 위해 Fill의 색상 상자를 클릭합니다.

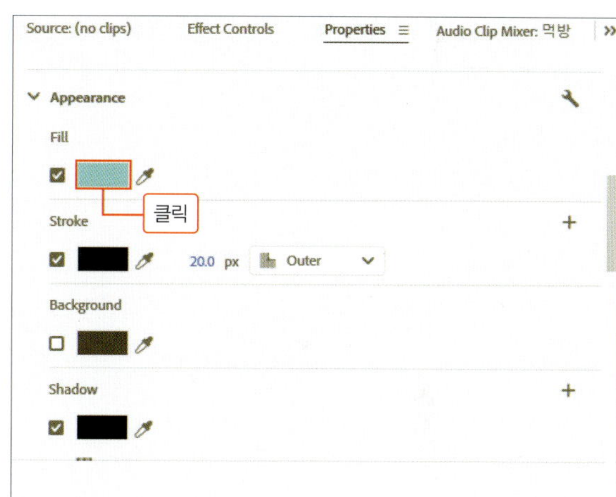

TIP

배경과 자막의 색상이 비슷하여 잘 읽히지 않을 때 '가독성이 떨어진다'라고 표현합니다.

16 Color Picker 대화상자가 표시되면 ❶ 색상을 '#FFFFFF(흰색)'로 지정하고 ❷ 〈OK〉 버튼을 클릭합니다.

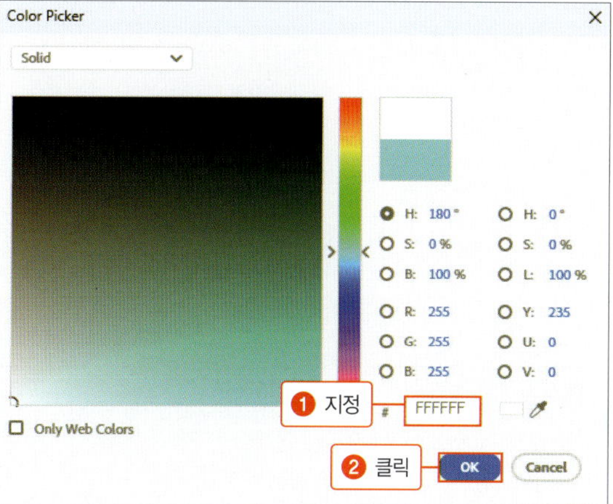

17 이전과 같은 방법으로 자막 일부분의 색상을 변경하겠습니다. Program Monitor 패널에서 ❶ '치킨' 자막을 드래그하여 선택합니다. 색상을 바꾸기 위해 ❷ Fill의 색상 상자를 클릭합니다.

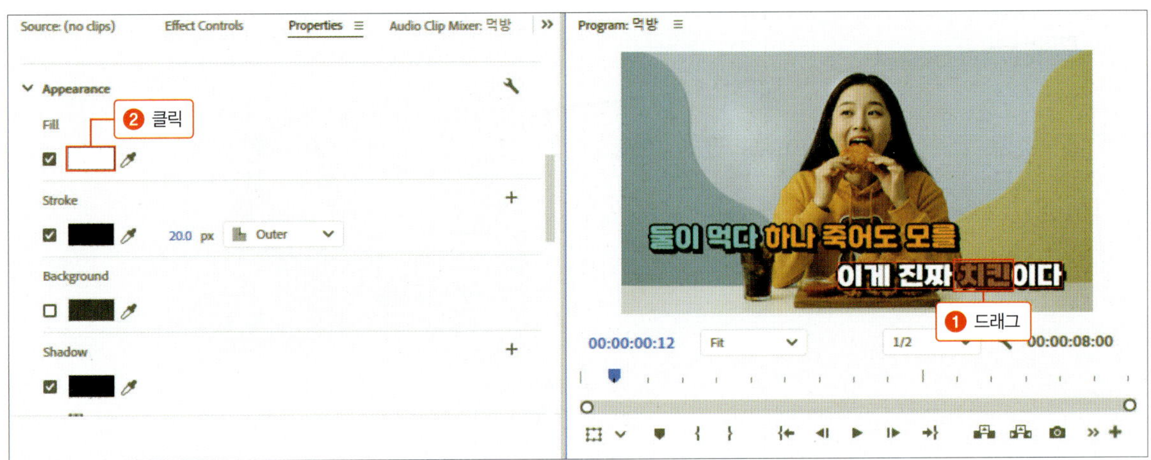

18 Color Picker 대화상자가 표시되면 ❶ 색상을 '#FFA800(주황색)'으로 지정한 다음 ❷ 〈OK〉 버튼을 클릭합니다.

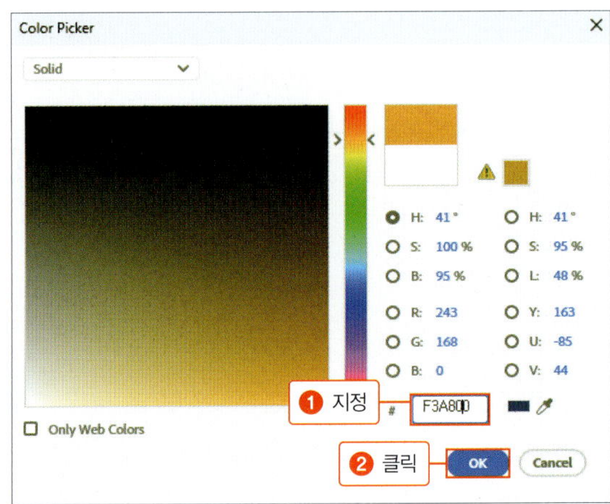

19 Spacebar를 눌러 영상을 재생합니다. 키워드나 문장별로 색상과 글꼴을 다르게 설정해 예능에서 자주 보는 가독성 높은 자막을 완성했습니다.

TIP

취향에 맞게 요소들을 조정하면 더 다양한 자막을 만들 수 있습니다.

EASY 실습 도형과 텍스트를 조합한 포인트 자막 만들기

셰이프 레이어와 텍스트를 함께 사용하면 화면 속 포인트를 강조하고 장면에 생동감을 더할 수 있습니다. 컬러 블록, 테두리 상자, 밑줄, 그래픽 아이콘 등 다양한 셰이프는 자막을 돋보이며, 메시지를 직관적으로 전달하는 데 효과적입니다. 예제에서는 텍스트와 셰이프 레이어를 결합해 시각적 완성도를 높이고, 직접 포인트 자막을 디자인하겠습니다.

01 프리미어 프로 → 05 폴더에서 'Shape&Font Text.prproj' 파일을 불러옵니다.
Tools 패널의 ❶ 사각형 도구(Rectangle Tool, ▭)를 길게 클릭하고 ❷ 원형 도구(Ellipse Tool, ⬭)를 선택합니다.

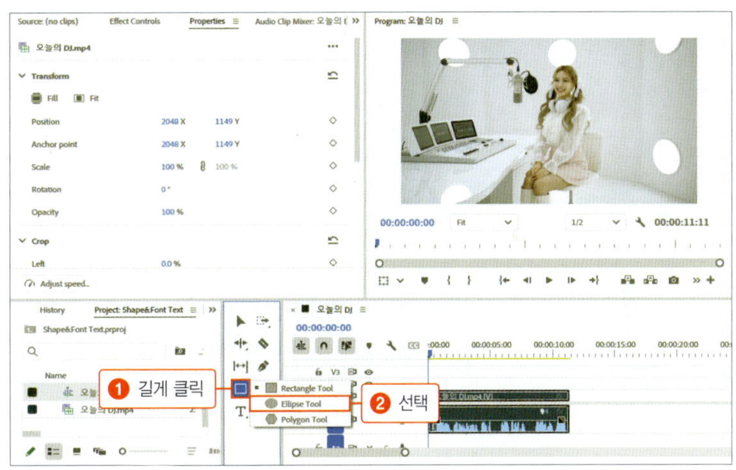

02 Program Monitor 패널의 중앙 하단 영역에 Shift를 누른 상태에서 드래그하여 원형 셰이프를 생성합니다.

TIP
Shift를 누른 상태에서 드래그하면 정비율 도형을 만들 수 있습니다.

03 Tools 패널에서 ❶ 선택 도구(Selection Tool, ▶)를 선택하고 Program Monitor 패널의 ❷ 셰이프 레이어를 드래그하여 위치를 하단에 너무 붙지 않도록 그림과 같이 세밀하게 조절합니다. Properties 패널에서 ❸ 'Shape 01' 셰이프 레이어를 선택합니다. Appearance 항목에서 ❹ Fill을 '흰색(#FFFFFF)'으로 변경하고 ❺ 'Stroke'를 체크 표시한 다음 ❻ '분홍색(#FFAAD5)'으로 변경합니다. ❼ 선 굵기는 '30.0px'로 설정하여 분홍색 외곽선이 잘 보이도록 합니다.

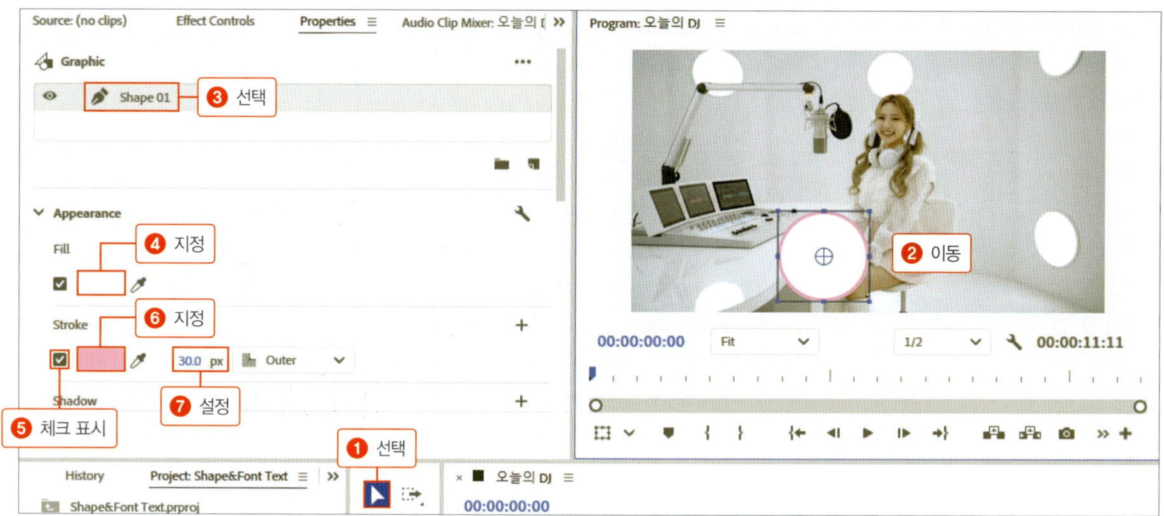

04 Timeline 패널의 V2 트랙에서 셰이프 클립의 오른쪽 끝점을 오른쪽으로 드래그해 '오늘의 DJ.mp4' 클립과 길이를 같게 만듭니다.

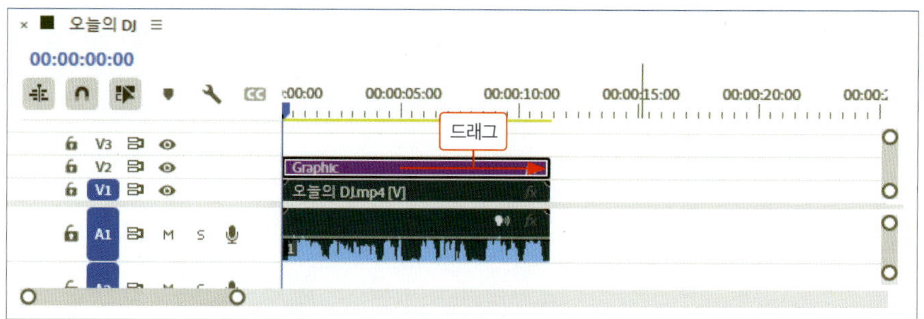

05 Timeline 패널의 V2 트랙을 Alt를 누른 채 V3 위치로 드래그하면, V2 트랙이 복제되어 V3 트랙에 동일한 클립이 생성됩니다.

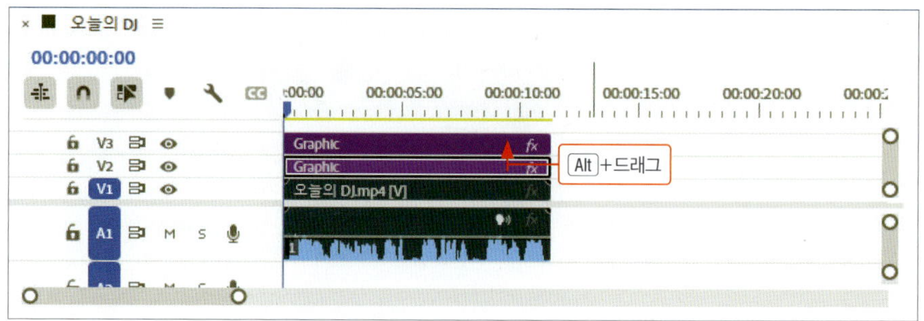

06 Timeline 패널에서 ❶ V3 트랙의 클립을 선택합니다. Properties 패널의 Align and Transform 항목에서 ❷ Scale을 '80%'로 설정합니다. Program Monitor 패널에서 ❸ 작아진 원을 오른쪽으로 드래그하여 그림과 같이 위치를 조정합니다.

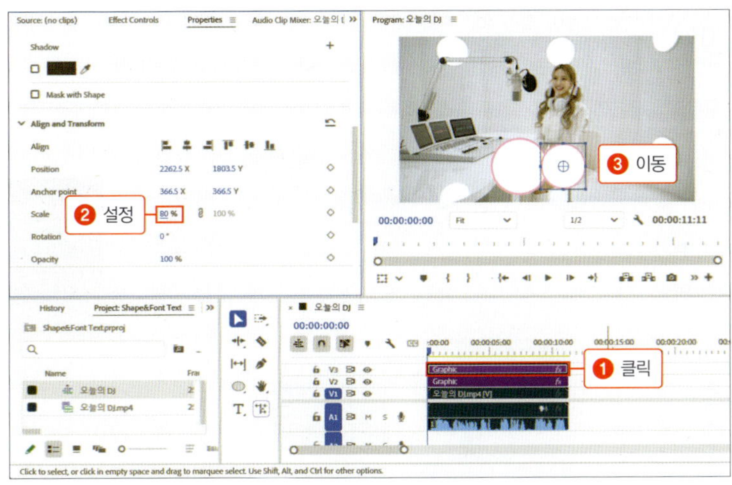

07 Tools 패널에서 ❶ 문자 도구(Type Tool, T)를 선택한 다음 Program Monitor 패널의 ❷ 여백을 클릭합니다. ❸ DJ 이름인 "이다린"을 입력하면 화면에 텍스트가 표시됩니다.

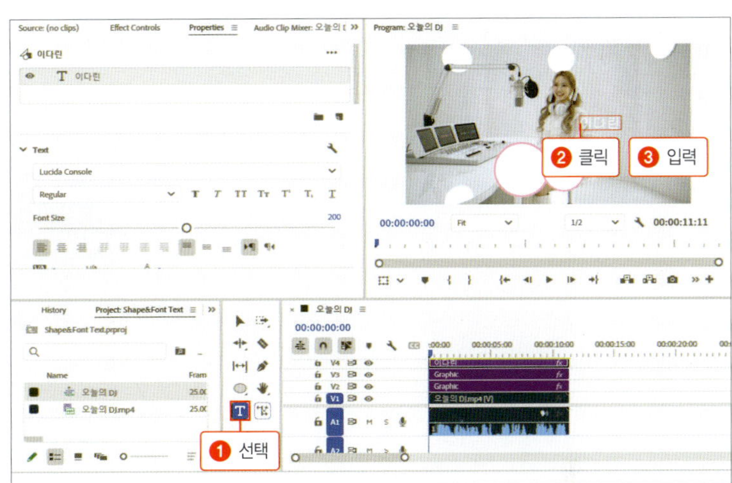

08 Properties 패널에서 ❶ '이다린' 자막 레이어를 선택합니다. ❷ Text 항목에서 글꼴을 '카페24 써라운드'로 지정하고 Font Size를 '350'으로 설정합니다.

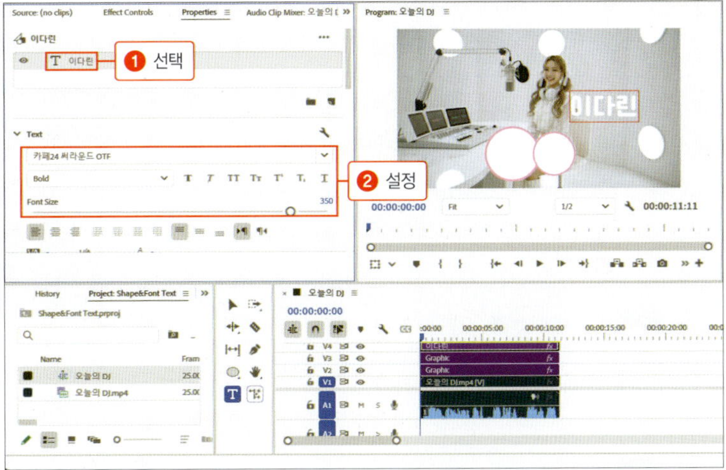

09 Properties 패널 하단의 Appearance 항목에서 자막 색상을 바꾸기 위해 ❶ 'Fill'의 색상 상자를 클릭합니다. Color Picker 대화상자가 표시되면 ❷ 색상을 '#FFABD5(분홍색)'으로 지정한 다음 ❸ 〈OK〉 버튼을 클릭합니다.

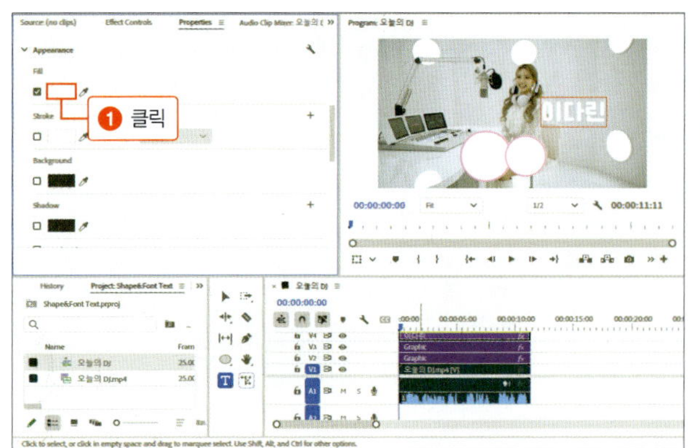

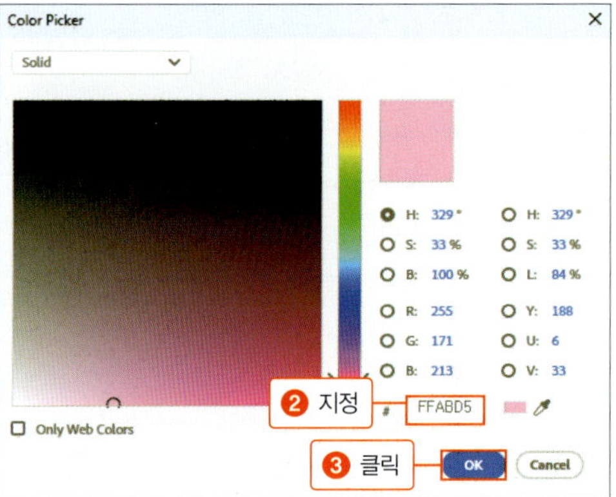

10 Program Monitor 패널에서 자막을 드래그하여 그림과 같이 셰이프 레이어의 중앙에 맞춰 화면 밸런스에 맞게 위치를 조정합니다.

11 자막의 가독성을 높이기 위해 ❶ 'Stroke'를 체크 표시한 다음 ❷ 색상을 '검은색(#000000)'으로 지정합니다. ❸ 선 굵기는 '30.0px'로 설정해 검은색 외곽선이 잘 보이도록 합니다.

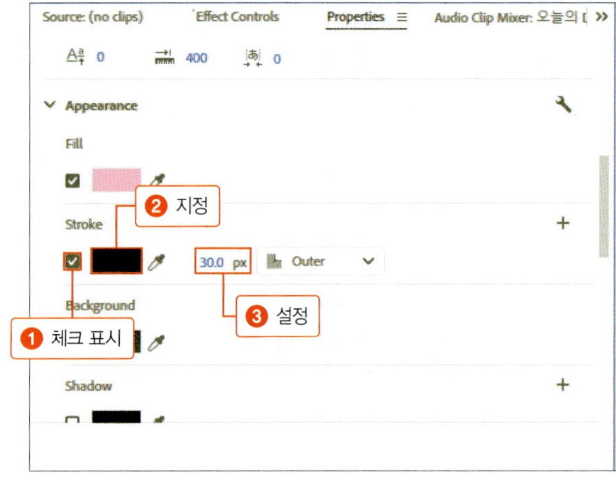

12 작은 자막을 추가하기 위해 자막 레이어 하단의 ❶ 'New Layer' 아이콘(■)을 클릭하고 ❷ 'Text(텍스트)'를 선택합니다.

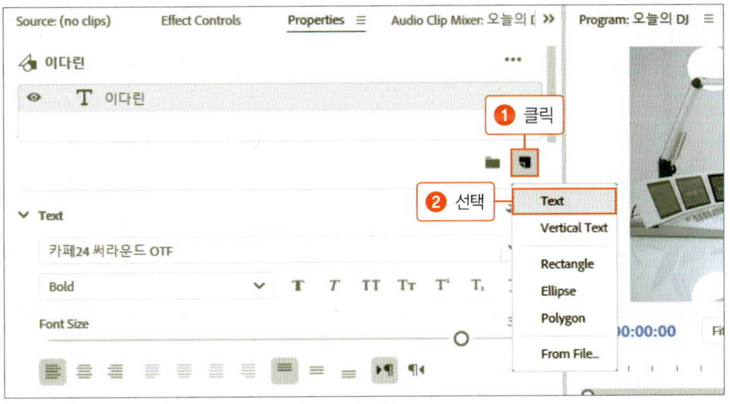

13 텍스트 레이어가 하나 더 추가됩니다. Program Monitor 패널에서 'New Text Layer' 자막을 드래그하여 그림과 같이 기존 자막의 왼쪽 위 영역에 위치하도록 조정합니다.

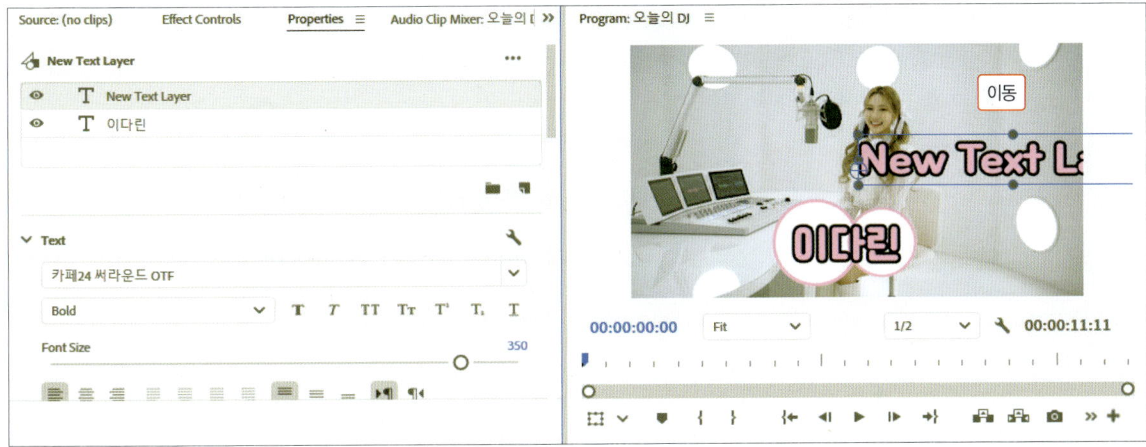

14 ❶ 'New Text Layer' 자막 레이어를 더블클릭하고 '오늘의 일일 DJ'를 입력하여 자막을 수정합니다. ❷ Text 항목에서 Font Size를 '100'으로 설정합니다. 크기를 바꾸면 디자인이 바뀌므로 Program Monitor 패널에서 ❸ 자막을 드래그하여 그림과 같이 화면 밸런스에 맞게 위치를 조정합니다.

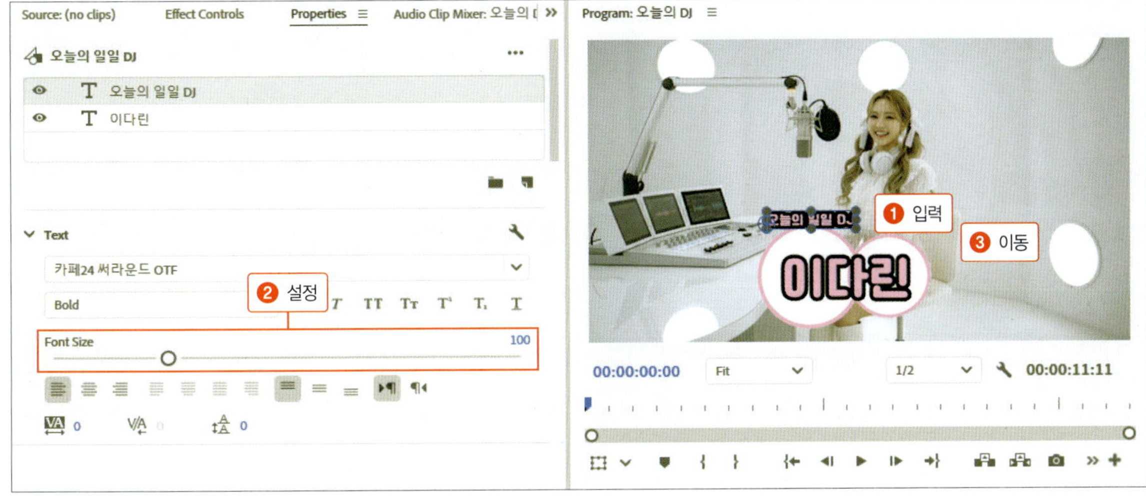

15 Properties 패널 하단의 Appearance 항목에서 Fill 색상을 '흰색(#FFFFFF)', Stroke 색상을 '분홍색(#FFABD5)', 굵기를 '20.0px'으로 설정합니다.

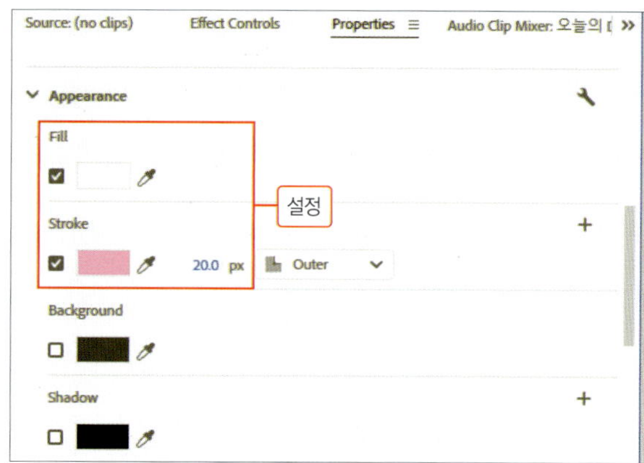

16 디자인을 적용한 다음 Program Monitor 패널에서 자막 위치를 조정합니다. 자막을 드래그해 적절한 위치에 배치하며, 예제에서는 화면 하단에 정렬했습니다.

TIP

디자인에 정답은 없지만, 균형 잡히고 완성도 있는 디자인은 분명 존재합니다. 이는 정해진 공식보다 여러 시도와 배치를 통해 발견되는 과정이므로, 기계적으로 따라 하기보다 자신만의 감각으로 다양하게 시도하는 것이 중요합니다.

17 모든 디자인 적용이 완료되면 Program Monitor 패널에서 각 요소를 화면 중앙에 배치합니다. 드래그해 중앙 정렬이 되도록 위치를 조정하며, 자막이나 셰이프 요소는 하나씩 섬세하게 정렬해 마무리합니다.

EASY 실습 텍스트 길이에 따라 달라지는 반응형 자막 디자인하기

영상 자막을 디자인하면서 문장 길이가 달라질 때마다 배경 셰이프 크기를 일일이 수정하는 것은 번거롭습니다. 프리미어 프로의 Background 설정과 Responsive Design — Position 기능을 활용하면 텍스트 길이에 따라 배경 셰이프가 자동으로 확장되고 추가 그래픽도 함께 움직이는 반응형 자막을 쉽게 만들 수 있습니다.

01 프리미어 프로 → 05 폴더에서 '반응형 자막.prproj' 파일을 불러옵니다.

Tools 패널에서 ❶ 문자 도구(Type Tool, T)를 선택한 다음 Program Monitor 패널에서 ❷ 왼쪽 하단 영역을 클릭합니다.

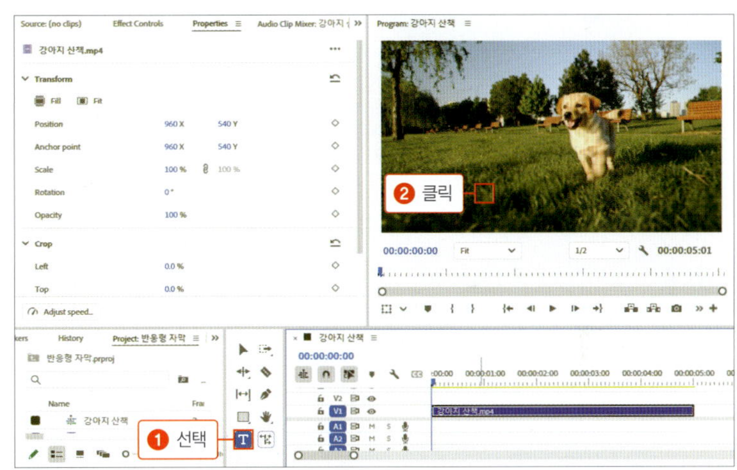

02 "산책 나오니까 좋아죽네ㅋㅋ"를 입력하여 자막을 만듭니다. Properties 패널에 텍스트와 관련된 효과를 설정할 수 있는 항목이 표시됩니다.

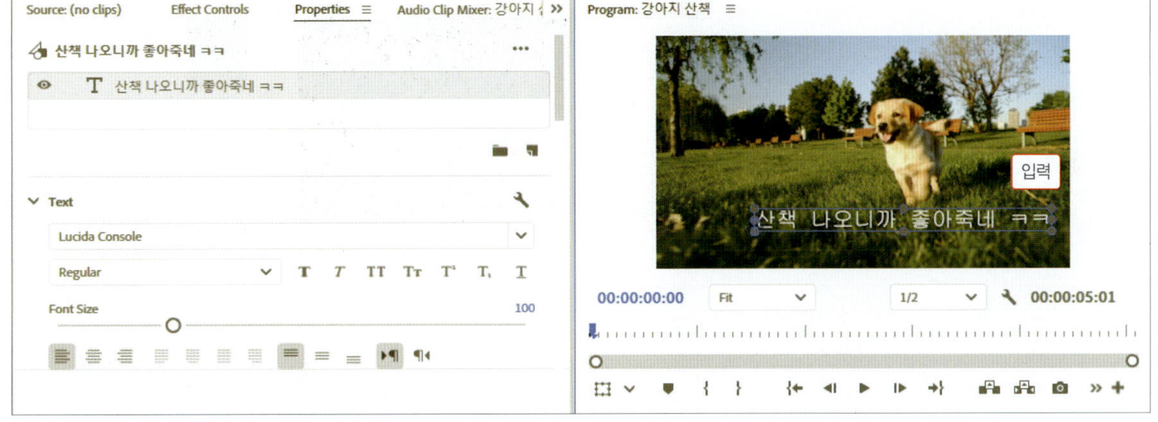

03 Timeline 패널의 V2 트랙에서 자막 클립의 오른쪽 끝점을 선택한 다음 오른쪽으로 드래그하여 그림과 같이 '강아지 산책.mp4' 클립과 길이를 같게 만듭니다.

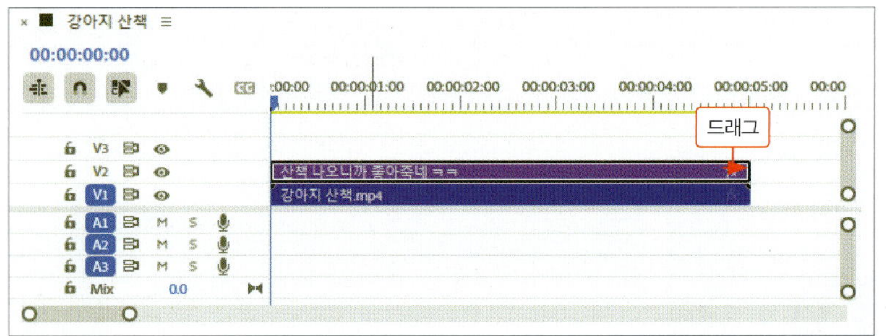

04 Properties 패널의 ❶ '산책 나오니까 좋아죽네ㅋㅋ' 자막 레이어를 선택합니다. Text 항목에서 ❷ 글꼴을 'SB 어그로', 스타일을 'Medium', Font Size를 '100'으로 설정하고 ❸ 정렬에서 '가운데 정렬' 아이콘(≡)을 클릭해 문장을 수정하더라도 항상 중앙을 기준으로 내용이 변경되도록 설정합니다.

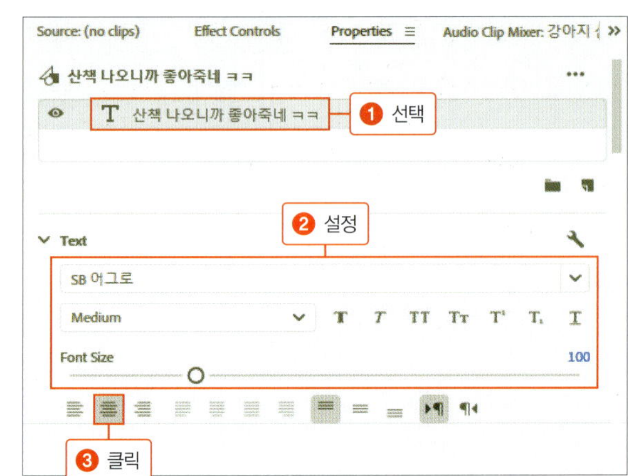

왜? ✦

글꼴이나 글자 크기 등 Text 설정을 변경했는데도 적용되지 않는 경우 Tools 패널에서 선택 도구를 선택하고 텍스트 레이어를 다시 클릭하여 설정하면 정상적으로 해당 레이어에 적용됩니다.

05 Properties 패널 하단의 Appearance 항목에서 배경색을 바꾸기 위해 ❶ 'Background'를 체크 표시하고 ❷ 색상 상자를 클릭합니다. Color Picker 대화상자가 표시되면 ❸ 색상을 '#00000(검은색)'으로 지정한 다음 ❹ 〈OK〉 버튼을 클릭합니다.

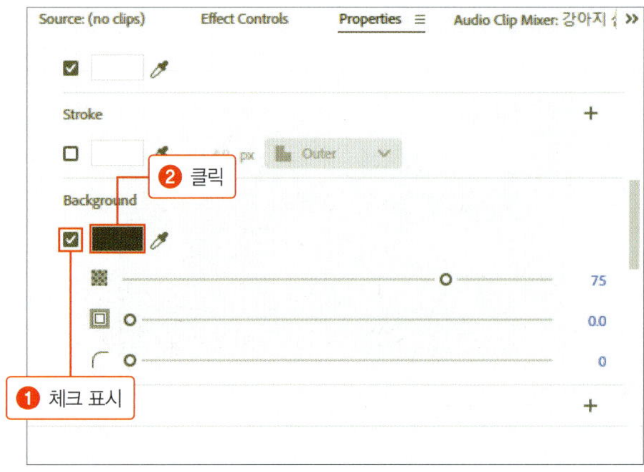

06 Background의 불투명도를 '100', 배경 크기를 '30.0'으로 설정하여 흰색 텍스트 뒤로 검은 배경이 자연스럽게 보이도록 합니다.

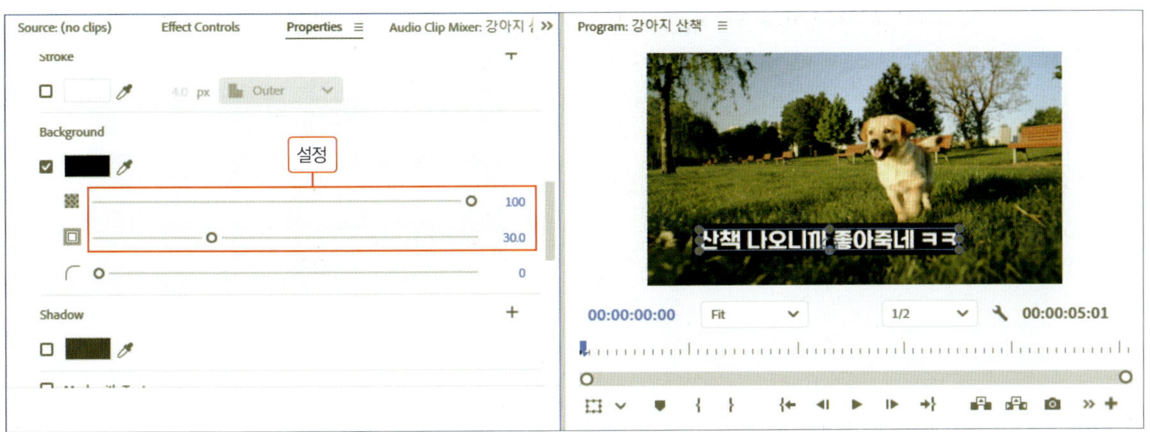

07 Properties 패널 하단의 Align and Transform 항목에서 'Align Center Horizontally' 아이콘(![icon])을 클릭해 화면 정중앙에 자막이 위치하도록 배열합니다.

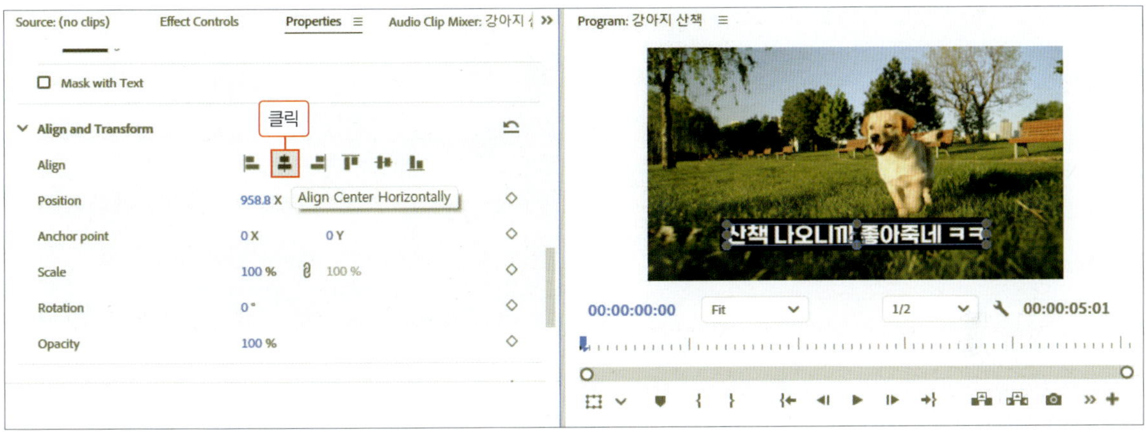

08 Properties 패널 상단에서 자막 레이어 하단의 ❶ 'New Layer' 아이콘(![icon])을 클릭하고 ❷ 'Text(텍스트)'를 선택합니다.

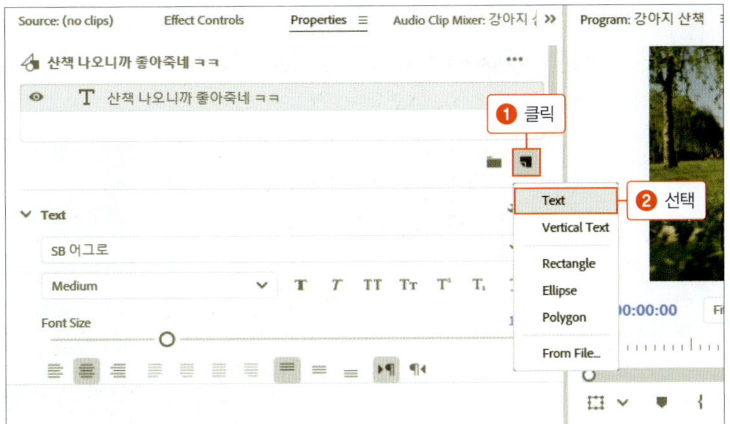

09 텍스트 레이어가 하나 더 추가됩니다. Program Monitor 패널에서 'New Text Layer' 자막을 더블클릭하여 수정할 수 있는 상태로 만듭니다.

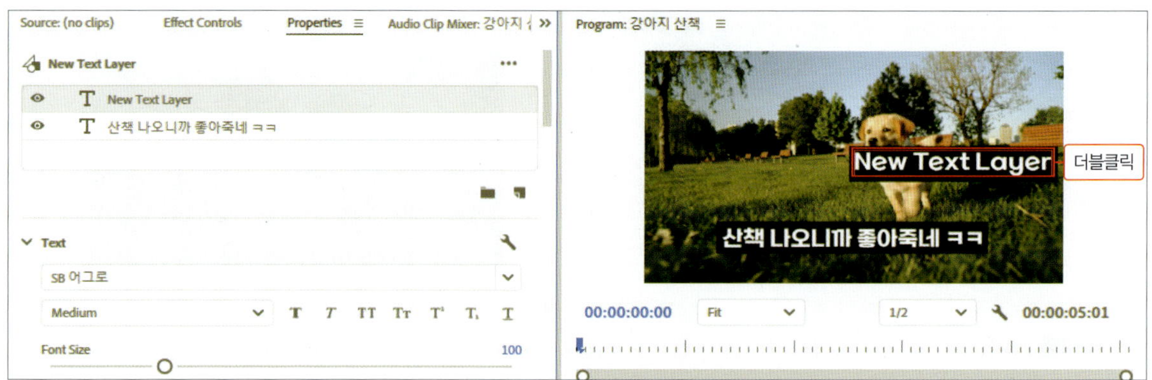

10 ❶ "용수"를 입력해 자막을 수정합니다. Text 항목에서 ❷ Font Size를 '80'으로 설정합니다. 크기를 바꾸면 디자인이 바뀌므로 Program Monitor 패널의 ❸ 자막을 드래그하여 그림과 같이 자막 위에 이름이 표시되는 것처럼 '용수' 자막을 이동합니다.

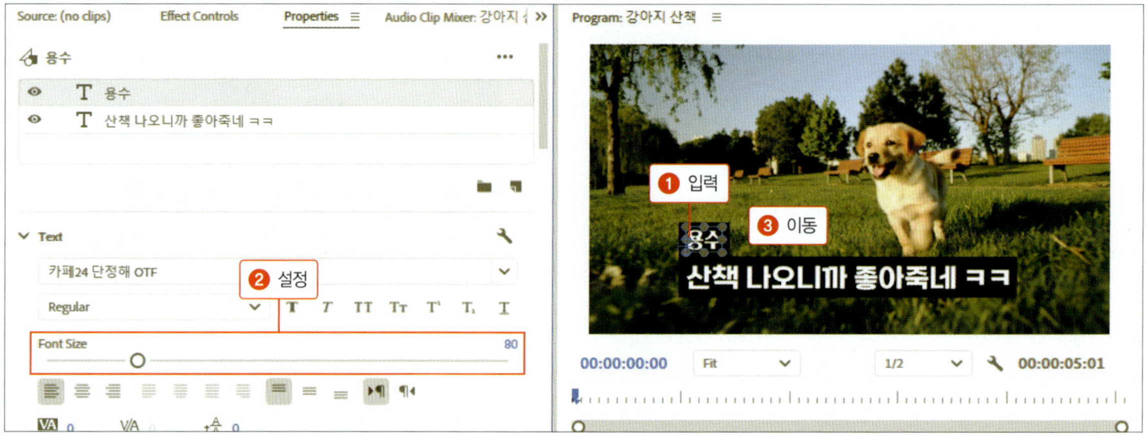

11 Properties 패널 하단의 Appearance 항목에서 ❶ Background 색상을 '파란색(#0078FF)'으로 지정하고 ❷ 배경 모서리의 둥근 정도를 '100'으로 설정하면 배경의 모서리가 둥글게 변합니다.

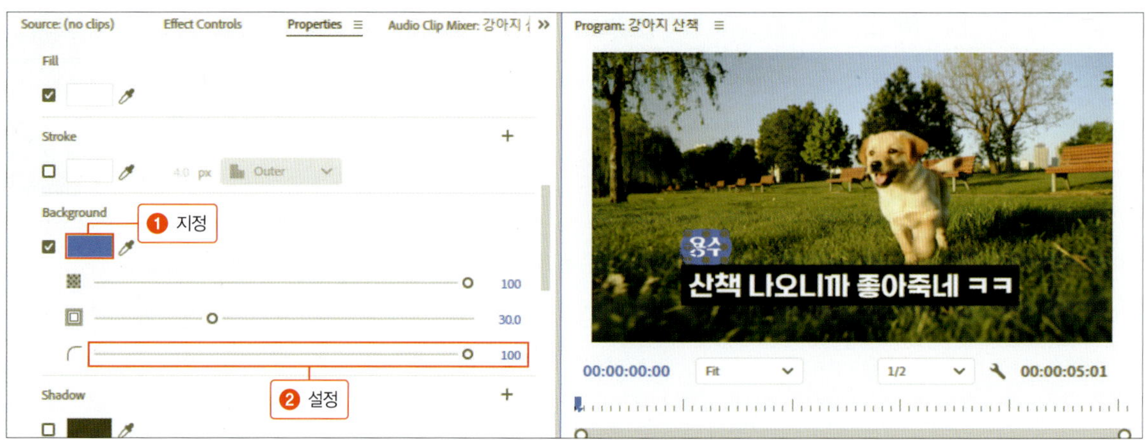

12 이번에는 Responsive Design – Position 항목의 ❶ Pin To를 '산책 나오니까 좋아죽네 ㅋㅋ'로 지정하고 ❷ 오른쪽 고정점 선택으로 고정할 부분을 지정합니다. '왼쪽'을 선택하여 Pin To로 지정한 레이어의 왼쪽 부분을 고정합니다.

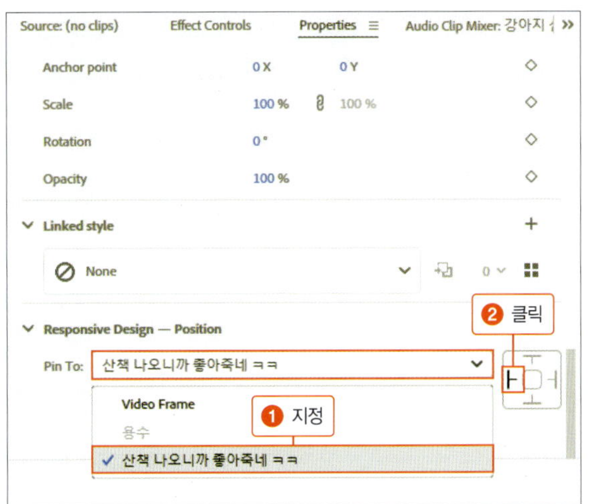

13 Timeline 패널의 ❶ 자막 레이어를 선택하고 ❷ 현재 시간 표시기를 '00:00:03:15'로 이동합니다. ❸ Ctrl+K를 눌러 자막 레이어를 자릅니다.

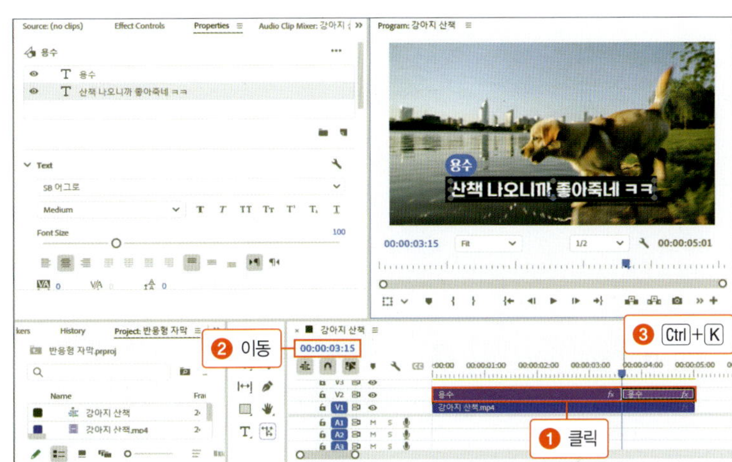

14 '산책 나오니까 좋아죽네 ㅋㅋ' 자막 레이어를 더블클릭하고 텍스트를 "거긴 들어가면 안돼 ㅠㅠ"로 변경합니다. '용수' 이름 자막은 고정된 상태이므로, 자막을 수정하더라도 자동으로 위치가 유지됩니다. 배경과 추가 그래픽이 모두 고정된 반응형 자막이 완성되었습니다. 추가 설정을 통해 자막을 원하는 대로 디자인할 수 있습니다.

AI EASY 실습 AI 음성 인식으로 자막 제작 효율 높이기

자막은 크게 두 가지로 나뉩니다. 장면의 상황을 보조하는 설명 자막과 인물의 대사를 그대로 보여주는 말 자막입니다. 설명 자막은 대사와 무관하게 작성하지만, 말 자막은 영상 속 음성을 정확히 받아 적는 것이 핵심이며, AI 음성 인식 기능을 활용하면 훨씬 빠르고 효율적으로 제작할 수 있습니다. 예제에서는 프리미어 프로에 내장된 AI 기반 음성 인식 기능으로 자동 자막을 만드는 방법을 알아봅니다.

01 프리미어 프로 → 05 폴더에서 'AI 음성 인식.prproj' 파일을 불러옵니다.

메뉴의 [Window] → Text를 실행합니다.

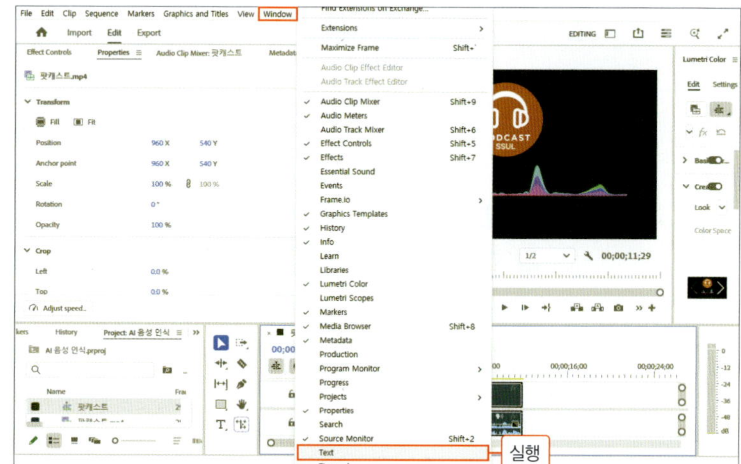

02 Text 패널이 표시되면 ❶ [Transcript] 탭을 선택한 다음 ❷ 〈Transcribe〉 버튼을 클릭합니다.

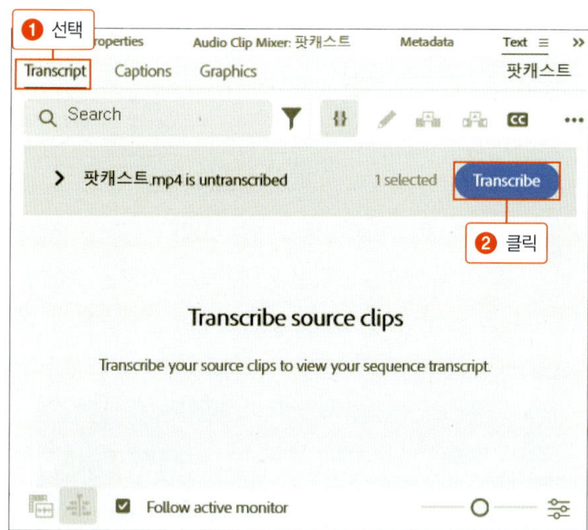

TIP

분리된 Text 패널을 드래그해 Properties 패널과 결합하여 작업 화면을 효율적으로 사용할 수 있습니다.

03 AI 음성 인식이 실행되며 자막 받아쓰기 기능이 시작됩니다. 이때 영상 길이에 따라 처리 시간이 달라질 수 있습니다. 받아쓰기가 완료되면 Text 패널에 영상 기반 대본이 표시됩니다.

받아쓰기 실행 중 / 받아쓰기 완료

TIP ✦ Transcribe(받아쓰기)가 영어로 나오는 경우

음성 받아쓰기가 영어로 실행되면 프로젝트를 종료한 다음 다시 실행합니다. Project 패널에서 소스 클립을 선택하고 마우스 오른쪽 버튼을 클릭한 다음 **Transcribe**를 실행합니다. Create transcription for source media 대화상자가 표시되면 Language를 'Korean'으로 지정하고, 필요하면 Speaker labeling을 설정한 후 〈Transcribe〉 버튼을 클릭하면 한국어로 음성 받아쓰기가 실행됩니다.

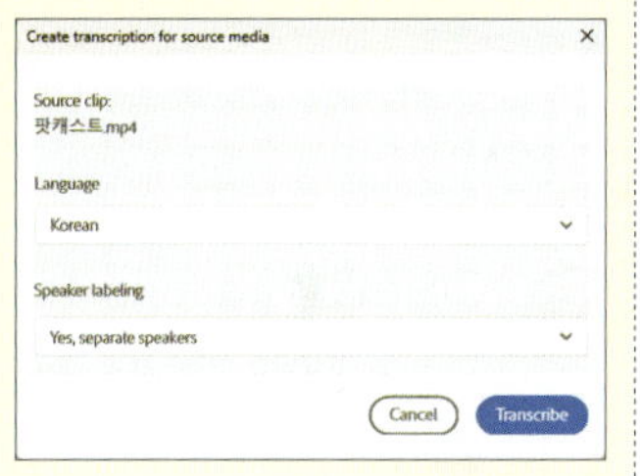

04 Spacebar를 눌러 영상을 재생합니다. 음성에 맞춰 Text 패널의 대본이 음영으로 표시되는 것을 확인하면서 잘못 입력된 내용을 확인합니다.

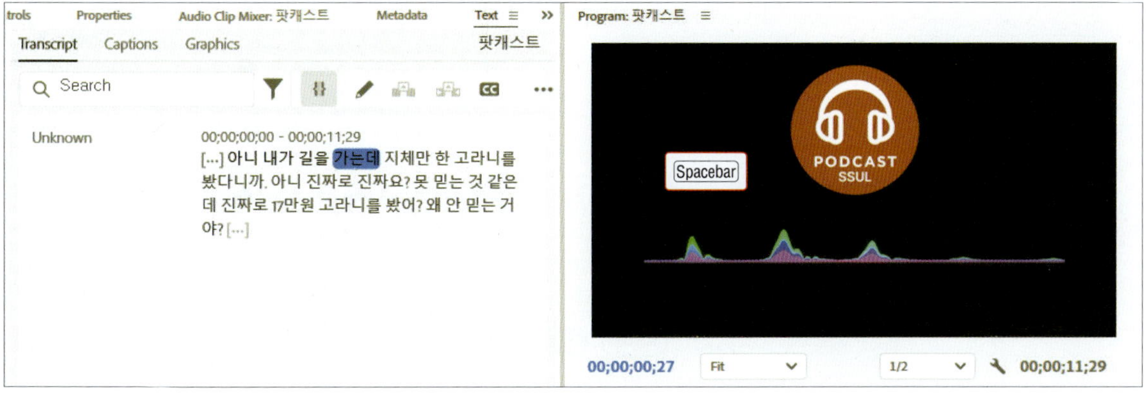

05 예제에서는 '지체만 한 → 집채만한', '진짜요? → 진짜로', '17만원 → 집채만한'의 오타 세 개를 발견했습니다. ❶ 'Edit active text' 아이콘(✎)을 클릭하거나, 텍스트를 더블클릭한 다음 ❷ 오탈자를 수정합니다.

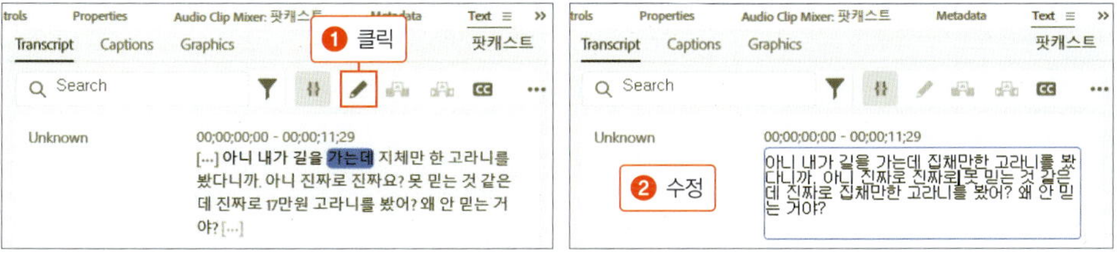

06 모든 오탈자를 수정했다면 Text 패널의 'Create captions' 아이콘(CC)을 클릭합니다.

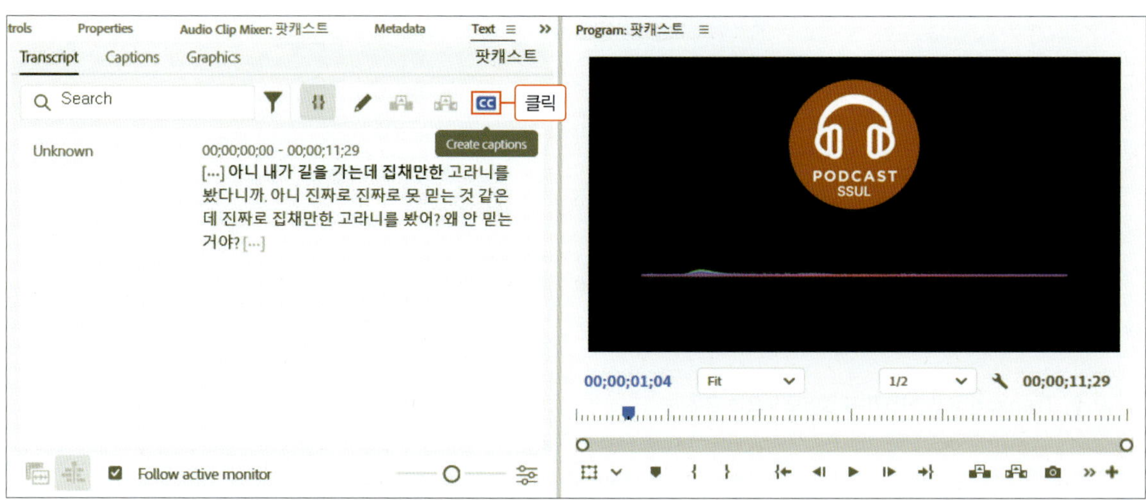

07 Create captions 대화상자가 표시되면 ❶ Captioning Preferences 항목을 표시하고 ❷ Lines 항목의 'Single'을 선택한 다음 ❸ 〈Create captions〉 버튼을 클릭하여 자막을 생성합니다.

Create captions
Caption preset
Subtitle default
❶ 클릭
Captioning Preferences (format, max/min length, lines)
Cancel
Create captions

Create captions
Caption preset
Subtitle default
Captioning Preferences (format, max/min length, lines)
Format
Subtitle
Stream
None
Style
None
Maximum length in characters 42
Minimum duration in seconds 3
Gap between captions (frames) 0
Lines
Single Double
❷ 선택
❸ 클릭
Cancel
Create captions

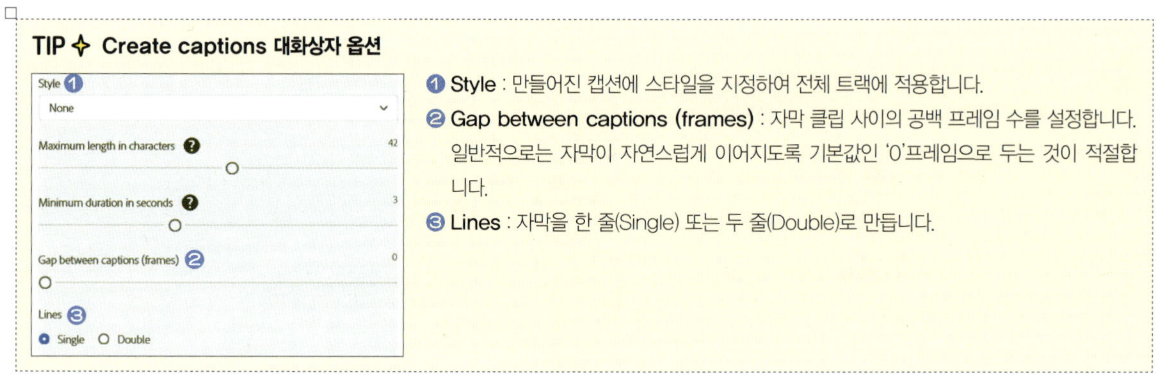

TIP ✧ Create captions 대화상자 옵션

❶ **Style** : 만들어진 캡션에 스타일을 지정하여 전체 트랙에 적용합니다.

❷ **Gap between captions (frames)** : 자막 클립 사이의 공백 프레임 수를 설정합니다. 일반적으로는 자막이 자연스럽게 이어지도록 기본값인 '0'프레임으로 두는 것이 적절합니다.

❸ **Lines** : 자막을 한 줄(Single) 또는 두 줄(Double)로 만듭니다.

08 Text 패널에서 오디오에 맞춰 자동으로 분리된 대본을 확인하고, Timeline 패널의 C1 트랙에 AI 음성 인식으로 생성된 자막이 추가된 것을 확인한 다음 Spacebar를 눌러 영상을 재생합니다. 자막이 음성과 정확한 타이밍에 삽입되었는지 점검합니다.

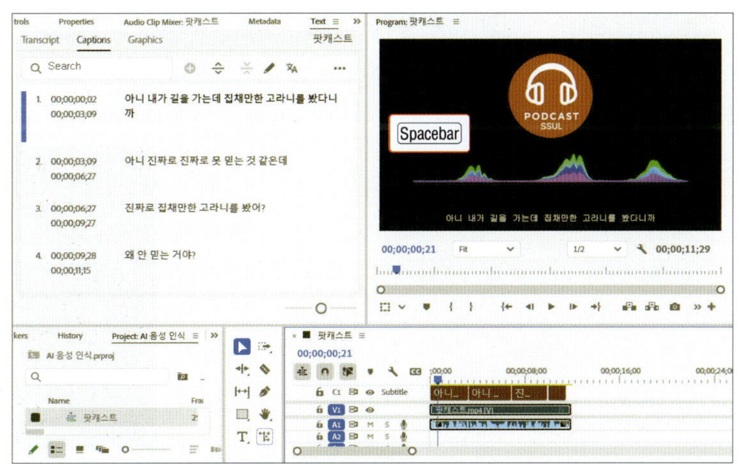

09 Timeline 패널에서 자막 레이어 사이가 비어 있거나 시작 또는 끝부분에 공간이 생길 수 있습니다. 이때 자막 클립의 끝부분을 드래그하여 영상 길이에 맞게 조정합니다.

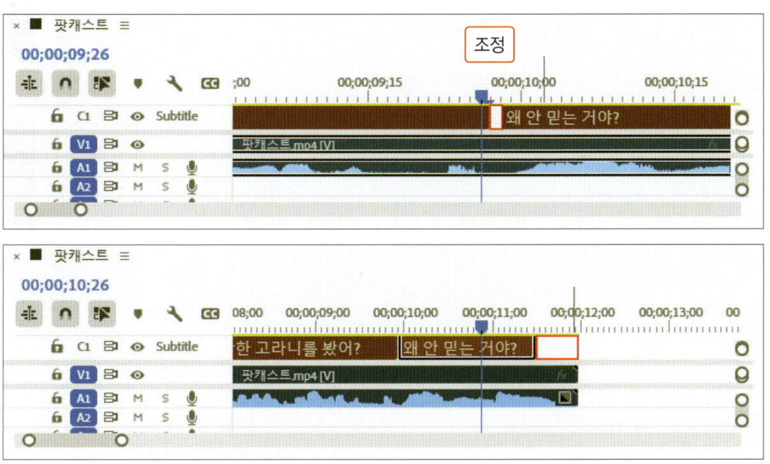

10 Timeline 패널에서 ❶ 현재 시간 표시기를 앞쪽으로 이동하고 ❷ C1 트랙의 첫 번째 자막 클립을 선택합니다.

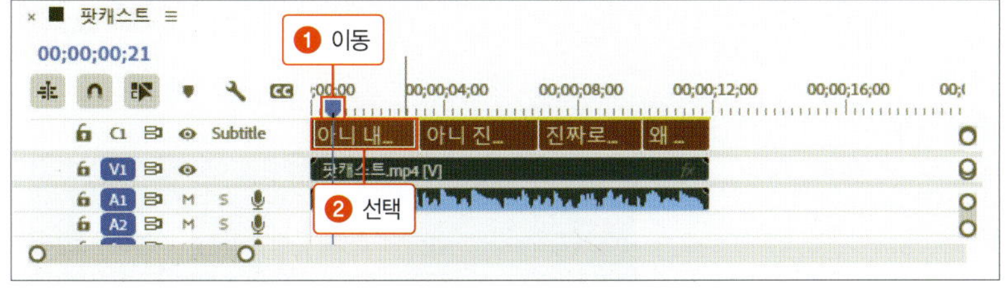

11 Properties 패널의 Text 항목에서 ❶ 글꼴을 '여기어때 잘난체 고딕', Font Size를 '55'로 설정합니다. Align and Transform 항목에서 ❷ Y축을 '-60'으로 설정하여 자막을 약간 위로 이동합니다.

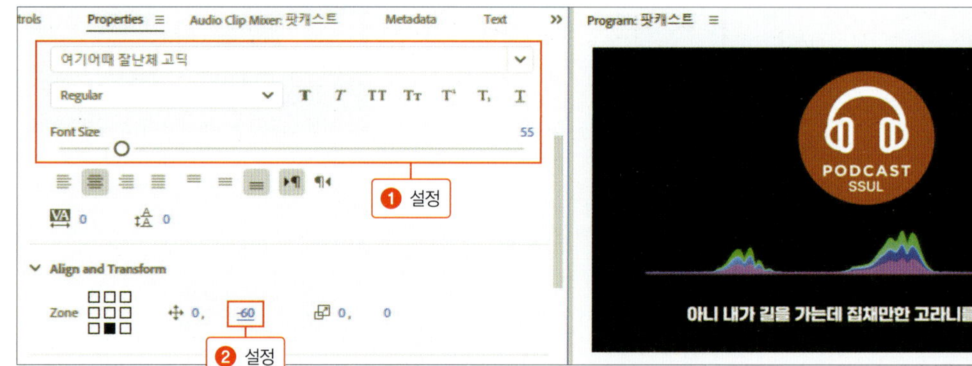

12 Properties 패널에서 Track Style의 ❶ '+' 아이콘([+])을 클릭하고 ❷ 'Create style'을 선택합니다.

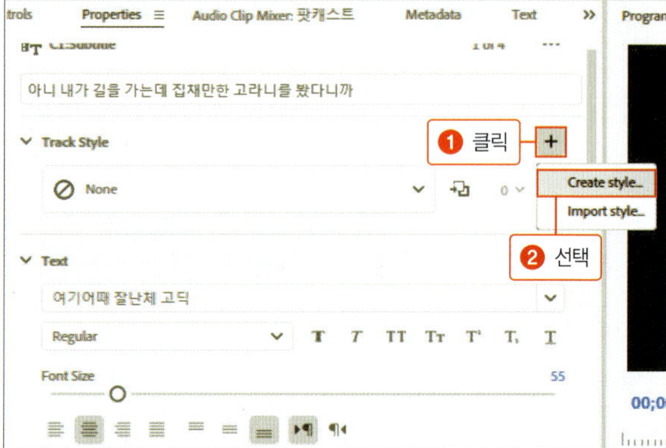

TIP

Track Style은 위치, 글꼴, 글자 크기, 글자 색, 테두리, 그림자 등 자막 디자인 요소를 하나의 스타일로 저장하고, 같은 트랙 내 모든 자막에 일괄 적용할 수 있는 기능입니다.

13 New Text Style 대화상자가 표시되면 〈OK〉 버튼을 클릭해 해당 스타일을 새로운 스타일로 만듭니다. C1 트랙에 같은 스타일이 일괄 적용됩니다.

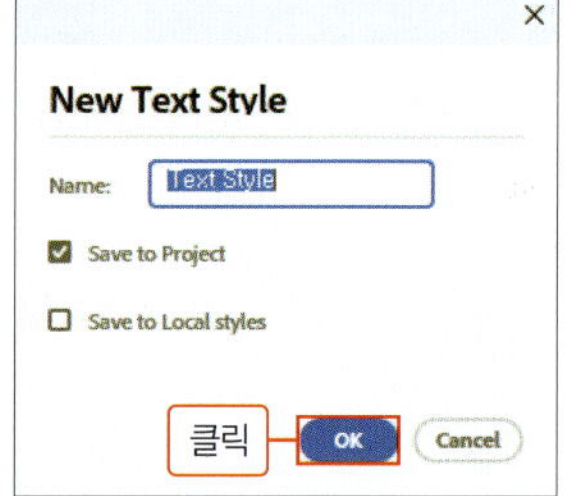

14 Spacebar를 눌러 영상을 재생합니다. 전체 자막이 앞서 설정한 스타일대로 모두 변경된 것을 확인할 수 있습니다.

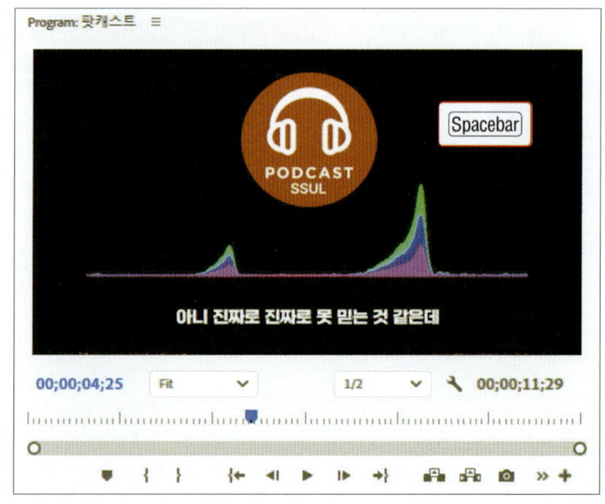

EASY 실습 한 번에 싹! 통일감 있는 자막 스타일 만들기

자막 작업 중 디자인을 변경해야 하는 상황이 생깁니다. 자막 수가 적다면 직접 수정해도 되지만, 프로젝트가 길고 자막이 많을수록 일일이 바꾸는 것은 비효율적입니다. 이때 새로 만든 디자인을 스타일(Style)로 저장하면 전체 자막에 쉽고 빠르게 적용할 수 있습니다. 예제에서는 프리미어 프로에서 모든 자막 디자인을 한 번에 변경하고 수정하는 방법을 알아봅니다.

01 프리미어 프로 → 05 폴더에서 'Linked style.prproj' 파일을 불러옵니다.
Spacebar를 눌러 영상을 재생하면 하나의 영상 클립과 기본 디자인이 적용된 자막 레이어 3개가 있습니다. 첫 번째 자막의 디자인을 수정한 후 변경된 디자인을 다른 자막들에도 동일하게 적용해 보겠습니다.

02 Timeline 패널에서 ❶ 첫 번째 '오늘도 분주하게 바쁜 촬영현장' 자막 레이어를 선택합니다. Properties 패널에서 ❷ '오늘도 분주하게 바쁜 촬영현장' 자막 레이어를 선택한 다음 Text 항목에서 ❸ 글꼴을 '카페24 단정해', Font Size를 '110'으로 설정합니다.

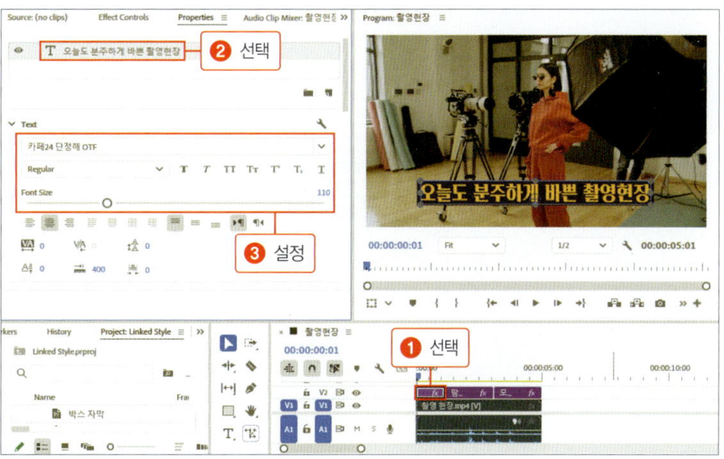

03 Properties 패널 하단에서 Linked style 항목의 ❶ '+' 아이콘(+)을 클릭하고 ❷ 'Create style'을 선택합니다. New Text Style 대화상자가 표시되면 ❸ Name에 "자막"을 입력한 다음 ❹ 〈OK〉 버튼을 클릭하여 해당 스타일을 새로운 스타일로 만듭니다.

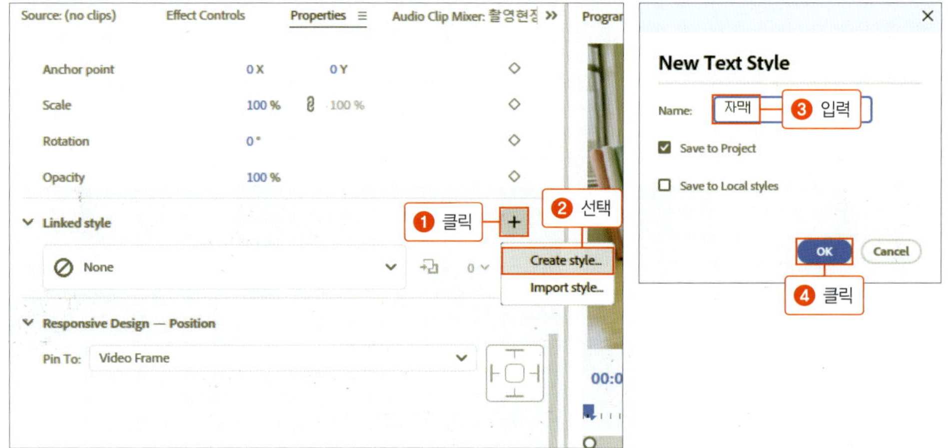

04 Linked style에 방금 생성한 '자막' 스타일이 저장됩니다.

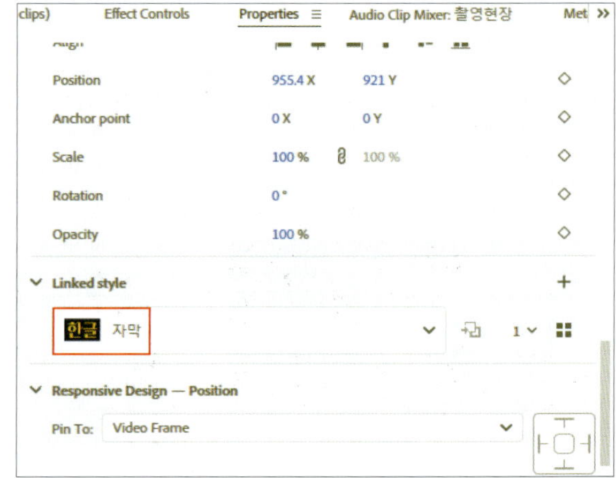

05 ❶ 현재 시간 표시기를 '00:00:01:21'로 이동합니다. Properties 패널에서 ❷ 두 번째 '땀과 열정이 뒤섞인 그곳' 자막 레이어를 선택합니다.

TIP

현재 시간 표시기 위치가 두 번째 자막이 위치한 구간이라면 정확한 프레임이 아니어도 상관없습니다.

06 Properties 패널 하단의 Linked style 항목에서 스타일을 이전에 생성한 '자막' 스타일로 지정합니다. 앞서 만든 스타일의 디자인 속성이 그대로 적용되어 현재 자막도 같은 형태로 변경됩니다.

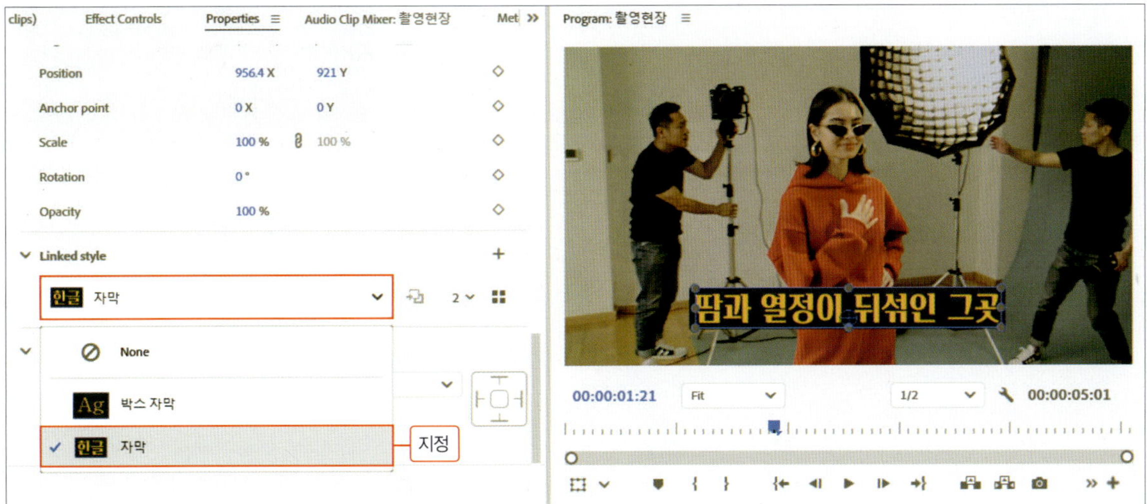

왜?
스타일은 한 번 생성하면 프로젝트에 계속 저장되므로 새 스타일을 만들어도 이전 스타일들이 목록에 남습니다. 프리미어 프로가 각 스타일을 별도의 프리셋처럼 관리하기 때문입니다. 최초로 스타일을 지정하면 목록이 비어 있는 상태로 표시됩니다.

07 Program Monitor 패널에서 ❶ '땀과 열정' 자막을 드래그해 선택하고 ❷ Appearance 항목에서 Fill의 색상 상자를 클릭합니다. ❸ Color Picker 대화상자가 표시되면 '#FFFFFF(흰색)'로 지정한 후 ❹ 〈OK〉 버튼을 클릭합니다. 자막 색상이 부분적으로 변경되는 것을 확인할 수 있습니다.

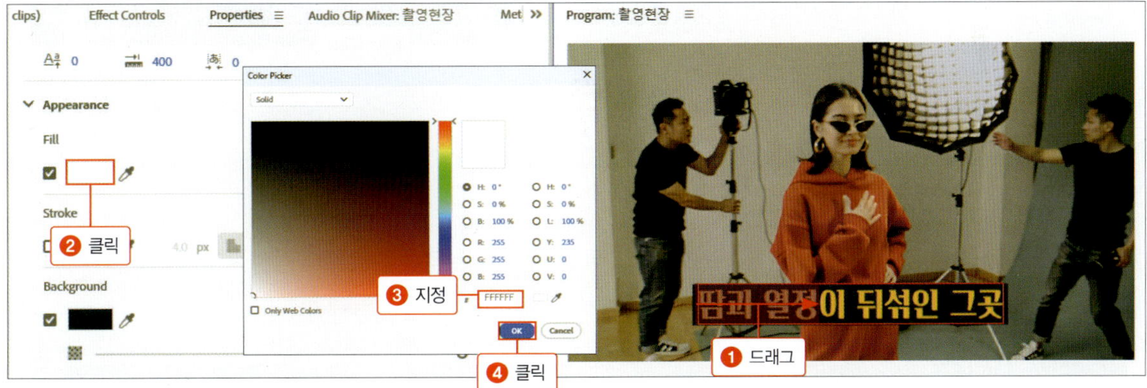

08 ❶ 현재 시간 표시기를 '00:00:03:21'로 이동합니다. 세 번째 자막이 위치한 구간이라면 정확한 프레임이 아니어도 상관없습니다. Timeline 패널에서 ❷ '모두가 한 컷을 위해 달린다!' 자막 레이어를 선택합니다.

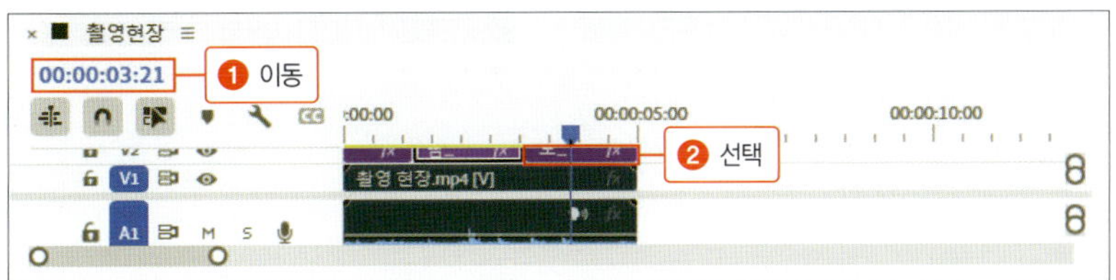

09 Properties 패널에서 '모두가 한 컷을 위해 달린다!' 자막 레이어를 선택하고 하단의 Linked style 항목에서 스타일을 이전에 생성한 '자막' 스타일로 지정합니다. 앞서 만든 스타일의 디자인 속성이 그대로 적용되어 현재 자막도 같은 형태로 변경됩니다.

10 Program Monitor 패널에서 ❶ '한 컷' 자막을 드래그하여 선택하고 ❷ Properties 패널의 Appearance 항목에서 Fill의 색상 상자를 클릭합니다. Color Picker 대화상자가 표시되면 ❸ 색상을 '#FFFFFF(흰색)'으로 지정한 다음 ❹ 〈OK〉 버튼을 클릭합니다. 자막이 부분적으로 변경된 것을 확인할 수 있습니다.

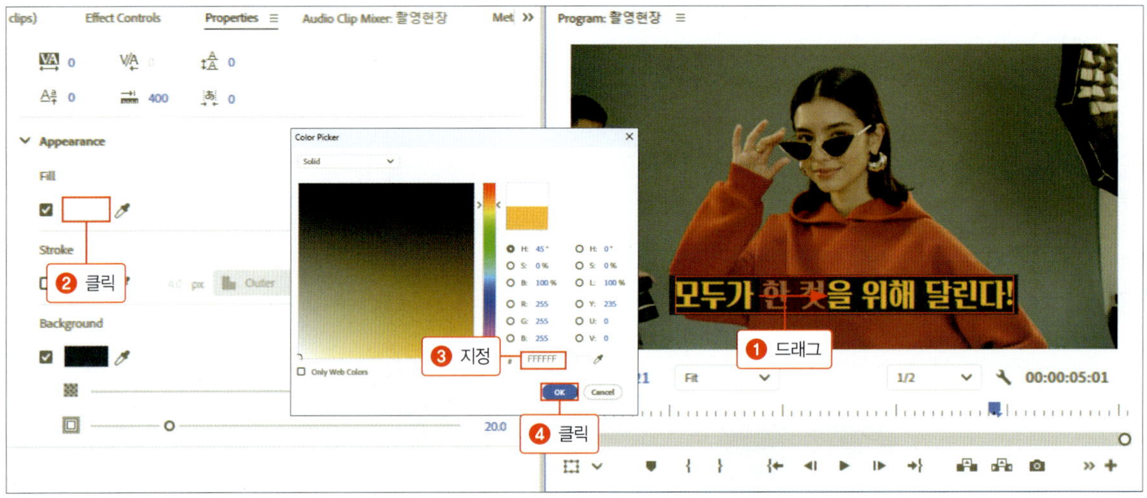

11 Spacebar를 눌러 영상을 재생하면 3개의 자막이 모두 같은 스타일로 적용된 것을 확인할 수 있습니다. 또한 일부 자막을 선택하여 수정한 경우에도 변경된 디자인이 모든 자막에 자동으로 반영됩니다.

EASY 실습 키프레임을 활용한 따라다니는 자막 만들기

영상에서 인물이나 물체를 따라다니는 자막은 역동적인 느낌을 줍니다. 하지만 프리미어 프로에서는 자막 위치를 추적 데이터와 직접 연결할 수 없으며, 이 기능은 애프터 이펙트에서만 사용할 수 있습니다. 대신 프리미어 프로의 키프레임(Keyframe) 기능을 활용하면 비슷한 효과를 간단히 만들 수 있습니다. 자막의 위치값에 키프레임을 추가하여 움직임에 맞게 조정하면 짧은 구간에서도 자연스럽게 따라다니는 자막을 구현할 수 있습니다.

01 프리미어 프로 → 05 폴더에서 'Keyframe 자막.prproj' 파일을 불러옵니다.
Tools 패널의 ❶ 문자 도구(Type Tool, T)를 선택한 다음 Program Monitor 패널에서 ❷ 그림과 같이 휴대폰 근처 부분을 클릭합니다.

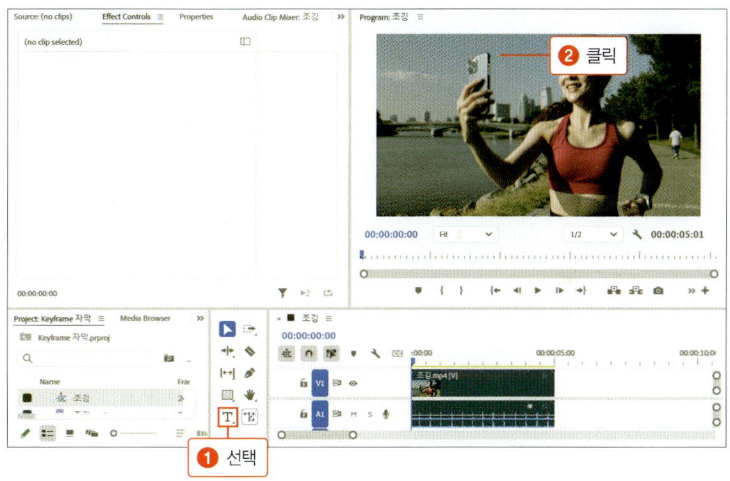

02 "신상폰과 함께하는 / Running Time"을 입력해 자막을 만듭니다. Properties 패널에 텍스트와 관련된 효과를 설정할 수 있는 항목이 표시됩니다.

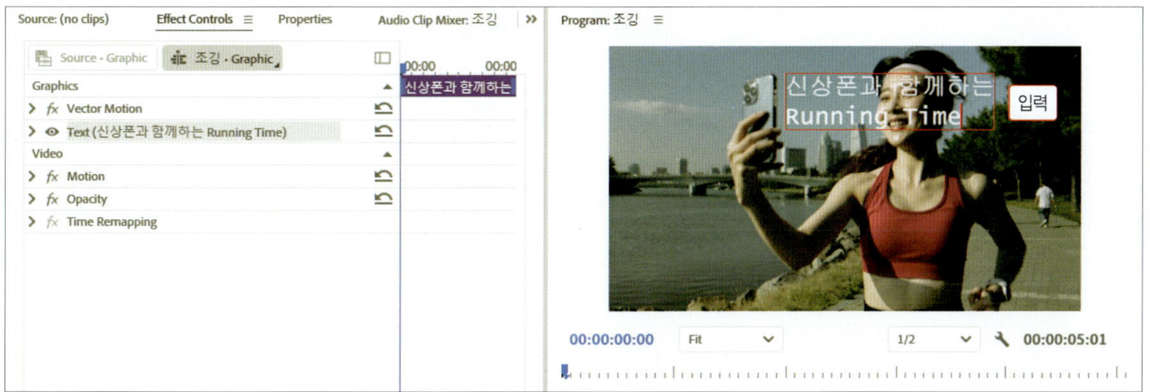

03 Timeline 패널의 V2 트랙에서 자막 클립의 오른쪽 끝점을 선택한 다음 오른쪽으로 드래그하여 '조깅.mp4' 클립과 길이를 같게 만듭니다.

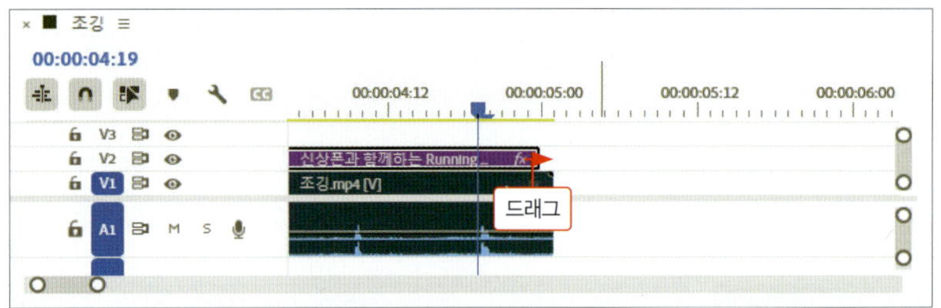

04 Properties 패널의 ❶ '신상폰과 함께하는 Running Time' 자막 레이어를 선택합니다. Text 항목에서 ❷ 글꼴을 'SB 어그로', 스타일을 'Medium', Font Size를 '100'으로 설정합니다. ❸ 선택 도구(▶)를 선택하고 Program Monitor 패널의 ❹ 자막을 드래그하여 그림과 같이 휴대폰 바로 옆에 위치하도록 이동합니다.

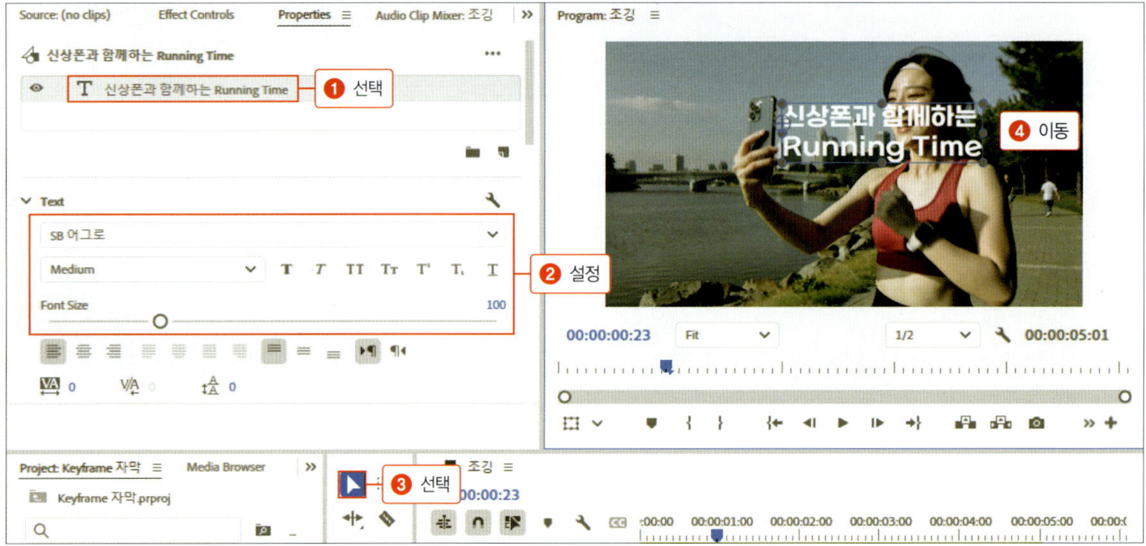

05 외곽선을 추가하고 색상을 바꾸기 위해 Properties 패널 하단의 Appearance 항목에서 ❶ 'Stroke'를 체크 표시한 다음 ❷ 선 굵기를 '12.0px'로 설정하고 ❸ 색상 상자를 클릭합니다.

06 Color Picker 대화상자에서 ❶ 색상을 '#670909(갈색)'로 지정하고 ❷ 〈OK〉 버튼을 클릭합니다.

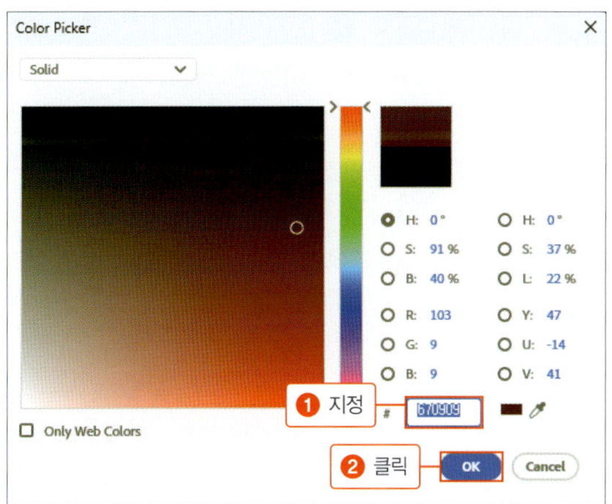

07 외곽선 색상이 갈색으로 변경됩니다. Properties 패널 하단의 Align and Transform 항목에서 Position 오른쪽의 키프레임 아이콘(◇)을 클릭해 위치값에 대한 키프레임 애니메이션을 적용합니다.

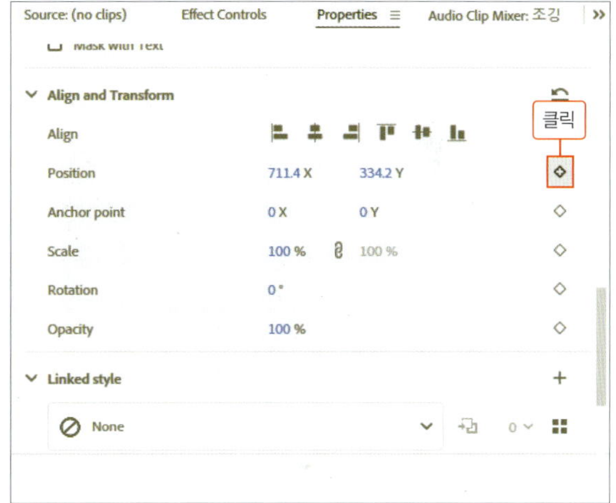

08 ❶ 현재 시간 표시기를 조금 뒤로 이동한 다음 Program Monitor 패널에서 ❷ 자막을 휴대폰 위치에 맞게 조정합니다.

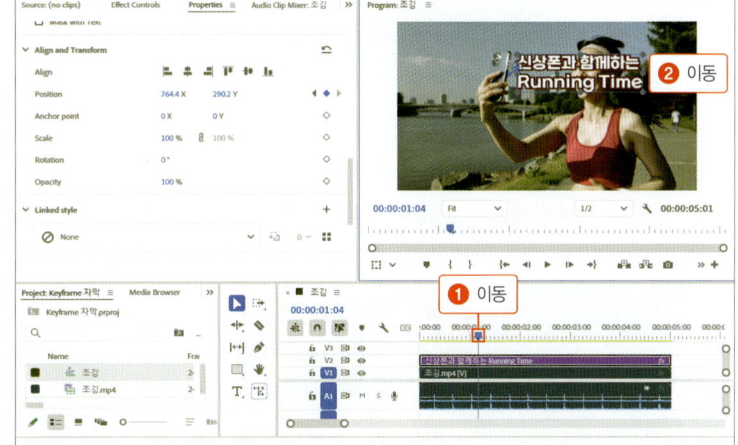

TIP

이때 자막의 세밀한 위치를 맞추는 것이 중요합니다. 인물의 손동작이나 휴대폰 움직임에 자연스럽게 맞춰야 자막이 화면에 떠 있지 않고, 실제 물체를 따라가는 듯한 자연스러운 연출이 완성됩니다.

09 같은 방법으로 ❶ 현재 시간 표시기를 조금 뒤로 이동한 다음 Program Monitor 패널에서 ❷ 자막을 휴대폰 위치에 맞게 살짝 조정합니다.

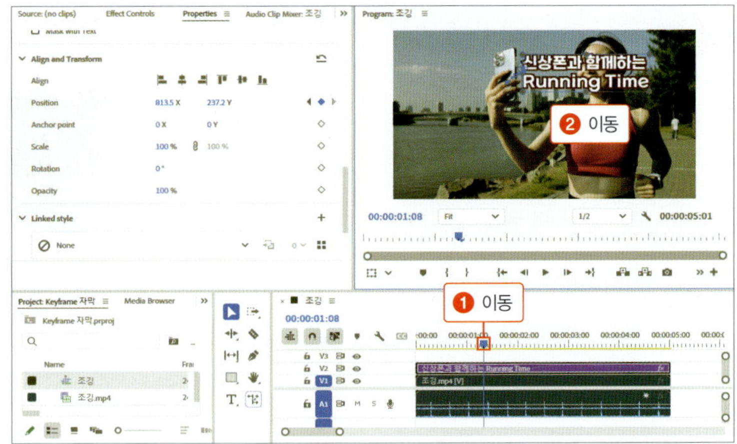

10 같은 방법으로 영상 전체에 계속 반복합니다. 1프레임마다 적용할 필요는 없으며, 움직임이 크게 변하는 구간 위주로 3~5프레임마다 키프레임 애니메이션을 적용합니다.

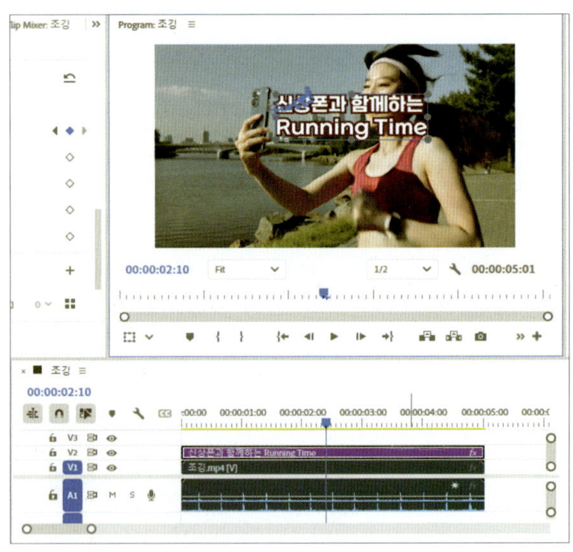

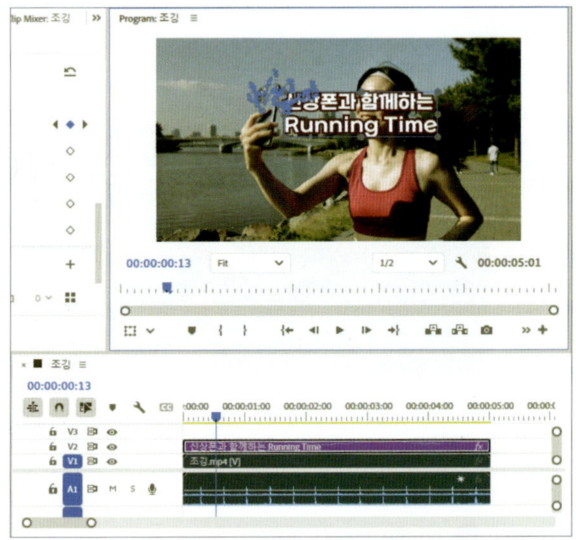

11 Spacebar를 눌러 영상을 재생합니다. 시간이 지날수록 움직이는 휴대폰 옆에 자막이 자연스럽게 따라다니는 애니메이션이 적용된 것을 확인할 수 있습니다.

12 Timeline 패널에서 ❶ 자막 레이어를 선택하고 ❷ 현재 시간 표시기를 '00:00:03:15'로 이동합니다. ❸ Ctrl+K를 눌러 자막 레이어를 편집합니다.

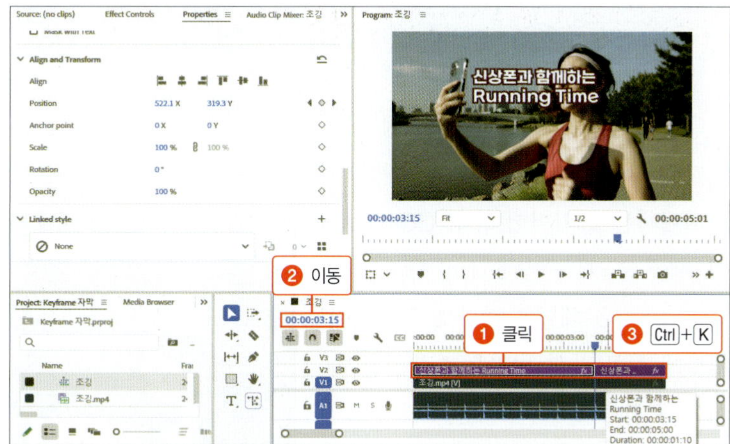

TIP ✧

만약 일부 구간에서 자막 움직임이 어색하거나 어긋나 보인다면, 해당 구간으로 이동한 다음 Program Monitor 패널에서 자막을 직접 드래그해 위치를 보정합니다. 이 과정을 반복하면 피사체의 움직임에 정확히 맞춰지는 자연스럽고 완성도 높은 따라다니는 자막 애니메이션을 완성할 수 있습니다.

13 자막을 수정하기 위해 먼저 뒤쪽 자막 레이어를 선택합니다.

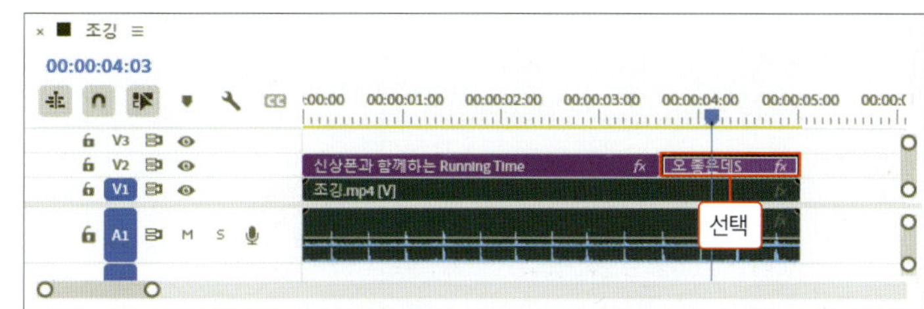

14 Program Monitor 패널에서 텍스트를 더블클릭하고 텍스트를 "오 좋은데~ / SO GOOD!"으로 변경하여 마무리합니다.

TIP ✧

자막 내용을 수정하더라도 텍스트만 변경된 것이므로 기존에 설정한 키프레임(Keyframe) 애니메이션은 그대로 유지됩니다. 즉, 자막 문구를 바꿔도 이전에 설정한 움직임이나 타이밍에는 영향을 주지 않아 자연스럽게 따라다니는 애니메이션 효과가 유지됩니다.

Quick 활용 클릭 몇 번에 완성하는 타이틀 모션 디자인하기

영상의 첫인상은 몇 초 만에 결정됩니다. 자막이 단순히 나타나는 대신 자연스럽게 움직이면 시청자의 몰입도가 훨씬 높아집니다. 하지만 매번 애프터 이펙트를 실행해 키프레임을 조정하는 것은 번거로운 일입니다. 예제에서는 프리미어 프로 CC 2026의 새로운 기능인 Film Impact Dashboard 패널을 활용해 프리미어 프로에서 클릭 몇 번만으로 세련된 타이틀 모션을 만드는 방법을 알아봅니다. 프리셋을 적용하고 속도나 방향만 조절해도 전문가 수준의 인트로 타이틀을 완성할 수 있습니다.

Before

After

01 프리미어 프로 → 05 폴더에서 'FilmDashBoard.prproj' 파일을 불러옵니다.
메뉴에서 [Window] → Extensions → Film Impact Dashboard를 실행합니다.

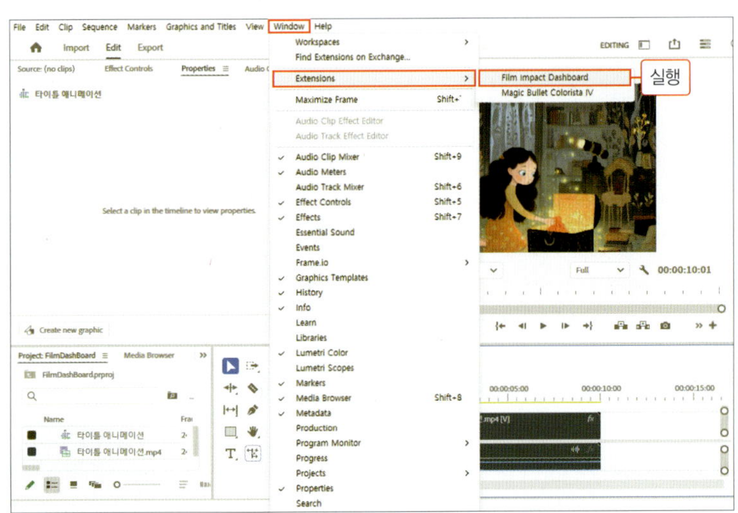

02 Film Impact Dashboard 패널이 표시되며 다양한 영상 효과가 프리셋 형태로 나타납니다. 분리된 패널을 드래그하여 기존 패널과 결합합니다.

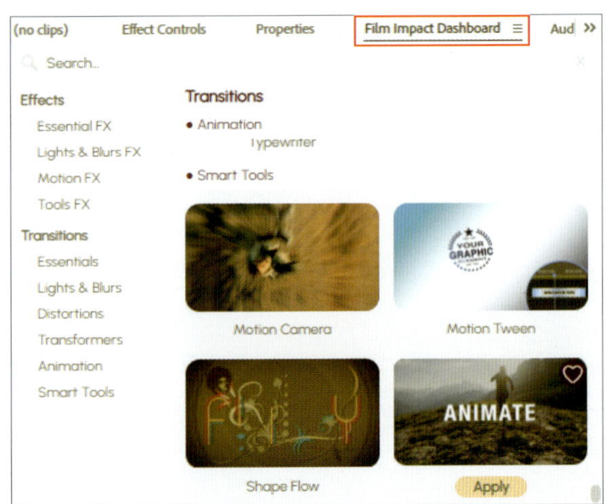

TIP
Film Impact Dashboard 패널은 화면 전환, 필터, 로고 애니메이션, 텍스트 애니메이션 등 여러 효과를 손쉽게 적용할 수 있는 프리미어 프로의 기본 확장 프로그램입니다.

03 Tools 패널에서 ❶ 문자 도구(Type Tool, T)를 선택하고 Program Monitor 패널의 ❷ 중앙을 클릭한 다음 ❸ 타이틀 제목 "BEAUTY BOX"를 입력합니다.

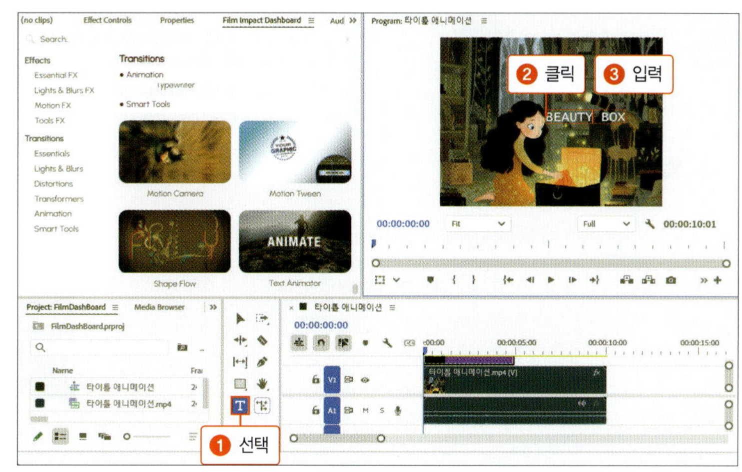

04 Timeline 패널의 V2 트랙에서 자막 클립의 오른쪽 끝점을 선택한 다음 오른쪽으로 드래그하여 그림과 같이 '타이틀 애니메이션.mp4' 클립과 길이를 같게 만듭니다.

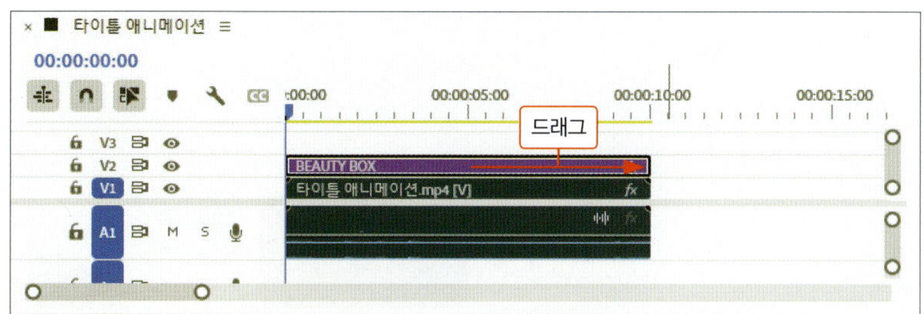

TIP

자막 클립의 시작 위치가 다르다면 '타이틀 애니메이션.mp4' 클립과 같게 만듭니다.

05 Properties 패널의 Text 항목에서 글꼴을 'Cafe24 PRO UP', Font Size를 '220'으로 설정합니다.

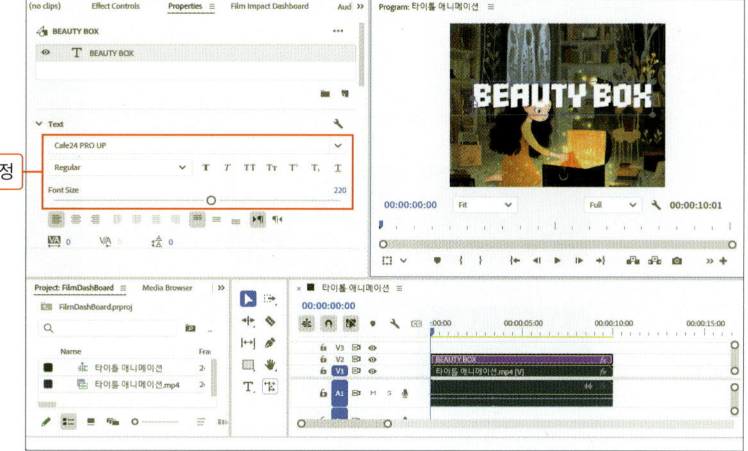

06 Align and Transform 항목의 ❶ 'Align Center Horizontally' 아이콘을 클릭하고 ❷ 'Align Center Vertically' 아이콘을 클릭해 화면 정중앙에 타이틀을 정렬합니다.

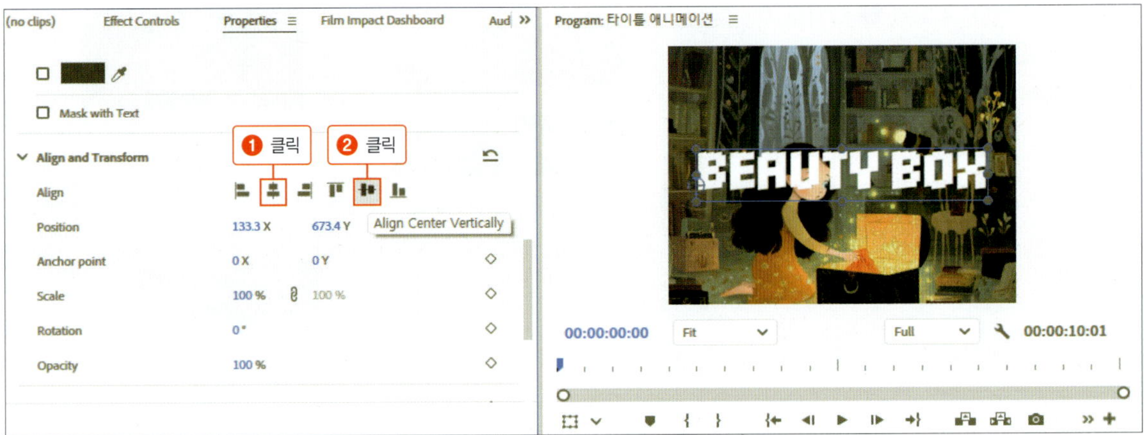

07 타이틀 레이어를 선택한 상태로 Film Impact Dashboard 패널 하단에서 Smart Tools 항목의 ❶ 'Text Animator'에 커서를 위치시키고 ❷ 〈Apply〉 버튼이 나타나면 클릭하여 적용합니다.

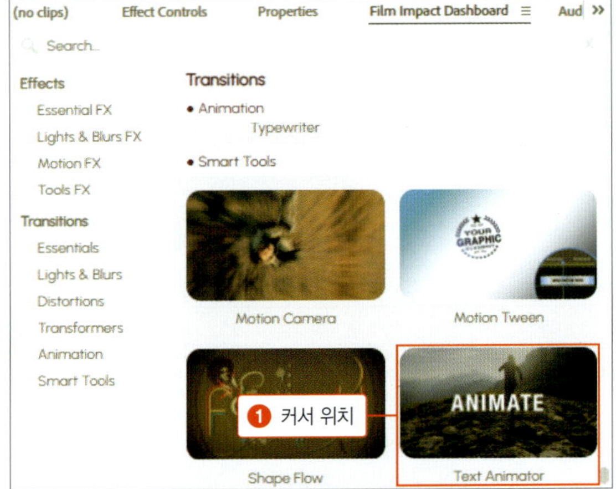

TIP

Film Impact Dashboard 패널은 숏폼 특화형 편집 프로그램 캡컷(CapCut)처럼 손쉽게 애니메이션을 적용할 수 있는 환경을 제공합니다. 어도비는 이런 간편함을 프리미어 프로에서도 구현하기 위해 별도의 키프레임 작업 없이 클릭 몇 번으로 모션이 완성되는 워크플로우를 추구합니다. 사용자는 복잡한 설정 없이 프리셋을 선택하고 미세 조정만으로 자연스러운 텍스트 모션이나 화면 전환 효과를 손쉽게 적용할 수 있습니다.

08 ❶ Spacebar를 눌러 영상을 재생하면 자동으로 텍스트 애니메이션이 적용됩니다. 애니메이션 종류를 변경하기 위해 Timeline 패널에서 ❷ 키프레임 애니메이션을 선택하여 Effect Controls 패널을 표시합니다.

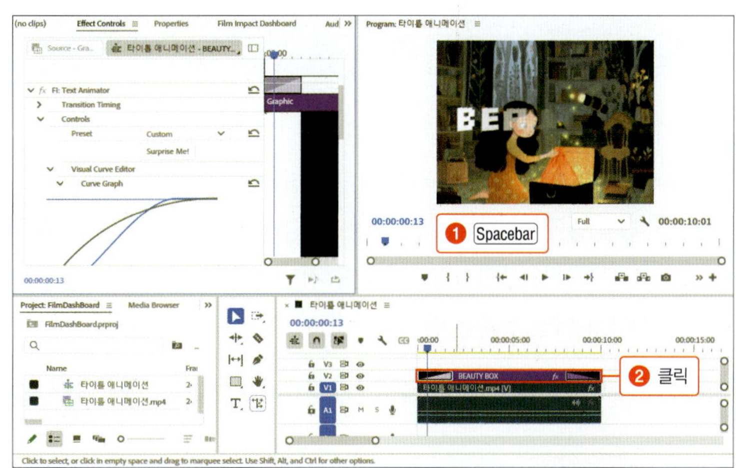

09 Effect Controls 패널에서 FI: Text Animator – Controls 항목의 Preset에서 애니메이션 종류를 변경하기 위해 'Squeeze Up'을 선택합니다.

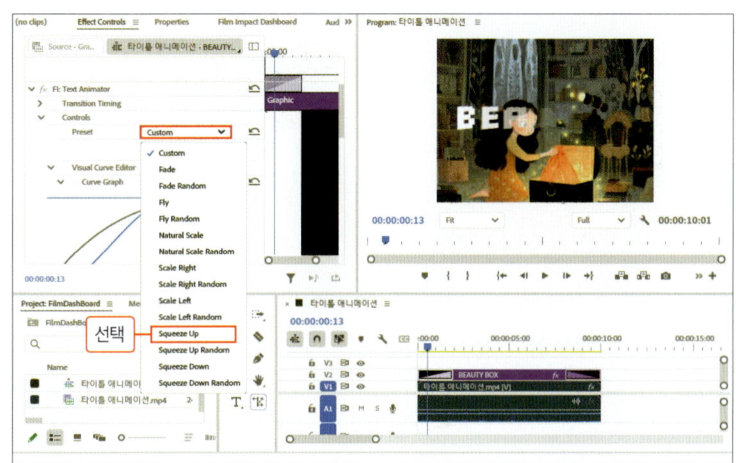

10 Spacebar를 눌러 영상을 재생하면 글자 하나 하나가 위에서 아래로 펼쳐지며 내려오는 애니메이션이 적용됩니다. 텍스트가 차례로 드러나듯 자연스럽게 등장해 화면에 리듬감과 완성도를 더합니다.

PR Special Page 자막의 계층 구조

영상 자막 디자인에서 가장 중요한 원리는 시각적 위계(Visual Hierarchy)입니다. 모든 자막은 정보의 중요도에 따라 글자 크기, 굵기, 색상, 배치가 달라져야 합니다. 예를 들어 제목은 가장 크고 두껍게 강조해 시선을 먼저 끌고, 소제목은 상대적으로 작지만 명확하게 구분되도록 설계합니다. 본문 자막은 읽기 편한 크기와 간결한 색상을 사용하여 자연스럽게 내용을 전달합니다. 이러한 자막의 계층 구조는 단순히 크고 작음의 문제가 아니라 시청자가 어떤 정보를 먼저 보고 어떤 순서로 이해하도록 유도할지를 결정하는 시각적 언어 체계입니다.

EX 1 A vs B – 더 좋은 디자인은?

예시에서 Screen B가 더 완성도 높은 디자인입니다. 그 이유는 시각적 위계(Visual Hierarchy) 원리가 적용되어 있기 때문입니다. Screen B는 각 요소의 크기를 조절하고 아이콘을 텍스트 주변에 밀도 있게 배치해 시선이 자연스럽게 중앙의 핵심 메시지로 모입니다. 요소 간 크기 대비와 공간 활용이 명확하여 화면 전체에 질서감과 집중도를 높이는 구조적 디자인의 좋은 예시입니다.

EX 2 제목과 소제목과 본문의 계층 구조

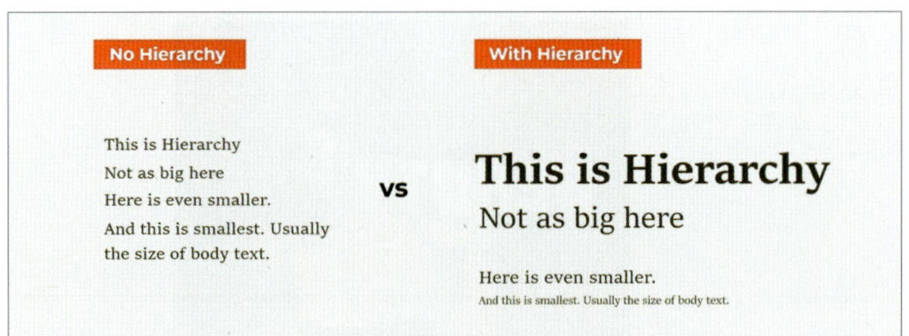

예시에서 No Hierarchy는 모든 문장이 비슷한 크기와 두께로 구성되어 어떤 부분이 중요한지 한눈에 파악하기 어렵습니다. 시선이 특정 지점에 머무르지 않고 전체가 평면적으로 보입니다. 반면 With Hierarchy는 글자 크기와 굵기에 변화를 주어 가장 중요한 제목이 가장 크고 두껍게, 그 아래 문장은 중간 크기로, 본문은 작고 가볍게 표현했습니다. 이처럼 시각적 위계를 적용하면 시청자나 독자가 정보의 중요도를 직관적으로 인식할 수 있습니다.

결국 디자인에서 위계(Hierarchy)는 단순한 장식이 아니라 정보를 읽는 순서와 집중 포인트를 명확하게 제시하는 시각적 질서(Visual Order)의 핵심 원리입니다.

PR Special Page 릴스 / 쇼츠 / 틱톡의 세이프존

세로형 숏폼 영상에서는 자막의 위치 또한 매우 중요합니다. 각 플랫폼(릴스, 쇼츠, 틱톡)에는 고유한 세이프존이 있습니다. 세이프존(Safe Zone)이란 영상 재생 시 인터페이스(UI) 요소 — 예를 들어 좋아요 · 댓글 · 공유 버튼, 계정명, 캡션, 음악 정보, 프로그레스 바 등 — 와 겹치지 않고 안전하게 보일 수 있는 화면 영역을 뜻합니다.

자막이 이 세이프존을 벗어나면 플랫폼 UI나 섬네일, 자막 자동 번역창과 겹쳐 가독성이 크게 떨어지거나 일부가 잘려 보일 수 있습니다. 따라서 자막은 항상 화면의 가운데 세로축을 기준으로 하단에서 약 20~25% 위쪽, 좌우는 양끝에서 10% 이상 여백을 두고 배치하는 것이 좋습니다.

이처럼 세이프존을 고려한 자막 디자인은 단순히 위치를 맞추는 작업이 아니라 플랫폼 환경에 최적화된 시각적 설계 전략입니다. 시청자가 어떤 기기로 보더라도 텍스트가 선명하게 읽히고 주요 메시지가 방해받지 않게 돕습니다.

이 원칙은 특히 릴스, 쇼츠, 틱톡과 같은 세로형 플랫폼에서 더 중요합니다. 각 플랫폼은 인터페이스(UI) 요소가 화면 상 · 하단에 고정되어 있기 때문에 자막이 세이프존을 벗어나면 '좋아요', '댓글', '공유' 버튼 등과 겹쳐 시각적 혼란을 초래할 수 있습니다. 결과적으로 텍스트가 가려지거나 일부가 잘리면서 메시지 전달력이 크게 떨어집니다.

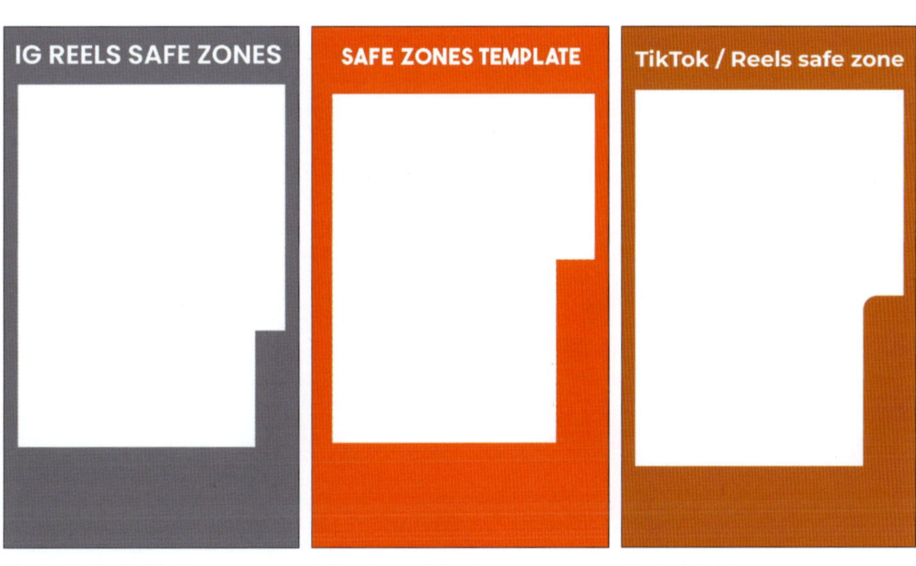

인스타그램 릴스의 세이프존 　 유튜브 쇼츠의 세이프존 　 틱톡의 세이프존

Part 06

귀를 사로잡는 사운드 편집

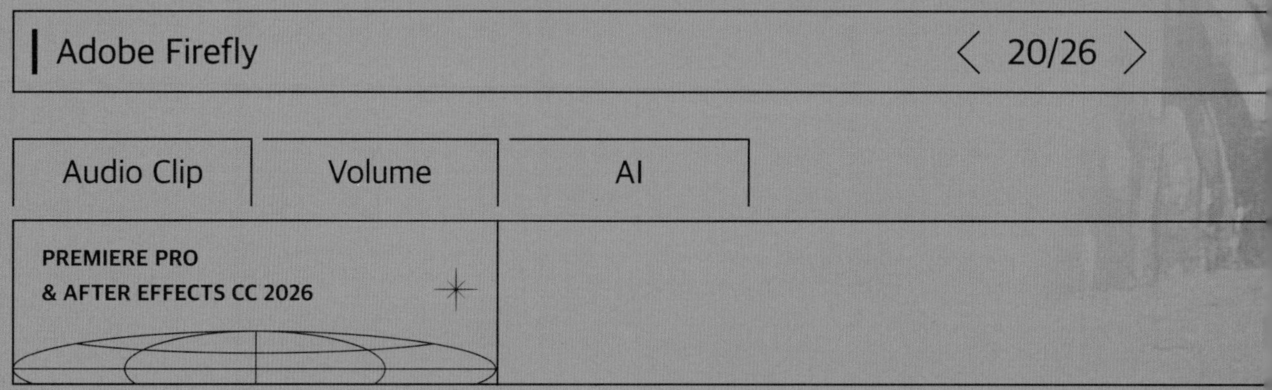

PREMIERE
26
PREMIERE
26
Generate

Pr

LESSON 11

소리의 균형, 오디오 믹싱 기초

❶ 사운드를 체크하는 Audio Clip Mixer 패널 살펴보기

영상의 사운드 구조

영상에서 사운드는 단순한 '배경음'이 아닙니다. 그 자체로 이야기에 감정을 입히고, 장면에 깊이를 더하는 또 하나의 언어입니다. 눈으로 보는 장면이 인물의 행동과 상황을 보여준다면 귀로 듣는 사운드는 그 장면의 분위기와 감정을 전합니다. 편집자는 단순히 화면을 이어붙이는 사람이 아니라 소리로 장면의 감정을 설계하는 연출자입니다. 조용한 장면에 바람 소리를 넣을지, 밝은 음악을 깔지, 혹은 아무 소리도 넣지 않을지를 결정하는 순간마다 영상의 감정선이 미묘하게 달라집니다.

프리미어 프로에서는 이러한 사운드를 트랙 단위로 나누어 관리할 수 있습니다. 각 트랙은 서로 다른 역할을 하며, 전체 영상에서 '소리의 층'을 만듭니다. 이 구조를 이해하면 단순히 볼륨을 조정하는 수준을 넘어, 감정의 흐름을 조율하고 몰입도를 높이는 편집 감각을 키울 수 있습니다.

❶ 대사(Dialogue)

대사는 영상 속 인물이 말하는 목소리로, 이야기의 핵심 정보와 감정을 전달하는 중심 요소입니다. 배우의 연기나 목소리 톤, 속도, 숨소리 하나까지도 장면의 분위기를 결정짓습니다. 편집자는 이 대사가 명확하게 들리도록 불필요한 소음을 제거하고, 음량을 일정하게 맞춰야 합니다. 프리미어 프로에서는 보통 A1 트랙(맨 위 트랙)에 배치하며, EQ나 노이즈 리덕션 효과를 함께 활용하면 더욱 깔끔한 사운드를 만들 수 있습니다.

대화가 포함된 장면에서는 인물의 대사가 또렷하게 녹음되어야 합니다.

❷ 앰비언스(Ambience)

앰비언스는 장면 속 '공간의 공기'를 표현하는 배경 소리입니다. 카페의 잔잔한 대화 소리, 도로의 먼 소음, 숲의 새소리나 바람 소리처럼 장면의 분위기와 거리감을 전달하는 환경음이죠. 이런 소리가 들어가면 영상은 단순한 화면이 아니라 실제 공간 속에 존재하는 듯한 입체적인 느낌을 줍니다.

앰비언스는 장면 사이를 자연스럽게 이어주는 역할도 합니다. 컷이 바뀌더라도 같은 공간의 앰비언스를 살짝 겹치면 소리의 연속성이 유지되어 시청자가 장면 전환을 거의 의식하지 못합니다. 앰비언스를 통해 전체적인 공간 톤을 일정하게 유지할 수 있습니다.

앰비언스는 공간의 분위기와 깊이를 표현하여 영상에 실재감과 몰입감을 높입니다.

❸ 효과음(Sound Effects, SFX)

효과음은 움직임이나 사건을 강조하기 위한 소리입니다. 문이 닫히는 소리, 휴대폰 진동, 번쩍이는 화면 전환 사운드처럼 시각적 타이밍과 맞물려 긴장감과 몰입감을 높입니다. 특히 숏폼 영상에서는 '리듬감 있는 효과음'이 영상의 완성도를 좌우합니다. 편집자는 장면의 템포에 맞춰 효과음을 정교하게 싱크하고, 필요하다면 여러 소리를 겹쳐 새로운 질감을 만들 수도 있습니다.

효과음은 눈으로 보는 그래픽이 아니라, 귀로 듣는 그래픽이라고 할 수 있습니다. 장면의 움직임과 리듬에 맞게 배치된 효과음은 영상의 긴장감과 몰입도를 높이며, 화면에 '보이지 않는 생동감'을 더합니다.

❹ 배경음악(Background Music, BGM)

배경음악은 영상의 감정선을 조율하고 분위기를 결정짓는 핵심 사운드입니다. 같은 장면이라도 어떤 음악을 선택하느냐에 따라 전혀 다른 인상을 줄 수 있습니다. 밝은 피아노 선율은 따뜻하고 평화로운 감정을, 묵직한 저음의 스트링은 긴장감과 불안함을 만들어냅니다.

예를 들어 공포 영화에서는 잔잔한 현악기나 불협화음, 낮은 드론 사운드를 사용해 시청자에게 보이지 않는 공포를 암시합니다. 문이 열리기 직전의 미세한 현악음이나, 정적 속에 울리는 낮은 베이스음은 관객의 긴장을 극대화합니다. 반대로 멜로 영화에서는 서정적인 피아노나 부드러운 현악기, 느린 템포의 음악을 사용하여 감정의 여운을 표현합니다. 인물이 서로를 바라보는 장면에서 따뜻한 코드 진행이 흐르면 시청자는 자연스럽게 감정에 몰입하게 됩니다.

배경음악은 분위기를 결정하므로 영상에 맞는 배경음악을 적용하는 것이 중요합니다.

❺ 내레이션(Narration)

내레이션은 시청자가 장면의 맥락을 자연스럽게 이해하도록 돕는 언어적 해설이자 감정의 가이드입니다. 단순히 정보를 전달하는 것을 넘어, 화면에 보이지 않는 생각과 의미를 들려주는 또 하나의 진행자라고 할 수 있습니다. 다큐멘터리에서는 인물의 삶이나 사건의 배경을 설명하며 이야기의 방향을 제시하고, 광고 영상에서는 브랜드의 메시지나 감정을 직접적으로 전달하는 목소리가 됩니다. 교육 영상에서는 시청자의 이해를 돕는 핵심 안내자 역할을 합니다.

예를 들어 여행 다큐멘터리의 내레이션은 현장의 소리와 어우러져 시청자를 해당 장소로 이끕니다. “이곳은 해발 3,000미터의 안데스 산맥입니다.”라는 짧은 문장만으로도 화면에 담기지 않은 정보와 상상을 동시에 전달할 수 있습니다. 또한 감성 광고에서는 잔잔한 내레이션 한 줄이 영상 전체의 감정을 결정짓기도 합니다. “당신의 하루가 조금 더 따뜻해지길 바라는 마음으로”와 같은 문장은 화면에 따뜻한 결을 더하며, 시청자의 감정을 자연스럽게 끌어냅니다.

내레이션이 나오는 장면에서는 내레이션이 최우선으로 잘 들리는 것이 중요합니다.

Audio Clip Mixer & Audio Meters 패널

감으로 사운드를 맞추는 것도 좋지만, 더 정확한 밸런스를 위해서는 수치와 시각적인 레벨 미터를 함께 확인해야 합니다. 영상 편집에서는 대사, 효과음, 배경음악, 앰비언스 등 각 사운드 트랙의 음량을 균형 있게 조정하는 것이 중요합니다. 어느 소리가 너무 크거나 작으면 전체 밸런스가 무너지기 때문입니다.

Audio Clip Mixer 패널은 프리미어 프로에서 이러한 문제를 해결하기 위한 핵심 도구입니다. 트랙별로 실시간 볼륨 게이지가 표시되어 각 사운드의 크기를 수치로 확인할 수 있으며, 게인을 조정하여 음량을 높이거나 낮출 수 있습니다.

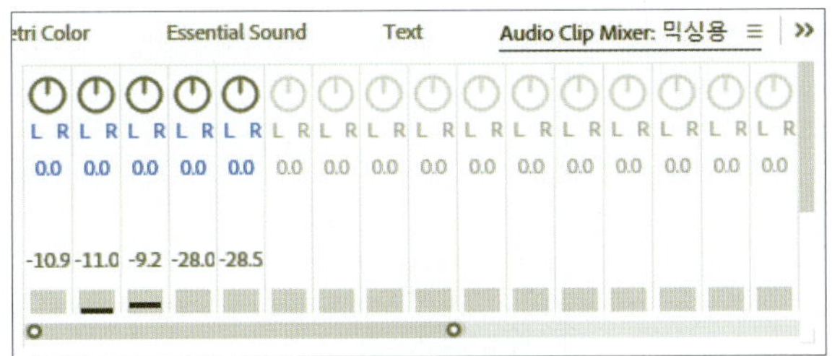

Audio Clip Mixer(오디오 클립 믹서) 패널

Audio Meters(오디오 미터) 패널은 각 사운드 트랙의 출력 음량을 시각적으로 보여주는 게이지입니다. 막대 높이와 색상으로 사운드 크기를 확인할 수 있으며, 이를 기반으로 음량 밸런스를 조정할 수 있습니다.

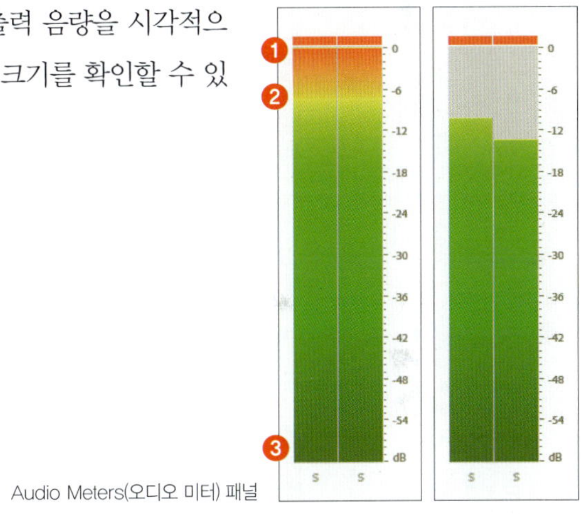

Audio Meters(오디오 미터) 패널

1. **빨간색(Red)** : 소리가 너무 커서 음이 찢기거나(Clipping) 왜곡될 위험이 있는 구간입니다. 게이지가 0dB 근처까지 올라가면 즉시 게인을 낮춰 음량을 제한해야 합니다.
2. **노란색(Yellow)** : 소리가 다소 커지는 구간입니다. 감정이나 강조를 표현할 때 일시적으로 도달할 수 있지만, 지속되면 과도하게 들릴 수 있습니다. −6~−3dB 정도가 적정 수준입니다.
3. **초록색(Green)** : 일반적인 음량 범위입니다. 대부분의 대사, 효과음, 배경음악이 이 구간에 있을 때 안정적인 소리로 들립니다. 보통 −24~−6dB 사이에 위치합니다.

TIP ✦ 실무 체크 포인트

대사(Dialogue)는 평균적으로 −12~−6dB 범위가 적정합니다. 배경음악(BGM)은 대사를 덮지 않도록 −24~−18dB 수준으로 유지합니다. 효과음(SFX)은 장면에 따라 다르지만, 피크가 −3dB를 넘지 않도록 조절합니다. 모든 트랙이 동시에 재생될 때 전체 출력이 0dB를 초과하지 않도록 모니터링해야 합니다. 장면에 따라 차이는 있지만, 일반적으로 이렇게 볼륨을 조절하면 대사는 명확하게 들리고 배경음악과 효과음은 자연스럽게 어우러져 전체적인 사운드 밸런스가 안정적으로 유지됩니다.

❷ 사운드 볼륨 조절과 오디오 레벨 맞추기

프리미어 프로에서는 Timeline 패널의 오디오 트랙을 통해 각 사운드의 볼륨을 손쉽게 조절할 수 있습니다. Audio Meters 패널의 막대를 참고하면 현재 오디오의 출력 레벨을 시각적으로 확인할 수 있으며, 이를 기준으로 대사, 효과음, 배경음악의 밸런스를 맞추면 더 안정적이고 균형 잡힌 사운드를 구현할 수 있습니다.

사운드 볼륨 조절하기

오디오 트랙에 표시된 흰색 막대(Volume Line)는 해당 사운드의 볼륨 레벨을 조절하는 컨트롤러입니다. 막대를 아래로 내리면 볼륨이 낮아지고, 위로 올리면 볼륨이 높아집니다. 이 막대를 드래그하거나 키프레임을 추가하여 장면에 따라 세밀하게 볼륨을 조정할 수도 있습니다.

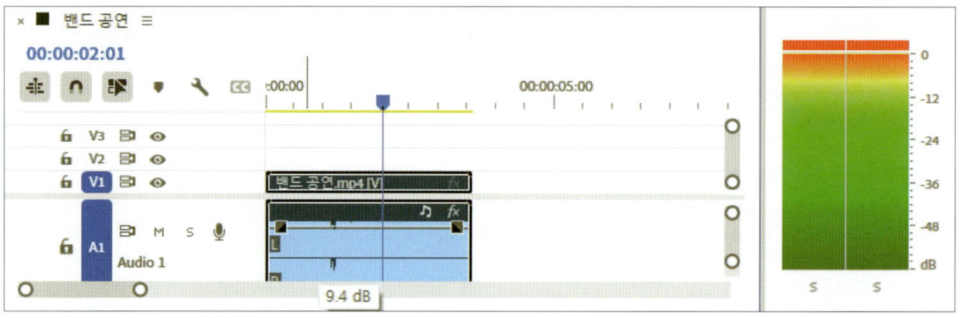

흰색 막대를 위로 드래그하여 올리면 사운드 볼륨이 커집니다.

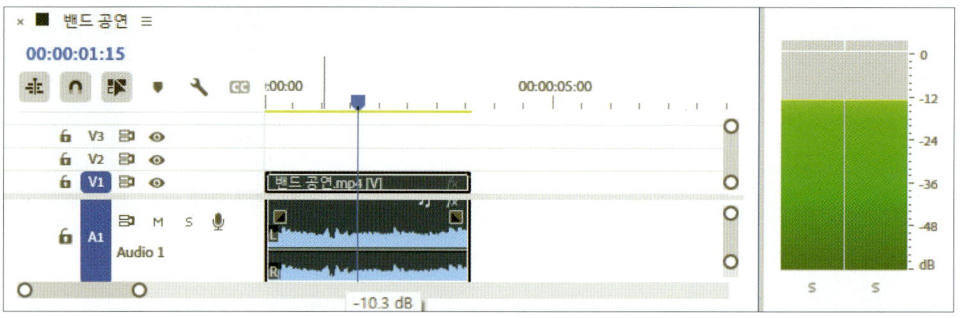

흰색 막대를 아래로 드래그하여 내리면 사운드 볼륨이 작아집니다.

오디오 레벨 맞추기

프리미어 프로의 Audio Meters 패널은 재생 중인 사운드의 음량을 시각적으로 보여주며, 초록색 · 노란색 · 빨간색으로 음량 강도를 표시합니다. 초록색은 정상 범위, 노란색은 상위 레벨에 가까운 구간, 빨간색은 0dB을 넘는 클리핑 상태를 의미합니다.

오디오를 조정할 때는 막대가 초록색에서 노란색 사이를 유지하도록 하고, 빨간색이 보이면 Timeline 패널의 Volume Line을 내려 레벨을 낮춰야 깨끗하고 안정적인 사운드를 유지할 수 있습니다.

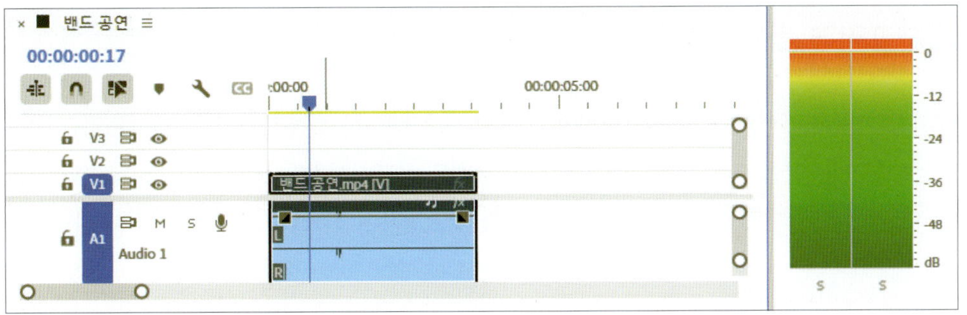

사운드 볼륨을 지나치게 높여 Audio Meters 패널의 게이지가 빨간색 영역을 넘어서면 소리가 찢기거나 왜곡되는 상태가 됩니다.

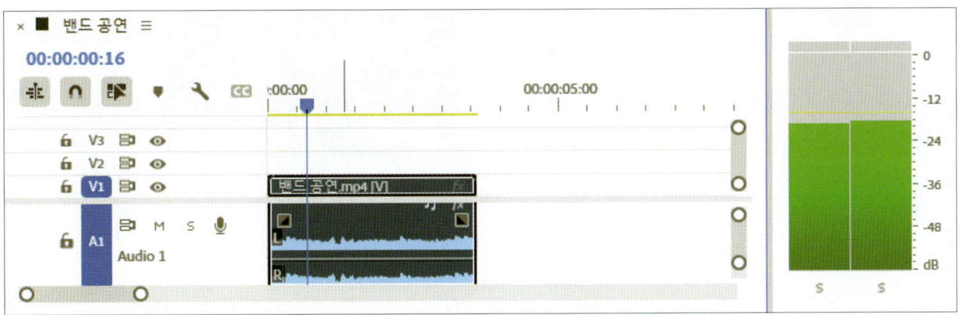

사운드 볼륨이 적정하게 설정되어 오디오가 깨끗하게 재생되고 있습니다. 하지만 전체적으로 볼륨이 작아 소리가 다소 약하게 들립니다.

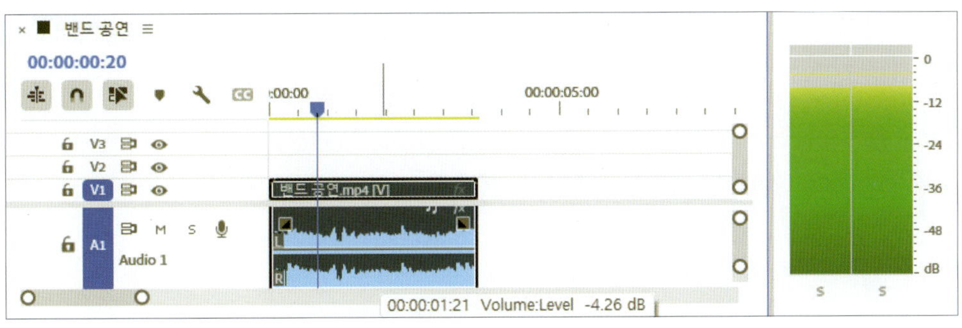

사운드 볼륨이 너무 작지도 크지도 않은 적정한 수준으로 유지되어 오디오가 깨끗하고 안정적으로 재생됩니다.

Audio Meters 패널은 실제 음압 레벨을 dB 단위로 나타내며, 초록색은 −24~−6dB의 안정적 범위, 노란색은 −6~−3dB의 준최대 구간, 빨간색은 0dB 초과 시 발생하는 클리핑을 의미합니다. 믹싱할 때는 피크가 −6dB 정도에 머물도록 조정하는 것이 이상적이며, 빨간색 경고가 표시되면 Timeline 패널에서 볼륨을 낮춰 0dB를 넘지 않게 해야 왜곡 없이 균형 잡힌 사운드를 만들 수 있습니다.

TIP ✦ 대사가 있는 영상 기준 레벨 잡기

대사가 제일 도드라져야 하는 장면의 경우 대사의 사운드를 먼저 맞추고 나머지를 조절하세요. 대화가 있는 영상에서는 대사 음량을 먼저 −6dB 전후로 맞춘 후, 배경음악과 효과음을 그보다 6~12dB 낮게 조절하면 가장 안정적인 밸런스를 만들 수 있습니다.

EASY 실습 답답하고 작게 들리는 대화 복원하기

마이크 감도나 녹음 환경의 문제로 대사가 작고 답답하게 녹음된 경우 단순히 볼륨을 높이는 것만으로는 원래의 선명함을 되찾기 어렵습니다. 이럴 때는 프리미어 프로의 멀티밴드 컴프레서(Multiband Compressor)를 활용할 수 있습니다. 이 기능은 주파수 대역별로 음압을 세밀하게 조정하여 작게 들리는 음성을 더 선명하고 균형 있게 복원합니다.

01 프리미어 프로 → 06 폴더에서 'Multiband Compressor.prproj' 파일을 불러옵니다.
Spacebar를 눌러 영상을 재생합니다. 소리가 전반적으로 작게 녹음되어 답답하고 작게 들리는 것을 확인할 수 있습니다.

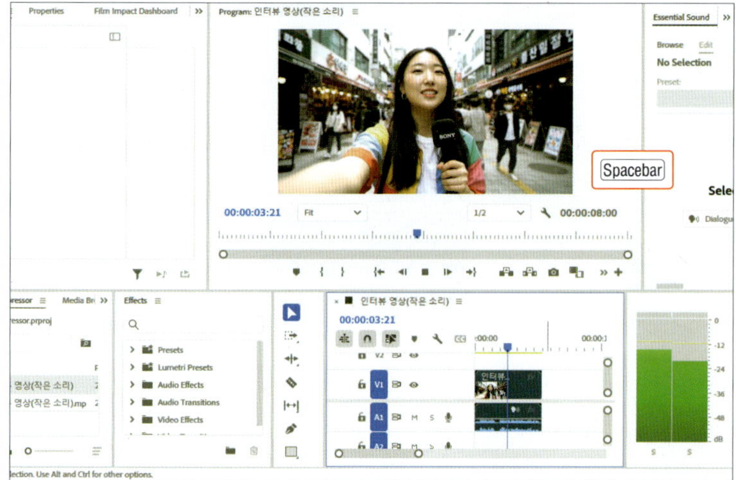

02 Effects 패널에서 ❶ 'Multiband Compressor' 이펙트를 검색합니다. Audio Effects – Amplitude and Compression – Multiband Compressor를 Timeline 패널에서 ❷ '전인터뷰(작은 소리).mp4' 클립의 오디오 부분에 드래그합니다.

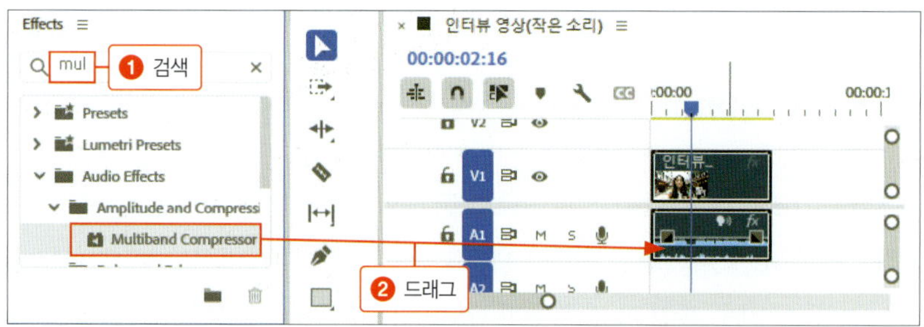

TIP ✦ 전체 사운드 볼륨 높이기 vs Multiband Compressor

Multiband Compressor는 오디오 신호를 여러 주파수 대역(Band)으로 나누어 각 대역의 음압을 독립적으로 압축(Compression)하는 기능입니다. 단순히 전체 볼륨을 높이는 것이 아니라 저음 · 중음 · 고음 영역별로 밸런스를 조정하여 더 선명하고 명료한 사운드를 만듭니다.

03 Effect Controls 패널에 Multi-band Compressor 항목이 표시되면 Custom Setup의 〈Edit〉 버튼을 클릭합니다.

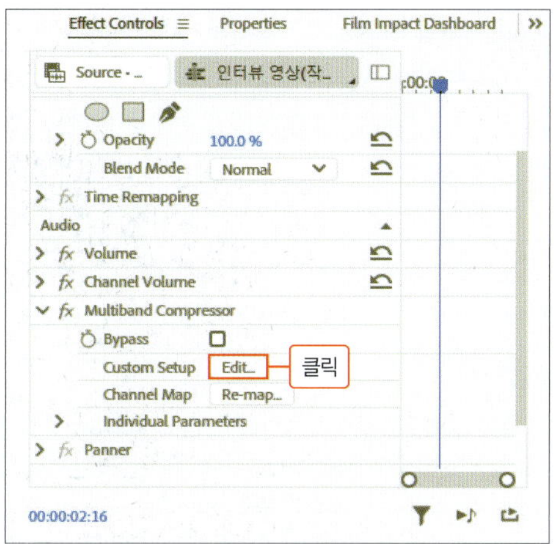

04 Clip Fx Editor 대화상자가 표시되면 Presets를 'Pop Master'로 선택합니다.

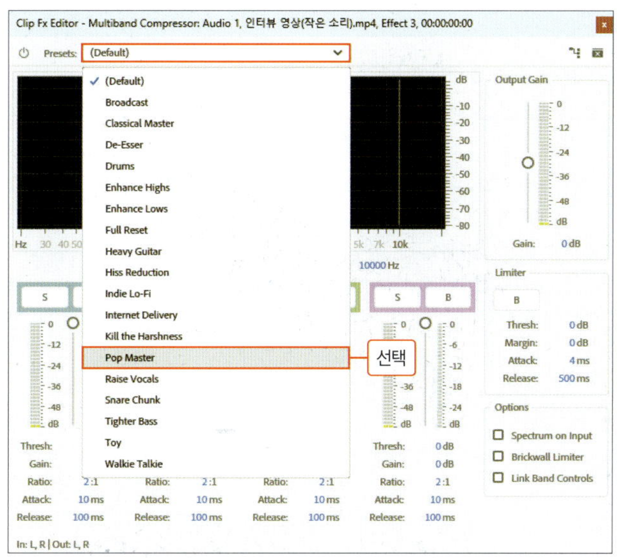

05 Pop Master 프리셋이 적용됩니다. 별도의 추가 설정 없이 기본값만으로도 충분한 효과를 얻을 수 있습니다. 'x' 아이콘을 클릭해 창을 닫습니다.

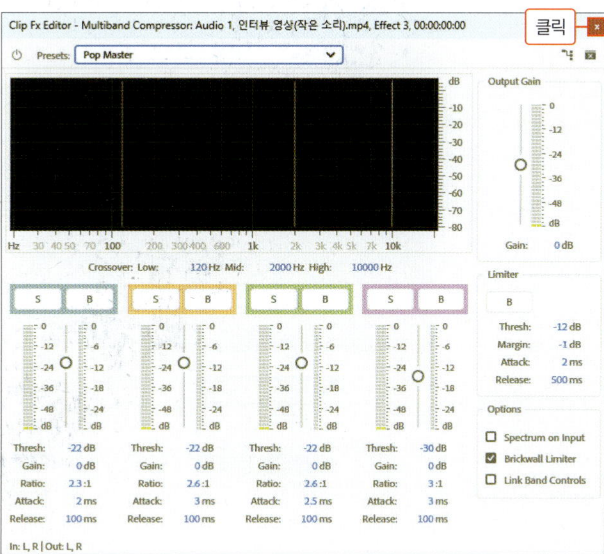

TIP

Pop Master 프리셋은 전반적인 음압을 높이고 중음과 고음의 명료도를 강조해 음악이나 목소리가 밝고 선명하게 들리도록 설계된 설정입니다.

06 Spacebar를 눌러 영상을 재생합니다. 멀티밴드 컴프레서를 적용한 후 목소리가 기존보다 한층 밝고 또렷하게 들리는 것을 확인할 수 있습니다.

왜? ✦

단순히 볼륨만 높이는 것은 음질이 낮은 원음을 그대로 키우는 것에 불과해 잡음이나 왜곡이 함께 증폭될 수 있습니다. 따라서 주파수별로 밸런스를 조정하는 멀티밴드 컴프레서 방식이 훨씬 더 정교하고 자연스러운 복원 방법입니다.

TIP ✦ 대화 및 내레이션 정리에 적합한 Multiband Compressor 프리셋

❶ Broadcast : 전반적인 음압을 고르게 조정해 방송용 표준 레벨에 맞게 정리하여 대화가 안정적으로 들리며, 전체 밸런스가 자연스럽게 맞춰집니다.

❷ Internet Delivery : 인터넷 콘텐츠용 표준 레벨로 정리하여 전체 볼륨이 일정하게 유지되고, 다양한 기기에서도 안정적으로 청취할 수 있습니다.

❸ Kill the Harshness : 마이크 감도가 높아 소리가 거칠게 녹음된 경우 지나치게 날카로운 고음이나 치찰음(혀끝과 잇몸의 뒷부분이 닿은 양옆으로 나는 소리)을 부드럽게 보정합니다.

❹ Raise Vocals : 중고음 대역(1~4kHz)을 중심으로 음성의 존재감을 강화해, 작게 녹음된 대화나 내레이션도 또렷하게 들리도록 정돈합니다.

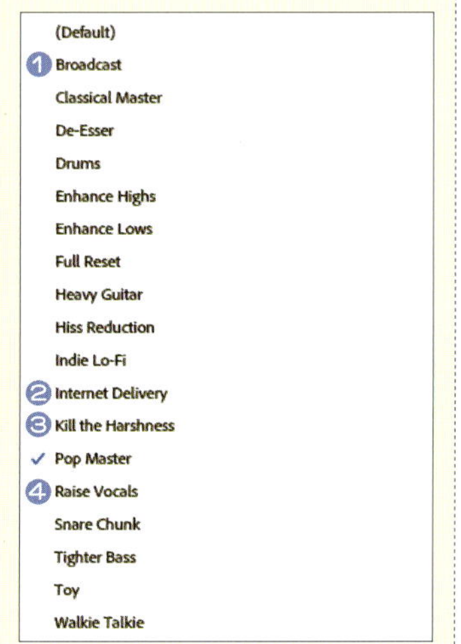

TIP ✦

프리미어 프로에서는 대사, 효과음, 음악 등 비슷한 종류의 사운드를 각각의 트랙에 정리하고 Label 기능으로 색을 적용해 구분하면, 전체 사운드를 훨씬 효율적으로 편집할 수 있습니다.

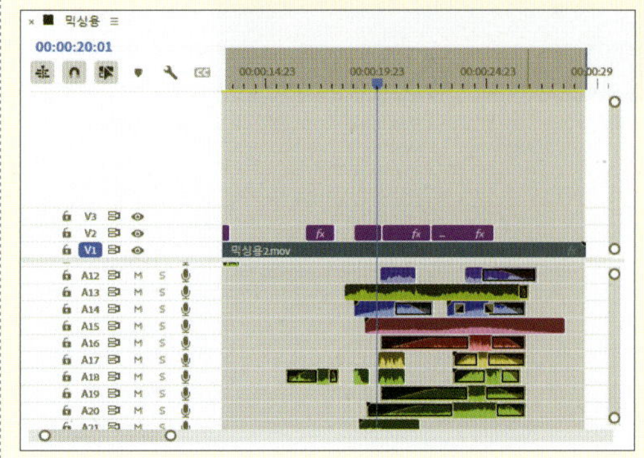

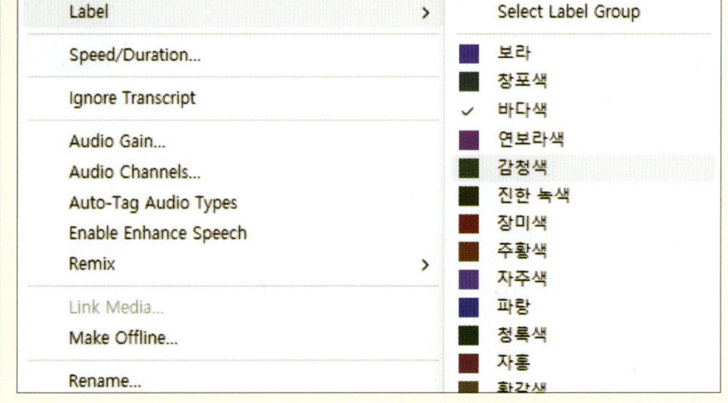

• **실습파일** : 프리미어 프로\06\인터뷰 영상(작은 소리).mp4, AI 오디오 복원.prproj • **완성파일** : 프리미어 프로\06\AI 오디오 복원_완.prproj

AI EASY 실습 AI 도구로 손상된 오디오 녹음본 살리기

프리미어 프로의 오디오 이펙트만으로는 심하게 손상된 녹음본을 완벽하게 복원하기 어려운 경우가 있습니다. 이때 외부 AI 기반 오디오 복원 서비스를 활용하여 훨씬 더 뛰어난 결과를 얻을 수 있습니다.

여러 AI 복원 도구 중에서도 Auphonic은 녹음된 음성을 AI가 자동으로 분석하여 잡음 제거, 볼륨 균형 조정, 명료도 향상 등을 수행하는 무료 온라인 오디오 복원 서비스입니다. 한 달에 2시간까지 무료로 이용할 수 있어 넉넉하게 오디오를 복원할 수 있으며, 마이크 감도 문제나 주변 소음, 잔향 등으로 인해 목소리가 작고 답답하게 녹음된 경우에도 자동으로 음압을 보정하고 노이즈를 줄여 또렷하고 안정적인 음성으로 복원합니다.

01 Auphonic 사이트(auphonic.com)에 접속하고 오른쪽 상단의 〈Login〉 버튼을 클릭합니다.

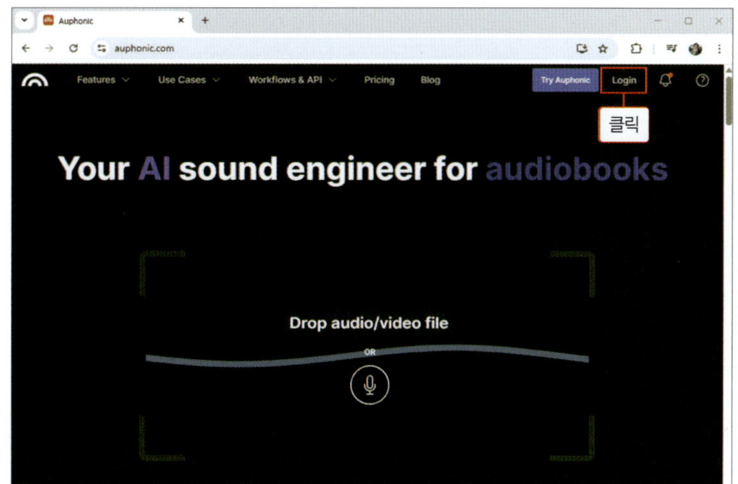

02 로그인합니다. 예제에서는 구글 아이디와 연동하여 로그인하기 위해 〈Sign in with Google〉 버튼을 클릭합니다.

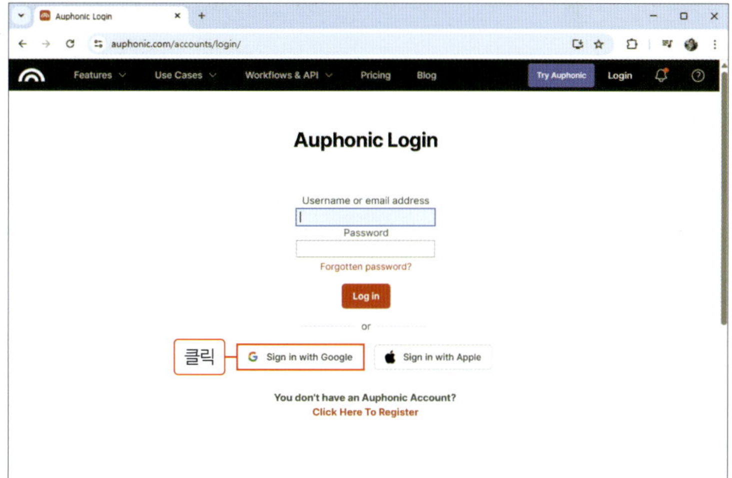

03 ❶ 구글로 로그인합니다. 사이트에 영상이나 오디오를 업로드하기 위해서는 ❷ 'Drop audio/video file or record'를 클릭합니다.

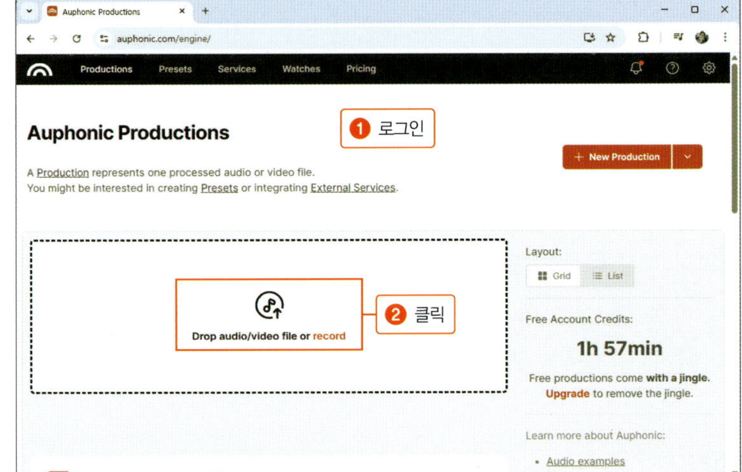

04 열기 대화상자가 표시되면 ❶ 프리미어 프로 → 06 폴더에서 ❷ '인터뷰 영상(작은 소리).mp4' 파일을 선택하고 ❸ 〈열기〉 버튼을 클릭하여 영상을 사이트에 업로드합니다.

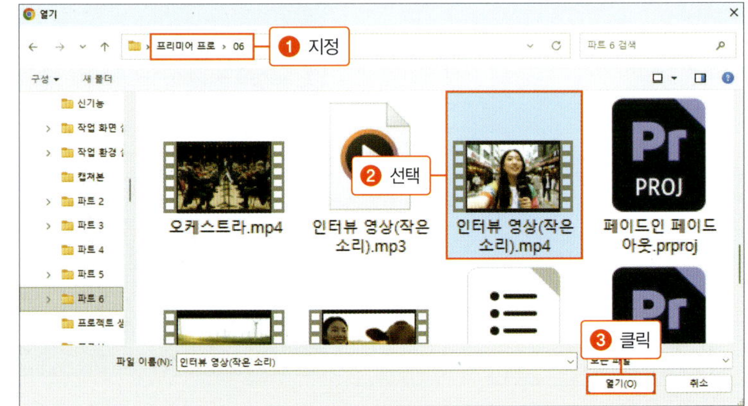

05 영상이 업로드되면 알고리즘을 선택할 수 있습니다. 다양한 설정이 있지만, 기본 설정으로 둔 채 〈Start Production〉 버튼을 클릭합니다.

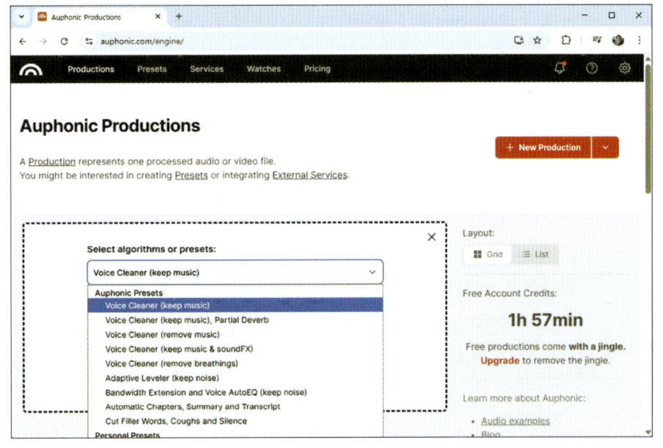

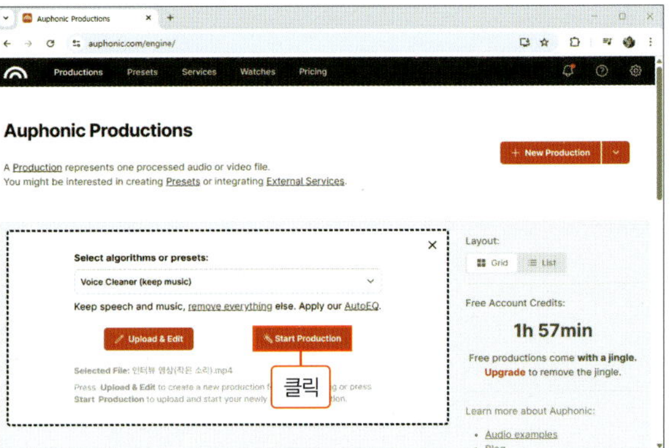

06 업로드 및 오디오 처리가 시작되면 완료될 때까지 기다립니다.

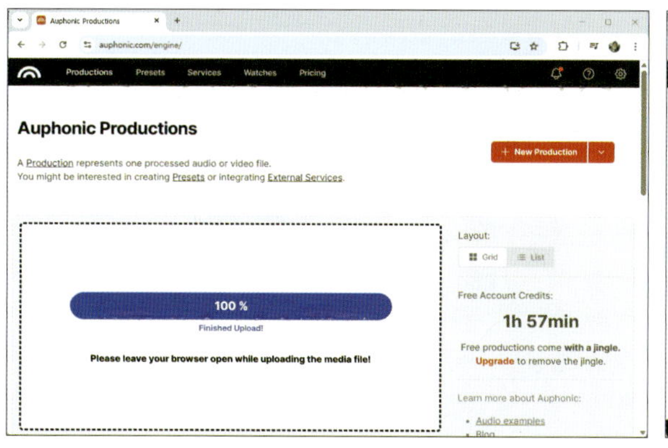

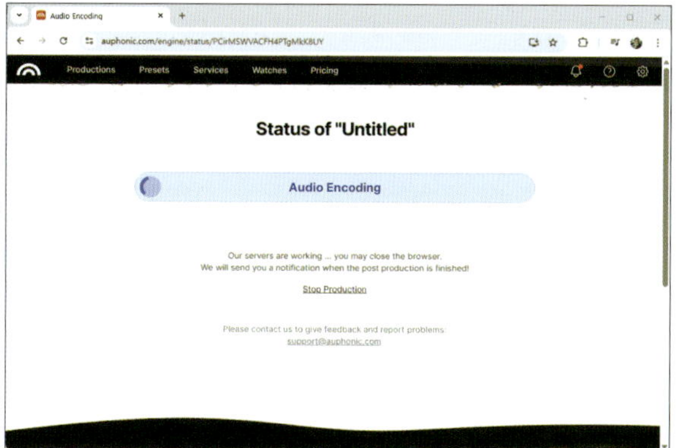

07 오디오 처리가 완료되면 업로드한 영상이 분석되어 MP4 영상 파일과 MP3 오디오 파일이 함께 생성됩니다. 화면을 아래로 스크롤하여 내리면 복원된 결과물을 바로 재생하며 비교할 수 있습니다. 비교 후 만족스러운 결과를 확인했다면 MP3 파일의 〈Download〉 버튼을 클릭하여 복원된 음성을 다운로드합니다. 다운로드한 파일은 '다운로드' 폴더에 저장됩니다.

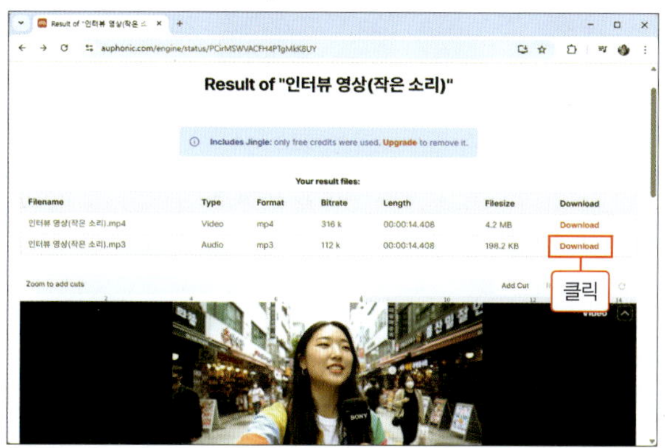

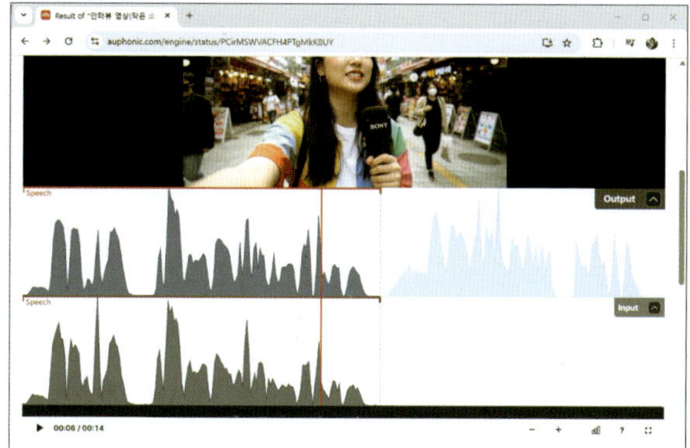

08 프리미어 프로 → 06 폴더에서 'AI 오디오 복원.prproj' 파일을 불러옵니다. Spacebar를 눌러 영상을 재생하면 소리가 전반적으로 작게 녹음되어 답답하고 작게 들리는 것을 확인할 수 있습니다.

09 ❶ Auphonic에서 복원한 MP3 파일을 불러옵니다. Timeline 패널의 ❷ 오디오 트랙에 드래그해 기존 오디오 트랙에 겹쳐 배치합니다.

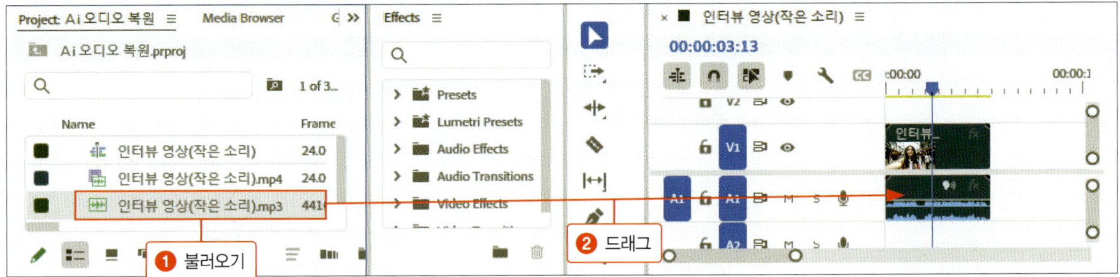

TIP ✦

기존 음성을 대체하는 형태로 겹쳐 배치하는 과정이므로 영상과의 싱크를 정확히 맞추는 것이 중요합니다.

10 Spacebar를 눌러 영상을 재생합니다. AI 복원 과정을 거친 오디오는 멀티밴드 컴프레서로 보정했을 때보다 한층 밝고 명확한 톤으로 믹싱된 것을 확인할 수 있습니다.

TIP ✦

AI가 단순한 볼륨 조정이 아닌 노이즈 제거와 음성 재구성 과정을 통해 사운드를 재창작한 것처럼 자연스럽고 선명한 결과를 만듭니다.

11 오디오 트랙의 오른쪽 끝점을 왼쪽으로 드래그해 영상 길이에 정확히 맞춥니다. 불필요하게 추가된 홍보 음성 구간이 잘리고 영상과 오디오의 싱크가 자연스럽게 일치합니다.

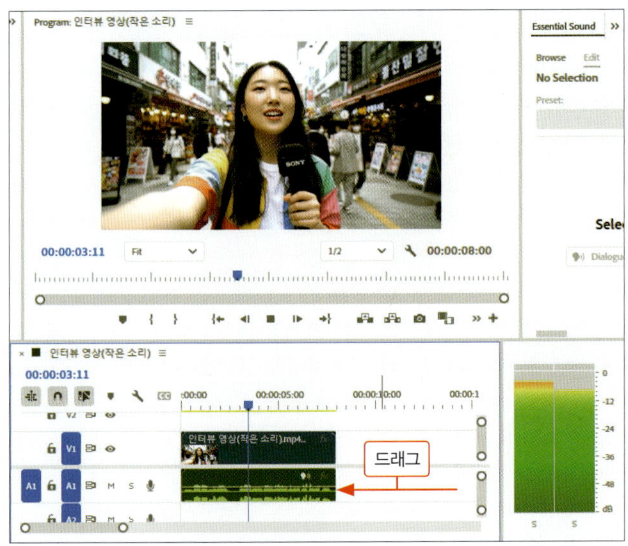

왜? ✦

오디오와 영상의 길이가 서로 다른 이유는 무료 버전의 특성상 Auphonic에서 홍보용 음성이나 안내 멘트를 워터마크처럼 추가했기 때문입니다. 이는 서비스의 정상적인 동작이므로 걱정할 필요가 없으며, 해당 구간은 편집 과정에서 잘라내고 사용하면 됩니다.

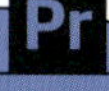

LESSON 12 감성 폭발 배경음악과 효과음

• **실습파일** : 프리미어 프로\06\Remix.prproj • **완성파일** : 프리미어 프로\06\Remix_완.prproj

EASY 실습 AI 리믹스로 배경음악을 영상 길이에 자연스럽게 맞추기

영상의 길이와 배경음악의 길이가 다르면 단순히 자르거나 반복하는 방식으로는 전환이 어색하게 들릴 수 있습니다. 프리미어 프로의 AI 기반 리믹스(Remix) 기능을 사용하면 음악의 구조를 자동으로 분석해 자연스럽게 이어 붙이거나 줄이는 방식으로 영상 길이에 정확히 맞춘 배경음악을 손쉽게 완성할 수 있습니다.

01 프리미어 프로 → 06 폴더에서 'Remix.prproj' 파일을 불러옵니다. 현재 영상은 10초 길이지만, 배경음악은 1분 17초짜리 영상보다 더 긴 상태입니다.

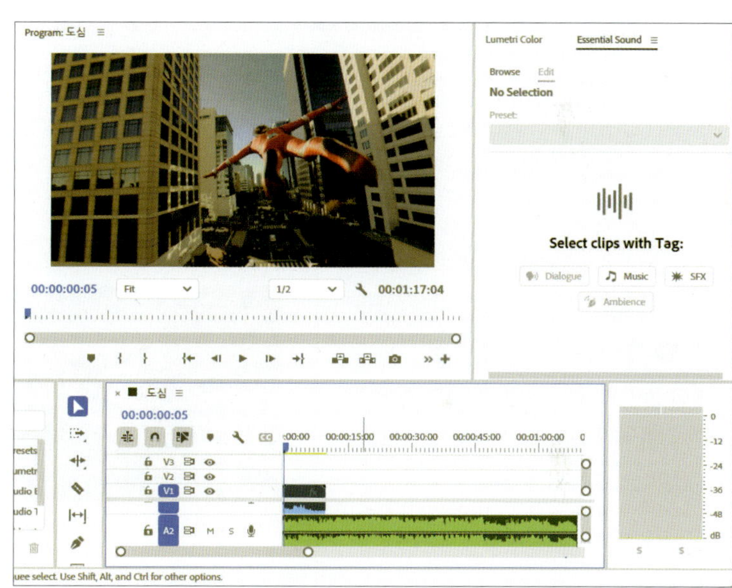

02 Timeline 패널에서 ❶ A2 트랙의 배경음악에서 마우스 오른쪽 버튼을 클릭하고 ❷ Remix → Enable Remix를 실행합니다.

03 오디오 클립의 리믹스가 실행되면 Essential Sound 패널에 리믹스 관련 설정이 표시됩니다. [Browse] 탭의 Music 항목에서 Target Duration의 파란색 숫자로 표시된 시간 부분에 원하는 길이를 입력합니다. 예를 들어 '00:00:10:00'을 입력하면 음악이 자동으로 10초 길이에 맞춰 리믹스됩니다.

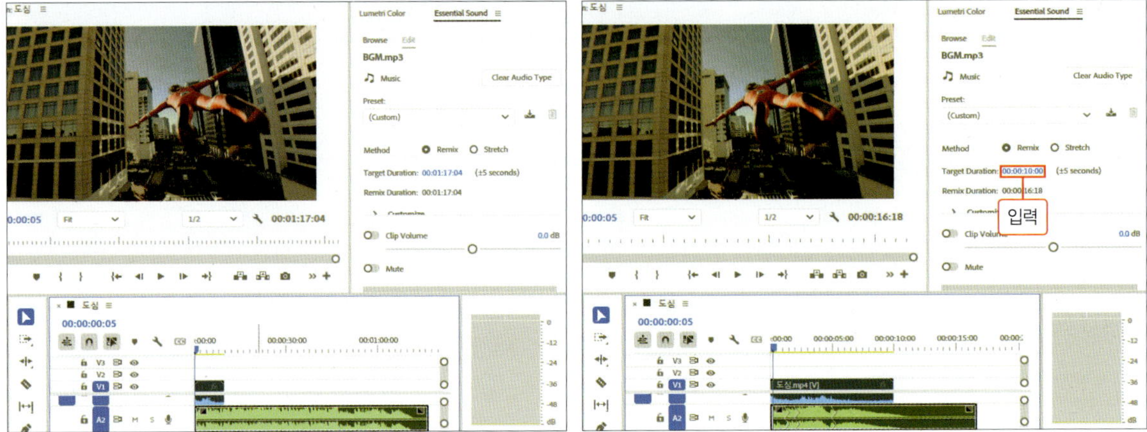

TIP

Target Duration 설정 오른쪽의 (±5 seconds)는 리믹스 기능을 사용할 때 음악 길이가 설정한 시간보다 앞뒤로 최대 5초 정도 차이 날 수 있음을 의미합니다. 따라서 이를 고려하여 리믹스 길이를 약간 여유 있게 설정하면 더 정확한 결과를 얻을 수 있습니다.

04 리믹스된 결과물을 세부 조정하려면 ❶ Customize 항목을 표시한 다음 ❷ Segments 슬라이더를 좌우로 이동하면서 리믹스 구간이 미세하게 변화하는 것을 확인합니다. 예제에서는 '7.0'으로 설정했습니다.

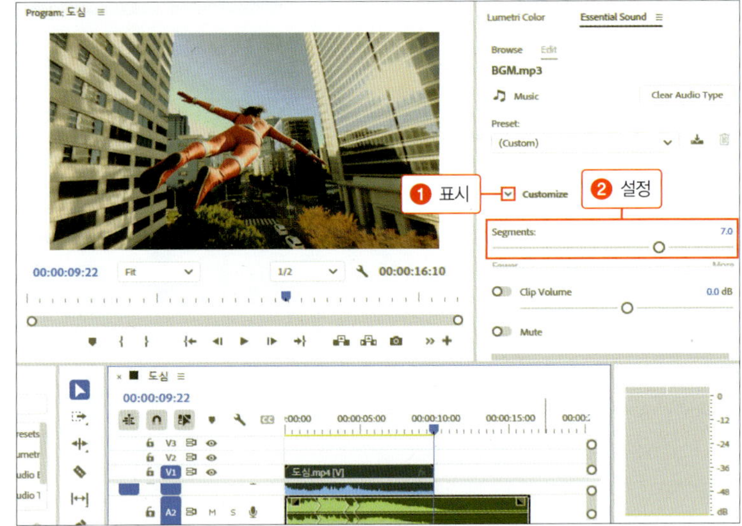

TIP

Remix 기능은 AI가 자동으로 음악의 전환 지점을 계산해 구성하는 방식이므로 사용자가 모든 부분을 완전히 수동으로 제어할 수는 없지만, Segments(구간)나 Variations(변주) 슬라이더를 이용하여 자연스러운 결과를 선택적으로 미세 조정할 수 있습니다.

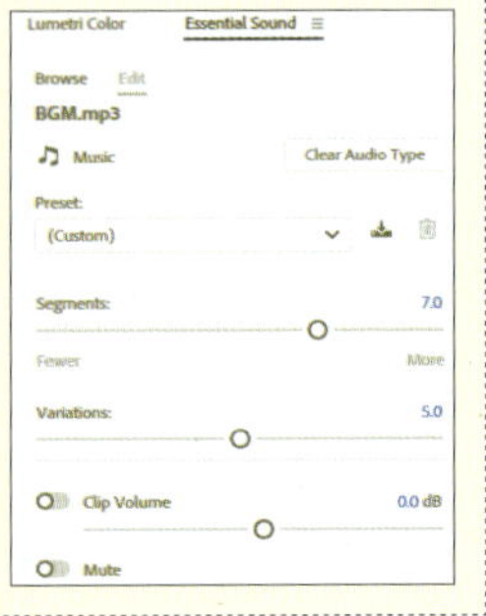

EASY 실습 두 개의 사운드를 자연스럽게 전환하기

영상 편집에서는 장면이 바뀌거나 분위기가 전환될 때 두 개의 사운드가 자연스럽게 이어지도록 처리하는 게 중요합니다. 프리미어 프로의 오디오 트랜지션 효과를 활용하면 서로 다른 음악이나 음향이 부드럽게 겹치며 전환되는 자연스러운 사운드 흐름을 만들 수 있습니다.

01 프리미어 프로 → 06 폴더에서 '오디오 트랜지션.prproj' 파일을 불러옵니다.
현재 영상은 인터뷰 장면이며, A2 트랙에는 서로 다른 장르의 배경음악 두 개가 배치되어 있습니다.

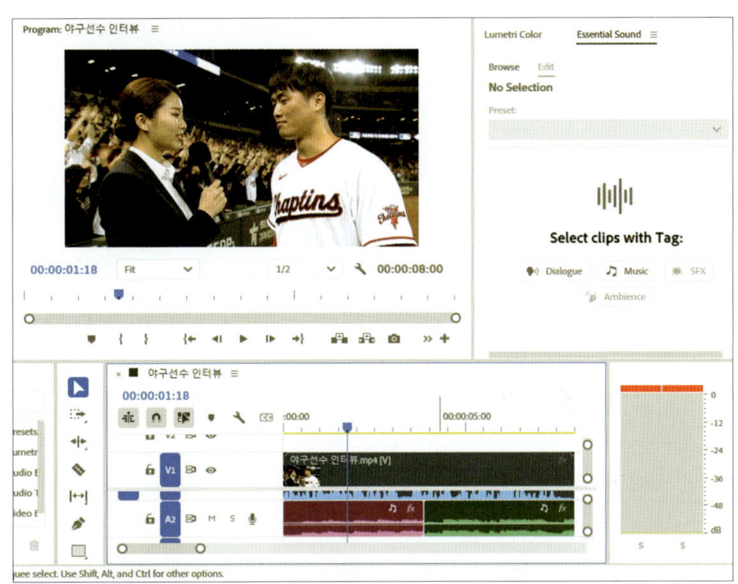

왜? ✦
이때 단순히 음악을 이어붙이면 분위기가 갑자기 바뀌어 어색하게 들릴 수 있으므로, 두 개의 사운드가 자연스럽게 이어지도록 전환 효과를 적용해야 합니다.

02 타임라인의 A2 트랙에서 두 번째 배경음악 클립의 조절점을 드래그하여 첫 번째 음악 클립과 겹치도록 배치합니다. 두 클립이 일정 부분 겹치면 앞 사운드가 서서히 줄어들고 뒤 사운드 곡이 자연스럽게 이어지면서 부드러운 전환 효과가 만들어집니다.

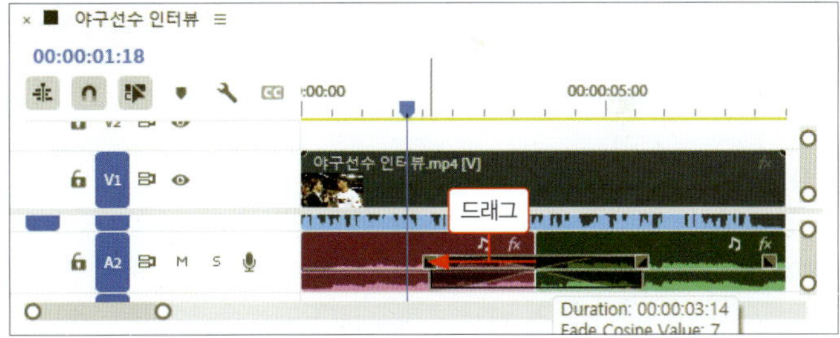

03 두 음악 클립이 겹치는 접점 부분에 생긴 전환 구간(페이드 영역)을 드래그해 길이를 조절합니다.

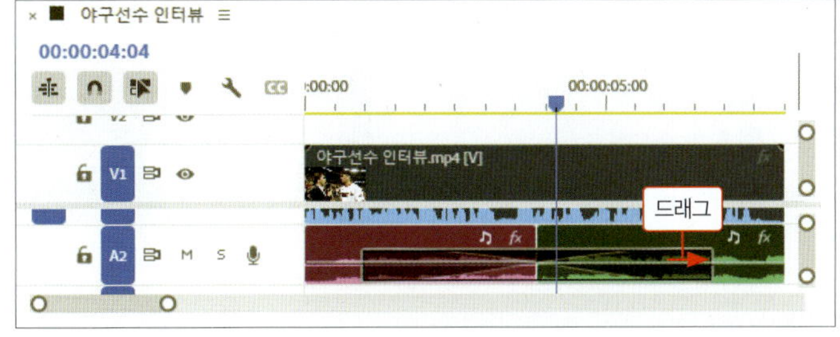

TIP ✦
전환 구간(페이드 영역) 구간을 길게 늘리면 전환이 부드럽게 이어지고, 짧게 줄이면 빠르게 전환되는 효과를 얻을 수 있습니다.

04 Spacebar를 눌러 영상을 재생합니다. 두 배경음악이 자연스럽게 이어지며 전환되는 것을 확인할 수 있습니다. 앞 사운드가 점점 줄어들고 뒤 사운드가 부드럽게 이어지면서 자연스러운 사운드 페이드 효과가 완성됩니다.

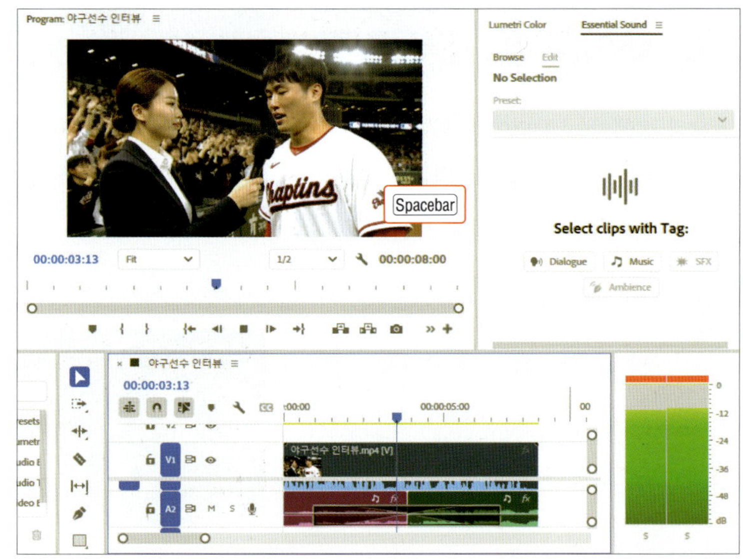

TIP ✦

Effects 패널에서 'Crossfade' 효과를 두 오디오 클립의 접점 부분에 드래그해 적용해도 두 사운드가 자연스럽게 겹치면서 이어지는 전환 효과를 동일하게 만들 수 있습니다.

TIP ✦ 오디오 페이드 인/아웃

간단한 효과이지만 페이드 인은 영상의 시작을 부드럽게 열고, 페이드 아웃은 마무리를 안정감 있게 만드는 역할을 합니다. Effects 패널에서 Audio Transitions – Crossfade의 효과들을 오디오 클립의 시작 부분과 끝부분에 드래그하여 적용하면 사운드가 서서히 커지거나 작아지는 페이드 인/아웃 효과를 손쉽게 구현할 수 있습니다. 이때 각 효과의 차이는 페이드 그래프의 형태에 있습니다.

Effects 패널에서도 페이드 효과를 적용할 수 있습니다.

❶ Constant Gain : 일정한 속도로 줄어듭니다.
❷ Constant Power : 서서히 변화하며 자연스럽게 들립니다.
❸ Exponential Fade : 초반에는 빠르게 줄고 후반에는 천천히 사라집니다.

이처럼 미묘한 차이가 있지만 Constant Power 효과가 가장 자연스럽게 들립니다.

Quick 활용 페이드 인/아웃으로 분위기 있게 영상 마무리하기

영상의 시작이나 끝에서는 사운드를 갑자기 끊지 않고 점진적으로 조절하는 게 중요합니다. 프리미어 프로의 페이드 인(Fade In), 페이드 아웃(Fade Out) 효과를 활용하면 음악이 서서히 커지거나 작아지며 영상의 흐름을 자연스럽고 감각적으로 마무리할 수 있습니다.

01 프리미어 프로 → 06 폴더에서 '페이드인 페이드아웃.prproj' 파일을 불러옵니다.
영상은 오케스트라 연주 장면이며, A1 트랙에는 오케스트라 연주 오디오 클립이 배치되어 있습니다. 영상이 시작될 때 사운드가 서서히 커지도록 페이드 인 효과를 적용하면 더 자연스럽고 부드러운 연출을 만들 수 있습니다. 오디오 트랙의 왼쪽 조절점을 그림과 같이 오른쪽으로 드래그하여 음악이 점점 커지며 시작되는 페이드 인 구간을 만듭니다.

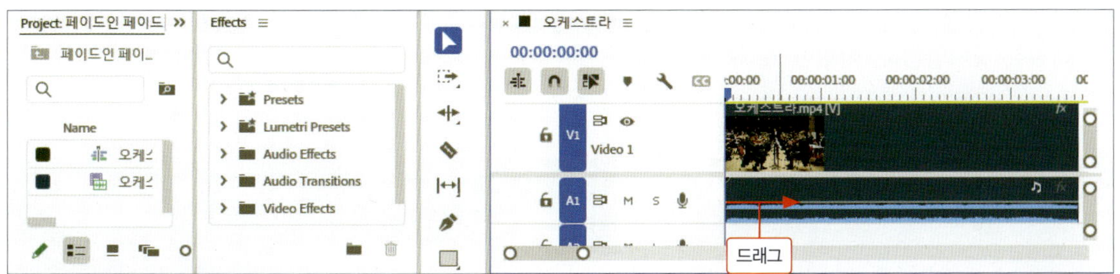

02 ❶ Spacebar를 눌러 영상을 재생하면 사운드가 점점 커지며 시작되는 페이드 인 효과가 적용됩니다. ❷ 페이드 인 구간의 왼쪽 조절점을 드래그하여 페이드 인 구간 길이를 조절할 수 있습니다.

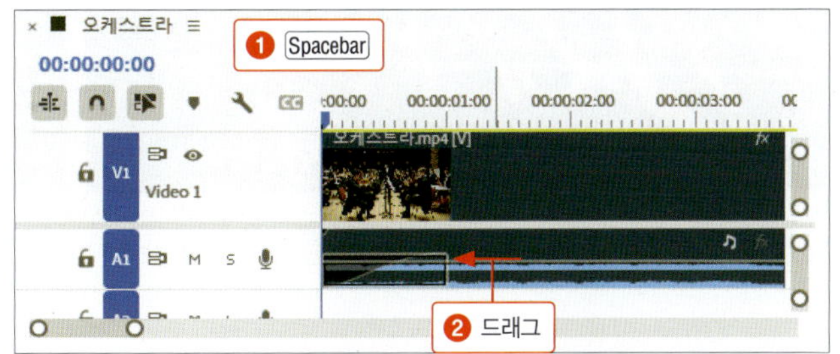

03 영상의 끝부분도 위와 같은 방법으로 페이드 아웃을 적용할 수 있습니다. 오디오 클립의 오른쪽 조절점을 그림과 같이 왼쪽으로 드래그하면 사운드가 점점 작아지며 마무리되는 페이드 아웃 효과가 만들어집니다.

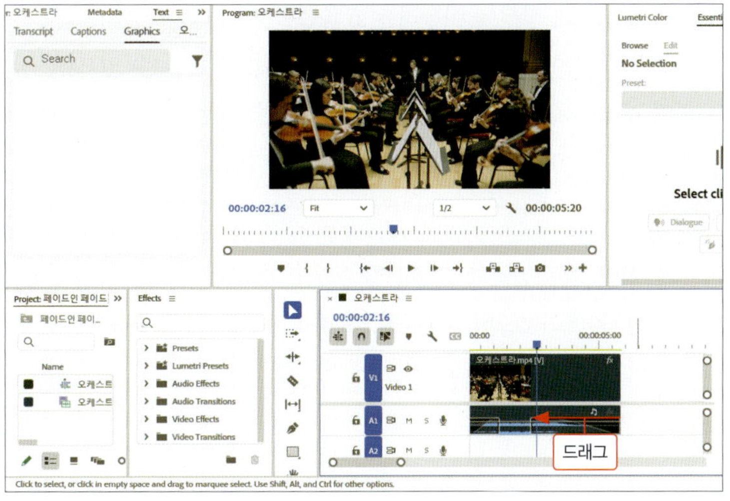

❸ 효과음 기초와 준비 과정 살펴보기

효과음의 개념과 역할

효과음이란 영상 속 상황이나 동작을 더욱 실감나게 표현하기 위해 삽입하는 인공적인 소리를 말합니다. 문을 여는 소리, 발소리, 카메라 셔터음, 관중의 환호 등과 같이 실제 장면에서 들리는 소리를 강조하거나 보완하는 역할을 합니다. 효과음은 단순히 소리를 채워 넣는 요소가 아니라 장면의 분위기를 형성하고 감정선을 강화하는 핵심적인 사운드 연출 요소입니다. 예를 들어 공포 영화에서는 문이 삐걱거리는 소리로 긴장감을 주고, 예능 프로그램에서는 효과음을 사용해 웃음 포인트를 강조합니다.

또한 실제 소리뿐만 아니라 모션 그래픽이나 타이틀 애니메이션과 같은 영상 요소에서도 효과음은 중요한 역할을 합니다. 장면 전환 시 '슈웅' 하는 이동음이나 자막이 등장할 때 '띠링' 같은 소리는 시각적 변화에 청각적 리듬을 더하는 장치입니다. 이러한 효과음을 적절히 활용하면 영상의 완성도와 몰입감이 높아지고, 시청자는 화면의 움직임을 더 직관적이고 감각적으로 인식할 수 있습니다.

이 장면에서 관중의 함성이 없다면 영상은 매우 밋밋하고 생동감이 떨어집니다.

이 장면에서 엔진음과 타이어 마찰음이 없다면 레이싱의 속도감과 긴장감이 제대로 전달되지 않습니다.

효과음을 찾는 방법

영상의 분위기와 상황에 어울리는 효과음을 찾는 것은 사운드 연출의 첫 단계입니다. 프로젝트의 성격에 따라 무료 효과음 사이트나 상용 음원 라이브러리를 활용할 수 있으며, 필요에 따라 직접 녹음하거나 AI 도구를 이용하여 생성할 수도 있습니다. 여기서는 직접 녹음하거나 생성하는 과정보다는 무료 및 유료 효과음을 효율적으로 검색하고 활용하는 방법에 대해 알아봅니다.

❶ 무료

다음 사이트들은 상업적으로 이용할 수 있고 저작권 걱정 없이 사용할 수 있는 대표적인 효과음 플랫폼입니다. 로그인이 필요한 사이트가 있으며, 효과음을 검색할 때는 영문 키워드로 검색하면 더 많은 결과를 얻을 수 있습니다.

(예 폭발음 → 〈Explosion Sound〉 버튼 클릭 → 버튼 클릭, 관중 환호 → Crowd Cheer)

- Pixabay Sounds
  (pixabay.com/sound-effects/)

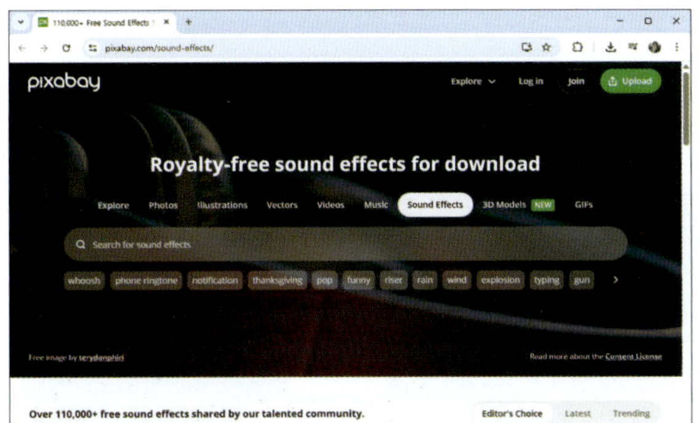

- Mixkit
  (mixkit.co/free-sound-effects/)

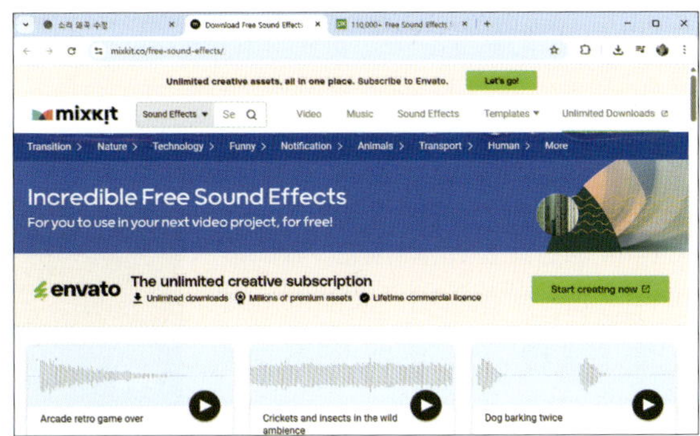

- ZapSplat
  (zapsplat.com)

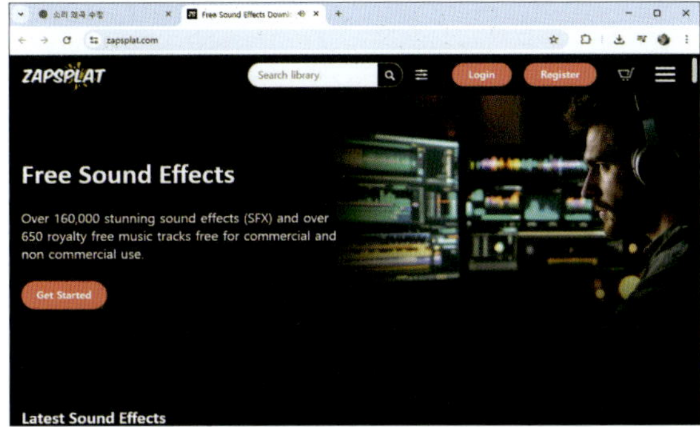

- 유튜브 오디오 보관함
  (studio.youtube.com)

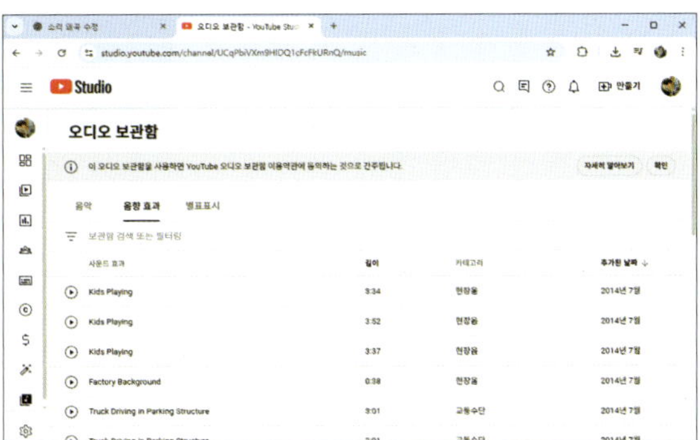

❷ 유료

- Artlist(artlist.io)

전 세계 크리에이터들이 사용하는 프리미엄 음원 및 효과음 구독 서비스입니다. 사운드 디자이너와 스튜디오가 제작한 수천 개의 고품질 효과음(SFX)을 제공하며, 상업 영상, 유튜브, 광고, 영화 등 다양한 콘텐츠 제작에 활용할 수 있습니다. 특히 프리미어 프로와 연동할 수 있는 확장 프로그램(Extension)을 제공하여 Artlist 구독자라면 프리미어 프로에서 직접 효과음을 검색하고 다운로드할 수 있는 편리한 워크플로우를 지원합니다. 이를 통해 별도의 브라우저 이동 없이 편집 중 즉시 필요한 효과음을 삽입할 수 있다는 점이 큰 장점입니다.

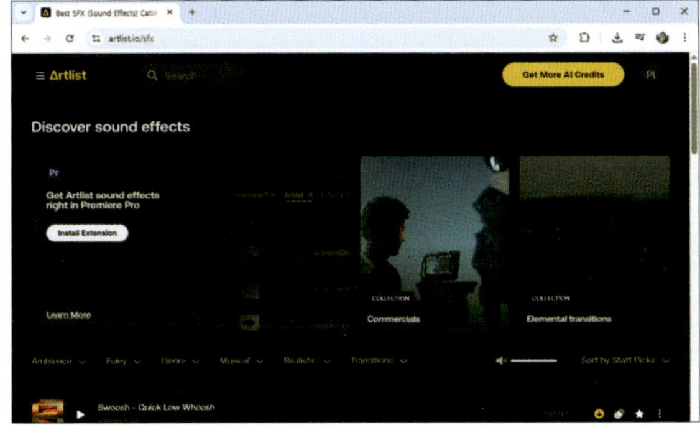

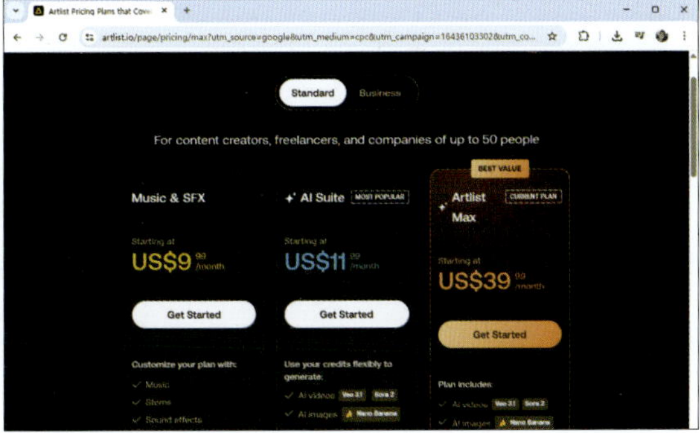

EASY 실습 효과음 적용하기

효과음을 영상에 적용하는 방법은 다음과 같이 크게 5단계로 나뉩니다.

01 효과음 사이트에서 ❶ 프로젝트에 어울리는 사운드를 검색합니다. 상황이나 장면의 분위기에 맞는 키워드를 입력하면 다양한 효과음이 표시되며, 미리 듣기를 통해 ❷ 가장 적합한 소리를 선택하여 다운로드한 후 작업 폴더에 저장합니다. 이렇게 준비한 효과음은 이후 프리미어 프로로 불러와 영상에 적용할 수 있습니다.

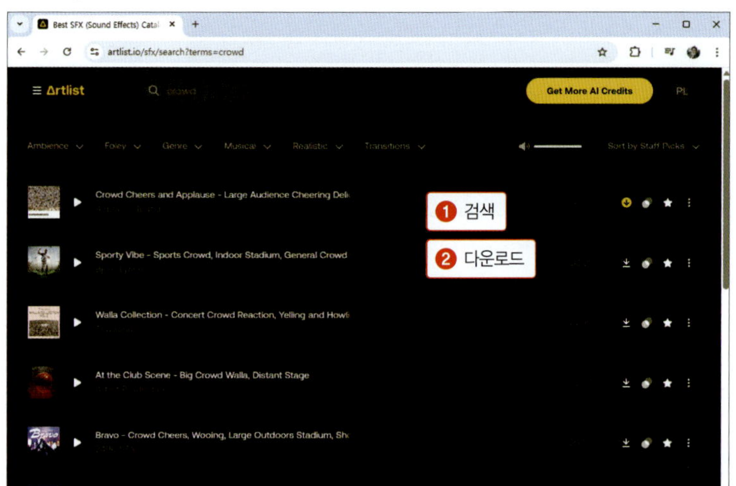

02 프리미어 프로 → 06 폴더에서 '효과음.prproj' 파일을 불러옵니다. Project 패널의 여백을 더블클릭하거나 메뉴에서 [File] → Import(Ctrl+I)를 실행해 저장한 효과음 파일을 불러옵니다.

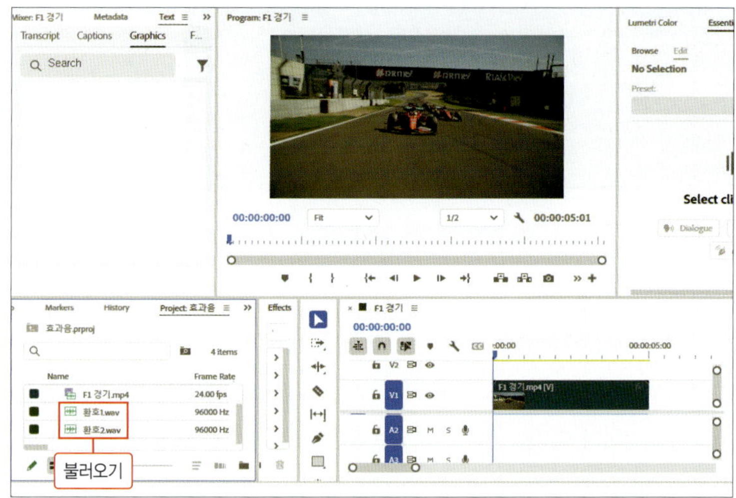

TIP

예제에서는 '환호1.wav', '환호2.wav' 파일을 불러왔습니다.

03 불러온 효과음을 드래그하여 A2나 A3 트랙 등 빈 오디오 트랙에 배치합니다. 이때 효과음이 들어갈 영상의 특정 장면에 정확히 맞춰 배치합니다.

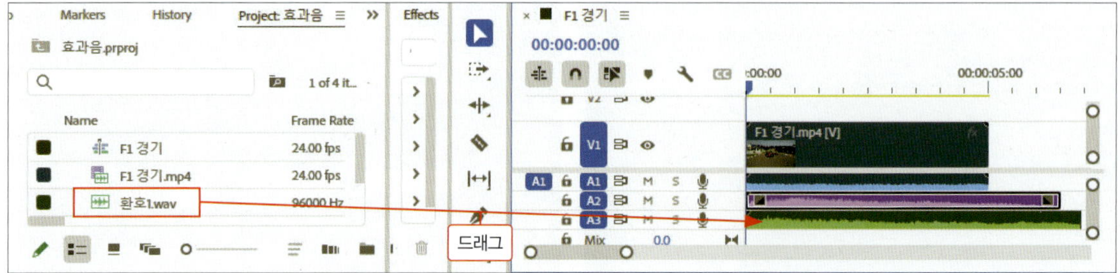

04 ❶ Spacebar를 눌러 영상을 재생하며 타이밍이 어긋나지 않는지 확인합니다. 필요한 경우 ❷ 오디오 클립을 프레임 단위로 왼쪽 또는 오른쪽으로 미세하게 이동해 정확히 장면에 맞춥니다.

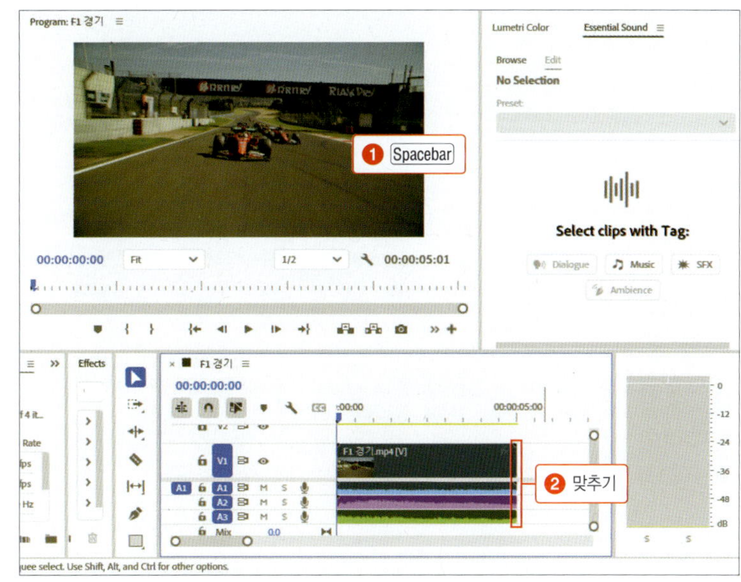

05 효과음 오디오 클립을 선택하고 사운드 볼륨 값을 조절합니다. 이때 Audio Clip Mixer와 Audio Meters 패널을 참고하면 효과음이 다른 오디오 트랙(대사, 배경음악 등)과의 밸런스를 해치지 않도록 명확한 기준을 가지고 음량을 조정할 수 있습니다.

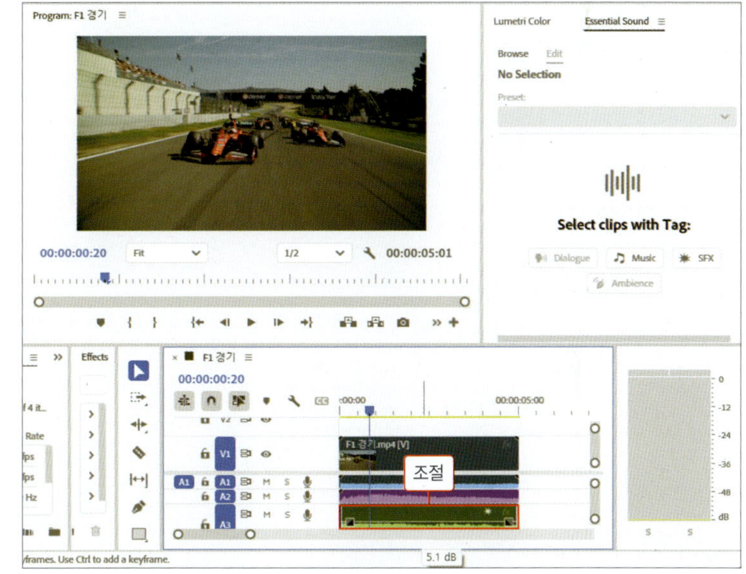

TIP ✦

일반적으로 효과음은 대사보다 약간 낮고, 배경음보다 조금 높은 수준으로 맞추면 자연스럽게 들립니다.

TIP ✦ 효과음은 포인트로만 사용하기

효과음은 영상의 분위기와 리듬을 보조하며 장면 전환이나 텍스트 애니메이션, 특정 장면을 강조하는 요소입니다. 배경음악처럼 지속해서 크게 사용하기보다는 장면 전환, 동작의 시작, 강조 포인트 등 필요한 순간에만 짧게 사용하는 것이 바람직합니다.

효과음이 과도하게 반복되거나 볼륨이 지나치게 크면 영상의 퀄리티가 낮아 보일 수 있습니다. 특히 대사가 포함된 장면에서는 효과음이 음성을 가리지 않도록 주의하며, 항상 대사보다 낮은 음량으로 조절해 '보이지 않는 보조 역할'에 머물도록 해야 합니다. 적절한 타이밍과 절제된 사용이 효과음의 완성도를 결정하며, 잘 사용된 효과음은 영상의 인상을 강화하지만 과한 효과음은 연출의 신뢰도를 낮출 수 있습니다.

Part 07

영상 합성 & 특수효과 완벽 가이드

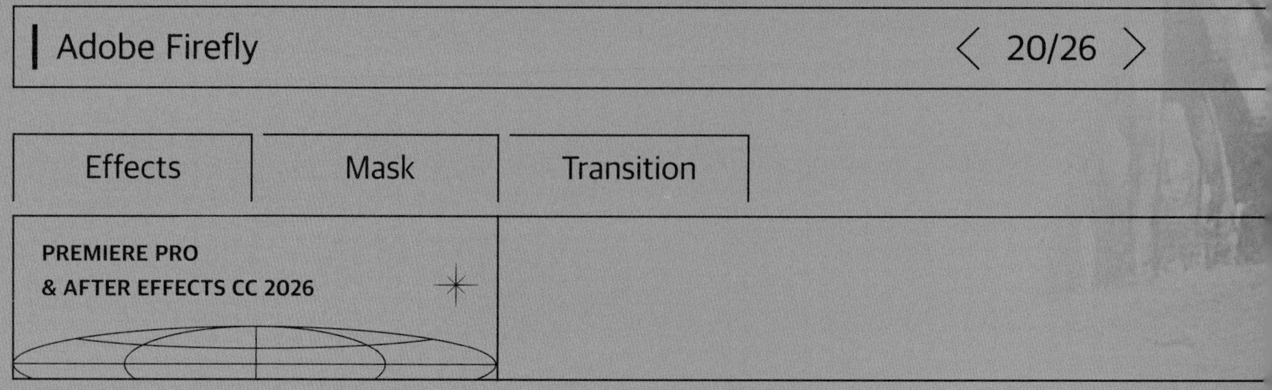

PREMIERE
26
PREMIERE
26
Generate

LESSON 13 Pr

쉽고 빠르게 완성하는 기본 합성 & 효과

• **실습파일** : 프리미어 프로\07\크로마키.prproj • **완성파일** : 프리미어 프로\07\크로마키_완.prproj

EASY 실습 크로마키 영상 합성하기

영상을 제작할 때 특정 물체나 인물을 전혀 다른 공간에 있는 것처럼 표현해야 할 때가 있습니다. 예를 들어 실제로는 교실에서 촬영했지만, 완성된 영상에서는 하늘을 나는 장면이나 우주 속을 걷는 장면처럼 연출하고 싶을 때 말입니다. 이때 사용하는 기술이 바로 크로마키(Chroma Key)입니다. 크로마키는 남기고자 하는 인물이나 물체에 없는 색상을 배경으로 두고 촬영한 후 그 특정 색상을 투명하게 바꾸는 합성 기법입니다. 배경을 투명하게 처리하면 그 뒤에 다른 영상이나 이미지를 넣어 새로운 장면을 자연스럽게 합성할 수 있습니다. 프리미어 프로에서 크로마키 영상을 합성하는 방법을 알아봅니다.

01 프리미어 프로 → 07 폴더에서 '크로마키.prproj' 파일을 불러옵니다.
Project 패널에서 배경이 될 '풍선.mp4' 소스를 Timeline 패널로 드래그합니다.

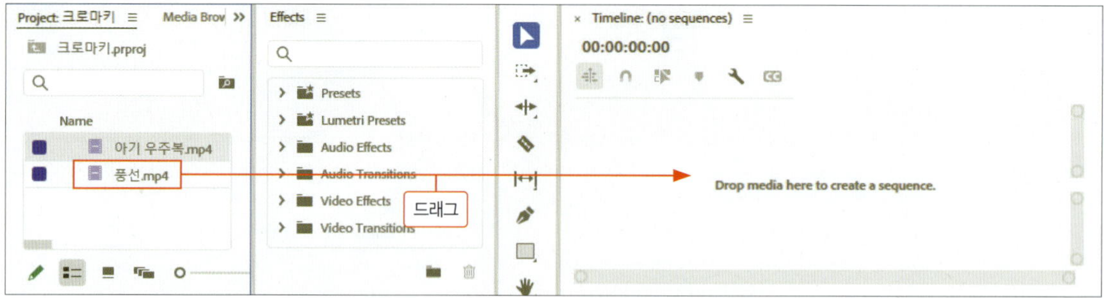

02 영상 소스 설정에 맞게 시퀀스가 자동으로 생성됩니다. 이번에는 초록색 배경에서 촬영한 크로마키 소스인 '아기 우주복.mp4' 클립을 V2 트랙에 드래그하여 배치합니다.

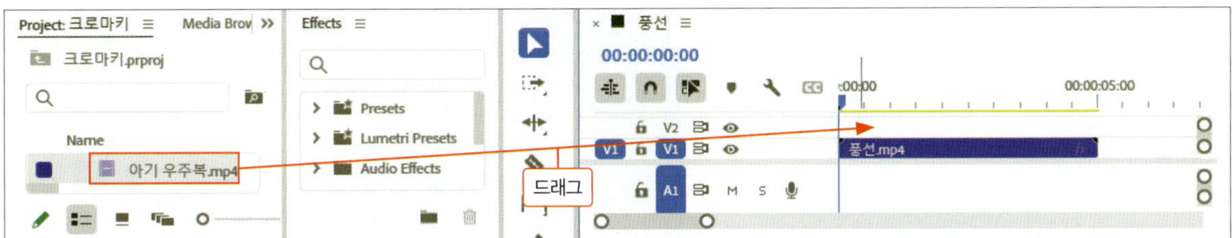

03 Effects 패널에서 ❶ 'Ultra Key' 효과를 검색합니다. Video Effects – Keying – Ultra Key를 Timeline 패널의 ❷ '아기 우주복.mp4' 클립으로 드래그합니다.

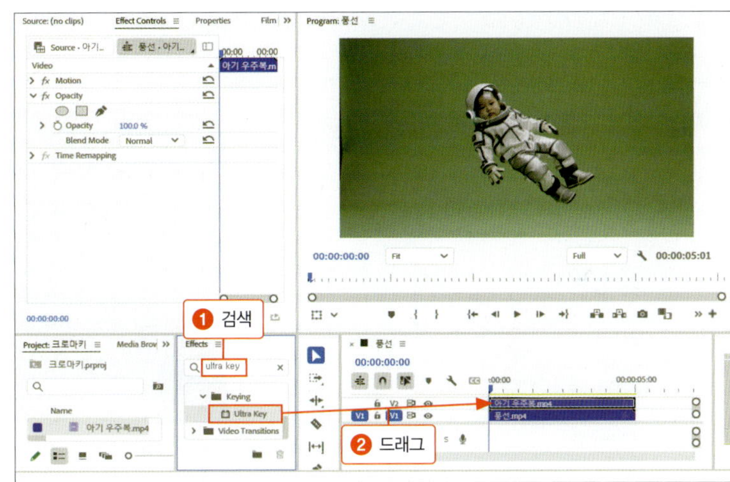

04 Effect Controls 패널에 Ultra Key 항목이 표시되면 ❶ Key Color의 '스포이트' 아이콘(🖉)을 클릭하고 Program Monitor 패널에서 ❷ 초록색 배경을 클릭합니다.

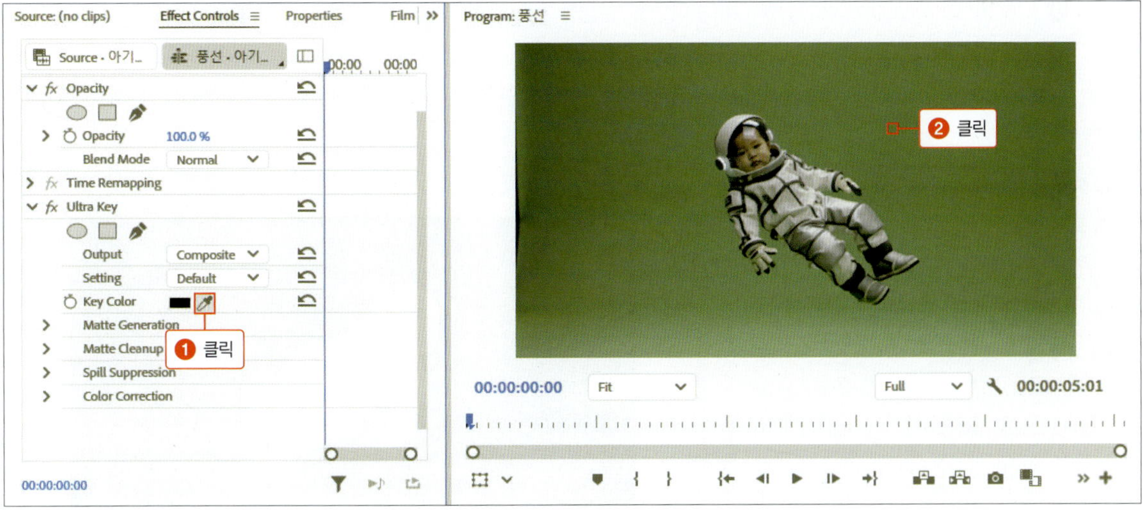

05 초록색 배경이 삭제되었습니다. 경계 부분을 더 세밀하게 조정하기 위해 Output을 'Alpha Channel'로 지정해 투명 영역을 확인합니다.

왜?

Alpha Channel에서 흰색 영역은 남는 부분, 검은색 영역은 삭제되는 부분을 의미합니다. 예제에서는 인물만 흰색으로 남기고 나머지 배경은 모두 검은색으로 만들어 제거합니다.

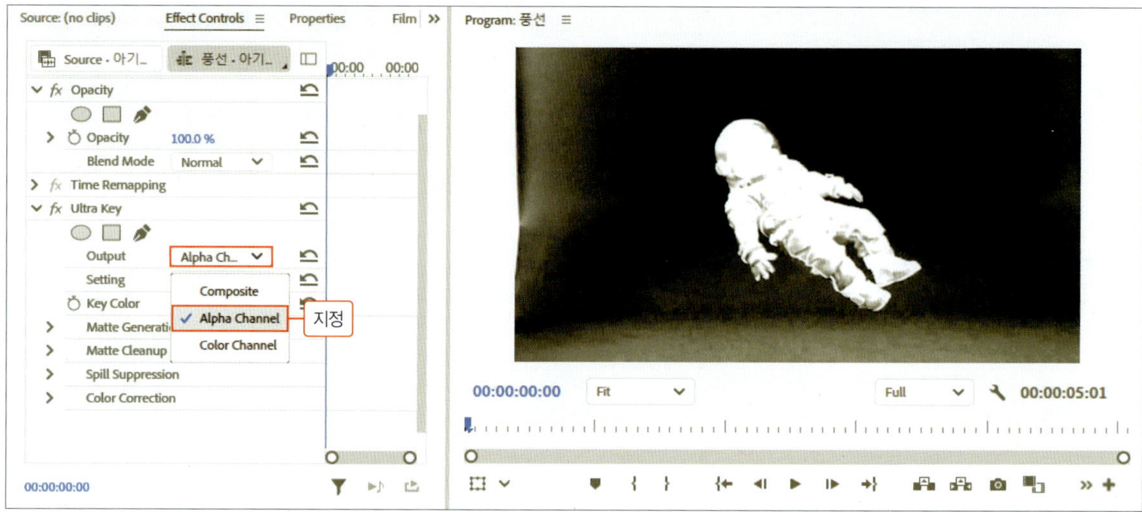

06 ❶ Matte Generation 항목을 표시하여 다양한 설정을 제어할 수 있습니다. ❷ 각 설정값을 조절하면서 인물만 흰색으로 남기고, 나머지 배경은 모두 검은색으로 만들어 제거합니다. 예제에서는 Transparency(불투명도)를 '30.0', Highlight(하이라이트)를 '0.0', Shadow(섀도)를 '100.0', Tolerance(관용도)를 '80.0', Pedestal(기준점)을 '100.0'으로 설정합니다.

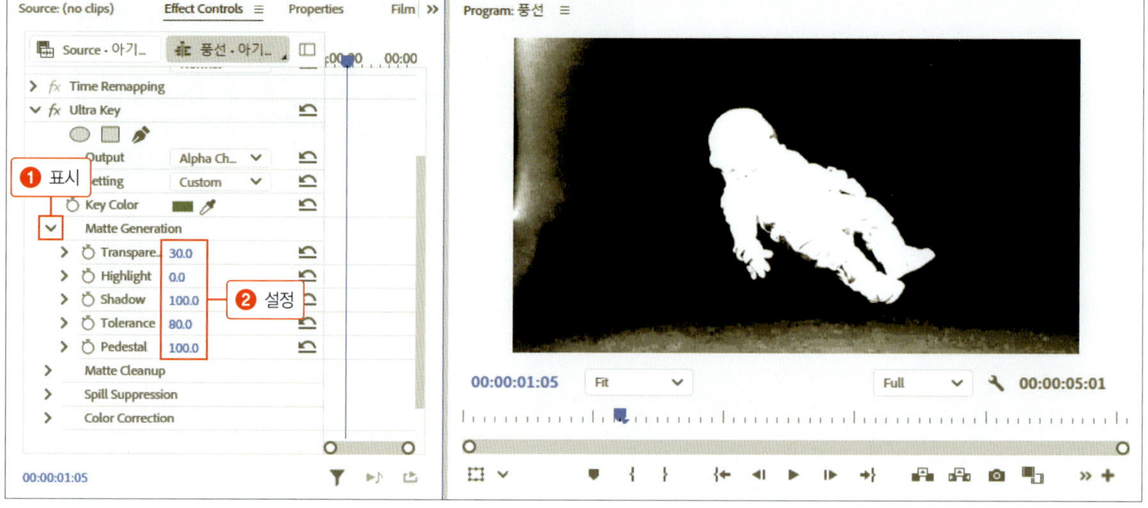

07 ❶ Output을 'Composite'로 지정하여 원래대로 되돌립니다. ❷ Matte Cleanup 항목을 표시하고 ❸ Soften(부드러움)을 '27.0'으로 설정하여 가장자리를 부드럽게 만듭니다.

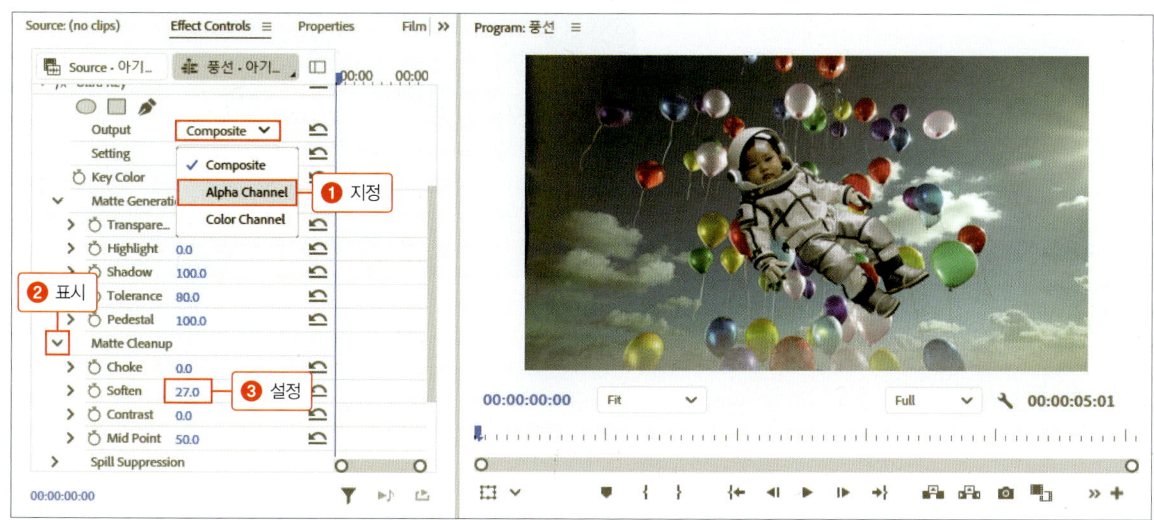

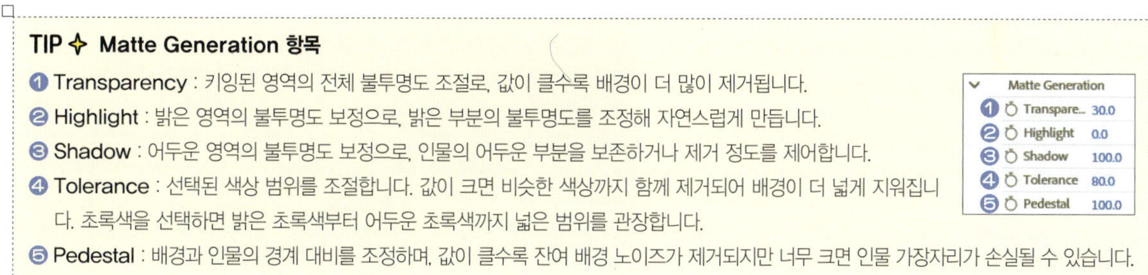

TIP ✦ Matte Generation 항목

❶ **Transparency** : 키잉된 영역의 전체 불투명도 조절로, 값이 클수록 배경이 더 많이 제거됩니다.
❷ **Highlight** : 밝은 영역의 불투명도 보정으로, 밝은 부분의 불투명도를 조정해 자연스럽게 만듭니다.
❸ **Shadow** : 어두운 영역의 불투명도 보정으로, 인물의 어두운 부분을 보존하거나 제거 정도를 제어합니다.
❹ **Tolerance** : 선택된 색상 범위를 조절합니다. 값이 크면 비슷한 색상까지 함께 제거되어 배경이 더 넓게 지워집니다. 초록색을 선택하면 밝은 초록색부터 어두운 초록색까지 넓은 범위를 관장합니다.
❺ **Pedestal** : 배경과 인물의 경계 대비를 조정하며, 값이 클수록 잔여 배경 노이즈가 제거되지만 너무 크면 인물 가장자리가 손실될 수 있습니다.

08 크로마키 설정이 어느 정도 완료되었지만, 인물의 가장자리나 하단에 잔여 배경이 남아 있습니다. 이렇게 세밀하게 남은 부분을 제거하려면 마스크(Mask) 기능을 활용해야 합니다. Effect Controls 패널의 Opacity 항목에서 Pen Tool(✒)을 선택합니다.

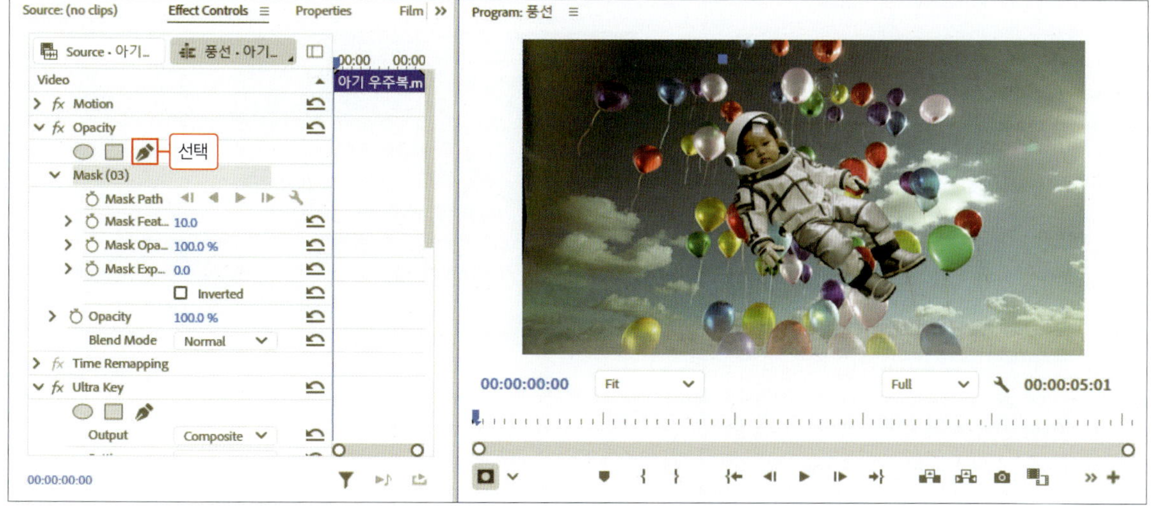

09 Program Monitor 패널에서 인물 주변을 따라 클릭해 마스크 영역을 지정합니다.

TIP ✧

펜 도구를 선택한 상태에서 영상을 클릭해 기준점을 하나 만든 다음 인물 주변 영역을 클릭하면서 한 점 잇기를 하듯 도형을 완성하면 해당 영역이 마스크로 만들어집니다.

10 ❶ Spacebar를 눌러 영상을 재생하면 마스크 영역이 인물을 덮어 인물이 잘리는 경우가 발생할 수 있습니다. 이때 마스크의 기준점을 드래그해 인물과 겹치지 않도록 위치를 조정하면 잘리는 현상을 수정할 수 있습니다. 또한 마스크 가장자리에 경계선이 뚜렷하게 남는 것을 방지하기 위해 ❷ Mask Feather를 '51.0'으로 설정하여 경계를 부드럽게 흐리면 자연스러운 합성 효과를 얻을 수 있습니다.

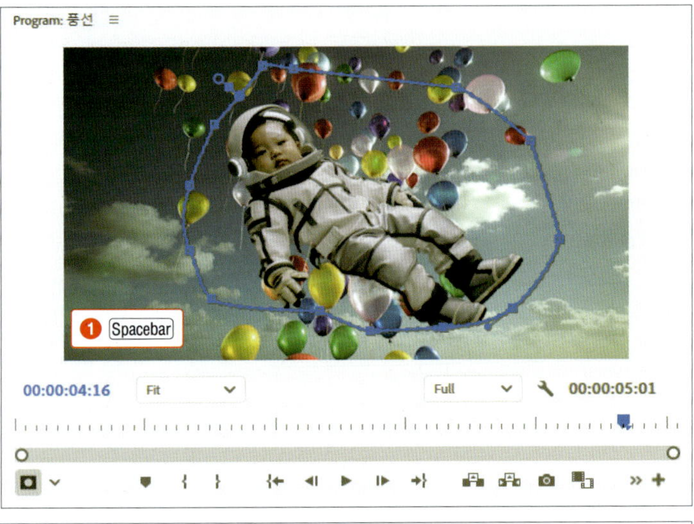

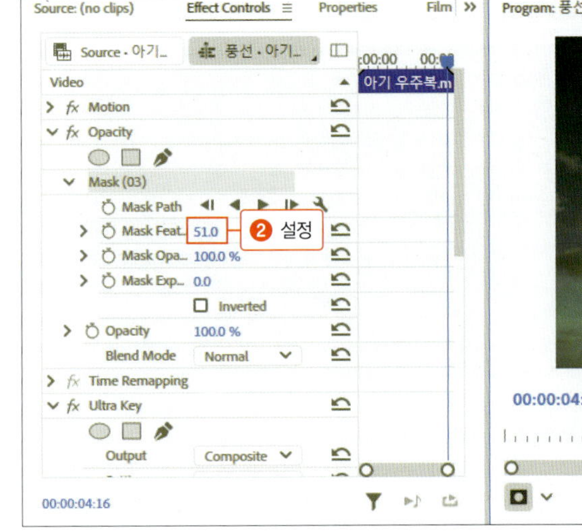

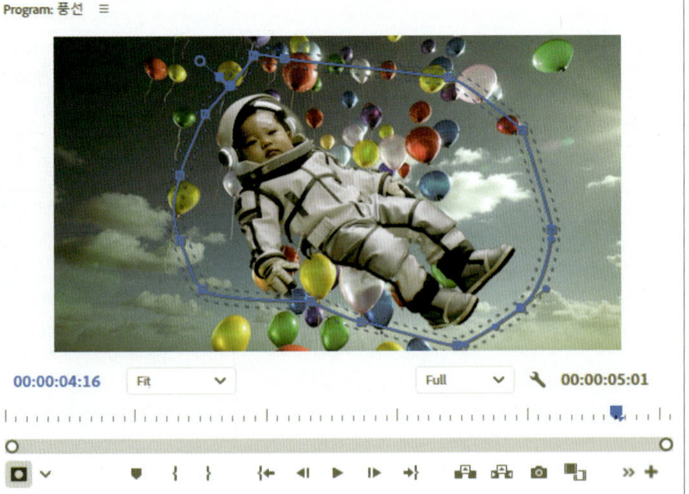

11 Spacebar를 눌러 영상을 재생하면 크로마키 효과가 적용되어 아기와 새로 적용한 배경이 함께 표시되는 것을 확인할 수 있습니다.

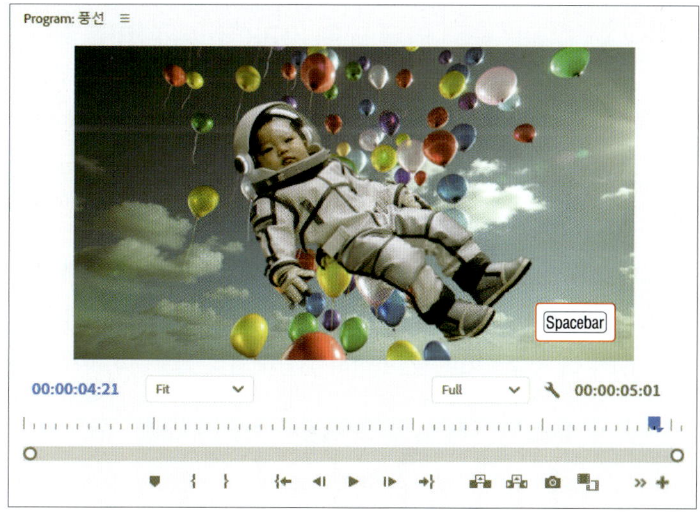

TIP ✦

프리미어 프로에서 크로마키 효과를 적용하기 가장 좋은 것은 배경에 주름이 없는 깨끗한 장면(Footage)입니다. 하지만 실무나 실제 촬영에서는 이렇게 완벽한 크로마키 소스를 얻는 것이 매우 어렵습니다. 약간의 주름이나 노이즈는 프리미어 프로에서도 어느 정도 보정할 수 있지만, 심한 경우에는 처리하기 힘듭니다. 이때 애프터 이펙트의 로토 브러시나 키라이트(Keylight)와 같은 기능과 연동하여 크로마키를 적용해야 합니다.

배경에 주름과 노이즈가 없는 완벽한 크로마키 소스

현실에서 마주하는 크로마키 배경

TIP ✦ 크로마키 촬영 시 주의사항(의상)

크로마키 촬영에서 의상과 소품 선택은 합성 퀄리티를 좌우할 정도로 중요합니다. 조명과 키잉 세팅이 좋아도 옷 선택을 잘못하면 가장자리 훼손, 구멍, 색 번짐이 발생해 후반 작업 난이도가 급격히 올라갑니다. 배경색과 유사한 색상의 옷은 반드시 피해야 합니다. 그린 크로마키에서는 연두 · 카키 · 민트처럼 녹색 계열이 조금이라도 섞인 의상이 투명하게 뚫릴 수 있고, 블루 크로마키 역시 하늘색 · 청색 · 보라빛이 강한 의상은 문제가 됩니다.

크로마키와 비슷한 색상의 의상을 입으면 크로마키 촬영 후 후반 편집 단계에서 문제가 생길 수 있습니다.

EASY 실습 인물 뒤에 따라다니는 타이틀 만들기

인물 뒤로 타이틀이나 자막이 지나가는 연출은 예전에는 애프터 이펙트에서만 할 수 있었습니다. 하지만 프리미어 프로에 자동 마스크(Auto Mask) 기능이 추가되면서 별도의 합성 없이도 인물과 배경을 분리하여 입체적인 효과를 연출할 수 있습니다.

자동 마스크 기능은 AI가 영상 속 인물을 자동으로 인식해 배경을 구분하는 기술로, 타이틀을 인물 뒤에 배치하는 간단한 합성을 연출할 수 있습니다. 물론 복잡한 장면에서는 여전히 애프터 이펙트의 로토 브러시(Roto Brush)가 더 정교하지만, 프리미어 프로에서도 기본적인 입체 합성은 충분히 할 수 있습니다.

Before

After

01 프리미어 프로 → 07 폴더에서 '인물 뒤 자막.prproj' 파일을 불러옵니다.

사전에 설정된 시퀀스가 나타나며, '패션 모델.mp4'에 위에 'MODERN STYLE'이라는 타이틀 자막이 있습니다.

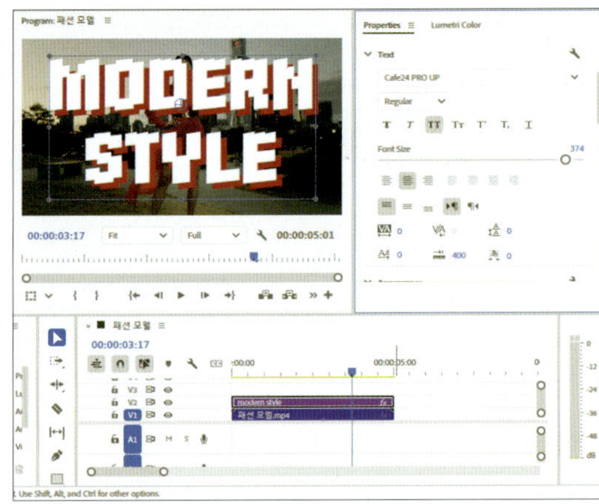

TIP

본 예제는 하위 버전(CC 2025 버전 등)에서는 프로젝트 파일이 열리지 않으므로, 프리미어 프로 CC 2026을 설치한 후 실습하세요.

TIP

예제에서 텍스트 타이틀의 글꼴은 'Cafe 24 PRO UP'입니다. 해당 글꼴이 없다면 눈누 사이트에서 다운로드받아 설치할 수 있습니다.

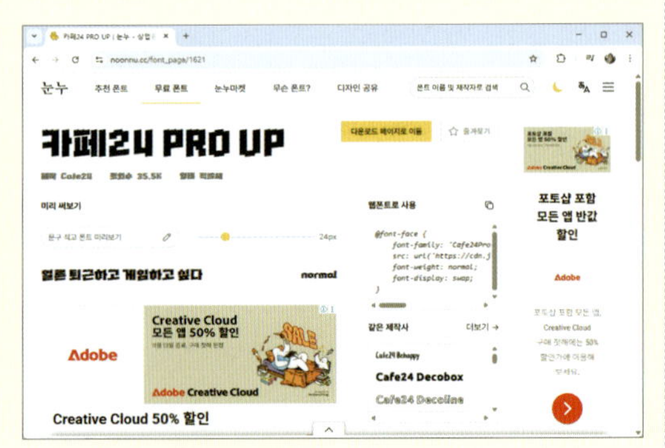

02 Timeline 패널의 V1 트랙에 있는 '패션 모델.mp4' 클립을 Alt를 누른 상태에서 V3 트랙으로 드래그해 복제합니다. 해당 클립에서 인물을 분리하기 위한 사전 작업입니다.

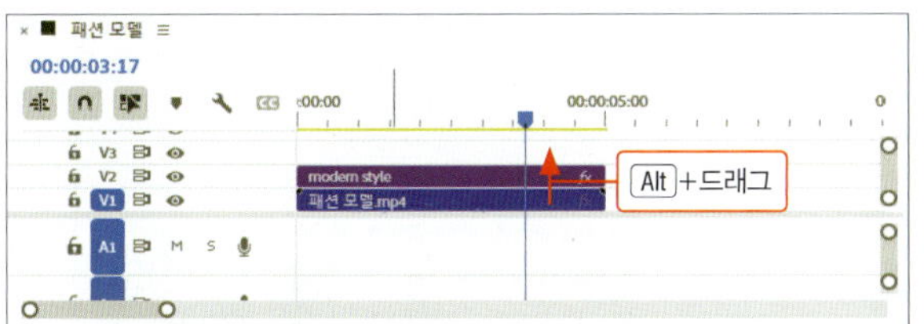

클립을 복제하기 전

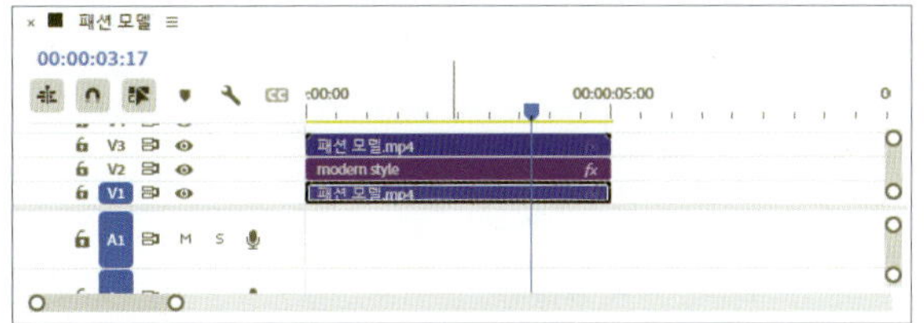

클립을 복제한 후

03 Timeline 패널의 ❶ 현재 시간 표시기를 영상의 시작(0초) 위치로 이동합니다. Tools 패널에서 ❷ 객체 인식 마스크 도구(Object Mask Tool,)를 선택합니다.

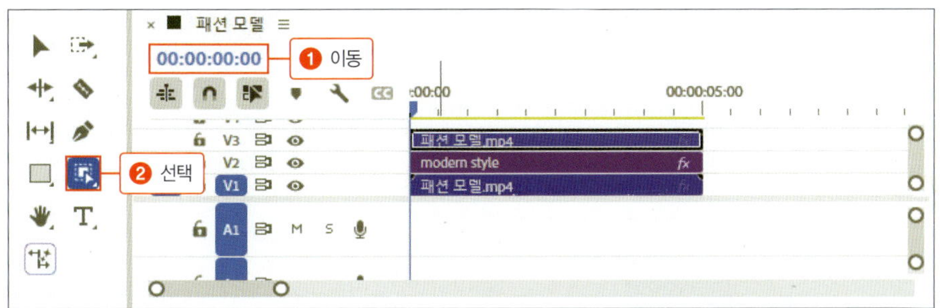

04 V3 트랙이 선택된 상태에서 분리할 인물 위에 마우스 커서를 위치하면 붉은색으로 표시됩니다. 이때 클릭하면 인물의 윤곽을 따라 외곽선이 자동으로 생성됩니다.

TIP

붉은색 외곽선은 프리미어 프로의 AI 객체 인식 마스크(Object Mask)가 인물을 감지하여 생성한 경계선입니다. 그림과 같이 붉은색이 겹쳐 가시성이 떨어지는 경우 Program Monitor 패널 하단의 메뉴에서 마스크 영역의 색상을 변경할 수 있습니다.

05 Effect Controls 패널에서 ❶ Object Mask (01) 항목을 표시하고 ❷ Tracker의 '재생' 아이콘(▶)을 클릭합니다. 선택된 인물의 움직임을 따라가는 마스크 자동 추적(Tracking)이 시작됩니다. 이 과정을 통해 인물이 이동해도 마스크가 프레임마다 자동으로 따라가도록 설정할 수 있습니다.

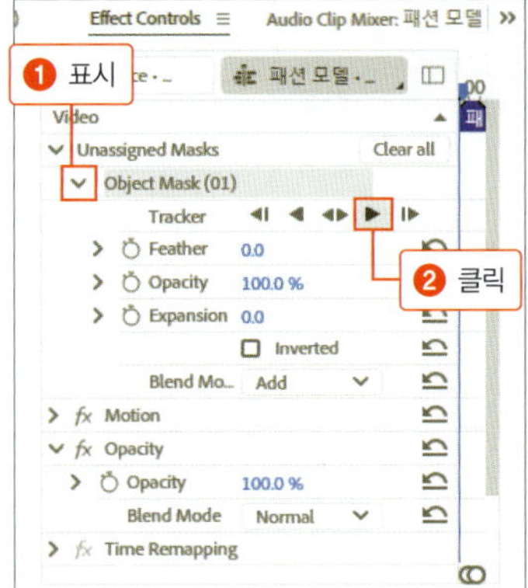

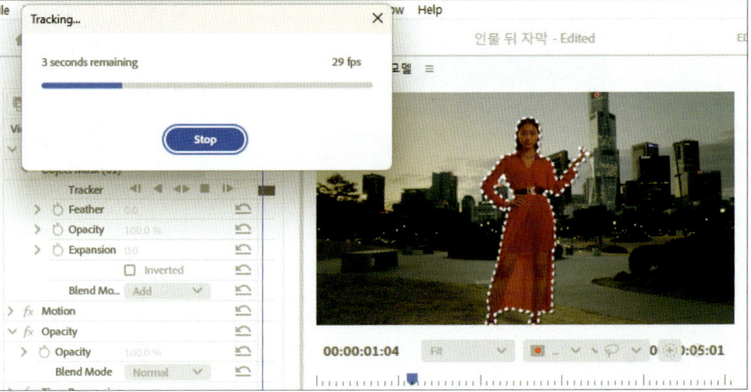

06 마스크 추적이 완료되었지만 아직 인물이 분리되지 않았습니다. 마스크 데이터가 단순히 생성만 된 상태이기 때문입니다. Effect Controls 패널에서 마스크 데이터를 Opacity로 드래그해 적용하면 인물과 배경이 분리되어 투명하게 처리됩니다.

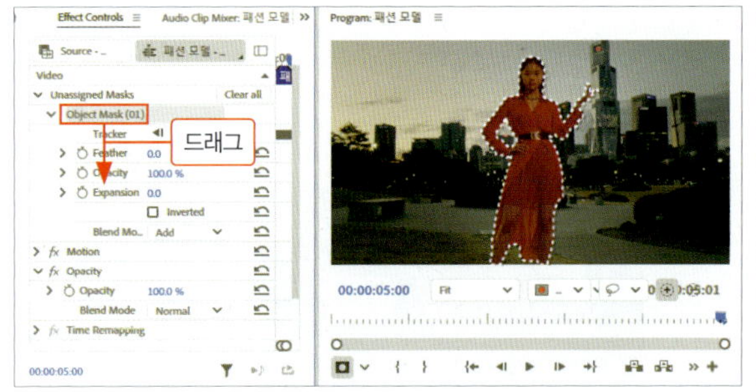

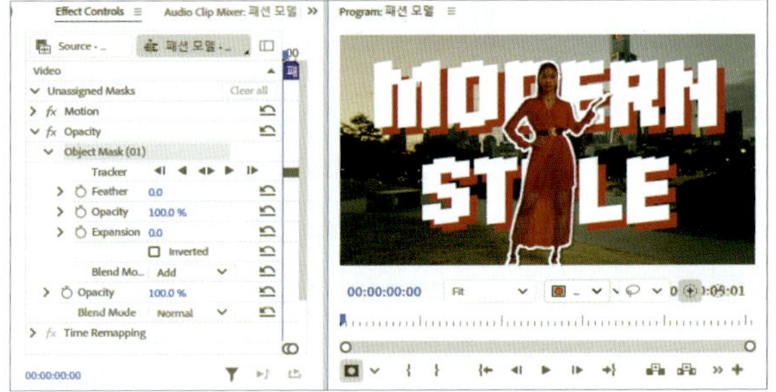

07 Spacebar를 눌러 영상을 재생하면 인물의 움직임에 따라 마스크가 유지되면서 인물 뒤로 타이틀이 자연스럽게 표시됩니다. 이렇게 인물과 타이틀이 겹치지 않고 명확하게 구분되어 간단한 마스크 설정만으로도 입체감 있는 화면을 연출할 수 있습니다.

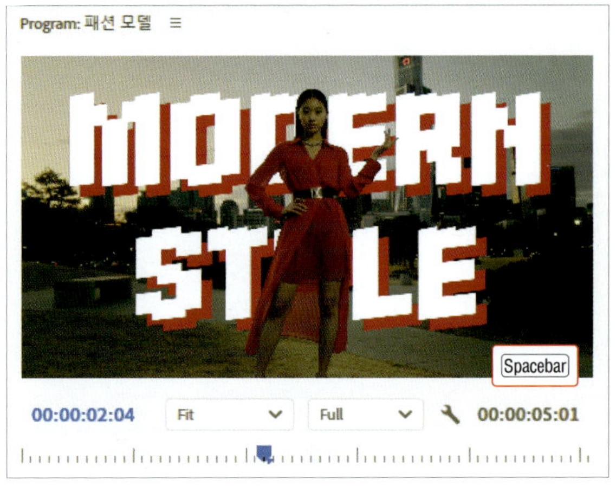

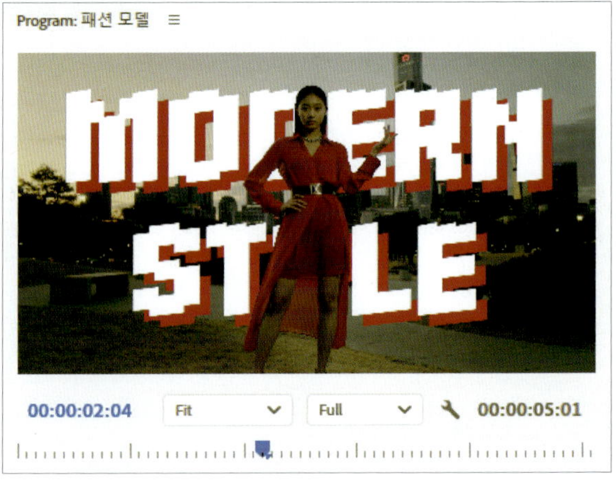

Quick 활용 초상권 보호를 위한 얼굴을 따라다니는 모자이크 만들기

인터뷰 영상이나 야외 촬영을 하다 보면 통제되지 않은 환경에서 초상권이나 개인정보 노출 문제가 발생할 수 있습니다. 특히 지나가는 사람의 얼굴이나 차량 번호판, 간판의 민감한 정보 등이 영상에 그대로 노출될 경우 문제가 될 수 있습니다. 이때 사용하는 기능이 바로 모자이크(Mosaic) 효과입니다.

프리미어 프로에서는 모자이크 효과와 추적(Tracking) 기능을 함께 활용하여 인물이나 번호판처럼 움직이는 대상을 자동으로 인식하고 따라다니는 자동 모자이크를 손쉽게 적용할 수 있습니다.

01 프리미어 프로 → 07 폴더에서 '따라다니는 모자이크.prproj' 파일을 불러옵니다.
Timeline 패널에서 V1 트랙의 '인터뷰.mp4' 클립을 Alt 를 누른 상태에서 V2 트랙으로 드래그하여 복제합니다. 해당 클립에서 뒤에 지나가는 인물의 얼굴을 분리하기 위한 사전 작업입니다.

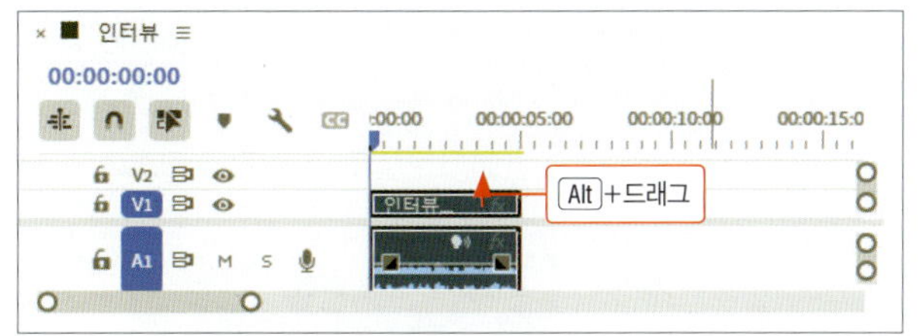

02 V2 트랙에 클립이 복제되면 ❶ '인터뷰.mp4' 클립을 선택합니다. Effect Controls 패널에서 ❷ Opacity 항목의 Create ellipse mask(◯)를 선택합니다.

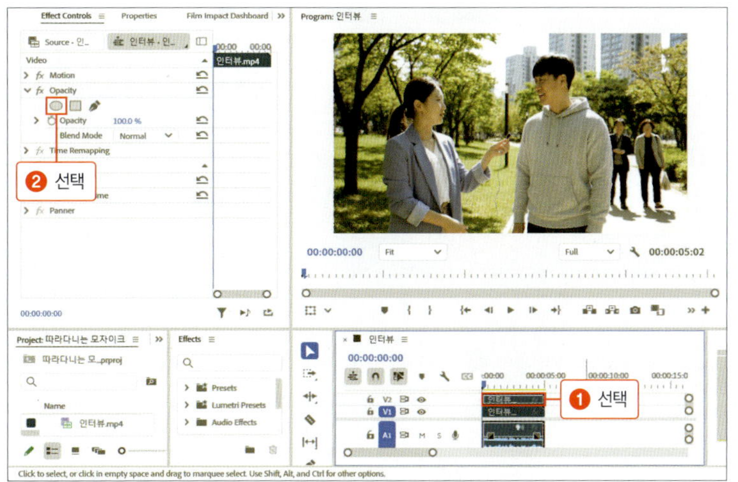

03 Program Monitor 패널에 타원형 마스크(Ellipse Mask)가 나타납니다. 이 마스크를 뒤에 지나가는 행인의 얼굴 위치와 크기에 맞게 드래그하여 조정합니다. 필요에 따라 마스크의 가로/세로 비율이나 회전 각도를 조절하면 얼굴 윤곽에 더 정확하게 맞출 수 있습니다.

TIP

마스크의 중앙 부분을 드래그하면 위치를 이동할 수 있고 기준점을 드래그하면 크기를 조절할 수 있습니다.

04 Mask Path의 '재생' 아이콘(▶)을 클릭해 Track selected mask forward를 실행해서 추적을 시작합니다. 마스크가 얼굴의 움직임을 따라 정확하게 추적됩니다. 만약 추적이 제대로 이루어지지 않았다면 Ctrl+Z를 눌러 추적 과정을 되돌린 후 마스크의 위치와 크기를 좀 더 세밀하게 조정하고 다시 추적을 시도합니다. 이 과정을 반복하면 움직이는 얼굴에도 자연스럽게 모자이크 효과가 안정적으로 적용됩니다.

TIP

프리미어 프로의 추적(Tracking) 기능은 자동으로 인식되지만 완벽하지는 않습니다. 따라서 대상의 움직임이 많거나 배경이 복잡한 장면에서는 마스크 영역을 비교적 정교하게 지정해야 안정적으로 추적할 수 있습니다. 특히 얼굴처럼 형태가 자주 변하는 피사체는 추적 전에 마스크 크기와 위치를 세밀하게 조정하는 것이 중요합니다.

05 Effects 패널에서 ❶ 'Mosaic' 효과를 검색합니다. ❷ Video Effects – Stylize – Mosaic를 Timeline 패널의 V2 트랙에서 '인터뷰.mp4' 클립으로 드래그합니다.

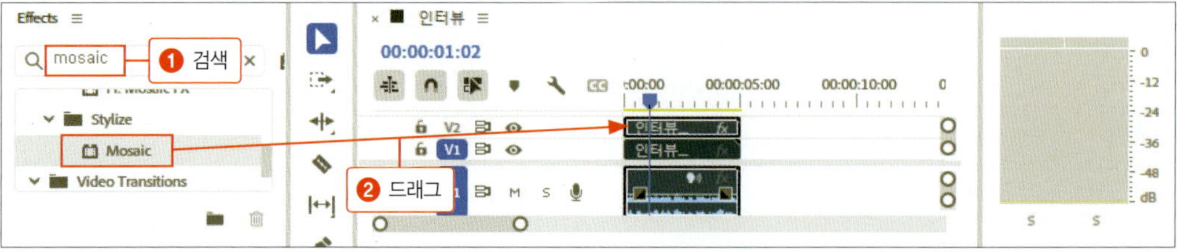

06 Effect Controls 패널에 Mosaic 항목이 표시되면 Horizontal Blocks와 Vertical Blocks를 모두 '45'로 설정하여 모자이크가 좀 더 촘촘하게 보이도록 변경합니다.

07 모자이크 영역이 너무 좁게 느껴진다면 패널 상단에서 Opacity 항목의 마스크 설정에서 Mask Expansion을 '20.0'으로 설정합니다.

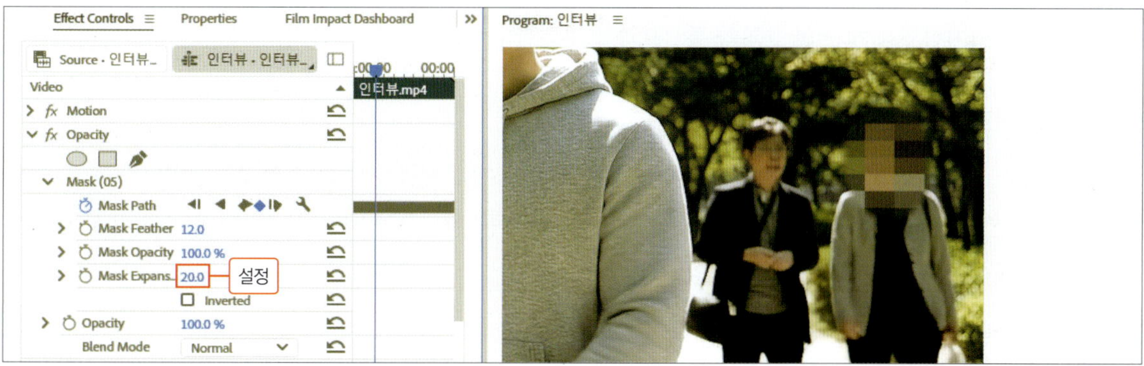

TIP

Mask Expansion 값이 크면 마스크 영역이 확장되어 얼굴 주변이나 주변 물체까지 더 넓은 범위에 모자이크가 적용됩니다. 필요에 따라 값을 조금씩 조절해 자연스러운 범위를 맞춥니다.

08 추가로 모자이크를 적용하려면 ❶ V1 트랙에 있는 원본 영상을 V3 트랙으로 복제한 다음 ❷ 이전 과정을 동일하게 반복합니다. 여러 인물이나 번호판, 불필요한 물체 등 영상 내 여러 위치에 각각 독립적인 모자이크 효과를 적용할 수 있습니다.

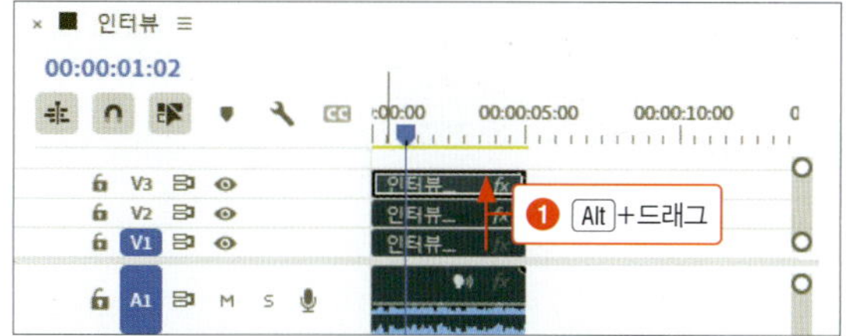

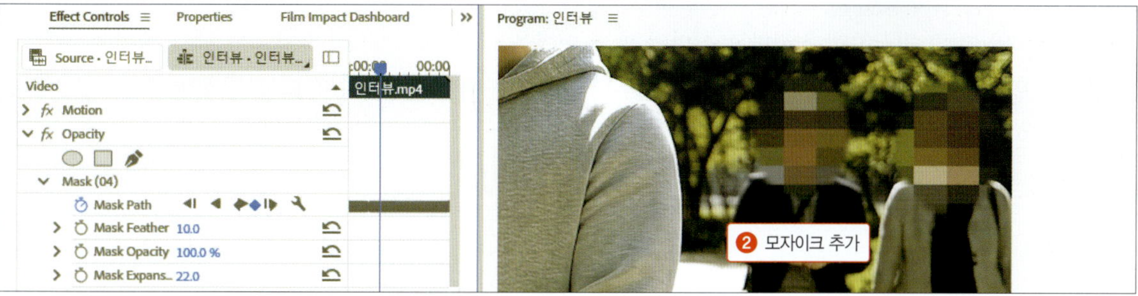

LESSON 14

프로 느낌의 고급 특수효과

Pr

❶ Film Impact Dashboard 패널에서 쉽게 만드는 특수효과 이해하기

프리미어 프로에서 특수효과를 적용하려면 예전에는 여러 이펙트를 조합하고 키프레임을 세밀하게 조정해야 했습니다. 하지만 Film Impact Dashboard 패널을 사용하면 이러한 과정이 훨씬 간단해졌습니다.

Film Impact Dashboard 패널은 프리미어 프로 전용 플러그인으로, 숏폼 전용 영상 프로그램인 캡컷(Capcut)처럼 직관적인 드래그 방식으로 효과를 적용할 수 있습니다. 복잡한 메뉴 탐색 없이 대시보드에서 원하는 효과를 클릭하여 타임라인으로 드래그하기만 하면 즉시 결과를 확인할 수 있습니다. 복잡한 설정 없이도 프리미어 프로 안에서 손쉽게 전환 효과와 특수효과를 구현할 수 있는 새로운 기능입니다.

Film Impact Dashboard 패널 실행하기

Film Impact Dashboard 패널은 프리미어 프로에서 기본으로 제공하는 확장 프로그램입니다. 메뉴에서 〔Window〕 → Extensions → Film Impact Dashboard를 실행하면 패널이 표시되며, 여기에서 다양한 전환 효과와 특수효과를 손쉽게 불러올 수 있습니다.

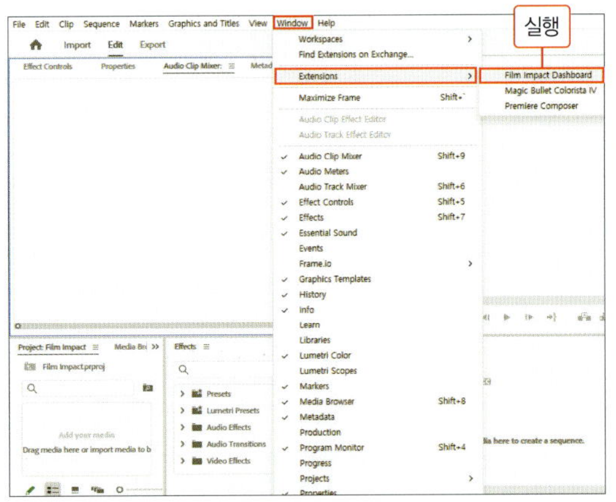

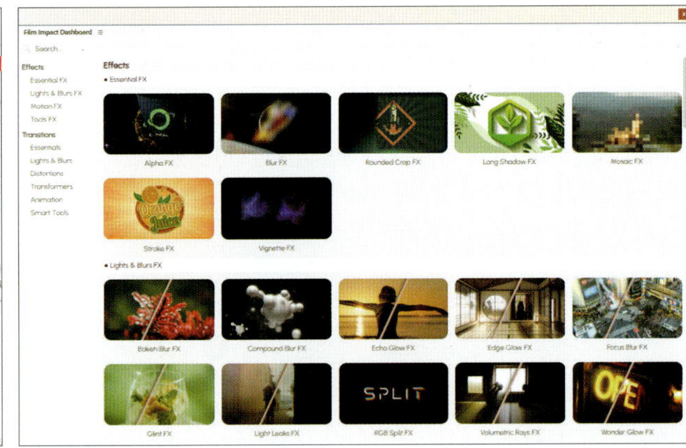

Film Impact Dashboard 패널을 처음 실행하면 독립된 창 형태로 표시됩니다. 기본으로 분리되어 표시되지만, 다른 패널처럼 깔끔하게 정리하고 싶다면 패널 이름을 드래그해 프리미어 프로의 패널 영역에 붙일 수 있습니다. 원하는 위치에 고정하면 Project 패널이나 Effects 패널과 함께 구성되어 한 화면에서 효율적으로 작업할 수 있습니다.

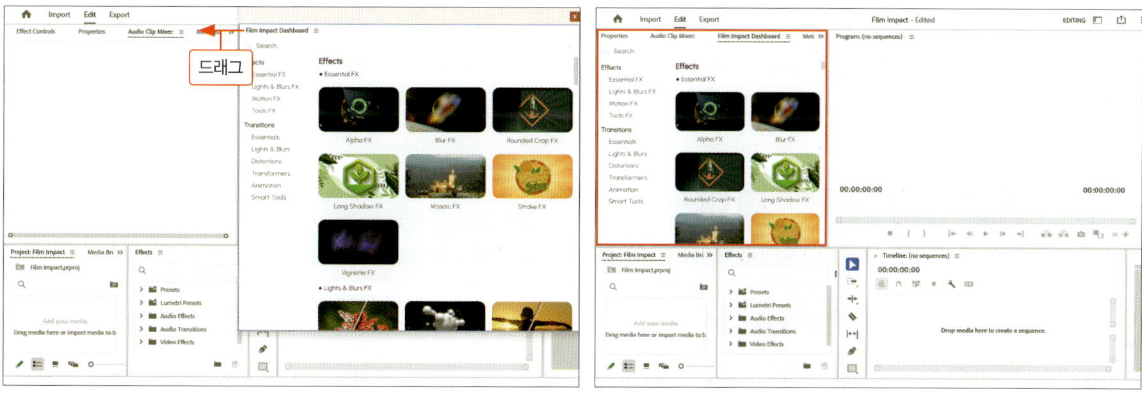

❷ Film Impact Dashboard 패널 - Effects(특수효과)

Film Impact Dashboard 패널에는 다양한 전환 효과와 특수효과가 미리 보기 형태로 정리되어 있습니다. 왼쪽 영역에는 카테고리별로 구분된 메뉴가 있고, 상단에는 검색창이 있어 원하는 효과를 빠르게 찾을 수 있습니다. 오른쪽 영역에는 Alpha FX, Blur FX, Rounded Crop FX, Long Shadow FX, Mosaic FX, Stroke FX 등 각 효과가 섬네일로 표시되며 마우스 커서를 위치하면 프리뷰 영상이 재생되어 효과를 바로 확인할 수 있습니다.

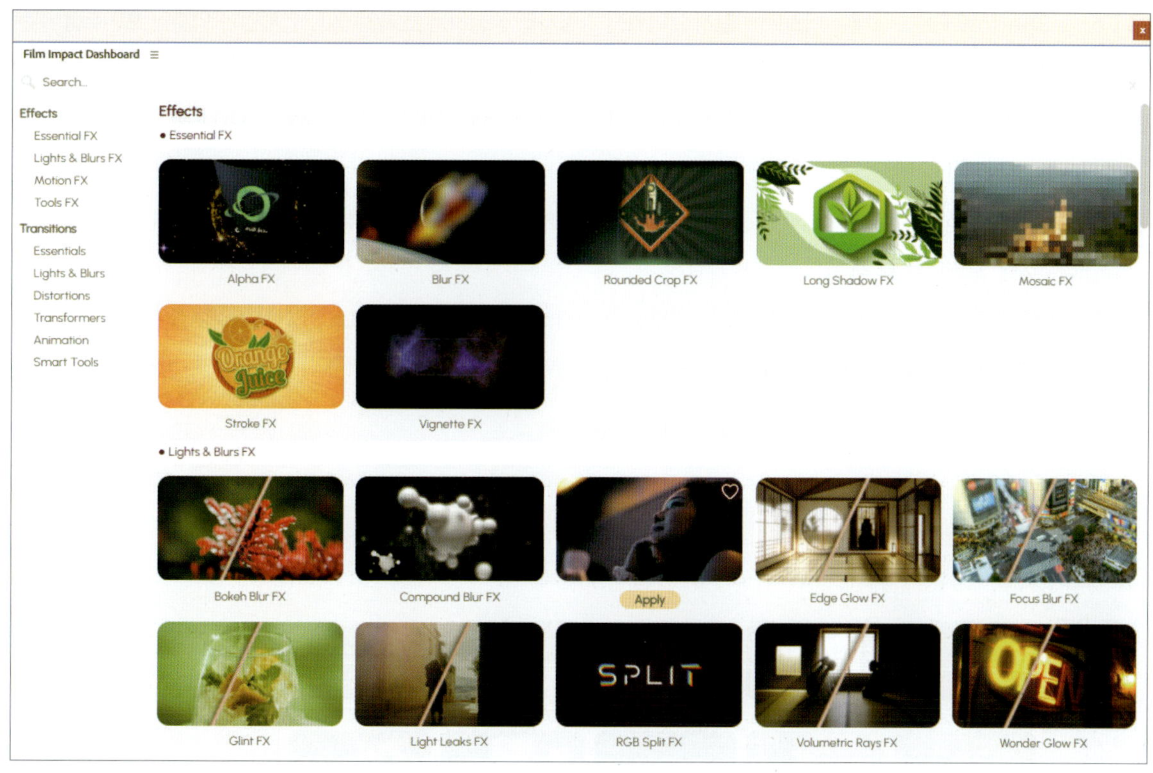

Essential FX

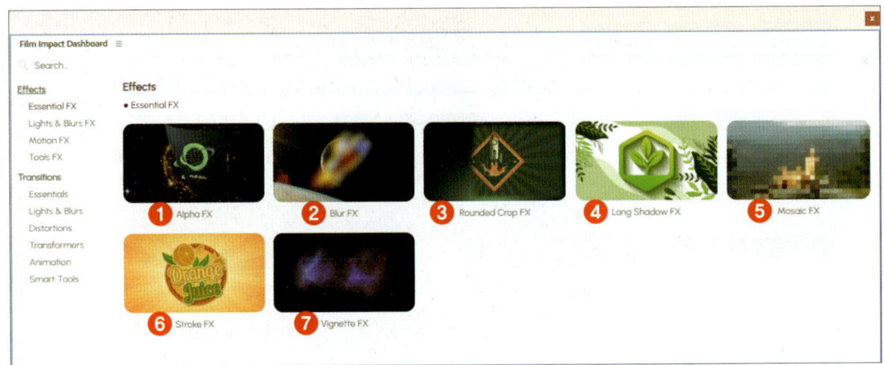

❶ **Alpha FX** : 영상의 불투명도(Alpha Channel)를 조정하거나, 특정 영역만 나타내어 합성 효과를 연출할 때 사용합니다. 검은색, 흰색의 크로마키 효과라고 생각하면 됩니다. 예를 들어 배경을 제거한 후 인물만 남기거나, 화면 일부만 자연스럽게 페이드 아웃할 때 활용합니다.

❷ **Blur FX** : 영상의 특정 부분을 흐리게 만드는 블러 효과입니다. 피사체를 강조하거나 배경을 부드럽게 처리할 때 자주 사용합니다.

❸ **Rounded Crop FX** : 영상의 가장자리를 둥근 형태로 잘라내는 효과입니다. SNS용 영상이나 자막 배경 등 시각적으로 부드러운 형태를 연출할 때 유용합니다.

❹ **Long Shadow FX** : 객체나 텍스트에 길게 드리워진 그림자를 생성하는 효과입니다. 입체감과 디자인 포인트를 주는 데 활용하며, 모션 그래픽 자막에서 자주 사용합니다.

❺ **Mosaic FX** : 화면 일부를 픽셀 형태로 뭉개서 표현하는 모자이크 효과입니다. 얼굴, 차량 번호판 등 개인정보 보호용으로 자주 쓰입니다.

❻ **Stroke FX** : 영상의 객체나 텍스트 가장자리에 테두리를 추가하는 효과입니다. 밝은 배경에서도 글씨를 명확하게 구분하거나 디자인 포인트를 줄 때 유용합니다.

❼ **Vignette FX** : 영상의 가장자리를 어둡게 처리해 중앙 피사체를 강조하는 효과입니다. 시선 집중도를 높이거나 영화적인 분위기를 연출할 때 자주 사용합니다.

Lights & Blurs FX

❶ **Bokeh Blur FX** : 카메라 렌즈의 아웃포커싱 효과를 재현해 피사체 외곽의 빛이 원형으로 퍼지는 느낌을 줍니다. 배경을 부드럽게 흐리거나 피사체를 강조할 때 자주 사용합니다.

❷ **Compound Blur FX** : 영상의 다른 레이어나 밝기 정보를 기준으로 블러를 가변적으로 적용하는 효과입니다. 영역에 따라 흐림의 강도가 달라지므로 자연스러운 심도 표현에 유용합니다.

❸ **Echo Glow FX** : 움직임이 있는 피사체 주변에 빛의 잔상을 남기는 효과입니다. 댄스, 스포츠, 뮤직비디오 등에서 에너지감과 속도감을 표현할 때 활용합니다.

❹ **Edge Glow FX** : 피사체의 외곽선을 따라 빛이 번지는 효과를 주어 경계를 강조합니다. 빛이 비치는 듯한 느낌을 만들어 인물이나 사물의 윤곽을 돋보이게 합니다.

❺ **Focus Blur FX** : 피사체 중심부를 선명하게 두고 주변부를 점진적으로 흐리게 만들어 시선을 유도하는 효과입니다.

❻ **Glint FX** : 밝은 영역에 반짝이는 하이라이트를 추가하는 효과입니다. 보석, 금속, 물결 등에 반사되는 빛 표현에 적합합니다.

❼ **Light Leaks FX** : 필름 카메라의 빛 번짐 현상을 재현하는 효과로, 부드러운 색감의 빛이 화면 가장자리로 스며듭니다. 영상에 감성적인 분위기나 아날로그 질감을 더할 때 사용합니다.

❽ **RGB Split FX** : 빨강(R), 초록(G), 파랑(B) 색상 채널을 분리해 살짝 어긋난 영상 효과를 만듭니다. 글리치(Glitch) 스타일이나 디지털 노이즈 연출에 활용합니다.

❾ **Volumetric Rays FX** : 빛이 공간을 통과하며 퍼지는 느낌의 광선을 표현하는 효과입니다.창문이나 나무 사이로 들어오는 햇살처럼 입체적인 빛 표현을 만들 때 사용합니다.

❿ **Wonder Glow FX** : 영상 전반에 부드럽고 따뜻한 빛 번짐을 더하는 글로우 효과입니다. 인물 영상이나 광고 컷에서 따뜻하고 고급스러운 느낌을 줄 때 유용합니다.

Motion FX

❶ **Camera Shake FX** : 카메라가 손으로 흔들린 듯한 진동 효과를 주어 현장감이나 긴장감을 더합니다. 액션 장면이나 다큐멘터리 스타일의 영상에서 자주 사용합니다.

❷ **Grow FX** : 객체나 텍스트가 서서히 커지는 확대 애니메이션 효과입니다. 타이틀의 등장 연출이나 강조 장면에서 시선을 끄는 데 유용합니다.

❸ **3D Rotate FX** : 영상이나 그래픽 요소를 3D 공간에서 회전하는 효과입니다. 로고 회전, 카드 플립, 화면 전환 등 입체적인 연출을 만들 때 사용합니다.

❹ **Shrink FX** : Grow FX의 반대 개념으로, 객체가 점점 작아지며 사라지는 효과입니다. 자연스러운 퇴장이나 화면 축소 연출에 적합합니다.

❺ **Spacer FX** : 텍스트 간격이 벌어지는 효과입니다. 해당 효과는 텍스트 소스에만 적용할 수 있습니다.

❻ **Spin FX** : 객체를 중심축을 기준으로 회전하는 스핀 효과입니다. 로고나 아이콘 등장 시 역동적인 모션을 적용할 수 있습니다.

❼ **Move FX** : 객체가 특정 방향으로 이동하는 단순한 모션 효과입니다. 장면 전환이나 화면 내 요소의 흐름을 자연스럽게 연결할 때 사용합니다.

❽ **Wiggle FX** : 가벼운 흔들림이나 진동을 반복 적용하여 생동감을 더하는 효과입니다. 정적인 장면에 미세한 움직임을 주어 자연스러운 리듬감을 연출할 때 유용합니다.

Tools FX

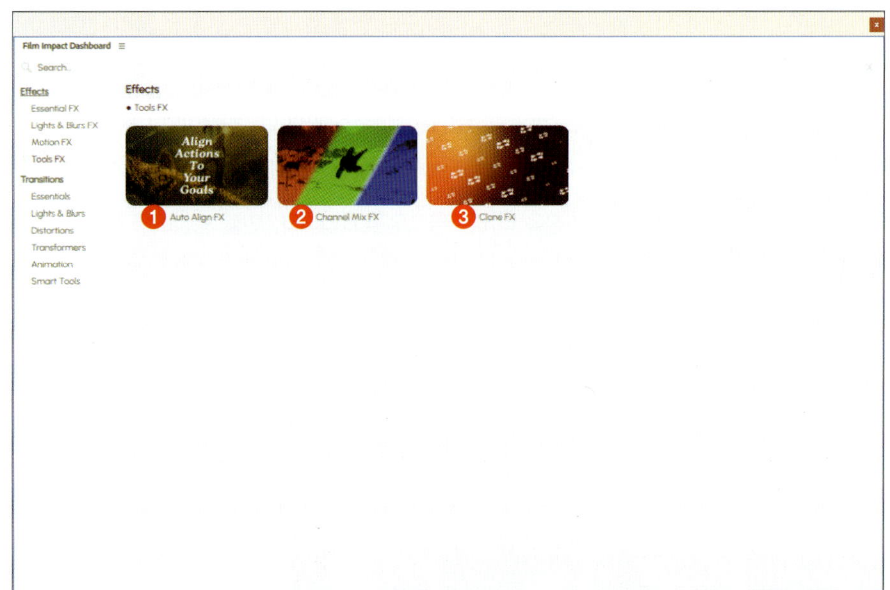

❶ **Auto Align FX** : 클립의 위치를 자동으로 정렬하는 기능입니다. 텍스트, 로고, 그래픽 요소 등을 화면 중앙이나 기준선에 맞춰 손쉽게 배치할 수 있어 정돈된 구도를 만들 때 유용합니다.

❷ **Channel Mix FX** : RGB(빨강, 초록, 파랑) 색상 채널을 조합하여 독특한 색상 변화를 만드는 효과입니다. 색감 실험이나 초현실적인 분위기를 연출할 때 활용합니다.

❸ **Clone FX** : 화면 속 피사체나 객체를 여러 개로 복제하여 보여주는 효과입니다. 같은 인물이 여러 위치에 동시에 등장하는 장면이나 반복되는 패턴 연출 등에 자주 사용합니다.

❸ Film Impact Dashboard 패널 - Transition(화면 전환)

Essentials

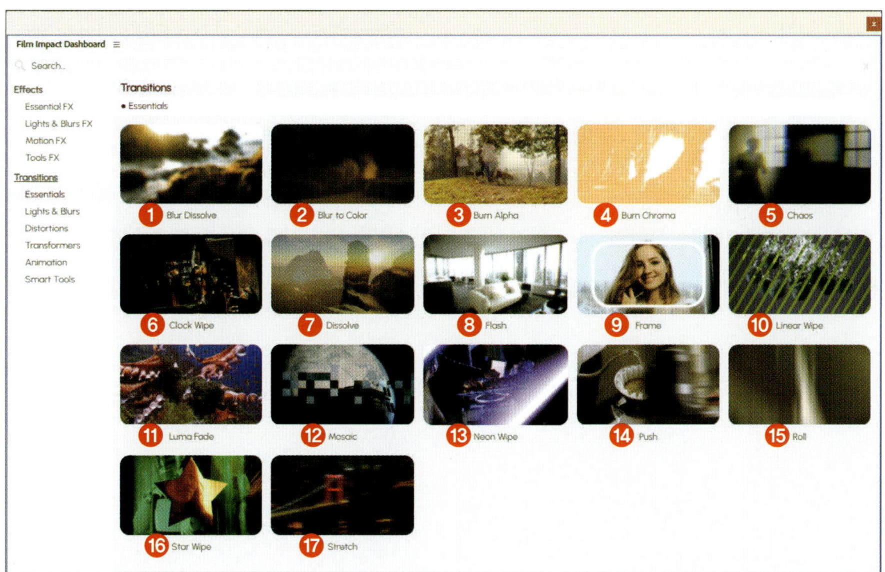

❶ **Blur Dissolve** : 장면이 흐려지면서 다음 장면으로 자연스럽게 전환되는 효과입니다. 부드럽고 감성적인 영상 전환에 자주 사용합니다.

❷ **Blur to Color** : 첫 장면이 흐려지며 단색 화면으로 변한 후 다음 장면으로 이어지는 전환 효과입니다. 색 전환을 이용하여 분위기를 전환하거나 강조할 때 유용합니다.

❸ **Burn Alpha** : 밝은 영역을 중심으로 화면이 타오르듯 번지며 다음 장면으로 넘어갑니다. 강렬한 빛이나 에너지 연출이 필요한 장면에 적합합니다.

❹ **Burn Chroma** : 색상의 채도를 이용해 타오르는 듯한 전환을 구현합니다. 컬러 그러데이션을 강조한 영상 전환에 효과적입니다.

❺ **Chaos** : 불규칙한 블러와 왜곡이 섞인 역동적인 전환 효과입니다. 속도감 있는 편집이나 뮤직비디오, 액션 영상에서 자주 사용합니다.

❻ **Clock Wipe** : 시곗바늘이 도는 형태로 화면이 닦이며 다음 장면으로 바뀝니다. 간단하지만 리듬감 있는 전환을 만들 때 활용합니다.

❼ **Dissolve** : 첫 장면이 서서히 사라지며 다음 장면이 겹쳐 나타나는 기본 페이드 전환입니다. 자연스럽고 부드러운 연결이 필요할 때 가장 많이 사용합니다.

❽ **Flash** : 순간적인 강한 빛 효과로 장면이 전환됩니다. 강조 효과나 리듬감 있는 컷 전환에 적합합니다.

❾ **Frame** : 새로운 장면이 프레임(틀) 안에서 나타나는 전환입니다. 인물이나 제품을 강조할 때 유용합니다.

❿ **Linear Wipe** : 직선 형태로 화면이 닦이며 전환되는 효과입니다. 단정하고 깔끔한 인포그래픽 스타일 영상에서 자주 사용합니다.

⓫ **Luma Fade** : 밝기 값을 기준으로 어두운 부분부터 점차 사라지며 장면이 바뀌는 효과입니다. 시네마틱한 분위기를 연출할 때 자주 쓰입니다.

⓬ **Mosaic** : 픽셀 형태로 화면이 분해되었다가 다음 장면으로 바뀌는 전환입니다. 디지털 느낌이나 정보전달형 영상에서 자주 사용합니다.

⓭ **Neon Wipe** : 네온 빛의 선이 지나가며 장면이 교체되는 전환 효과입니다. 현대적이고 트렌디한 영상에서 시각적 포인트로 활용합니다.

⓮ **Push** : 기존 화면이 한쪽으로 밀려나며 다음 장면이 나타나는 기본 이동형 전환입니다. 자연스러운 흐름을 연결할 때 자주 사용합니다.

⓯ **Roll** : 화면이 회전하면서 다음 장면으로 바뀌는 전환입니다. 활기 있고 다이내믹한 분위기를 연출할 때 적합합니다.

⓰ **Star Wipe** : 별 모양 패턴이 확대되며 장면이 전환되는 효과입니다. 밝고 유쾌한 콘텐츠나 키즈 영상에서 자주 사용합니다.

⓱ **Stretch** : 화면이 좌우로 늘어나거나 압축되며 다음 장면으로 이어지는 전환입니다. 속도감과 에너지를 강조할 때 효과적입니다.

Lights & Blurs

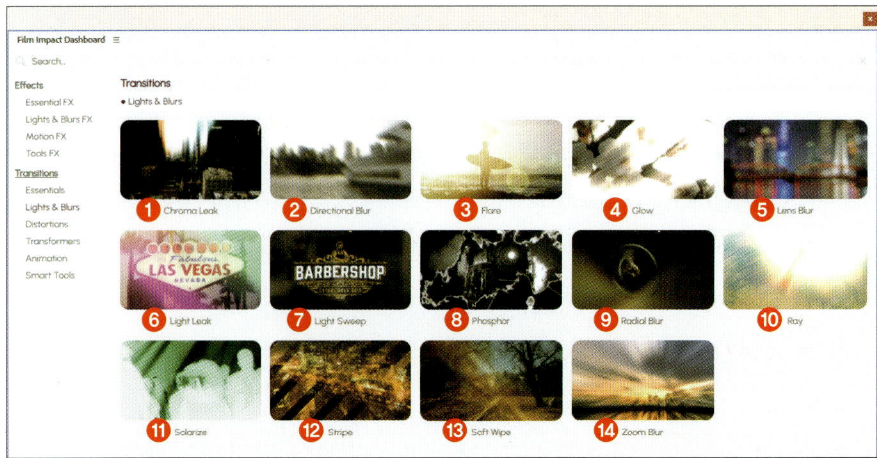

❶ **Chroma Leak** : 영상의 색상 채널이 분리되며 빛이 새어 들어오는 듯한 전환 효과입니다. 강렬하고 세련된 분위기를 줄 때 활용합니다.

❷ **Directional Blur** : 한 방향으로 흐릿하게 번지는 블러 효과를 이용한 전환입니다. 피사체의 이동이나 빠른 전환 장면에 자연스러운 속도감을 부여합니다.

❸ **Flare** : 태양광이나 조명 빛이 카메라 렌즈에 반사되는 듯한 플레어 효과로 전환됩니다. 따뜻하고 감성적인 분위기의 장면 전환에 자주 사용합니다.

❹ **Glow** : 장면 전체가 부드럽게 빛나며 다음 화면으로 넘어가는 효과입니다. 인물이나 제품을 돋보이거나, 몽환적인 분위기를 연출할 때 유용합니다.

5 **Lens Blur** : 카메라 렌즈의 심도를 활용한 블러 전환으로, 피사체 중심은 선명하고 주변은 흐려집니다. 자연스러운 초점 이동 효과를 만들 때 적합합니다.

6 **Light Leak** : 필름 카메라의 빛샘 현상을 재현해 따뜻한 빛이 스며들며 장면이 전환됩니다. 영상에 감성적이고 아날로그한 느낌을 더합니다.

7 **Light Sweep** : 빛의 선이 화면을 가로질러 지나가며 다음 장면으로 넘어가는 전환입니다. 제품 영상이나 로고 오프닝에 자주 활용합니다.

8 **Phosphor** : 강렬한 흑백 대비와 잔상 효과가 섞인 독특한 전환입니다. 사이버틱한 분위기의 영상에 어울립니다.

9 **Radial Blur** : 중심부를 기준으로 원형으로 번지는 블러 전환입니다. 시선을 중앙으로 모으거나 초점 이동 효과를 줄 때 사용합니다.

10 **Ray** : 빛줄기가 퍼지며 다음 장면으로 연결되는 전환입니다. 찬란한 분위기나 드라마틱한 순간 연출에 적합합니다.

11 **Solarize** : 영상의 색상이 반전되고, 밝기 대비가 극대화되는 솔라라이즈 전환입니다. 예술적이거나 실험적인 영상 편집에 자주 쓰입니다.

12 **Stripe** : 화면이 여러 개의 가로 또는 세로 줄무늬로 분리되며 전환되는 효과입니다. 리듬감 있는 전환이나 모션 그래픽 스타일 편집에 활용합니다.

13 **Soft Wipe** : 부드러운 블러와 함께 화면이 닦이듯 전환합니다. 잔잔하고 자연스러운 영상 흐름에 적합합니다.

14 **Zoom Blur** : 카메라가 빠르게 줌 인 또는 줌 아웃되며 흐릿하게 전환되는 효과입니다. 속도감과 다이내믹함을 강조할 때 자주 사용합니다.

Distortions

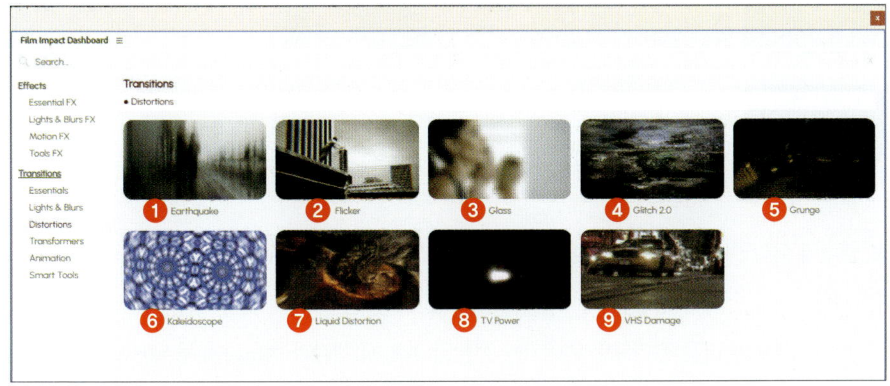

1 **Earthquake** : 카메라가 강하게 흔들리는 듯한 진동 효과로, 장면이 격렬하게 바뀝니다. 지진이나 폭발, 액션 장면 등 긴장감이 필요한 전환에 적합합니다.

2 **Flicker** : 짧은 시간 동안 화면이 빠르게 깜빡이며 전환됩니다. 뮤직비디오나 전자음악 영상 등 강한 리듬감이 필요한 편집에 사용합니다.

3 **Glass**: 유리 너머로 보이는 듯한 왜곡 효과로 장면이 전환됩니다. 빛의 굴절이나 투명한 질감을 표현할 때 활용합니다.

❹ **Glitch 2.0** : 디지털 오류나 신호 왜곡 같은 글리치 효과를 주며 전환됩니다. 사이버펑크, 테크노, 실험적인 영상에서 자주 사용합니다.

❺ **Grunge** : 화면에 노이즈, 먼지, 질감이 추가되며 다음 장면으로 넘어갑니다. 빈티지하거나 거친 분위기의 영상에 어울립니다.

❻ **Kaleidoscope** : 만화경처럼 화면이 대칭적으로 분할되고 회전하며 전환됩니다. 시각적으로 화려하고 추상적인 영상 표현에 적합합니다.

❼ **Liquid Distortion** : 액체가 흘러내리듯이 화면이 일그러지며 전환됩니다. 부드럽고 유동적인 장면 변화에 자주 사용합니다.

❽ **TV Power** : 구형 TV가 꺼지거나 켜질 때처럼 화면이 수축하거나 번쩍이며 전환됩니다. 레트로 스타일이나 TV(텔레비전) 느낌의 편집에 활용합니다.

❾ **VHS Damage** : VHS 테이프의 잡음, 줄 끊김, 색상 깨짐 등을 재현하는 전환입니다. 90년대 감성이나 아날로그 영상 스타일을 구현할 때 유용합니다.

Transformers

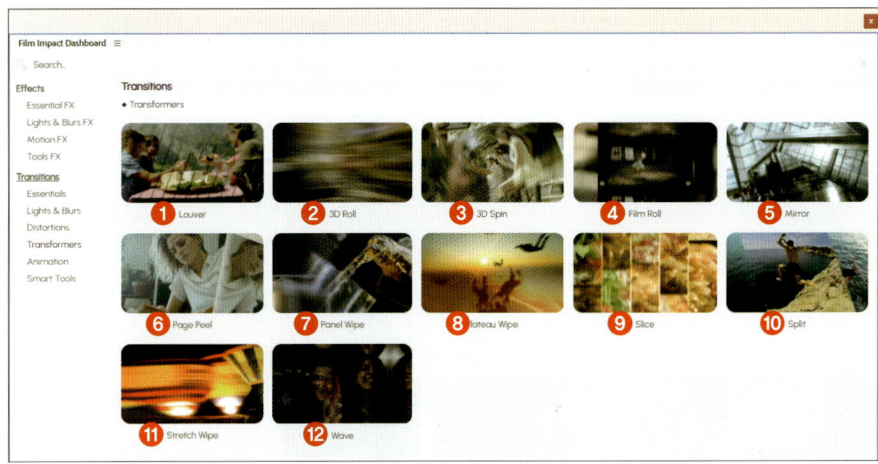

❶ **Louver** : 세로 또는 가로 형태의 블라인드(셔터)가 닫히며 장면이 전환되는 효과입니다. 뉴스 오프닝이나 슬라이드 쇼 형식의 영상에서 자주 사용합니다.

❷ **3D Roll** : 화면이 3D 공간에서 회전하며 다음 장면으로 넘어가는 전환입니다. 입체감과 속도감을 동시에 표현할 수 있습니다.

❸ **3D Spin** : 화면이 중심축을 기준으로 회전하며 전환되는 효과입니다. 로고 등장이나 다이내믹한 장면 전환에 자주 활용합니다.

❹ **Film Roll** : 필름이 감기거나 풀리는 듯한 움직임으로 전환됩니다. 빈티지한 감성이나 영화적 분위기를 연출할 때 적합합니다.

❺ **Mirror** : 화면이 대칭되며 반사되는 형태로 다음 장면이 나타납니다. 시각적인 변화를 주거나 공간감을 강조할 때 유용합니다.

⑥ **Page Peel** : 책이나 잡지의 페이지를 넘기는 듯한 전환으로, 화면 한쪽이 접히며 다음 장면이 드러납니다. 프레젠테이션 영상이나 광고 연출에서 자주 사용합니다.

⑦ **Panel Wipe** : 여러 개의 패널(분할된 화면)이 순차적으로 이동하며 새로운 장면이 나타납니다. 리듬감 있고 세련된 전환 연출에 활용합니다.

⑧ **Plateau Wipe** : 화면이 부드럽게 밀려나며 자연스럽게 다음 장면으로 넘어갑니다. 잔잔한 분위기의 영상이나 여행, 감성 콘텐츠에 어울립니다.

⑨ **Slice** : 화면이 여러 조각으로 나뉘어 순차적으로 이동하며 전환됩니다. 템포감 있는 편집이나 모션 그래픽 스타일의 영상에 자주 사용합니다.

⑩ **Split** : 화면이 좌우 또는 상하로 갈라지며 다음 장면이 나타납니다. 단순하지만 명확한 시각적 구분이 필요한 전환에 적합합니다.

⑪ **Stretch Wipe** : 화면이 늘어나거나 압축되며 다음 장면으로 이어집니다. 빠른 전환이나 속도감 있는 장면 연결에 활용합니다.

⑫ **Wave** : 물결이 일렁이듯 부드럽게 왜곡되며 전환되는 효과입니다. 감성적이고 자연스러운 분위기를 연출할 때 유용합니다.

Animation

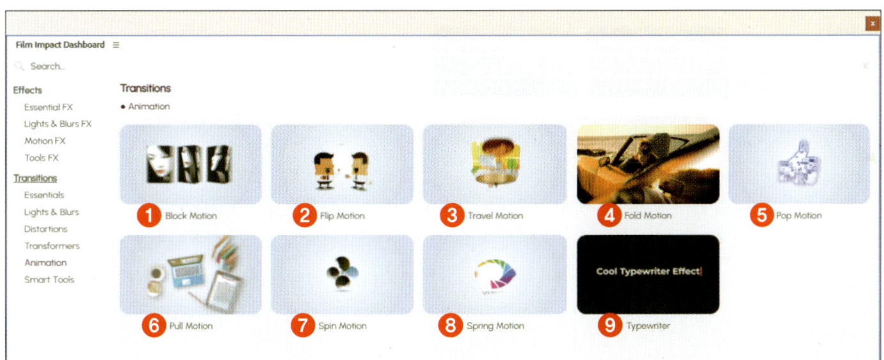

① **Block Motion** : 화면이 여러 개의 블록으로 분할되어 순차적으로 이동하거나 사라지며 전환됩니다. 그래픽적인 리듬감을 주거나 모션 그래픽 스타일의 편집에 적합합니다.

② **Flip Motion** : 카드가 뒤집히듯이 화면이 회전하며 다음 장면으로 넘어갑니다. 입체적인 전환이나 유쾌한 느낌의 영상에 자주 사용합니다.

③ **Travel Motion** : 카메라가 이동하듯이 화면이 부드럽게 이동하면서 전환되는 효과입니다. 여행, 브이로그, 다큐멘터리 등 공간 이동을 표현할 때 적합합니다.

④ **Fold Motion** : 화면이 접히거나 펼쳐지듯 움직이며 전환됩니다. 종이나 포스터가 접히는 듯한 연출로, 제품 광고나 인트로 영상에 효과적입니다.

⑤ **Pop Motion** : 화면이 튀어나오듯이 팝업되며 전환되는 효과입니다. 경쾌하고 밝은 분위기의 콘텐츠나 예능형 영상에 잘 어울립니다.

❻ **Pull Motion** : 카메라가 당겨지듯 화면이 앞으로 확대되며 다음 장면으로 바뀝니다. 집중도를 높이거나 강조 장면을 연결할 때 유용합니다.

❼ **Spin Motion** : 화면이 회전하며 다음 장면으로 넘어가는 단순하지만 강렬한 전환입니다. 속도감과 다이내믹한 모션을 강조하고 싶을 때 사용합니다.

❽ **Spring Motion** : 탄성이 느껴지는 스프링 형태의 움직임으로 화면이 튕기며 전환됩니다. 부드럽고 자연스러운 애니메이션 연출에 적합합니다.

❾ **Typewriter** : 텍스트가 타자기로 하나씩 입력되는 듯한 애니메이션 효과입니다. 해당 효과는 텍스트에만 적용할 수 있습니다.

Smart Tools

Smart Tools는 Film Impact Dashboard 패널에서 자동화된 모션, 텍스트, 형태 전환을 빠르게 만드는 지능형 전환 도구 세트입니다. 일반 트랜지션보다 한 단계 발전된 형태로, 적용 후에는 효과별로 세부 설정을 할 수 있습니다. 단순히 드래그해서 적용하는 것뿐 아니라 내부 옵션을 통해 속도, 움직임의 강도, 텍스트 스타일 등의 세부값을 변경하여 자신만의 모션 효과로 커스터마이징할 수 있습니다.

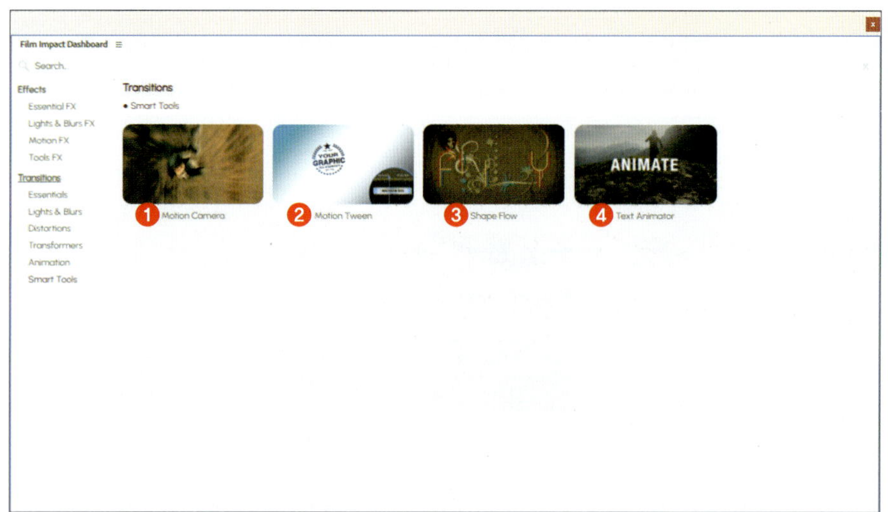

❶ **Motion Camera** : 가상의 카메라가 움직이듯이 화면 전체가 회전하거나 줌 인/아웃되며 전환됩니다. 실제로 촬영한 듯한 다이내믹한 움직임을 만들어 액션이나 광고 영상에 자주 사용합니다.

❷ **Motion Tween** : 두 장면 사이의 위치, 크기, 회전 등의 차이를 자동으로 계산하여 자연스러운 모션 전환을 만듭니다. 애프터 이펙트의 트위닝(Tween) 기능처럼 부드럽고 연속 모션을 구현할 수 있습니다.

❸ **Shape Flow** : 그래픽 요소나 객체가 유기적으로 변형되며 전환되는 효과입니다. 로고 애니메이션이나 브랜드 오프닝에 적합하며, 곡선적인 흐름과 색 변화를 자동으로 만듭니다.

❹ **Text Animator** : 텍스트의 등장, 사라짐, 이동, 회전 등을 자동으로 애니메이션화하는 기능입니다. 자막이나 타이틀을 손쉽게 모션 그래픽 스타일로 연출할 수 있습니다.

• **실습파일** : 프리미어 프로\07\트랜지션.prproj • **완성파일** : 프리미어 프로\07\트랜지션_Mosaic 완.prproj, 트랜지션_Glitch 완.prproj

EASY 실습 역동적인 트랜지션 만들기

프리미어 프로의 Film Impact Dashboard 패널을 활용하여 역동적인 트랜지션을 적용해 보겠습니다. Film Impact Dashboard 패널에는 다양한 전환 효과가 시각적 프리뷰 형태로 제공되어 단 몇 번의 드래그만으로도 강렬하고 생동감 있는 장면 전환을 쉽게 구현할 수 있습니다. 예제에서는 영상에 트랜지션을 적용하며 장면의 흐름에 맞는 효과를 선택하고 자연스럽게 연결하는 방법을 알아봅니다.

01 프리미어 프로 → 07 폴더에서 '트랜지션.prproj' 파일을 불러옵니다.
Timeline 패널에는 스케이트보더와 스케이트보드 영상이 컷 편집으로 이어져 있습니다. 해당 장면에 트랜지션을 적용하겠습니다.

02 ❶ 메뉴에서 [Window] → Extensions → Film Impact Dashboard를 실행해 Film Impact Dashboard 패널을 표시합니다. 화면을 전환하기 위해 먼저 ❷ Transitions – Essentials 항목을 선택합니다. Timeline 패널에서 ❸ 화면 전환을 적용할 두 개의 클립을 드래그해 모두 선택합니다.

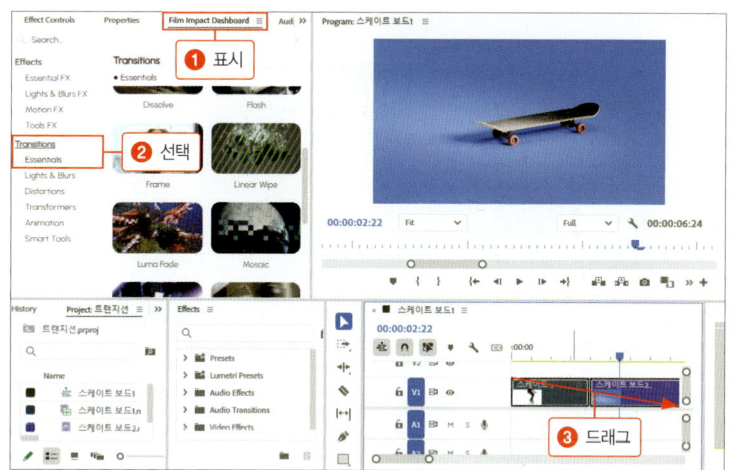

03 ❶ 'Mosaic' 효과에 마우스 커서를 위치시키면 〈Apply〉 버튼이 나타납니다. ❷ 해당 버튼을 클릭하면 모자이크 트랜지션이 적용됩니다.

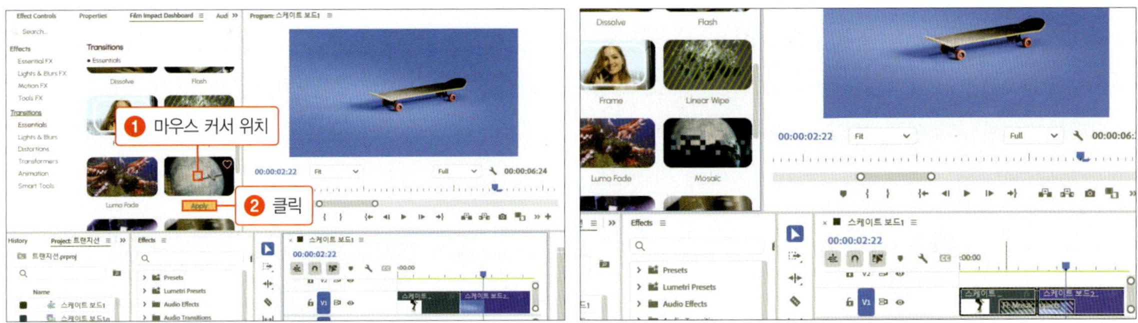

04 트랜지션은 왼쪽과 오른쪽 끝을 각각 드래그해 조절할 수 있습니다. Timeline 패널에 나타나는 빗금 표시 구간은 화면 전환이 적용되는 시간 범위를 의미합니다. 빗금 영역의 양쪽 끝을 드래그해 구간을 늘리거나 줄여 트랜지션 길이를 조정할 수 있습니다. 구간을 길게 하면 전환이 부드럽게 이어지고, 짧게 하면 빠르고 강한 인상을 줍니다.

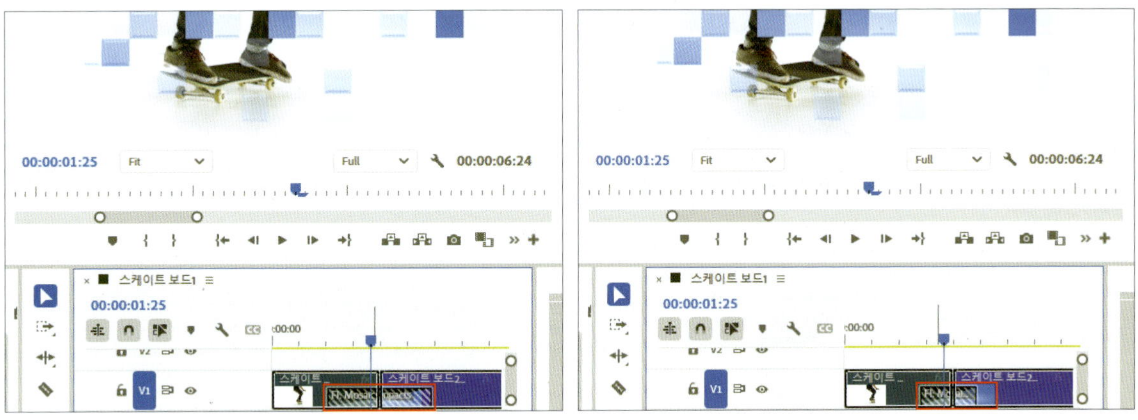

05 다른 트랜지션으로 교체할 수도 있습니다. Film Impact Dashboard 패널에서 ❶ Transitions – Distortions 항목을 선택합니다. ❷ 'Glitch 2.0' 효과 위로 마우스 커서를 이동하여 〈Apply〉 버튼이 표시되면 클릭합니다. 모자이크 트랜지션이 글리치 트랜지션으로 변경되어 화면이 일시적으로 깨지거나 왜곡되는 디지털 글리치 효과로 전환됩니다.

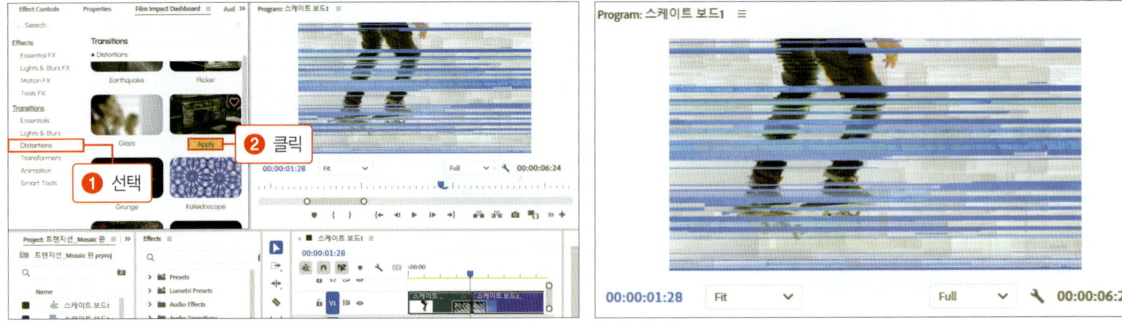

TIP

트랜지션은 중복으로 적용되지 않으며, 새로운 트랜지션으로 교체해도 이전에 조정한 길이 설정은 그대로 유지됩니다. 따라서 다양한 트랜지션을 시도하면서 영상의 리듬과 분위기에 가장 잘 어울리는 전환 효과를 찾는 것이 중요합니다.

EASY 실습 고급스러운 글로우 효과 구현하기

글로우 효과는 촬영 단계에서 특수 렌즈나 조명 장비를 사용해야 구현할 수 있는 고급 연출이지만, 프리미어 프로의 Film Impact Dashboard 패널만으로도 손쉽게 만들 수 있습니다. 예제에서는 영상의 완성도를 높이는 글로우(Glow) 효과를 적용해 보겠습니다. 빛이 은은하게 번지면서 갈라지는 효과를 통해 영상에 깊이감과 감성적인 분위기를 더하는 방법을 알아봅니다.

01 프리미어 프로 → 07 폴더에서 'Glow.prproj' 파일을 불러옵니다.

빛 번짐 효과가 적용되지 않은 패션쇼 영상에 글로우 효과를 적용하여 조명이 은은하게 번지면서 갈라지는 고급스러운 분위기를 만들겠습니다.

02 Film Impact Dashboard 패널에서 ❶ Effects – Lights & Blurs FX 항목을 선택합니다. Timeline 패널에서 ❷ 글로우 효과를 적용할 '패션쇼.mp4' 클립을 선택합니다.

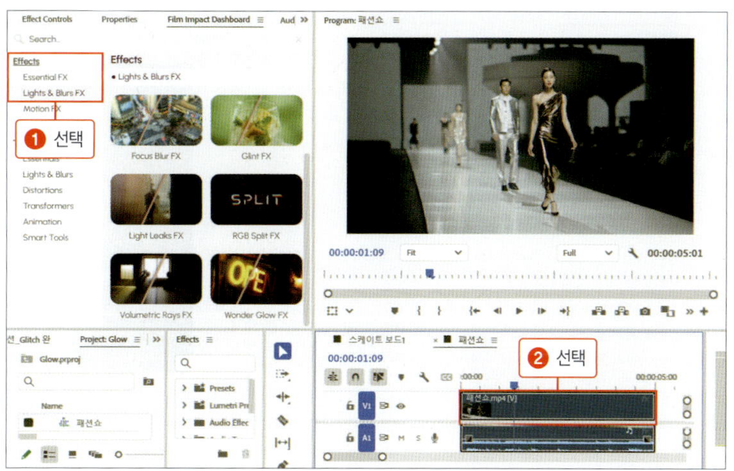

03 'Glint FX' 효과에 마우스 커서를 위치하여 〈Apply〉 버튼이 표시될 때 클릭해 효과를 적용합니다.

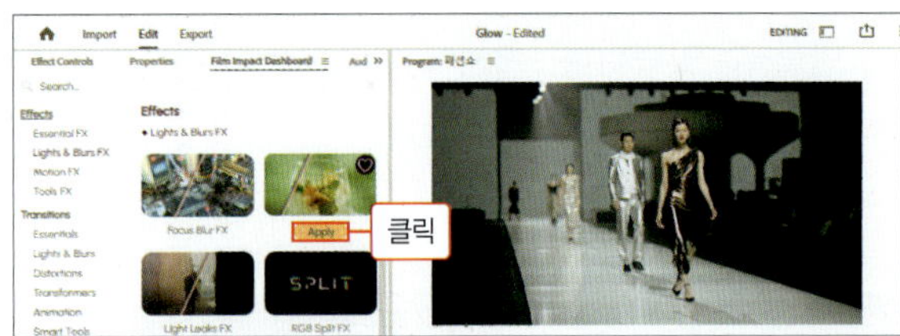

04 갈라진 빛이 영상에 필터처럼 적용되었습니다. 'Edge Glow FX' 효과에 마우스 커서를 위치하여 〈Apply〉 버튼이 표시되면 클릭하여 해당 효과를 적용합니다.

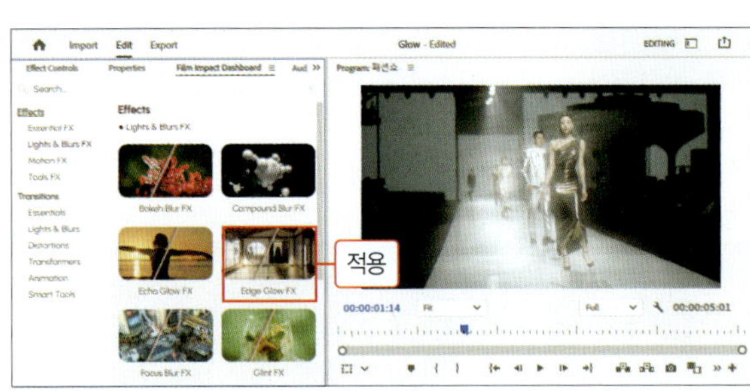

TIP ✧

글로우 효과나 색상 관련 효과는 하나의 클립에 여러 번 중복으로 적용할 수 있습니다. 이렇게 하면 서로 다른 밝기나 색조를 겹쳐 더 풍부하고 깊이 있는 빛 번짐을 표현할 수 있습니다.

05 Effect Controls 패널을 클릭해 표시하면 FI: Glint FX 항목과 같이 적용한 효과가 목록에 표시됩니다. 글로우 효과의 강도, 색상, 번짐 영역 등을 세부적으로 설정할 수 있습니다. 값을 변경하면 실시간으로 Program Monitor 패널에 반영되어 원하는 느낌의 빛 번짐을 미세하게 조절할 수 있습니다.

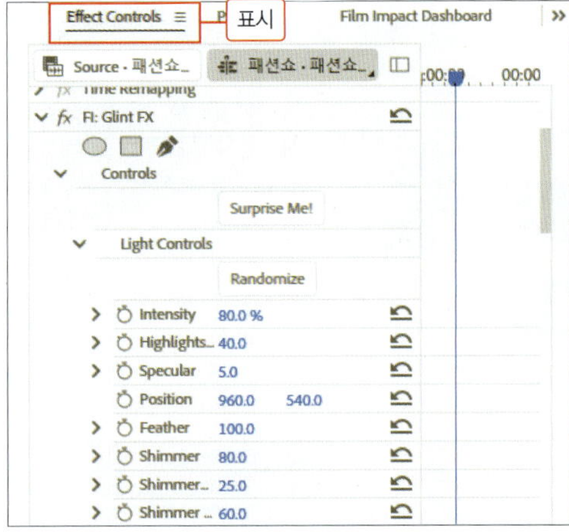

06 다양한 항목 중에서도 예제에서는 글로우의 밝기와 강도를 조절하는 Intensity를 '100.0%'로 설정합니다. 해당 값이 크면 빛 번짐이 더욱 강해지고 화면 전체에 은은한 광채가 퍼지는 느낌을 줄 수 있습니다.

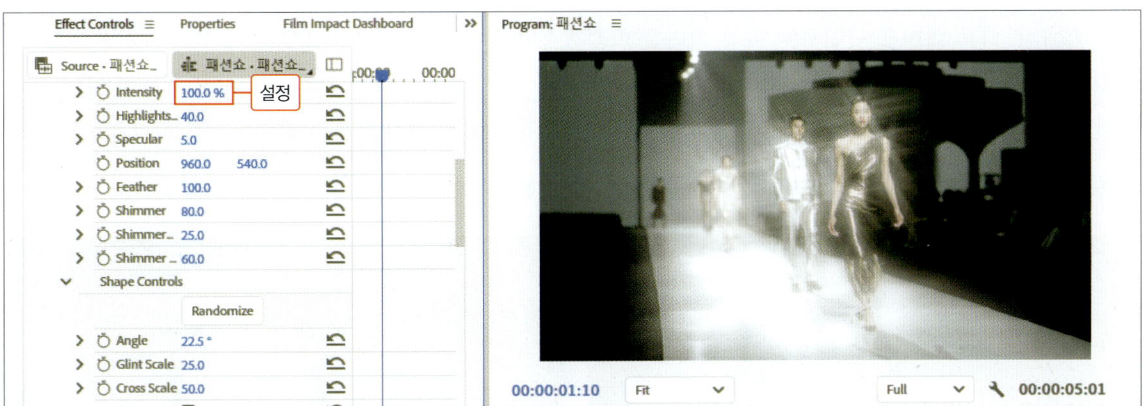

07 설정 값을 하나씩 조정하기 어렵다면 〈Surprise Me!〉 버튼을 클릭합니다.

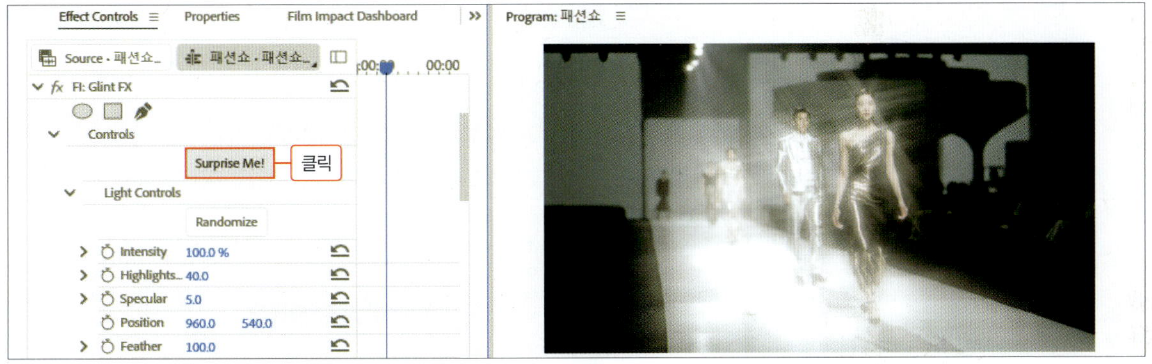

왜? ✦

〈Surprise Me!〉 버튼을 클릭하면 모든 설정값이 랜덤으로 변경되어 다양한 글로우 스타일을 즉시 확인할 수 있습니다. 원하는 결과가 나올 때까지 여러 번 클릭하면서 다양한 조합을 시도하면 예상치 못한 분위기나 색감을 손쉽게 얻을 수 있습니다.

TIP ✦

〈Surprise Me!〉 버튼은 Film Impact Dashboard 패널의 모든 효과에 포함되어 있습니다. 이 기능을 사용하면 각 효과의 설정값이 랜덤으로 변경되어 매번 다른 결과를 빠르게 확인할 수 있습니다. 효과를 처음 적용하거나 조합을 실험할 때 유용하며, 예기치 않은 독특한 연출을 찾는 데 도움이 됩니다.

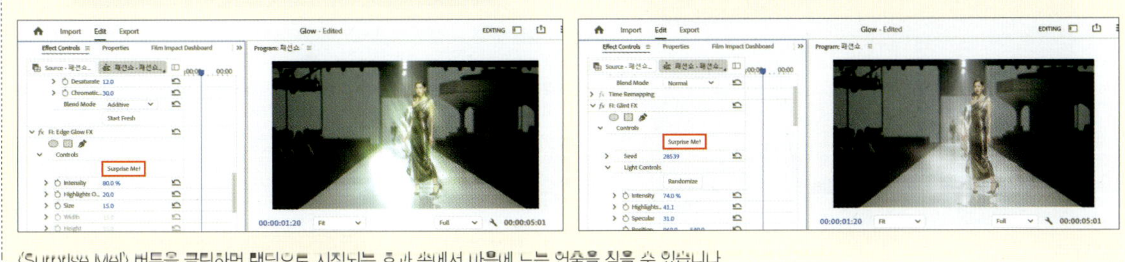

〈Surprise Me!〉 버튼을 클릭하면 랜덤으로 지정되는 효과 속에서 마음에 드는 연출을 찾을 수 있습니다.

EASY 실습 화면 속에 다른 화면 넣기

화면 속에 또 다른 화면을 삽입하는 합성 기법을 만들겠습니다. 이러한 연출은 TV나 스마트폰, 간판, 포스터 등 특정 사물의 화면 안에 다른 영상을 자연스럽게 넣을 때 자주 사용합니다. 이때 프리미어 프로의 기본 효과인 Corner Pin을 활용하면 영상의 네 모서리를 자유롭게 조정해 실제 화면처럼 자연스러운 원근감을 표현할 수 있습니다. 예제에서는 Corner Pin 효과를 이용하여 현실감 있는 화면 합성 방법을 알아봅니다.

01 프리미어 프로 → 07 폴더에서 '화면 속 화면.prproj' 파일을 불러옵니다. Project 패널의 '도넛 포스터.jpg'를 Timeline 패널의 V2 트랙에 드래그하여 위치합니다.

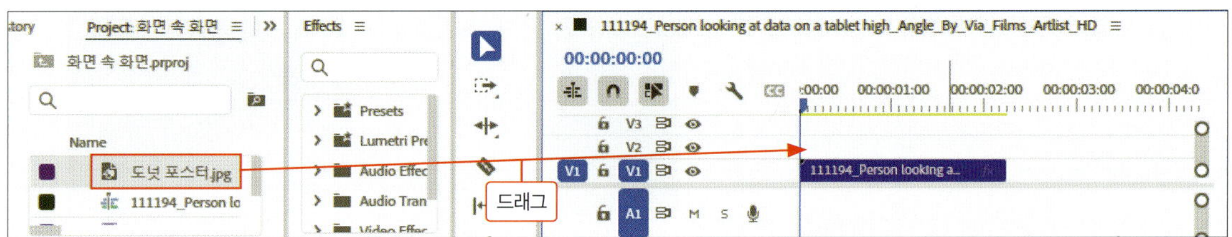

02 Program Monitor 패널에 도넛 포스터가 나타납니다. '도넛 포스터.jpg' 클립을 선택한 상태에서 Timeline 패널의 ❶ 현재 시간 표시기를 '패드.mp4' 영상의 끝으로 이동합니다. ❷ Ctrl+K를 눌러 사진 클립을 잘라 편집합니다.

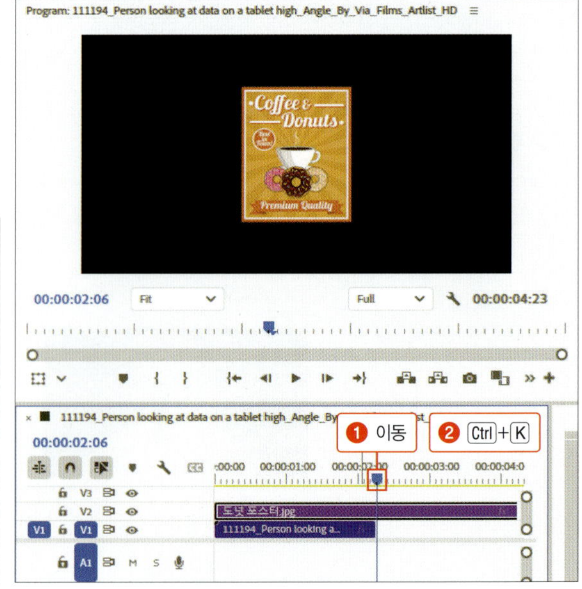

03 영상 길이에 맞게 불필요한 부분을 정리합니다. ❶ 00:00:02:06 이후 구간의 포스터 소스를 선택한 다음 ❷ Delete를 눌러 삭제하면 불필요한 영역이 제거됩니다.

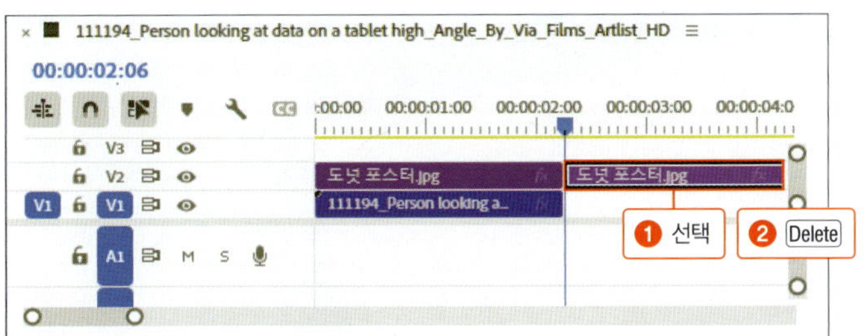

04 ❶ 현재 시간 표시기를 영상의 시작 부분으로 이동합니다. Effects 패널에서 ❷ 'Corner Pin' 효과를 검색하고 ❸ Video Effects – Distort – Corner Pin을 Timeline 패널의 '도넛 포스터.jpg' 클립에 드래그합니다.

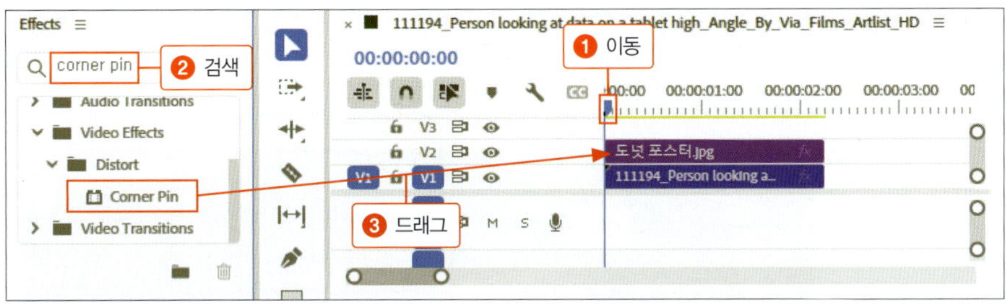

05 Effect Controls 패널의 Corner Pin 항목을 클릭하면 Program Monitor 패널의 포스터 사방에 조절점이 나타납니다.

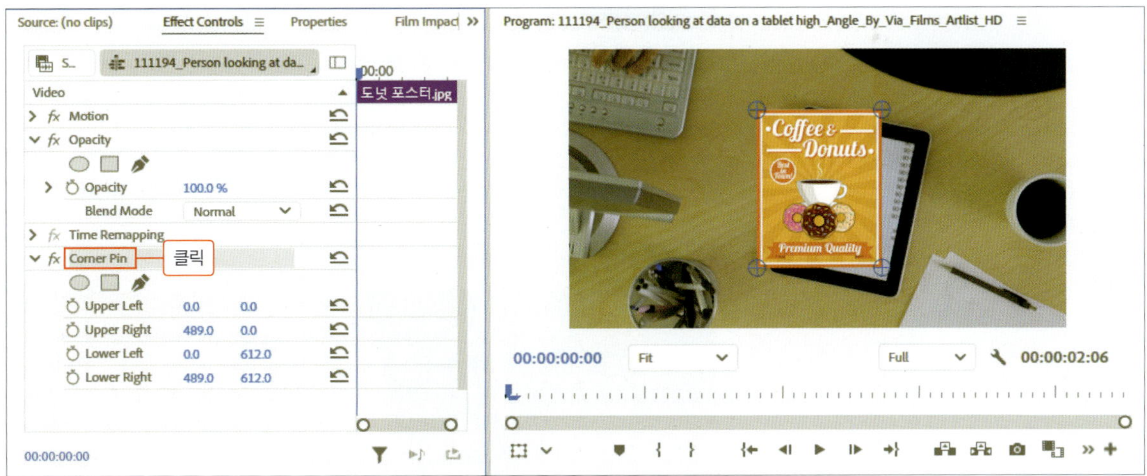

TIP
포스터 사방의 조절점을 드래그하면 영상의 각 모서리를 자유롭게 이동할 수 있으며, 이를 통해 포스터를 실제 화면의 각도와 원근에 맞게 자연스럽게 배치할 수 있습니다.

06 오른쪽 위 모서리 조절점을 선택하고 그림과 같이 화면 속 태블릿 모서리에 맞게 드래그하여 일치시킵니다. 이를 통해 합성할 영상이 실제 태블릿 화면의 각도와 정확히 맞도록 조정할 수 있습니다.

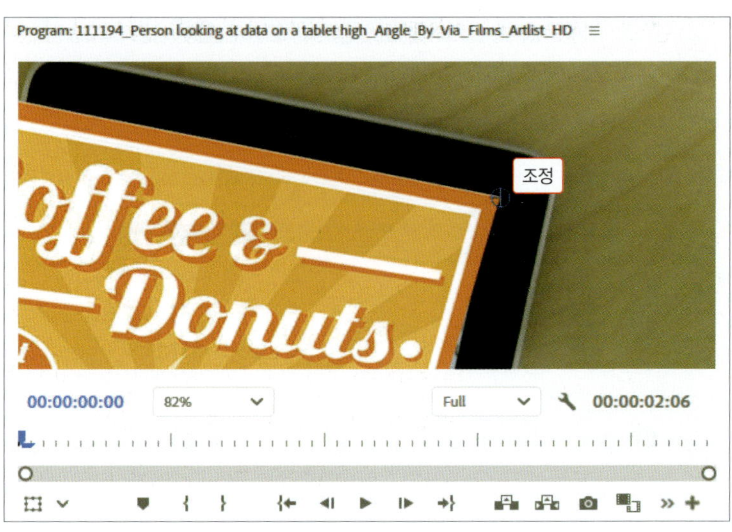

> **TIP**
> 정교한 작업을 위해 Program Monitor 패널의 화면을 확대하면 정확도를 높일 수 있습니다. 마우스 휠을 활용해 화면을 자유롭게 이동할 수 있습니다.

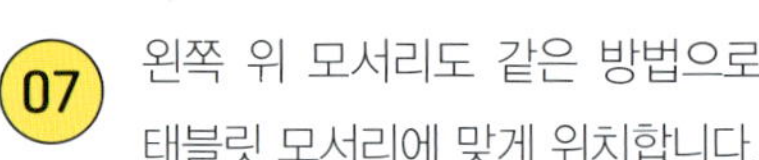

07 왼쪽 위 모서리도 같은 방법으로 태블릿 모서리에 맞게 위치합니다.

08 왼쪽 아래 모서리도 같은 방법으로 태블릿 모서리에 맞게 위치합니다.

09 ❶ 오른쪽 아래 모서리도 같은 방법으로 태블릿 모서리에 맞게 위치합니다. Corner Pin 설정을 완료하고 ❷ Program Monitor 패널의 해상도를 'Fit'으로 지정합니다.

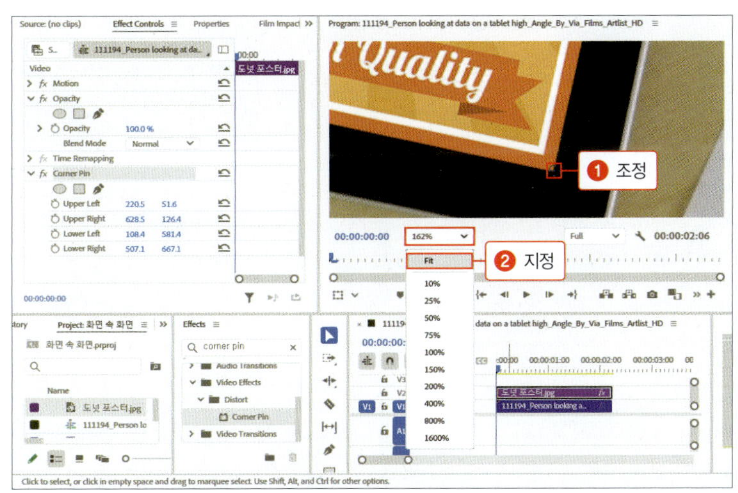

10 Spacebar를 눌러 영상을 재생해 모서리에 맞게 영상이 잘 위치했는지 확인합니다.

TIP

Corner Pin 효과는 카메라가 고정된 장면에 사용할 때 가장 효과적입니다. 촬영 중 카메라가 움직이거나 피사체의 각도가 변할 때 프레임마다 일일이 키프레임을 조정해야 하므로 작업 효율이 크게 떨어질 때는 애프터 이펙트(After Effects)와 연동해 Mocha AE 플러그인을 사용하는 것이 좋습니다. Mocha AE는 영상 속 움직임을 자동으로 추적해 모서리 좌표를 따라가게 설정할 수 있어 복잡한 추적 작업을 훨씬 정교하고 빠르게 처리할 수 있습니다.

카메라 움직임을 추적하는 애프터 이펙트의 'Mocha AE' 추적 기능

Part 08

프리미어 프로 고급 실무 테크닉

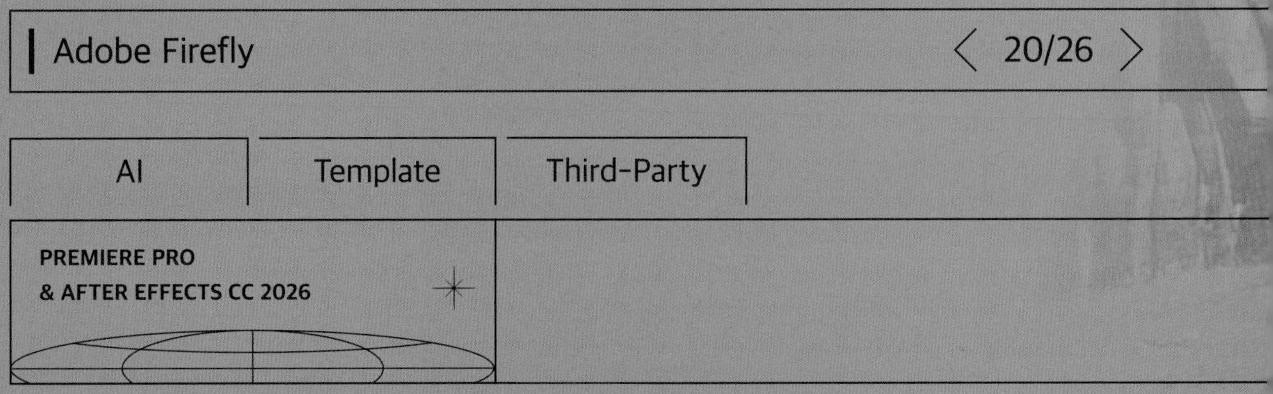

PREMIERE
26
Generate

Pr

LESSON 15

프리미어 프로 고급 기능 마스터

• **실습파일** : 프리미어 프로\08\애프터이펙트 연동.prproj **완성파일** : 프리미어 프로\08\애프터이펙트 연동_완.prproj

Quick 활용 애프터 이펙트와 연동하여 카툰 효과 적용하기

어도비(Adobe) 생태계의 가장 큰 강점은 여러 프로그램을 분리된 도구가 아닌 하나의 통합된 제작 환경처럼 사용할 수 있다는 점입니다. 프리미어 프로는 편집에, 애프터 이펙트는 모션 그래픽과 시각효과에 특화되어 있지만, 두 프로그램을 함께 사용할 때 그 진가가 드러납니다. 영상 편집을 하다 보면 프리미어 프로만으로는 표현하기 어려운 효과나 그래픽 작업이 필요할 때가 있습니다. 이때 애프터 이펙트(After Effects)와 연동하면 별도의 렌더링 없이 두 프로그램을 하나처럼 사용하며 작업 효율을 크게 높일 수 있습니다. 예제에서는 통합 워크플로우의 핵심인 Dynamic Link 기능을 중심으로, 프리미어 프로와 애프터 이펙트를 연동하는 기본 개념과 애프터 이펙트의 기본 효과로 카툰 효과를 적용해 보겠습니다.

Before

After

01 프리미어 프로 → 08 폴더에서 '애프터이펙트 연동.prproj' 파일을 불러옵니다.
사전에 설정된 시퀀스가 표시되고 Timeline 패널에 현재 '연동소스.mp4' 클립이 있습니다.

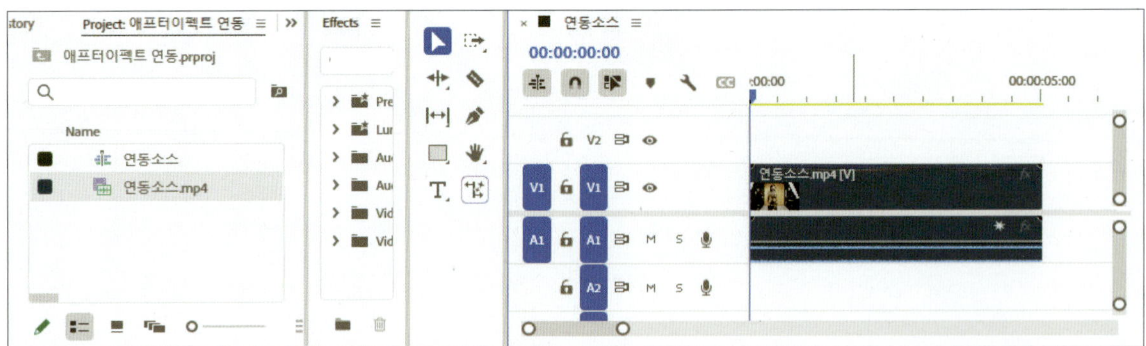

02 Timeline 패널의 ❶ '연동소스.mp4' 트랙에서 마우스 오른쪽 버튼을 클릭하고 ❷ Replace With After Effects Composition을 실행합니다.

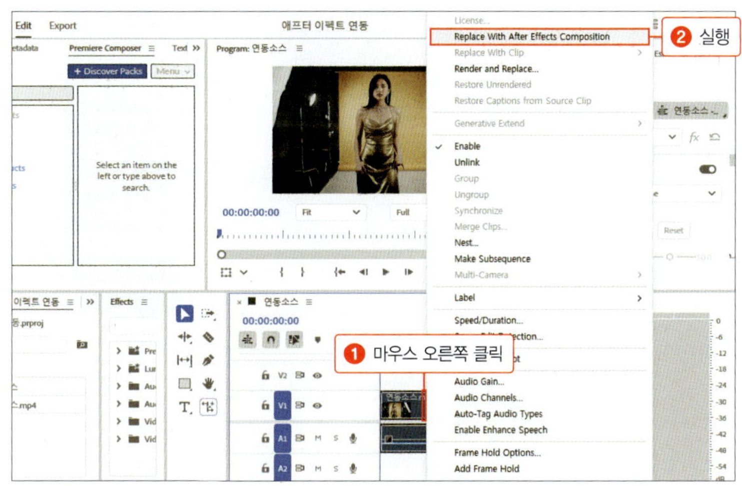

왜? ✦

애프터 이펙트가 프리미어 프로와 같은 버전으로 설치되어 있어야 해당 메뉴가 활성화됩니다. 두 프로그램의 버전이 다르면 Dynamic Link가 정상 작동하지 않으므로 버전을 일치시켜야 연동 기능을 사용할 수 있습니다.

03 애프터 이펙트가 자동으로 실행됩니다. Save As 대화상자가 표시되면 ❶ 저장 위치를 지정하고 ❷ 파일 이름을 "Cartoon"으로 입력한 다음 ❸ 〈저장〉 버튼을 클릭합니다.

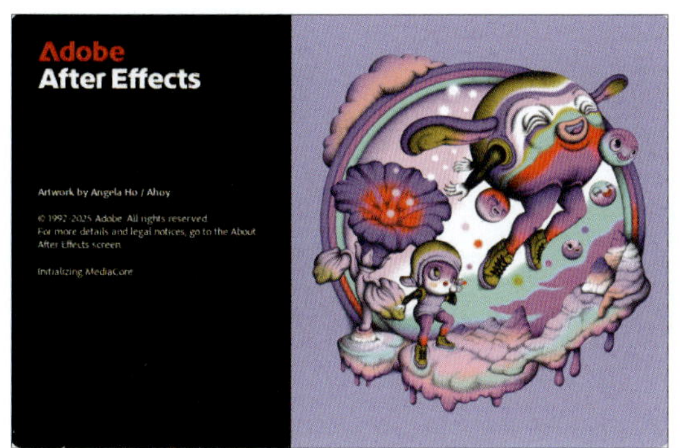

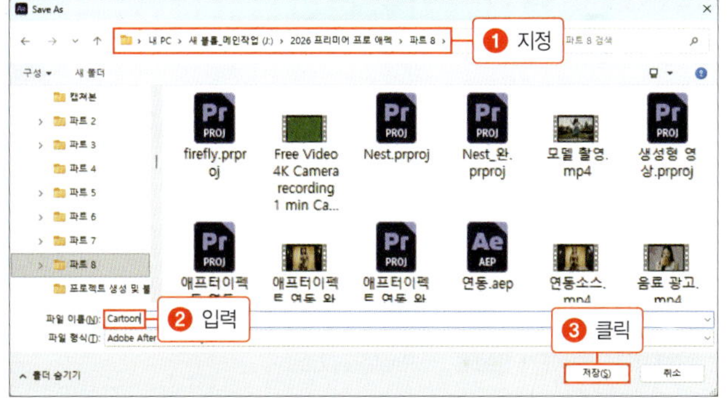

04 애프터 이펙트가 실행되면 Project 패널과 Timeline 패널에 프리미어 프로에서 연동한 영상 레이어가 자동으로 생성됩니다. 이 상태에서 다시 프리미어 프로로 전환하면 Timeline 패널에서 해당 클립의 이름이 'Linked Comp' 형태로 변경됩니다.

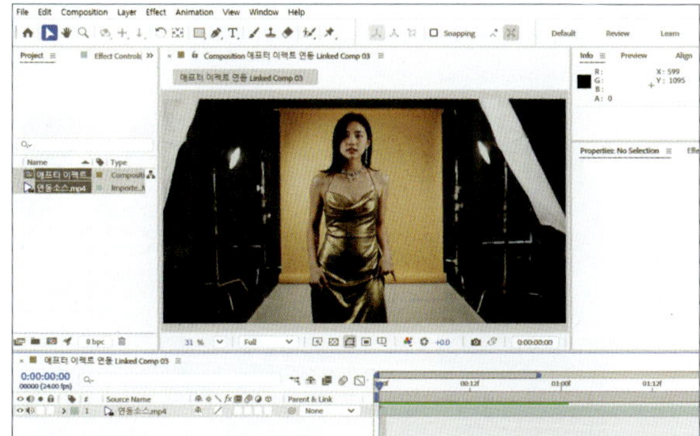

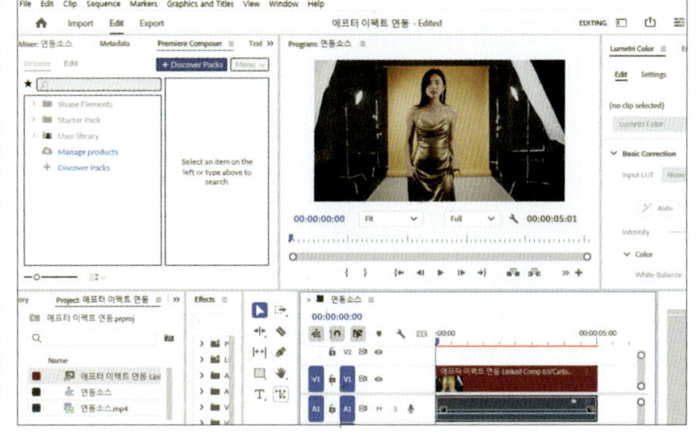

왜? ✦

'Linked Comp'는 두 프로그램 간 연동이 정상 완료되었음을 의미하며, 이후 애프터 이펙트에서 수정하는 모든 내용이 즉시 프리미어 프로에 반영됩니다.

05 원활하고 일관된 진행을 위해 인터페이스를 통일하겠습니다. 애프터 이펙트 실행 시 인터페이스 구성이 사용자 설정에 따라 다를 수 있으므로, 오른쪽 상단 ❶ Workspace 아이콘을 클릭한 다음 ❷ 'Standard'를 선택하여 기본 레이아웃으로 전환합니다.

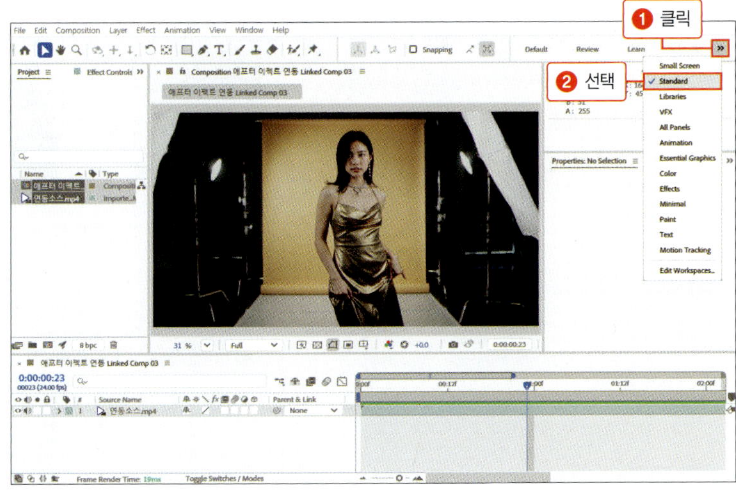

TIP ✦
Standard 인터페이스는 Project 패널, Composition 패널, Timeline 패널이 깔끔한 구조로 정렬되어 컴포지션을 확인하고 수정하기에 최적화된 작업 환경을 제공합니다.

06 ❶ Effects & Presets 패널을 표시하고 ❷ 'Cartoon'을 검색한 다음 ❸ Stylize – Cartoon을 Timeline 패널의 '연동소스.mp4'에 드래그하여 적용합니다.

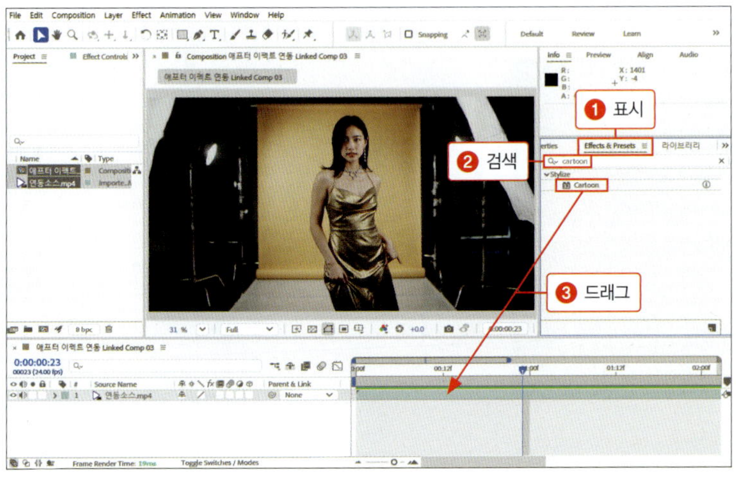

TIP ✦
애프터 이펙트를 처음 실행하면 어두운 화면이 나타나는데, 이를 밝은 색으로 변경하기 위해서는 메뉴에서 [**Edit**] → **Preferences** → **Appearance**를 실행하여 Preferences 대화상자가 표시되면 Color Theme를 'Light'로 선택한 다음 〈OK〉 버튼을 클릭합니다.

07 Effect Controls 패널에 적용한 Cartoon 항목이 표시됩니다. 프리미어 프로와 마찬가지로 효과에 대한 설정값을 수정할 수 있습니다. ❶ Advanced 항목을 표시하고 ❷ Edge Enhancement를 '40.0'으로 설정하면 선이 부드럽게 다듬어집니다.

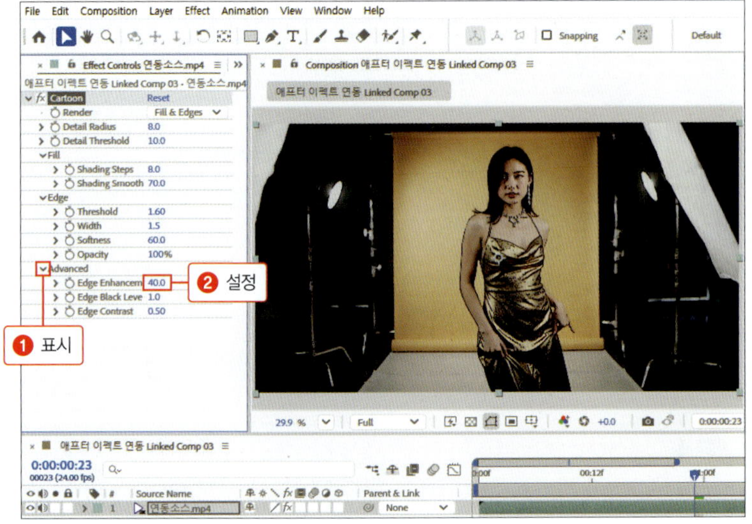

08 효과 설정을 완료하고 Ctrl+S를 눌러 애프터 이펙트 프로젝트를 저장합니다.

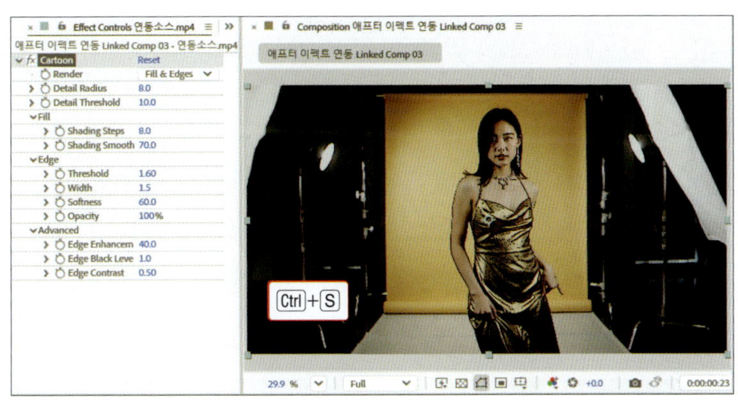

09 프리미어 프로의 Program Monitor 패널에 애프터 이펙트에서 작업한 결과물이 그대로 나타납니다. Timeline 패널에 해당 클립의 트랙 색상이 빨간색으로 나타나며, 상단의 렌더링 표시선 역시 빨간색으로 바뀌었습니다.

왜?

렌더링 표시선이 빨간색으로 나타나는 것은 프리미어 프로가 애프터 이펙트로부터 연동된 컴포지션을 실시간으로 불러오고 있다는 의미입니다. 이때 애프터 이펙트를 수정하면 변경 사항이 실시간으로 화면에 반영됩니다.

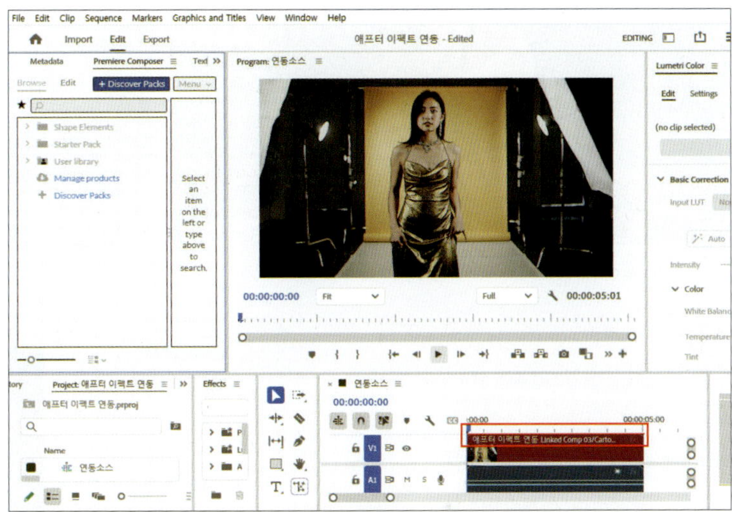

10 Enter를 눌러 렌더링을 실행하여 Timeline 패널에서 렌더링 표시선을 녹색으로 변경합니다. 실시간으로 매끄럽게 영상이 재생됩니다. 카툰 효과가 적용된 것을 확인합니다.

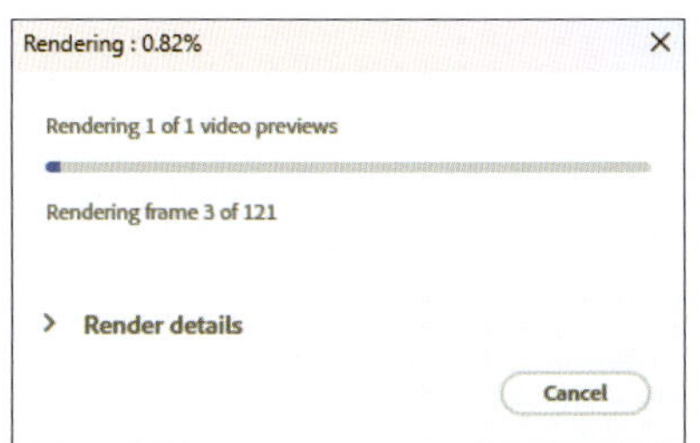

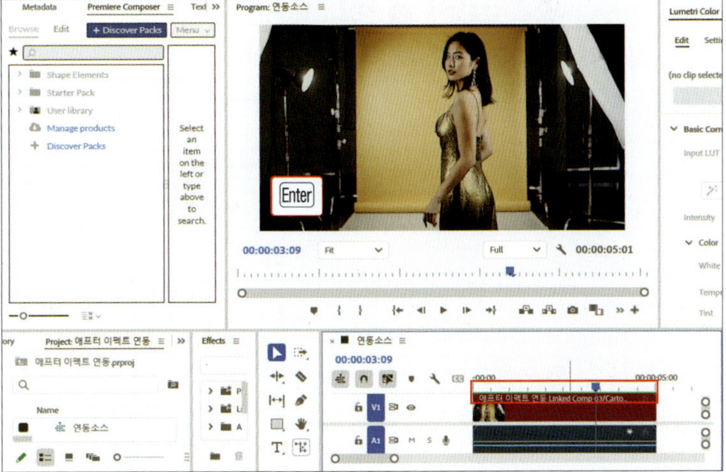

TIP

렌더링이 이루어지지 않은 상태에서는 영상을 실시간으로 재생할 때 화면이 끊기거나 매끄럽지 않게 재생되는 경우가 많습니다. 실시간 재생 품질을 확보하려면 Preview 렌더링을 진행해야 합니다. Timeline 상단의 렌더링 표시선이 빨간색일 때 Enter를 눌러 녹색으로 바꾸는 과정을 흔히 '렌더링'이라고 부르며, 이렇게 기억하면 쉽게 이해할 수 있습니다.

AI EASY 실습 짧게 촬영된 영상을 AI로 연장하기

영상 제작에서 가장 자주 겪는 문제 중 하나는 촬영 분량의 부족입니다. 아무리 계획적으로 촬영하더라도 막상 편집 단계에 들어가면 필요한 장면이 모자라거나 조금 더 길었으면 하는 아쉬움이 생기곤 합니다. 프리미어 프로의 생성형 연장 도구(Generative Extend Tool)는 이런 상황을 해결하는 AI 기능으로, 짧게 촬영된 영상을 자연스럽게 연장하여 길이를 확장할 수 있습니다. 예제에서는 촬영 소스를 확장하는 과정을 통하여 부족한 분량을 AI로 보완하는 방법을 살펴봅니다.

01 프리미어 프로 → 08 폴더에서 '생성형 영상.prproj' 파일을 불러옵니다.

사전에 설정된 시퀀스가 자동으로 표시됩니다. 총 2개의 시퀀스인 '실사 강아지', '3D 강아지'가 있습니다. 먼저 ❶ '실사 강아지' 시퀀스를 선택해 표시하고 ❷ 현재 시간 표시기를 영상의 끝부분으로 드래그하여 이동합니다.

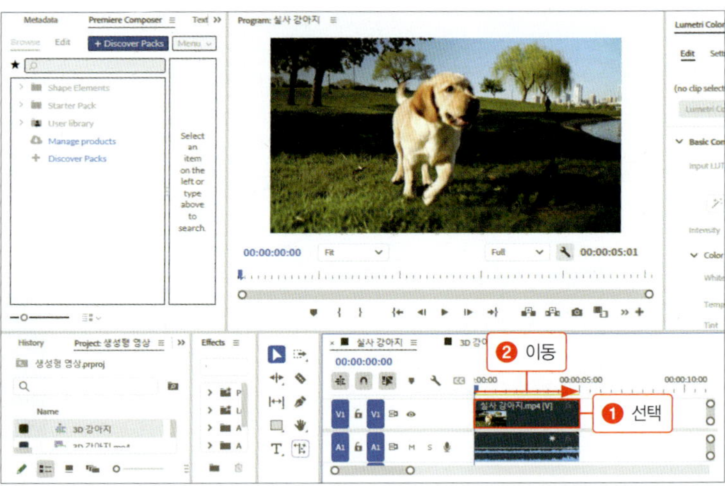

02 Tools 패널에서 ❶ 생성형 연장 도구(Generative Extend Tool,)를 선택하고 ❷ 영상의 뒤쪽 조절점을 클릭한 다음 오른쪽으로 드래그합니다.

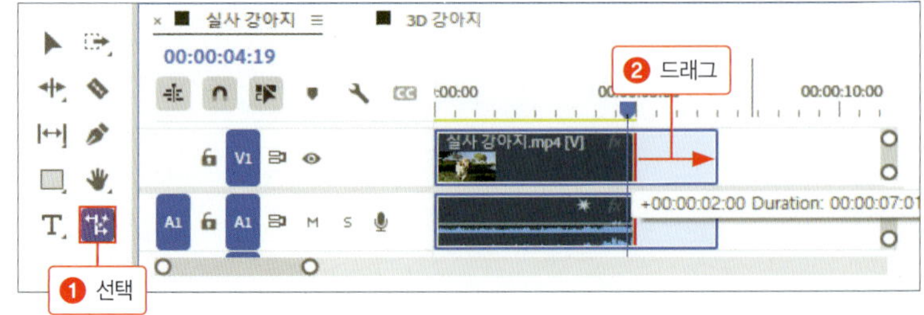

TIP

생성형 연장 도구(Generative Extend Tool)는 영상의 경우 최대 2초, 오디오 단독 트랙의 경우 최대 10초까지 연장할 수 있습니다.

03 연장 작업이 진행되면 영상의 뒷부분이 최대 2초까지 자연스럽게 확장됩니다.

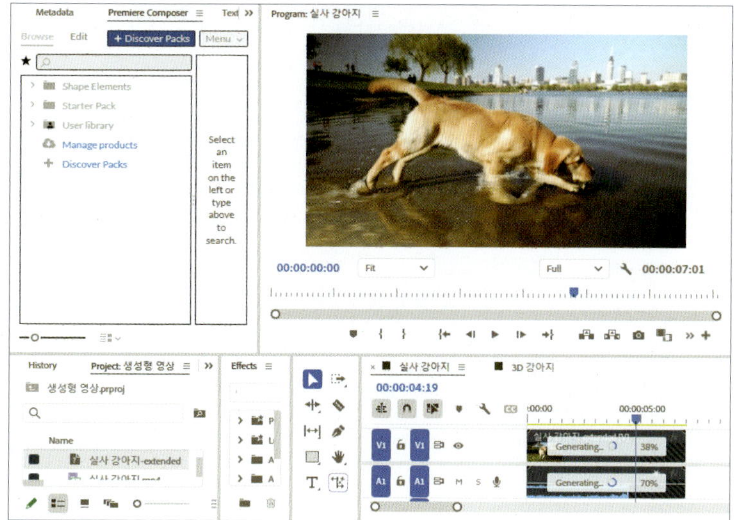

TIP 생성에는 약간의 시간이 소요되며, AI가 기존 장면의 색감, 조도, 카메라 움직임을 분석해 연속된 프레임을 생성하므로 별도의 촬영 없이도 부족한 분량을 손쉽게 보완할 수 있습니다.

04 연장 작업이 완료되면 클립 하단에 'AI-generated'가 나타납니다. 이는 해당 구간이 Generative Extend 기능을 통해 생성된 영역임을 의미합니다. 이 상태에서 Spacebar를 눌러 영상을 재생하면 뒤쪽 부분이 자연스럽게 이어지며 확장된 장면을 확인할 수 있고 상황에 맞는 소리까지도 생성됩니다.

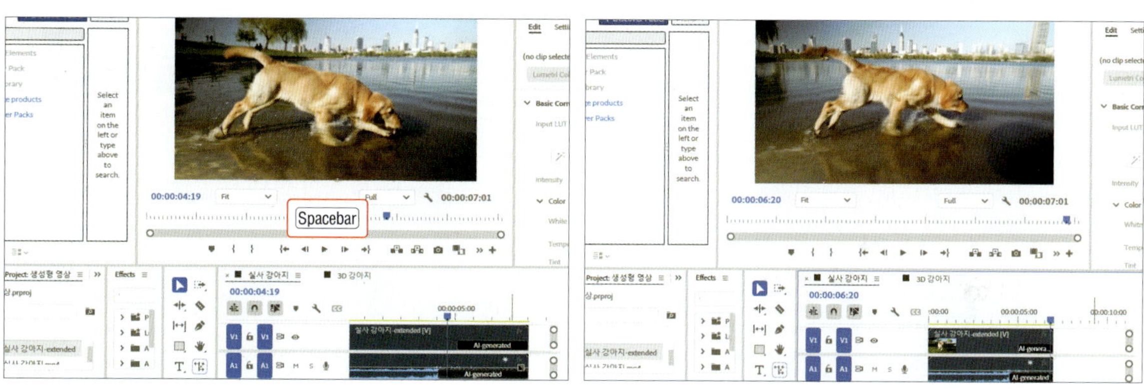

05 생성형 연장 기능은 실사 촬영본에만 제한되지 않습니다. 3D 또는 2D 애니메이션처럼 실제 촬영된 영상이 아니라도 동일하게 적용할 수 있습니다. 사전에 준비된 ❶ '3D 강아지' 시퀀스를 더블클릭해 화면에 표시하고 ❷ 현재 시간 표시기를 영상의 끝부분으로 드래그하여 이동합니다.

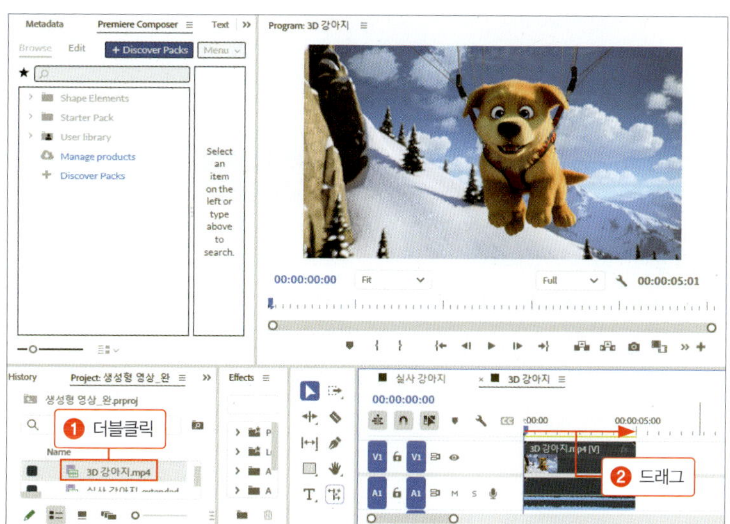

06 Tools 패널에서 ❶ 생성형 연장 도구( )를 선택하고 ❷ 영상의 뒤쪽 조절점을 오른쪽으로 드래그합니다.

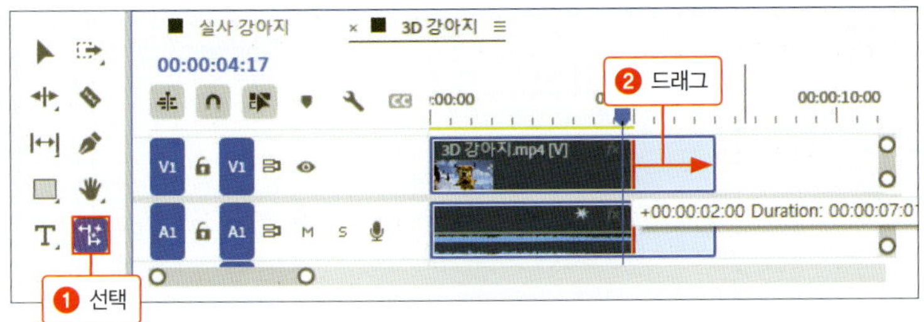

07 연장 작업이 시작되면 진행률이 표시되며, 100%가 되면 연장 과정이 완료됩니다. 확장된 구간은 Timeline 패널에서 확인할 수 있습니다.

08 연장 작업이 완료되면 클립 하단에 'AI-generated'가 나타납니다. Spacebar를 눌러 영상을 재생하면 뒷부분이 자연스럽게 이어지며 확장된 장면을 확인할 수 있고 상황에 맞는 소리까지도 생성됩니다.

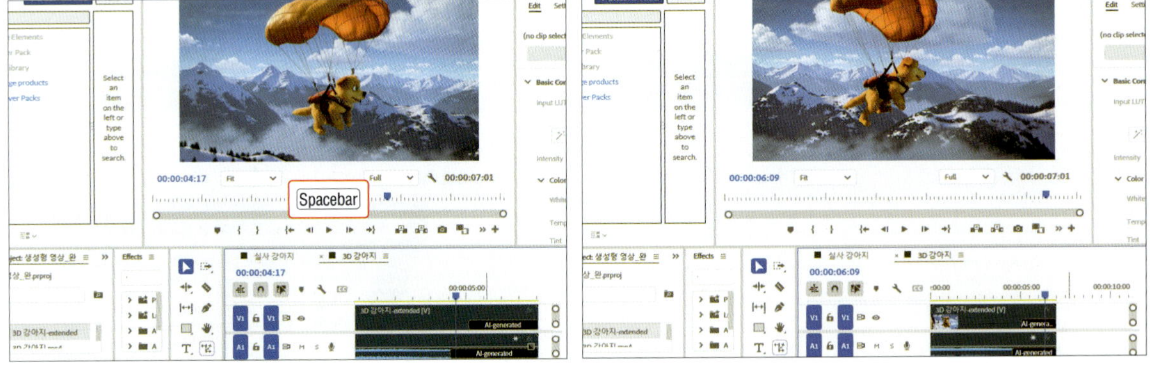

TIP

3D나 2D 애니메이션 작업자의 경우 Generative Extend 기능을 활용하면 추가 렌더링 없이도 장면의 길이를 확보할 수 있어 렌더링 시간을 크게 줄일 수 있습니다. 특히 2초 분량이라면 프레임레이트에 따라 약 48~60프레임을 새로 제작해야 하는데, 이 과정을 AI가 대신 생성하므로 제작 효율이 크게 향상됩니다. 급하게 편집본을 완성해야 하거나 전체 장면을 다시 렌더링하기 어려운 상황에서 매우 유용한 기능입니다.

EASY 실습 시퀀스 정리의 핵심, Nest(중첩) 기능 익히기

영상 편집이 복잡해질수록 타임라인에는 수많은 클립과 효과가 뒤섞여 정리가 어려워집니다. 필요한 장면을 찾기 힘들고, 작업 속도 역시 눈에 띄게 떨어집니다. 이때 유용한 기능이 바로 Nest(중첩)입니다. 여러 클립을 하나의 그룹처럼 묶어 타임라인을 깨끗하게 정리할 수 있으며, 효율적인 편집 환경을 만들 수 있습니다. 예제에서는 Nest 기능을 활용하여 복잡한 시퀀스를 단순화하고, 작업 효율을 극대화하는 방법을 살펴봅니다.

01 프리미어 프로 → 08 폴더에서 'Nest.prproj' 파일을 불러옵니다. 사전에 설정된 시퀀스가 표시됩니다. Timeline 패널에는 3개 트랙이 있습니다.

02 여러 개의 영상 트랙이 계속 쌓이면 Timeline 패널에서 모두 보이지 않아 패널 크기를 조절하며 작업해야 하는 불편함이 생깁니다. 이를 깔끔하게 정리하기 위해 V1, V2, V3에 있는 세 개의 영상 트랙을 하나의 그룹으로 묶겠습니다. 먼저 ❶ V1, V2, V3 트랙의 클립을 드래그해 모두 선택합니다. ❷ 모든 클립이 선택된 상태에서 마우스 오른쪽 버튼을 클릭한 다음 ❸ Nest를 실행하면 중첩 시퀀스로 그룹화가 완료됩니다.

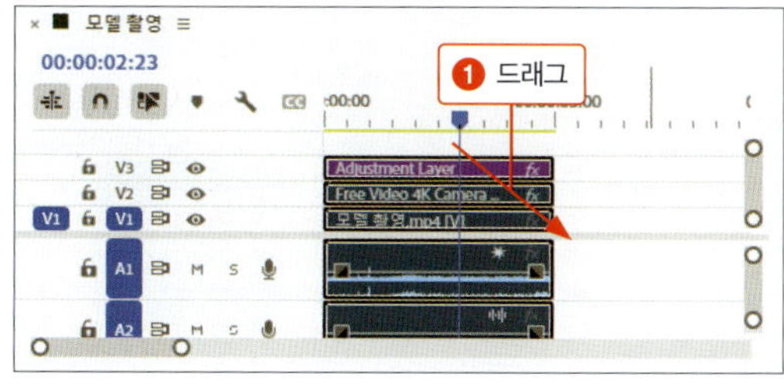

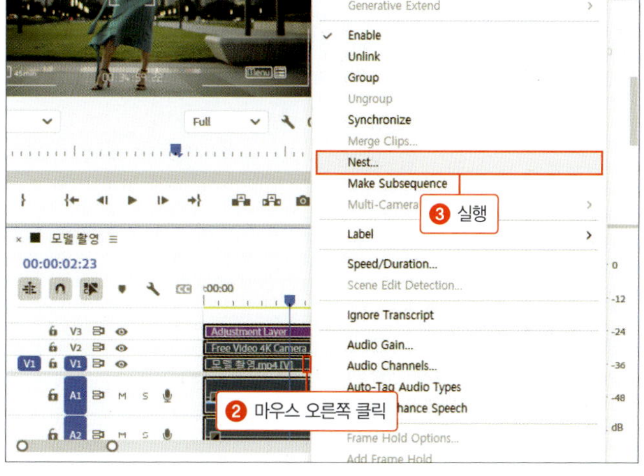

03 Nest 시퀀스 이름을 설정할 수 있는 Nested Sequence Name 대화상자가 표시됩니다. ❶ Name에 "1st Scene"을 입력한 다음 ❷ 〈OK〉 버튼을 클릭합니다.

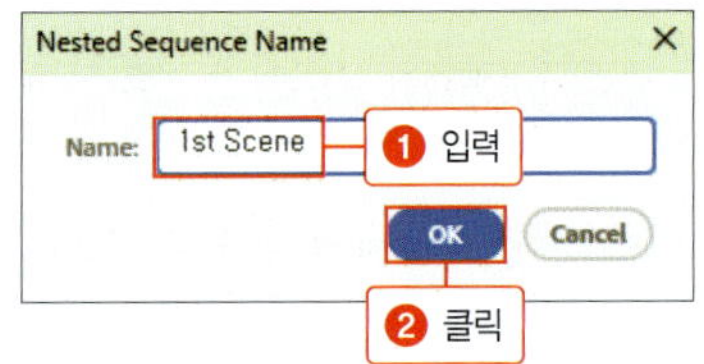

04 Nest 기능이 적용되면 기존 3개 트랙이 하나로 묶여 '1st Scene'이라는 단일 트랙으로 정리됩니다. 트랙은 하나로 합쳐졌지만, Program Monitor 패널의 영상에는 변화가 없습니다. Timeline 패널에 생성된 '1st Scene' 트랙을 더블클릭해 중첩 시퀀스로 들어갑니다.

05 중첩 시퀀스 내부 화면으로 전환됩니다. Program Monitor 패널 이름 오른쪽에도 '1st Scene'이 표시되어 중첩된 시퀀스 내부를 확인할 수 있습니다. 중첩된 시퀀스 내부에는 원래 V1, V2, V3에 배치되어 있던 영상과 오디오 트랙이 그대로 나타납니다. 기존 타임라인에서는 하나의 트랙으로 단순화되어 있었지만, 중첩 내부로 들어오면 각 트랙이 분리된 상태로 유지됩니다.

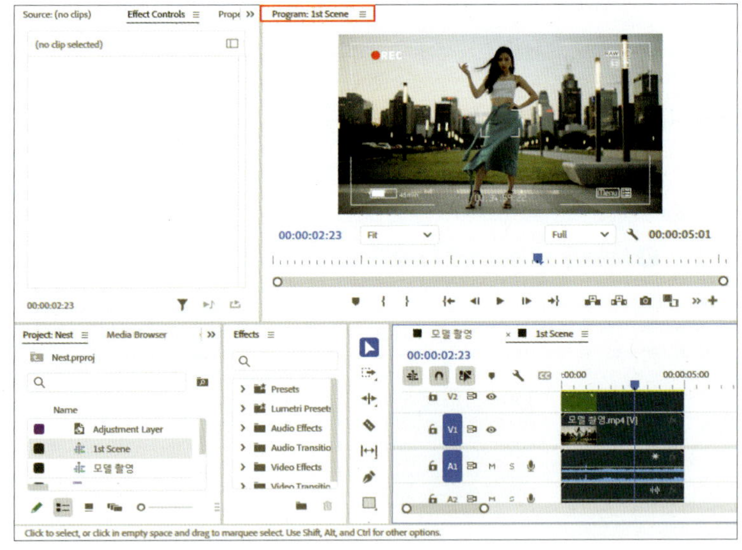

TIP

Nest 기능은 단순히 타임라인을 깔끔하게 정리하는 데에만 쓰이는 것이 아니라, 외부 템플릿을 수정하거나 재구성할 때 특히 중요한 개념입니다. 여러 레이어로 구성된 복잡한 템플릿을 한 번에 다루기보다 중첩된 시퀀스를 통하여 구조를 이해하고 필요한 부분만 선택적으로 편집할 수 있기 때문입니다.

EASY 실습 외부 템플릿 맞춤형 수정하기

프리미어 프로에서 말하는 템플릿(Template)은 이미 완성된 구조와 이펙트, 애니메이션, 그래픽 요소 등이 미리 설정된 편집 파일을 의미합니다. 자막 애니메이션, 인트로, 트랜지션, 하이라이트 패키지 등 다양한 요소를 빠르게 적용할 수 있어 작업 시간을 크게 단축하는 도구입니다. Nest(중첩) 기능은 단순히 타임라인을 정리하는 수준을 넘어 외부에서 다운로드한 템플릿을 편집할 때 필수 개념입니다. 많은 템플릿은 여러 레이어와 이펙트가 복잡하게 얽혀 있어 그대로 수정하기 어렵지만, Nest 구조를 이해하면 템플릿 내부 구성과 편집 흐름을 손쉽게 파악할 수 있습니다. 예제에서는 이러한 구조를 활용해 외부 템플릿을 자신의 프로젝트에 맞게 수정하는 방법을 살펴보겠습니다.

01 프리미어 프로 → 08 → 외부 템플릿 수정 폴더에서 '외부 템플릿.prproj' 파일을 불러옵니다. 사전에 설정된 시퀀스가 표시됩니다. Timeline 패널의 'Final Sequence'에 2개의 중첩 레이어가 표시된 상태입니다. V2 트랙에서 'Phone' 트랙을 더블클릭하여 중첩 레이어로 들어갑니다.

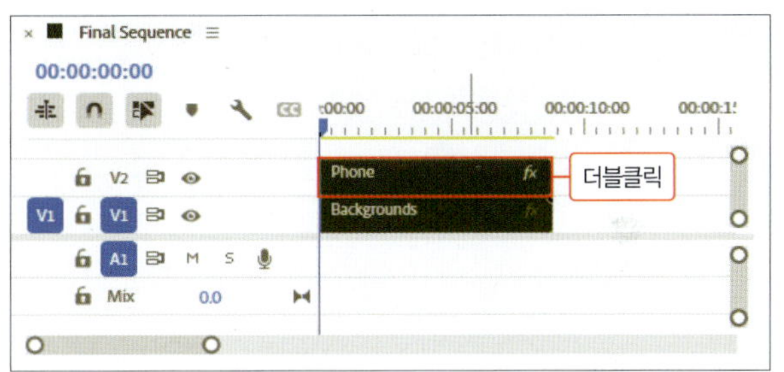

02 Phone 중첩 레이어 내부 화면이 표시됩니다. 'Screens' 중첩 레이어를 더블클릭하여 중첩 레이어 화면을 표시합니다.

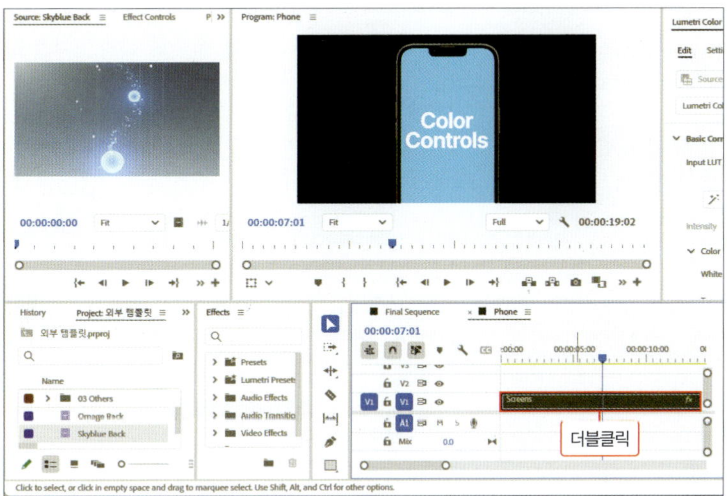

03 'Screens' 중첩 레이어 내부 화면이 표시됩니다. 이 외부 템플릿은 Phone-Screens 각각의 Scene 구조입니다. 이 상태에서 '03 Edit Screen' 중첩 레이어를 더블클릭하여 들어갑니다.

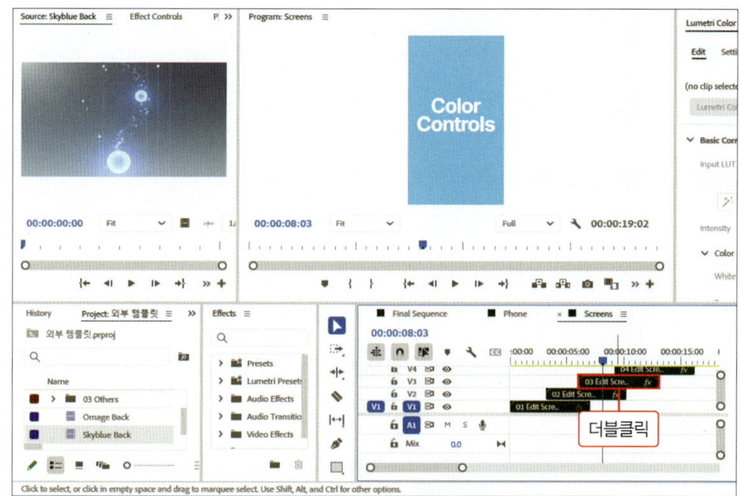

04 '03 Edit Screen' 중첩 시퀀스 내부로 진입하면 템플릿이 여러 개의 세부 레이어로 구성되어 있습니다. 예를 들어 '텍스트 첫 번째 줄', '텍스트 두 번째 줄', '색상(Color Controls)', '화면(Screen)'과 같은 요소들이 각각 분리된 레이어로 정리되어 있습니다. 이러한 구조 덕분에 텍스트 수정, 색상 변경, 그래픽 요소 조정 등 원하는 부분만 선택적으로 손쉽게 수정할 수 있습니다. ❶ V3, V4 트랙을 드래그하여 모두 선택하고 ❷ Delete을 눌러 삭제합니다.

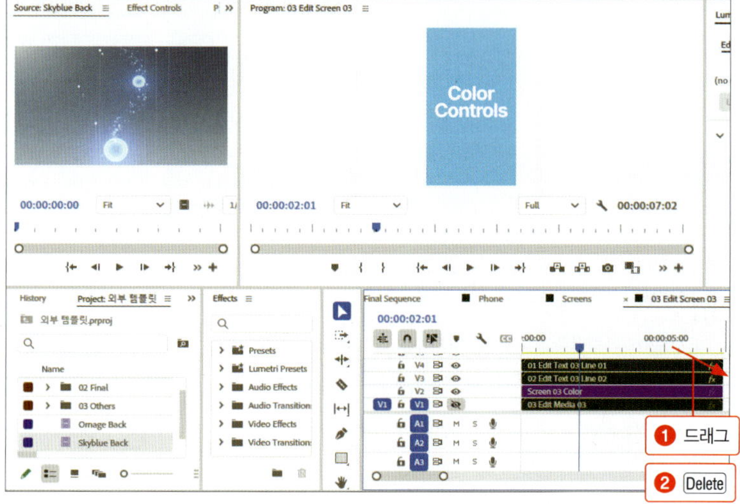

05 불필요한 트랙은 삭제하여 가시성을 높이는 것이 효율적입니다. 텍스트 레이어가 삭제되었습니다. 이번에는 수정용 소스를 불러오기 위해 ❶ Ctrl+I를 누릅니다. Import 대화상자가 표시되면 ❷ 프리미어 프로 → 08 → 외부 템플릿 수정 폴더에서 ❸ '수정용 사진.png' 소스를 선택한 다음 ❹ 〈열기(O)〉 버튼을 클릭합니다.

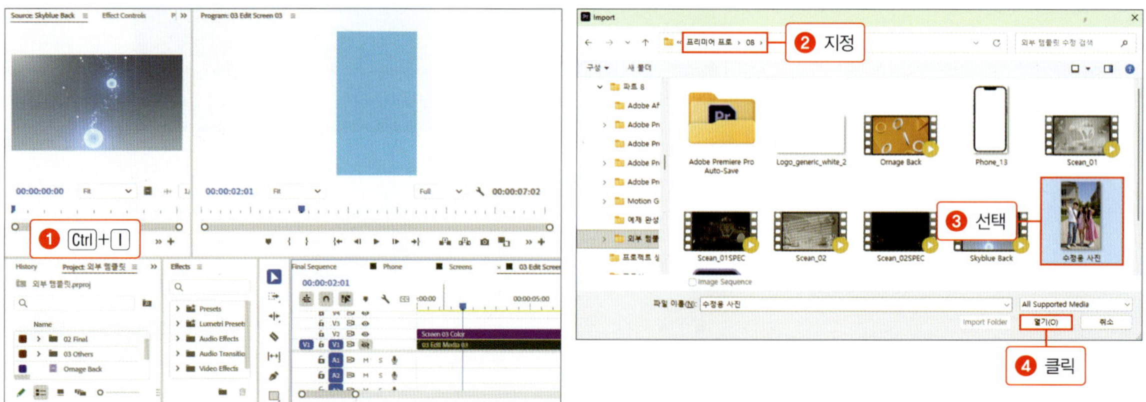

06 Project 패널에 '수정용 사진.png' 소스가 추가되었습니다. 이를 타임라인에 배치하기 위해 ❶ '수정용 사진.png'를 드래그하여 Timeline 패널의 V3 트랙에 배치합니다. ❷ 이미지 클립의 오른쪽 조절점을 오른쪽으로 드래그해 다른 소스들과 길이가 같도록 조정합니다. 이렇게 하면 전체 시퀀스 길이에 맞춰 이미지가 자연스럽게 재생되도록 정리할 수 있습니다.

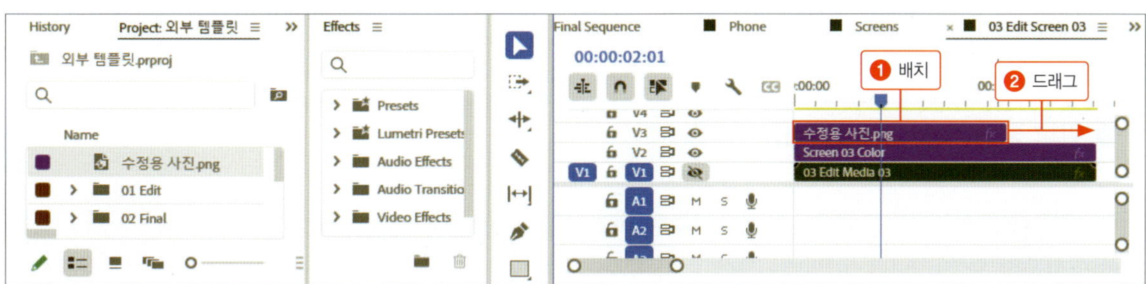

07 Program Monitor 패널의 ❶ 사진 소스를 더블클릭하고 ❷ 기준점을 Shift를 누른 상태로 드래그해 크기를 화면에 맞춥니다. 이 상태에서 ❸ 다시 'Final Sequence' 시퀀스를 선택해 표시합니다.

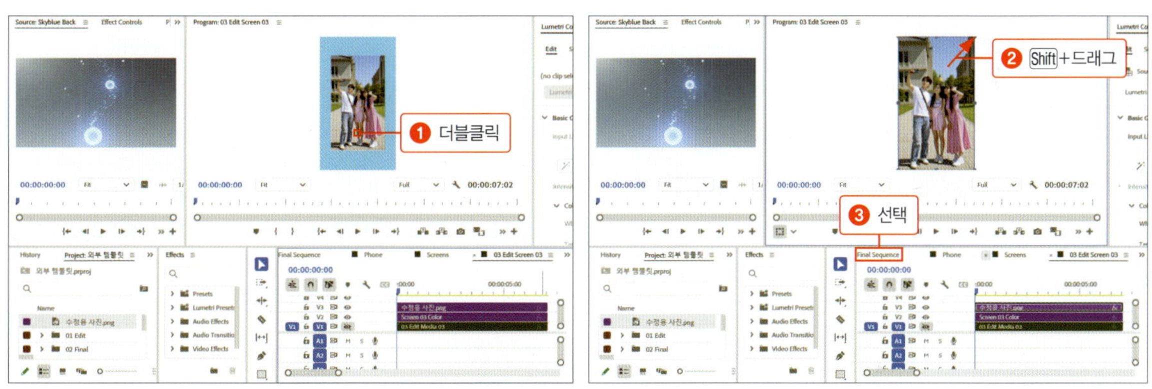

08 기존에 하늘색 배경과 텍스트만 표시되던 스마트폰 화면이 불러온 사진으로 성공적으로 대체되었습니다. 이처럼 템플릿 구조를 이해하고 필요한 레이어만 선택적으로 교체하면 원하는 스타일로 손쉽게 커스터마이징할 수 있습니다.

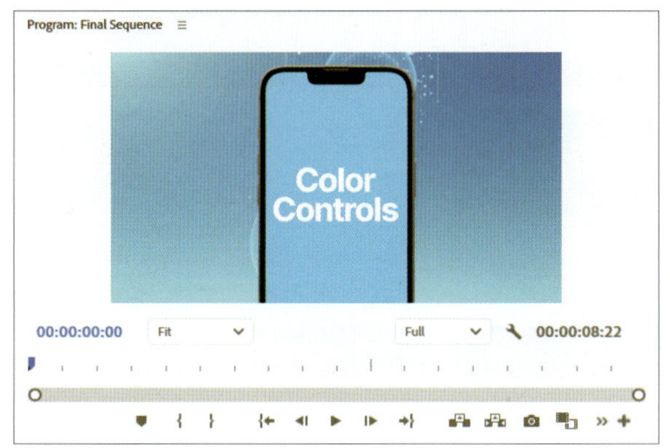

TIP

추가로 배경 이미지를 교체하거나 사진 위에 새로운 텍스트를 입력해 템플릿을 더 개성 있게 꾸밀 수도 있습니다. 템플릿의 각 레이어 구조만 이해하면 원하는 스타일로 자유롭게 변형할 수 있습니다.

LESSON 16 플러그인 & 최종 마무리 워크플로우

❶ 외부 템플릿을 다운로드하는 방법

프리미어 프로에서는 자막, 인트로, 트랜지션, 오버레이 등 다양한 외부 템플릿을 인터넷에서 간편하게 다운로드하여 활용할 수 있습니다. 이번에는 프리미어 프로 사용자들이 실제로 많이 활용하는 무료 템플릿 다운로드 경로를 중심으로 살펴보겠습니다. 유료 서비스도 다양하지만, 누구나 부담 없이 사용할 수 있는 무료 템플릿 사이트 위주로 정리했습니다.

Mixkit(mixkit.co)

전 세계 영상 제작자들이 많이 사용하는 완전 무료 템플릿 사이트로, 회원가입 없이도 바로 템플릿을 다운로드할 수 있다는 점이 가장 큰 장점입니다. 프리미어 프로 전용 템플릿은 물론, 영상 소스, 음악, 사운드 효과 등 다양한 크리에이티브 자원을 제공하여 초보자부터 전문가까지 폭넓게 활용할 수 있습니다.

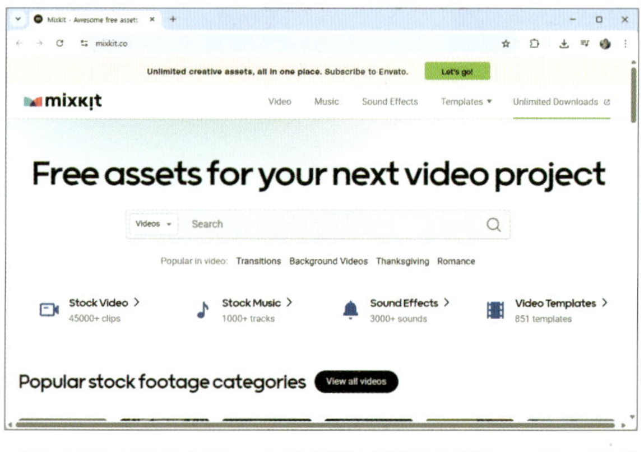

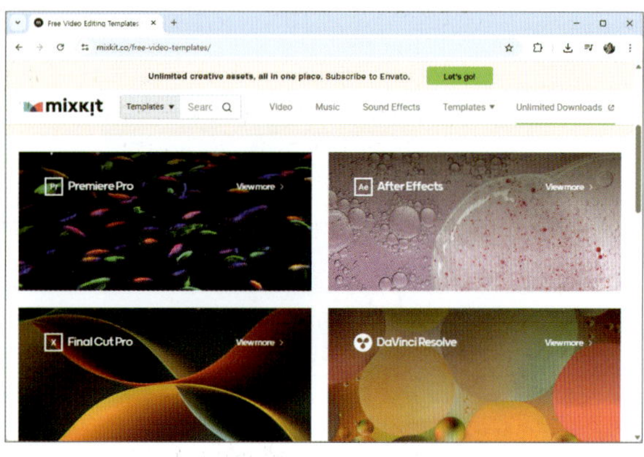

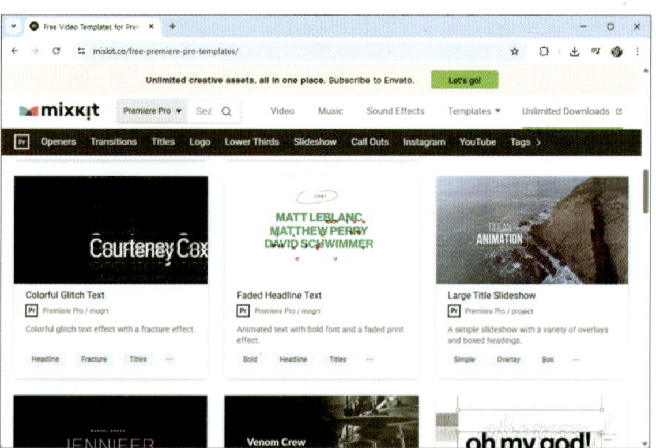

Velosofy(velosofy.com)

무료 템플릿 제공 사이트로, 프리미어 프로뿐만 아니라 애프터 이펙트, 포토샵, 블렌더 등 다양한 프로그램에서 활용할 수 있는 템플릿을 폭넓게 제공합니다. 특히 인트로, 로고 애니메이션, 오버레이, 타이틀 디자인,

유튜브 · 트위치용 그래픽 등 종류가 매우 다양해 초보자부터 숙련자까지 원하는 템플릿을 쉽게 찾을 수 있습니다.

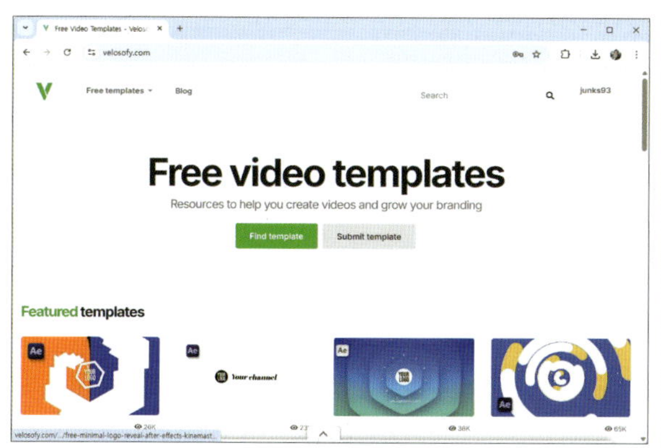

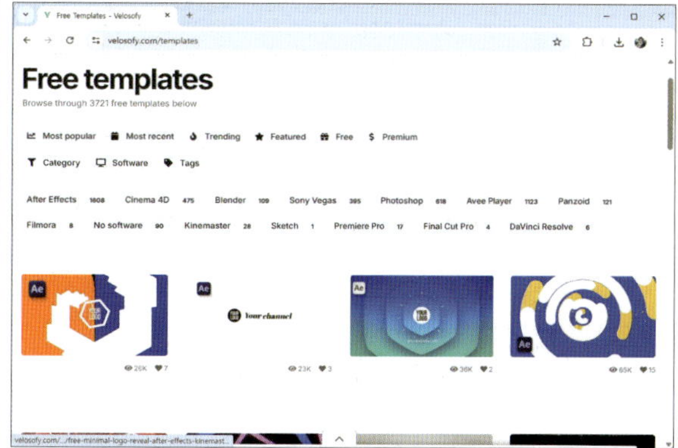

Motionarray(motionarray.com)

영상 편집자를 위해 다양한 템플릿과 에셋을 제공하는 플랫폼으로, 프리미어 프로에서 바로 사용할 수 있는 고품질 템플릿을 다수 보유하고 있습니다. 유료 구독 모델을 기반으로 운영되지만, 사이트에는 누구나 사용할 수 있는 무료 템플릿도 별도로 마련되어 있어 부담 없이 활용할 수 있습니다. 무료 템플릿 섹션에서는 타이틀, 인트로, 트랜지션, 슬라이드쇼 등 프리미어 프로에 특화된 디자인 요소들을 손쉽게 찾을 수 있으며, 각 템플릿은 데모 영상과 함께 제공되어 적용 후 결과를 미리 확인할 수 있습니다.

Motion Array의 가장 큰 장점 중 하나는 템플릿 검색이 매우 편리하다는 점입니다. 프리미어 프로 전용 템플릿만 따로 필터링할 수 있으며, 무료로 제공되는 항목에는 'Free' 표시가 명확하게 붙어 있어 원하는 자료를 빠르게 선택할 수 있습니다. 또한 템플릿마다 필요한 버전, 해상도, 플러그인 사용 여부 등이 상세히 안내되어 있어 다운로드 전에 호환성을 쉽게 확인할 수 있습니다.

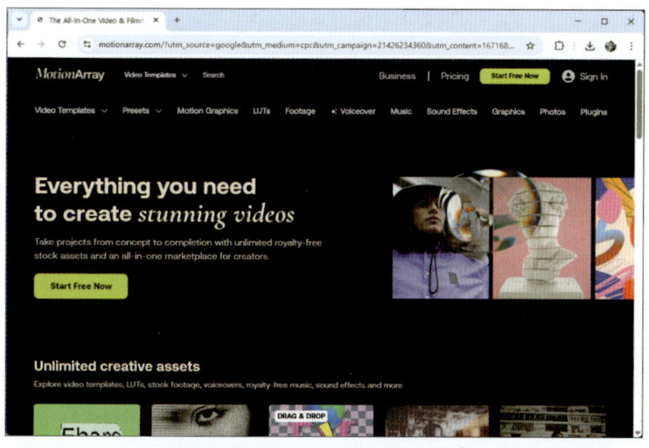

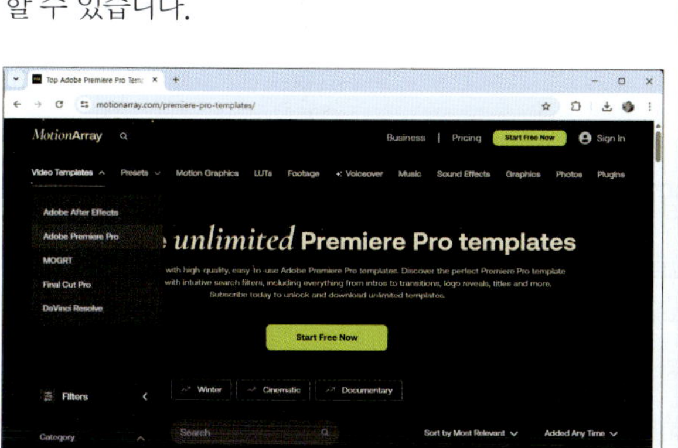

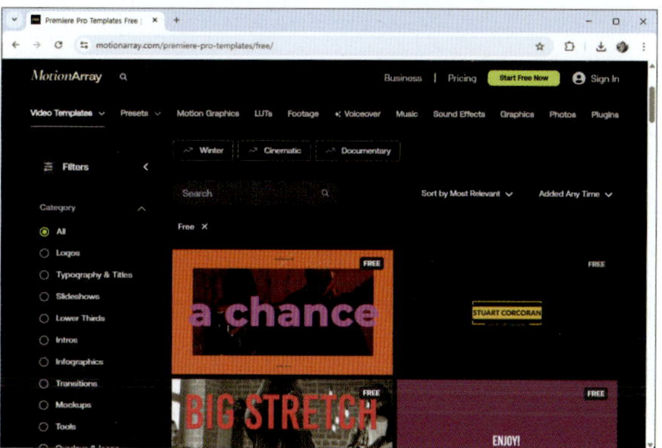

❷ 써드파티 플러그인으로 확장하는 프리미어 프로

프리미어 프로는 기본 기능만으로도 충분히 강력한 편집 도구이지만, 써드파티 플러그인을 활용하면 편집 속도, 디자인 표현력, 자동화 기능 등이 크게 향상됩니다. 특히 자막 제작, 트랜지션, 색 보정, 오디오 보정처럼 전문 편집 영역에서는 플러그인의 도움으로 더욱 빠르고 높은 완성도의 결과물을 얻을 수 있습니다. 이번에는 프리미어 프로 사용자들이 가장 널리 사용하는 써드파티 플러그인 중 하나인 Premiere Composer를 중심으로, 어떤 기능을 제공하는지 살펴보고 실제로 다운로드 및 설치하는 방법을 알아보겠습니다.

써드파티 플러그인

써드파티 플러그인이란 프리미어 프로의 기본 기능에 포함되지 않은 외부 개발사(Third-Party)가 제작한 추가 기능을 의미합니다. 어도비가 직접 만든 기능은 아니지만, 전문 플러그인 개발사나 모션 그래픽 팀이 제작하여 제공하는 도구로, 이를 설치하면 프리미어 프로의 표현력과 작업 효율을 크게 확장할 수 있습니다.

기본 트랜지션이나 자막 기능만으로는 구현하기 어려운 고급 애니메이션, 트랜지션 효과, 모션 타이포그래피, 색 보정 보조, 자동화 도구, 오디오 개선 기능 등을 제공해 실무에서 편집 속도와 완성도를 크게 높이는 것이 특징입니다. 특히 트랜지션 패키지, 텍스트 스타일 애니메이션 플러그인 등은 크리에이터와 영상 실무자들이 자주 사용합니다.

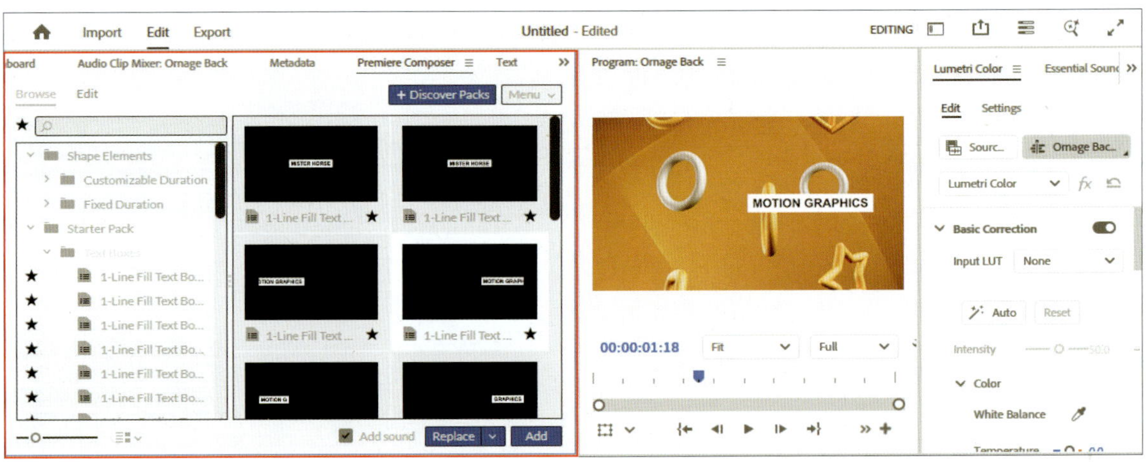

프리미어 프로의 대표적인 써드파티 플러그인 Premiere Composer 패널

기본 기능으로 흡수된 써드파티 플러그인 – Film Impact Dashboard 패널

어떤 써드파티 플러그인은 시간이 지나면서 어도비가 그 가치를 인정해 프리미어 프로 기본 기능에 통합하는 경우도 있습니다. 앞서 살펴본 Film Impact Dashboard 패널이 대표적인 사례입니다. 원래 Film Impact는 별도로 설치해야 하는 써드파티 플러그인이었으나, 사용자 편의성과 활용도가 높아 어도비의 업데이트 과정에서 프리미어 프로 내부 패널로 흡수되며 기본 제공 기능이 되었습니다. 즉, 처음에는 외부 플러그인으로 시작했지만, 이후 어도비가 공식 기능으로 프리미어 프로 생태계에 통합한 것입니다.

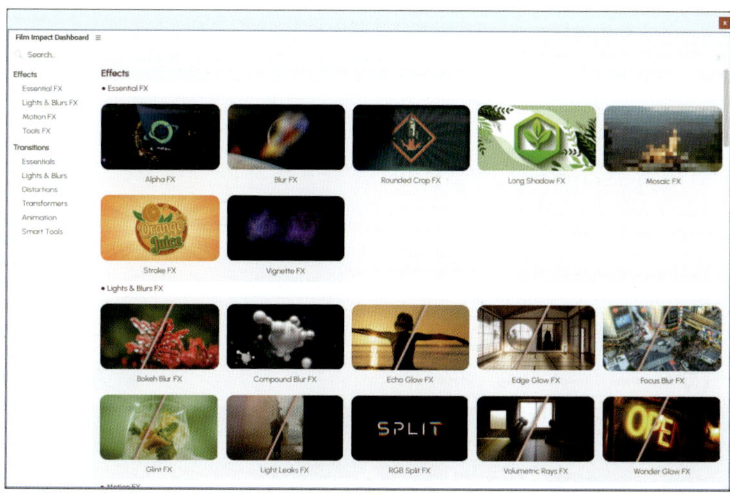

Film Impact Dashboard 패널

Premiere Composer 플러그인

Premiere Composer는 Mister Horse에서 개발한 프리미어 프로용 써드파티 플러그인으로, 영상 제작자가 가장 많이 사용하는 자막(타이포그래피) 애니메이션, 트랜지션, 그래픽 요소를 빠르게 적용할 수 있도록 만들어진 올인원 도구입니다. 특히 Text Presets, Titles, Transitions, Shapes, Backgrounds처럼 영상 제작에서 자주 사용하는 요소가 미리 설정된 형태로 제공되기 때문에, 드래그만으로 전문 애니메이션을 손쉽게 구현할 수 있다는 점이 큰 장점입니다. Premiere Composer는 초보자뿐만 아니라 실무자들도 자주 사용하는 플러그인으로, 프리미어 프로의 기본 기능만으로는 구현하기 어려운 다양한 모션 타이포그래피, 깔끔한 트랜지션, 그래픽 오브젝트 애니메이션 등을 매우 빠르게 제작할 수 있습니다.

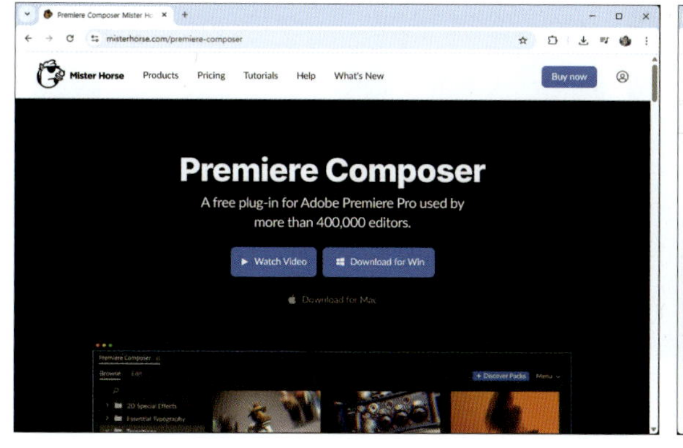

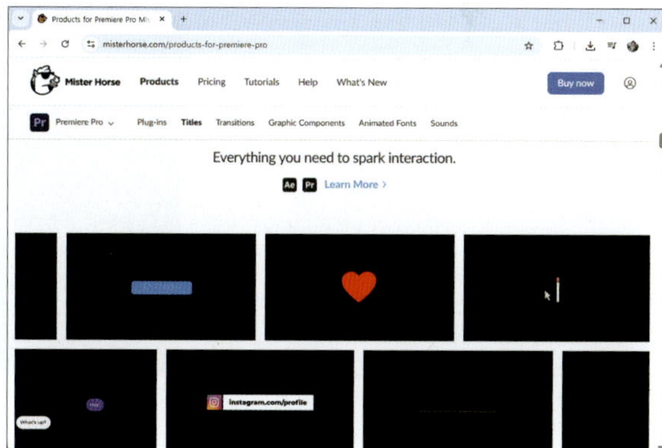

Premiere Composer 사이트

EASY 실습 Premiere Composer 플러그인 설치하기

Premiere Composer는 Mister Horse 공식 사이트에서 무료 버전과 유료 버전을 모두 제공하고 있습니다. 무료 버전만으로도 다양한 기능을 사용할 수 있어 프리미어 프로에 설치하면 작업 효율을 크게 높이는 실용적인 플러그인이므로 설치해 보겠습니다.

01 Mister Horse 공식 사이트의 ❶ Premiere Composer 다운로드 페이지(misterhorse.com/premiere-composer)에 접속합니다. ❷ 운영 체제에 맞게 다운로드합니다. 예제에서는 〈Download for Win〉 버튼을 클릭합니다.

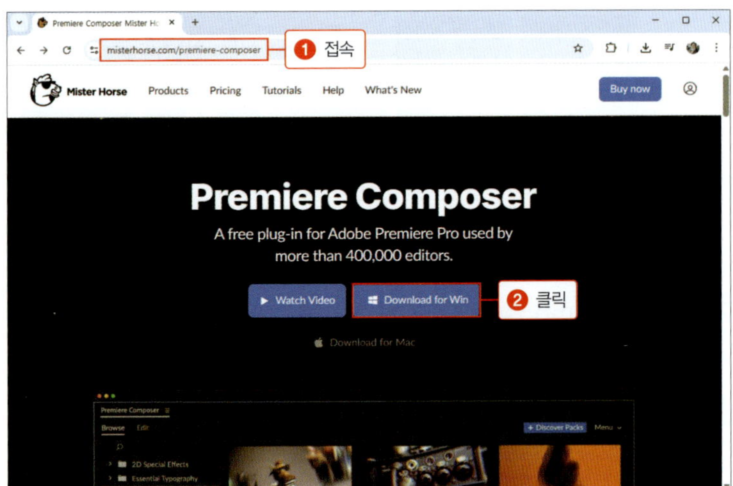

02 Premiere Composer 설치 파일 다운로드가 완료되면 ❶ 다운로드 아이콘을 클릭하고 ❷ 실행 파일을 선택합니다.

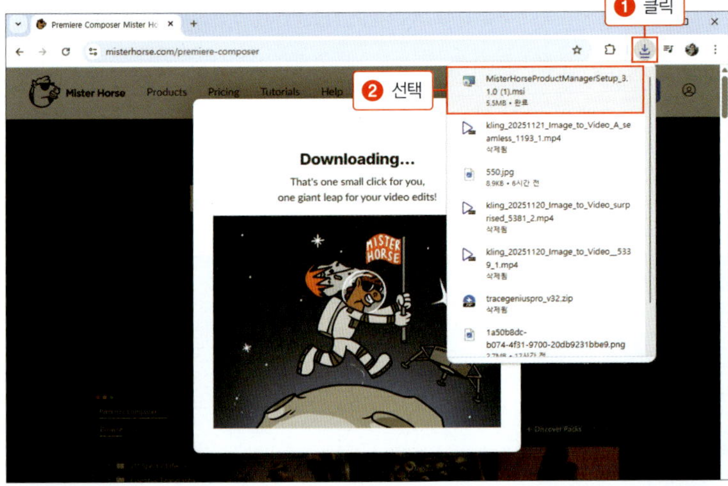

TIP ✦
이때 프리미어 프로는 실행하지 않은 상태로 설치해야 합니다.

TIP ✦
Premiere Composer는 유료 버전도 있으며, 프리미어 프로와 애프터 이펙트에서 모두 사용할 수 있는 패키지로 제공됩니다. 유료 버전은 기본 효과 외에도 더 다양한 전환 효과, 그래픽 요소, 사운드 효과를 활용할 수 있으며, 구매형에서 월정액 구독 방식으로 변경되어 최신 효과와 업데이트를 지속해서 이용할 수 있습니다. 무료 버전만으로도 충분히 완성도 높은 영상을 제작할 수 있습니다.

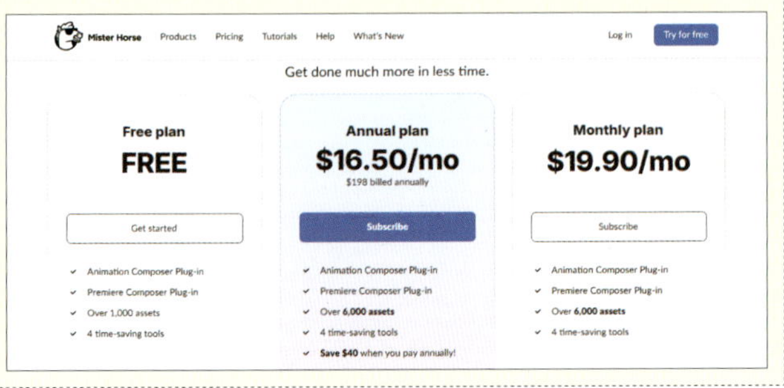

03 설치 마법사가 실행되면 단계에 맞게 〈Next〉 버튼을 클릭하면서 플러그인을 설치합니다. 이때 별도의 설정을 변경할 필요는 없습니다.

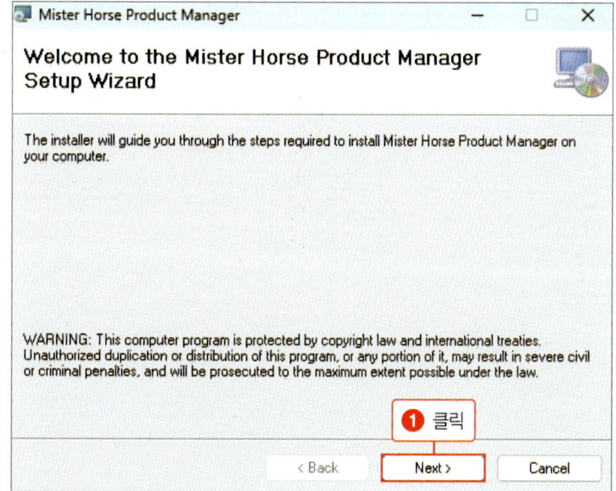

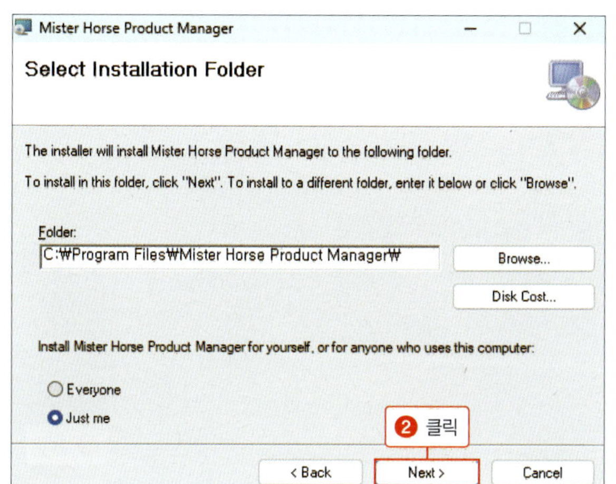

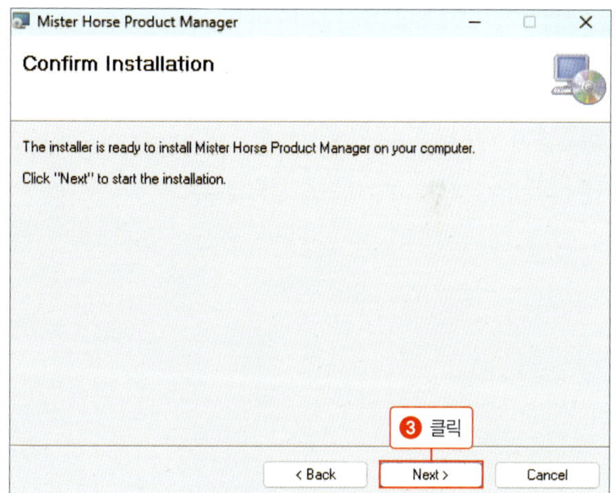

04 설치가 완료되면 〈Close〉 버튼을 클릭합니다. 플러그인 관리자가 자동으로 실행됩니다.

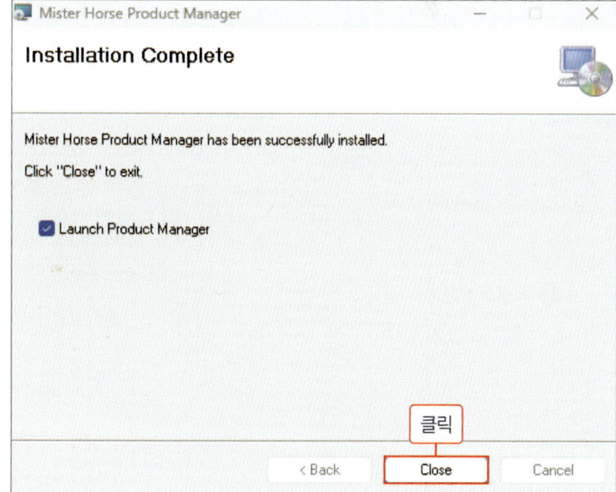

TIP

Premiere Composer는 애프터 이펙트용 플러그인도 함께 제공되므로, 두 프로그램을 모두 사용하는 경우 동시에 설치하면 작업 연동과 모션 그래픽 제작에 더욱 유리합니다.

05 Mister Horse 플러그인이 실행되면 로그인합니다. 〈Log in with browser〉 버튼을 클릭해 회원가입을 진행한 다음 로그인합니다.

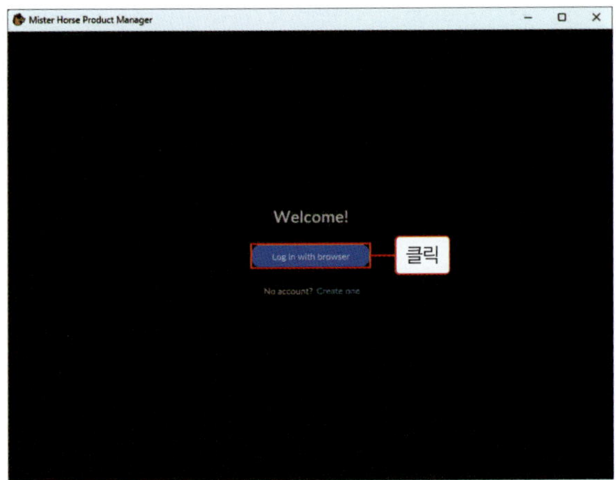

06 ❶ [Premiere Pro] 탭을 선택하여 프리미어 프로 전용 플러그인 관리를 위한 옵션을 표시합니다. ❷ 모든 플러그인 옆의 〈Install〉 버튼을 모두 클릭하여 설치하거나 하단의 〈Install All〉 버튼을 클릭합니다.

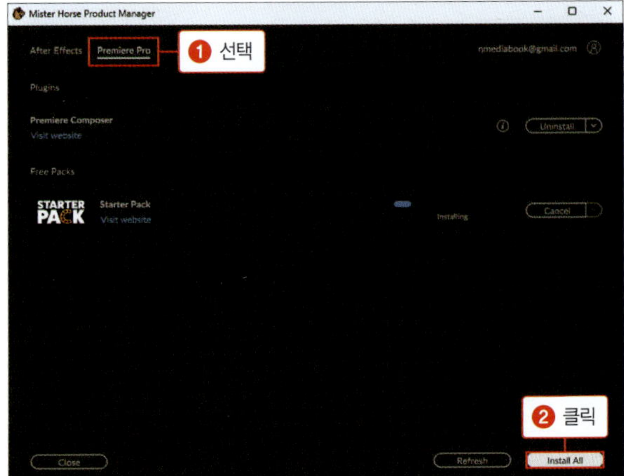

07 설치가 완료되면 ❶ 프리미어 프로를 실행하고 새 시퀀스를 생성합니다. ❷ 메뉴에서 [Window] → Extensions → Premiere Composer를 실행하면 플러그인이 실행되며, 다양한 텍스트 애니메이션과 트랜지션을 바로 사용할 수 있습니다.

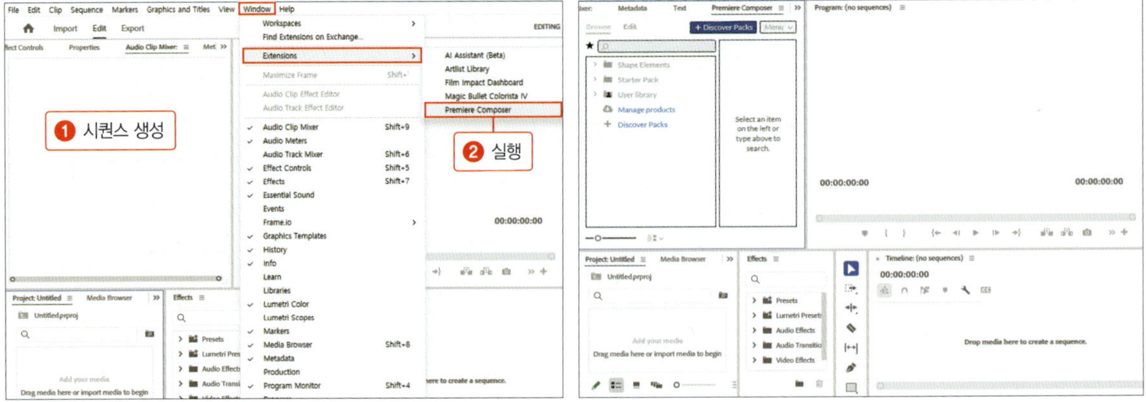

Quick 활용 Premiere Composer로 타이틀 애니메이션 만들기

Premiere Composer는 복잡한 키프레임 작업 없이도 다양한 스타일의 애니메이션을 손쉽게 제작할 수 있는 강력한 플러그인입니다. 기본 텍스트만으로는 구현하기 어려운 모션 타이포그래피나 영상의 분위기를 살리는 인트로 타이틀도 몇 번의 클릭만으로 완성할 수 있습니다. 예제에서는 Premiere Composer가 제공하는 타이틀 애니메이션 기능을 직접 활용하고, 실전 영상에 적용하는 방법을 단계별로 알아보겠습니다.

01 프리미어 프로 → 08 폴더에서 '프리미어 컴포저.prproj' 파일을 불러옵니다.
설정된 시퀀스가 표시되고 Timeline 패널에는 '음료 광고.mp4' 클립이 있습니다.

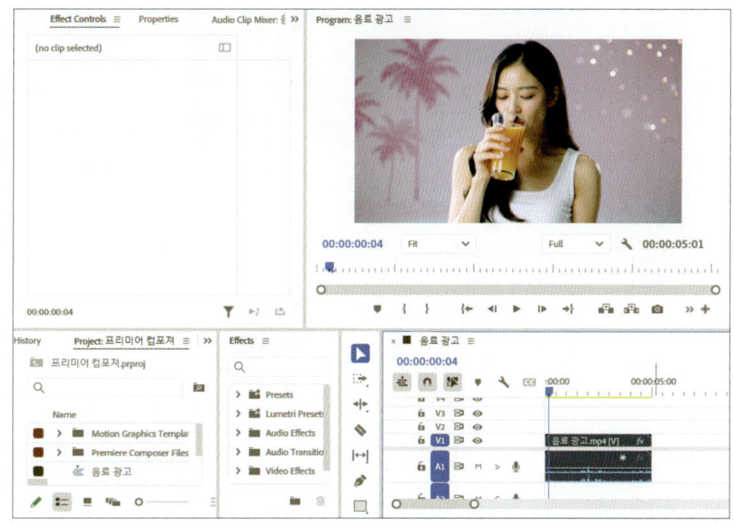

02 메뉴에서 [Window] → Extensions → Premiere Composer를 실행하면 플러그인이 실행됩니다.

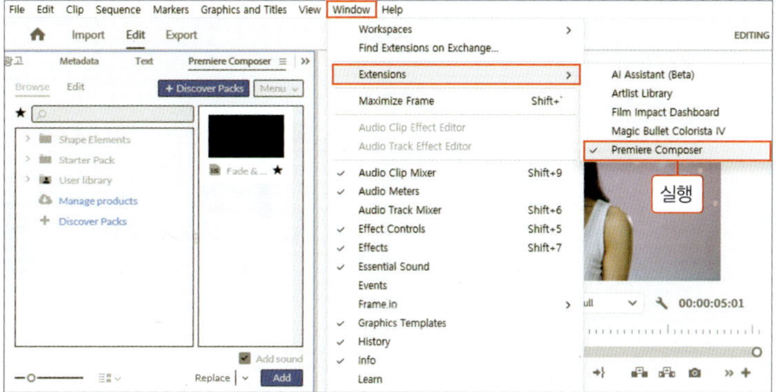

03 Premiere Composer 패널의 ❶ Starter Pack – Text Presets 항목을 표시합니다. 하단의 ❷ 'Scale From Center Ease In' 애니메이션을 Timeline 패널의 V2 트랙으로 드래그해 배치합니다.

04 ❶ 현재 시간 표시기를 영상의 뒤쪽으로 이동하면 Program Monitor 패널에 텍스트 애니메이션이 생성된 것을 확인할 수 있습니다. Premiere Composer 패널의 ❷ Clip duration을 영상 길이에 맞게 '00:00:05:00'로 설정합니다.

05 텍스트 변경 및 설정을 위해 먼저 ❶ Text 항목을 표시합니다. ❷ Text는 "상큼한 한 모금", 글꼴은 'Cafe24 PRO UP', 글자 크기는 '250pt', 글자 색은 '주황색(#ff8800)', 선 색은 '흰색(#ffffff)', 선 굵기는 '40'으로 설정합니다.

06 이번에는 텍스트 배경을 디자인으로 채우는 도형 애니메이션을 추가하겠습니다. ❶ [Browse] 탭을 선택한 다음 ❷ Starter Pack – Shape Elements 항목을 표시하고 ❸ 여러 가지 도형 애니메이션 중 'Lines'를 V3 트랙에 드래그하여 위치합니다.

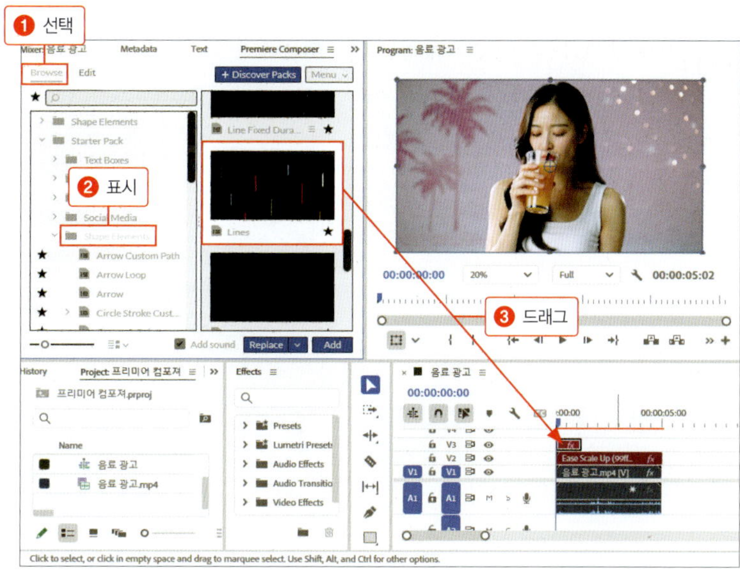

07 텍스트 애니메이션과 선 도형 애니메이션으로 디자인이 풍부해졌습니다.

08 추가로 Shape Elements 항목의 ❶ 'Gliter' 애니메이션을 V4 트랙에 드래그합니다. ❷ 그림과 같이 텍스트 오른쪽에 위치하도록 Program Monitor 패널에서 위치를 조절합니다. 시간은 선 도형 애니메이션이 끝난 2초 이후에 반짝이는 애니메이션이 나타나도록 했습니다.

09 Enter를 눌러 렌더링해 Timeline 패널에서 렌더링 표시선을 녹색으로 변경합니다. 렌더링이 완료되면 실시간으로 매끄럽게 영상이 재생됩니다.

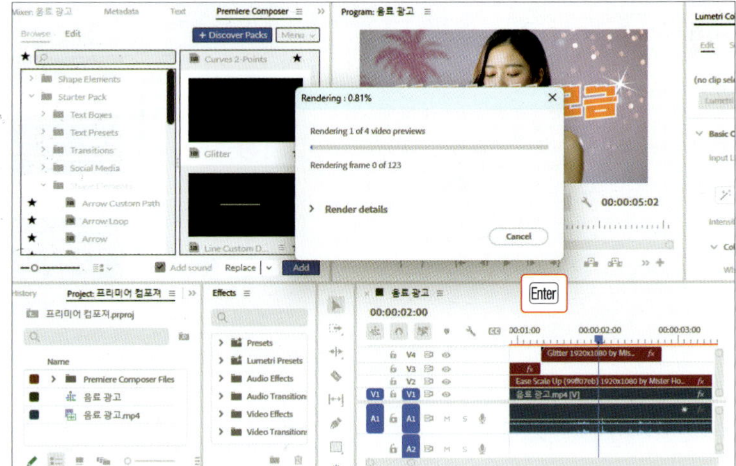

> **왜? ✦**
> 효과를 적용하면 렌더링 표시선이 빨간색으로 변합니다. 이때 실시간 미리 보기가 어려워지므로 반드시 렌더링을 진행합니다.

10 적용한 애니메이션과 효과가 Program Monitor 패널에서 정상으로 재생되는지 확인합니다. 필요하면 타이틀 위치를 조정하거나 추가 애니메이션을 배치하고, 타이밍을 세밀하게 조절해 원하는 분위기와 리듬에 맞는 타이틀을 연출할 수 있습니다.

11 예제에서는 텍스트 애니메이션이 인물의 표정을 가리지 않도록 4초 구간에서 타이밍을 조정하여 웃는 장면이 자연스럽게 드러나도록 편집했습니다.

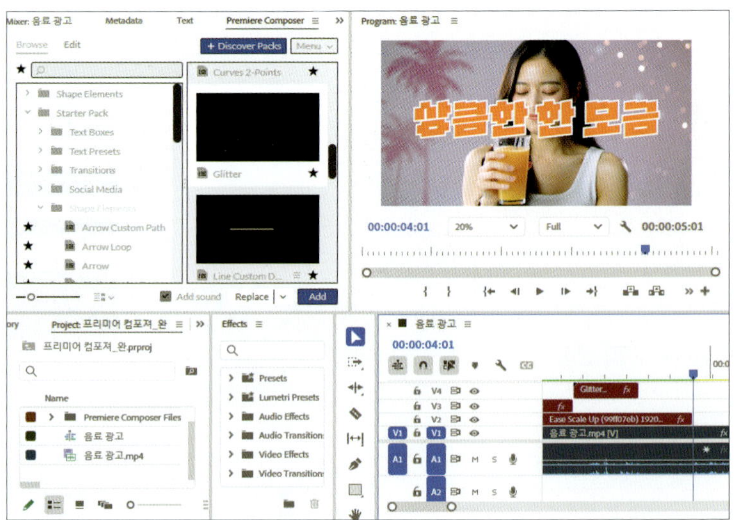

• **실습파일** : 프리미어 프로\08\프리미어 컴포저_완.prproj

EASY 실습 장면 포착! 프리미어 프로에서 이미지 캡처하기

영상 속 특정 장면을 프리미어 프로에서 별도의 렌더링 과정 없이 바로 이미지로 캡처해 활용할 수 있습니다. 유튜브 섬네일, 블로그용 대표 이미지, SNS 업로드용 사진 등을 빠르게 만들 때 유용한 기능입니다. 예제에서는 프리미어 프로에서 원하는 장면을 즉시 캡처하고 저장하는 방법을 알아보겠습니다.

01 프리미어 프로 → 08 폴더에서 '프리미어 컴포저_완.prproj' 파일을 불러옵니다.
❶ 현재 시간 표시기를 캡처할 구간으로 이동한 다음 ❷ Program Monitor 패널의 'Export Frame' 아이콘(📷)을 클릭합니다.

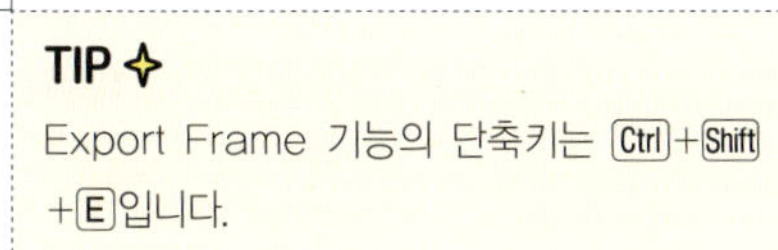

TIP
Export Frame 기능의 단축키는 Ctrl+Shift+E입니다.

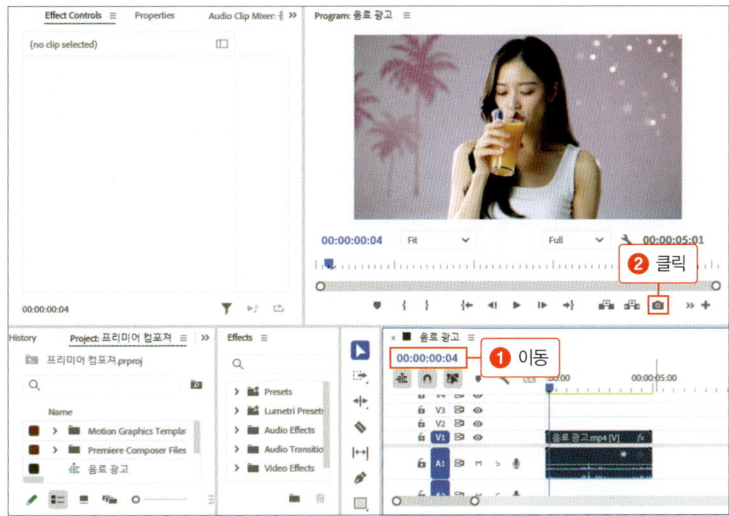

02 Export Frame 대화상자가 표시되면 ❶ 캡처 이미지의 이름, 형식, 경로를 지정합니다. 예제에서는 Name을 '썸네일', Format을 'PNG'로 지정합니다. ❷ 〈OK〉 버튼을 클릭합니다.

TIP
'Import into project'를 체크 표시하면 캡처된 이미지가 자동으로 Project 패널에 새로운 소스 파일로 추가됩니다. 별도로 파일을 찾아 불러올 필요 없이 캡처 직후 바로 프리미어 프로에서 활용할 수 있습니다.

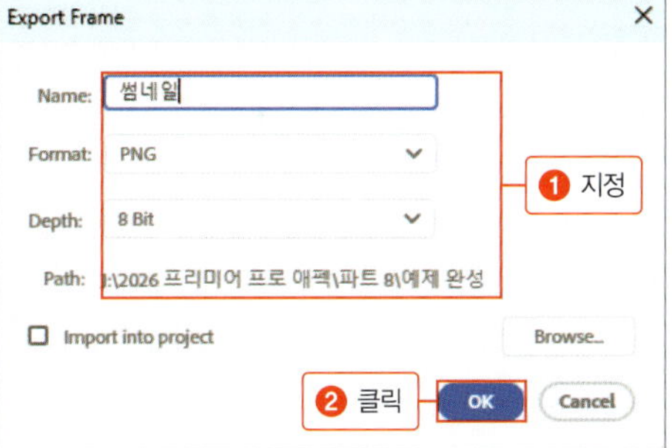

03 지정한 저장 경로에 캡처한 이미지 파일이 생성되었습니다. 별도의 출력 과정이 없이 이미지를 PC에 저장했습니다.

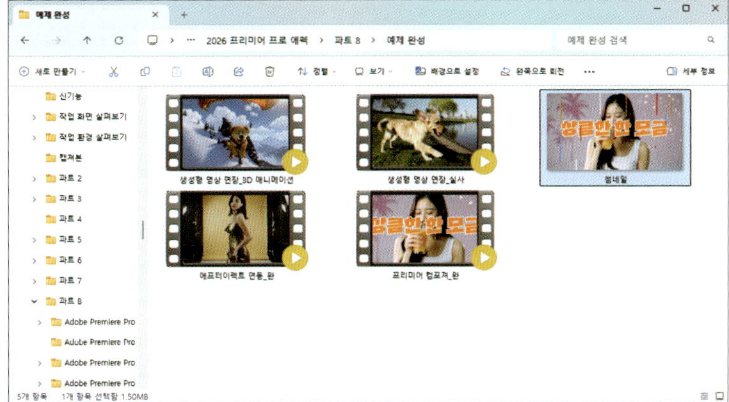

EASY 실습 후반 작업 및 납품을 위한 고품질 렌더링 설정하기

최종 결과물을 최고 품질로 유지하려면 H.264보다 더 높은 비트레이트와 색 정보를 보존할 수 있는 MOV 포맷(Apple ProRes)으로 렌더링하는 것이 효과적입니다. 예제에서는 후반 작업, 컬러 그레이딩, 방송 및 광고, 최종 영상 납품 등 전문적인 용도에 적합한 고품질 MOV 렌더링 설정 방법을 알아보겠습니다.

01 프리미어 프로 → 08 폴더에서 '프리미어 컴포저_완.prproj' 파일을 불러옵니다.
편집이 완료되면 Ctrl+M을 눌러 [Export(출력 설정)] 탭을 표시합니다. 여기서 코덱, 해상도, 비트레이트 등 최종 영상의 품질과 형식을 결정할 수 있습니다.

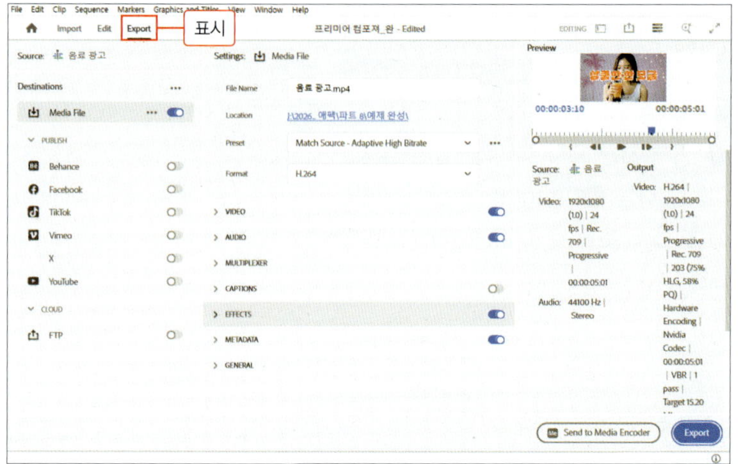

02 먼저 Format을 'QuickTime'으로 지정합니다. QuickTime은 고품질 렌더링에 널리 사용하는 MOV 포맷으로, ProRes와 같은 고급 코덱을 선택할 수 있습니다.

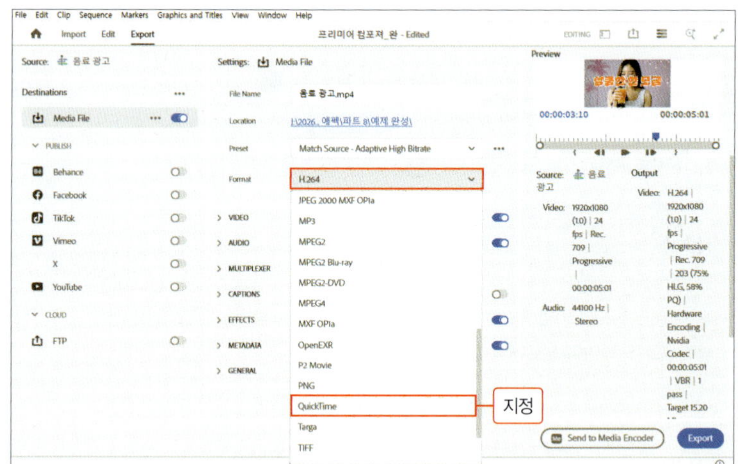

TIP

ProRes MOV로 출력한 파일은 용량이 크기 때문에, 후반 작업이나 전달용으로 사용한 다음 최종 배포 시 H.264 코덱으로 한 번 더 변환하는 것이 좋습니다. 이렇게 하면 색 정보와 화질은 최대한 유지하면서도 업로드 및 보관에 적합한 파일을 만들 수 있습니다.

03 ❶ VIDEO 항목을 표시한 다음 ❷ Video Codec을 'Apple ProRes 4444'로 지정합니다.

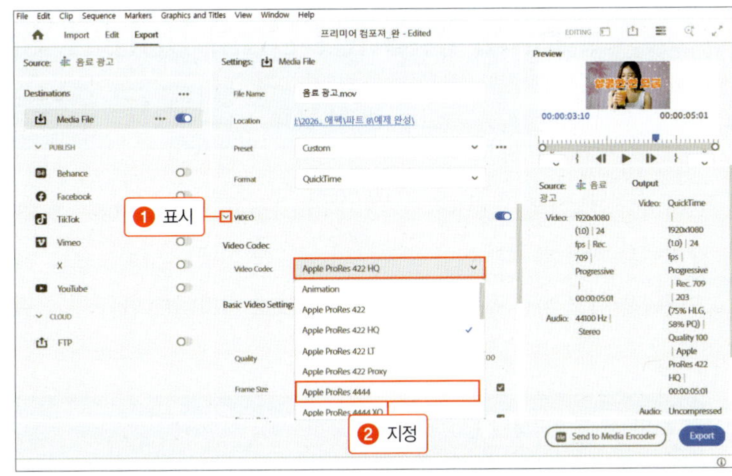

TIP ✧
최종 영상 출력이나 후반 작업 납품용으로는 일반적으로 ProRes 422 계열 또는 ProRes 4444 코덱을 많이 사용합니다. 프로젝트나 납품처마다 요구 규격이 다를 수 있으므로 반드시 사전에 코덱 규격을 확인한 다음 렌더링을 진행하는 것이 좋습니다.

04 ❶ 출력할 영상의 파일 이름과 저장 경로를 지정하고 ❷ 하단의 〈Export〉 버튼을 클릭하면 고품질 MOV 영상 출력이 시작됩니다. 렌더링이 완료되면 지정한 위치에 최종 영상 파일이 생성됩니다.

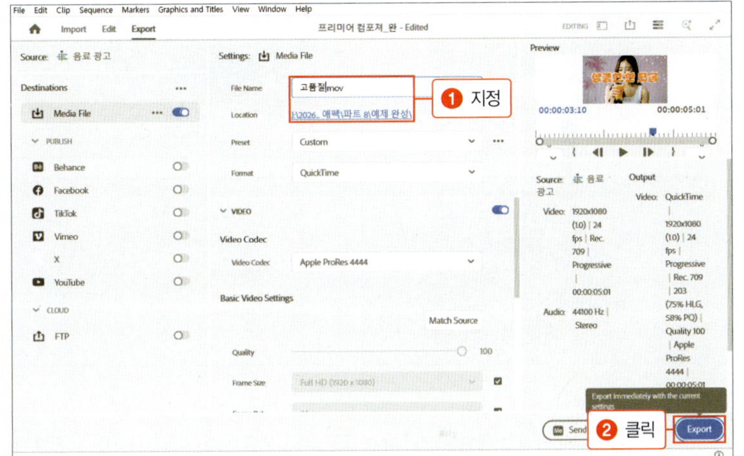

TIP ✧
고화질로 렌더링할 경우 영상 길이가 짧더라도 파일 용량이 크게 증가할 수 있으므로 저장 공간을 충분히 확보하고 관리하는 것이 중요합니다.

TIP ✧
색 보정, 자막 수정, 재편집 가능성을 고려한다면 최종본이라도 ProRes MOV 파일을 반드시 보관하는 것이 좋습니다. 향후 수정 시 재압축 손상을 최소화할 수 있으며, 방송 · 광고 · 아카이빙 용도로도 안정적인 품질을 유지할 수 있습니다.

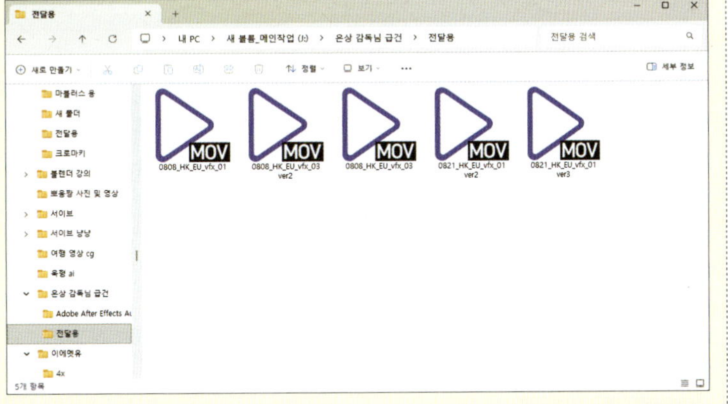

필자의 경우, 프로젝트 종료 후에는 소스 파일과 촬영 원본처럼 용량이 큰 데이터는 정리하지만, 추후 수정이나 재활용을 위해 업로드용(mp4) 파일과 고품질 무압축본(mov)은 반드시 보관합니다.

동영상 강의

Film Impact Dashboard 패널을 활용해 귀여운 인트로 만들기

프리미어 프로 CC 2026에 추가된 Film Impact Dashboard 패널은 다양한 전환 효과와 모션 그래픽 프리셋을 제공합니다. 이를 활용하면 애프터 이펙트 없이도 프리미어 프로에서 전환 효과와 간단한 모션 그래픽을 쉽고 빠르게 구현할 수 있어 인트로 디자인도 만들 수 있습니다.

#인트로 #유튜브

해상도 1920×1080px

실습 파일 프리미어 프로\동영상\여행.png, 소통.png, 먹방.png, 곰돌TV.png

완성 파일 프리미어 프로\동영상\유튜브 인트로_완.prproj

#배경 레이어 #Film Impact Dashboard 패널 #화면 전환

① 프로젝트에 영상 소스 배치하기

② 배경 레이어 만들기

③ 배경 색상 변경하기

④ Film Impact Dashboard 패널 활용하기

⑤ 화면 전환 타이밍 수정하기

⑥ 키프레임 애니메이션으로 로고 확대하기

동영상 강의

오토 마스크를 활용한 피사체와 배경 분리하기

객체 마스크 도구(Object Mask Tool)는 인물이나 주요 피사체와 배경을 자동으로 분리할 수 있습니다. 기존에 애프터 이펙트에서 로토 작업으로 처리해야 했던 인물 분리, 간단한 합성, 컬러 보정용 마스크 작업을 프리미어 프로에서 간편하게 구현할 수 있어 오토 마스크를 활용하기 쉽습니다.

#피사체 분리 #오토 마스크 #타이틀 디자인

해상도 1920×1080px

실습 파일 프리미어 프로\동영상\앵무새.mp4 완성 파일 프리미어 프로\동영상\오토 마스크_완.prproj

#객체 마스크 도구 #객체 추적 #텍스트 배치

① 프로젝트에 영상 소스 배치하기

② 레이어 복제하고 객체 마스크 도구 선택하기

③ 객체 추적하기

④ 피사체와 배경 분리하기

⑤ 텍스트 삽입하기

⑥ 텍스트 수정하고 피사체 뒤에 배치하기

동영상 강의

임팩트 있는 타이틀 디자인 만들기

트랙 매트 키(Track Matte Key) 효과를 활용해 텍스트 안에 영상이 보이도록 연출할 수 있습니다. 패션 필름이나 브랜드 오프닝 영상에서 자주 사용하는 기법으로, 복잡한 합성 작업 없이 컷 편집 단계에서 바로 임팩트 있는 타이틀 화면을 만들어 봅니다.

#타이틀 디자인 #오프닝

해상도 1920×1080px

실습 파일 프리미어 프로\동영상\뉴욕 낮.mp4, 뉴욕 저녁.mp4 완성 파일 프리미어 프로\동영상\임펙트 있는 제목 텍스트 만들기_완.prproj

#트랙 매트 키 #반전 효과 #디졸브

① 프로젝트에 매트 소스 배치하기

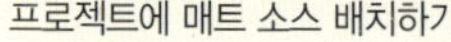

② 배경 소스 배치하기

③ 텍스트 삽입하고 배치하기

④ 트랙 매트 키 적용하기

⑤ 반전 효과로 전경과 배경 뒤집기

⑥ 디졸브를 활용하여 텍스트 애니메이션 적용하기

동영상 강의

AI를 활용해 원 테이크 영상 만들기

예전에는 원하는 장면이 부족하면 재촬영하거나 고가의 특수 장비를 활용해야 했습니다. 그러나 최근에는 AI 기술로 기존 촬영본을 자연스럽게 연장하거나 서로 다른 장면을 연결하여 새로운 흐름을 만들 수 있습니다. 촬영의 한계를 편집과 AI로 보완하는 실무 워크플로우를 익힙니다.

#AI #장면 연결 #실무 워크플로우

해상도 1920×1080px **실습 파일** 프리미어 프로\동영상\스크린샷_뒤.png, 스크린샷_앞.png
완성 파일 프리미어 프로\동영상\정글 탐험.mp4, 정글 탐험가.mp4, 화면 전환.mp4, 장면 이어주기_완.prproj

#스크린샷 #클링 AI #생성형 영상

① 프로젝트에 매트 소스 배치하기

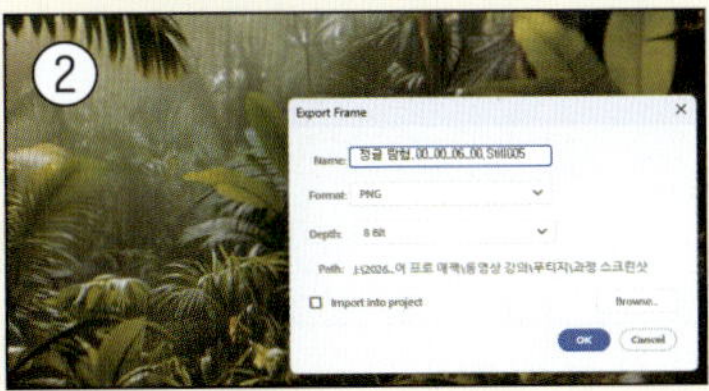

② 연결할 장면의 스크린샷 찍고 저장하기

③ 클링 AI로 시작/끝 프레임 영상 생성하기

④ 프리미어 프로에 AI 영상 배치하기

⑤ AI 영상 속도 및 색상 보정하기

⑥ 사운드의 빈 부분 AI로 연장하기

동영상 강의

렌더링 및 렌더 설정하기

프리미어 프로에서 편집을 마무리하면 최종 결과물을 파일로 출력하는 '렌더링(Export)' 과정이 필요합니다. 이번에는 기본 설정을 빠르게 적용하는 방법과 자주 사용하는 출력 설정을 프리셋으로 저장하여 반복 활용하는 꿀팁을 함께 살펴봅니다.

#Export

해상도 1920×1080px **실습 파일** 프리미어 프로\동영상\특정 색상 강조 & 변경.prproj

#렌더링 **#렌더/비트레이트 설정** **#프리셋 저장**

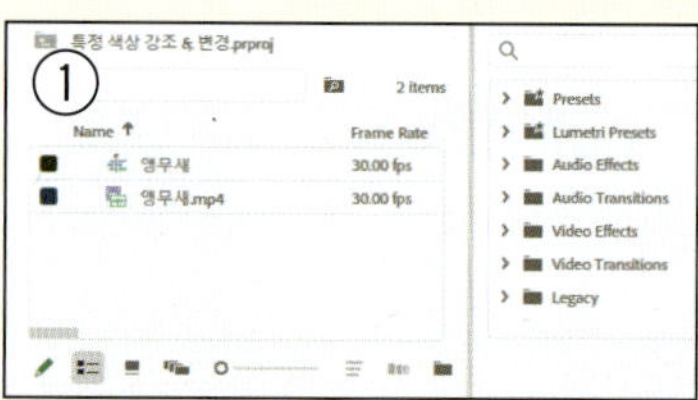
프로젝트 파일 불러오기

[Export] 탭 표시하기

'H.264'로 렌더 설정하기

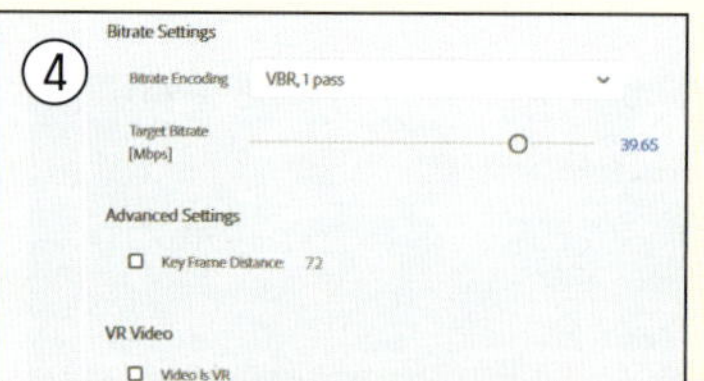
비트레이트 설정 변경하기

렌더링 설정 프리셋으로 저장하기

영상 출력하기

찾아보기

기호

(Edit) 탭 031
(Import) 탭 030

A

Add Marker 041, 045
Adjust Speed 065
Align and Transform 136
Anchor Point 063, 065
Anti-flicker Filter 063
Appearance 135
Audio Meters 패널 035

B

Balance 050
Blend Mode 063
Button Editor 045

C

Censored Words 018
Channel Volume 050
Chroma Key 210
Color Correction 090
Color Grading 090
Color Match 103
Color Wheel 106
Comparison View 045, 103
Contrast 094
Corner Pin 241
Create Group 134
Crop 065
Curves 099

E

Effect Controls 패널 035
Effects 패널 035
Export Frame 045
Exposure 093, 110
Extract 045

F

Faded Film 097
Fill 064
Film Impact Dashboard 패널 016
Fit 065

G - H

Go to In 045
Highlights 094
Home 화면 029

I - K

In/Out Duration 044
Input LUT 092
Intensity 096
Kerning 135
Key 105

L

Leading 135
Lift 045
Light 093
Linked style 137
Lumetri Color 패널 091

M

Mark In 045
Mark Out 045
Mask 080
Media Intelligence 017
Mocha Pro 019
Motion 062
Motion Bro 016
Mute 050

N - O

New Layer 135
New Project 028
Opacity 063
Open Project 029

P

Playhead Position 044
Play-Stop Toggle 045
Position 063
Premiere Composer 016
Program Monitor 패널 035
Project 패널 035

R - S

Rotation 063
Saturation 093, 097
Scale 063, 065
Select Zoom Level 044
Set color 105
Settings 044
Shadows 094
Sharpen 097
Snap in Timeline 041
Step Back 1 Frame 045

T

Temperature 092, 106
Time Indicator 044
Timeline 패널 035

Timeline Area 045
Time Remapping 063
Tint 093
Tint Balance 098
Tools 패널 035
Tracking 135
Transform 064

V - W

Vibrance 097
Visual Hierarchy 182
Volume 050
White Balance 092, 110
Whites 095

ㄱ - ㄹ

가로형 영상 032
다각형 도구 038
듀얼 모니터 032
디졸브 077
롤링 편집 도구 036
리믹스 도구 037

ㅁ

마스크 도구 063
명도 021, 122, 164, 195, 199, 216, 248
문자 도구 038
밀기 도구 037
밀어넣기 도구 037

ㅂ - ㅅ

비디오 생성 020
사각형 도구 038
사운드트랙 생성 020
생성형 확장 도구 039
선택 도구 036
세로 문자 도구 038
세로형 영상 032
속도 조정 도구 036
손 도구 038
스피드 램핑 077
슬로우 모션 077
시간 표시자 041

ㅇ - ㅈ

어도비 파이어플라이 021
원형 도구 038
이미지 생성 020
자르기 도구 037
잔물결 편집 도구 036

ㅋ - ㅌ

키프레임 애니메이션 065
타임라인 영역 041
트랙 선택 도구 036

ㅍ

페이드 아웃 077
페이드 인 077
펜 도구 038

ㅎ

현재 시간 040
현재 시간 표시기 041
확대/축소 도구 038

프리미어 프로 + 애프터 이펙트

CC 2026 무작정 따라하기

전은재, 민지영, 문수민, 앤미디어 지음

길벗

책 소개

최신 AI 모델의 프리미어 프로와 애프터 이펙트 CC 2026을 한 권으로 공부하세요.

이 책은 프리미어 프로와 애프터 이펙트의 핵심 기능과 신기능을 기능과 예제 형식으로 나눠 설명합니다. 예제를 통해 쉽고 빠르게 학습할 수 있도록 구성했습니다. CC 2026에 새롭게 도입된 생성형 AI 기능을 학습해 효율적인 영상 편집 작업을 익히세요.

2권 〉 애프터 이펙트

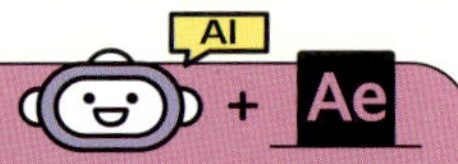

애프터 이펙트와 함께 모션 그래픽에 움직임 그 이상의 임팩트를 표현해 보세요. 로고와 글자에 독특한 애니메이션을 적용하고, 마음을 사로잡는 시각 효과를 더하세요. 애프터 이펙트를 사용하면 모든 영상 프로젝트에 전문적인 멋진 모션을 추가할 수 있습니다.

학습계획표

체계적으로 애프터 이펙트 학습 계획을 세워 보세요!

본격적으로 공부를 시작하기 전에 자신에게 맞는 학습 계획을 세워 보세요. 여기서 안내하는 계획표대로 내 실력에 맞게 애프터 이펙트를 마스터할 수 있습니다. 체계적인 학습 로드맵을 따라가면 기초부터 고급 기법까지 단계적으로 실력을 향상시킬 수 있습니다.

✧ 1단계 ✧	애프터 이펙트를 처음 배우는 분이세요?	
레슨 1일차	애프터 이펙트 기본 셋업	020쪽
레슨 2일차	타임라인 사용법 – 레이어 정리와 시간 설정	042쪽
레슨 3일차	따라하며 배우는 키프레임 애니메이션	072쪽
레슨 4일차	자연스러운 움직임 연출 기법	096쪽
레슨 5일차	마스크와 매트로 구현하는 고급 그래픽 표현	126쪽
레슨 6일차	애프터 이펙트 기본 이펙트 활용	158쪽
레슨 7일차	생동감 넘치는 모션 텍스트 디자인	178쪽
레슨 8일차	영상 파일 저장(렌더링)	208쪽
✧ 2단계 ✧	애프터 이펙트 이전 버전을 사용한 적이 있나요?	
레슨 1일차	압도적인 3D! 애프터 이펙트 CC 2026 신기능	012쪽
레슨 2일차	타임라인 사용법 – 레이어 정리와 시간 설정	042쪽
레슨 3일차	따라하며 배우는 키프레임 애니메이션	072쪽
레슨 4일차	자연스러운 움직임 연출 기법	096쪽
레슨 5일차	마스크와 매트로 구현하는 고급 그래픽 표현	126쪽
레슨 6일차	애프터 이펙트 기본 이펙트 활용	158쪽
레슨 7일차	생동감 넘치는 모션 텍스트 디자인	178쪽
레슨 8일차	입체감 만들기 – 3D 레이어와 카메라 애니메이션	192쪽
레슨 9일차	영상 파일 저장(렌더링)	208쪽
✧ 3단계 ✧	애프터 이펙트 AI 기능을 사용하여 결과물을 만들고 싶나요?	
레슨 1일차	압도적인 3D! 애프터 이펙트 CC 2026 신기능	012쪽
레슨 2일차	영상에서 피사체 분리하고 자막 넣기	146쪽
	화면 흔들림 보정해서 안정화하기	167쪽
✧ 동영상 강의 ✧	동영상을 이용한 실전 활용 강의	

책 구성

체계적인 구성을 따라 빠르고 간편하게 공부하세요.

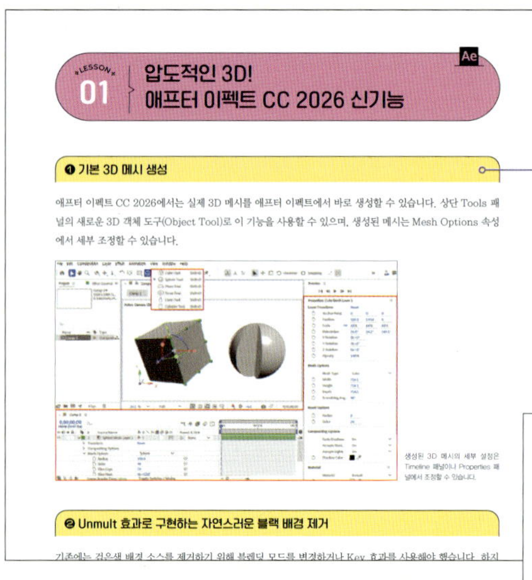

필수 이론

애프터 이펙트를 다루기 위해 꼭 알아야 할 기능과 이론을 알아봅니다. 개념을 알아 두면 애프터 이펙트를 실습하는 데 기초가 됩니다.

실습 및 완성 파일

예제를 직접 따라하기 위한 실습파일을 제공합니다. 길벗 홈페이지에서 다운로드할 수 있습니다.

Before, After

예제를 위해 제공하는 원본 이미지와 실습 결과물의 이미지를 미리 볼 수 있도록 표시합니다.

Easy 실습

애프터 이펙트 명령이나 기능을 이용하여 이미지에 적용하는 방법을 따라하기 형식으로 설명합니다.

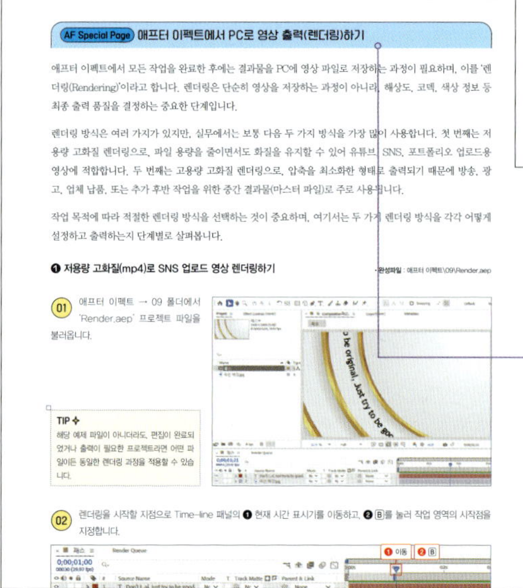

TIP

예제 관련 기본 팁을 제공합니다. 개념에 대한 부연 설명, 관련 기능 정보, 주의할 점 등을 설명합니다.

Special Page

애프터 이펙트에서 완성한 모션 그래픽을 PC로 영상 출력(렌더링)하는 방법을 설명합니다.

책 구성

동영상을 이용한 실전 예제 학습

이론과 실습 예제를 이용하여 애프터 이펙트의 기본기를 배웠다면 이 책에서 제공하는 동영상 활용 예제를 만들어 보세요. 스마트폰이나 태블릿 PC 카메라로 QR 코드를 찍거나 PC의 유튜브 채널(youtube.com/@Eunjae93)에서 애프터 이펙트 전문 저자 강의 동영상으로 활용 예제 제작 방법을 배워 보세요.

활용 예제

필수 활용 예제를 제공합니다. 작업 과정을 이해한 다음 작업하고, 동영상으로 확인합니다.

예제 소개 영상

완성된 예제의 영상을 미리 볼 수 있습니다. 실습하기 전에 최종 결과물이 어떻게 나올지 확인해 보세요. 미리보기를 통해 학습 목표를 명확히 하고, 어떤 기법과 효과를 배울지 파악할 수 있습니다.

작업 과정 영상(QR 코드)

스마트폰이나 태블릿 PC로 QR 코드를 촬영하면 예제 작업 과정을 동영상으로 확인할 수 있습니다. 유튜브 채널을 통해 강사의 해설이 포함된 강의 영상을 들으며 학습하세요.

작업 과정 소개

예제 작업 시 사용 기능과 작업 과정을 소개합니다. 가장 효율적인 작업 과정을 확인해 보세요.

목차

part01 > 애프터 이펙트 CC 2026 원포인트로 시작하기 Ae

01. 압도적인 3D! 애프터 이펙트 CC 2026 신기능 012

❶ 기본 3D 메시 생성 012

❷ Unmult 효과로 구현하는 자연스러운 블랙 배경 제거 012

❸ Substance 3D 기반 머티리얼 적용 013

❹ Gradient Fill 셰이프 도구의 새로운 제어 기능 014

❺ 새로운 오디오 효과 추가 014

❻ 압축 프레임(Compressed Frame) 기능으로 실시간 프리뷰 강화 015

❼ 빠른 레이어 및 키프레임 오프셋 015

❽ 여러 3D 레이어를 단일 기즈모로 함께 조작 016

❾ 다양한 버그 및 문제 개선 017

part02 > 체크! 애프터 이펙트 CC 2026 도구와 패널 Ae

02. 애프터 이펙트 기본 셋업 020

❶ 작업을 도와주는 메뉴 살펴보기 020

❷ 편리한 작업을 위한 도구 살펴보기 023

❸ 주요 패널 살펴보기 027

❹ 작업 환경과 작업 영역 알아보기 029

EASY 실습 컴포지션 만들기 030

❺ 작업 소스 관리하기 031

❻ Project 패널에서 파일 불러오기 033

❼ 다양한 방법으로 포토샵(PSD) 파일 불러오기 035

EASY 실습 포토샵(PSD) 파일 불러오기 037

EASY 실습 시퀀스 영상 파일 불러오기 039

part03 〉 작업 효율을 높이는 애프터 이펙트 기본 설정

Ae

03. 타임라인 사용법 - 레이어 정리와 시간 설정 042

❶ 모션을 확인하는 Composition 패널 살펴보기 042

❷ 실제 작업이 이뤄지는 Timeline 패널 살펴보기 051

❸ 타임라인의 항목을 숨기거나 나타내기 057

❹ 타임라인 확대, 축소하기 059

EASY 실습 레이어 이동하기 061

EASY 실습 레이어 나누고 삭제하기 064

❺ 시간 이동하기 068

part04 〉 애니메이션의 핵심,속성과 키프레임

Ae

04. 따라 하며 배우는 키프레임 애니메이션 072

❶ 키프레임 애니메이션 이해하기 072

❷ 움직임을 만드는 다섯 가지 항목 살펴보기 073

EASY 실습 자유롭게 위치 이동하기 074

EASY 실습 원하는 대로 크기 조절하기 077

EASY 실습 중심축을 중심으로 회전하기 079

EASY 실습 불투명도 조절하기 081

EASY 실습 다양한 레이어 속성을 적용한 애니메이션 만들기 083

EASY 실습 경로에 따라 방향 자동 전환하기 085

EASY 실습 애니메이션처럼 관절 모션 만들기 087

EASY 실습 레이어에 움직임 만들기 090

EASY 실습 움직임에 따른 모션 블러 적용하기 092

part05 > 모션 그래픽의 기초, 변형과 속성 제어 Ae

05. 자연스러운 움직임 연출 기법 096

❶ 속도 조절하기 096

EASY 실습 Easy Ease와 In/Out으로 속도 변화 만들기 098

❷ 시간과 동선 설정하기 101

EASY 실습 Spatial Interpolation을 이용해 동선에 변화 만들기 103

❸ 그래프 에디터 알아보기 107

EASY 실습 자연스럽게 속도와 움직임 변화하기 114

Quick 활용 통통 튀는 공 애니메이션 만들기 118

part06 > 고급스러운 그래픽 스타일 연출 Ae

06. 마스크와 매트로 구현하는 고급 그래픽 표현 126

❶ 패스와 마스크 이해하기 126

EASY 실습 패스 도구로 마스크 적용하기 128

❷ 마스크의 다양한 속성 이해하기 131

Quick 활용 인트로 느낌의 애니메이션 만들기 134

EASY 실습 선 애니메이션 만들기 138

EASY 실습 특정 물체 지우기 142

AI EASY 실습 영상에서 피사체 분리하고 자막 넣기 146

EASY 실습 알파 매트와 알파 반전 매트 적용하기 151

EASY 실습 루마 매트와 루마 반전 매트 적용하기 154

part07 > 이펙트로 완성하는 특수효과 Ae

07. 애프터 이펙트 기본 이펙트 활용 158

EASY 실습 비/눈 효과 만들기 158

EASY 실습 흐림 효과 만들기 160

EASY 실습 원근감 적용하기 161

EASY 실습 색감 변경하기 163

EASY 실습 확대해서 강조하는 효과 만들기 165

AI EASY 실습 화면 흔들림 보정해서 안정화하기 167
Quick 활용 어떤 배경이든 합성하는 그린스크린 만들기 169
EASY 실습 만화 효과 만들기 172
EASY 실습 유리 재질로 장면 전환하기 174

part08 › 모션 그래픽의 꽃! 자막 디자인 Ae

08. 생동감 넘치는 모션 텍스트 디자인 178
EASY 실습 텍스트 레이어 만들기 178
EASY 실습 텍스트가 바뀌는 애니메이션 만들기 180
Quick 활용 패스를 따라 움직이는 텍스트 애니메이션 만들기 183
Quick 활용 텍스트 애니메이션 만들기 186

part09 › 3D 레이어 배치와 카메라 워크 기초 Ae

09. 입체감 만들기 - 3D 레이어와 카메라 애니메이션 192
EASY 실습 3D 레이어 만들기 192
EASY 실습 3D 카메라 애니메이션 만들기 193
❶ 카메라 설정하기 197
EASY 실습 사진으로 입체감 나타내기 198
Quick 활용 영상에서 카메라를 추적해 합성하기 204
AE Special Page PC에서 영상 출력(렌더링)하기 208

● 동영상 강의 ●

· 텍스트 & 셰이프 레이어를 활용한 인트로 제작하기 215
· Mocha AE를 활용한 스크린 교체하기 216
· 기본 효과를 활용한 글리치 효과 만들기 217
· 이미지 한 장으로 FAKE 3D 효과 만들기 218

찾아보기 219

Part 01

애프터 이펙트 CC 2026 원포인트로 시작하기

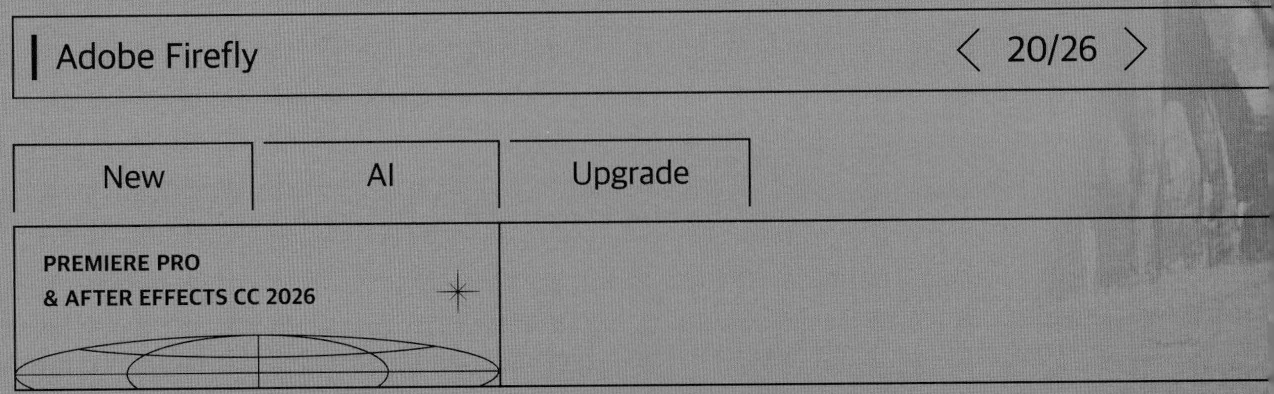

PREMIERE
26
PREMIERE
26
Generate

Ae

LESSON 01

압도적인 3D! 애프터 이펙트 CC 2026 신기능

❶ 기본 3D 메시 생성

애프터 이펙트 CC 2026에서는 실제 3D 메시를 애프터 이펙트에서 바로 생성할 수 있습니다. 상단 Tools 패널의 새로운 3D 객체 도구(Object Tool)로 이 기능을 사용할 수 있으며, 생성된 메시는 Mesh Options 속성에서 세부 조정할 수 있습니다.

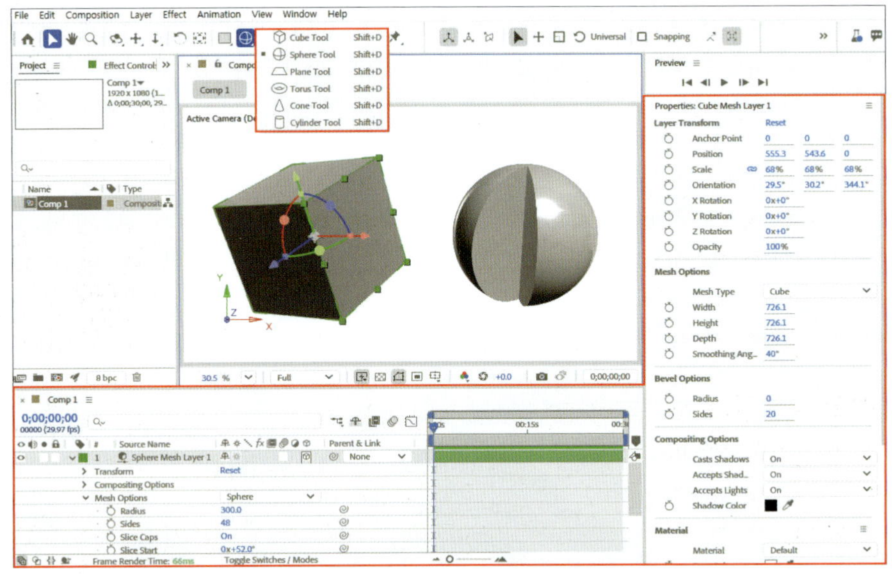

생성된 3D 메시의 세부 설정은 Timeline 패널이나 Properties 패널에서 조정할 수 있습니다.

❷ Unmult 효과로 구현하는 자연스러운 블랙 배경 제거

기존에는 검은색 배경 소스를 제거하기 위해 블렌딩 모드를 변경하거나 Key 효과를 사용해야 했습니다. 하지만 이러한 방식은 원본 소스의 색이 변하거나 가장자리 품질이 저하되는 문제가 자주 발생했습니다. 애프터 이펙트 CC 2026에 도입된 Unmult 효과는 블랙 배경을 가진 소스에서 검은색 부분만 정확하게 투명 처리하는 기능으로, 불꽃, 연기, 파티클 같은 VFX 요소를 다룰 때 매우 유용합니다.

❶ Effects & Presets 패널에서 'Unmult'를 검색하고 ❷ 레이어에 적용하면 블렌딩 모드를 변경하지 않아도 검은색 영역이 자동으로 알파 채널로 변환됩니다. 이를 통해 영상의 검은색 배경을 제거하고, 텍스트나 그래픽 요소 뒤에서 자연스럽게 합성할 수 있습니다.

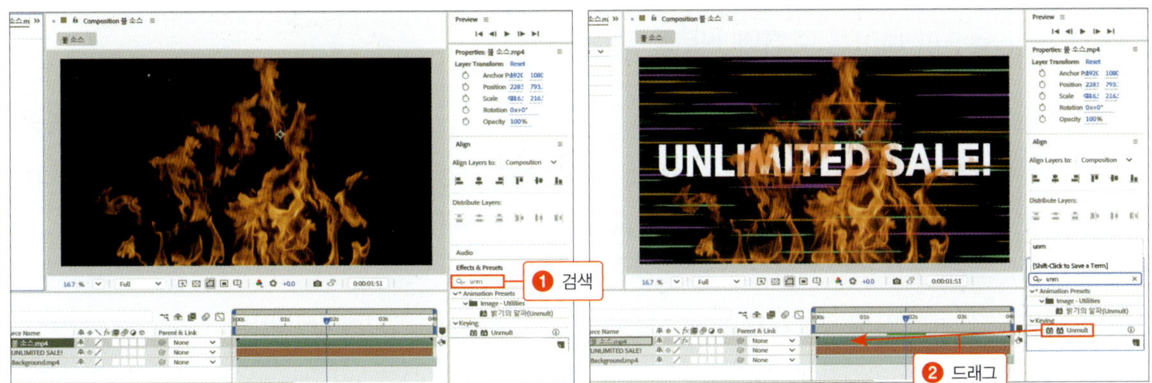

검은색 소스를 제거할 때 사용하는 'Unmult' 효과를 검색합니다.

효과를 타임라인에 적용하면 검은색 소스의 검은색 부분이 깔끔하게 제거됩니다.

❸ Substance 3D 기반 머티리얼 적용

애프터 이펙트 CC 2026에서는 기본 3D 메시에 Substance 3D 머티리얼을 직접 적용할 수 있습니다. Project 패널에 불러온 .sbsar 재질은 Timeline 패널의 Material 설정에서 선택해 적용할 수 있으며, 색상, 거칠기, 금속성 등 다양한 파라미터를 실시간으로 조정할 수 있습니다.

또한 Substance 머티리얼은 HDRI 환경 조명과 연동되어 환경광 반사, 하이라이트 등 실제 3D 프로그램의 라이팅을 어느 정도 재현할 수 있습니다.

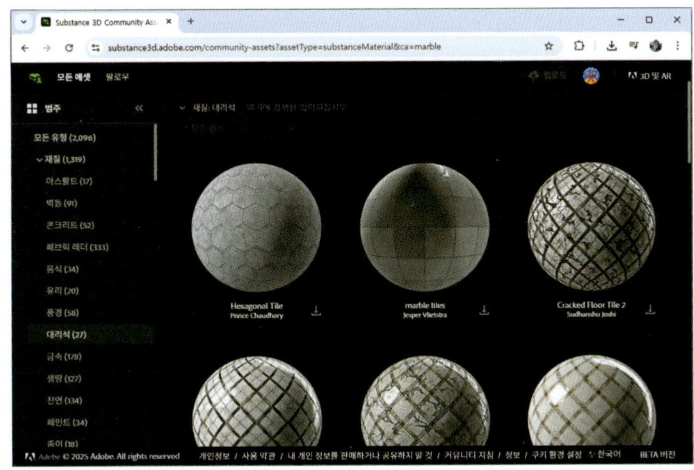

Substance 3D 무료 에셋 제공 사이트

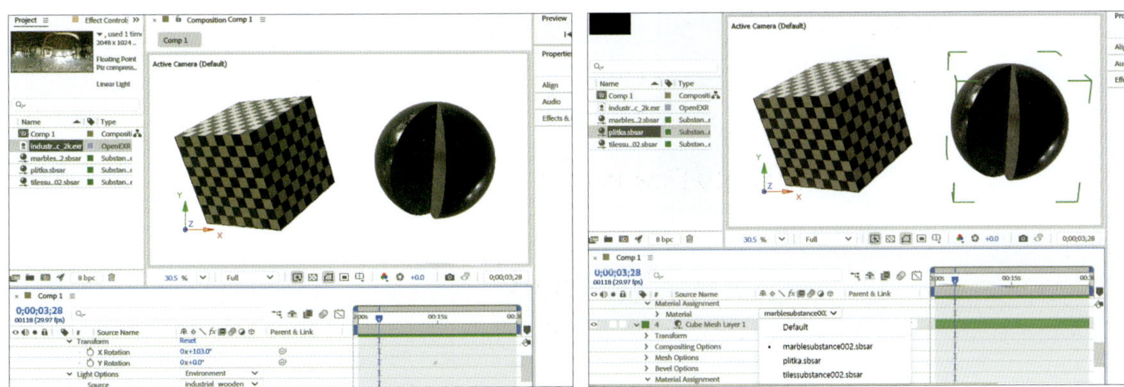

Substance 3D 에셋을 적용한 모습

Substance 3D 적용 설정창

❹ Gradient Fill 셰이프 도구의 새로운 제어 기능

애프터 이펙트 CC 2026에서는 셰이프 레이어(Shape Layer)의 Gradient Fill 기능이 강화되어 그레이디언트를 더 자유롭게 조정할 수 있는 Scale과 Rotation 속성이 새롭게 추가되었습니다. 기존에는 그레이디언트 방향이나 위치만 조절할 수 있었지만, Gradient Scale과 Gradient Rotation 속성이 추가되면서 그레이디언트의 크기와 방향을 직접 제어할 수 있습니다.

이 두 기능을 통해 셰이프 레이어의 색 표현이 한층 더 유연해졌으며, 애니메이션 키프레임과 함께 활용하면 그레이디언트가 확대·축소되거나 회전하는 다채로운 연출을 손쉽게 구현할 수 있습니다.

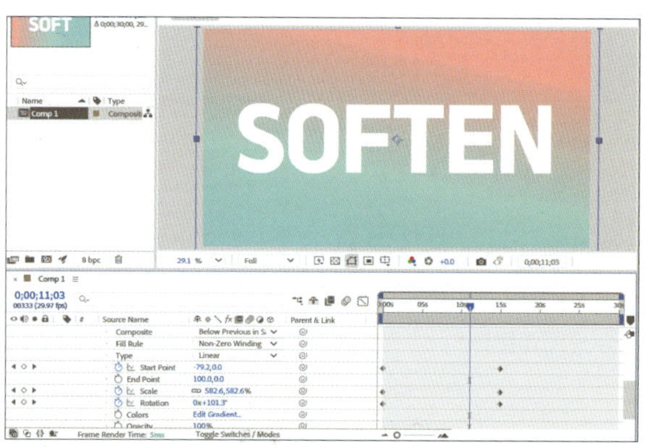

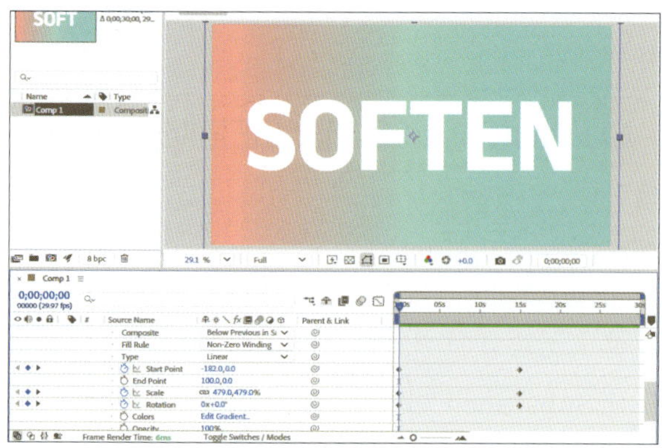

추가된 Gradient 항목의 Scale/Rotation 속성

❺ 새로운 오디오 효과 추가

애프터 이펙트 CC 2026에서는 오디오 후반 작업을 강화하기 위해 여러 가지 새로운 오디오 효과가 추가되었습니다. 기존 애프터 이펙트의 기본 오디오 도구는 매우 제한적이었지만, 전문적인 사운드 조정 기능이 대폭 확장되었습니다. 특히 Gate, Distortion, Compressor 효과가 새롭게 추가되어 더 세밀한 사운드를 연출할 수 있습니다.

추가된 Audio 효과

TIP ✧ 애프터 이펙트 CC 2026에 추가된 Audio 효과

❶ **Compressor** : 소리의 다이내믹 레인지를 조절하여 큰 소리는 줄이고 작은 소리는 키워 균일한 음량을 유지합니다. 음악, 효과음, 대사 등 다양한 사운드에 활용할 수 있는 핵심 믹싱 도구입니다.

❷ **Distortion** : 사운드에 의도적인 왜곡을 추가하여 거칠고 강한 느낌을 만들 수 있습니다. 영상 스타일에 맞춘 사운드 디자인이나 그래픽 노이즈 표현에 유용합니다.

❸ **Gate** : 일정 음량 이하의 소리를 자동으로 차단하여 불필요한 배경 잡음이나 잔향을 제거할 때 효과적입니다. 대사, 효과음, 내레이션 등의 명료도를 향상시킬 수 있습니다.

- Bass & Treble
- ❶ Compressor
- Delay
- ❷ Distortion
- Flange & Chorus
- ❸ Gate
- High-Low Pass

❻ 압축 프레임(Compressed Frame) 기능으로 실시간 프리뷰 강화

애프터 이펙트 CC 2026에 도입된 압축 프레임(Compressed Frame) 기능은 실시간 프리뷰 성능을 크게 향상하기 위해 캐시 저장 방식을 최적화한 기능입니다. 기존에는 캐시된 프레임이 원본 용량 그대로 저장되어 디스크 캐시가 빠르게 가득 차고, 긴 구간을 연속 재생하기 어려웠습니다.

압축 프레임 기능은 무손실(Lossless) 압축 방식을 사용해 이미지 품질을 100% 유지하면서도 디스크 사용량을 크게 줄입니다. 이를 통해 동일한 캐시 용량으로 더 많은 프레임을 저장하고 더 긴 구간을 끊김 없이 재생할 수 있습니다.

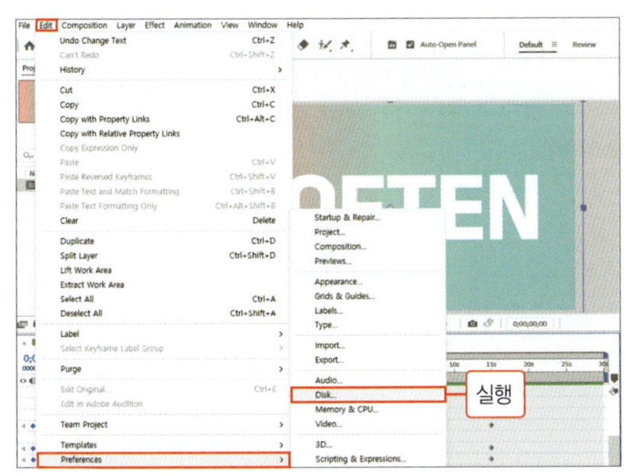

메뉴에서 [Edit] → Preferences → Disk를 실행합니다.

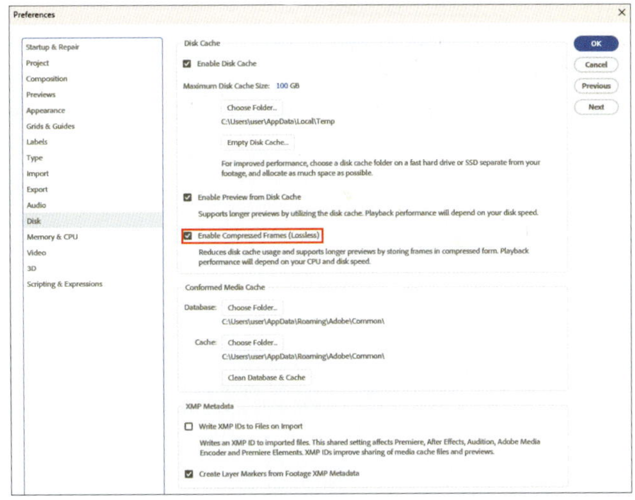

Preferences 대화상자의 Disk Cache 항목에서 'Enable Compressed Frames (Lossless)'가 체크 표시된 것을 확인할 수 있습니다.

❼ 빠른 레이어 및 키프레임 오프셋

빠른 오프셋 기능을 사용하면 Timeline 패널에서 여러 레이어나 키프레임 애니메이션에 자동으로 시차를 적용할 수 있어, 각 레이어가 일정한 시간 간격으로 순차적으로 시작되는 흐름을 손쉽게 만들 수 있습니다. 선택한 레이어들의 키프레임 구조는 그대로 유지한 채 시작 시점만 일정하게 밀리기 때문에, 이전 레이어의 동작이 끝난 직후 다음 레이어가 자연스럽게 이어지는 연속 애니메이션을 빠르게 구성할 수 있습니다. 이를 통해 개별 레이어의 타이밍을 일일이 드래그하며 맞출 필요 없이, 규칙적이고 정돈된 애니메이션 리듬을 효율적으로 제작할 수 있습니다.

애프터 이펙트에서 조정할 레이어를 선택한 다음, Ctrl+Alt을 누르고 레이어를 드래그합니다. 커서의 모양이 (↔)으로 변경되며, 선택한 첫 번째 레이어는 그대로 유지되고 마지막 레이어는 드래그한 거리만큼 이동합니다. 그 사이 모든 레이어는 처음과 마지막 레이어 사이에 시간상 균등하게 배치됩니다. 이때 키프레임은 조정된 길이에 비례하여 간격 비율이 유지됩니다.

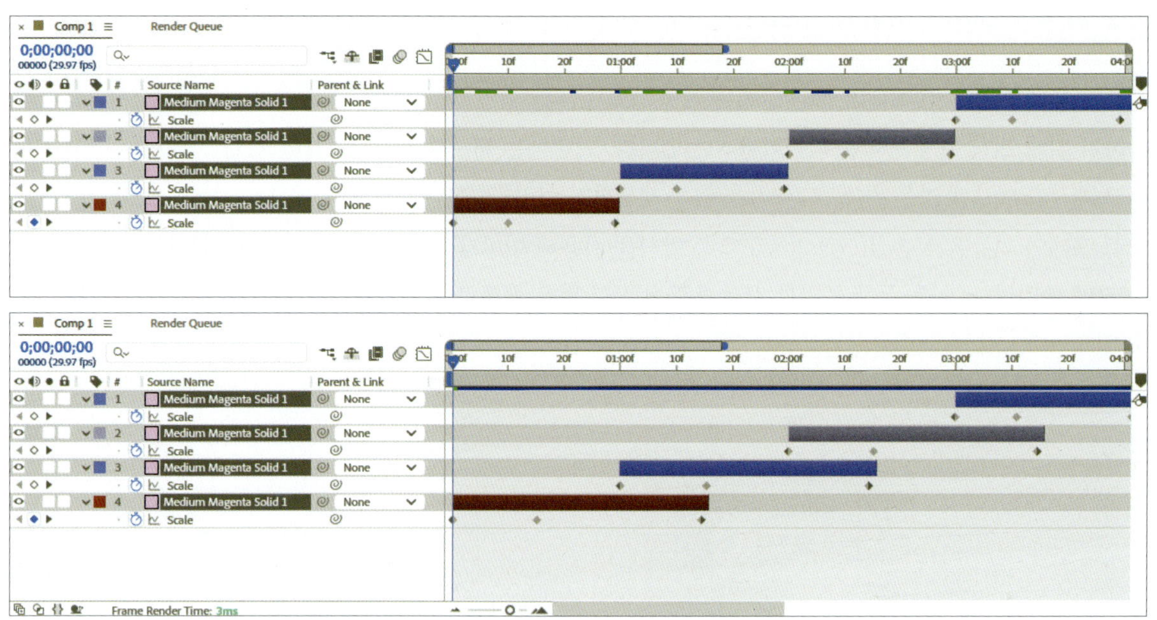

애프터 이펙트에서 Ctrl+Alt를 누른 상태로 레이어를 드래그하면, 여러 레이어의 시작 시점이나 키프레임을 일정한 간격으로 자동 분배할 수 있어 각 레이어를 개별적으로 조정하지 않아도 균등한 시간 간격의 순차 애니메이션을 빠르게 만들 수 있습니다.

❽ 여러 3D 레이어를 단일 기즈모로 함께 조작

복잡한 장면에서 여러 3D 레이어를 동시에 조정해야 할 경우, 개별 오브젝트를 하나씩 수정하는 방식은 작업 효율을 크게 떨어뜨립니다. 애프터 이펙트 CC 2026부터는 여러 3D 레이어를 동시에 선택하면 각 레이어에 개별로 표시되던 기즈모 대신 하나의 통합된 3D 기즈모가 표시되어, 선택된 레이어들을 마치 하나의 객체처럼 함께 이동, 회전, 크기 조정할 수 있습니다. 이를 통해 여러 오브젝트를 X, Y, Z축 방향으로 동시에 이동하거나 동일한 변형을 적용할 수 있어, 장면 정렬과 레이아웃 조정 작업이 훨씬 직관적이고 빠르게 진행됩니다.

반면 애프터 이펙트 CC 2026 이전 버전에서는 3D 레이어마다 개별 기즈모가 표시되어, 여러 레이어를 함께 조정하려면 그룹화하거나 각각 따로 변형을 적용해야 했습니다. 이 기능 개선으로 작업 영역의 시각적 혼잡함이 줄어들고, 복잡한 3D 컴포지션에서도 오브젝트 배치와 애니메이션 수정을 효율적으로 진행할 수 있습니다.

애프터 이펙트 CC 2026 이전 버전에서의 다중 3D 객체 선택 화면

애프터 이펙트 CC 2026에서의 버전에서의 다중 3D 객체 선택 화면

❾ 다양한 버그 및 문제 개선

애프터 이펙트 CC 2026에서는 타임라인 조작, 렌더링 안정성, 표현식 및 스크립팅, UI 전반에서 다수의 버그가 수정되어 전체적인 작업 흐름과 안정성이 크게 향상되었습니다. 특히 대형 프로젝트나 다수의 레이어를 다루는 실무 환경에서 체감 성능과 신뢰성이 강화되었습니다.

❶ **타임라인 & 컴포지션 작업 개선**: Timeline 패널을 확장할 때 불필요한 가로 스크롤바가 사라지고, 많은 레이어가 있는 상태에서도 키프레임 추가나 레이어 이동 시 화면이 튀지 않아 작업 흐름이 끊기지 않습니다. 회전 도구 사용 시 Shift로 5° 단위 스냅 회전이 정확히 적용되며, 조명 · 환경광 · 모델 애니메이션 옵션이 타임라인 Switches 열에 표시되어 3D 작업 접근성이 향상되었습니다. 또한 주석, 주석 줄바꿈, 모양 레이어의 고정점 및 그리드 정렬 등 세부 UI 정합성도 개선되었습니다.

❷ **효과 & 프리셋 안정성**: 숨겨진 효과나 다국어 환경에서도 프리셋 적용 시 오류 없이 정상 재생되며, 내부 색인 문제로 인한 강제 종료 현상이 해결되어 대규모 프리셋 환경에서도 안정적으로 사용할 수 있습니다.

❸ **프리뷰 & 렌더링 정확도 향상**: 미리보기 해상도 불일치로 인한 깜빡임 문제가 해결되었고, 24/32비트 출력 시 오디오가 16비트로 다운스케일되던 오류가 수정되어 음질이 유지됩니다. Precomp(프리컴프)의 시간 변위(Time Displacement) 효과 렌더 오류, 출력 포맷 변경 시 알파 채널 설정 초기화 문제 등 실제 납품 단계에서 치명적인 버그들이 대거 해결되었습니다.

❹ **표현식 & 스크립팅 개선**:텍스트 스타일 표현식이 입력 커서를 방해하지 않으며, 비라틴 문자 레이어 이름 변경 시에도 표현식 링크가 정상 유지됩니다. Shape 레이어의 sourceRectAtTime 경계 계산 오류와 스크립트로 삽입한 마커 줄바꿈 문제도 함께 수정되어 자동화 워크플로우의 안정성이 향상되었습니다.

❺ **안정성 & 대용량 프로젝트 대응 강화**: 여러 레이어에 효과 적용, 대량의 Essential Properties 포함 컴프 프리컴포즈, Content Aware Fill 레퍼런스 레이어 복사 등에서 발생하던 크래시가 대거 해결되었습니다. 극단적인 좌표값 반복, OCIO 플러그인 사용, 패널 스크롤 중 멈춤 현상 등도 함께 개선되어 장시간 작업 시 안정성이 크게 향상되었습니다.

❻ **UI & 접근성 개선**: 아이콘 대체 텍스트 제공, 최근 작업 내역 표시 방식 개선, 홈 화면 단축키 종료, 대화상자 위치 기억, 패널 도킹 UI 유지 등 전반적인 인터페이스 사용성이 향상되었습니다. 또한 정렬 패널, 투명도 유지 기능, 색상 선택기 오류 등 세부 UX 버그들도 함께 수정되었습니다.

Part 02

체크! 애프터 이펙트 CC 2026 도구와 패널

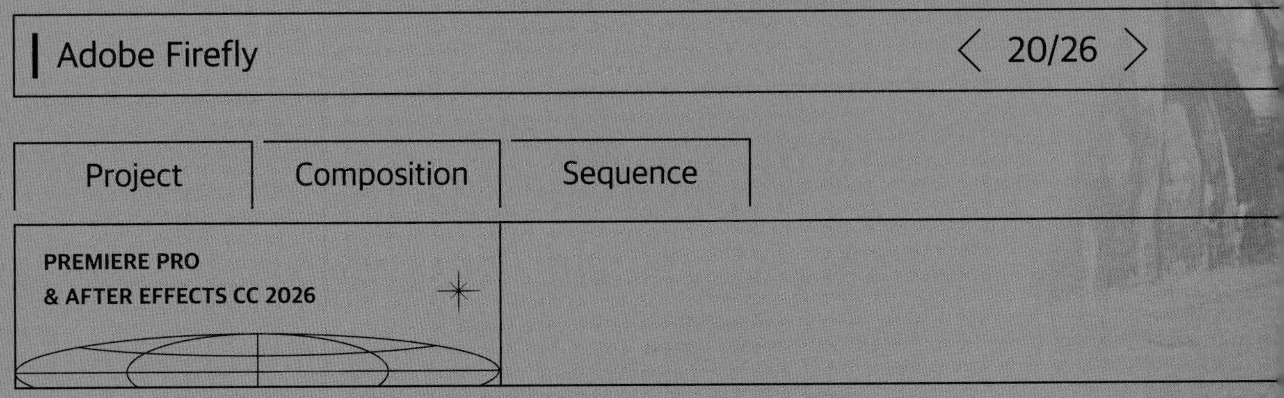

Generate
PREMIERE
26

Ae

LESSON 02

애프터 이펙트 기본 셋업

❶ 작업을 도와주는 메뉴 살펴보기

애프터 이펙트 메뉴는 File, Edit, Composition, Layer, Effect, Animation, View, Window, Help로 구성되어 있으며, 각 메뉴에는 작업에 도움이 되는 기능들이 있습니다. 모든 메뉴를 외울 필요는 없으며, 프로그램을 사용하다 보면 자연스럽게 익힐 수 있습니다. 여기서는 각 메뉴를 간략하게 살펴보고, 세부 기능들은 예제를 따라 하면서 알아봅니다.

1 [File] 메뉴

파일과 관련된 메뉴로, 새로운 프로젝트를 만들고 저장하는 기능부터 작업에 필요한 파일을 가져오는 기능, 가져온 파일과 만든 컴포지션을 정리하는 기능을 포함하고 있습니다. 보통 New, Open Project, Save As, Import, Dependencies 등을 많이 이용합니다.

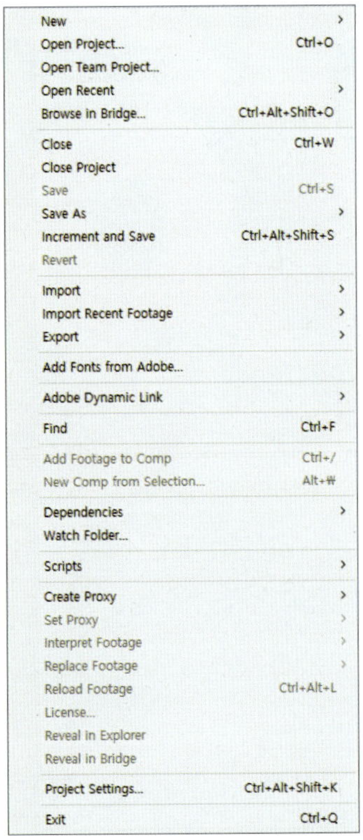

Menu	Shortcut
New	>
Open Project...	Ctrl+O
Open Team Project...	
Open Recent	>
Browse in Bridge...	Ctrl+Alt+Shift+O
Close	Ctrl+W
Close Project	
Save	Ctrl+S
Save As	>
Increment and Save	Ctrl+Alt+Shift+S
Revert	
Import	>
Import Recent Footage	>
Export	>
Add Fonts from Adobe...	
Adobe Dynamic Link	>
Find	Ctrl+F
Add Footage to Comp	Ctrl+/
New Comp from Selection...	Alt+₩
Dependencies	>
Watch Folder...	
Scripts	>
Create Proxy	>
Set Proxy	>
Interpret Footage	>
Replace Footage	>
Reload Footage	Ctrl+Alt+L
License...	
Reveal in Explorer	
Reveal in Bridge	
Project Settings...	Ctrl+Alt+Shift+K
Exit	Ctrl+Q

2 [Edit] 메뉴

편집에 해당하는 대표 기능으로, 파일을 복사하고 붙여 넣는 기능과 Timeline 패널에서 레이어를 복제하고 나누거나, 레벨을 설정하고 메모리를 관리하는 기능 등을 가지고 있습니다. 또한, 애프터 이펙트의 전체 환경을 설정하는 기능이 있습니다. 보통 Undo, Copy, Paste, Duplicate, Split Layer, Preferences 등을 많이 이용합니다.

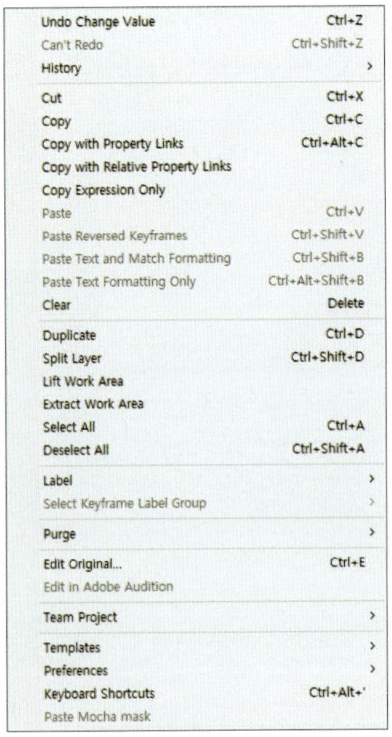

Menu	Shortcut
Undo Change Value	Ctrl+Z
Can't Redo	Ctrl+Shift+Z
History	>
Cut	Ctrl+X
Copy	Ctrl+C
Copy with Property Links	Ctrl+Alt+C
Copy with Relative Property Links	
Copy Expression Only	
Paste	Ctrl+V
Paste Reversed Keyframes	Ctrl+Shift+V
Paste Text and Match Formatting	Ctrl+Shift+B
Paste Text Formatting Only	Ctrl+Alt+Shift+B
Clear	Delete
Duplicate	Ctrl+D
Split Layer	Ctrl+Shift+D
Lift Work Area	
Extract Work Area	
Select All	Ctrl+A
Deselect All	Ctrl+Shift+A
Label	>
Select Keyframe Label Group	>
Purge	>
Edit Original...	Ctrl+E
Edit in Adobe Audition	
Team Project	>
Templates	>
Preferences	>
Keyboard Shortcuts	Ctrl+Alt+'
Paste Mocha mask	

❸ [Composition] 메뉴

컴포지션과 관련된 메뉴들이 있는 곳으로, 새로운 컴포지션을 만들고 설정하는 기능, 컴포지션 길이와 화면을 설정하는 기능, 렌더링을 진행하는 기능, 이미지나 램 프리뷰 등을 저장하는 기능이 있습니다. 보통 New Composition, Composition Settings, Add to Render Queue, Save Frame As 등을 많이 이용합니다.

New Composition... Ctrl+N
Composition Settings... Ctrl+K
Set Poster Time
Trim Comp to Work Area Ctrl+Shift+X
Crop Comp to Region of Interest
Add to Adobe Media Encoder Queue... Ctrl+Alt+M
Add to Render Queue Ctrl+M
Add Output Module
Preview ›
Save Frame As ›
Pre-render...
Save Current Preview... Ctrl+Numpad 0
Open in Essential Graphics
Responsive Design — Time ›
Composition Flowchart Ctrl+Shift+F11
Composition Mini-Flowchart Tab
VR ›

❹ [Layer] 메뉴

실제 작업을 진행할 때 필요로 하는 기능에 대한 메뉴들이 많이 있습니다. 새로운 레이어를 만드는 기능부터 각 레이어에 적용하는 Mask, 각 레이어 옵션 등을 설정할 수 있는 Switches, 물리적인 움직임을 설정할 수 있는 Transform, 영상 파일에서 시간을 설정할 수 있는 Time, 각 레이어의 중첩을 통해 색을 변화하는 Blending Mode 등 다양한 메뉴들이 있습니다. [Layer] 메뉴는 Timeline 패널의 레이어에서 마우스 오른쪽 버튼을 클릭했을 때 나타나는 메뉴와도 같습니다. 각 메뉴들이 어떤 특징을 가지는지 알아두면 작업에 큰 도움이 됩니다. 보통 New, Open Layer, Mask, Switches, Transform, Time, Blending Mode, Track Matte 등을 많이 이용합니다.

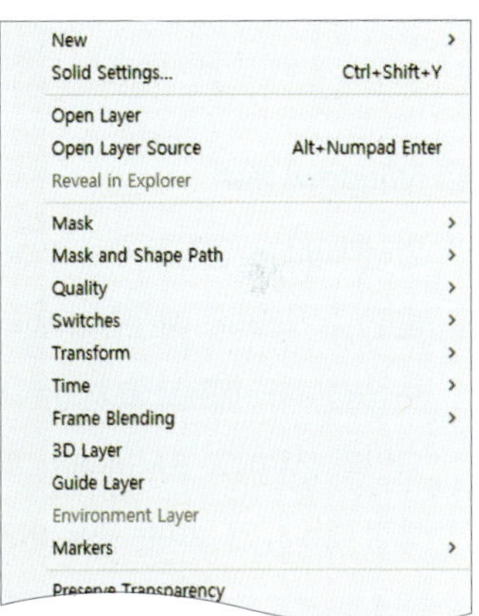

❺ [Effect] 메뉴

애프터 이펙트의 기본 이펙트뿐만 아니라 설치한 서드파티 플러그인과 가장 최근에 이용한 이펙트에 대한 명령이 있습니다. 이 메뉴는 Effects & Presets 패널과 같은 기능을 가집니다. 메뉴를 통해서는 각 이펙트의 위치를 알아서 적용해야 하지만 Effects & Presets 패널은 이펙트와 몇 글자만을 가지고도 이펙트를 찾을 수 있어 [Effect] 메뉴보다 더 편리합니다. 이펙트는 작업 성격과 스타일에 따라 다르게 적용되므로 작업자마다 차이가 있지만, 모든 이펙트가 골고루 활용된다고 볼 수 있습니다.

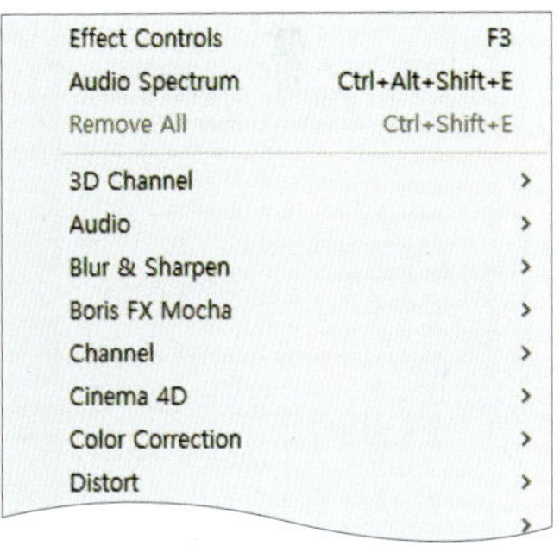

❻ [Animation] 메뉴

레이어에서 키프레임 설정으로 만들 수 있는 애니메이션 이외에 추가 애니메이션 기능에 관한 명령들이 있으며, 애니메이션 프리셋과 키프레임 설정 부분, 텍스트 레이어의 애니메이션, Track Camera, Warp Stabilizer FX와 같은 명령들이 있습니다. 보통 Keyframe Interpolation, Keyframe Velocity, Keyframe Assistant, Add Expression, Track Camera, Track Mask 등을 많이 이용합니다.

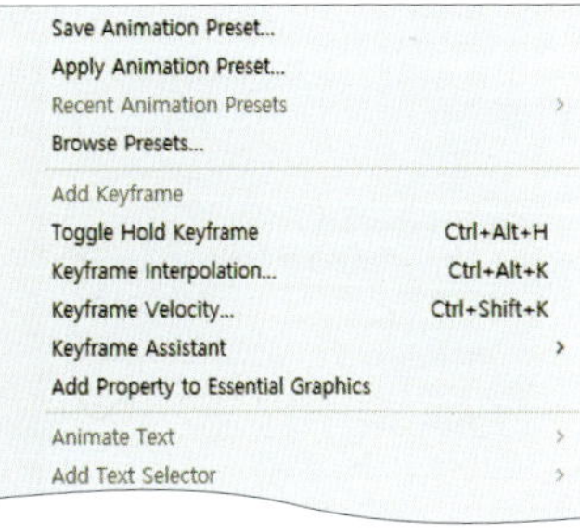

❼ [View] 메뉴

격자, 눈금자, 안내선 등을 이용해 작업을 조금 더 편리하게 도와주는 명령이 있습니다. 보통 Zoom In, Zoom Out, Resolution, Show Grid, Show Rulers, Show Guides 등을 이용합니다.

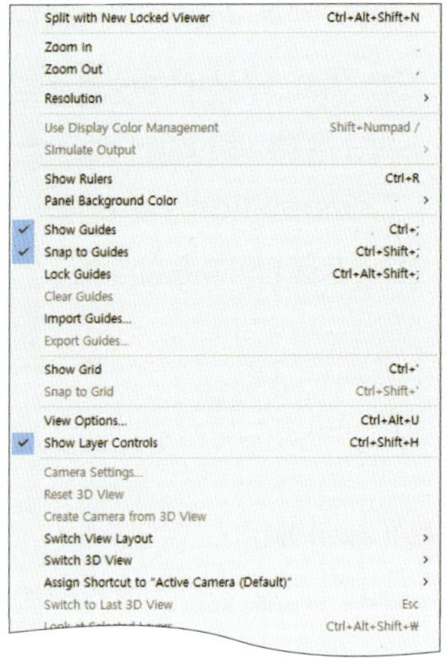

❽ [Window] 메뉴

인터페이스에 영향을 주는 기능으로 각 패널을 표시하고 숨길 수 있으며, 자신만의 인터페이스를 만들고 저장할 수 있습니다. 메뉴로 표시되는 서드파티 스크립트나 플러그인의 경우에도 표시됩니다. 특정 패널을 실수로 닫거나 특정 메뉴가 안 보이는 경우 여기서 제어할 수 있습니다.

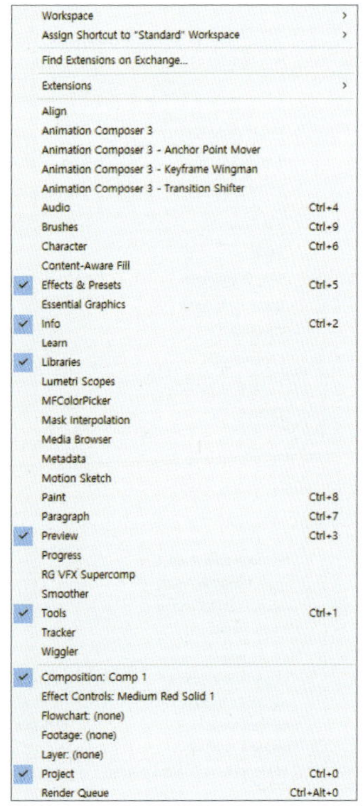

❾ [Help] 메뉴

작업에 필요한 도움말과 정보를 얻을 수 있는 메뉴로, 스크립트, 표현, 애니메이션 등에 관한 정보가 있으며, 단축키 등을 지정할 수 있고, 온라인 사용자 포럼에 피드백을 보낼 수 있습니다. 보통 After Effects Help, Effect Reference, Animation Presets, Keyboard Shortcuts, Online User Forums 등을 많이 이용합니다.

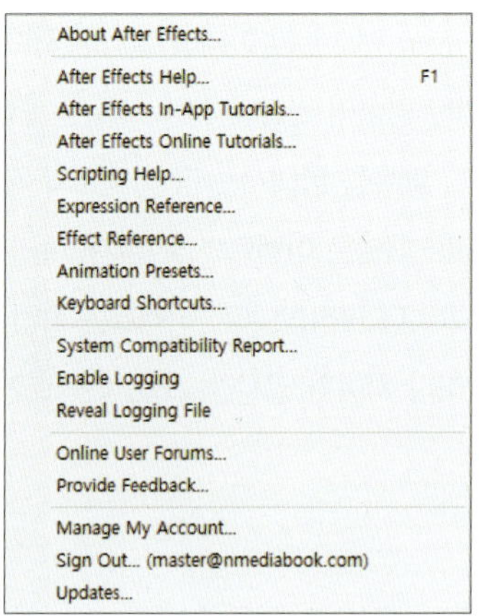

❷ 편리한 작업을 위한 도구 살펴보기

Tools 패널은 애프터 이펙트의 작업 화면 상단에 위치하며, 레이어를 선택하거나 문자를 입력하고 마스크를 만들 수 있는 도구들을 모은 곳입니다. Composition 패널에서 객체, 화면, 마스크 등을 제어하기 위한 Tools 패널의 도구를 살펴보겠습니다.

❶ ❷❸❹ ❺❻❼ ❽❾ ❿⓫⓬⓭ ⓮⓯⓰ ⓱ ⓲

❶ **홈 화면(Home)** : 애프터 이펙트를 실행하면 표시되는 프로젝트 설정 화면입니다. 홈 화면을 클릭해도 현재 작업이 종료되지 않습니다.

❷ **선택 도구(Selection Tool, V)** : 레이어를 선택하고 이동할 때 이용하는 도구입니다. 선택 도구를 선택하면 3D 공간에서 축(Axis)을 지정할 수 있는 Local Axis, World Axis, View Axis 선택 영역이 나타나고 레이어 정렬을 도와주는 'Snapping' 기능이 나타납니다.

❸ **손 도구(Hand Tool, H)** : 화면을 이동할 때 사용하는 기능으로, Composition 패널의 화면에서 보이는 부분보다 큰 작업 환경일 때 손 도구를 이용하여 화면을 이동할 수 있습니다. Timeline 패널에서 작업 중 레이어가 늘어나 화면에서 보기 어려울 때 드래그하여 볼 수 있으며, Project 패널, Effects & Preset 패널 등에서도 보이지 않는 부분을 드래그해 확인할 수 있습니다.

❹ **확대/축소 도구(Zoom Tool, Z)** : Composition 패널의 화면을 자세히 보기 위해 확대하거나 넓게 보기 위해 축소할 때 이용합니다.

❺ **주위 궤도 도구(Orbit Around Tool, Shift+1)** : 3D 영역의 시점 변화를 보여줍니다. 카메라를 직접 들고 움직이는 상황을 프로그램에서 표현합니다.

ⓐ	Orbit Around Cursor Tool	1, Shift+1
ⓑ	Orbit Around Scene Tool	1, Shift+1
ⓒ	Orbit Around Camera POI	1, Shift+1

ⓐ **커서 주위 궤도 도구(Orbit Around Cursor Tool)** : 마우스 커서 중심으로 이동하며 화면 위에 마우스 커서를 위치시키면 그 중심으로 회전합니다.

ⓑ **장면 주위 궤도 도구(Orbit Around Scene Tool)** : 무조건 화면 중심을 기준으로 회전하며 이동합니다.

ⓒ **카메라 POI 궤도 도구(Orbit Around Camera POI)** : Orbit Around Camera POI 카메라의 Point Of View(관점)를 기준으로 이동합니다. 객체의 위치와는 상관없이 카메라 가운데를 중심으로 이동합니다.

❻ **팬 도구(Pan Tool, Shift+2)** : Composition 패널에서 화면을 자유롭게 이동하는 도구입니다. 손 모양 아이콘으로 표시되며, 레이어나 타임라인을 수정하지 않고 작업 화면의 보이는 영역만 이동할 때 사용합니다.

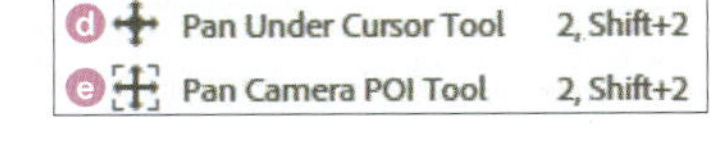

ⓓ	Pan Under Cursor Tool	2, Shift+2
ⓔ	Pan Camera POI Tool	2, Shift+2

ⓓ **커서 아래로 이동 도구(Pan Under Cursor Tool)** : 3D 영역의 위치 변화를 보여줍니다. 카메라는 가운데 고정하고 위, 아래, 왼쪽, 오른쪽으로 패닝하는 상황을 프로그램에서 표현합니다.

ⓔ **팬 카메라 POI 도구(Pan Camera POI Tool)** : 카메라의 Point Of View(관점)를 기준으로 상하좌우로 이동합니다.

❼ **돌리 도구(Dolly Tool, Shift+3)** : 3D 영역의 줌 인과 줌 아웃을 보여줍니다. 카메라를 레일에 달아 앞뒤로 움직이는 상황을 프로그램에서 표현합니다.

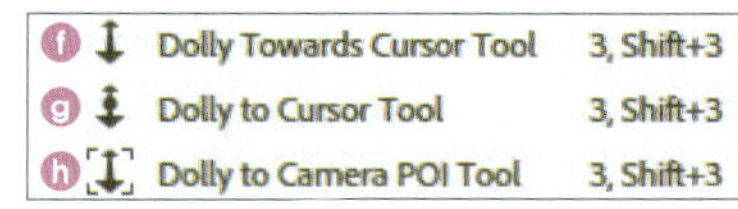

ⓕ **커서를 향해 돌리 도구(Dolly Towards Cursor Tool)** : 화면 위에 커서를 위치시키고 드래그하여 Z축 앞뒤로 이동합니다. 앞으로 이동할 때는 커서 중심으로 이동하지만 뒤로 이동할 때는 중심으로 반환됩니다.

ⓖ **커서로 돌리 도구(Dolly to Cursor Tool)** : 화면 위에 커서를 위치시키고 드래그하여 커서 중심으로 Z축 앞뒤로 이동합니다. 앞뒤 모두 이동할 때 화면 위에 있는 커서 중심으로 이동합니다.

ⓗ **카메라 POI를 향해 돌리 도구(Dolly to Camera POI Tool)** : 카메라 중심 Point of View(POI, 관점)를 중심으로 Z축 앞뒤로 이동합니다.

❽ **회전 도구(Rotation Tool, R)** : 선택한 레이어를 Composition 패널의 모니터 화면에서 회전할 때 이용합니다. 회전 도구를 선택하면 선택 도구와 마찬가지로 회전축을 설정할 수 있는 Axis 영역과 3D 작업에서 Rotation 및 Orientation을 설정할 수 있는 메뉴가 나타납니다. 이때 Rotation은 회전을, Orientation은 기울기 방향을 뜻합니다. 회전 도구는 Local Axis Mode와 World Axis Mode, View Axis Mode로 나뉘어 작업을 진행할 수 있습니다.

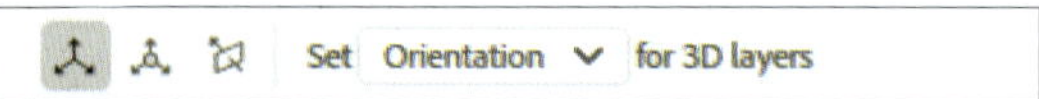

❾ **뒤로 팬 도구(Pan Behind (Anchor Point Tool) Tool, Y)** : 뒤로 팬 기능과 레이어 중심축 기준점을 이동하는 기능을 가지고 있습니다. 레이어를 선택하고 중심축인 기준점을 클릭한 다음 드래그하면 이동할 수 있습니다. 이때 Position과 Anchor Point에 애니메이션이 적용되어 있으면 기준점 이동 시 결과가 달라질 수 있습니다.

❿ **마스크 및 셰이프 도구(Mask Tool, Q)** : 마스크를 만드는 기능으로, 사각형 도구는 가장 기본적인 사각형 마스크를 만드는 기능입니다. 이때 레이어를 선택한 상태에서 드래그하면 사각형 마스크가 만들어지고 레이어를 선택하지 않은 상태에서 드래그하면 셰이프 레이어가 만들어집니다. 마스크 및 셰이프 도구를 길게 클릭하면 다양한 마스크를 만들 수 있는 메뉴가 나타납니다. 마스크 및 셰이프 도구는 셰이프 레이어도 만들 수 있어 선택하면 Tools 패널에 셰이프 레이어의 색과 선의 색, 굵기를 지정할 수 있는 옵션이 표시됩니다.

⓫ **3D 메시 도구(3D Mesh Tool, Shift+D)** : 3D 메시 도구는 애프터 이펙트 CC 2026에 새롭게 추가된 기능으로, 간단한 기본 3D 객체(Primitive)를 손쉽게 생성할 수 있습니다. 이를 통해 별도의 3D 프로그램을 사용하지 않고도 장면 구성을 위한 기본 형태를 신속하게 만들 수 있으며, 모션 그래픽 작업을 할 때 3D 공간의 레이아웃을 직관적으로 구성하는 데 유용합니다.

ⓘ **큐브 도구(Cube Tool)** : 3D 큐브 메시를 생성합니다.

ⓙ **구 도구(Sphere Tool)** : 3D 구 메시를 생성합니다.

ⓚ **평면 도구(Plane Tool)** : 3D 평면(Plane) 형태의 메시를 생성합니다.

ⓛ **토러스 도구(Torus Tool)** : 도넛 형태의 3D 토러스 메시를 생성합니다.

ⓜ **원뿔 도구(Cone Tool)** : 원뿔 형태의 3D 콘 메시를 생성합니다.

ⓝ **원통 도구(Cylinder Tool)** : 원통 형태의 3D 실린더 메시를 생성합니다.

⑫ **펜 도구(Pen Tool, G)** : 패스를 이용하여 원하는 형태의 마스크나 모양을 만들 수 있습니다. 레이어를 선택하고 패스를 그리면 마스크(원하는 부분만 나타나는 레이어)를 만들 수 있고, 레이어 선택을 해제한 다음 패스를 그리면 모양을 만들 수 있습니다. 펜 도구를 길게 클릭하면 펜 도구를 제어할 수 있는 메뉴가 나타나고, 선택하면 마스크 및 셰이프 도구와 마찬가지로 모양을 설정하는 기능이 나타납니다.

ⓞ **펜 도구(Pen Tool)** : 클릭 또는 드래그하여 패스를 만들 수 있습니다.

ⓟ **기준점 추가 도구(Add Vertex Tool)** : 이미 그려진 패스에 기준점을 추가할 수 있습니다.

ⓠ **기준점 삭제 도구(Delete Vertex Tool)** : 기준점을 삭제할 수 있습니다.

ⓡ **기준점 변환 도구(Convert Vertex Tool)** : 베지어 곡선(선을 제어할 수 있는 곡선)을 추가해 직선을 곡선 형태로 변형할 수 있습니다.

ⓢ **마스크 페더 도구(Mask Feather Tool)** : 마스크 영역을 지정하여 페더 효과(점점 흐려지거나 진해지는 효과)를 줄 수 있습니다.

⑬ **문자 도구(Type Tool, Ctrl+T)** : 텍스트를 입력할 수 있는 도구로, 기본으로 가로 문자를 입력할 수 있습니다. 문자 도구를 길게 클릭하면 나타나는 메뉴에서 가로 문자 도구(Horizontal Type Tool), 세로 문자 도구(Vertical Type Tool)를 선택하여 가로 또는 세로 문자를 입력할 수 있습니다.

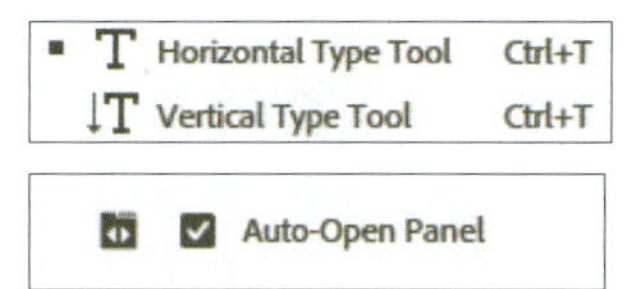

문자 도구를 선택한 다음 Tools 패널 오른쪽의 'Auto-Open Panels'를 체크 표시하면 자동으로 Character 패널과 Paragraph 패널이 표시되며, 해당 패널의 아이콘을 클릭해서 표시하거나 숨길 수 있습니다.

⑭ **브러시 도구(Brush Tool, Ctrl+B)** : 포토샵의 브러시 기능처럼 드래그하여 원하는 형태를 그릴 수 있습니다. Composition 패널 화면에서는 브러시가 적용되지 않으므로 브러시 도구를 이용하려면 먼저 선택한 레이어를 더블클릭해 Layer 패널을 표시해야 합니다.

브러시 도구를 선택하고 오른쪽에 표시되는 'Auto-Open Panels'를 체크 표시하면 자동으로 Brushes 패널과 Paint 패널이 표시되며, 해당 패널 아이콘을 클릭해서 표시하거나 숨길 수 있습니다.

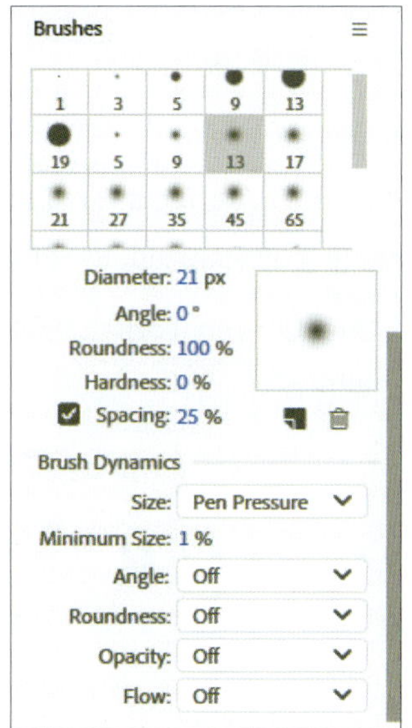

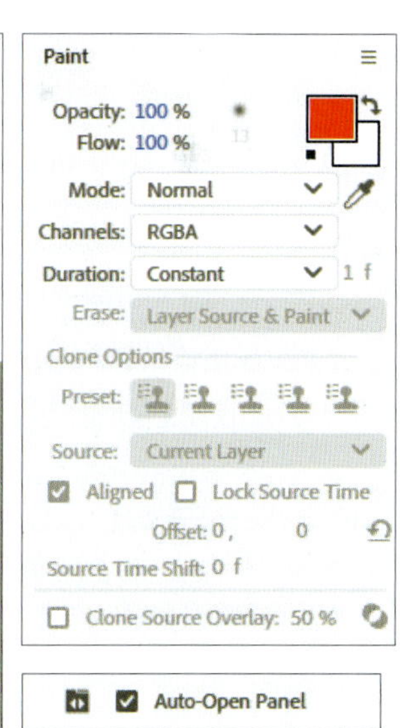

TIP ✧

브러시 도구(Brush Tool), 복제 도장 도구(Clone Stamp Tool), 지우개 도구(Eraser Tool)는 모두 Ctrl+B를 눌러 순서대로 선택할 수 있습니다.

⑮ **복제 도장 도구(Clone Stamp Tool, Ctrl+B)** : 포토샵의 복제 도구와 같은 기능으로, 영상과 이미지 일부를 복제하는 기능입니다. 복제 스탬프 도구 역시 브러시 계열 기능이므로 Brushes 패널과 Paint 패널이 자동으로 표시됩니다. 적용할 레이어를 더블클릭하면 Composition 패널 위치에 Layer 패널이 표시되어 적용할 수 있습니다. 해당 기능을 이용하여 특정 부분을 지우거나 어색한 부분을 채우는 등 VFX 시각 효과를 구현할 때 많이 활용합니다.

⑯ **지우개 도구(Eraser Tool, Ctrl+B)** : 레이어의 일부 영역을 지워서 뒤에 있는 레이어를 나타내는 기능입니다. 지우개 도구 역시 브러시 계열로, Brushes 패널과 Paint 패널이 표시됩니다. 페인트 도구, 복제 스탬프 도구와 마찬가지로 적용할 레이어를 더블클릭하여 Layer 패널을 표시하고 적용할 수 있습니다.

⑰ **로토 브러시 도구(Roto Brush Tool, Alt+W)** : 브러시를 이용해 그린 영역을 마스크처럼 선택하는 기능으로, 선택한 다음 Track 기능을 이용해 선택 영역을 영상의 움직임에 맞출 수 있습니다. 주로 합성할 때 손쉽게 활용할 수 있으며, 로토 브러시 도구를 길게 클릭하면 선택 영역을 정리할 수 있는 리파인 에지 도구(Refine Edge Tool)가 나타납니다.

■	Roto Brush Tool	Alt+W
	Refine Edge Tool	Alt+W

⑱ **퍼핏 핀 도구(Puppet Pin Tool, Ctrl+P)** : 레이어에 퍼핏 기준점을 추가해 일부분을 움직이는 기능입니다. 퍼핏(Puppet)은 인형극에 이용하는 꼭두각시 인형이라는 뜻으로, 인형 모양의 레이어가 있으면 퍼핏 기준점을 추가해 몸과 팔, 다리 등을 움직일 수 있습니다. 기본 도구는 퍼핏 핀 도구이며, 퍼핏 핀 도구를 길게 클릭하면 관련 도구가 표시됩니다.

ⓣ	Puppet Position Pin Tool	Ctrl+P
ⓤ	Puppet Starch Pin Tool	Ctrl+P
ⓥ	Puppet Bend Pin Tool	Ctrl+P
ⓦ	Puppet Advanced Pin Tool	Ctrl+P
ⓧ	Puppet Overlap Pin Tool	Ctrl+P

- ⓣ **퍼핏 포지션 핀 도구(Puppet Position Pin Tool)** : 퍼핏 기준점을 배치하거나 이동합니다.
- ⓤ **퍼핏 스타치 도구(Puppet Starch Pin Tool)** : 변형을 줄이기 위해 일정 영역을 고정하는 스타치 핀을 배치할 때 이용합니다.
- ⓥ **퍼핏 밴드 핀 도구(Puppet Bend Pin Tool)** : 영역 단위로 퍼핏을 틀거나 변형할 때 사용하는 핀을 배치합니다.
- ⓦ **퍼핏 어드벤스드 핀 도구(Puppet Advanced Pin Tool)** : 기본 퍼핏 핀 도구보다 정교하게 변형할 수 있는 어드벤스드 핀을 배치합니다. 밴드 핀 도구와 사용법이 비슷합니다.
- ⓧ **퍼핏 오버랩 도구(Puppet Overlap Pin Tool)** : 변형으로 인해 이미지의 여러 부분이 서로 겹칠 때 맨 앞에 표시할 이미지를 나타내는 겹치기 핀을 배치합니다.

TIP ✦ 퍼핏 핀 도구 옵션

① **Mesh(메시)** : 퍼핏 메시를 화면에 표시할지에 관한 옵션으로, 'Show'를 체크 표시하면 삼각형 그물망이 표시됩니다.

② **Expansion(확장)** : 레이어 경계 밖으로 메시가 얼마나 퍼질지 설정합니다. 값이 클수록 가장자리까지 메시가 넓게 생성되어 변형이 자연스럽게 이어집니다. 퍼핏 변형 시 가장자리가 끊겨 보이거나 이미지가 잘리는 경우 이 값을 높이면 개선할 수 있습니다.

③ **Density(밀도)**: 메시의 촘촘함(삼각형 개수)에 관한 옵션입니다. 값이 클수록 정교하고 부드러운 변형을 만들어내지만, 연산이 높아져 컴퓨터의 자원을 많이 잡아먹습니다.

Density를 '4'로 설정(왼쪽), '12'로 설정(오른쪽)한 모습

❸ 주요 패널 살펴보기

기본 패널 외에도 작업 중 자주 사용하는 패널에 대해 알아봅니다. 레이어에 이펙트를 적용하면 자동으로 표시되는 Effect Controls 패널, 문자 도구를 선택하면 나타나는 Character 패널 등을 살펴봅니다.

❶ Effects & Presets 패널

[Effect] 메뉴의 기능으로, 검색을 통해 특정 효과를 찾을 수 있습니다. '>'를 클릭하면 Effects 목록을 확인할 수 있으며 더블클릭하거나 드래그해서 레이어에 적용할 수 있습니다. 서드파티 플러그인 등 외부에서 받은 효과를 설치하면 이곳에 표시됩니다.

하위 항목을 표시해서 이펙트 목록 확인

❷ Preview 패널

램 프리뷰를 이용하면 작업 환경에서 RAM 메모리에 가상 렌더링을 진행하여 영상을 볼 수 있습니다. 애프터 이펙트는 영상에 그래픽, 애니메이션 등을 만드는 소프트웨어로 실시간 재생을 할 수 없어 램 프리뷰를 통해 영상의 애니메이션, 움직임 등을 확인할 수 있습니다. 이때 컴퓨터의 RAM 메모리 용량과 작업 성격에 따라 진행 속도가 달라집니다. 예를 들어, 컴퓨터가 계산하기 어려운 이펙트 등을 사용하면 가상 렌더링 시간이 느려집니다. 작업이 늘어나 메모리에 여러 데이터가 누적되거나 여러 소프트웨어를 실행하면 램 프리뷰 진행 속도가 느려질 수 있습니다. 램 프리뷰는 오른쪽 숫자 키의 0 또는 Spacebar를 눌러 빠르게 실행할 수 있습니다.

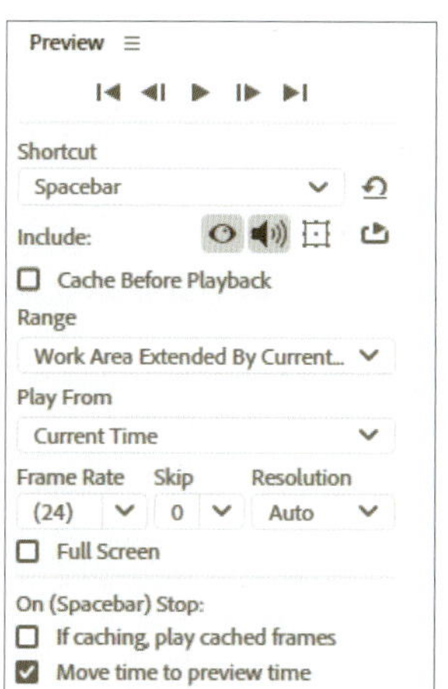

❸ Info 패널

램 프리뷰 렌더링을 진행할 때 작업 중 오류가 발생하면 간단한 정보를 보여주며, Composition 패널 화면 속 색 정보를 확인할 수 있습니다.

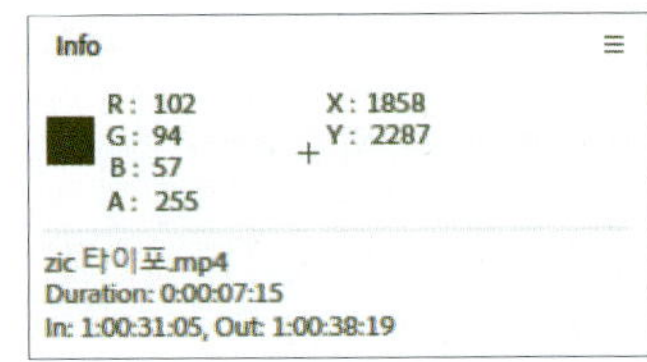

❹ Audio 패널

Audio Level이 '0'을 넘으면 사각형이 빨간색으로 표시됩니다. 사운드가 커져서 한계임을 나타내는 것으로, 이때 오른쪽 오디오 슬라이더를 이용해 사운드를 줄일 수 있습니다. Audio 패널은 기본으로 비활성화되어 있으며, 사운드가 포함된 영상 파일 또는 오디오 파일을 선택하면 활성화됩니다.

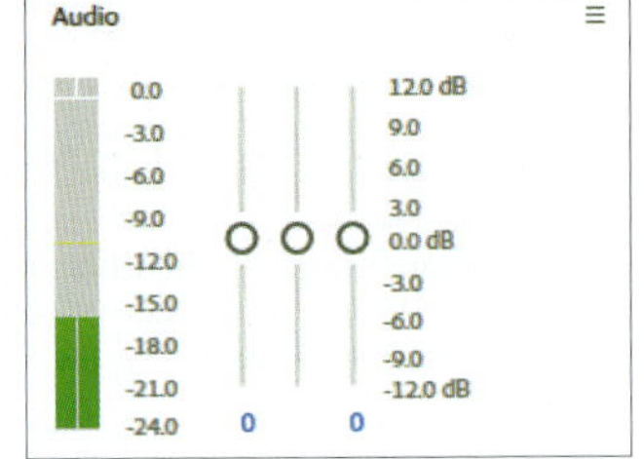

❺ Effect Controls 패널

메뉴에서 [Window] → Effect Controls를 실행하여 Effect Controls 패널을 표시할 수 있습니다. 이펙트를 적용하면 효과에 따라 다르게 나타나는 Effect Controls 패널을 확인할 수 있습니다.

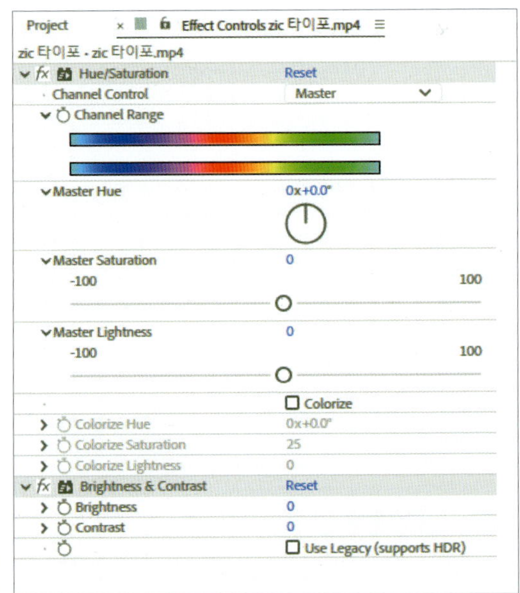

Hue/Saturation과 Brightness & Contrast 이펙트를 적용했을 때 Effect Controls 패널

❻ Character 패널

문자 도구를 사용하면 활성화됩니다. 글꼴, 글자 크기, 자간, 행간, 글꼴의 가로세로 비율 및 글꼴의 스타일 등을 설정할 수 있습니다. 글꼴을 설치하면 Character 패널에서 글꼴을 설정할 수 있습니다.

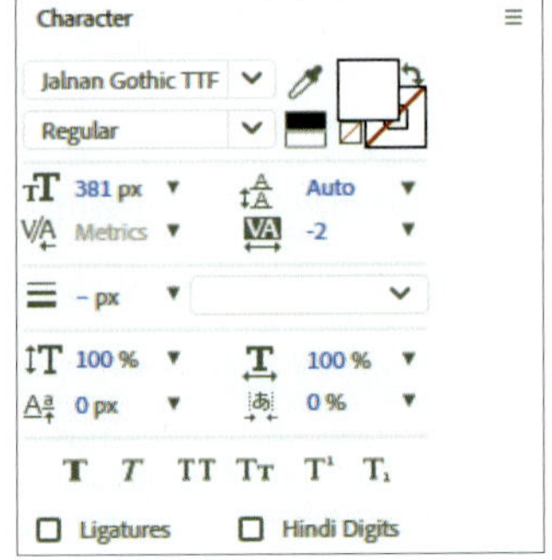

❹ 작업 환경과 작업 영역 알아보기

작업 환경 = 프로젝트(Project)

그래픽 작업을 진행하는 프로그램에는 프로젝트 파일이 있습니다. 프로젝트(Project)는 현재 작업 환경을 저장하는 형식으로, 애프터 이펙트를 처음 실행하면 작업 화면 왼쪽 위에 'Adobe After Effect CC 2026 – Untitled Project.aep'처럼 프로그램 이름과 함께 프로젝트 파일 이름을 확인할 수 있습니다. 파일을 저장하면 AEP 파일 형식을 확인할 수 있으며, AEP 파일이 곧 애프터 이펙트의 프로젝트 파일입니다.

즉, 프로젝트는 애프터 이펙트의 모든 작업 환경을 의미하며, 프로젝트 파일은 작업 환경을 저장하는 파일입니다.

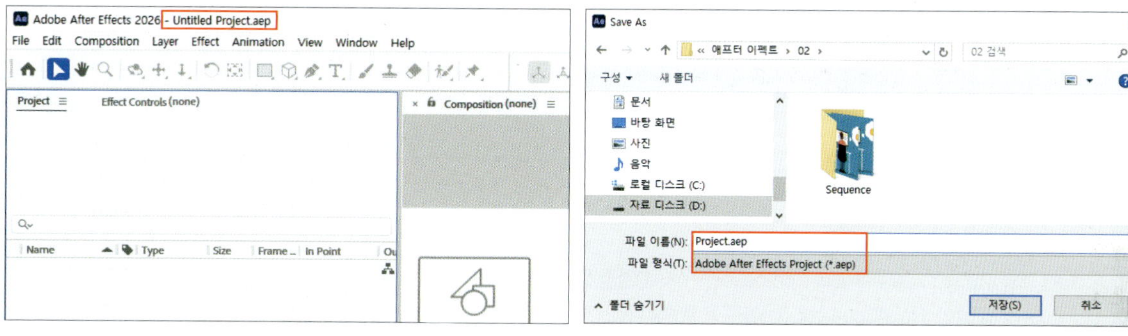

프로젝트 파일 이름

애프터 이펙트에서 저장할 때 파일 이름과 형식

실제 작업 영역 = 컴포지션(Composition)

프로젝트를 만든 후에는 실제 작업을 위해 컴포지션(Composition)을 만들어야 합니다. 하나의 프로젝트 안에 여러 개의 컴포지션을 만들 수 있으며, 포토샵(PSD) 파일과 달리 애프터 이펙트(AEP) 파일에는 여러 화면을 저장할 수 있습니다.

컴포지션을 만들면 Project 패널에 'Comp 1'이 생성되고 Timeline 패널이 활성화됩니다. 여러 개의 컴포지션을 만들면 Project 패널에 모두 표시됩니다. 애프터 이펙트 작업은 컴포지션을 만드는 것에서 시작합니다.

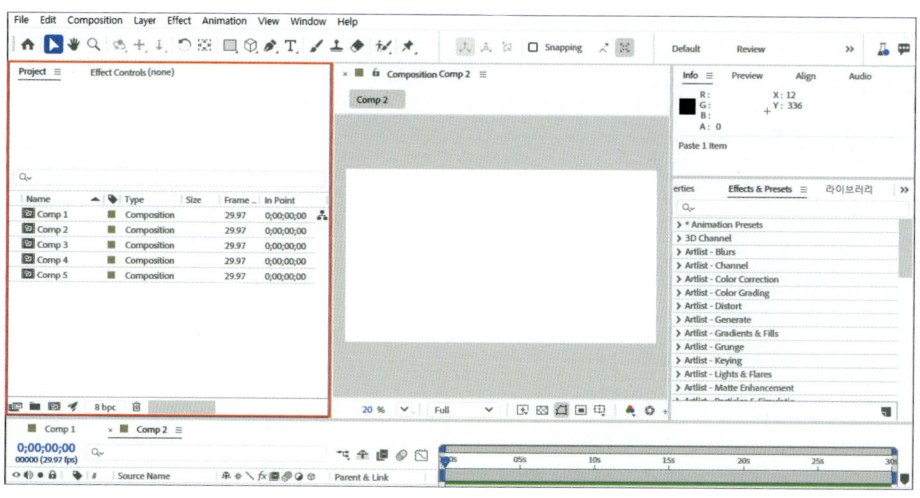

애프터 이펙트의 작업 환경과 Project 패널의 컴포지션

EASY 실습 컴포지션 만들기

애프터 이펙트의 프로젝트(Project)는 모든 작업 환경을 의미하며, AEP 파일로 저장됩니다. 실제 작업은 프로젝트 안에 컴포지션(Composition)을 만드는 것에서 시작하며, 하나의 프로젝트에 여러 개의 컴포지션을 만들어 작업할 수 있습니다.

01 애프터 이펙트를 실행한 다음 메뉴에서 [Composition] → New Composition(Ctrl+N)을 실행합니다.

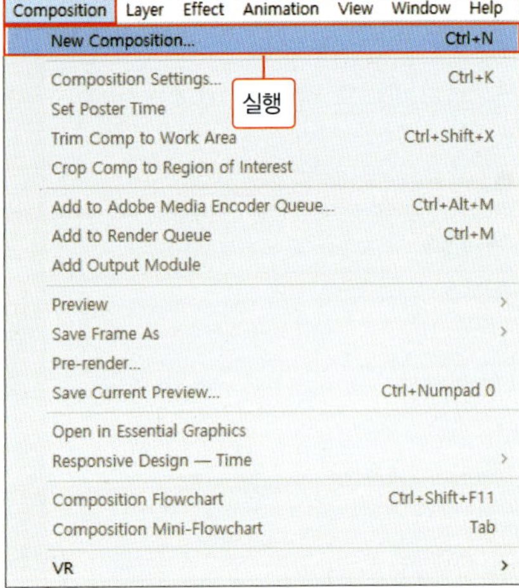

TIP ✦ 컴포지션을 만드는 또 다른 방법

❶ Project 패널 하단의 'Create a new Composition' 아이콘( )을 클릭합니다.

❷ Composition 패널의 〈New Composition〉 버튼을 클릭합니다.

TIP ✦

다른 프로젝트가 열려 있는 상태라면 메뉴에서 [File] → New → New Project(Ctrl+Alt+N)를 실행해 새로운 프로젝트를 만들고 컴포지션을 만듭니다.

02 Composition Settings 대화상자가 표시되면 ❶ Width를 '1920px', Height를 '1080px', ❷ Frame Rate를 '30', ❸ Duration을 '0:00:10:00'으로 설정하고 ❹ 〈OK〉 버튼을 클릭합니다.

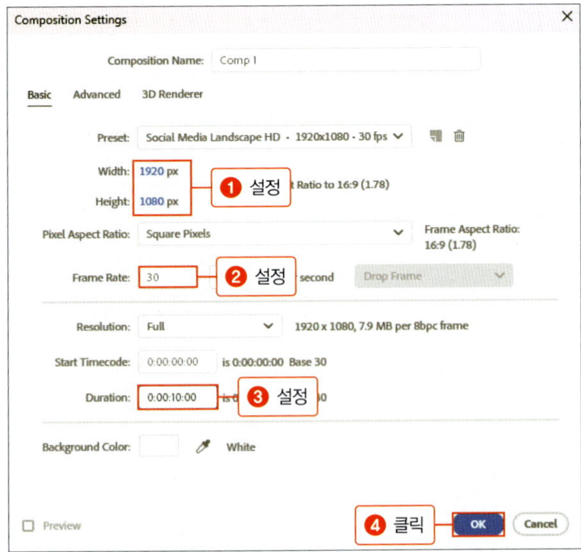

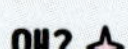

왜? ✦

작업 화면은 작업 환경에 따라 변경합니다. 예제에서는 기본 작업 환경과 영상 소스 크기를 고려하여 일반 영상 크기인 FHD 크기에 맞춰 '1920×1080px'로 설정했습니다. 환경에 따라 HD '1280×720px'이나 UHD(4K) '3840×2160px'로 설정합니다.

❺ 작업 소스 관리하기

작업에 필요한 소스 파일을 불러오기 전에 Project 패널의 구성을 살펴봅니다.

❶ **Project 패널 메뉴** : Project 패널에 관한 세부 기능이 포함된 메뉴입니다.

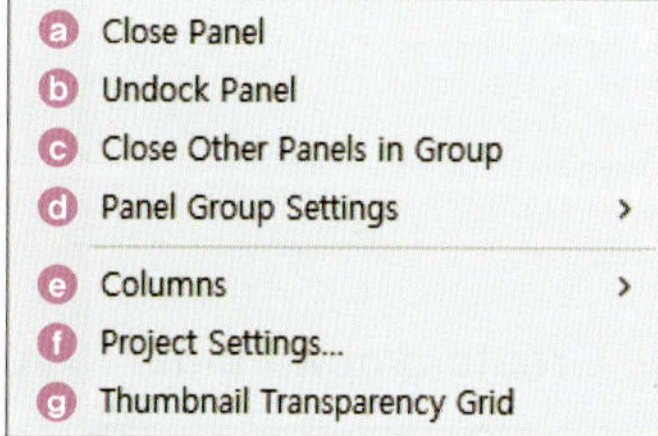

ⓐ **Close Panel** : 해당 패널을 닫습니다.

ⓑ **Undock Panel** : 해당 패널을 분리합니다.

ⓒ **Close Other Panels in Group** : 여러 개의 패널이 있을 때 활성화되며, 그룹화된 패널을 함께 닫습니다.

ⓓ **Panel Group Settings** : 그룹화된 패널들을 설정할 수 있습니다.

ⓔ **Columns** : Project 패널의 세부 속성을 표시하거나 숨길 수 있으며, 불러들인 파일들의 다양한 정보를 표시합니다.

ⓕ **Project Settings** : 작업 중인 프로젝트의 Timecode, Feet, Frame과 현재 작업 환경에서 Color Settings의 Depth를 설정할 수 있는 Project Settings 대화상자를 표시합니다. Depth는 기본으로 '8 bits per channel'로 지정되며 세밀한 색 작업을 위해서는 '16/32 bits per channel'로 지정할 수 있습니다.

ⓖ **Thumbnail Transparency Grid** : Project 패널에서 왼쪽 위 섬네일 이미지의 배경을 투명하게 지정합니다. 보통 검은색으로 지정되며 이 기능을 활성화하면 알파 채널(Alpha Channel) 레이어 작업에 유용합니다.

❷ **검색 창** : Project 패널에 가져온 파일을 쉽게 찾는 기능으로, '돋보기' 아이콘(🔍)을 클릭하면 누락된 소스와 이펙트, 이용하지 않는 소스 파일들을 한 번에 찾을 수 있습니다.

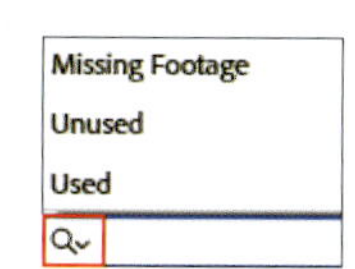

❸ **Project Flowchart** : 작업 중인 플로우차트를 여는 기능으로, 전체 작업 환경을 간단히 보여줍니다. 'Flowchart' 아이콘(품)을 클릭하면 자동으로 Composition 패널 위치에 Flowchart 창이 표시되며, 여기서는 작업 중인 컴포지션과 그 컴포지션 안에서 작업하는 소스 레이어, 소스 레이어에 이용된 이펙트 등을 한눈에 확인할 수 있습니다.

❹ **Interpret Footage** : 불러온 소스의 정보를 확인하고 설정할 수 있는 Interpret Footage 대화상자를 표시합니다. Project 패널에서 가져온 소스를 선택하고 'Interpret Footage' 아이콘( )을 클릭하면 해당 소스의 Alpha, Frame Rate, Start Timecode, Field and Pulldown, Pixel Aspect Ratio, Loop 등을 설정할 수 있습니다.

이때 Project 패널에서 불러온 파일을 선택해야만 실행할 수 있습니다. 만약 파일을 불러오지 않은 상태에서 'Interpret Footage' 아이콘( )을 클릭하면 Interpret Footage 대화상자가 표시되지 않습니다.

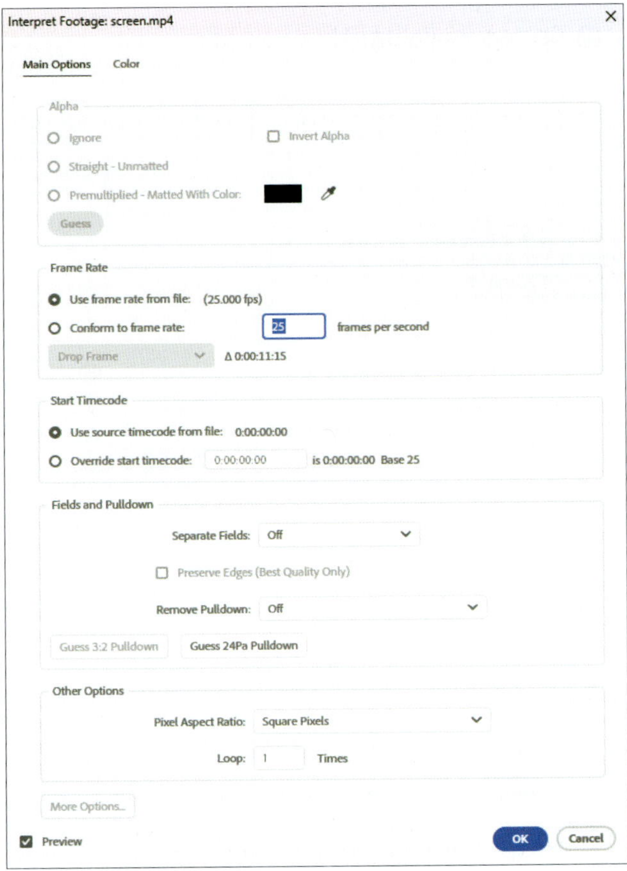

❺ **Create a new Folder** : Project 패널에 폴더를 만들어 가져온 소스 파일이나 컴포지션 등을 분류할 수 있습니다.

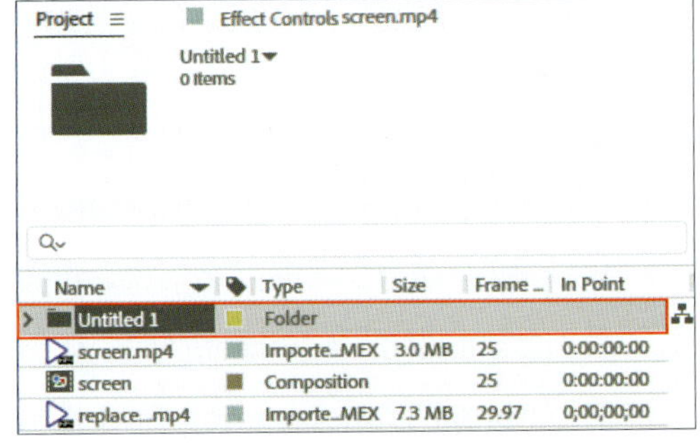

❻ **Create a new Composition** : 새로운 컴포지션을 만드는 기능으로, 메뉴에서 [Composition] → New Composition을 실행했을 때와 같습니다.

❼ **8 bpc(Project Settings)/16 bpc/32 bpc** : 프로젝트의 Color Depth를 설정합니다. 기본 '8 bpc'로 지정되며 해당 영역을 클릭하면 Project Settings 대화상자가 표시됩니다. Project Settings 대화상자에서는 Video Rendering and Effects를 실행하기 위한 GPU를 설정할 수 있으며 Time Display Style에서는 작업 환경에 나타나는 Timecode를 설정할 수 있고 Color Settings에서는 8/16/32 bits per channel 등 색의 깊이를 설정할 수 있습니다. Audio Settings에서는 오디오의 Sample Rate를 설정할 수 있습니다.

❽ **Delete selected project items** : 선택한 소스 또는 컴포지션을 삭제합니다.

❻ Project 패널에서 파일 불러오기

Project 패널에 작업을 위한 이미지, 영상을 불러옵니다. 파일을 불러오려면 다음과 같은 네 가지 방법을 이용할 수 있으며 작업 환경에 따라서 알맞은 방법을 선택하여 실행합니다.

Import 명령 실행하기

❶ 메뉴에서 〔File〕 → Import → File(Ctrl+I)을 실행합니다. Import File 대화상자가 표시되면 ❷ 작업 파일을 선택한 다음 ❸ 〈Import〉 버튼을 클릭하여 다양한 소스 파일을 불러올 수 있습니다. 작업에 따라 Multiple Files, From Libraries, Adobe Premiere Pro Project 등의 명령을 실행할 수도 있습니다.

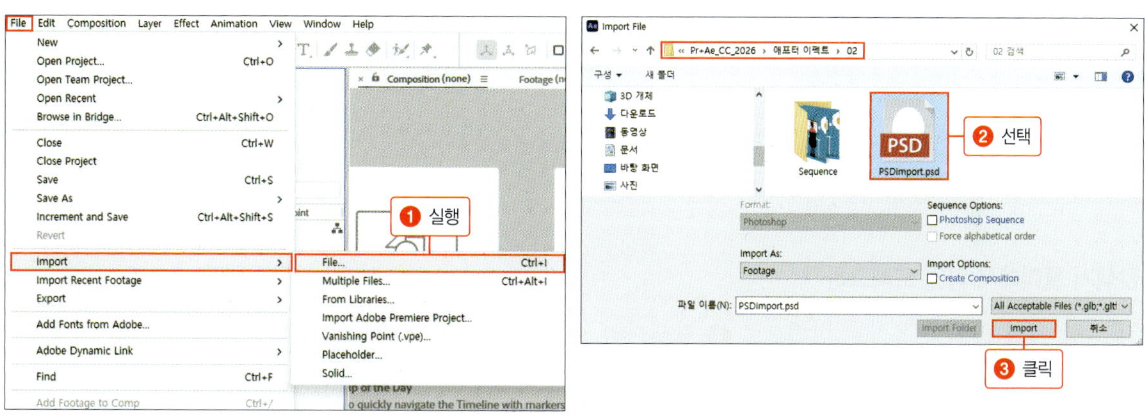

Project 패널의 여백에서 마우스 오른쪽 버튼을 클릭해 명령 실행하기

❶ Project 패널의 여백에서 마우스 오른쪽 버튼을 클릭하고 ❷ Import → File(Ctrl+I)을 실행합니다. Import File 대화상자를 이용하여 소스 파일을 불러올 수 있습니다.

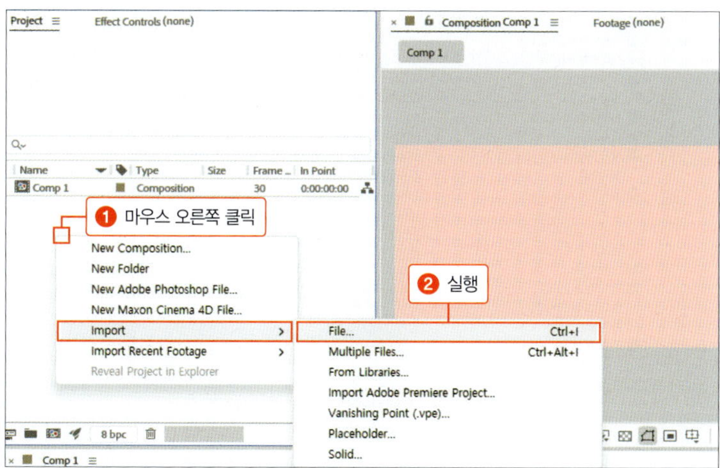

Project 패널에서 여백 더블클릭하기

Project 패널의 여백을 더블클릭하면 자동으로 메뉴에서 [File] → Import → File(Ctrl+I)을 실행한 것처럼 Import File 대화상자가 표시되어 바로 소스 파일을 선택해 불러올 수 있습니다.

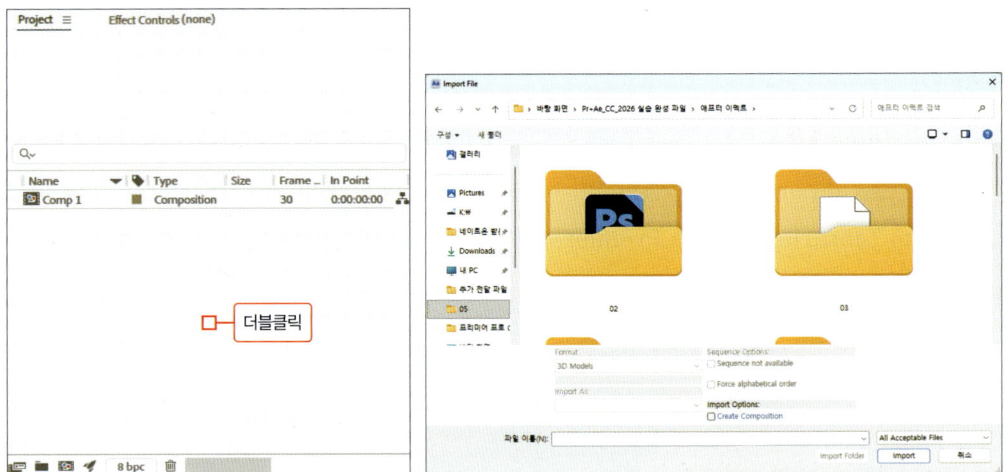

탐색기 폴더에서 파일 드래그하기

작업 중 가장 많이 이용하는 방법으로 ❶ 탐색기의 소스 폴더에서 ❷ 파일을 선택하고 ❸ 애프터 이펙트의 Project 패널로 드래그하여 소스 파일을 불러올 수 있습니다.

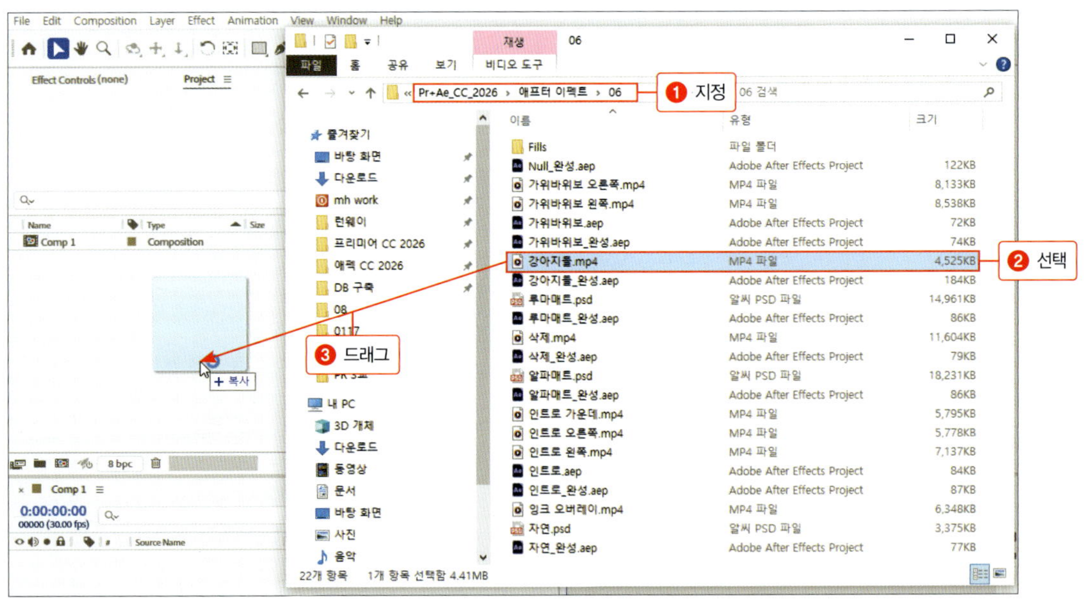

TIP

작업 스타일에 따라 원하는 대로 소스 파일을 불러올 수 있습니다. 보통 Project 패널의 여백을 더블클릭하거나, 탐색기에서 파일을 드래그하는 방법을 많이 사용합니다.

❼ 다양한 방법으로 포토샵(PSD) 파일 불러오기

완성도 있는 모션 그래픽 디자인을 위해 애프터 이펙트에 포토샵(PSD) 파일을 불러올 때는 작업 환경에 따라 크게 다음과 같은 세 가지 방법을 이용할 수 있습니다.

Footage 지정하기

장면(Footage)은 촬영된 영상을 말합니다. 애프터 이펙트에서는 촬영된 영상뿐만 아니라 3D 프로그램이나 그래픽 툴에서 제작된 소스도 사용하기 때문에 어울리지 않더라도 푸티지(Footage)라는 용어를 사용합니다. 현재 장면은 영상과 이미지 소스 모두를 나타내며, PSD 파일을 장면이라고 부르는 것은 단순한 소스 형태로 작업한다는 의미입니다. Footage 설정으로 PSD 파일을 불러오는 방법은 두 가지가 있습니다.

❶ 모든 레이어를 묶어(Merge) 하나의 이미지로 불러오기

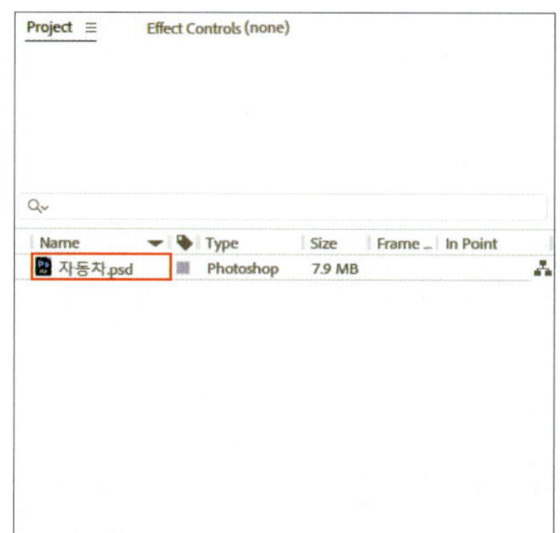

하나의 파일로 묶인 PSD 파일

하나의 파일로, 하나의 레이어만 보이는 PSD 파일

❷ 레이어를 선택하여 불러오기

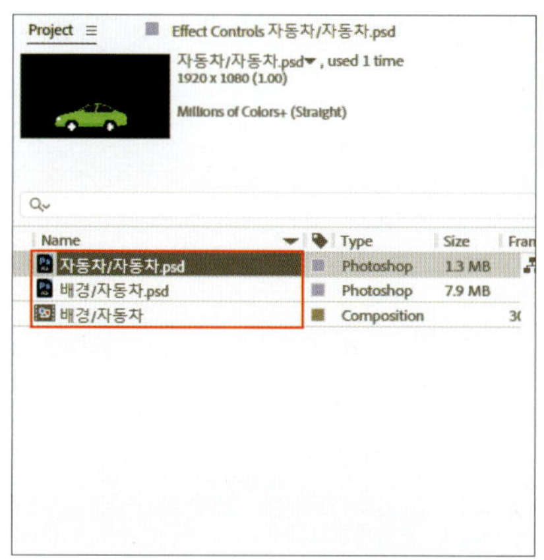

여러 레이어 중 3개 레이어만 불러온 PSD 파일

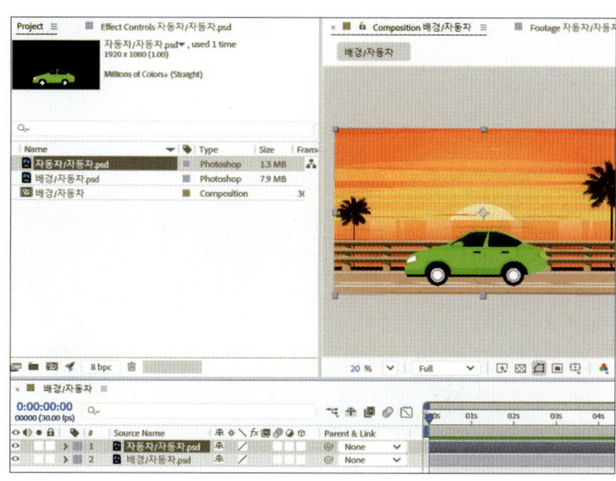

작업 환경에 개별 레이어로 불러온 모습

Composition 지정하기

PSD 파일의 모든 레이어를 애프터 이펙트로 불러오는 방법입니다.

PSD 파일은 컴포지션 형태로 불러들여지며, 각 레이어는 자동으로 폴더화됩니다. 이때 포토샵의 레이어 스타일 작업을 편집할 수 있도록 불러오는 방법(Editable Layer Styles)과 레이어 스타일을 이미지화하여 불러오는 방법(Merge Layer Style into Footage)이 있습니다.

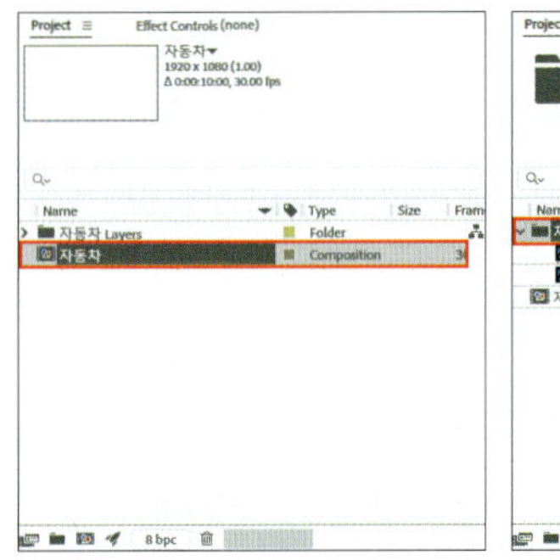

컴포지션 형태로 불러온 모습

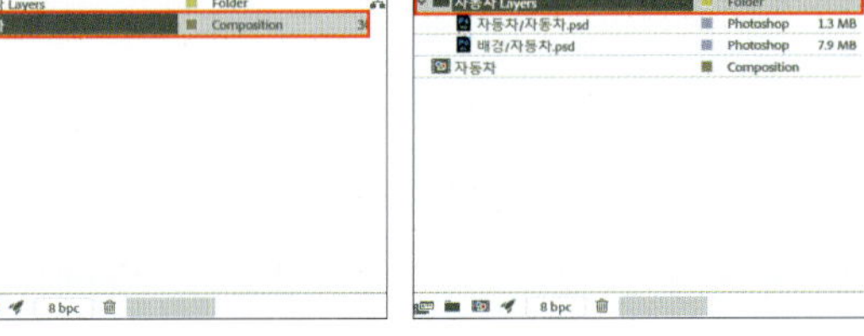

폴더를 열면 확인할 수 있는 각 레이어

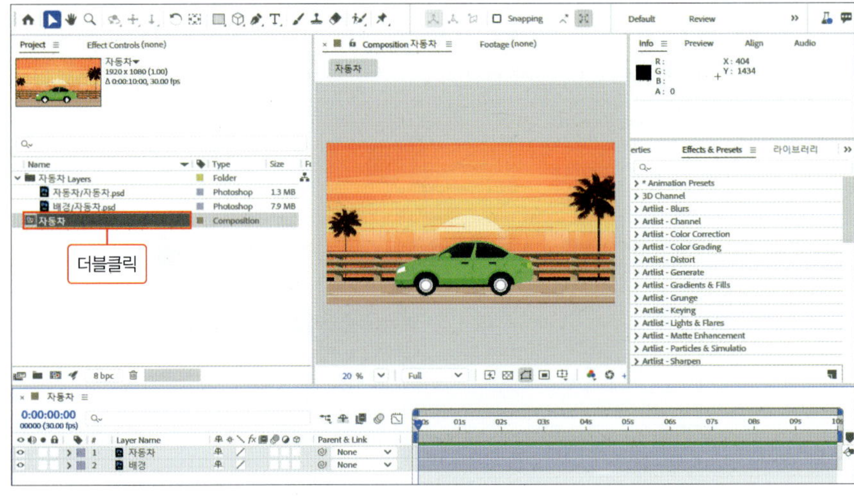

PSD 파일을 불러오면서 자동으로 만들어진 컴포지션을 더블클릭해 레이어들이 모두 불러들여진 모습

Composition – Retain Layer Sizes 지정하기

포토샵에서 디자인한 레이어의 원래 크기대로 불러오는 방법입니다. 컴포지션으로 불러오는 방법은 화면 크기에 맞춰 소스를 자른 채 불러옵니다. 다른 기능들은 Composition, Composition–Retain Layer Sizes와 모두 같습니다.

Composition–Retain Layer Sizes를 통해 원본 PSD 파일을 불러온 모습

일반 Composition으로 불러오는 형태에서 컴포지션 크기에 맞춰 선택된 모습

• **실습파일** : 애프터 이펙트\02\PSDimport.psd

EASY 실습 포토샵(PSD) 파일 불러오기

포토샵(PSD) 파일의 레이아웃을 유지하며 애프터 이펙트로 가져오려면, 파일을 불러올 때 'Composition – Retain Layer Sizes'로 지정합니다. 이렇게 하면 PSD의 각 레이어 크기가 원본 크기 그대로 유지되어 애프터 이펙트에서 편집하기 가장 편리한 환경이 구축됩니다.

01 새 프로젝트를 만들고 ❶ Project 패널의 여백에서 마우스 오른쪽 버튼을 클릭한 다음 ❷ Import → File(Ctrl+I)을 실행합니다.

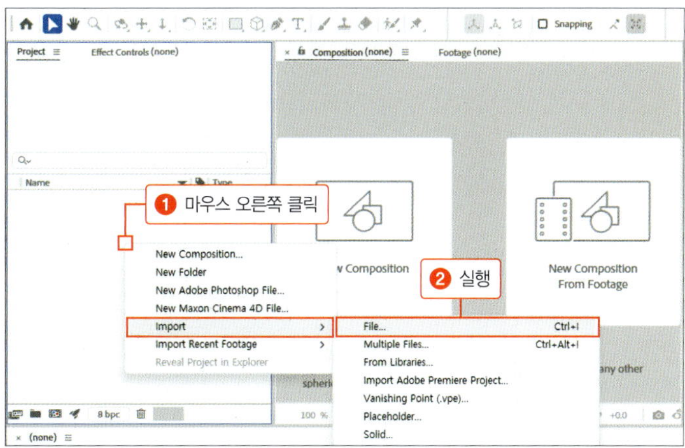

02 Import File 대화상자가 표시되면 ❶ 애프터 이펙트→ 02 폴더에서 ❷ 'PSDimport.psd' 파일을 선택한 다음 ❸ 〈Import〉 버튼을 클릭합니다.

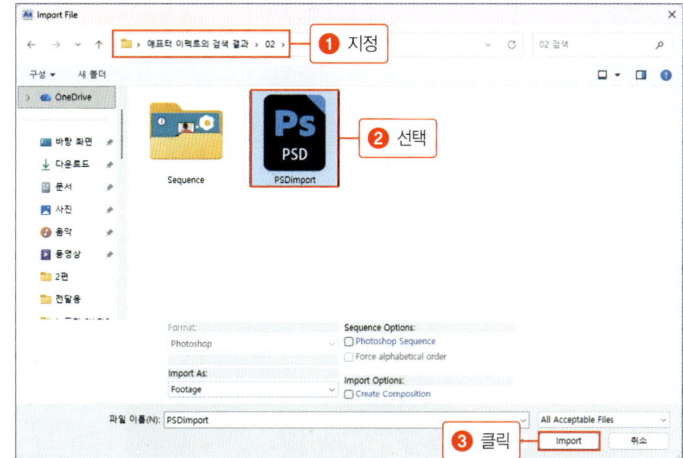

03 PSDimport.psd 대화상자가 표시되면 ❶ Import Kind를 'Composition – Retain Layer Sizes'로 지정하고 ❷ 〈OK〉 버튼을 클릭합니다.

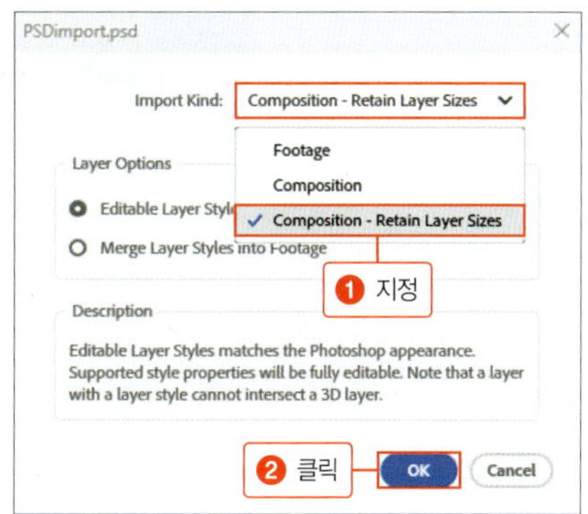

04 Project 패널에 'PSDimport' 컴포지션이 만들어지며 같은 이름의 폴더도 만들어졌습니다. 폴더 이름 왼쪽의 '>'를 클릭하면 폴더 내 파일들을 확인할 수 있습니다.

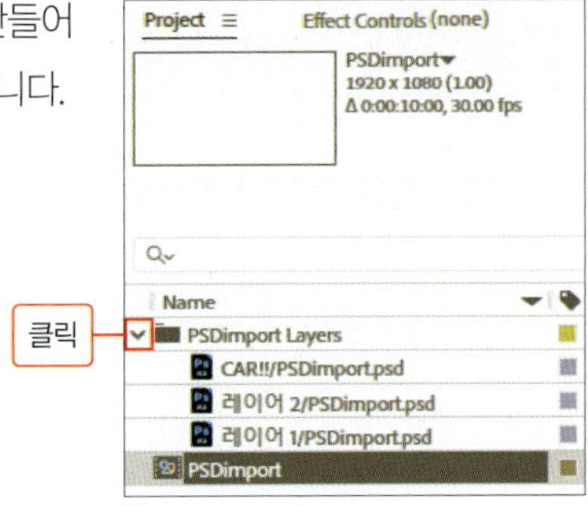

05 'PSDimport' 컴포지션을 더블클릭하면 해당 컴포지션이 열리며 컴포지션 안의 레이어들을 확인할 수 있습니다.

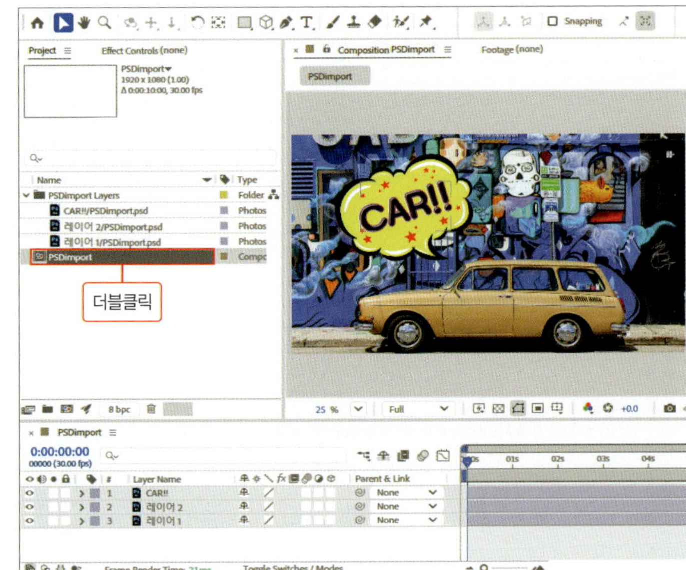

TIP

레이어들은 포토샵에서 디자인한 레이어와 순서를 그대로 반영합니다.

TIP

PSD는 포토샵 파일로, 애프터 이펙트에 불러오면 컴포지션 형태로 여러 레이어를 나눠 볼 수 있습니다. 반면 PNG나 JPG 같은 이미지 파일은 레이어가 합쳐진 형태로 하나의 레이어로 표시됩니다.

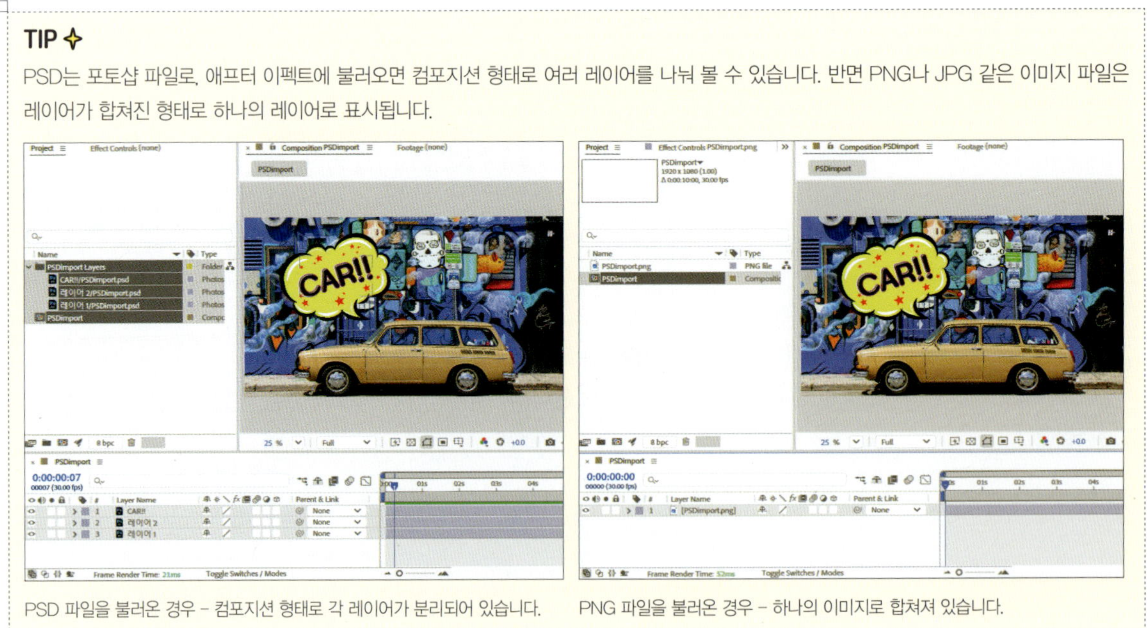

PSD 파일을 불러온 경우 – 컴포지션 형태로 각 레이어가 분리되어 있습니다.

PNG 파일을 불러온 경우 – 하나의 이미지로 합쳐져 있습니다.

EASY 실습 시퀀스 영상 파일 불러오기

실무에서 가장 많이 사용하는 영상 파일 형식 중에 시퀀스(Sequence) 파일이 있습니다. 시퀀스 파일은 영상을 한 장면씩 분리한 이미지 파일 형태로, 주로 파일 이름 뒤에 숫자가 붙은 TGA, TIFF, DPX, JPEG, PNG 같은 이미지 파일을 말합니다.

애프터 이펙트에서 시퀀스 파일을 불러오면 자동으로 영상처럼 인식됩니다. 실무에서 시퀀스 파일을 사용하는 가장 큰 이유는 화질 때문입니다. 일반 영상 파일은 용량을 줄이기 위해 압축 과정을 거치면서 화질이 떨어지는 문제가 발생하지만, 시퀀스는 재생을 목적으로 만드는 파일이 아니므로 최고 화질을 유지할 수 있습니다.

시퀀스 이미지 파일을 불러오는 방법을 알아보겠습니다.

01 새 프로젝트를 만들고 ❶ Project 패널에서 마우스 오른쪽 버튼을 클릭한 다음 ❷ Import → File(Ctrl+I)을 실행합니다.

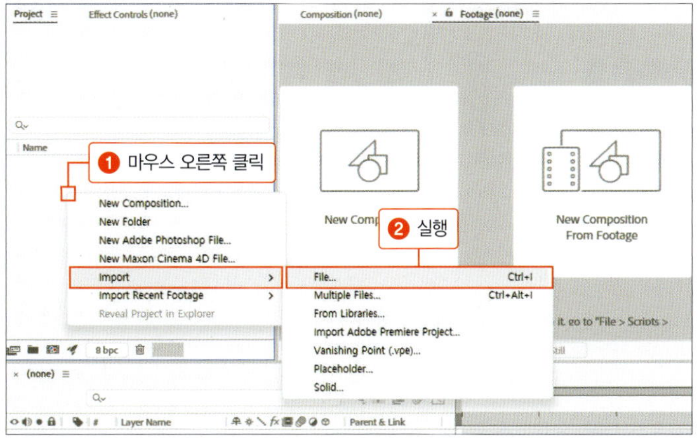

02 Import File 대화상자가 표시되면 ❶ 애프터 이펙트 → 02 → Sequence 폴더에서 ❷ 'Sequence_00000.png' 파일을 선택하고 ❸ 'PNG Sequence'를 체크 표시한 다음 ❹ 〈Import〉 버튼을 클릭합니다. Project 패널에서 하나의 파일로 불러들인 시퀀스 영상 파일을 확인할 수 있습니다.

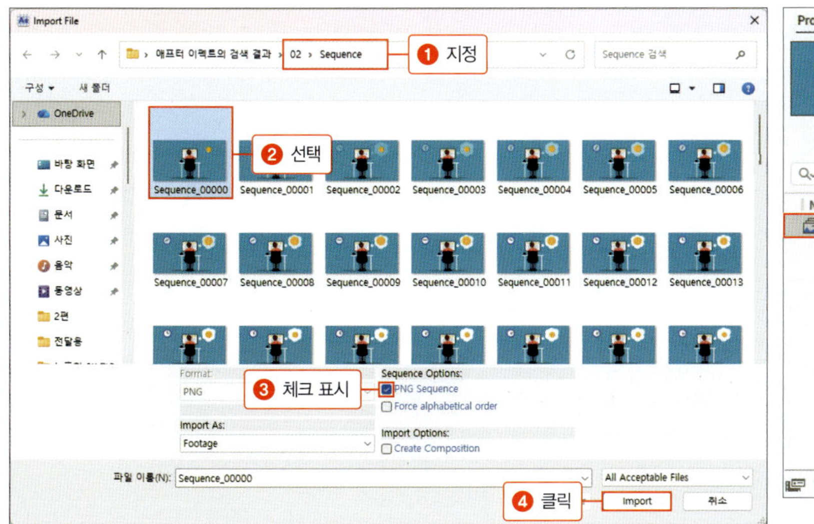

Part 03

작업 효율을 높이는 애프터 이펙트 기본 설정

Adobe Firefly

< 20/26 >

Composition Timeline Layer

PREMIERE PRO
& AFTER EFFECTS CC 2026

PREMIERE
26
Generate

Ae

LESSON 03

타임라인 사용법 - 레이어 정리와 시간 설정

❶ 모션을 확인하는 Composition 패널 살펴보기

영상 작업이 이루어지면서 시각적으로 확인할 수 있는 Composition 패널에 대해 알아봅니다.

❶ **Toggle Viewer Lock** : Timeline 패널에 여러 컴포지션이 열려 있을 때 사용하는 기능으로, 'Toggle Viewer Lock'이 해제된 경우 선택한 컴포지션에 따라 자동으로 Composition 패널의 화면이 바뀝니다. 하지만 'Lock'을 설정하면 Timeline 패널에서 다른 컴포지션을 선택해도 항상 잠금 설정된 컴포지션을 보여줍니다.

TIP

3D 관련 옵션은 Timeline 패널의 객체 레이어에 3D 옵션이 적용된 경우에 표시됩니다.

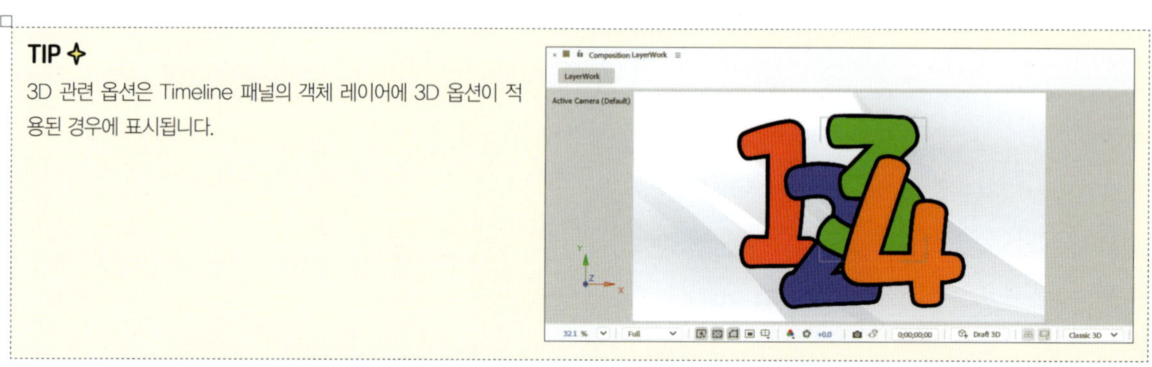

❷ **Composition 탭** : 작업 중인 화면이 무엇인지 알 수 있는 기능으로, 항상 'Composition'으로 설정되어 있는지 확인해야 합니다. 작업을 진행하다 보면 'Composition'이 'Layer' 또는 'Footage'로 변경되어 있을 수 있습니다. 설정에 따라 진행할 수 있는 작업이 다르기 때문에 반드시 확인합니다.

Footage 패널

Layer 패널

❸ **Composition 패널 메뉴** : 기본으로 메뉴에서 위쪽의 Close Panel, Unlock Panel, Close Other Panels in Group, Panel Group Settings 명령은 모든 패널 메뉴에 있는 명령으로 Project 패널의 메뉴와도 같습니다.

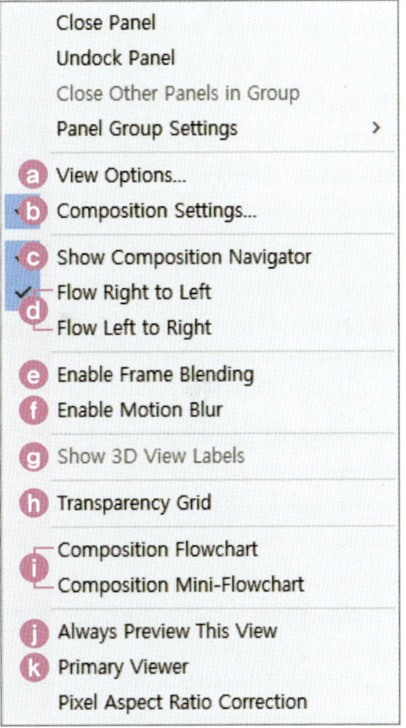

ⓐ **View Options** : Composition 패널의 화면에서 보이는 형태를 설정하는 기능으로, View Options를 실행하면 View Options 대화상자가 표시됩니다.

ⓑ **Composition Settings** : Composition Settings 대화상자를 표시하는 기능으로 메뉴에서 [Composition] → Composition Settings를 실행한 것과 같습니다.

ⓒ **Show Composition Navigator** : 작업 중인 컴포지션의 구성을 보여주는 기능으로 여러 컴포지션을 작업할 때 도움을 줍니다. 컴포지션을 또 하나 만들면 아래와 같이 Composition 탭 밑에 표시됩니다.

ⓓ **Flow Right/Left to Left/Right** : Composition Navigator의 진행 순서를 뜻하며, 기본 설정은 'Flow Right to Left'입니다. 'Flow Left to Right'로 지정하면 진행 방향이 바뀝니다.

ⓔ **Enable Frame Blending** : 영상의 프레임을 시간상 길게 만들거나 짧게 만들었을 때 끊김없이 자연스럽게 나타냅니다.

ⓕ **Enable Motion Blur** : 모션 블러를 적용한 레이어 형태를 화면에서 보이도록 설정하는 기능이며, 모션 블러는 무거운 효과라 작업 속도를 느리게 할 수 있으므로 필요할 때 설정합니다.

ⓖ **Show 3D View Labels** : 3D 작업 화면에서 Right, Left, Camera처럼 공간을 보여줄 때 해당 공간의 레이블을 보여주는 기능입니다. 특별히 작업에 방해되지 않으면 레이블을 나타내는 것이 좋습니다.

ⓗ **Transparency Grid** : 해당 레이어에 마스크, 매트, 알파처럼 일부분만 보이는 효과를 확인하기 위해 배경색을 지웁니다.

ⓘ **Composition Flowchart/Mini-Flowchart** : 작업 중인 컴포지션의 플로우차트와 미니 플로우차트를 보여주는 기능입니다. Flowchart는 Project 패널의 Project Flowchart와 같으며 해당 컴포지션에 한정 지어서 보여줍니다.

ⓙ **Always Preview This View** : 3D 작업 환경에 Right, Left, Camera처럼 여러 개의 컴포지션이 있을 때 설정한 컴포지션만 미리 보기를 진행하는 기능입니다. 이 기능을 설정하지 않으면 작업할 때 선택한 컴포지션에서 미리 보기를 진행합니다.

ⓚ **Primary Viewer** : 외부 오디오 장비 또는 외부 모니터를 통해 보는 Composition 패널을 설정하는 기능입니다. 이 기능을 활성화하면 해당 컴포지션을 우선으로 볼 수 있습니다.

❹ **Magnification percentage popup** : 패널에 보이는 화면 크기를 설정하는 기능입니다. 이때 'Fit'과 'Fit up to 100%'는 화면 폭에 맞춰 최대한 크게 보여줍니다. 화면 배치와 크기에 따라 적절한 화면 크기는 전부 다르므로 환경에 맞게 지정합니다.

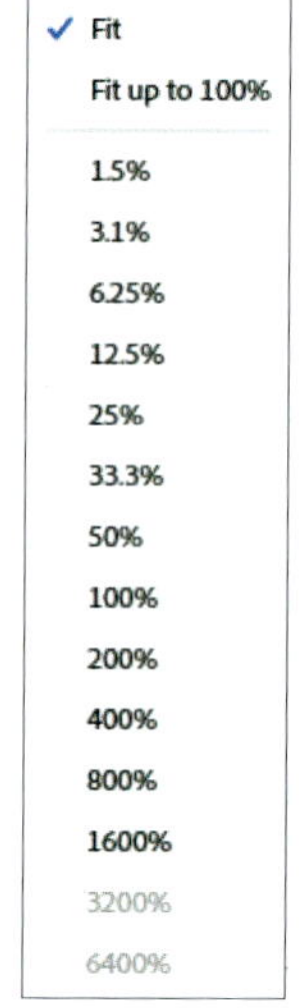

❺ **Resolution/Down Sample Factor Popup** : 화면 해상도를 조절하는 기능으로 'Full'은 최고 해상도, 'Half'와 'Quater'는 각각 1/2, 1/4 해상도를 의미합니다. 'Auto'로 지정하면 컴퓨터 사양에 맞게 최적화된 해상도를 설정합니다. Resolution 기능을 이용하면 느린 작업 환경에서 화면 해상도를 떨어뜨려 좀 더 빠르게 작업할 수 있으며, 렌더링할 때 'Best Settings'로 지정하면 결과물에 영향을 주지 않습니다.

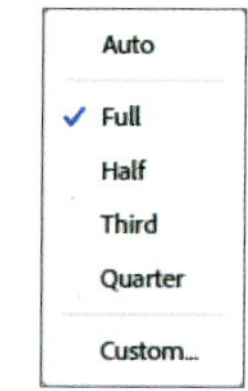

Resolution을 'Custom'으로 지정하면 직접 해상도를 설정할 수 있습니다. Custom Resolution 대화상자에서 Render every를 설정한 다음 〈OK〉 버튼을 클릭합니다.

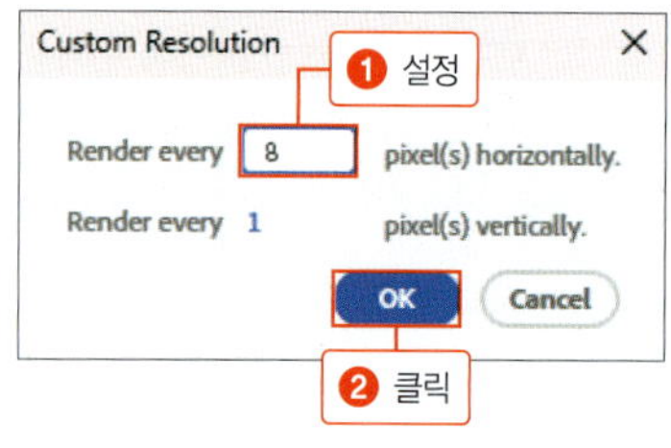

Render every : 8(1/8)

❻ **Fast Previews** : 'Adaptive Resolution'으로 지정하면 컴퓨터가 스스로 작업 속도를 계산해 순간적으로 화면 해상도를 낮출 수 있습니다.

- Ⓛ Off (Final Quality)
- ⓜ Adaptive Resolution
- ⓝ Wireframe
- ⓞ Adaptive Resolution Preferences...

Ⓛ **Off (Final Quality)** : 'Resolution' 영역을 클릭하면 설정한 해상도로 미리 보기를 실행합니다. 작업 환경에 따라 해상도가 달라지는 것을 막아 줍니다. 단, 작업 속도가 느릴 수 있습니다.

ⓜ **Adaptive Resolution** : 작업 환경에 맞춰 스스로 달라지는 해상도를 뜻하며, 무거운 작업일 경우 해상도를 1/4, 1/8로 떨어뜨려 원활하게 합니다. 단, 렌더링과 램 프리뷰 상태에서는 적용되지 않으며 Timeline 패널에서 현재 시간 표시기를 이동할 때 빠르게 작업하기 위하여 Composition 패널의 화면 해상도를 조절합니다.

ⓝ **Wireframe** : 불러온 레이어의 외곽선, 와이어프레임만 나타내는 기능입니다. 불러온 소스를 영상, 이미지와 상관없이 와이어프레임만으로 나타냅니다. 주로 움직임 모션 작업에서 빠르게 확인하기 위해 이용합니다.

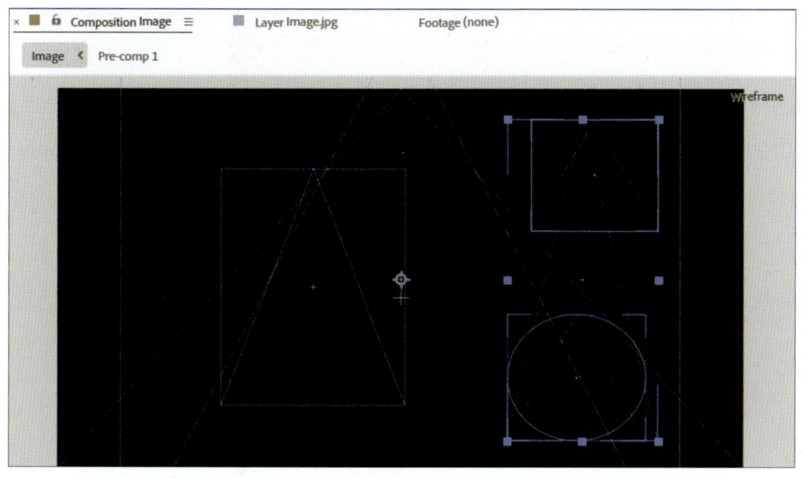

Wireframe으로 지정된 Composition 패널

ⓞ **Adaptive Resolution Preferences** : Composition 패널 모니터에 표시되는 실시간 프리뷰의 품질과 성능을 조정하는 설정 화면입니다.

특히 복잡한 레이어나 3D 렌더링이 포함된 장면에서 컴퓨터 성능에 맞게 표시 해상도를 자동으로 낮춰 부드러운 실시간 재생을 유지할 수 있도록 도와줍니다. Preferences 대화상자의 Previews 항목에서 Adaptive Resolution 항목의 슬라이더를 통해 표시 해상도와 결과물 품질의 균형을 조절할 수 있습니다.

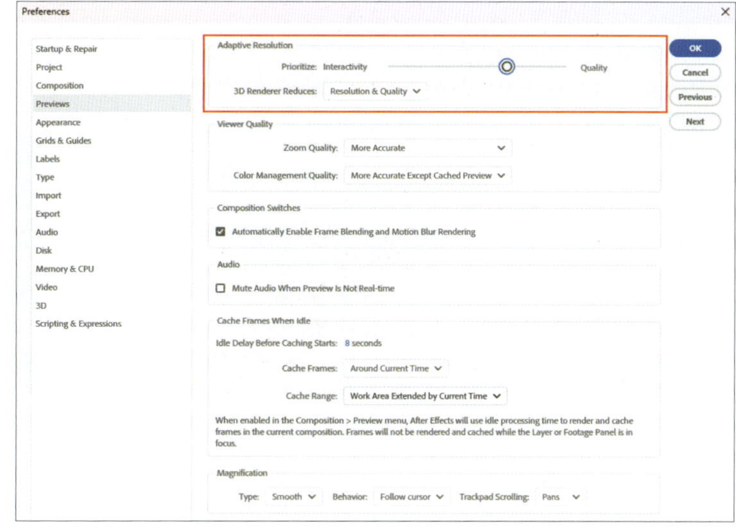

Preferences 대화상자의 Adaptive Resolution 항목

❼ Toggle Transparency Grid : 해당 레이어에 마스크, 매트, 알파처럼 일부분만 나타내기 위해 배경을 투명하게 만듭니다. 다음의 왼쪽 화면은 반투명한 상태이지만 배경이 검은색으로 지정되어 있어 투명한 상태인지, 어두운 상태인지 확인하기 힘듭니다. 이때 'Transparency Grid' 아이콘(▧)을 클릭하면 배경색을 투명 그리드 상태로 바꿔 오른쪽 화면처럼 반투명한 상태를 확인할 수 있습니다.

반투명한 화면(실제로는 반투명 상태에서 분홍색 배경이 보이는 모습)

'Transparency Grid' 아이콘을 클릭하여 나타낸 반투명 상태

❽ Toggle Mask and Shape Path Visibility : Composition 패널에서 마스크와 셰이프 레이어 패스를 나타내는 기능으로, 기본 설정입니다. 이 기능을 비활성화하면 마스크와 셰이프 레이어의 패스를 숨길 수 있습니다. 기능을 활성화하면 마스크 영역을 확인해 조절할 수 있습니다. 비활성화되었을 때는 마스크 영역을 확인할 수 없어 조절할 수 없습니다.

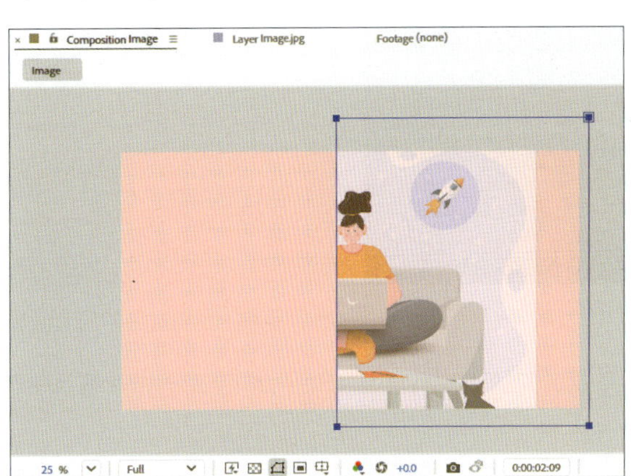

Toggle Mask and Shape Path Visibility가 활성화된 화면

Toggle Mask and Shape Path Visibility가 비활성화된 화면

❾ Region of Interest : Composition 패널의 화면에서 원하는 부분만 확인하는 기능으로 'Region of Interest' 아이콘을 클릭하여 활성화하고 Composition 패널에서 드래그해 선택할 수 있습니다. 램 프리뷰를 진행할 때 램이 차지하는 비중을 줄이고 램 프리뷰를 계산하는 속도를 줄이기 위하여 드래그해서 일부분만 나타낼 수 있습니다.

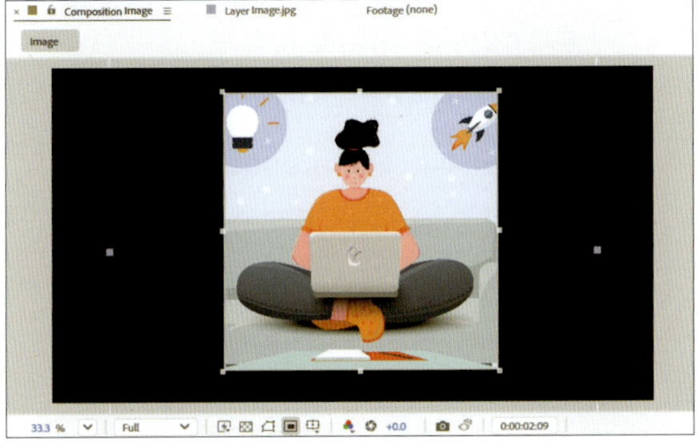

⑩ Choose grid and guide options : 다양한 기준이 되는 안내선과 그리드를 나타냅니다. 메뉴에서 원하는 명령을 실행해 선택할 수 있습니다.

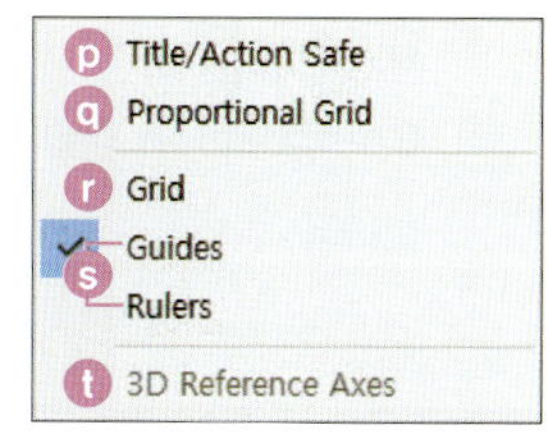

ⓟ Title/Action Safe : 타이틀이 가장 잘 보이는 영역의 안내선을 만드는 기능입니다. LCD와 LED TV에서는 모든 화면이 보이지만, 과거 브라운관 TV에서는 사방으로 1인치 가까이 화면이 보이지 않았습니다. 안내선을 이용하면 이러한 문제를 해결할 수 있습니다. 현재 인터넷 환경에서는 Title/Action Safe 작업 환경이 크게 중요하지 않습니다.

ⓠ Proportional Grid : 직접 비율에 맞춰 설정할 수 있는 그리드입니다. 작업에 따라 메뉴에서 [Edit] → Preferences → Grids & Guides를 실행하여 Preferences 대화상자에서 직접 설정한 비율을 표시할 수 있습니다.

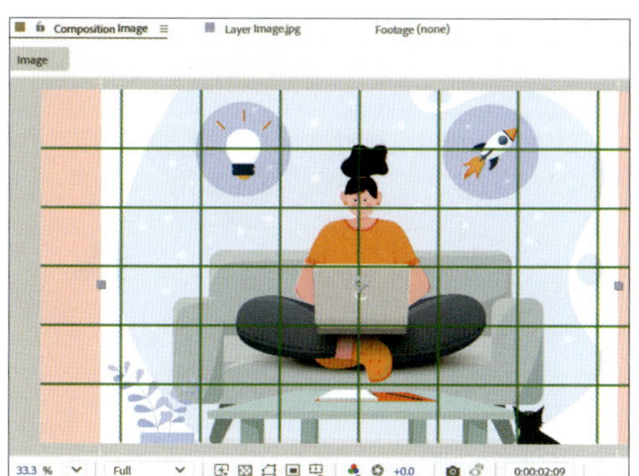

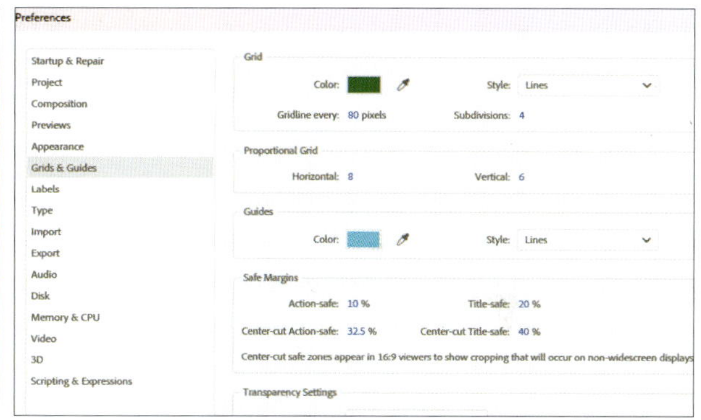

Preference 대화상자의 Grid & Guides 설정

ⓡ Grid : 가장 기본 형태의 그리드를 보여줍니다.

그리드가 표시된 모습

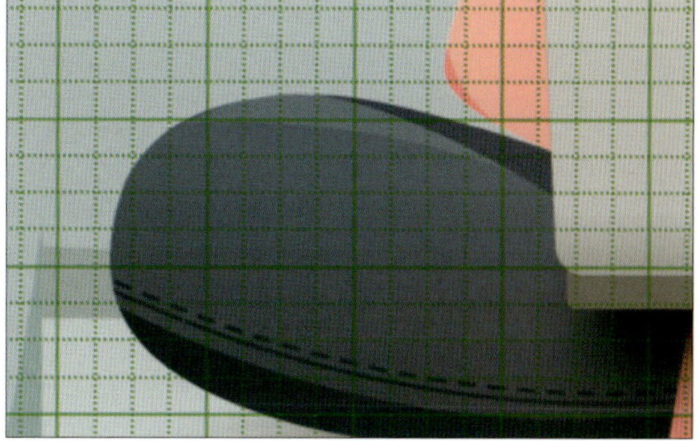

그리드를 확대한 모습

ⓢ **Guides/Rulers** : Rulers는 Composition 패널의 화면에 픽셀 단위 눈금자를 나타내고, Guides는 눈금자를 Composition 패널의 화면으로 드래그해 기준선을 만듭니다. Guides를 만들기 위해서는 Rulers도 활성화되어야 합니다.

눈금자가 활성화된 모습

눈금자를 드래그하여 기준선을 만든 모습

ⓣ **3D Reference Axes** : 3D 기준 축을 나타내는 기능으로 3D 작업에 도움이 됩니다. 컴포지션 작업 환경에 3D 레이어가 없으면 비활성화됩니다.

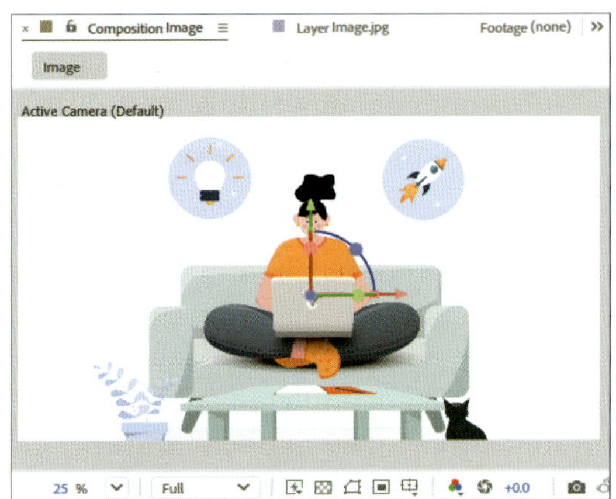

3D 레이어가 활성화된 모습

⑪ **Show Channel and Color Management Settings** : 현재 이미지를 Red, Green, Blue와 알파 채널로 분리하는 기능과 Color Management를 적용하고 설정할 수 있는 기능이 있습니다.

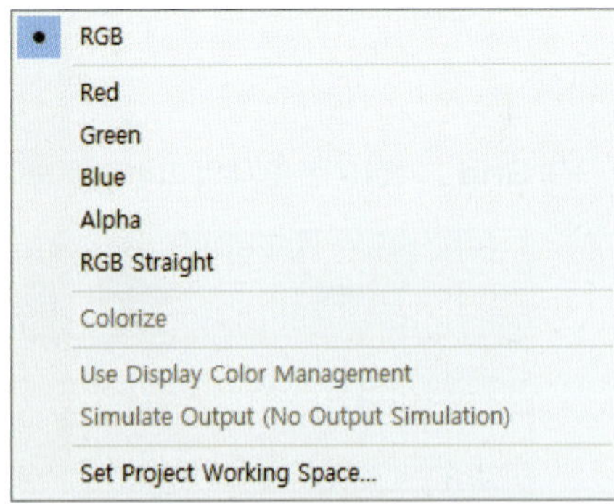

⑫ **Reset Exposure** : Composition 패널의 화면에 노출 값을 적용하는 기능입니다. 숫자 부분을 드래그하면 수치를 작거나 크게 설정할 수 있으며, 수치 왼쪽에 있는 'Reset Exposure' 아이콘( )을 클릭하면 Exposure를 '0'으로 빠르게 설정할 수 있습니다. 이 기능은 단순히 Composition 패널의 화면에서만 적용되는 기능으로 렌더링을 통해 영상을 만들 때는 적용되지 않습니다.

⑬ **Take Snapshot** : 현재 화면을 저장하는 기능으로, 컴퓨터 메모리에 일시적으로 Composition 패널 화면을 저장합니다. 오직 한 장만 저장하며, 한 번 더 기능을 이용하면 이전에 저장했던 화면은 사라집니다.

⑭ **Show Snapshot** : 'Take Snapshot' 아이콘()을 클릭하여 메모리에 저장한 화면을 다시 보는 기능으로, 'Show Snapshot' 아이콘()을 클릭한 상태에서만 저장된 화면이 나타나고, 비활성화하면 원래대로 돌아갑니다. 'Take Snapshot' 아이콘()과 'Show Snapshot' 아이콘()을 클릭하면 화면을 비교하며 작업을 진행할 수 있습니다.

⑮ **Preview Time** : 현재 시간(Composition 패널의 화면에 표시되는 영상 시간)을 나타냅니다. 시간을 클릭하면 Go to Time 대화상자가 표시되어 시간 또는 프레임을 입력하면 해당 시간으로 이동할 수 있습니다.

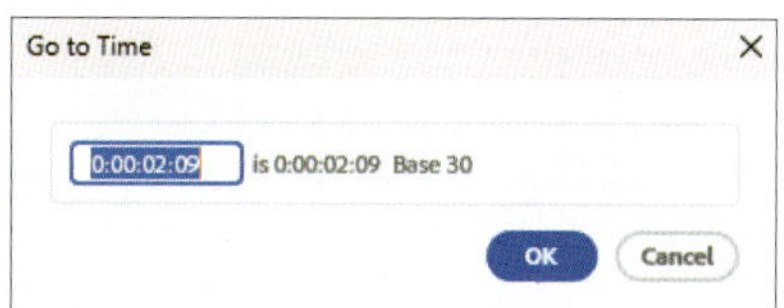

⑯ **Turn fast 3D previews on or off** : 컴포지션에 3D 객체가 있으면 Composition 패널 도구 모음에 〈Draft 3D〉 버튼이 표시됩니다. 버튼을 클릭하여 실시간 초안 3D 미리 보기를 활성화합니다. 이렇게 하면 애프터 이펙트에서 실시간 엔진 렌더러를 사용하여 3D 디자인에 대한 변경 및 업데이트를 표시합니다. 원활하고 빠른 환경으로 미리 보기 중 지연이 발생하지 않습니다. 카메라 도구들을 활용해도 끊김이나 지연이 발생하지 않는 것이 특징입니다.

⑰ **3D Ground Plane** : 〈Draft 3D〉 버튼을 클릭하여 활성화한 상태에서 설정할 수 있으며, 이 기능을 통해 3D 장면 내 원근감과 공간감을 제공합니다. 해당 3D 공간에서 시각적으로 방향을 찾을 수 있습니다.

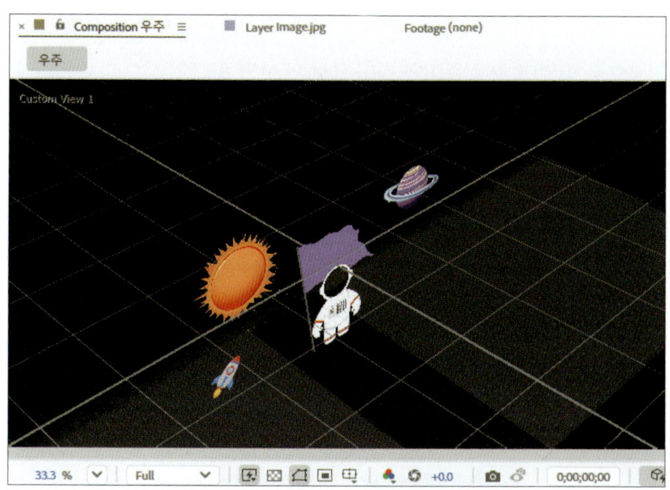

Draft 3D 기능과 3D Plane Ground 기능을 활성화한 모습

⑱ **3D Renderer** : 3D 레이어를 사용할 때 컴포지션 화면에 표시되는 렌더링 방식을 지정하는 기능입니다. 기본은 'Classic 3D'이며, 작업 목적에 따라 'Advanced 3D' 또는 'Cinema 4D' 렌더러로 변경할 수 있습니다. Classic 3D는 2.5D 기반의 FAKE 3D 작업에 적합한 기본 렌더러이고, Advanced 3D는 애프터 이펙트 CC 2026에 새롭게 추가된 GPU 기반 렌더러로 더 사실적인 조명, 그림자, 반사 표현을 지원합니다. Cinema 4D 렌더러는 벡터 이미지의 곡률 · 두께 표현이나 고품질 3D 텍스트 생성 등 Classic 3D에서 구현할 수 없는 기능을 제공하여 정교한 3D 디자인 작업에 활용할 수 있습니다.

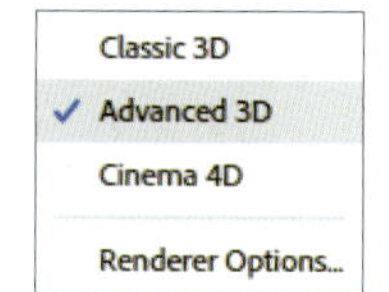

⑲ **3D View Popup** : 3D 레이어를 이용한 작업을 진행할 때 다양한 3D View를 확인할 수 있습니다. Camera, Front, Left, Top 등 다양한 3D 환경을 3D 레이어 상태에서 확인할 수 있습니다.

Active Camera (Default)

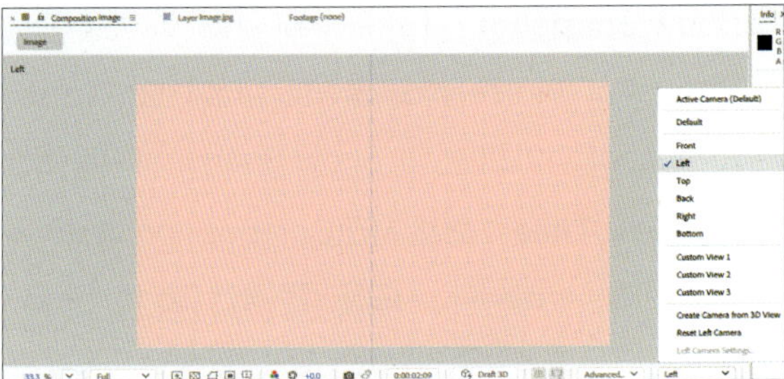

Left

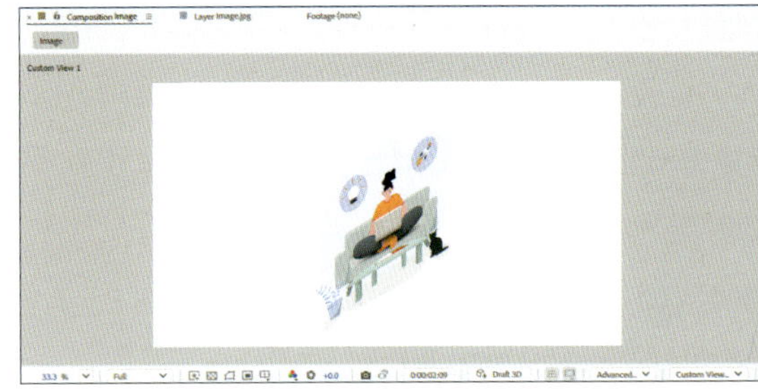

Custom View 1 – 일반 평면 영상 1개의 경우

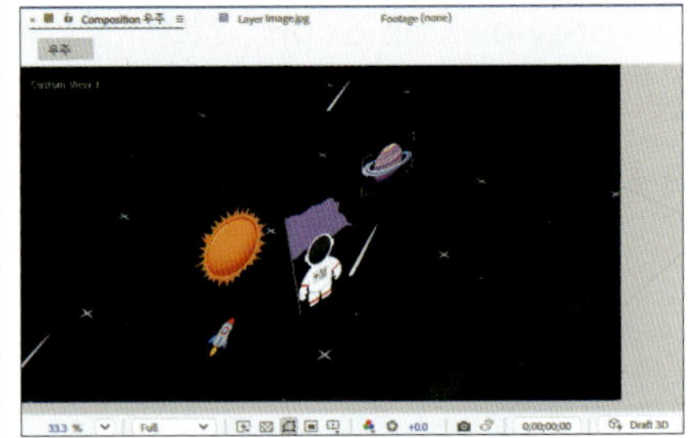

Custom View 1 – 3D 속성을 설정해 배치한 경우

애프터 이펙트에서 3D 레이어 상태의 영상은 기본으로 평면의 얇은 종이와 같아 옆에서 보면 하나의 선으로 보입니다. 레이어가 회전해 기울어진 상태가 아니라면 기본으로 평면 영상 하나인 상태에서 Left, Right, Top, Bottom 뷰는 비슷합니다. Custom 뷰는 영상을 45° 각도에서 내려다보는 형태로 3D 공간을 더 명확하게 확인할 수 있습니다.

⑳ **Select view layout** : 3D 작업 환경의 해당 영역을 클릭해서 표시되는 메뉴를 실행해 Composition 패널의 화면을 해당 개수대로 나눠 표시할 수 있습니다. 'Share View Options'로 지정하면 클라우드 환경의 화면을 공유하여 다른 컴퓨터에서 로그인하면 자동으로 이전 작업 환경을 적용할 수 있습니다.

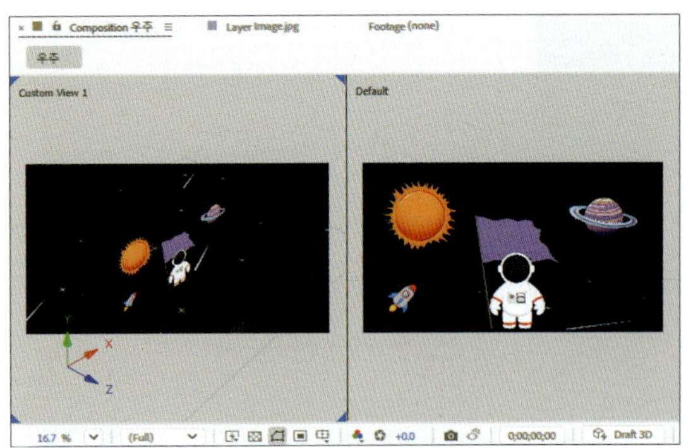

2 Views

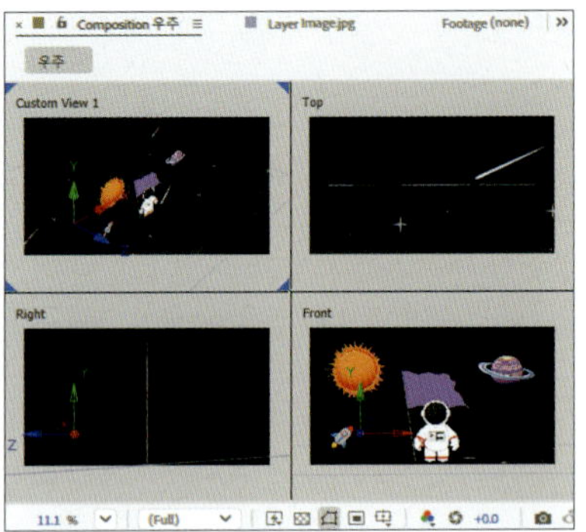

4 Views

❷ 실제 작업이 이뤄지는 Timeline 패널 살펴보기

애프터 이펙트에서 가장 많은 작업이 이루어지는 Timeline 패널은 수많은 아이콘과 설정 영역이 있습니다. 여기서는 Timeline 패널에서 꼭 알아두어야 할 주요 기능에 대해 알아봅니다.

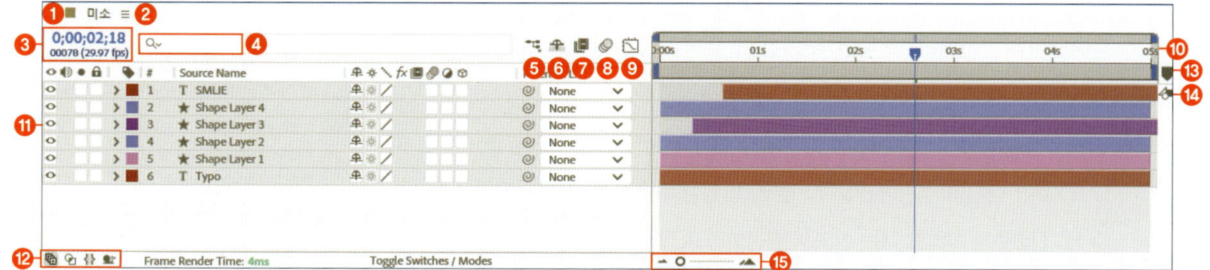

❶ **탭** : 하나의 컴포지션에는 하나의 타임라인이 있습니다. 애프터 이펙트에서는 여러 개의 컴포지션을 만들어 동시에 작업하는 경우가 많으므로 여러 개의 타임라인이 있습니다. Tab을 누르면 해당 컴포지션의 타임라인으로 이동하며, 이는 곧 각각의 작업 컴포지션으로 이동하는 것입니다.

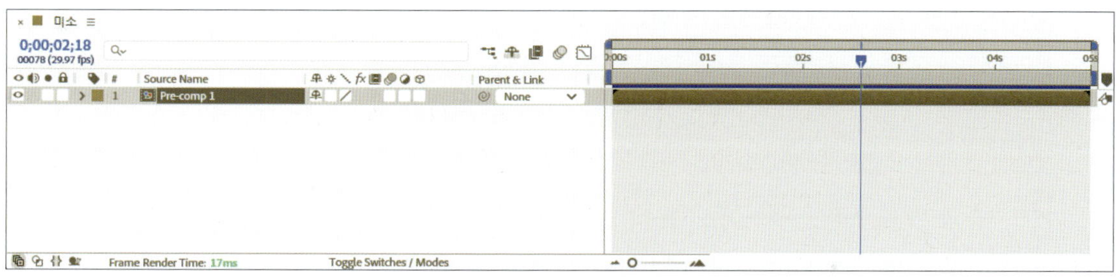

하나의 컴포지션에는 하나의 타임라인이 있습니다.

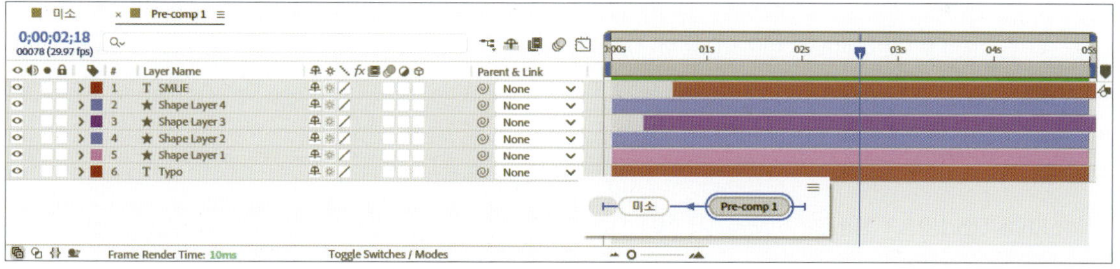

❷ **Timeline 패널 메뉴** : 패널 메뉴 아이콘(☰)을 클릭하면 표시되는 메뉴는 애프터 이펙트의 모든 패널에도 있습니다. 기본으로 Undock, Close, Maximize Panel과 프레임 기능을 가지며, 각 패널과 프레임 특징에 따라 다양한 기능이 있습니다.

Close Panel
Undock Panel
Close Other Panels in Group
Close Other Timeline Panels
Panel Group Settings >
ⓐ Composition Settings...
ⓑ Reveal Composition in Project
ⓒ Columns >
ⓓ Show Cache Indicators
ⓔ Rectified Audio Waveforms
ⓕ Hide Shy Layers
Enable Frame Blending
Enable Motion Blur
Enable Auto-keyframe
ⓖ Live Update
ⓗ Use Keyframe Icons
ⓘ Use Keyframe Indices
ⓙ Composition Flowchart
Composition Mini-Flowchart

ⓐ **Composition Settings** : 작업 중인 컴포지션의 Composition Settings 대화상자를 표시할 수 있습니다.

ⓑ **Reveal Composition in Project** : 작업 중인 컴포지션을 Project 패널에 나타내는 기능입니다. 작업이 진행되면서 많은 소스 파일과 컴포지션이 있을 때 쉽게 찾을 수 있도록 도와줍니다.

ⓒ **Columns** : Timeline 패널에는 다양한 항목이 있습니다. Columns 항목을 선택하면 Timeline 패널에 선택한 항목을 추가할 수 있습니다.

ⓓ **Show Cache Indicators** : 기본 설정된 기능으로 램 프리뷰를 진행할 때 Cache가 나타납니다. 만약 이 기능을 비활성화하면 램 프리뷰 진행을 확인할 수 없기 때문에 작업할 때는 반드시 활성화하고 작업합니다.

ⓔ **Rectified Audio Waveforms** : Timeline 패널에서 Audio Waveform이 더 잘 보이도록 한쪽만 보여주는 방식이며, 기본으로 설정되어 있습니다. 비활성화하면 오디오가 1/2 크기로 작게 보이므로 비활성화하지 않는 것을 권장합니다.

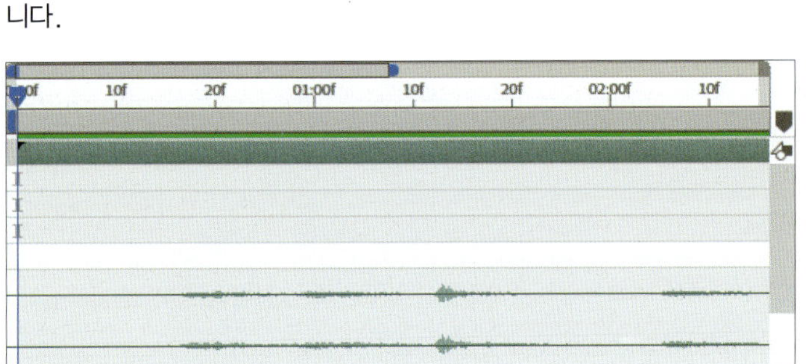

ⓕ **Hide Shy Layers/Enable Frame Blending/Enable Motion Blur/Enable Auto-keyframe** : 작업 중 Frame Blending과 Motion Blur 기능을 Composition 패널의 화면에 나타내며, 자동으로 키프레임이 만들어집니다. 바로 아래의 항목 아이콘들에 대응합니다.

ⓖ **Live Update** : Timeline 패널에서 현재 시간 표시기를 이동하여 시간에 변화를 줬을 때 Composition 패널의 화면에 실시간 변화가 나타나는 기능으로, 기본 설정입니다. 무거운 파일을 작업할 때 이 기능을 비활성화하는 경우 현재 시간 표시기를 이동하면 실시간으로 변화되는 모습이 나타나지 않고 이동을 마쳐서 현재 시간 표시기가 고정될 때 Composition 패널에 변화가 나타납니다.

ⓗ **Use Keyframe Icons** : Timeline 패널에서 레이어 움직임을 만들기 위하여 키프레임을 적용했을 때 아이콘과 같은 형태로 보여주며, 기본으로 설정되어 있습니다.

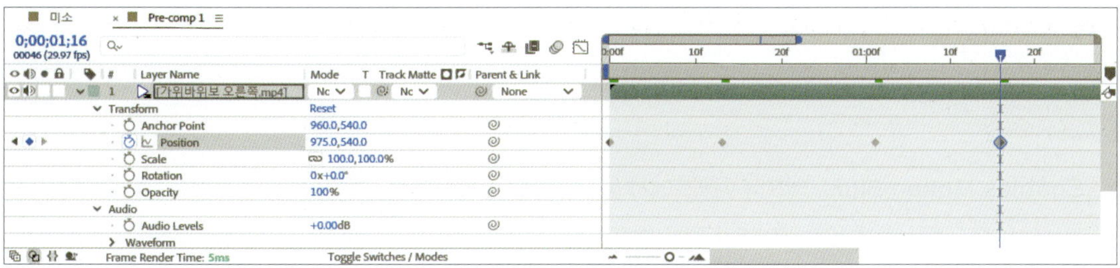

ⓘ **Use Keyframe Indices** : Timeline 패널에서 키프레임을 숫자 인덱스로 표현하는 기능으로, 키프레임이 적용된 순서를 숫자로 확인할 수 있습니다. 이때 Easy Ease나 Temporal Interpolation의 변화 등을 키프레임에서는 확인할 수 없습니다. 실제 작업할 때는 아이콘으로 표시하여 작업하는 것이 더 많은 정보를 얻을 수 있습니다.

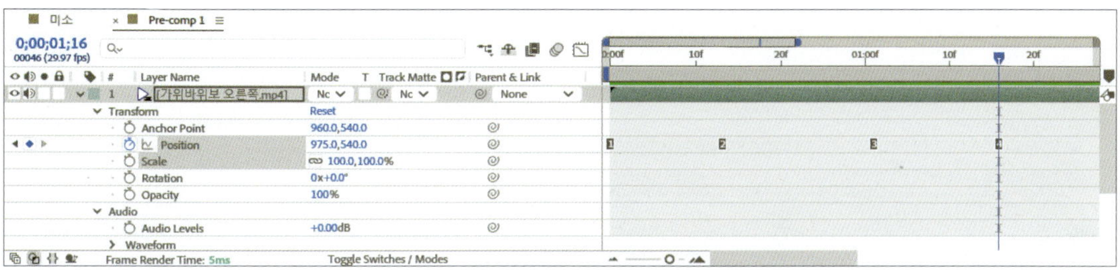

ⓙ **Composition Flowchart/Mini-Flowchart** : Composition 패널에 플로우차트나 미니 플로우차트를 표시하는 기능입니다.

❸ **Timecode** : Timeline 패널에서 현재 시간 표시기가 위치하는 부분의 시간 정보를 나타내는 곳으로, 시간과 프레임을 확인할 수 있습니다.

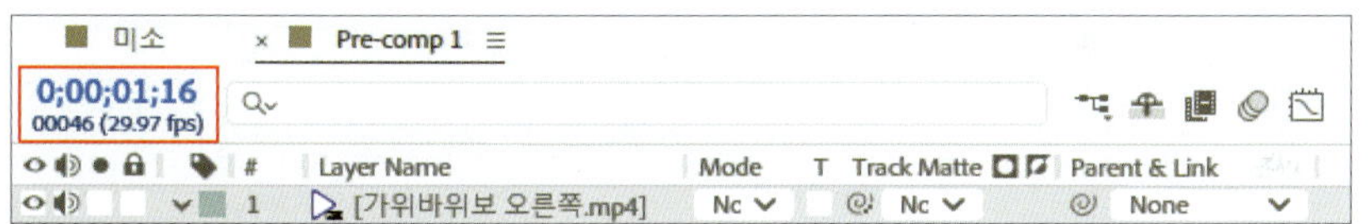

❹ **탐색 창** : Timeline 패널에서 레이어 이름과 레이어에 적용된 이펙트 등을 검색할 수 있어 작업 효율을 높입니다. 돋보기 모양 아이콘을 클릭하면 최근에 검색한 정보부터 다양한 프리셋을 검색할 수 있습니다.

❺ **Composition Mini-Flowchart** : Project 패널, Composition 패널에도 포함된 기능으로 작업 중 미니 플로우차트를 볼 수 있습니다. 작업 중 Tab을 누르면 마우스 포인터가 위치한 부분에서 미니 플로우차트를 확인할 수 있습니다.

❻ **Hides Shy Layers** : Shy 기능을 적용한 레이어를 보이지 않게 숨기는 기능입니다. 앞서 패널 메뉴의 Hides Shy Layers 명령과 같습니다.

❼ **Enables Frame Blending** : 레이어 속도를 빠르게 또는 느리게 했을 때 자연스럽게 만들어 실시간으로 확인할 수 있는 기능입니다. Timeline 패널에서 레이어에 영상을 자연스럽게 만드는 Frame Blending 기능을 적용한 다음 'Enables Frame Blending' 아이콘(▣)을 클릭하면 Composition 패널에서 확인할 수 있습니다. 이때 Frame Blending 기능은 단순히 디졸브를 통해 연결하는 첫 번째 단계가 있고, 디졸브와 함께 몰핑을 통해서 연결하는 두 번째 단계가 있습니다. 두 번째 단계가 더 자연스럽지만 큰 동영상 소스의 경우 많은 프레임 사이 변화에 의해 오류가 발생할 확률이 높고 램 프리뷰와 렌더링 시간이 오래 걸립니다.

TIP ✦

몰핑(Morphing)은 두 장의 이미지를 서로 변형하여 최대한 일치하게 만드는 기술입니다. 하나의 이미지에서 다른 이미지로 자연스럽게 형상이 변화하는 것을 말합니다.

❽ **Enables Motion Blur** : 애프터 이펙트에서 움직임을 만들었을 때 속도에 따라 모션 블러가 나타납니다. Timeline 패널에서 모션 블러를 적용한 레이어가 있을 때 'Enables Motion Blur' 아이콘(◎)을 클릭하면 Composition 패널 화면에서 모션 블러를 확인할 수 있습니다.

❾ **Graph Editor** : 여러 개의 레이어 움직임을 키프레임이 아닌 그래프 형태로 보여줍니다. 모션 그래픽 디자이너들이 실제 작업에서 많이 이용하는 기능 중 하나입니다.

❿ **Work Area & Time Indicator** : Timeline 패널에서는 시간을 기반으로 움직임을 만듭니다. 여기에는 시간의 시작과 끝을 지정하는 작업 영역(Work Area)과 작업 시간이나 특정 프레임으로 이동할 수 있는 현재 시간 표시기(Time Indicator)가 있습니다.

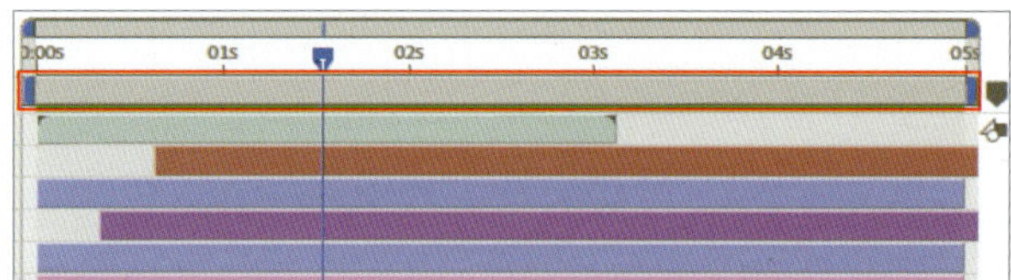

⓫ **Layer** : 레이어는 다양한 설정을 나타내는 기능으로 항목에 해당하는 기능들을 설정할 수 있습니다. 레이어 Label 항목 왼쪽의 '>'를 클릭하여 해당 속성을 표시하며 상하 배열을 통해 화면에 나타낼 수 있습니다.

레이어 항목을 확장한 모습

⓬ **Columns** : Timeline 패널에는 여러 가지 작업을 도와주는 다양한 항목들이 있습니다. 기본 V/A Features, Label, #, Name, Switches, Modes, Parent, Render Time 항목으로 구성되며 작업하면서 항목 위치를 이동하거나 추가 및 제거할 수 있습니다. Timeline 패널 아래의 네 가지 확장 아이콘을 이용해서 빠르게 항목의 종류를 늘리거나 줄일 수 있습니다.

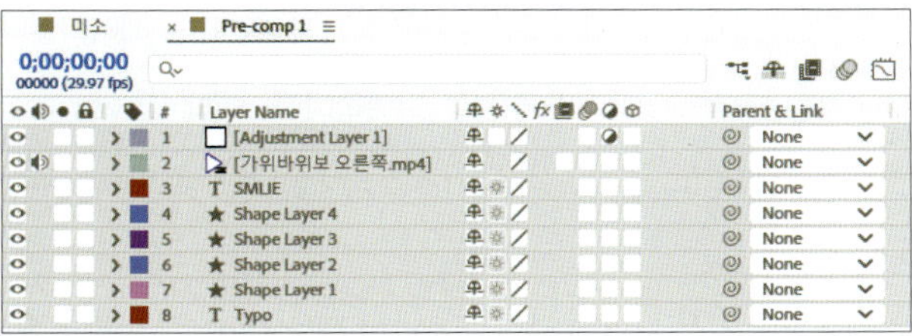

기본 Layer Switches 항목을 활성화한 모습

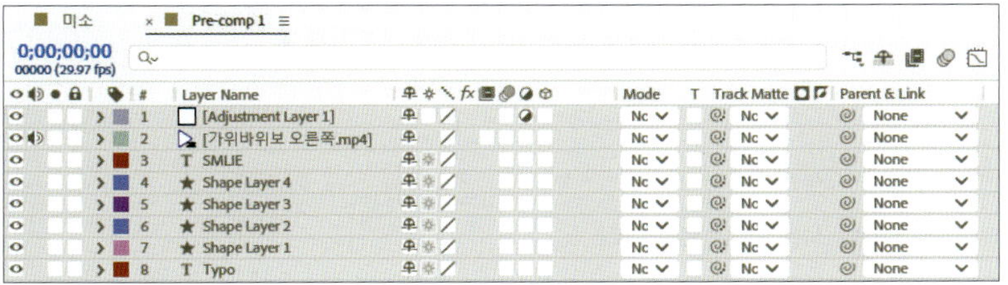

Mode 항목을 확장한 모습

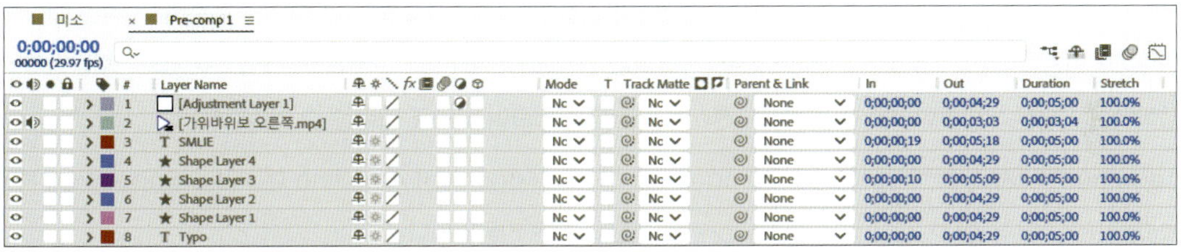

In/Out/Duration/Stretch 항목을 확장한 모습

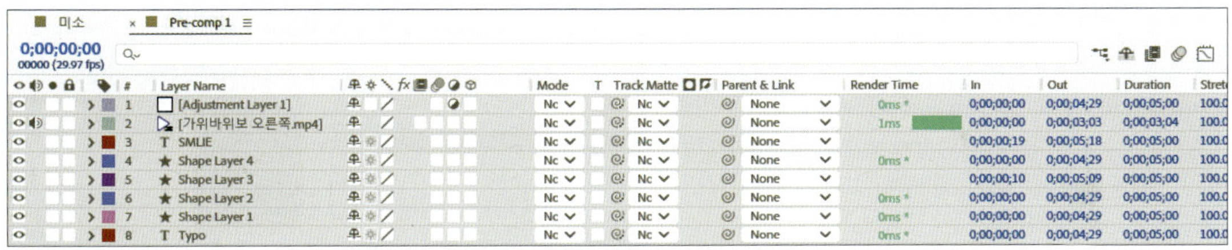

Render Time 항목을 확장한 모습

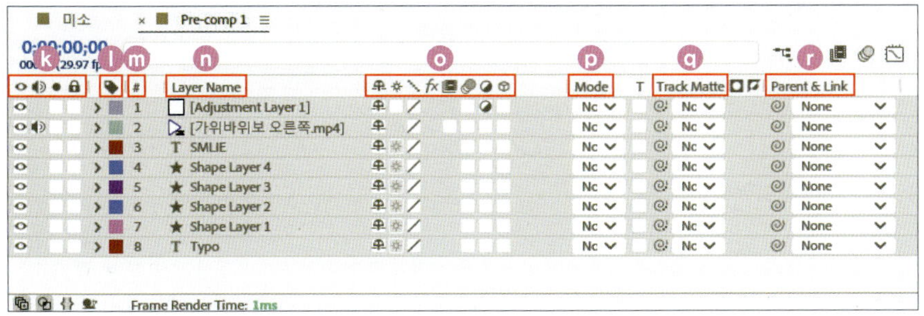

ⓚ **V/A Features** : Video, Audio, Solo, Lock을 통하여 레이어를 보여주거나 사운드를 활성화하거나 잠글 수 있습니다.

ⓛ **Label** : 레이블 색이 있는 부분을 클릭하면 레이어 색을 지정할 수 있습니다. 진행 중인 프로젝트 성격과 작업 방식에 따라서 원하는 레이블 색을 지정할 수 있습니다. 레이블 색 앞에 있는 'v'를 클릭하면 레이어 속성 메뉴를 표시합니다.

ⓜ **#** : 레이어 숫자를 보여주는 부분으로 숫자가 작을수록 Composition 패널 모니터 화면 상단에 표시되는 레이어입니다.

ⓝ **Layer Name/Source Name** : 레이어 이름이 있는 부분으로 레이어 이름을 보여줍니다. 이때 Layer Name 탭을 클릭하면 Source Name으로 변경됩니다. Source Name은 원본 소스 이름을 보여줍니다. Source Name 탭을 다시 클릭하면 Layer Name으로 변경됩니다.

ⓞ **Switches** : 레이어에 여러 가지 기능을 적용하는 부분으로 앞서 살펴본 Shy, Frame Blending, Motion Blur, 3D Layer 등을 설정할 수 있습니다. 벡터 형식의 일러스트레이터 소스를 불러오면 Collapse 기능이 활성화되고, 이펙트를 적용하면 자동으로 Effect 기능이 활성화됩니다. Adjustment Layer로 만들 수 있는 Adjustment 기능도 있습니다.

ⓟ **Mode** : 레이어의 블렌딩 모드를 적용할 수 있습니다.

ⓠ **TrkMat** : 레이어에 알파 매트, 루마 매트를 적용할 수 있습니다.

ⓡ **Parent & Link** : 레이어끼리 묶어서 움직임을 따라가는 Parent & Link 기능을 적용할 수 있습니다.

⑬ **Marker** : Timeline 패널의 Work Area Bar 영역에 마커를 만드는 기능으로 작업 중 특정 시간을 기억할 때나 간단히 메모할 때 이용합니다. Timeline 패널 오른쪽 'Marker'를 Work Area로 드래그하면 만들 수 있고, 지정한 마커를 더블클릭하거나 마우스 오른쪽 버튼을 클릭하고 Settings를 실행하여 메모를 입력할 수 있습니다.

⑭ **Composition** : 'Marker' 아래에 있는 'Composition' 아이콘( )은 현재 Timeline 패널의 Composition 패널을 찾는 아이콘으로, 여러 컴포지션이 있을 때 필요한 컴포지션을 찾는 기능입니다.

⑮ **Zoom** : 간단하게 슬라이더를 좌우로 드래그하여 Timeline 패널 영역을 확대 또는 축소할 수 있습니다.

TIP

항목 이름에서 마우스 오른쪽 버튼을 클릭하고 원하는 항목 이름을 지정하여 추가할 수 있습니다. Timeline 패널에 항목을 모두 추가하면 오른쪽 타임라인 영역이 줄어들어 실제 작업에서는 모두 추가해 작업하지 않습니다.

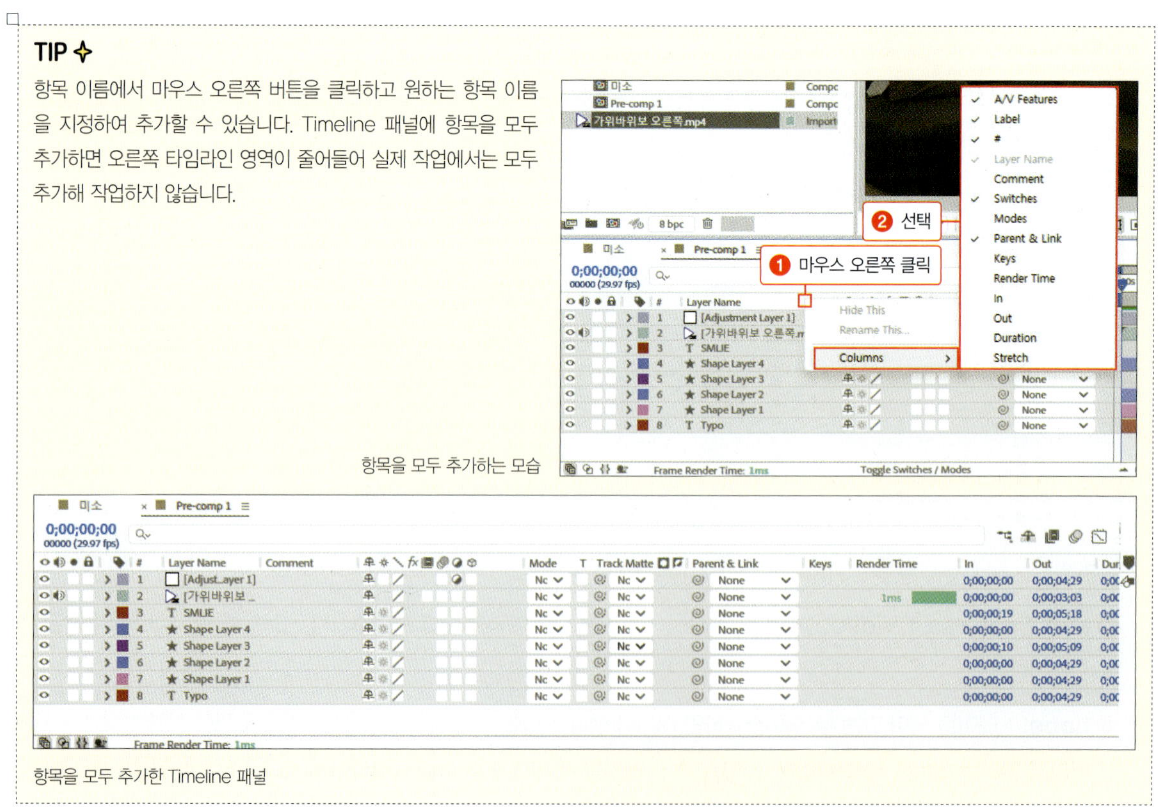

항목을 모두 추가하는 모습

항목을 모두 추가한 Timeline 패널

❸ 타임라인의 항목을 숨기거나 나타내기

타임라인의 속성 항목은 자유롭게 확장하거나 축소할 수 있으며, 필요하면 전체를 접어 작업 화면을 깔끔하게 정리할 수도 있습니다. 애프터 이펙트에서는 기본으로 다음과 같은 네 가지 방법으로 Timeline 패널을 확장 및 축소할 수 있습니다.

작업 중 불필요한 속성까지 한꺼번에 표시되면 시각적 혼란이 커지고, 원하는 키프레임을 찾는 데에도 시간이 오래 걸립니다. Timeline 패널에서 실질적으로 작업이 이루어지는 공간의 가시성을 확보하는 것이 중요하므로, 현재 작업에 필요한 속성만 선택적으로 표시하는 습관을 들이는 것이 좋습니다. 이는 결과적으로 작업 효율과 완성도 향상에 직접적인 영향을 줍니다.

Switches 항목 확장, 축소하기

Switches 항목은 중요해서 기본으로 설정되어 있습니다. Switches 항목의 아이콘을 클릭해 비활성화하면 Switches 항목이 숨겨집니다.

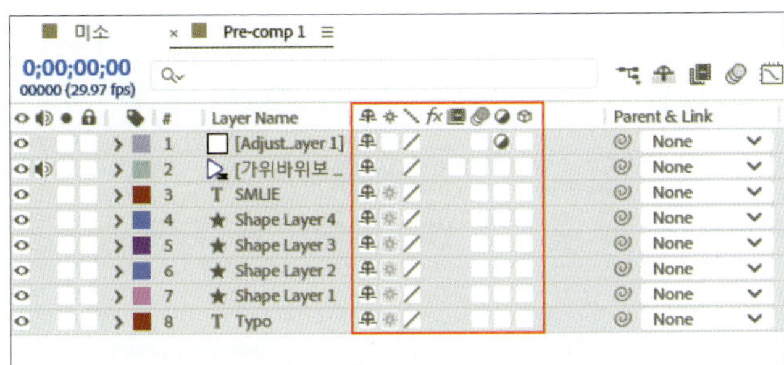

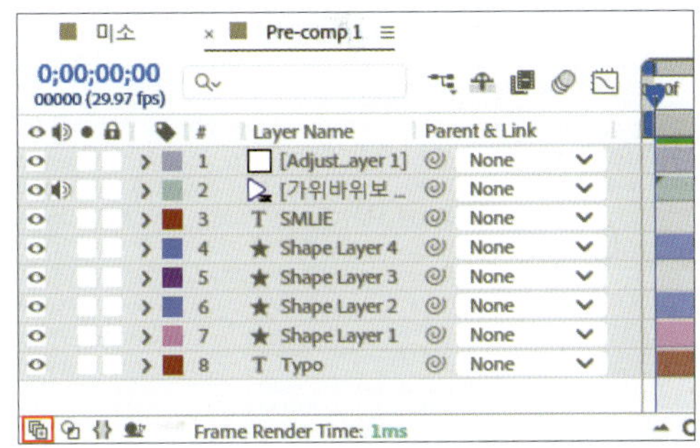

Switches 항목을 확장, 축소할 수 있는 부분만 확인한 다음 다시 표시합니다. 만약 Switches 항목을 비활성화하면 타임라인에서 레이어 속성을 설정할 수 있습니다. 레이어 속성을 표시하면 다음과 같은 설정 영역이 없어집니다.

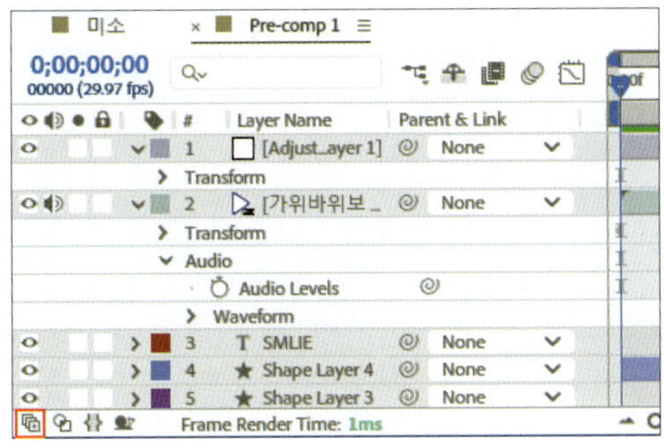

Switches 항목이 비활성화된 모습

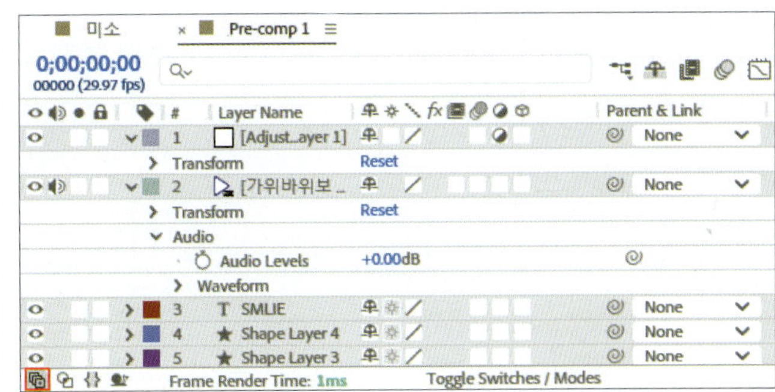

Switches 항목이 활성화된 모습

Mode 항목 확장 및 축소하기

하단의 'Transfer Controls pane' 아이콘(⧉)을 클릭하면 Mode 항목의 Blending Mode와 Matte를 지정할 수 있습니다.

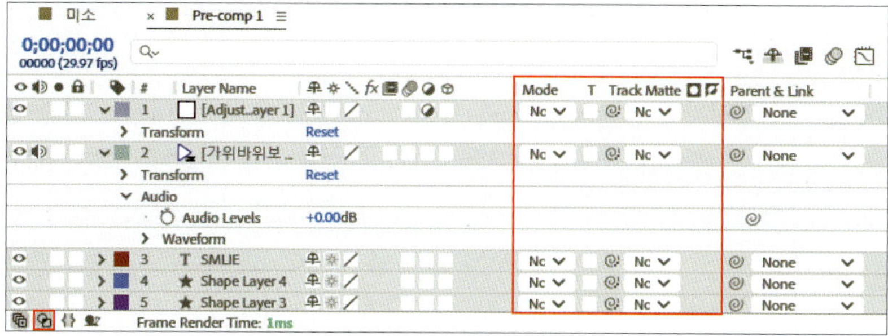

레이어 시간을 설정하는 항목 확장, 축소하기

'In/Out/Duration/Stretch panes' 아이콘({})을 클릭하면 레이어 시간을 설정할 수 있는 In, Out, Duration, Stretch 항목을 한꺼번에 나타낼 수 있습니다. 필요할 때 확장하여 이용한 다음 다시 축소합니다.

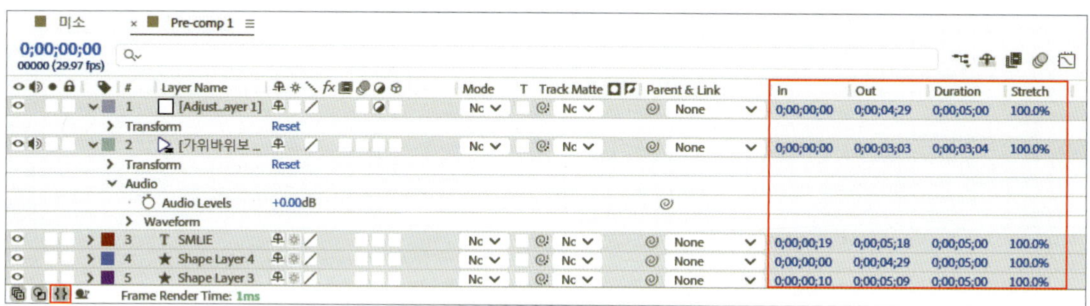

레이어 시간 관련 항목이 활성화된 모습

렌더링 시간 표시 항목 확장 및 축소하기

'Render Time pane' 아이콘( )을 클릭하면 레이어별로 렌더링 시간을 확인할 수 있습니다. 현재 시간 표시기가 있는 프레임의 렌더링 시간은 타임라인 아래에 표시되지만 해당 항목에는 레이어별로 소요되는 렌더링 시간을 확인할 수 있습니다.

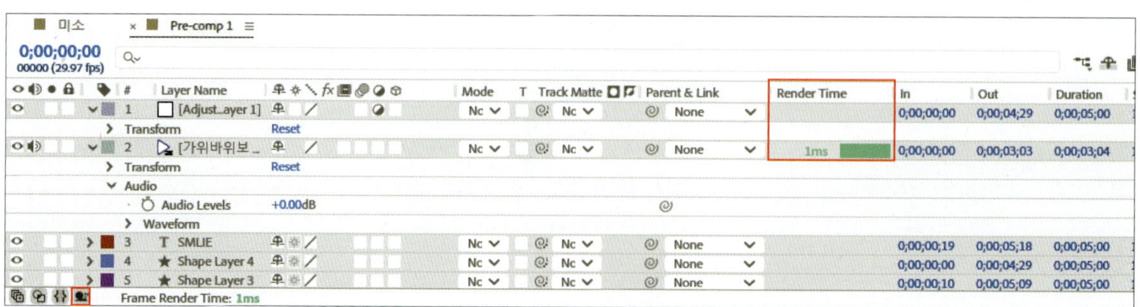

레이어별 렌더링 시간 항목이 활성화된 모습

❹ 타임라인 확대, 축소하기

애프터 이펙트는 Timeline 패널을 확대 및 축소하면서 현재 시간 표시기를 움직이는 작업이 많습니다. 타임라인을 확대 · 축소하는 방법은 다음과 같으므로 작업 스타일에 맞는 방법을 사용합니다.

[+], [−]를 눌러 확대, 축소하기

가장 많이 이용하는 방법으로 먼저 ❶ Timeline 패널에서 시간을 늘릴 부분에 현재 시간 표시기를 위치시킨 다음 ❷ [+]를 누르면 해당 시간이 늘어나 1프레임(30분의 1초 또는 60분의 1초) 단위로 확인할 수 있습니다. 숫자 뒤에 s가 있으면 초(Second)를 나타내며, 확대하면 초가 늘어나면서 숫자 뒤에 f가 표시되는 프레임 단위로 확대됩니다. 다시 ❸ [−]를 눌러 축소할 수도 있습니다.

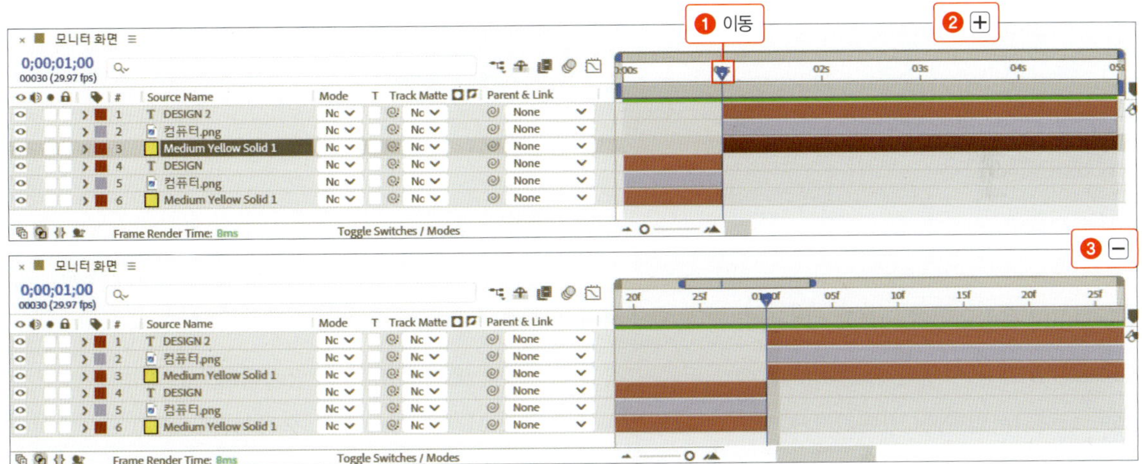

현재 시간 표시기(Time Navigator)를 이용하여 확대, 축소하기

타임라인의 시간 영역 위에는 얇은 회색 바가 있고, 양쪽에 파란색 부분이 있습니다. 양쪽의 파란색 부분(Time Navigator Start/End)을 드래그하면 원하는 시간 영역을 확대하거나 축소할 수 있습니다.

타임라인은 기본으로 0초를 기준으로 현재 시간 표시기가 오른쪽으로 뻗어나가는 구조이며, 작업 구간 역시 이 범위 안에서 설정됩니다. 일반 작업에서는 타임라인 하단의 파란색 영역을 드래그해 화면에 표시되는 시간 범위를 조정하며, 이를 통해 전체 흐름을 파악하거나 세부 타이밍을 정밀하게 조정할 수 있습니다.

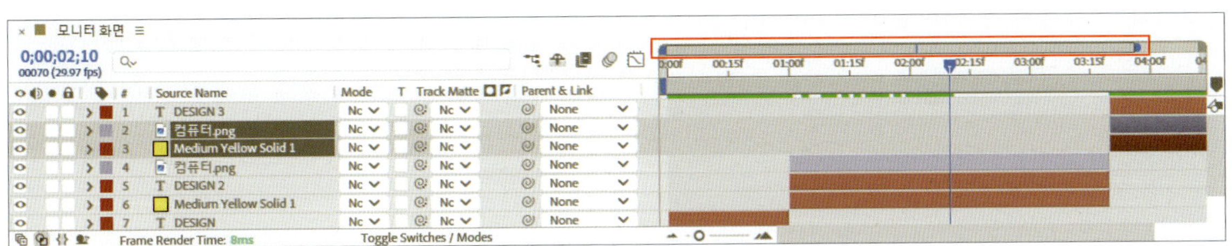

예를 들어, 다음과 같은 상황에서 현재 시간 표시기 오른쪽의 파란색 부분을 오른쪽으로 드래그하여 이동하면 전체 타임라인이 표시되므로 타임라인이 축소됩니다.

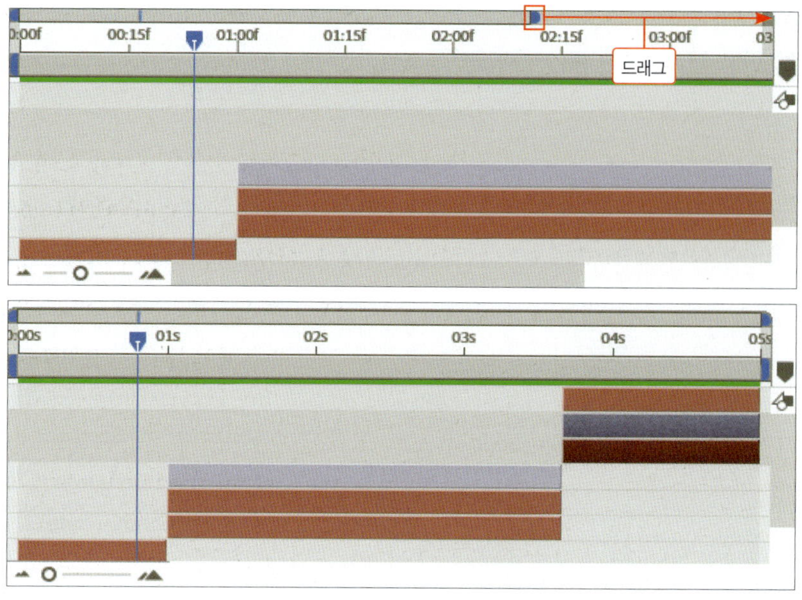

타임라인이 축소된 모습

줌(Zoom) 슬라이더를 이용해 타임라인 확대, 축소하기

Timeline 패널 아래의 줌(Zoom) 슬라이더를 드래그하여 확대 또는 축소할 수 있습니다. 슬라이더를 오른쪽으로 드래그하면 마치 카메라가 줌 인하는 것처럼 타임라인의 시간을 축소하며, 슬라이더를 왼쪽으로 드래그하면 줌 아웃하는 것처럼 확대합니다. 이때 Zoom In/Out의 기준은 현재 시간 표시기의 위치입니다.

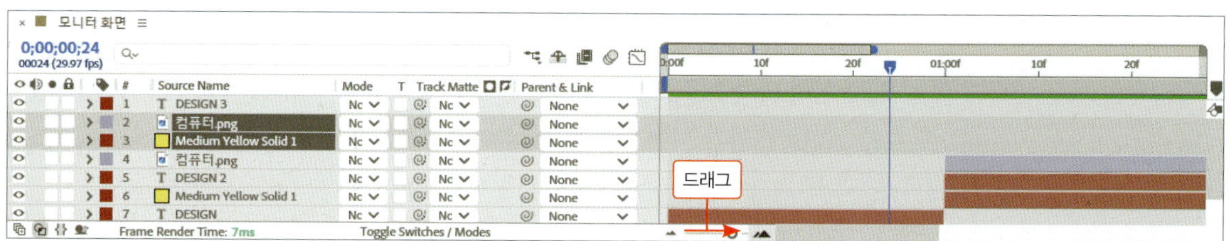

줌 인(Zoom In)

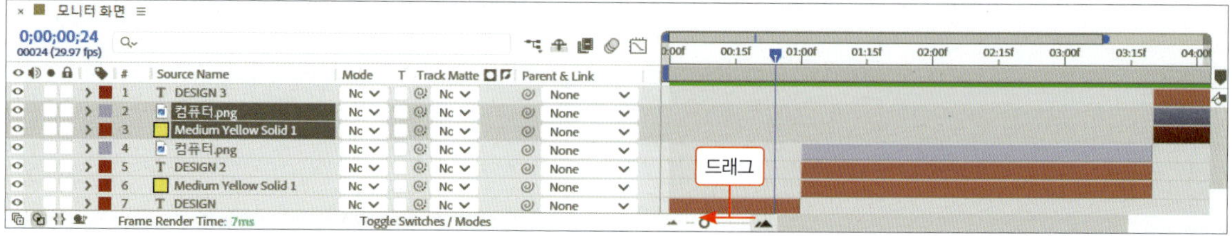

줌 아웃(Zoom Out)

EASY 실습 레이어 이동하기

Timeline 패널은 다른 영상 편집 프로그램처럼 단순히 시간에 따라 영상 · 이미지 클립을 보여주는 것이 아니라 포토샵과 같은 레이어 기능도 가집니다. 레이어의 상하 이동을 통해 Composition 패널의 디자인을 바꿀 수 있으므로, 레이어를 자유롭게 이동하여 순서를 바꾸는 방법을 알아봅니다.

01 새 프로젝트를 만들고 ❶ Project 패널의 여백에서 마우스 오른쪽 버튼을 클릭한 다음 ❷ Import → File(Ctrl+I)을 실행합니다. Import File 대화상자가 표시되면 애프터 이펙트 → 03 폴더에서 'LayerWork.psd' 파일을 선택한 다음 〈Import〉 버튼을 클릭합니다. LayerWork.psd 대화상자가 표시되면 ❸ Import Kind를 'Composition – Retain Layer Sizes'로 지정한 다음 ❹ 〈OK〉 버튼을 클릭합니다.

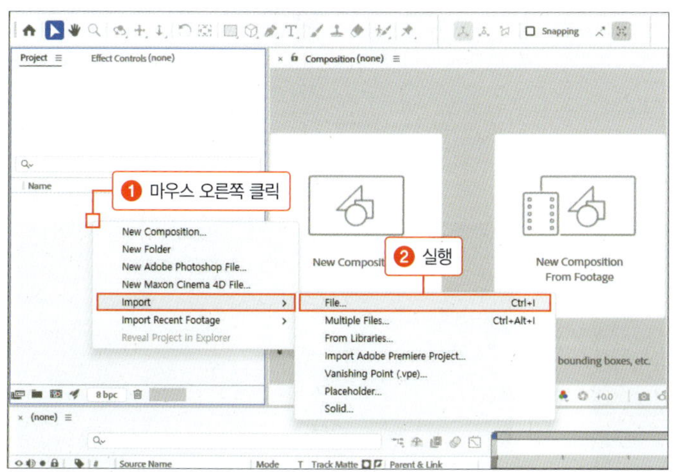

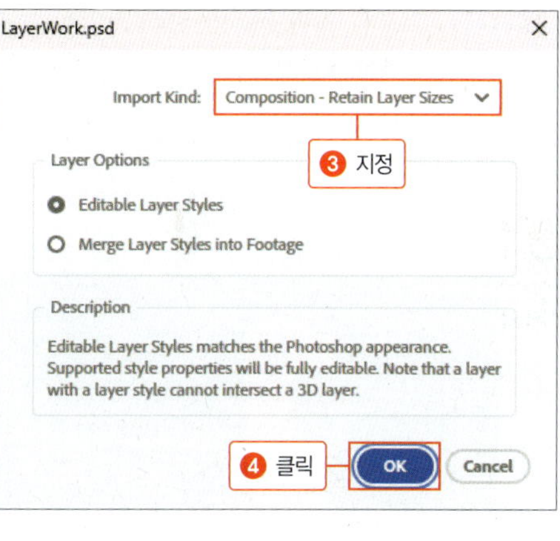

02 Project 패널의 'LayerWork' 컴포지션을 더블클릭하여 엽니다.

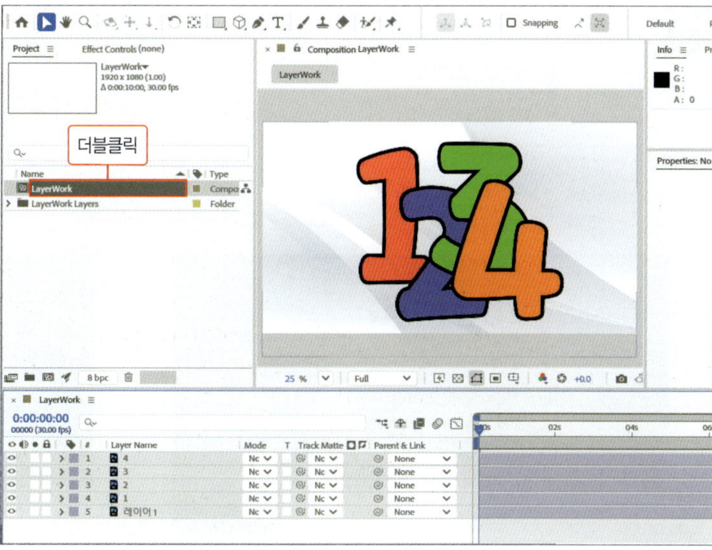

> **왜?**
> 'LayerWork.PSD' 파일에는 화면 프레임을 벗어나는 레이어가 없지만, 습관을 들이기 위해 'Composition – Retain Layer Sizes'로 지정하여 불러옵니다.

03 불러온 컴포지션에 관해 Timeline 패널에서 각각의 레이어를 확인할 수 있습니다. A/V Feature 항목에서 왼쪽의 세 번째 'Solo' 아이콘(●)을 클릭하여 맨 아래 '레이어 1' 레이어부터 맨 위 '4' 레이어까지 순서대로 활성화합니다.

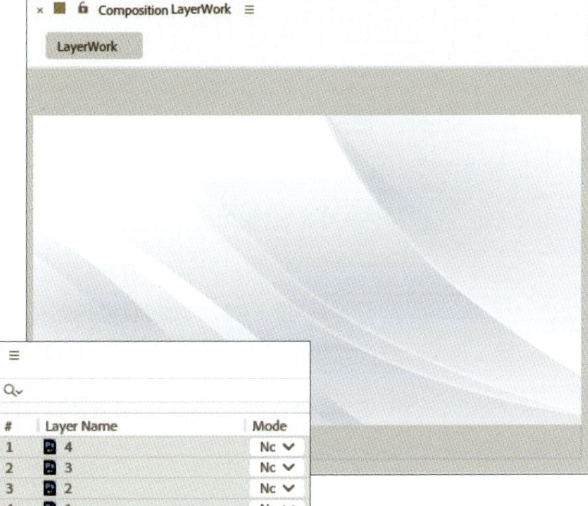

TIP

'Solo' 아이콘을 클릭하여 활성화하면 Timeline 패널과 Composition 패널의 레이어를 확인할 수 있습니다. 각 레이어를 확인하면 Timeline 패널의 레이어 위치에 따라 Composition 패널의 레이어도 달라지는 것을 알 수 있습니다.

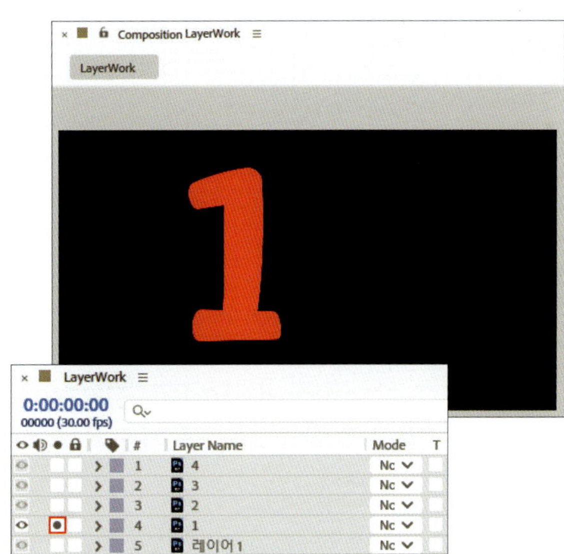

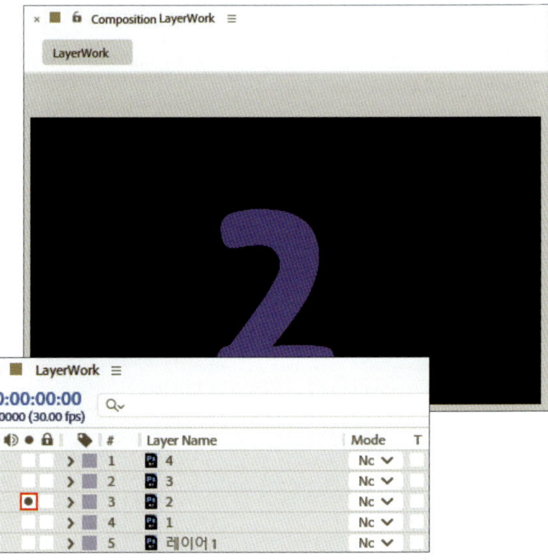

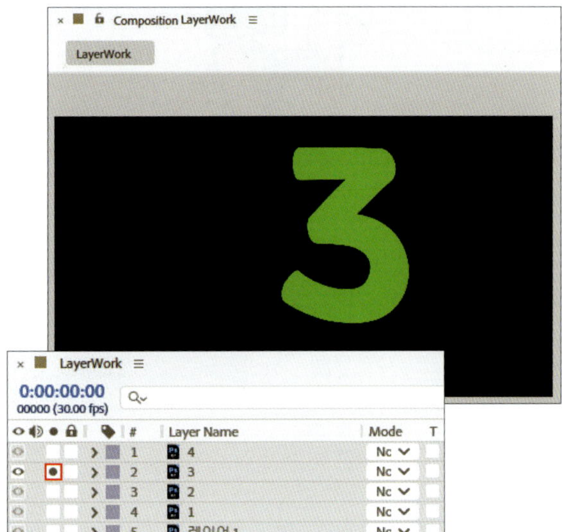

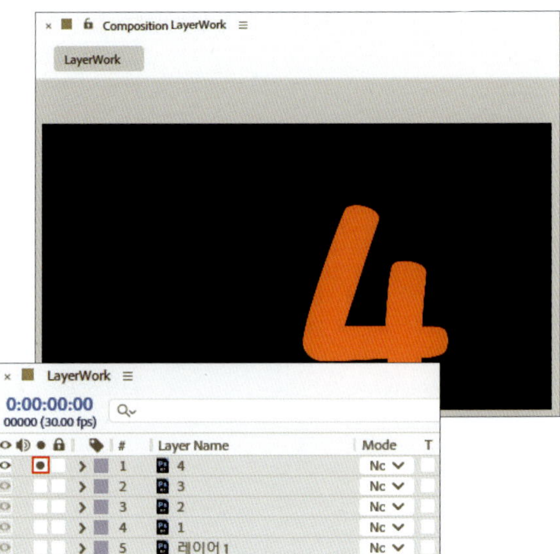

04 현재 '4' 레이어가 맨 위에 있습니다. Timeline 패널의 '1' 레이어를 선택한 다음 위로 드래그하면 맨 위에 배치할 수 있습니다.

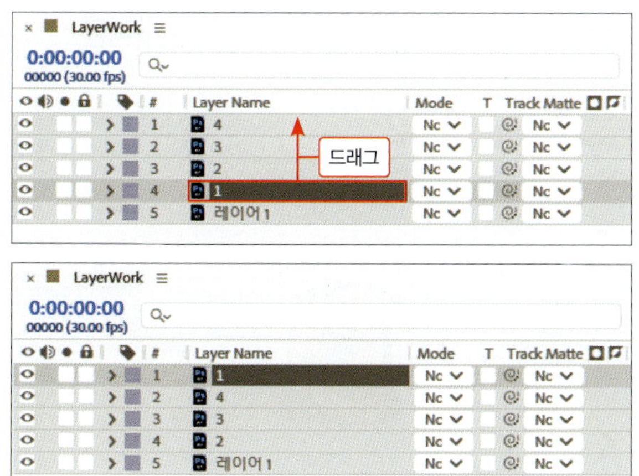

05 Composition 패널에서 다음과 같이 드래그해 '1'을 '2'~'4' 위에 배치하면 맨 앞에 나타납니다.

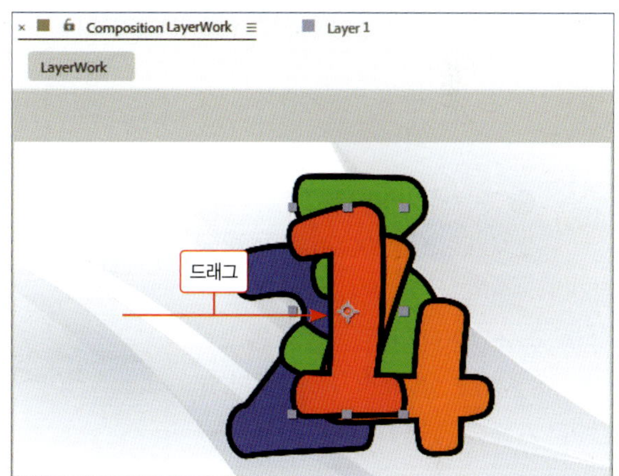

TIP ✧
Timeline 패널의 레이어 순서에 따라 Composition 패널의 화면에 보이는 결과물이 달라집니다.

06 레이어를 한 번 더 이동하겠습니다. Timeline 패널에서 두 번째 '4' 레이어를 '2' 레이어 아래로 드래그하여 배치하면 Composition 패널에서도 맨 뒤(아래)에 있는 '4'를 확인할 수 있습니다.

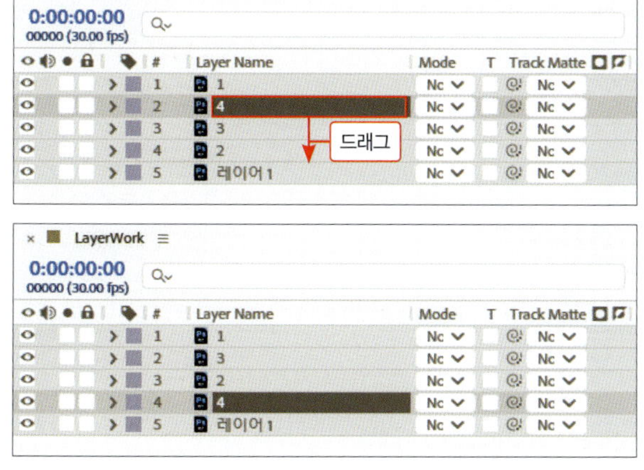

EASY 실습 레이어 나누고 삭제하기

Timeline 패널에서 레이어를 구분하여 시간 흐름에 따라 나누고 삭제하는 등의 관리 방법을 알아봅니다.

01 새 프로젝트를 실행하고 애프터 이펙트 → 03 폴더에서 'Layer Timeline.psd' 파일을 'Composition – Retain Layer Sizes'로 지정하여 불러옵니다.

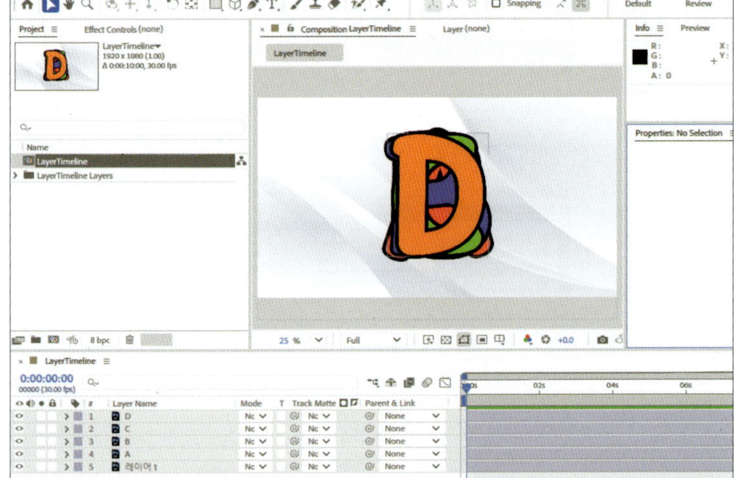

TIP Timeline 패널의 하단부터 '레이어 1', 'A'~'D' 레이어가 순서대로 있으며 Composition 패널에도 'A' 레이어 위에 'B'~'D' 레이어가 순서대로 배치된 것을 확인할 수 있습니다.

02 ❶ Timeline 패널에서 현재 시간 표시기를 '1초(0:00:01:00)'로 이동합니다. 레이어를 이동하여 0초부터 1초까지 'A' 레이어만 나타내겠습니다. ❷ 0초부터 1초 사이를 살펴보면 '레이어 1'의 배경부터 'A'~'D' 레이어가 모두 보입니다.

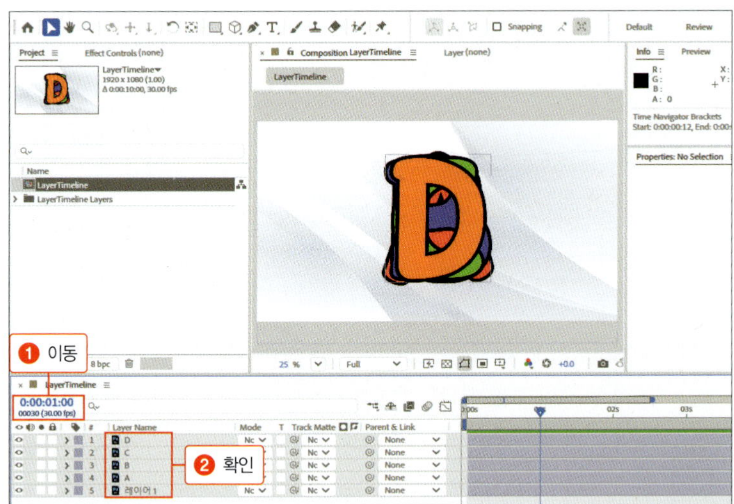

TIP Timeline 패널은 ⊞와 ⊟을 이용해 확대 및 축소할 수 있습니다.

03 먼저 Timeline 패널의 'B' 레이어 맨 왼쪽에 마우스 포인터를 위치시키고 현재 시간 표시기가 있는 '1초'로 드래그하여 이동합니다.

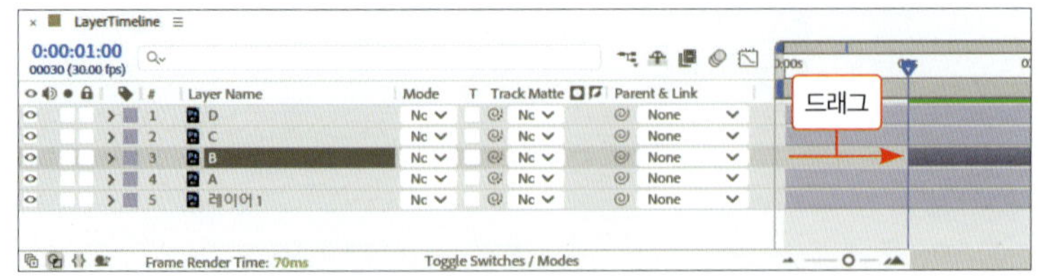

TIP Shift를 누른 상태로 드래그하면 현재 시간 표시기에 딱 달라붙습니다. 이를 Snap(스냅) 기능이라고 합니다.

04 Timeline 패널의 현재 시간 표시기를 0초에서 1초 사이로 이동하면 Composition 패널에서 'B' 레이어가 보이지 않습니다.

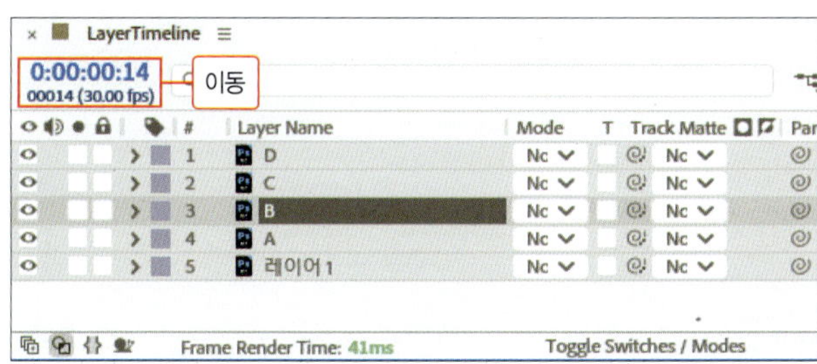

05 Split Layer 기능을 이용하여 'C' 레이어를 2초부터 나타내겠습니다. ❶ Timeline 패널에서 'C' 레이어를 선택하고 ❷ 현재 시간 표시기를 '2초(0:00:02:00)'로 이동합니다.

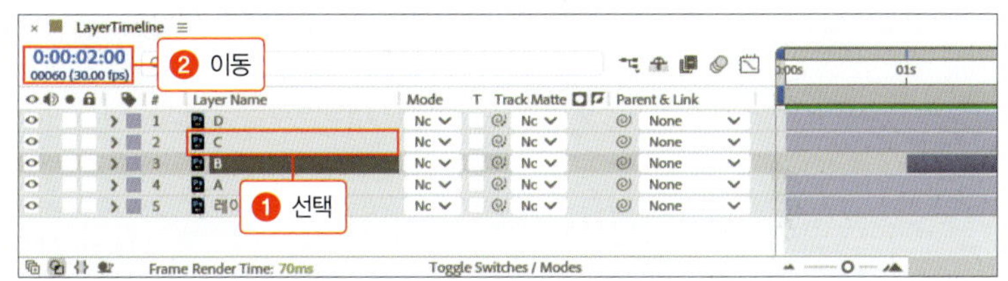

06 ❶ 메뉴에서 [Edit] → Split Layer(Ctrl+Shift+D)를 실행하면 현재 시간 표시기가 위치한 2초를 기준으로 ❷ 'C' 레이어가 둘로 나뉩니다.

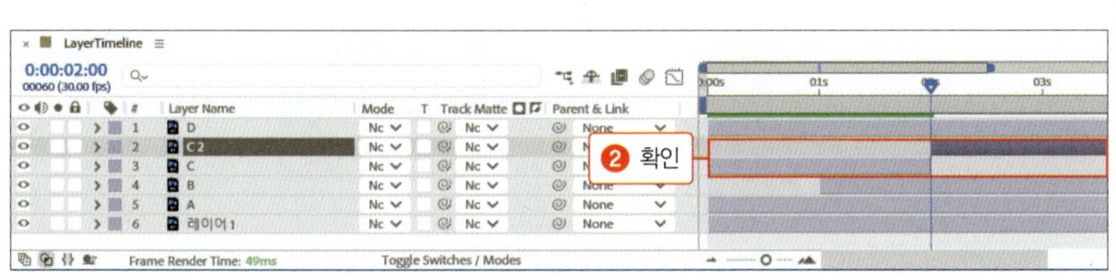

07 Split Layer 기능을 이용하여 레이어를 나누면 자동으로 뒤쪽 레이어가 선택됩니다. 예제에서는 뒤쪽 레이어만 필요하므로 ❶ 'C' 레이어를 선택한 다음 ❷ Delete를 눌러 삭제합니다.

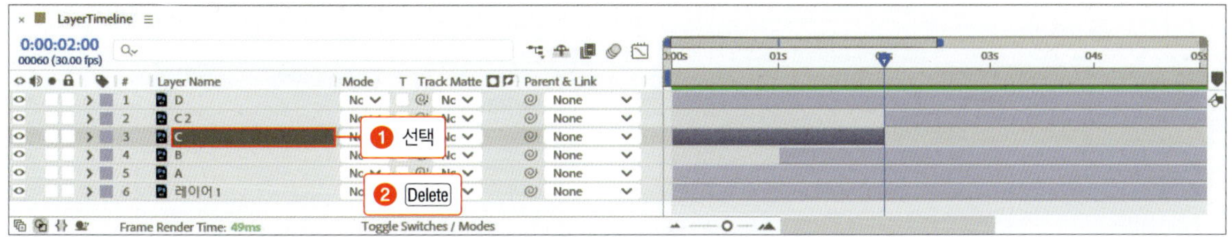

왜? ✦

나눠진 'C' 레이어를 삭제하는 것은 해당 객체를 완전히 삭제하는 것이 아니라 불필요한 부분을 숨기는 것입니다. 이 부분은 시작 부분을 드래그하여 다시 표시할 수 있습니다.

08 레이어 이름을 다시 'C'로 수정하면 더 편리합니다. 'C2' 레이어를 선택하고 Enter를 눌러 'C'를 입력한 다음 다시 Enter를 눌러 레이어 이름을 바꿉니다.

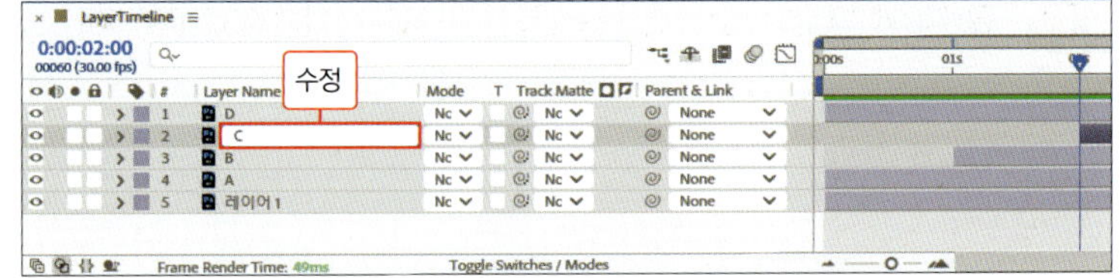

TIP

레이어를 둘로 나누면 자동으로 앞쪽은 'C' 레이어, 뒤쪽은 'C2' 레이어로 설정됩니다. 레이어 이름은 포토샵에서 작업한 레이어 이름을 그대로 이용하므로 'A'~'D' 레이어 이름과 연계하여 레이어를 둘로 나누면서 자동으로 하나의 레이어가 추가되어 'C2'로 설정되었습니다. 레이어 이름이 번호가 아닌 소스 파일 이름으로 설정되어 있다면 레이어 이름을 클릭해 자동으로 변경합니다.

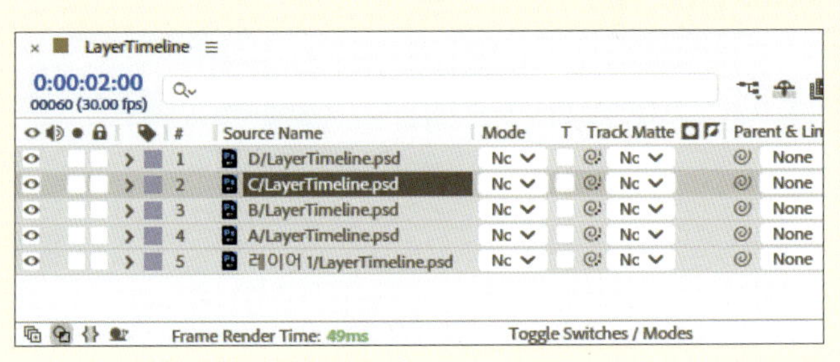

09 현재 시간 표시기를 1~2초 사이에 위치시키면 Composition 패널의 화면에서 다시 'C' 레이어가 보이지 않습니다.

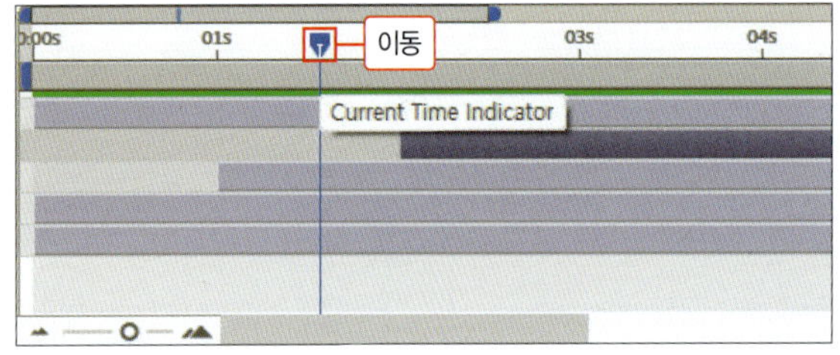

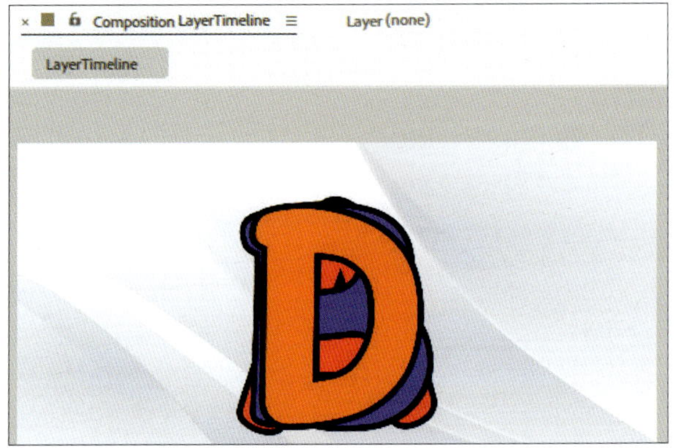

10 이번에는 'D' 레이어의 시작 부분을 3초로 바꾸기 위해 Split Layer 단축키를 이용하여 레이어의 시작과 끝 부분을 조절하겠습니다. 먼저 ❶ 'D' 레이어를 선택하고 ❷ 현재 시간 표시기를 '3초(0:00:03:00)'로 이동한 다음 ❸ Ctrl+Shift+D를 누르면 레이어가 나눠집니다.

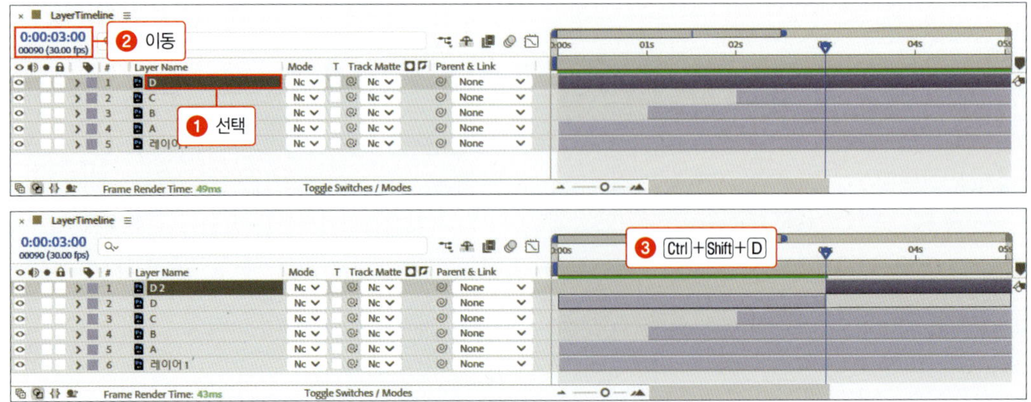

11 ❶ 'D' 레이어를 선택하고 Delete를 눌러 삭제한 다음 ❷ 'D2' 레이어 이름을 'D'로 수정합니다.

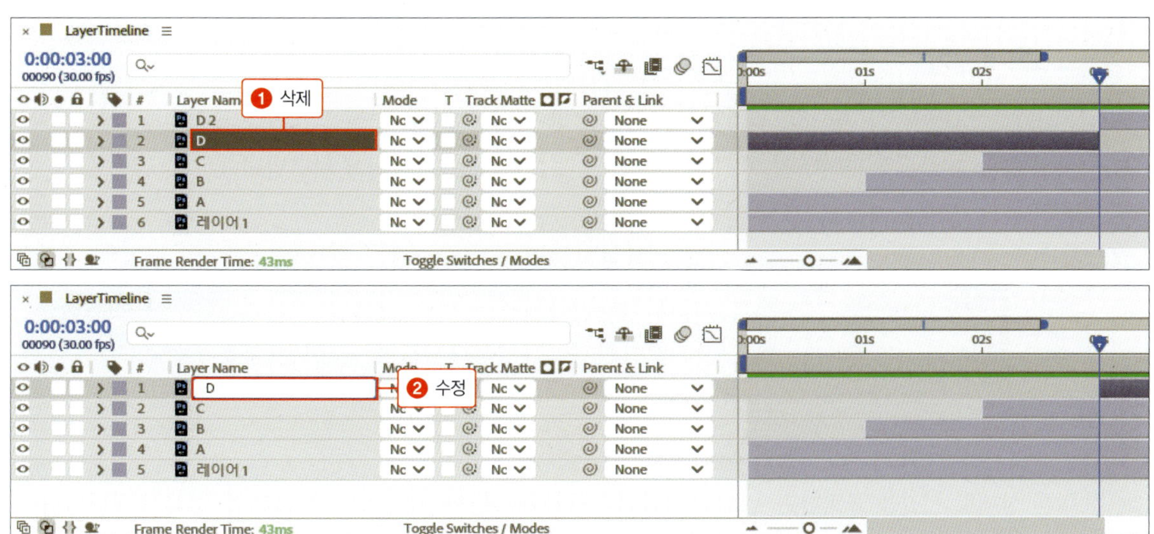

12 이처럼 레이어를 조정하여 Timeline 패널의 시간별 작업을 진행하면 간단하게 영상을 만들 수 있습니다. Timeline 패널에서 현재 시간 표시기를 이동하면 A 위에 B, C, D가 순서대로 등장합니다.

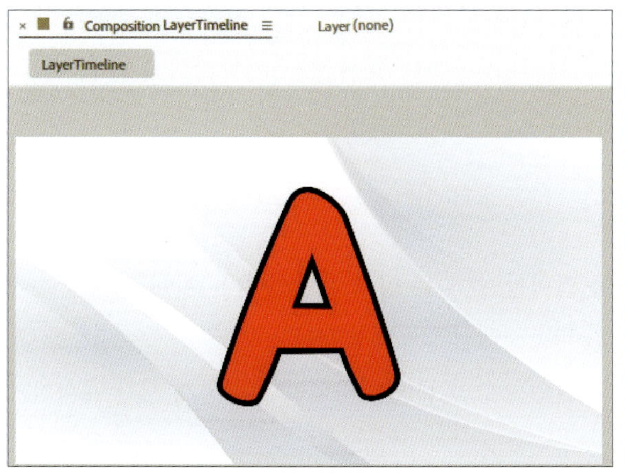

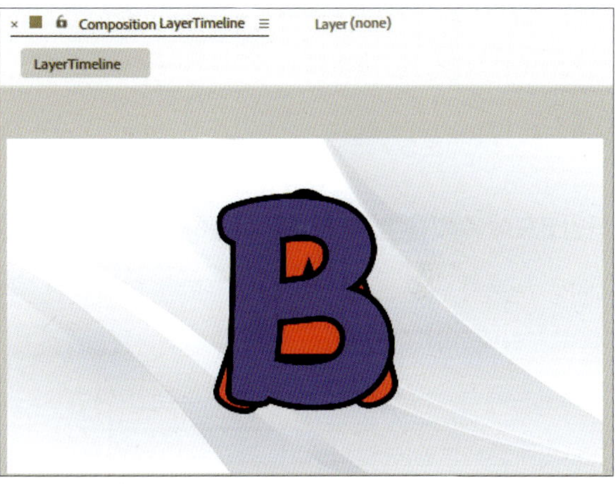

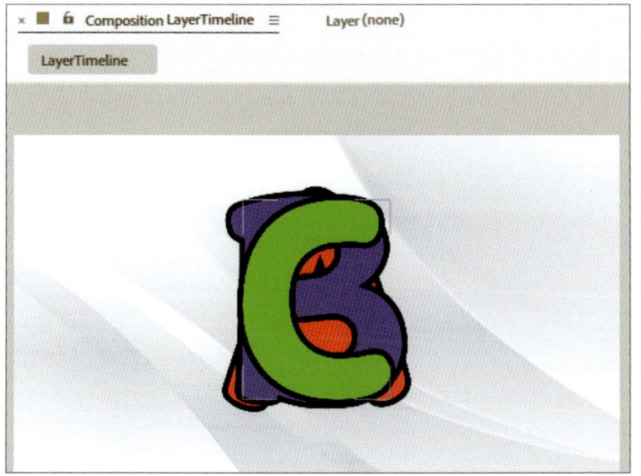

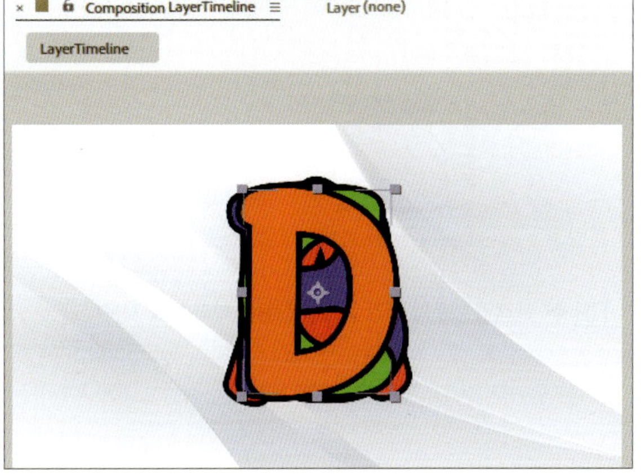

❺ 시간 이동하기

타임코드 모드 바꾸기

타임코드(Timecode)는 시, 분, 초, 프레임으로 시간을 표시하는 방식과 누적 프레임을 기준으로 하는 방식이 있습니다. '시:분:초:프레임' 형식으로 표시되며, 하단에 누적 프레임 수가 함께 나타납니다.

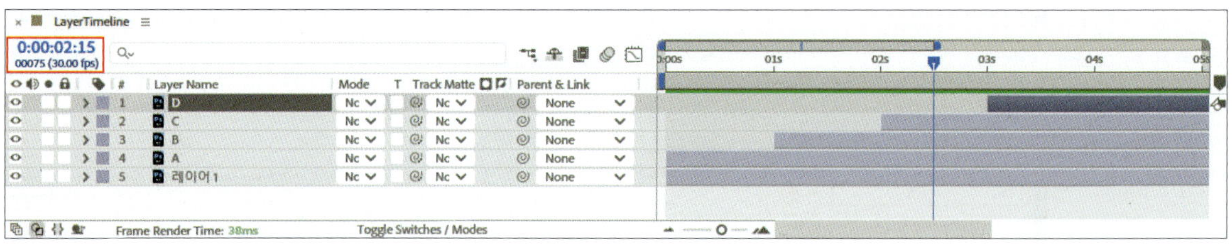

Ctrl을 누른 상태로 시간을 클릭하면 누적 프레임 수가 나타나고 아래에 '시:분:초:프레임' 방식이 나타납니다. 이때 Timeline 패널의 숫자도 모두 시간 기준에서 숫자로 바뀝니다.

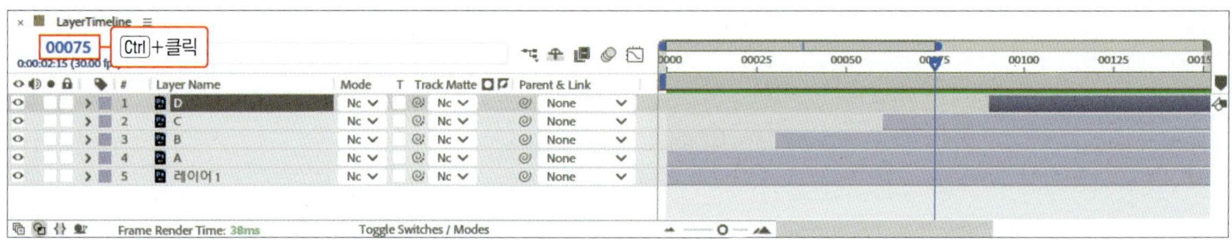

타임코드에 수치를 입력해 시간 이동하기 – 프레임 기준

Ctrl을 누르지 않은 상태에서 타임코드를 입력하면 시간을 입력할 수 있는 상태로 바뀝니다. 이때 프레임 수에 숫자를 입력하면 Timeline 패널의 현재 시간 표시기가 입력한 프레임으로 이동합니다.

타임코드에 '100'을 입력하고 Enter를 누르면 타임코드가 '00100'으로 바뀌면서 타임라인의 현재 시간 표시기가 100프레임으로 이동합니다.

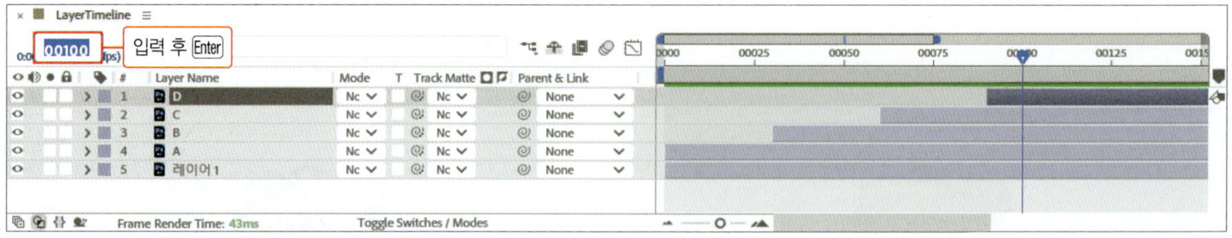

TIP ✦ 프레임 기준과 시간 기준을 상황에 따라 바꿔 사용하기

편집 단계에서는 초 단위 이동이 편리하지만, 애니메이션이나 모션 그래픽처럼 정밀한 타이밍 조정이 필요한 작업에서는 프레임 단위 이동이 훨씬 정확합니다. Ctrl을 활용해 시간 표시 방식을 상황에 맞게 전환하는 습관을 들이면, 작업 목적에 맞는 타이밍 조절이 훨씬 수월해집니다.

타임코드에 수치를 입력해 시간 이동하기 – 시간 기준

타임코드가 시간 기준일 때는 두 자릿수를 우선으로 하며 '시:분:초:프레임' 단위에 맞게 숫자가 계산되어 시간으로 나타납니다. 예를 들어, Framerate가 30일 때 '30' 이상의 숫자를 입력하면 1초로 이동합니다. '100'을 입력하면 뒤에서부터 두 자릿수를 기준으로 하여 1초로 이동합니다.

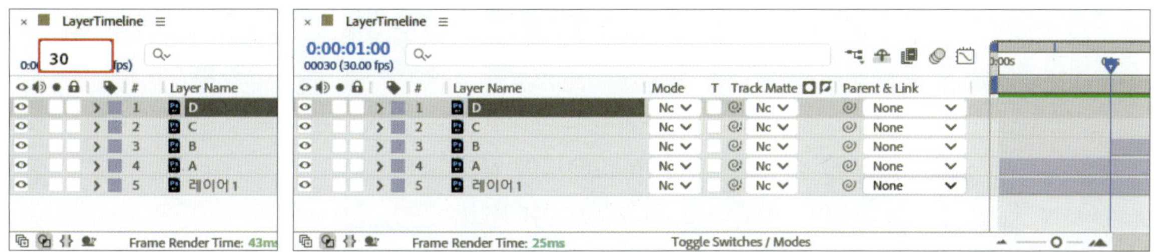

'250'을 입력하면 '8초 10프레임'을 입력하는 것과 같습니다. 30프레임당 1초이므로 250프레임÷30fps=8.33초이며, 소수점 0.33초는 10프레임(0.33×30프레임)에 해당합니다. 즉, 250프레임은 8초 10프레임입니다.

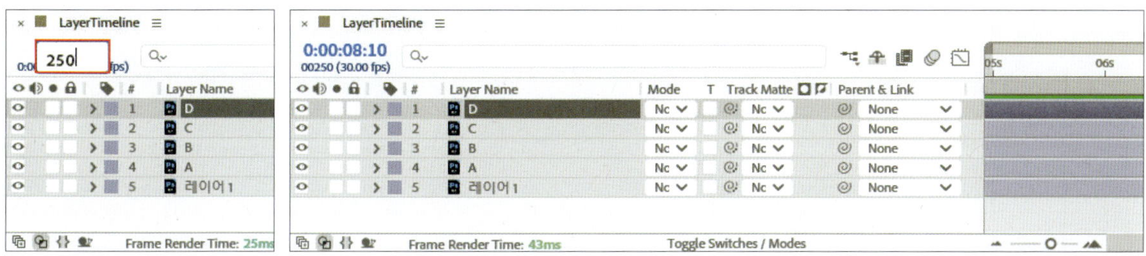

+, -를 이용해 시간 이동하기

Ctrl을 누르지 않은 상태에서 타임코드를 입력하면 시간을 입력할 수 있는 상태로 바뀝니다. 이때 프레임 수에 숫자를 입력하면 Timeline 패널의 현재 시간 표시기가 입력한 프레임으로 이동합니다.

타임코드가 '0:00:01:24'일 때 '+14'를 입력하고 Enter를 누르면 타임코드가 '0:00:01:24'로 바뀌면서 타임라인의 현재 시간 표시기가 1초 24프레임으로 이동합니다.

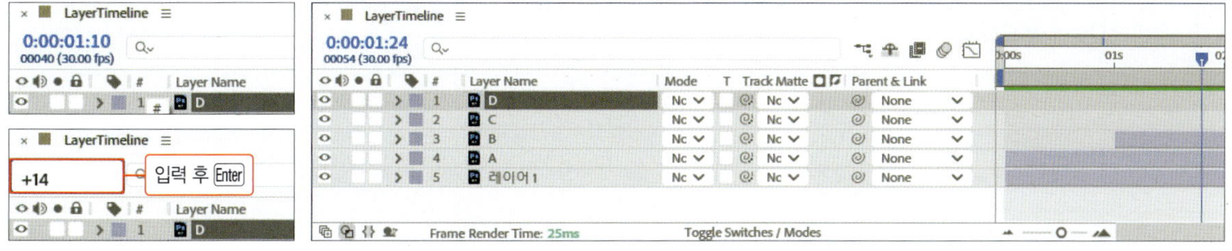

Part 04

애니메이션의 핵심, 속성과 키프레임

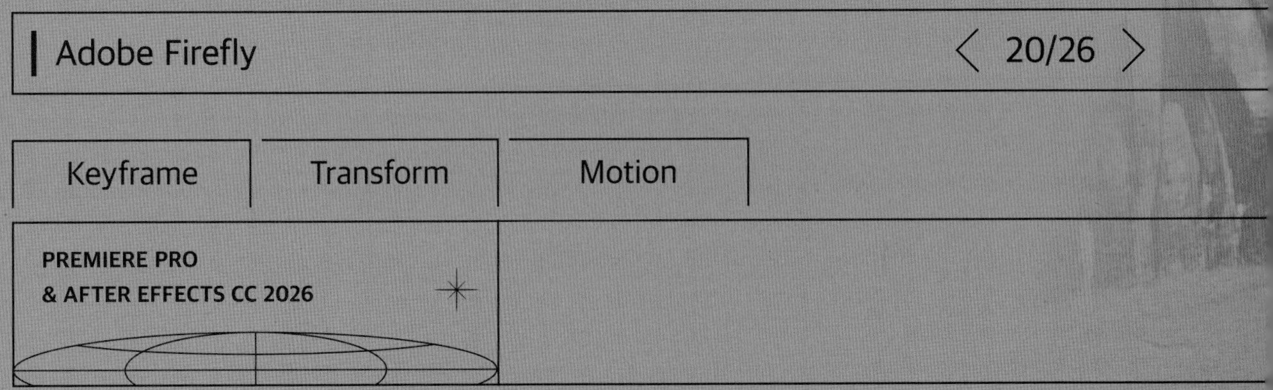

PREMIERE
26
Generate
PREMIERE
26

Ae

LESSON 04

따라 하며 배우는 키프레임 애니메이션

❶ 키프레임 애니메이션 이해하기

키프레임 알아보기

키프레임은 특정 시간에 데이터를 기록하는 역할을 합니다. 0초에 하나의 데이터를 기록하고 3초에 다른 데이터를 기록하면, 0초에서 3초로 시간이 흐르는 동안 데이터가 변화하며 애니메이션이 구현됩니다. Timeline 패널의 레이어에는 Position의 X축과 Y축이 있으며, 이 축은 왼쪽 아래를 기준으로 픽셀 위치를 나타냅니다. 예를 들어 왼쪽 그림의 택시 소스는 X축 위치가 '431', Y축 위치가 '832'입니다. 이처럼 시간에 따라 X축과 Y축의 위치를 기록하는 것이 키프레임(Keyframe)의 역할입니다.

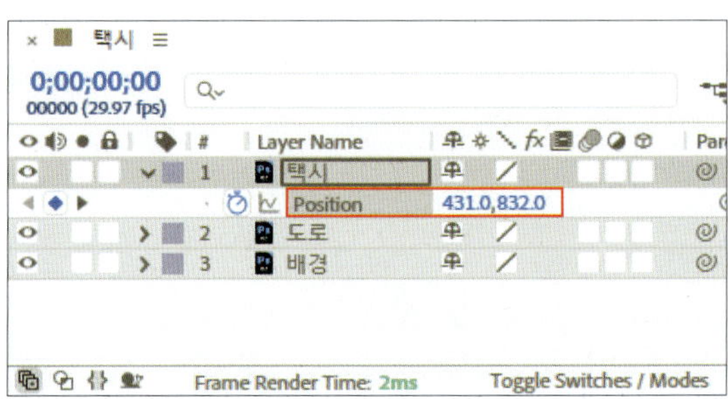

키프레임 만들기

애프터 이펙트에서 각종 항목 및 효과 변화 데이터 왼쪽에는 'Stop Watch' 아이콘(⏱)이 있습니다. 대표적으로 Timeline 패널에는 Position 왼쪽에 '키프레임' 아이콘(◇)이 있어 이 아이콘을 클릭하면 키프레임을 만들 수 있습니다. 키프레임이 만들어지면 마름모 형태의 아이콘(◆)이 표시되며, 키프레임이 위치한 시간에 데이터가 기록된 것입니다.

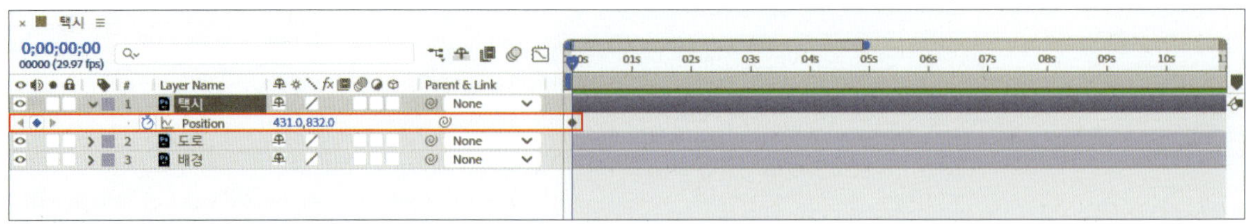

현재 시간 표시기를 이동하고 Position을 설정하면 자동으로 키프레임이 만들어집니다. 다음은 5초에 키프레임을 만들어 X축을 '1500', Y축을 '832'로 변화 데이터를 기록했습니다.

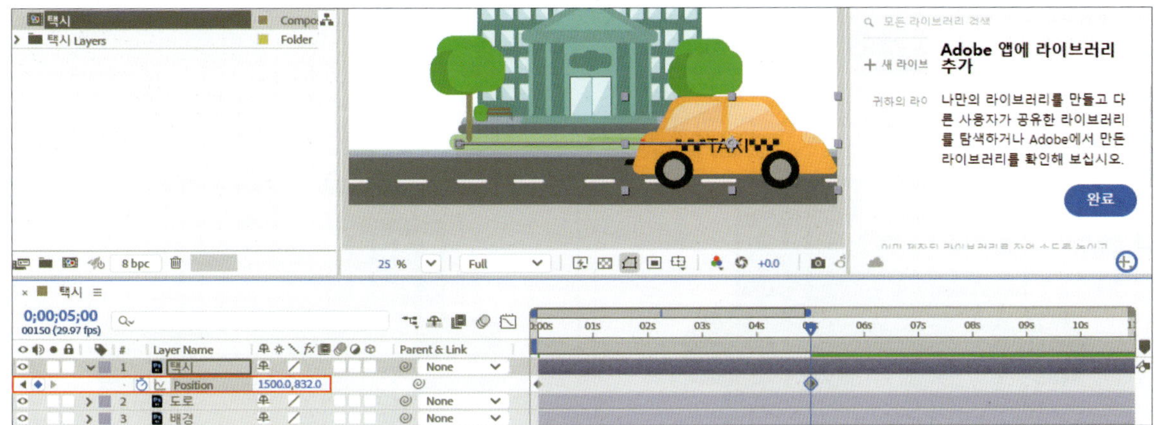

❷ 움직임을 만드는 다섯 가지 항목 살펴보기

애프터 이펙트의 움직임을 만드는 Transform 항목은 크게 다섯 가지로 구성되며, 이 구성 요소들을 통해서 레이어에 기본 움직임을 만듭니다. 각 레이어에는 기본으로 하나의 항목(Transform)이 있습니다. 레이어 레이블(Label) 왼쪽의 '>'를 클릭하면 Transform 항목이 표시됩니다. 다시 Transform 왼쪽의 '>'를 클릭하면 숨겨진 하위 속성을 표시할 수 있습니다.

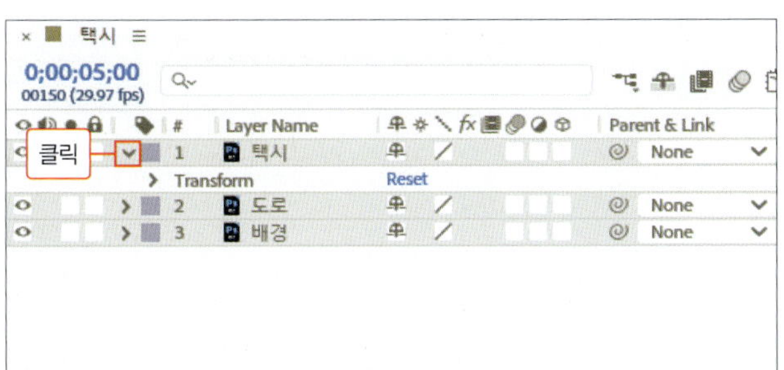

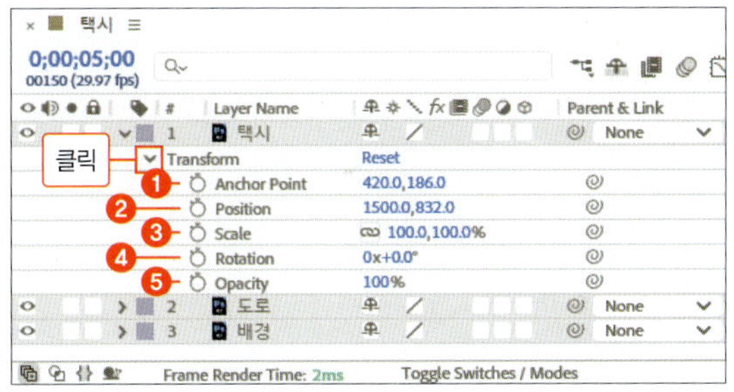

❶ **Anchor Point(기준점)** : 레이어 기준점을 뜻합니다. 레이어에는 각각의 기준점이 있고 이 기준점을 통해 위치, 회전, 크기에 변화를 만들 수 있습니다. 기본으로 X, Y 값이 표시되며 3D 레이어 기능을 활성화하면 Z 값도 표시됩니다.

❷ **Position(위치)** : 레이어의 위치 변화 애니메이션을 만들 수 있습니다. 기본으로 X, Y 값이 표시되며 3D 레이어 기능을 활성화하면 Z 값도 표시됩니다.

❸ **Scale(크기)** : 레이어의 크기 변화 애니메이션을 만들 수 있습니다. 기본으로 X, Y 값이 표시되며 3D 레이어 기능을 활성화하면 Z 값도 표시됩니다.

❹ **Rotation(회전)** : 레이어의 회전 변화 애니메이션을 만들 수 있습니다. 기본으로 X, Y 값이 표시되며 3D 레이어 기능을 활성화하면 Z 값도 표시됩니다.

❺ **Opacity(불투명도)** : 사전적 의미는 '반투명'을 뜻하며, 레이어 불투명도를 설정할 수 있습니다. 100%일 때는 모두 보이고, 0%일 때는 투명해집니다.

EASY 실습 자유롭게 위치 이동하기

애니메이션에서 가장 쉽게 적용할 수 있는 위치를 이동해 봅니다.

01 애프터 이펙트 → 04 폴더에서 '택시.aep' 파일을 불러옵니다.

02 컴포지션 시간을 설정하기 위해 메뉴에서 [Composition] → Composition Settings(Ctrl+K)를 실행합니다.

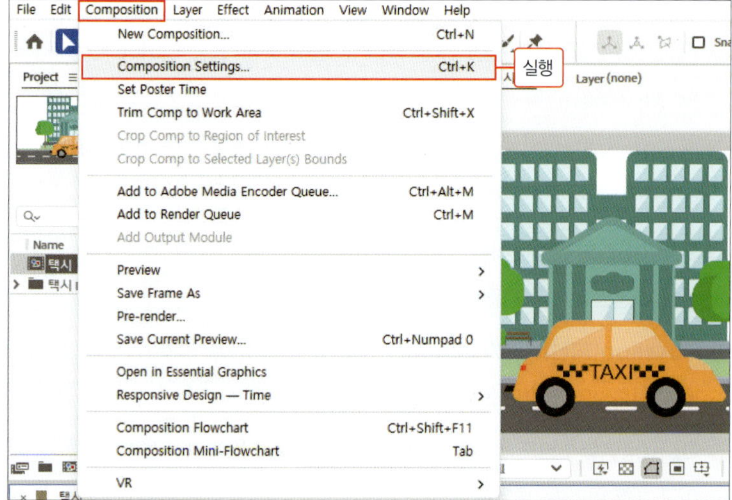

03 Composition Settings 대화상자가 표시되면 ❶ Duration에 '0:00:05:00'을 입력하고 ❷ 〈OK〉 버튼을 클릭합니다.

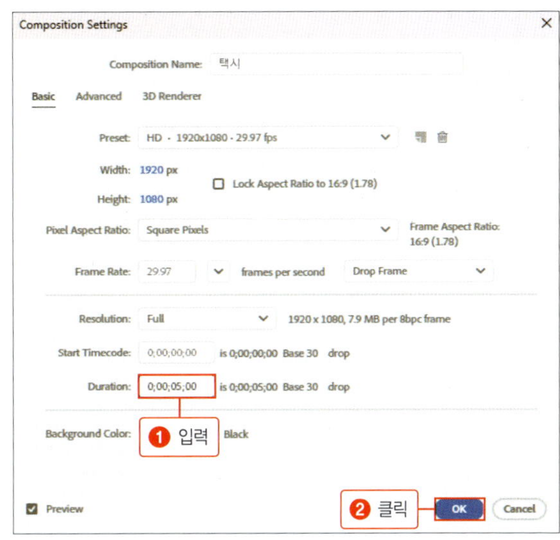

04 전체 작업 시간이 '5초'로 설정됩니다. 기본 애니메이션을 적용하기 위해 ❶ Timeline 패널에서 '택시' 레이어를 선택한 다음 ❷ '>'를 클릭하여 Transform 항목을 표시합니다.

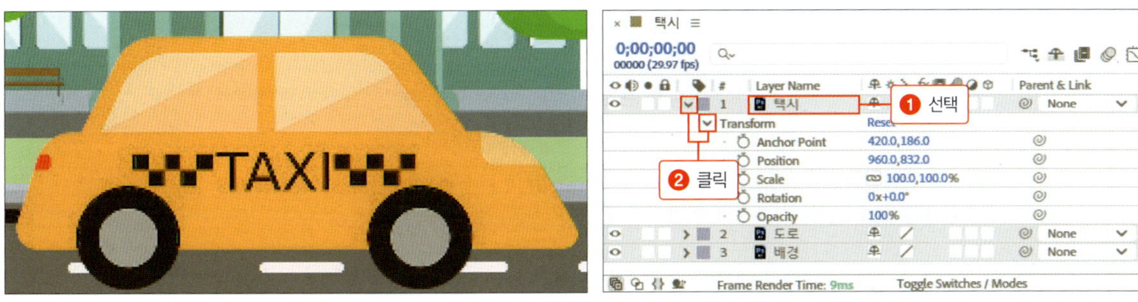

05 왼쪽에서 오른쪽으로 지나가는 애니메이션을 만들기 위해 먼저 Timeline 패널에서 현재 시간 표시기를 '2초(0:00:02:00)'로 이동합니다.

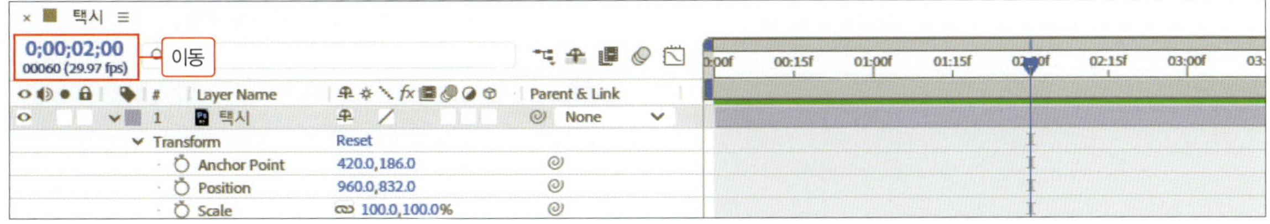

06 ❶ Position 왼쪽의 'Stop Watch' 아이콘(⏱)을 클릭하여 키프레임을 만들고 ❷ X를 '2200.0'으로 설정합니다.

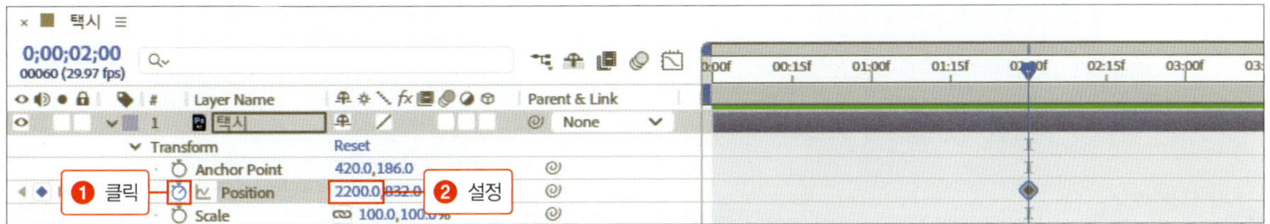

07 현재 시간 표시기를 '0초(0:00:00:00)'로 이동합니다.

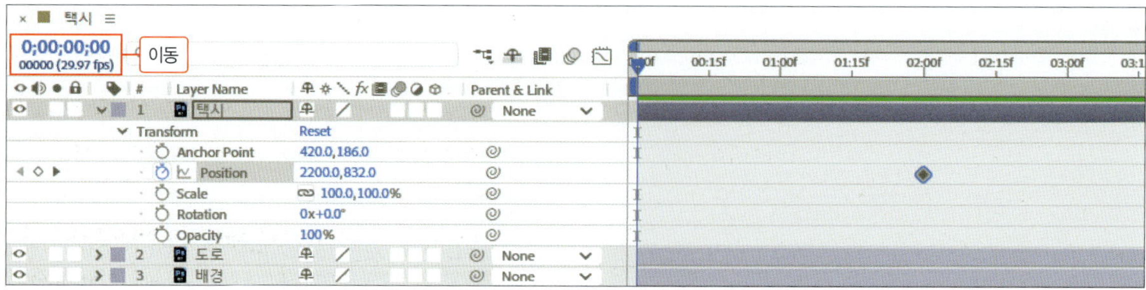

08 '택시' 레이어가 도로 왼쪽에 위치하도록 Position의 X를 '–400.0'으로 설정합니다.

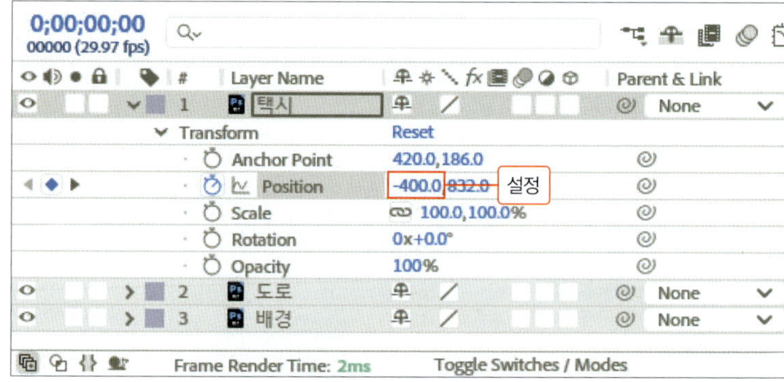

09 도로 왼쪽으로 택시가 이동합니다. 자동으로 키프레임이 만들어져 애니메이션이 적용된 것을 확인할 수 있습니다.

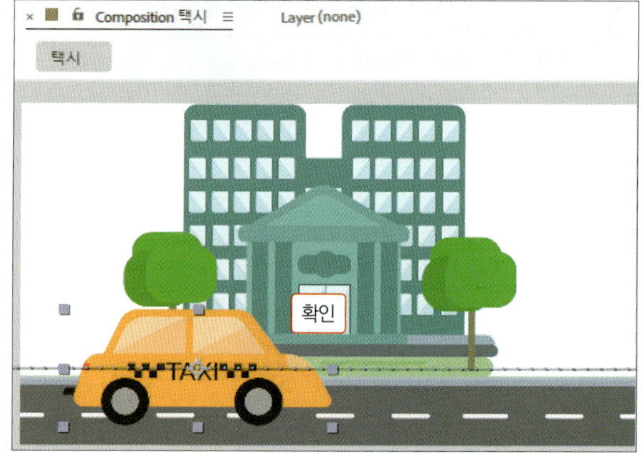

10 Timeline 패널에서 현재 시간 표시기를 이동하거나 Spacebar 또는 0을 눌러 애니메이션을 확인할 수 있습니다.

• **실습파일** : 애프터 이펙트\04\생일축하.aep • **완성파일** : 애프터 이펙트\04\생일축하_완성.aep

EASY 실습 원하는 대로 크기 조절하기

Scale을 설정하여 애니메이션에서 크기를 조절해 봅니다.

01 애프터 이펙트 → 04 폴더에서 '생일축하.aep' 파일을 불러옵니다.
❶ Timeline 패널에서 '케익' 레이어를 선택하고 ❷ Transform 항목을 표시합니다.

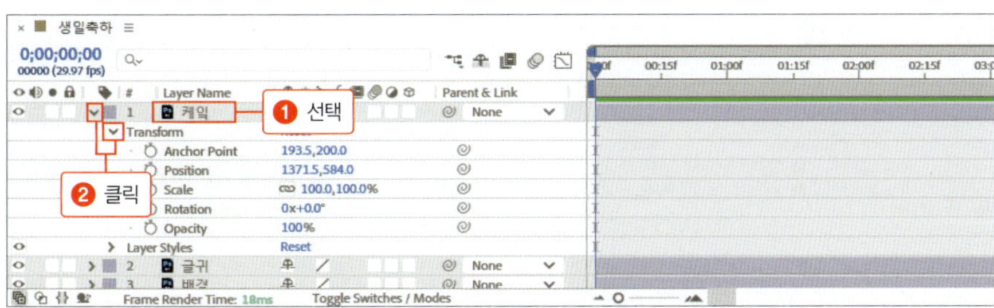

02 ❶ Timeline 패널에서 현재 시간 표시기를 '0초'로 이동합니다. ❷ Scale을 '0.0%'로 설정한 다음 ❸ 왼쪽의 'Stop Watch' 아이콘(⏱)을 클릭하여 키프레임을 만듭니다.

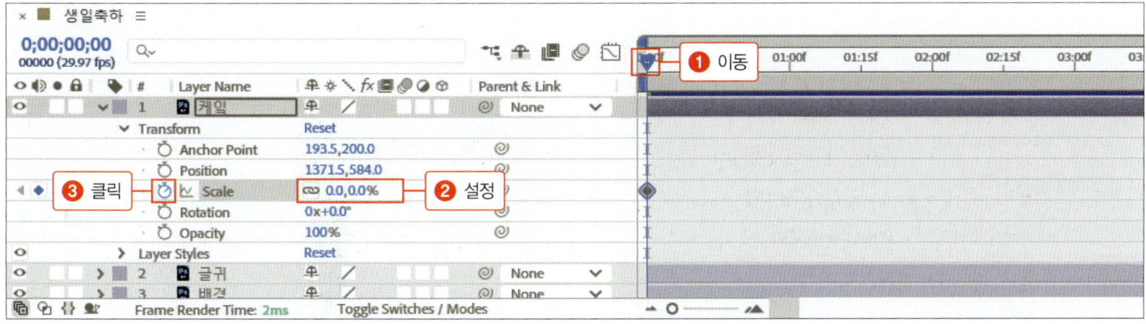

TIP
'Stop Watch' 아이콘(⏱)을 클릭해 키프레임을 만들면 해당 아이콘이 파란색으로 표시되고 Timeline 패널의 빈 부분을 클릭해서 선택을 해제하면 회색으로 표시됩니다.

03 ❶ 현재 시간 표시기를 '3초(0:00:03:00)'로 이동하고 ❷ Scale을 '210.0%'로 설정하면 크기가 조절되면서 자동으로 키프레임이 만들어집니다.

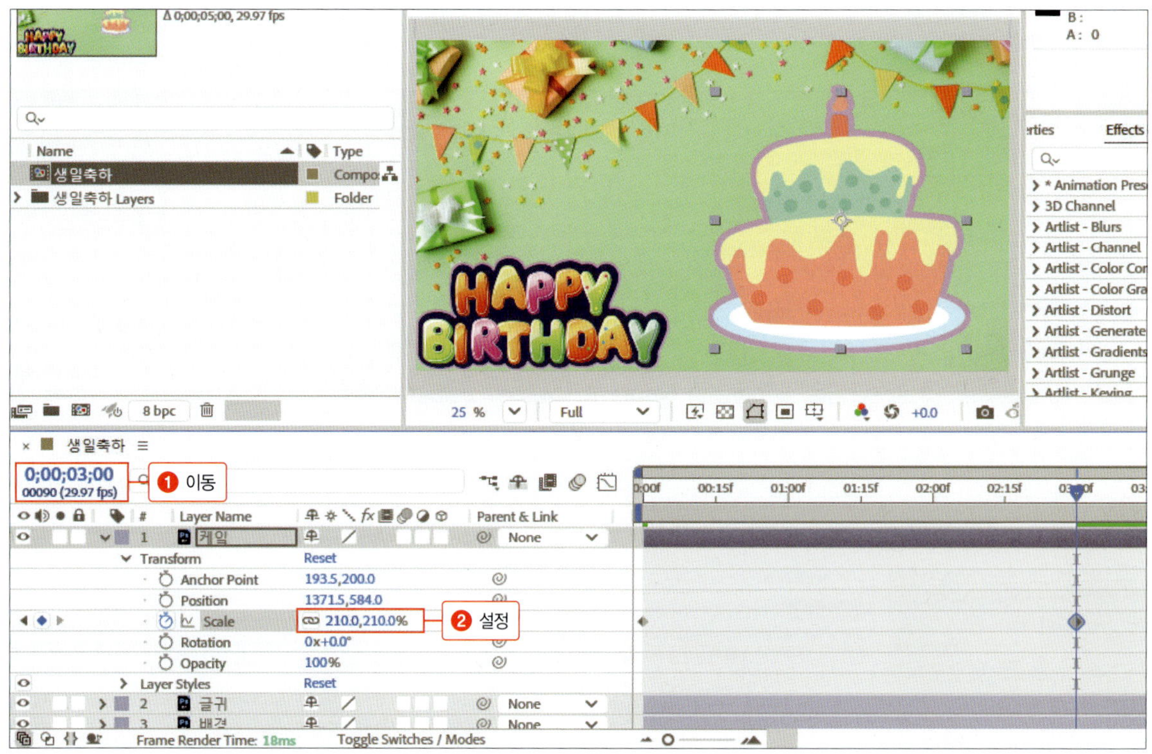

04 Timeline 패널에서 현재 시간 표시기를 이동하거나 Spacebar 또는 0을 눌러 애니메이션을 확인할 수 있습니다. 케이크가 점차 확대되는 애니메이션이 나타납니다.

• **실습파일** : 애프터 이펙트\04\나침반.aep • **완성파일** : 애프터 이펙트\04\나침반_완성.aep

EASY 실습 중심축을 중심으로 회전하기

Rotation을 설정해 중심축을 중심으로 회전하는 애니메이션을 만들어 봅니다.

01 애프터 이펙트 → 04 폴더에서 '나침반.aep' 파일을 불러옵니다.
❶ Timeline 패널에서 '자침' 레이어를 선택하고 ❷ Transform 항목을 표시합니다.

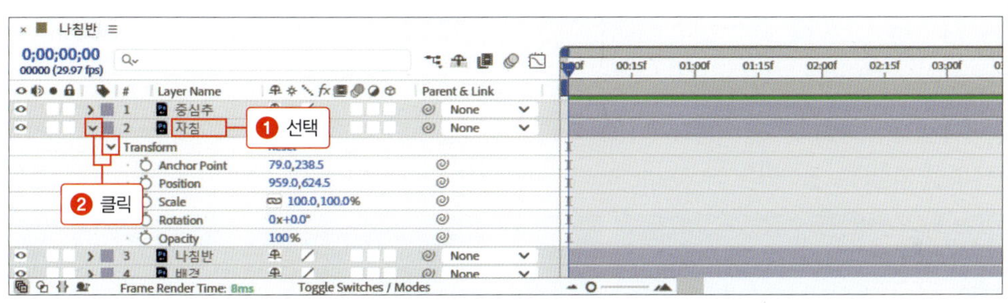

02 ❶ Timeline 패널에서 현재 시간 표시기를 '0초(0:00:00:00)'로 이동합니다. ❷ Rotation 왼쪽의 'Stop Watch' 아이콘(⏱)을 클릭하여 키프레임을 만듭니다.

03 ❶ 현재 시간 표시기를 '3초(0:00:03:00)'로 이동한 다음 ❷ Rotation을 '3x+0.0°'로 설정해 회전 애니메이션을 만듭니다.

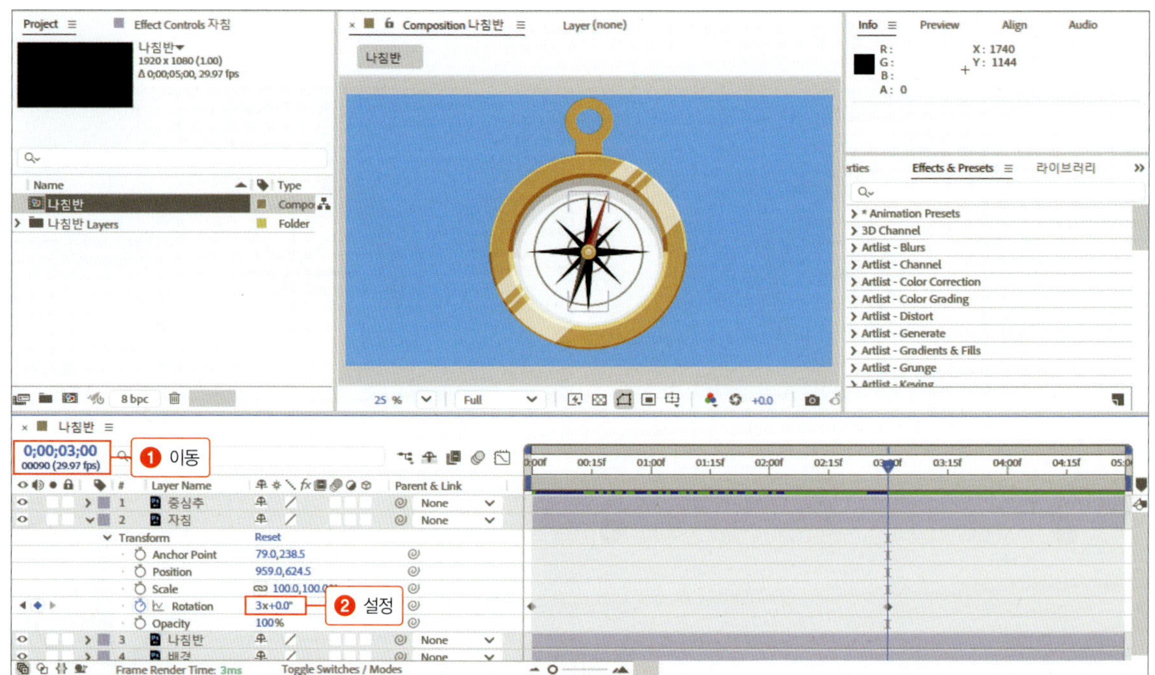

04 Timeline 패널에서 현재 시간 표시기를 이동하거나 Spacebar 또는 0을 눌러 애니메이션을 확인할 수 있습니다. 나침반 자침이 중심축을 기준으로 돌아가는 애니메이션이 나타납니다.

EASY 실습 불투명도 조절하기

Opacity를 설정하여 점차 사라지는 불투명도 애니메이션을 만들어 봅니다.

01 애프터 이펙트 → 04 폴더에서 '할로윈.aep' 파일을 불러옵니다.
❶ Timeline 패널에서 '유령' 레이어를 선택하고 ❷ Transform 항목을 표시합니다.

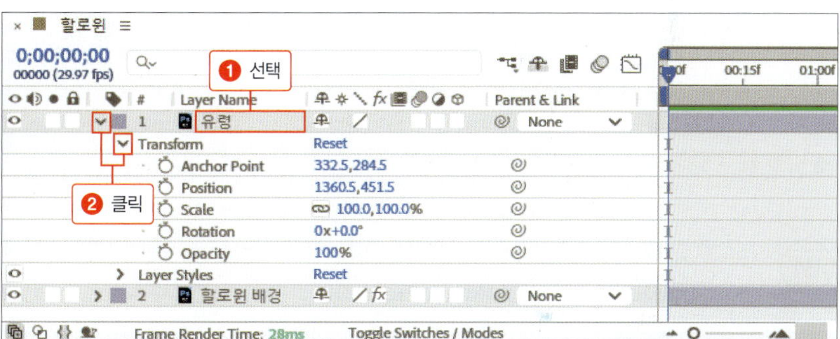

02 ❶ Timeline 패널에서 현재 시간 표시기를 '0초(0:00:00:00)'로 이동합니다. ❷ Opacity 왼쪽 'Stop Watch' 아이콘(⏱)을 클릭하여 키프레임을 만듭니다.

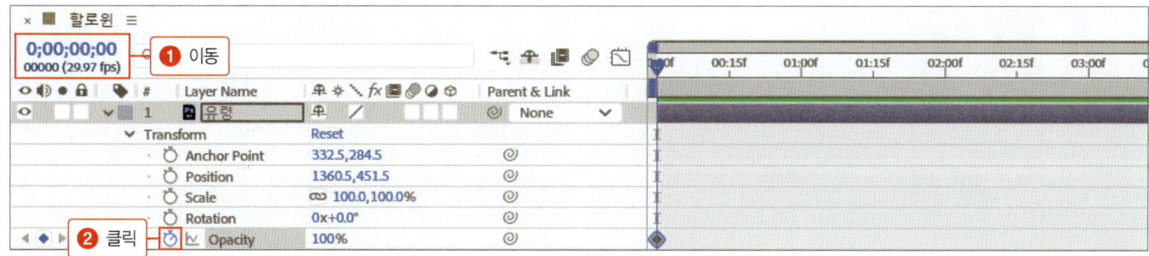

TIP ✧

타임라인에서 레이어를 선택한 뒤 T를 누르면 해당 레이어의 Opacity(투명도) 속성만 빠르게 표시됩니다. 불필요한 속성을 모두 접은 상태에서 필요한 항목만 바로 확인할 수 있어 투명도 애니메이션 작업 시 특히 유용합니다. 여기서 T는 Transparency의 약자입니다.

03 ❶ 현재 시간 표시기를 '3초(0:00:03:00)'로 이동하고 ❷ Opacity를 '0%'로 설정하여 점차 투명해지는 애니메이션을 만듭니다.

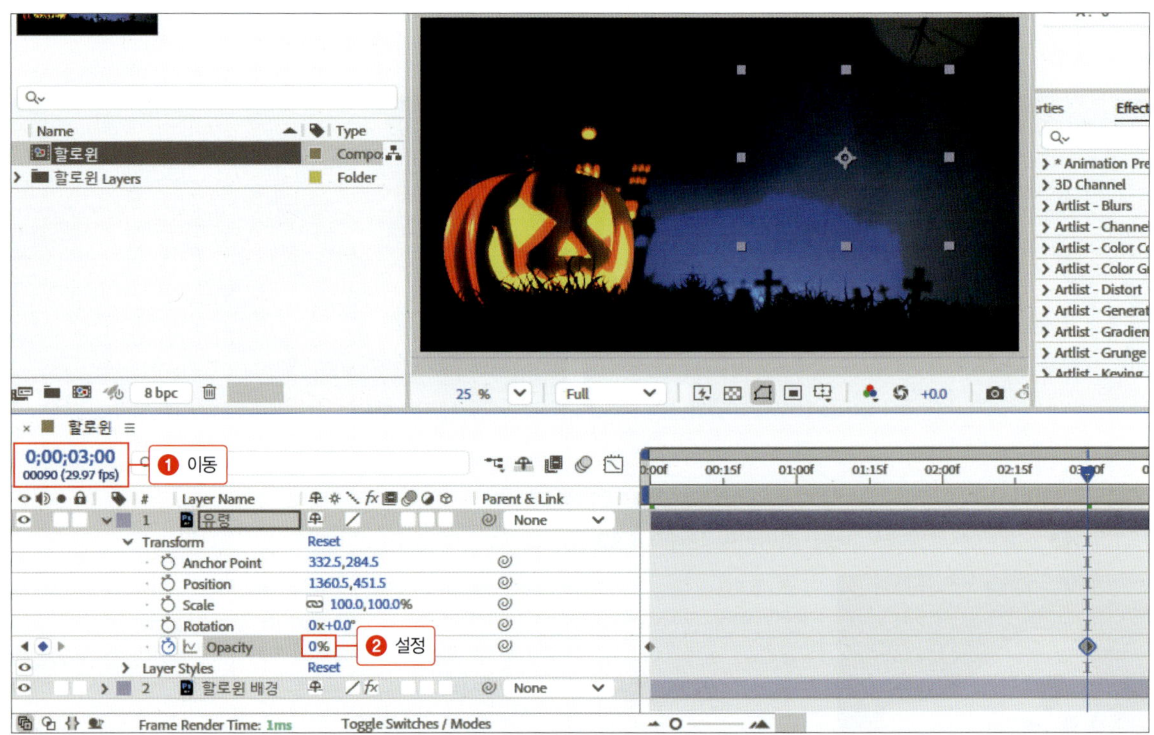

04 Timeline 패널에서 현재 시간 표시기를 이동하거나 Spacebar 또는 0을 눌러 애니메이션을 확인할 수 있습니다. 유령이 점차 사라지는 애니메이션이 나타납니다.

EASY 실습 다양한 레이어 속성을 적용한 애니메이션 만들기

단축키를 이용하여 Transform 항목의 여러 속성을 한 레이어에 동시에 적용해 애니메이션을 만들어 봅니다.

Before

After

01 애프터 이펙트 → 04 폴더에서 '서울.aep' 파일을 불러옵니다.
❶ 키프레임 애니메이션을 적용할 'Night' 레이어를 선택하고 ❷ P를 눌러 Position을 표시한 다음 ❸ Shift+T를 눌러 Opacity도 표시합니다.

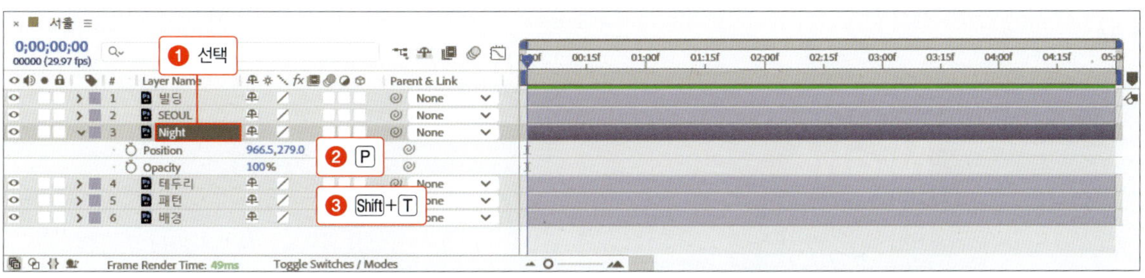

02 ❶ 현재 시간 표시기를 '0초(0:00:00:00)'로 이동하고 ❷ Position과 Opacity의 'Stop Watch' 아이콘(⏱)을 클릭해 키프레임을 만듭니다.

03 ❶ 현재 시간 표시기를 '2초(0:00:02:00)'로 이동하고 ❷ Position의 Y축을 '580.0'으로 설정한 다음 ❸ Opacity를 '0%'로 설정하면 자동으로 키프레임이 만들어집니다. 텍스트가 빌딩 뒤로 내려가면서 점점 투명해지는 효과가 적용됩니다.

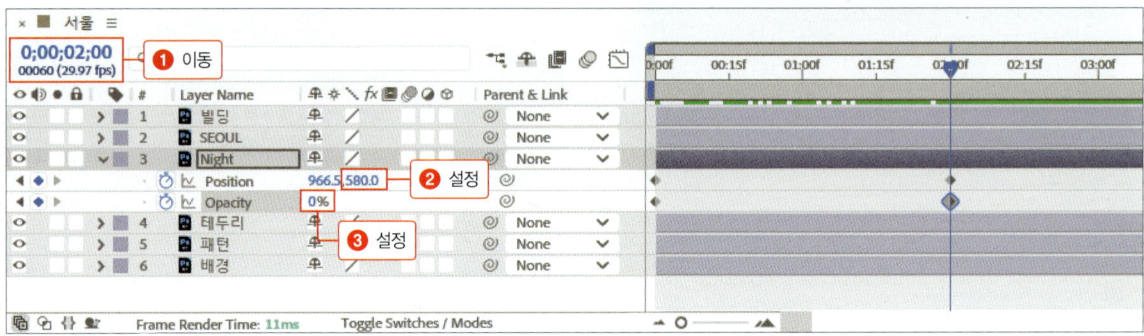

04 Timeline 패널에서 현재 시간 표시기를 이동하거나 Spacebar 또는 0을 눌러 애니메이션을 확인할 수 있습니다.

TIP

Position, Rotation, Scale, Opacity, Anchor Point 속성을 용도에 맞게 조합해 기본 애니메이션을 만들 수 있습니다. 또한 키프레임을 드래그하여 애니메이션 속도도 자유롭게 조절할 수 있습니다.

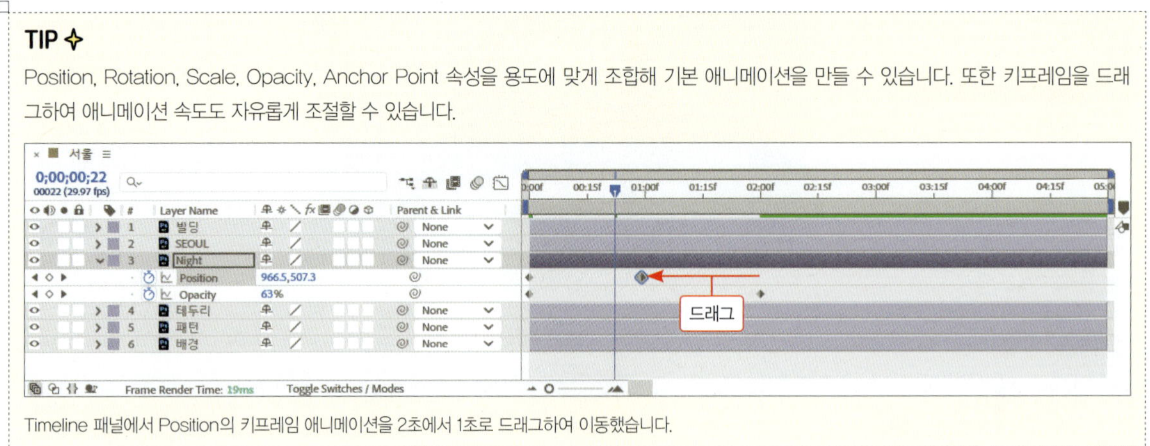

Timeline 패널에서 Position의 키프레임 애니메이션을 2초에서 1초로 드래그하여 이동했습니다.

EASY 실습 경로에 따라 방향 자동 전환하기

애프터 이펙트에서 Orient는 방향을 의미합니다. Auto-Orient 기능은 움직임에 따라 방향을 자동 전환하는 것으로, 위치 변화에 따라 방향을 바꿔 봅니다.

01 애프터 이펙트 → 04 폴더의 '패스 움직임.aep' 파일을 컴포지션으로 불러옵니다. 이전에 작업한 패스 형태대로 움직임을 구현한 프로젝트가 열립니다.

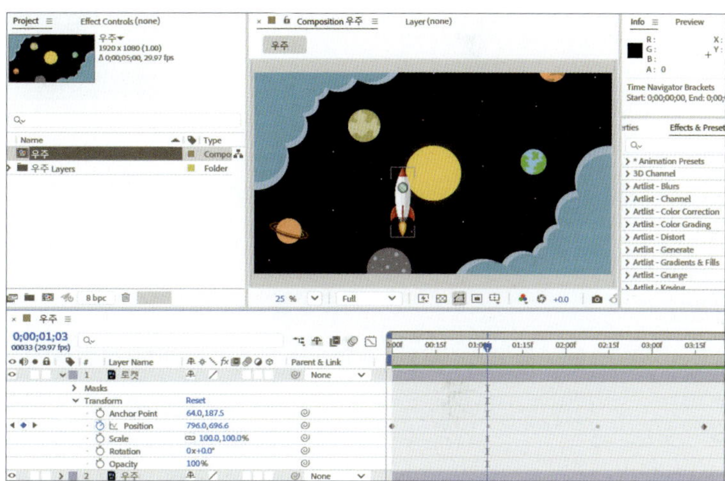

02 ❶ Timeline 패널에서 '로켓' 레이어를 선택하고 ❷ 마우스 오른쪽 버튼을 클릭한 다음 ❸ Transform → Auto-Orient(Ctrl+Alt+O)를 실행합니다.

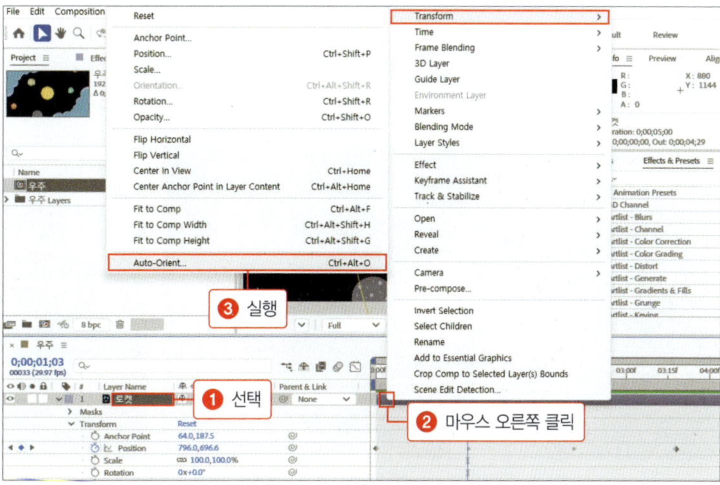

TIP

메뉴에서 (Layer) → Transform → Auto-Orient(Ctrl+Alt+O)를 실행해도 됩니다.

03 Auto-Orientation 대화상자가 표시되면 ❶ 'Orient Along Path'를 선택하고 ❷ 〈OK〉 버튼을 클릭합니다.

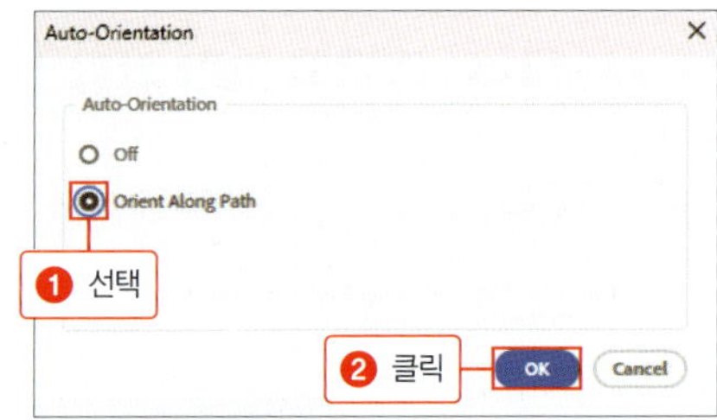

04 객체 이동 방향이 달라집니다. 램 프리뷰를 통해 재생하면 Auto-Orient 기능으로 움직이는 방향에 따라 객체가 회전합니다.

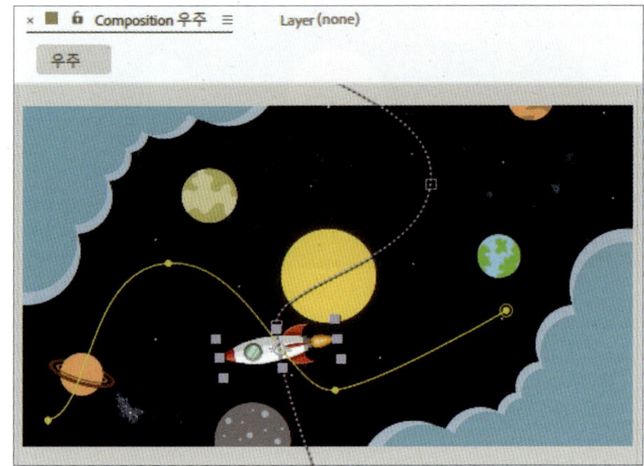

05 현재는 의도하던 움직임이 아니므로 Rotation을 수정해야 합니다. Timeline 패널에서 Rotation을 '0x+77°.0'으로 설정하여 로켓을 기존과 다르게 회전합니다.

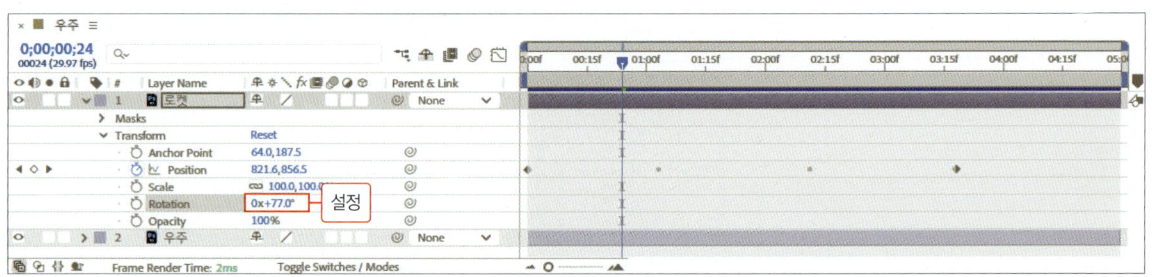

06 다시 램 프리뷰를 통해 재생하면 Auto-Orient 기능으로 움직이는 방향에 따라 객체가 한층 자연스러워진 것을 확인할 수 있습니다. 적용 전과 비교하면 로켓이 진행 방향에 따라 자동으로 회전하는 모습을 볼 수 있습니다.

EASY 실습 애니메이션처럼 관절 모션 만들기

퍼핏 밴드 핀 도구의 밴드 기능은 캐릭터 애니메이션 작업에서 가장 유용한 기능 중 하나입니다. 사람의 관절은 어깨, 팔꿈치, 손목 등 연결 부위에서 회전하는데, 밴드 기능을 사용하면 퍼핏 회전 작업 시 이러한 자연스러운 움직임을 효과적으로 만들 수 있습니다.

01 애프터 이펙트 → 04 폴더에서 '고양이.psd' 파일을 컴포지션으로 불러옵니다.

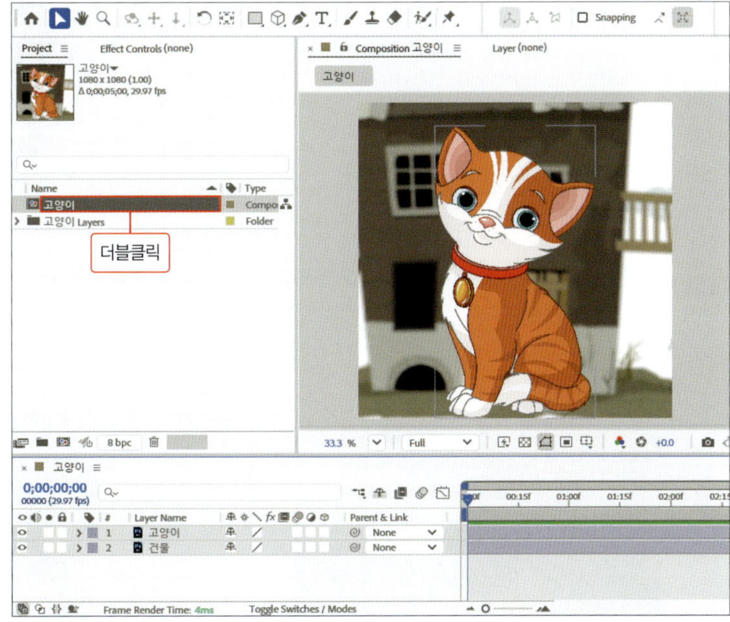

TIP

Shift를 누른 상태에서 추가로 키를 누르면 해당 속성과 함께 다른 속성도 볼 수 있습니다. 다음의 단축키들을 활용하면 작업 시간을 줄일 수 있습니다.

- P : Position(위치)을 표시합니다.
- A : Anchor Point(기준점)를 표시합니다.
- S : Scale(크기)을 표시합니다.
- R : Rotation(회전)을 표시합니다.
- T : Opacity(불투명도)를 표시합니다.
- U : 키프레임이 적용된 Transform 항목이 표시됩니다.

02 ❶ Tools 패널에서 퍼핏 포지션 핀 도구(📌)를 선택하고 ❷ Timeline 패널에서 '고양이' 레이어를 선택합니다.

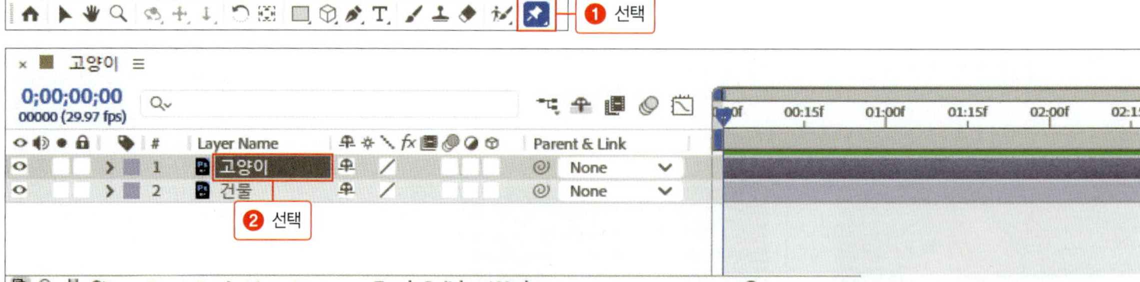

03 고양이 머리를 제외한 몸과 꼬리 부분에 그림과 같이 일정 간격을 두고 클릭하여 핀을 추가합니다.

TIP

여러 가지 방법이 있지만, 퍼핏 포지션 핀 도구로 핀을 추가하는 방법이 움직이지 않아야 할 부분을 고정할 때 가장 쉬운 방법입니다.

04 함께 움직이도록 ❶ Tools 패널에서 퍼핏 포지션 핀 도구(📌)를 길게 클릭해 표시되는 ❷ 핏 스타치 핀 도구(📌)를 선택합니다. ❸ 고양이 얼굴 주위에 그림과 같이 핀을 추가합니다. 밴드가 적용된 주변에 적용하면 자연스러운 결과물을 만들 수 있습니다.

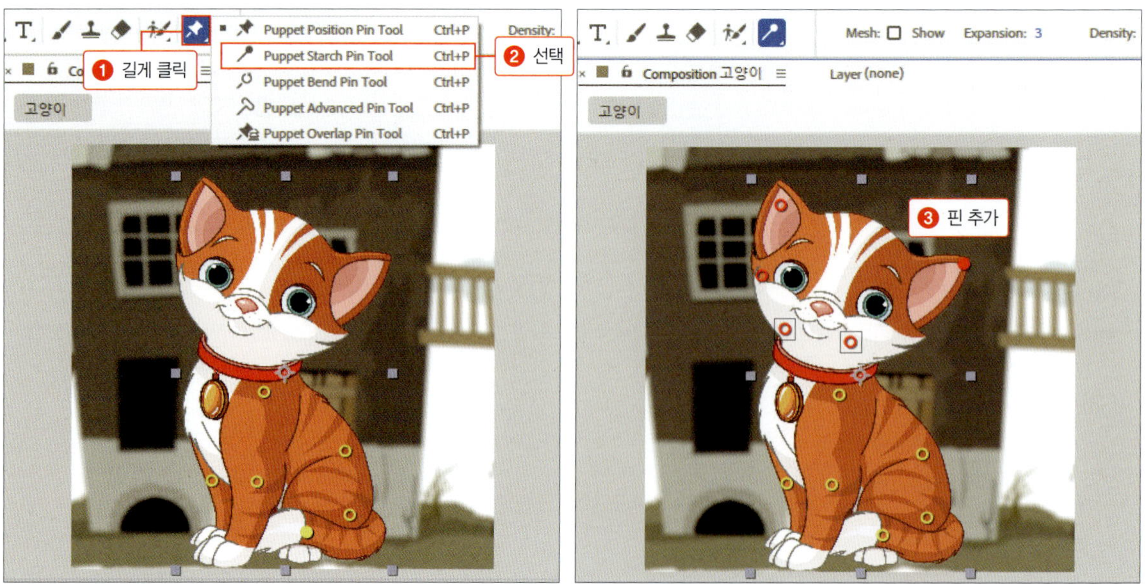

05 ❶ Tools 패널에서 퍼핏 스타치 도구( )를 길게 클릭하여 표시되는 ❷ 퍼핏 밴드 핀 도구( )를 선택합니다. ❸ 그림과 같이 고양이 얼굴 부분을 클릭하여 핀을 추가합니다.

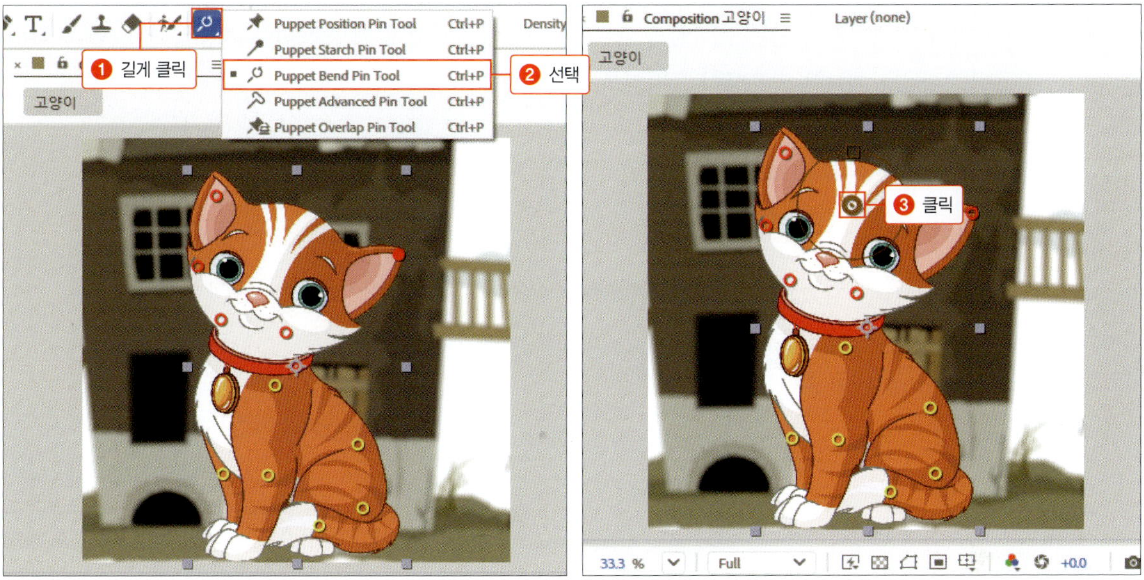

TIP

퍼핏 밴드 핀 도구를 이용하면 관절이 회전하는 움직임을 더 효율적으로 작업할 수 있습니다.

06 Timeline 패널에서 Puppet Pin을 확인하면 키프레임이 포함된 Bend 속성을 확인할 수 있습니다. 이 기능을 이용해 고양이 얼굴의 움직임을 만들 수 있습니다. 현재 시간 표시기를 이동하며 시간대별로 수치를 조절하여 키프레임 애니메이션을 만듭니다.

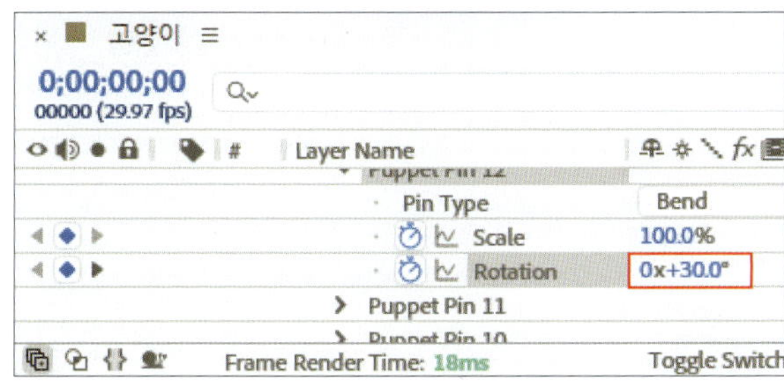

퍼핏 밴드 핀 도구의 Rotaion을 '+30.0°'로 설정했을 때

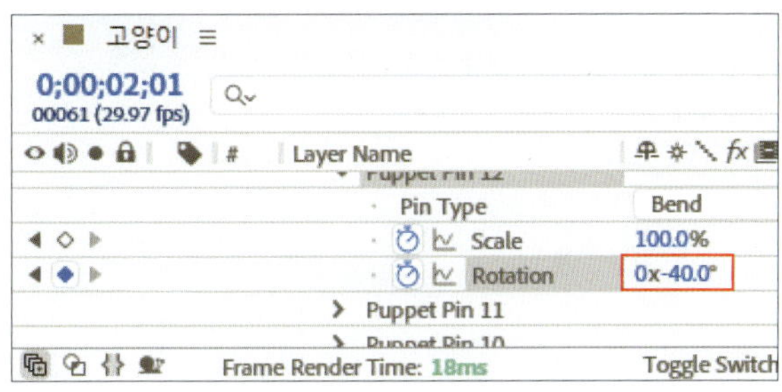

퍼핏 밴드 핀 도구의 Rotaion을 '–40.0°'로 설정했을 때

EASY 실습 레이어에 움직임 만들기

Parent 기능은 하나의 레이어에 만든 움직임을 다른 레이어에 연결해 함께 적용하는 기능입니다. 반복 작업을 줄이는 유용한 Parent 기능을 활용하여 움직임을 만들어 봅니다.

01 애프터 이펙트 → 04 폴더에서 '바벨.aep' 파일을 컴포지션으로 불러옵니다.

Timeline 패널에서 현재 시간 표시기를 좌우로 드래그하여 움직여서 '0초' 부분을 제외하면 '봉' 레이어만 독립적으로 움직이는 것을 확인할 수 있습니다.

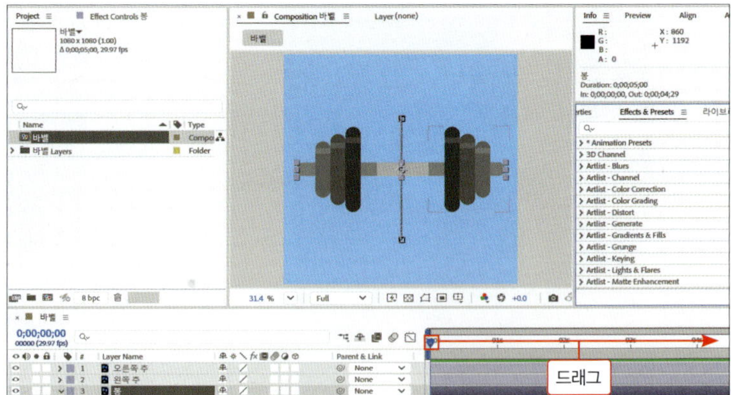

02 Timeline 패널의 Parent & Link 항목이 없으면 ❶ Layer Name 항목에서 마우스 오른쪽 버튼을 클릭하고 ❷ Columns → Parent & Link를 실행합니다.

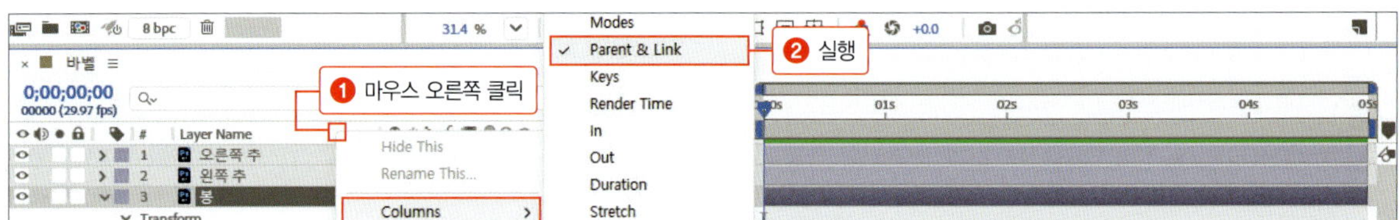

03 Timeline 패널에서 '오른쪽 추' 레이어의 Parent & Link 항목을 '3. 봉'으로 지정해 '봉' 레이어를 따라가도록 합니다.

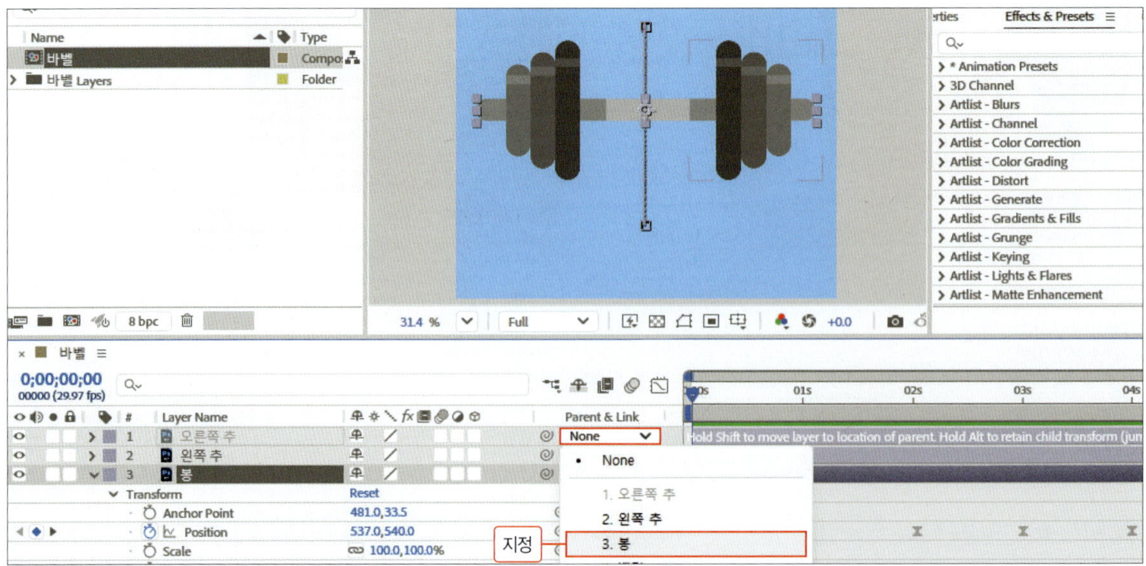

04 이번에는 다른 방법으로 Parent를 설정하는 방법을 알아봅니다. '왼쪽 추' 레이어의 Parent & Link 항목에서 '로프' 아이콘(◎)을 '봉' 레이어로 드래그하여 연결합니다.

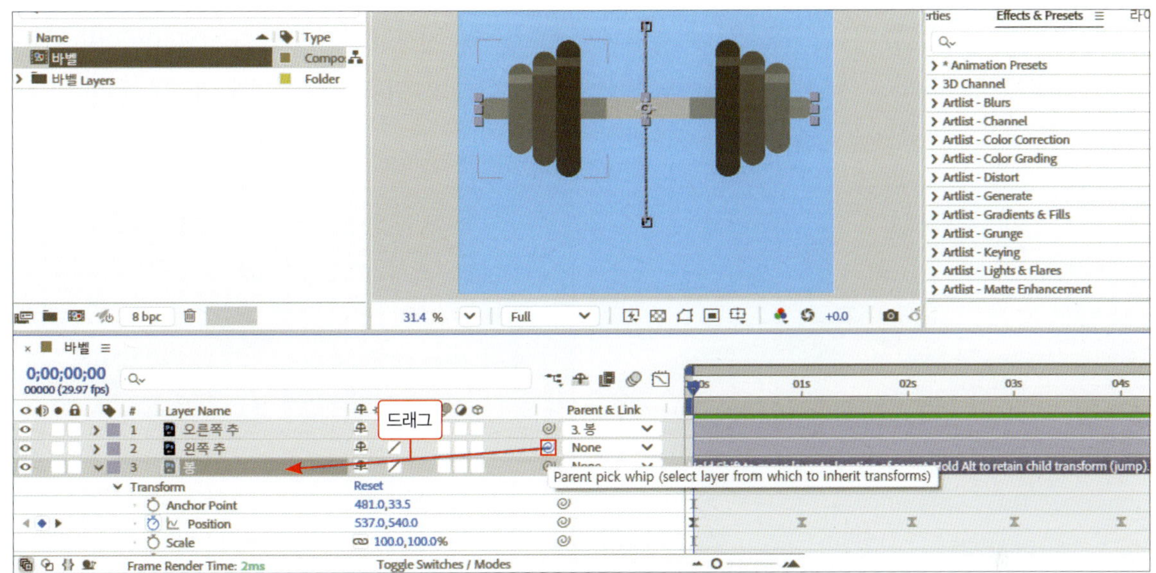

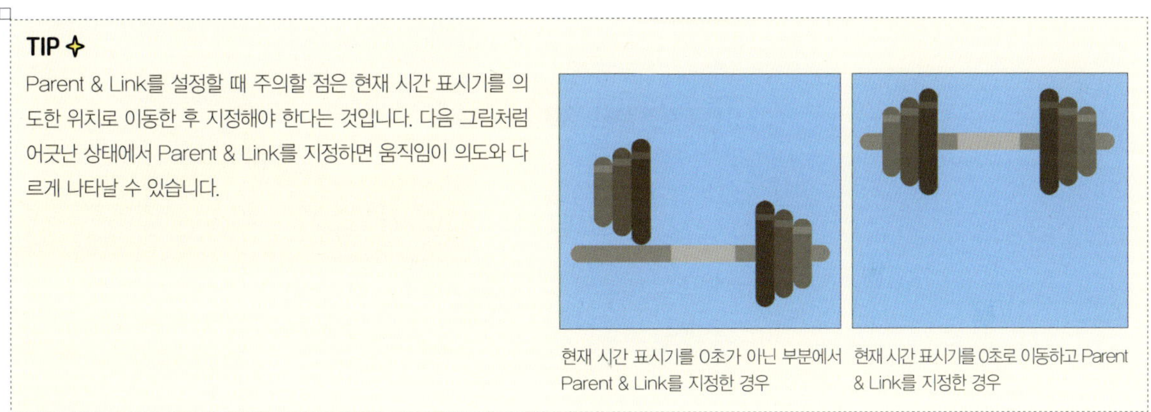

TIP

Parent & Link를 설정할 때 주의할 점은 현재 시간 표시기를 의도한 위치로 이동한 후 지정해야 한다는 것입니다. 다음 그림처럼 어긋난 상태에서 Parent & Link를 지정하면 움직임이 의도와 다르게 나타날 수 있습니다.

현재 시간 표시기를 0초가 아닌 부분에서 Parent & Link를 지정한 경우

현재 시간 표시기를 0초로 이동하고 Parent & Link를 지정한 경우

05 램 프리뷰를 재생하면 '봉' 레이어에 연결된 '오른쪽 추', '왼쪽 추' 레이어를 확인할 수 있습니다.

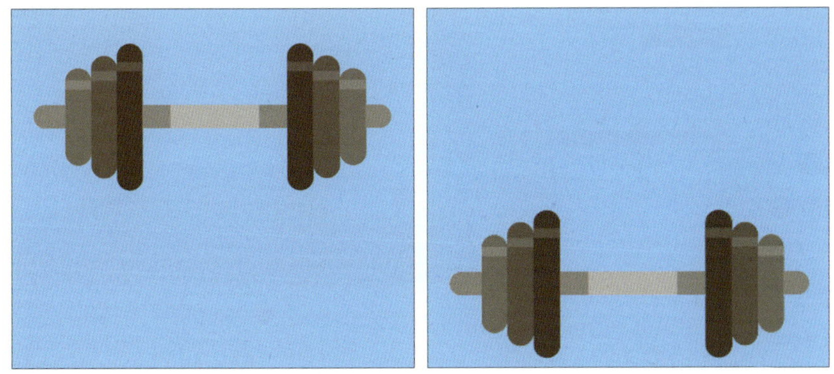

EASY 실습 움직임에 따른 모션 블러 적용하기

빠르게 움직이는 피사체를 사진이나 영상으로 촬영하면 속도로 인해 잔상이 남는 모션 블러(Motion Blur) 현상이 발생합니다. 디지털 모션 그래픽 작업에도 모션 블러를 적용하면 더욱 현실감 있게 연출할 수 있으므로 빠른 움직임을 만들어 봅니다.

01 애프터 이펙트 → 04 폴더의 '달리는 사람.aep' 파일을 불러옵니다.

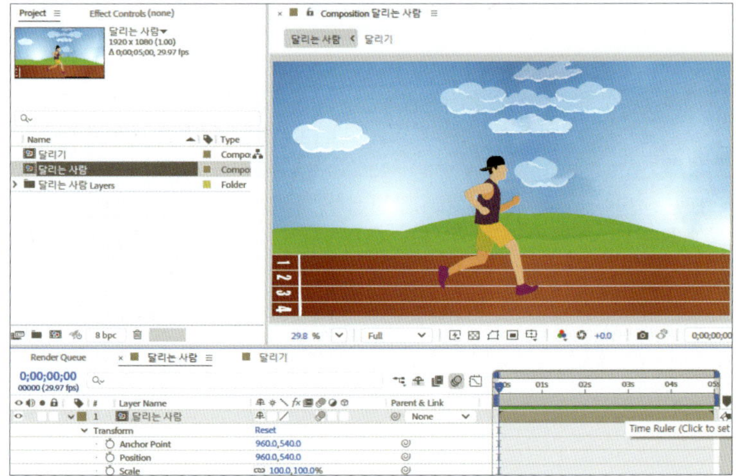

02 '달리는 사람' 레이어에 빠른 움직임을 만들기 위해 먼저 ❶ Composition 패널에서 '달리는 사람' 레이어를 선택하고 화면 왼쪽으로 드래그하여 이동합니다. ❷ Timeline 패널에서 P를 눌러 Position을 표시하고 ❸ 현재 시간 표시기를 '0초'로 이동한 다음 ❹ 'Stop Watch' 아이콘(⏱)을 클릭해 키프레임을 만듭니다.

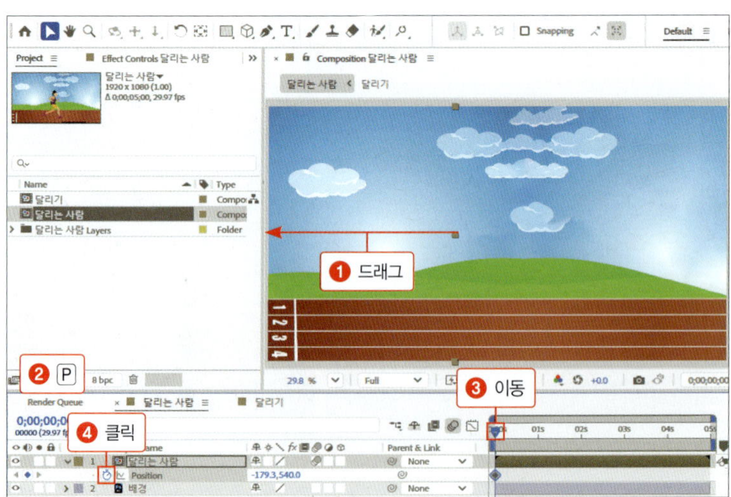

03 ❶ Timeline 패널에서 현재 시간 표시기를 '2초(0:00:02:00)'로 이동하고 ❷ Composition 패널에서 '달리는 사람' 레이어를 화면 오른쪽으로 드래그하여 키프레임을 만듭니다. 램 프리뷰를 통하여 빠르게 화면 오른쪽으로 이동하는 '달리는 사람' 레이어를 확인할 수 있습니다.

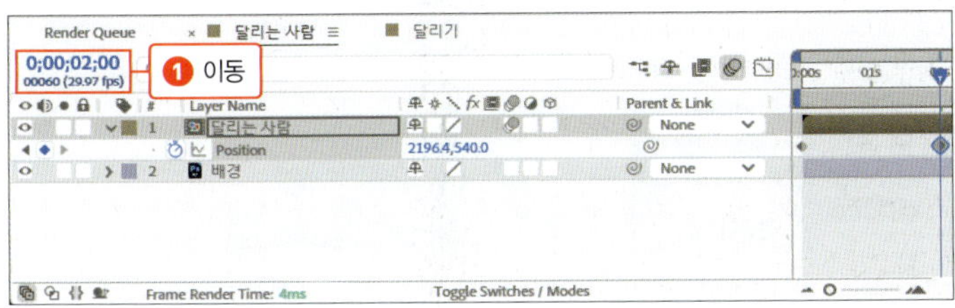

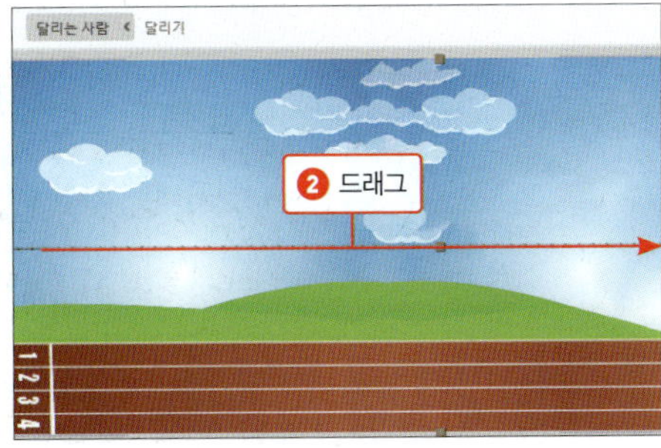

04 빠른 움직임에 모션 블러를 적용하기 위해 '달리는 사람' 레이어의 Switches 항목에서 잔상 형태의 'Motion Blur' 아이콘(◎)을 클릭합니다.

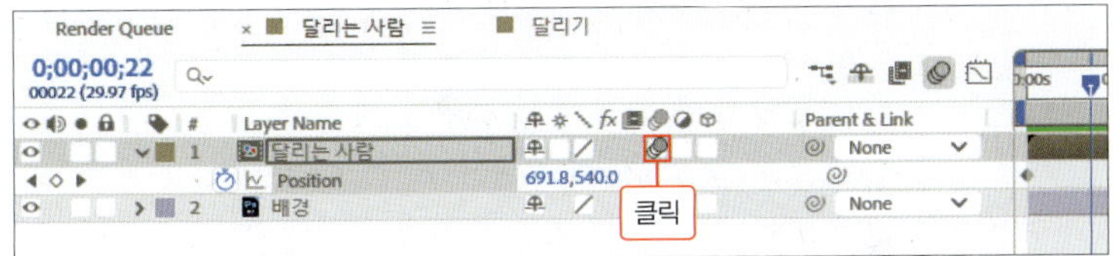

> **TIP**
> 아이콘이 표시되면 활성화된 상태이고, 아이콘이 표시되지 않으면 비활성화된 상태입니다. 아이콘이 활성화되면 클릭하지 않아도 됩니다.

05 램 프리뷰로 재생하면 빠른 속도로 달려가면서 모션 블러가 나타납니다.

> **TIP**
> 모션 블러가 나타나지 않으면 Timeline 패널의 'Enables Motion Blur' 아이콘(◎)을 클릭해 활성화해야 Composition 패널에서 모션 블러를 확인할 수 있습니다.
>
> 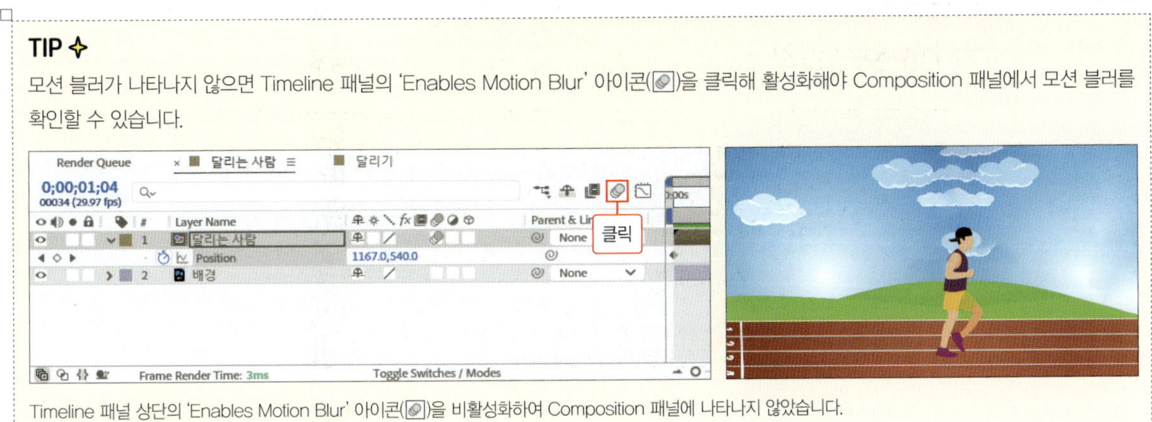
>
>
> Timeline 패널 상단의 'Enables Motion Blur' 아이콘(◎)을 비활성화하여 Composition 패널에 나타나지 않았습니다.

Part 05

모션 그래픽의 기초, 변형과 속성 제어

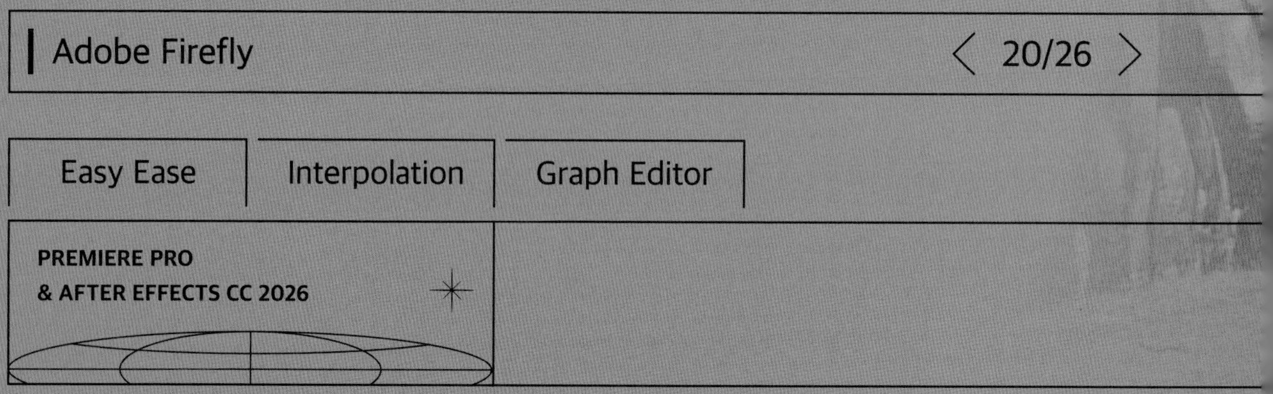

PREMIERE
26
Generate

Ae

LESSON
05 자연스러운 움직임 연출 기법

❶ 속도 조절하기

In과 Out 이해하기

기본 키프레임 애니메이션은 일정한 거리를 일정 시간 동안 움직이는 등속도 움직임을 갖습니다. 하지만 현실의 움직임은 불규칙하므로 등속도 움직임은 어색해 보이는 경우가 많아, 속도에 변화를 주어 더욱 사실적으로 표현하는 과정이 필요합니다.

애프터 이펙트에서 가장 쉽게 속도를 변화시킬 수 있는 기능은 Easy Ease로 '쉽게 감속하다'라는 의미를 가집니다. 이 기능을 이용하면 속도가 서서히 증가하거나 서서히 감소하는 움직임을 만들 수 있습니다. Easy Ease의 In과 Out 개념에 대해 알아보겠습니다.

In은 키프레임을 기준으로 현재 시간 표시기가 처음 들어오는 부분을 뜻하며, 정해진 애니메이션이 끝나는 부분을 말합니다. Out은 키프레임을 기준으로 현재 시간 표시기가 마지막으로 나가는 부분을 뜻하며, 앞으로 진행될 애니메이션의 시작을 의미합니다.

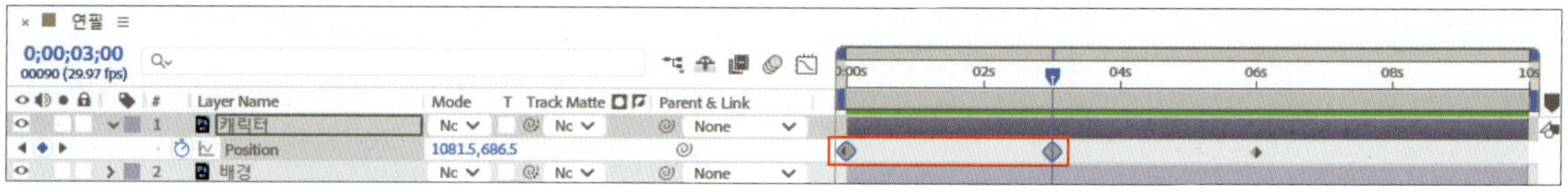

키프레임을 기준으로 In에 해당하는 부분, 앞에서 시작된 애니메이션이 끝나는 부분

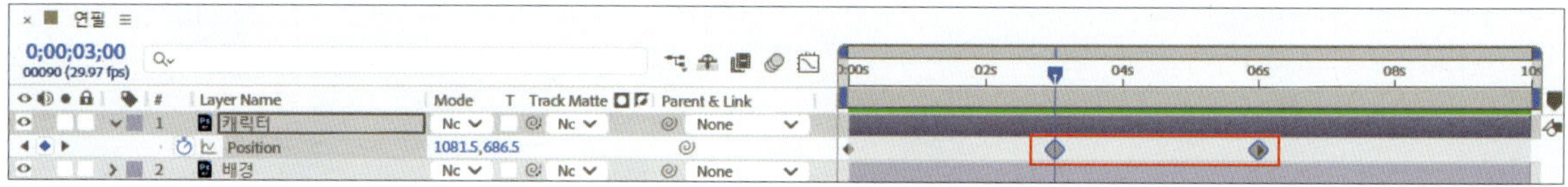

키프레임을 기준으로 Out에 해당하는 부분, 앞으로 진행될 애니메이션이 시작되는 부분

Easy Ease In 이해하기

속도가 점차 감소하여 키프레임으로 들어옵니다. 속도가 감소하면서 애니메이션이 끝납니다.

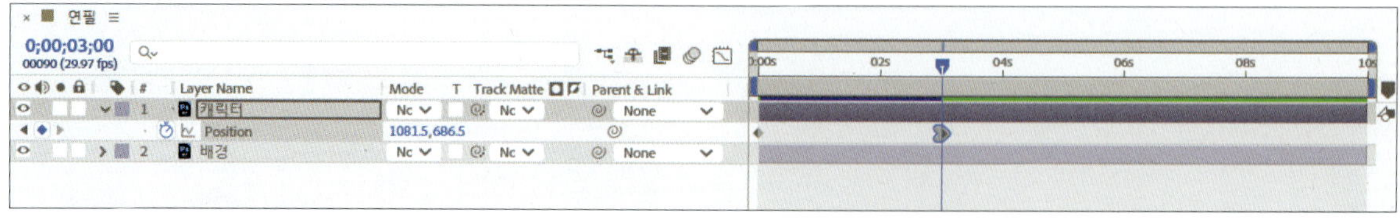

Easy Ease In의 키프레임을 만든 모습

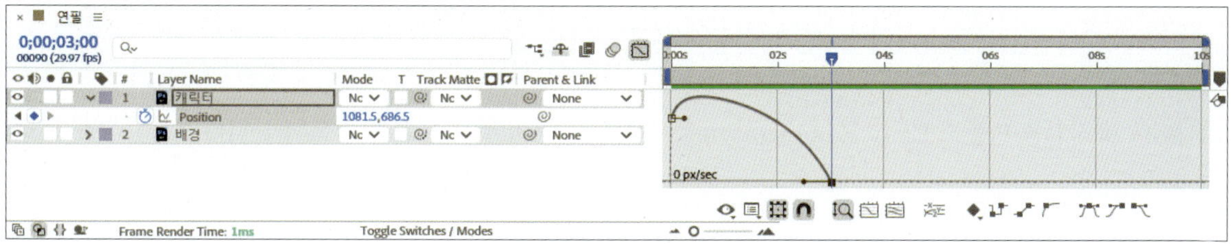

그래프 에디터를 통해 본 Easy Ease In의 모습

Easy Ease Out 이해하기

속도가 0인 상태의 키프레임에서 서서히 나갑니다. 속도가 0에서부터 점차 증가하며 애니메이션이 시작하는 것을 뜻합니다.

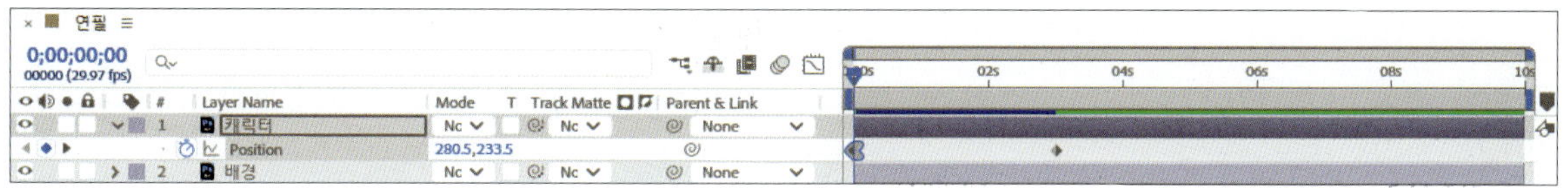

Easy Ease Out의 키프레임 모습

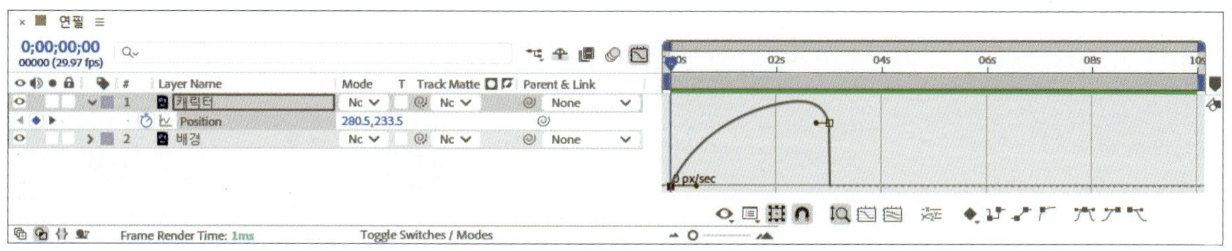

그래프 에디터를 통해 본 Easy Ease Out의 모습

Easy Ease In/Out 이해하기

키프레임이 두 개뿐인 애니메이션의 경우 애니메이션의 시작과 끝이 있습니다. 타임라인의 왼쪽에 해당하는 시작은 Ease Out이며 타임라인 오른쪽 키프레임은 Ease In입니다. 키프레임이 세 개인 애니메이션의 경우 가운데 있는 키프레임은 Ease In과 Ease Out을 동시에 가집니다.

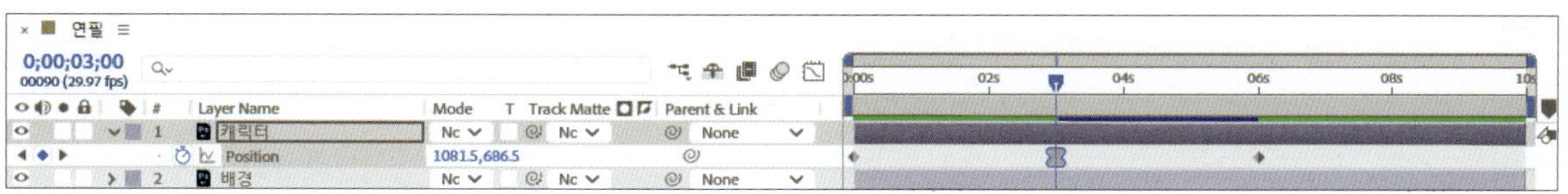

Easy Ease In/Out의 키프레임

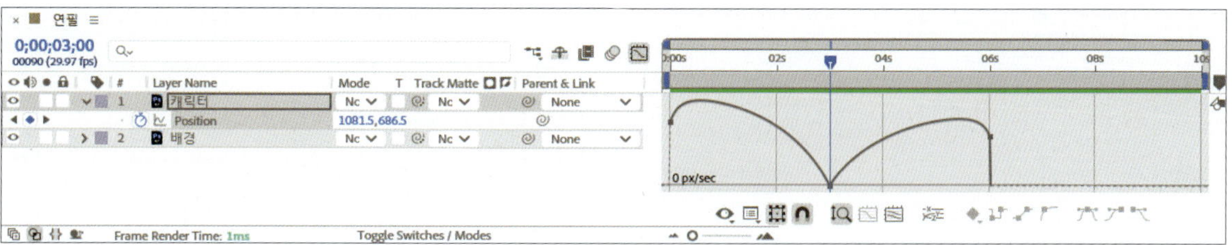

그래프 에디터를 통해서 본 Easy Ease In/Out

EASY 실습 Easy Ease와 In/Out으로 속도 변화 만들기

레이어에 움직임을 만들고 Easy Ease In/Out을 직접 적용하여 속도 변화를 만들어 봅니다.

01 애프터 이펙트 → 05 폴더에서 '연필.psd' 파일을 컴포지션으로 불러옵니다.

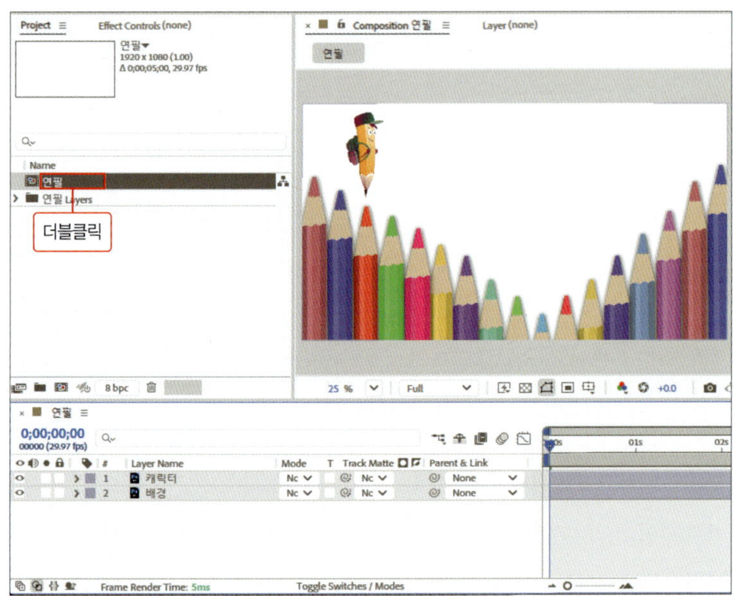

02 ❶ Timeline 패널에서 '캐릭터' 레이어를 선택하고 ❷ Transform 항목의 Position을 표시합니다. ❸ 현재 시간 표시기를 '0초(0:00:00:00)'로 이동한 다음 ❹ Position 왼쪽의 'Stop Watch' 아이콘(⏱)을 클릭하여 키프레임을 만듭니다.

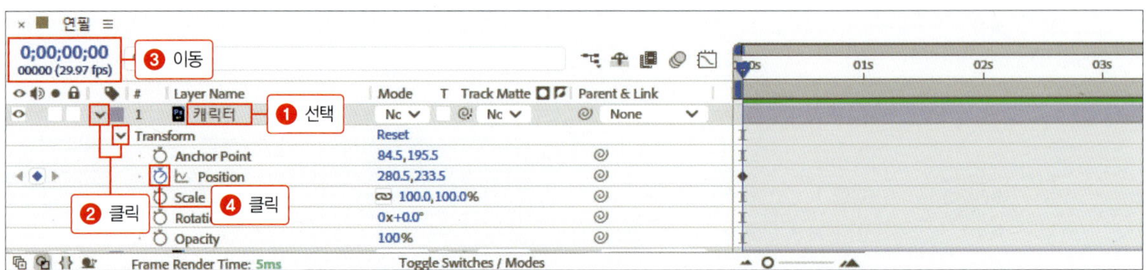

03 ❶ Timeline 패널에서 현재 시간 표시기를 '3초(0:00:03:00)'로 이동하고 ❷ Composition 패널의 화면에서 '캐릭터' 레이어를 오른쪽 하단으로 드래그해 이동합니다. 위치에 변화를 주면 자동으로 키프레임이 만들어집니다.

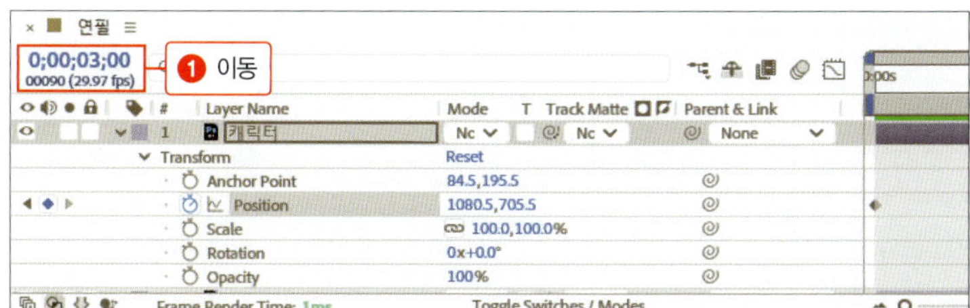

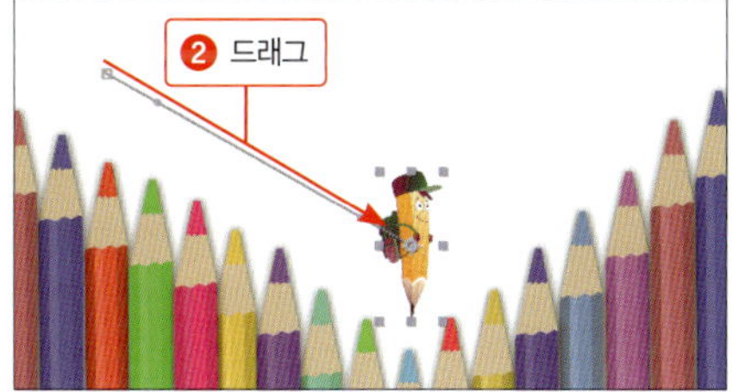

04 ❶ Timeline 패널에서 현재 시간 표시기를 '6초(0:00:06:00)'로 이동한 다음 ❷ 캐릭터를 오른쪽 상단으로 이동하여 키프레임을 만듭니다.

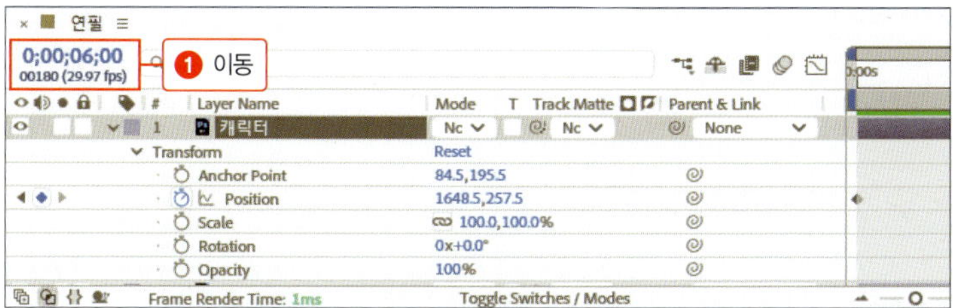

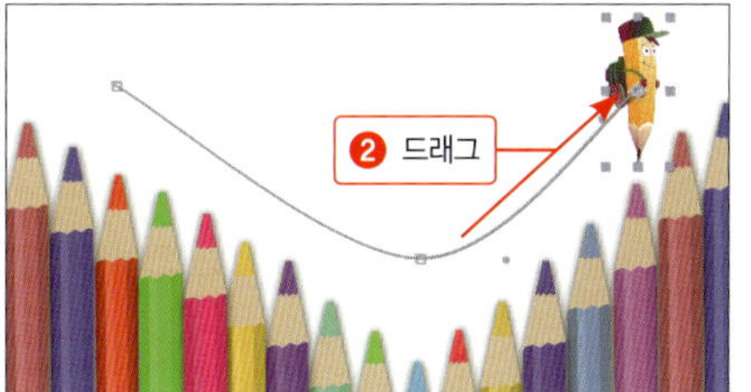

05 직접 만든 움직임은 모두 같은 속도로 움직여 어색하므로 Easy Ease 기능을 적용하겠습니다. 이때 0초 키프레임은 애니메이션이 시작하는 부분이므로 Easy Ease Out을 설정합니다. ❶ 0초 키프레임에서 마우스 오른쪽 버튼을 클릭하고 ❷ Keyframe Assistant → Easy Ease Out(Ctrl+Shift+F9)을 실행합니다. Easy Ease Out이 적용된 키프레임을 확인할 수 있습니다.

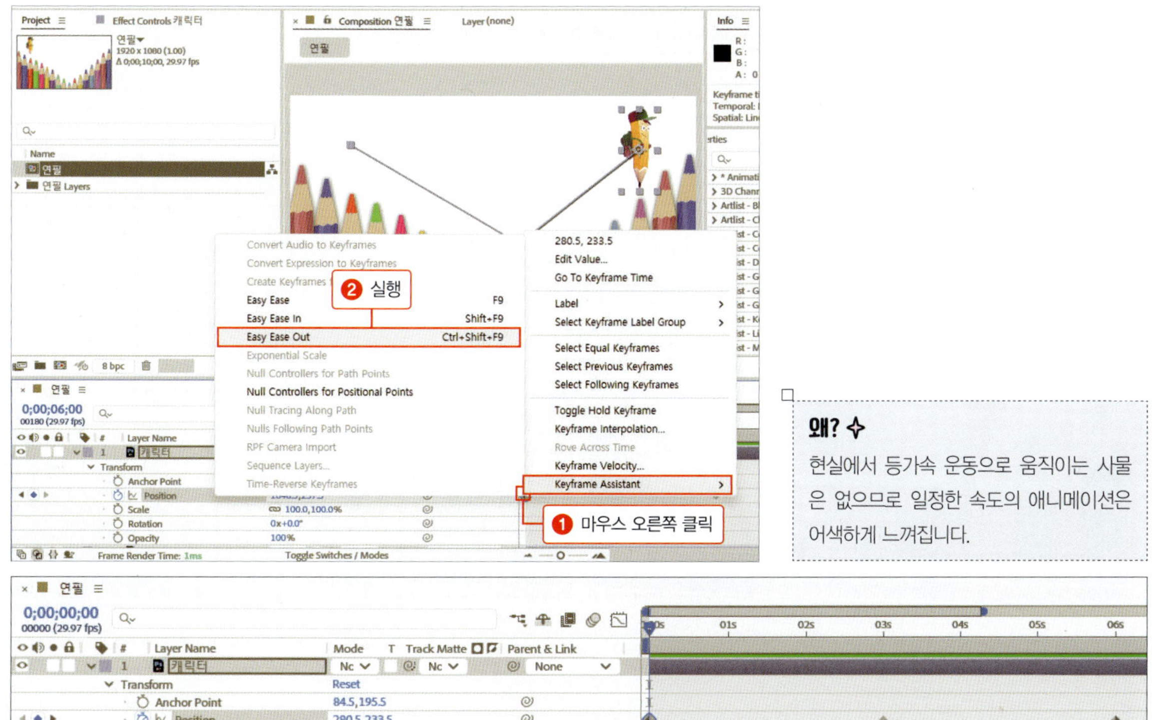

왜? ✧
현실에서 등가속 운동으로 움직이는 사물은 없으므로 일정한 속도의 애니메이션은 어색하게 느껴집니다.

06 ❶ '6초' 키프레임에서 마우스 오른쪽 버튼을 클릭하고 ❷ Keyframe Assistant → Easy Ease In(Shift+F9)을 실행합니다. ❸ Easy Ease In 키프레임이 적용되어 달라진 형태를 확인할 수 있습니다.

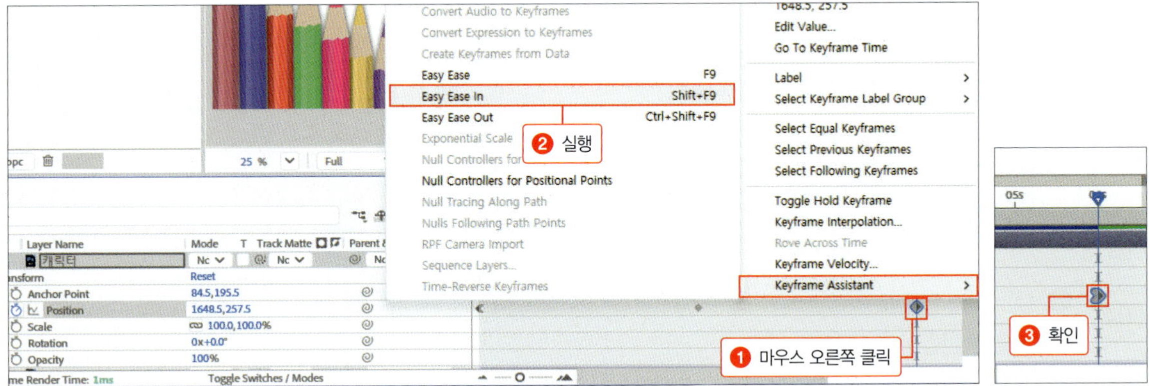

07 ❶ Timeline 패널에서 가운데 '3초' 키프레임을 선택한 다음 ❷ F9를 눌러 Easy Ease In/Out을 설정합니다.

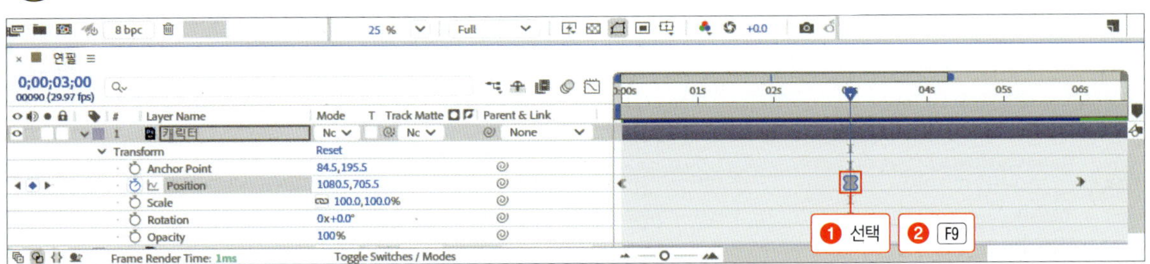

TIP

F9를 누르면 Easy Ease In/Out을 간편하게 설정할 수 있습니다. Shift+F9를 누르면 Easy Ease In을 설정할 수 있으며, Shift+Ctrl+F9를 누르면 Easy Ease Out을 설정할 수 있습니다.

08 애니메이션을 재생하면 크게 세 부분으로 나뉩니다. 시작할 때는 서서히 오른쪽 하단으로 이동하며 천천히 멈춘 다음, 다시 오른쪽 상단으로 서서히 이동합니다. 오른쪽 키프레임에 도착하면서 천천히 멈추는 모습을 확인할 수 있습니다.

❷ 시간과 동선 설정하기

Temporal Interpolation으로 시간 설정하기

Composition 패널에서 볼 수 있는 레이어의 모션 패스는 크게 두 가지 형태입니다. 하나는 속도 변화의 모습이며, 다른 하나는 동선의 모습으로 변화에 따라 시간이나 공간을 설정할 수 있습니다.

Temporal Interpolation은 시간 설정을 나타내며, 주로 메뉴 대신 그래프 에디터(Graph Editor)를 이용합니다.

❶ 키프레임에서 마우스 오른쪽 버튼을 클릭하고 ❷ Keyframe Interpolation을 실행해 Keyframe Inter-polation 대화상자가 표시되면 ❸ Temporal Interpolation을 지정한 다음 ❹ 〈OK〉 버튼을 클릭합니다.

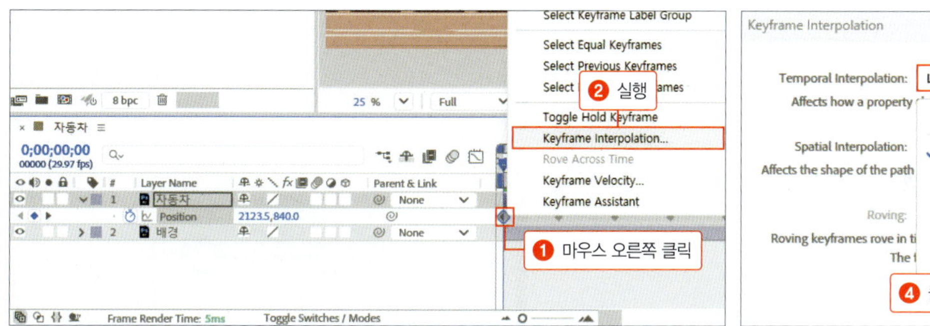

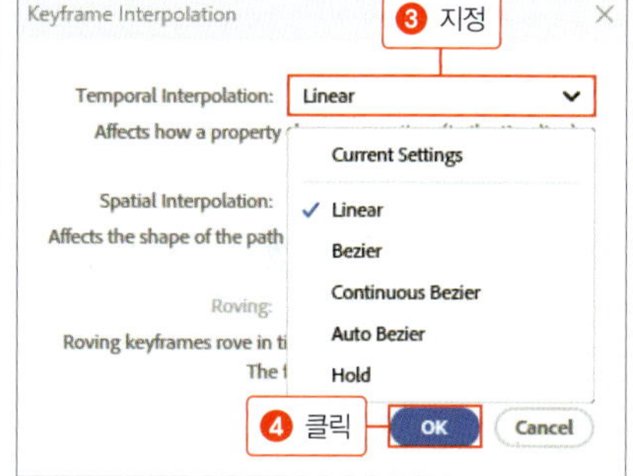

Spatial Interpolation으로 동선 바꾸기

❶ 키프레임에서 마우스 오른쪽 버튼을 클릭한 다음 ❷ Keyframe Interpolation을 실행하여 Keyframe Interpolation 대화상자가 표시되면 ❸ Spatial Interpolation을 지정할 수 있습니다.

Spatial Interpolation에는 총 4개의 옵션이 있으며, 기본으로는 'Linear' 옵션이 적용되어 있습니다. Linear는 키프레임 사이를 직선 경로로 연결해 일정한 방향과 속도로 이동하는 가장 단순한 방식으로, 빠른 작업이나 단순한 이동에는 적합하지만 곡선 이동이나 자연스러운 궤적 표현에는 다소 인위적으로 느껴질 수 있습니다. 더 부드러운 이동 경로나 자연스러운 동선을 표현하고자 할 때는 Bezier 계열 옵션을 활용해 이동 경로를 직접 조절하는 방식이 효과적입니다.

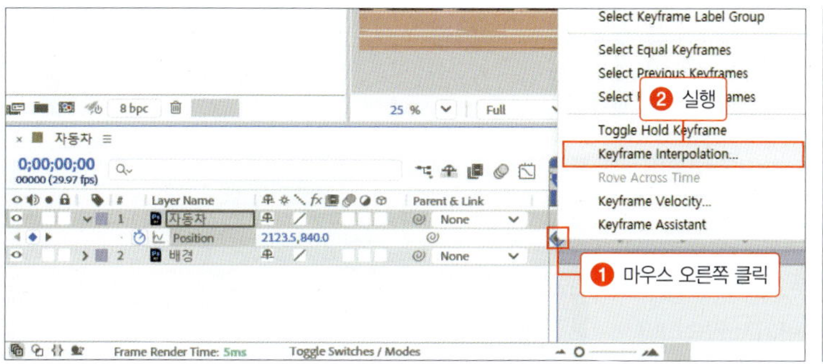

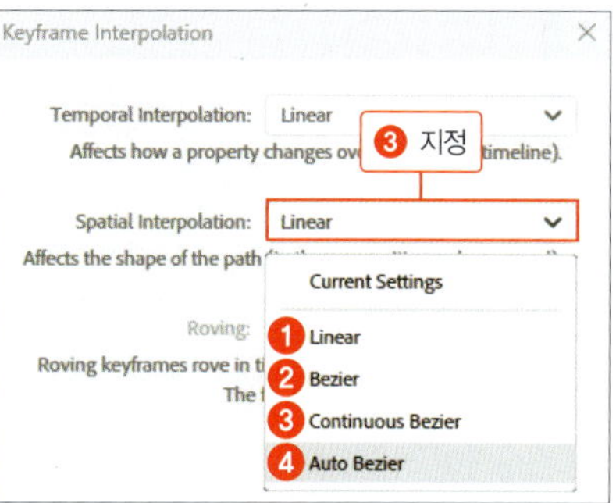

❶ **Linear** : 동선을 직선 형태로 나타냅니다. 주로 빠른 움직임이나 정확한 위치에 배치할 때 이 기능을 이용하여 직선으로 이동하는 움직임을 만듭니다. 'Bezier'로 지정하면 의도하지 않은 동선이 발생할 수 있어 'Linear'로 먼저 작업한 후 필요한 부분만 Bezier 형태로 수정하는 경우가 많습니다.

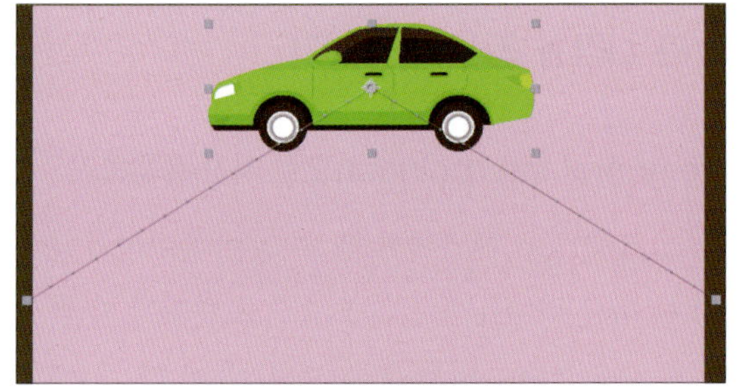

❷ **Bezier** : 양쪽 방향선을 각각 조절할 수 있는 기능으로, 한쪽 방향선을 이동해도 다른 방향선에 영향을 주지 않습니다.

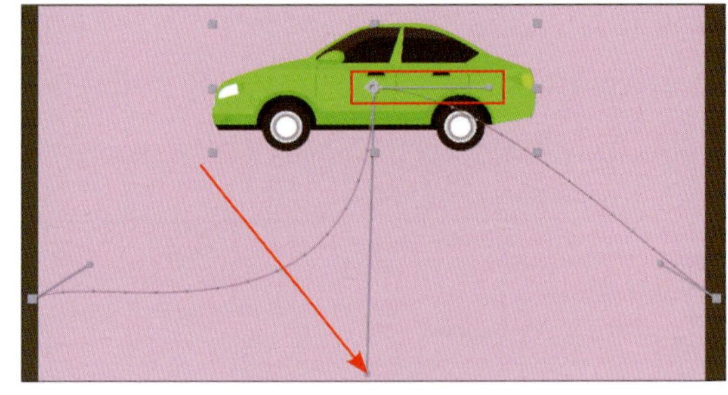

왼쪽 방향선을 이동하지만 오른쪽 방향선에는 영향이 없는 모습

❸ **Continuous Bezier** : 원하는 형태의 곡선으로 동선을 만들 수 있습니다. 이때 Bezier가 선으로 연결됩니다.

Bezier 방향선 양끝의 기준점을 드래그하면 원하는 형태의 동선을 만들 수 있습니다. Continuous Bezier의 방향선은 한쪽을 이동하면 다른 쪽이 자동으로 함께 이동하여 곡선을 이룹니다. Continuous Bezier는 양쪽의 Bezier 선을 한 번에 설정할 수 있습니다.

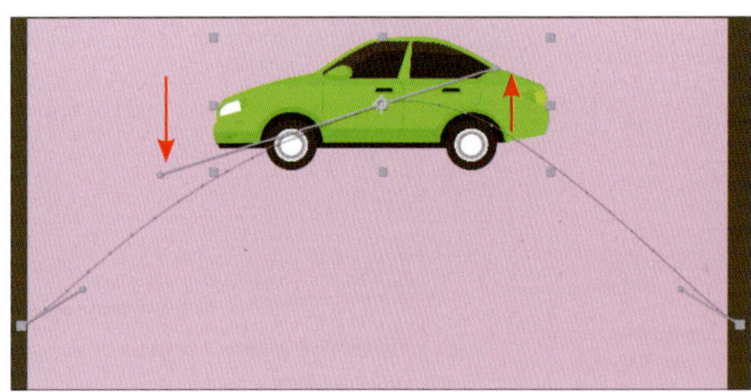

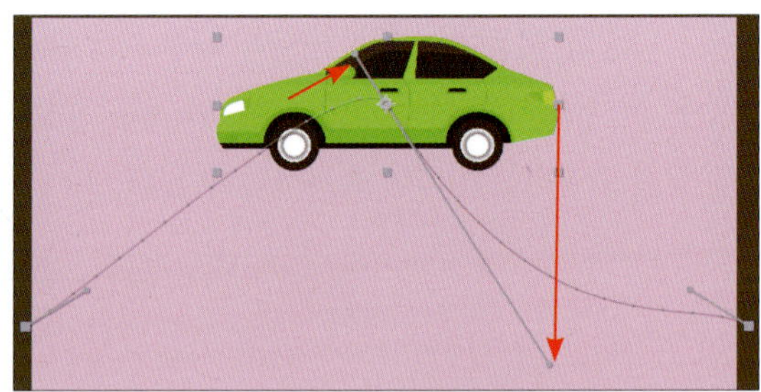

❹ **Auto Bezier** : 애프터 이펙트에서 기본 움직임을 만들면 자연스러운 동선을 위해 자동으로 곡선 패스가 나타납니다. 이때 나타나는 설정이 Auto Bezier로, 이동 경로를 자동으로 계산하여 곡선으로 나타내며 Bezier 선은 보이지 않습니다.

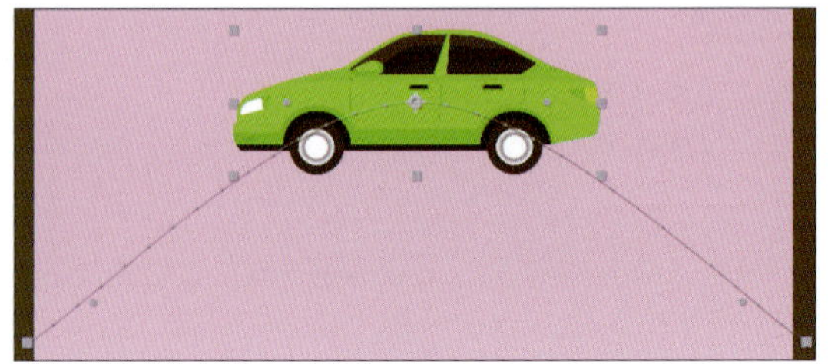

EASY 실습 Spatial Interpolation을 이용해 동선에 변화 만들기

움직임을 만들고 Linear 또는 Bezier로 동선을 제어하는 방법을 알아봅니다.

01 애프터 이펙트 → 05 폴더에서 '자동차.psd' 파일을 컴포지션으로 불러옵니다.

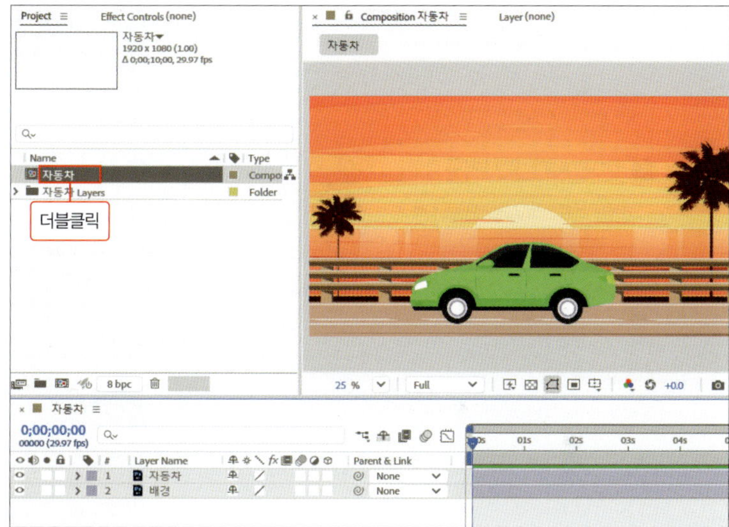

02 Composition 패널에서 '자동차' 레이어를 선택하고 그림과 같이 오른쪽으로 드래그하여 이동합니다.

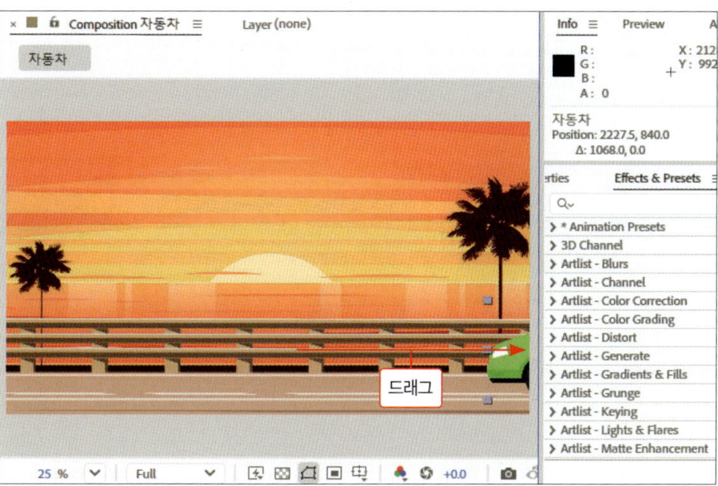

03 ❶ Timeline 패널의 현재 시간 표시기를 '0초'로 이동하고 ❷ P를 눌러 Position을 표시한 다음 ❸ 'Stop Watch' 아이콘(⏱)을 클릭해 키프레임을 만듭니다.

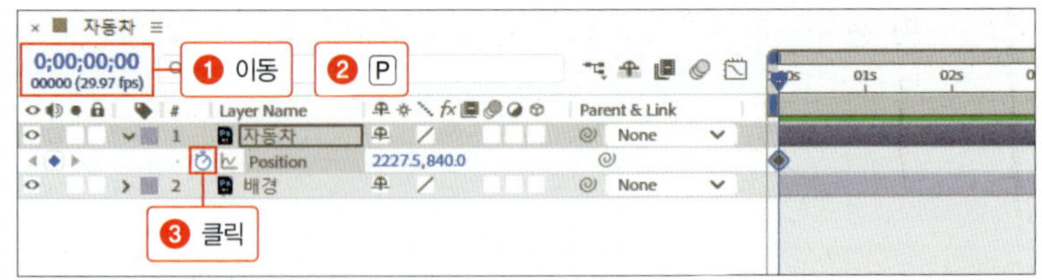

04 ❶ 현재 시간 표시기를 '2초(0:00:02:00)'로 이동하고 ❷ Composition 패널에서 '자동차' 레이어를 왼쪽으로 드래그하여 키프레임을 만듭니다.

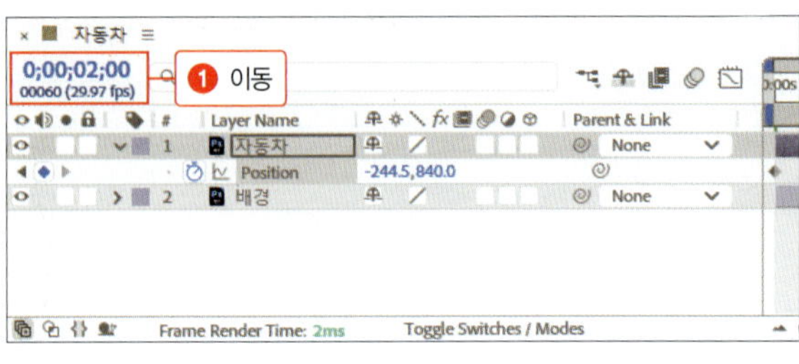

05 ❶ 현재 시간 표시기를 '1초(0:00:01:00)'로 이동한 다음 ❷ Composition 패널에서 '자동차' 레이어를 상단으로 드래그하여 키프레임을 만듭니다.

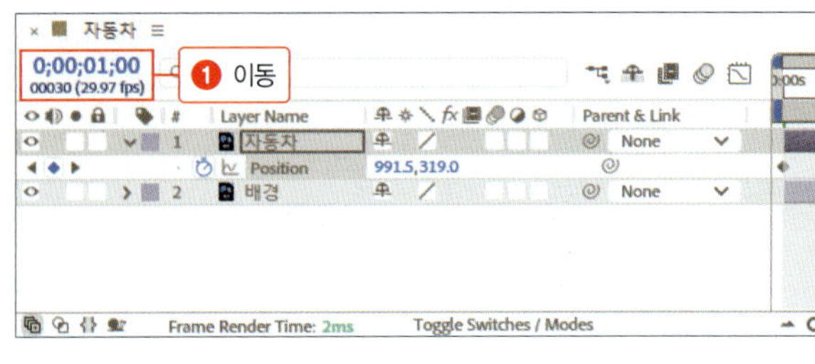

06 ❶ 0초에서 2초 사이의 키프레임을 모두 선택하고 ❷ Ctrl+C를 눌러 복사합니다. ❸ 현재 시간 표시기를 '3초(0:00:03:00)'로 이동한 다음 ❹ Ctrl+V를 눌러 0초에서 2초 사이의 키프레임을 3초에서 5초 사이에 붙여 넣습니다.

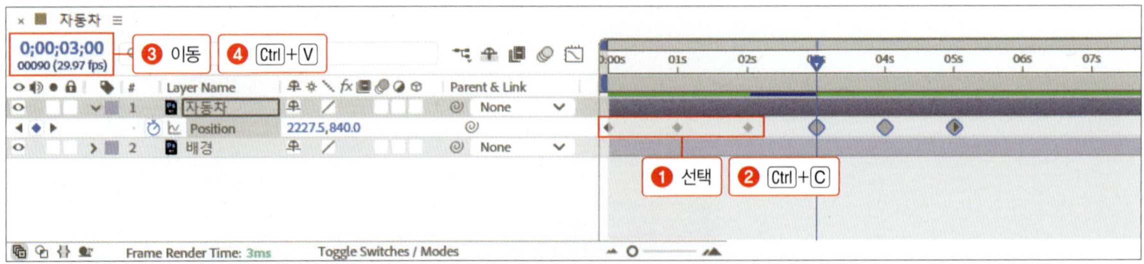

TIP

키프레임을 복사하고 현재 시간 표시기를 원하는 위치로 이동한 다음 붙여 넣으면, 해당 시점부터 키프레임의 움직임이 그대로 재연됩니다.

07 ❶ 현재 시간 표시기를 '1초(0:00:01:00)'로 이동합니다. ❷ Timeline 패널에서 앞쪽 세 개의 키프레임을 선택하고 ❸ 마우스 오른쪽 버튼을 클릭한 다음 ❹ Keyframe Interpolation을 실행합니다.

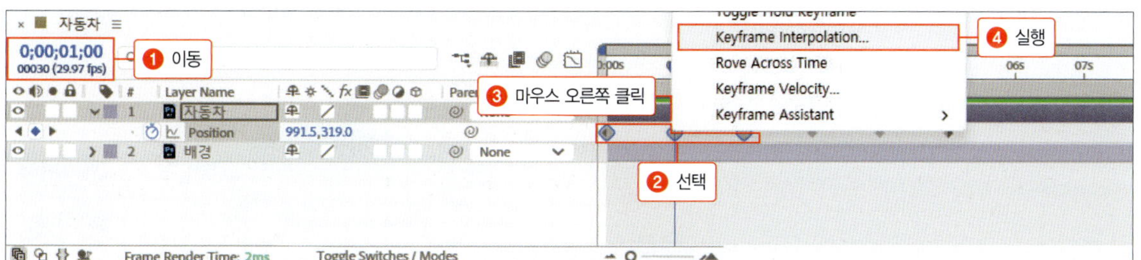

08 Keyframe Interpolation 대화상자가 표시되면 ❶ Spatial Interpolation을 'Linear'로 지정한 다음 ❷ 〈OK〉 버튼을 클릭합니다.

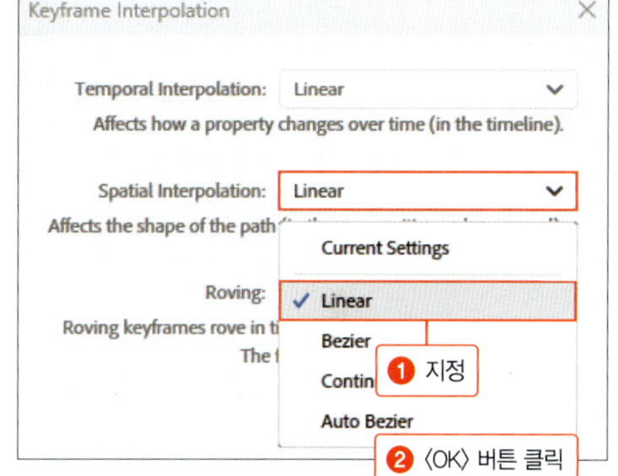

왜? ✦

키프레임을 'Linear' 형태로 변경하면 직선 움직임의 애니메이션을 만들 수 있습니다.

09 같은 방법으로 Timeline 패널에서 ❶ 현재 시간 표시기를 '4초(0:00:04:00)'로 이동합니다. ❷ 3초에서 5초 사이 세 개의 키프레임을 선택하고 ❸ 마우스 오른쪽 버튼을 클릭한 다음 ❹ Keyframe Interpolation을 실행합니다.

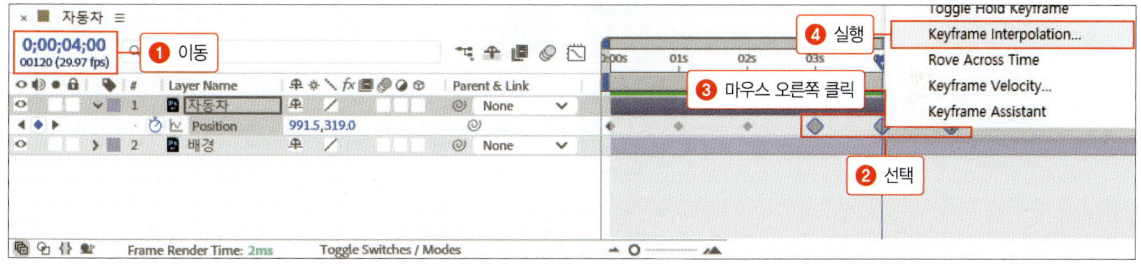

10 Keyframe Interpolation 대화상자가 표시되면 ❶ Spatial Interpolation을 'Bezier'로 지정하고 ❷ 〈OK〉 버튼을 클릭합니다.

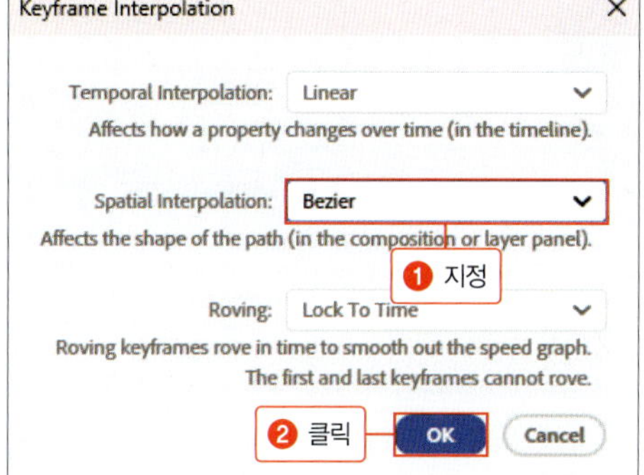

11 Composition 패널에 곡선과 방향선이 표시됩니다. 방향선의 오른쪽 핸들을 대각선 왼쪽 아래로 드래그하면 그림과 같이 양쪽 길이가 다른 비대칭 곡선을 만들 수 있습니다.

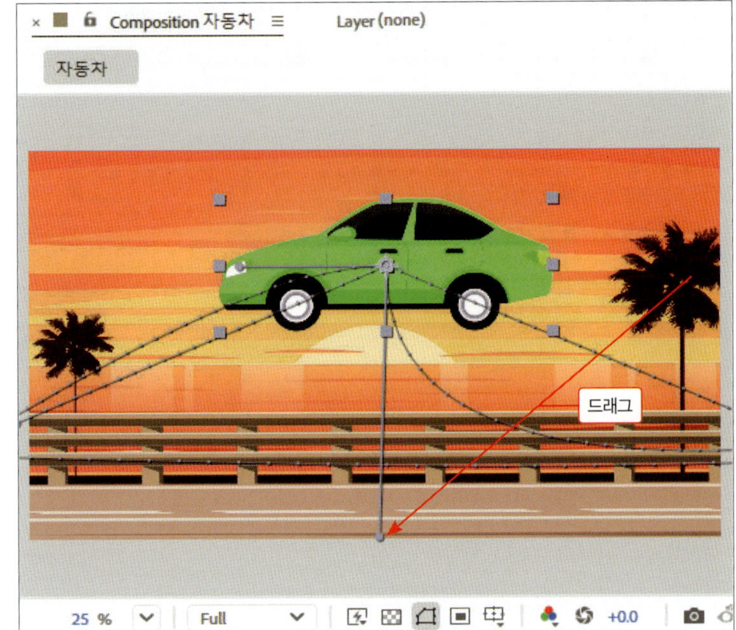

TIP ✧
이렇게 조정하면 곡선의 흐름을 더 세밀하게 제어하여 원하는 형태로 베지어 곡선을 자연스럽게 변형할 수 있습니다.

12 Spacebar 또는 0을 눌러 램 프리뷰를 진행합니다. 영상을 확인하면 0~2초와 3~5초의 동선이 다른 것을 확인할 수 있습니다.

TIP ✧
경로를 수정한 뒤에는 반드시 램 프리뷰로 전체 동선을 확인하는 것이 좋습니다. 정지 화면에서는 자연스러워 보이더라도 실제로 움직임을 확인하기 어렵고, 실제 재생 시에는 속도 변화나 궤적이 어색하게 느껴질 수 있기 때문입니다. 램 프리뷰를 통해 동선과 타이밍을 함께 점검하면서 다양한 애니메이션을 구현할 수 있습니다.

❸ 그래프 에디터 알아보기

그래프 에디터 표시하기

그래프 에디터(Graph Editor)는 그래프 형태로 애니메이션 속도를 조절하는 기능입니다. 기본 키프레임으로 만든 애니메이션을 살펴보면 애니메이션 속도 변화에 관한 정보가 없습니다. 단순히 시간에 위치 데이터만 기록되어 있기 때문입니다. Timeline 패널의 'Graph Editor' 아이콘(◫)을 클릭하면 그래프 에디터에서 그래프의 그리드 형태를 살펴볼 수 있습니다.

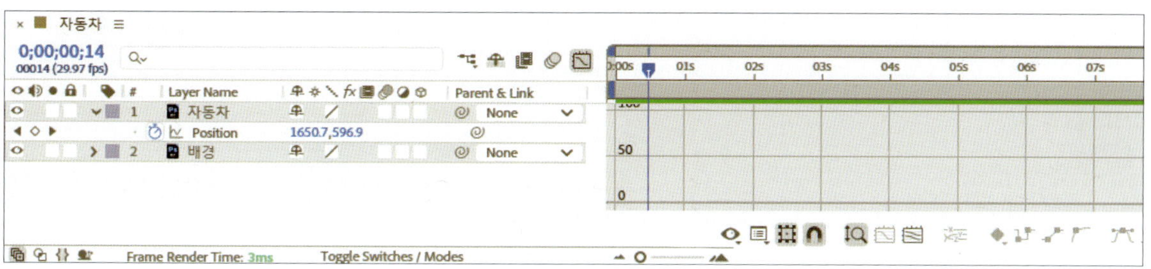

그래프 에디터로 바뀐 Timeline 패널

레이어 속성 선택과 그래프 나타내기

애니메이션을 만든 레이어 속성을 선택해야만 그래프 에디터를 확인할 수 있습니다. 예를 들어 Position의 움직임을 확인하기 위해서는 Position을 선택하면 그래프 에디터에 그래프가 표시됩니다.

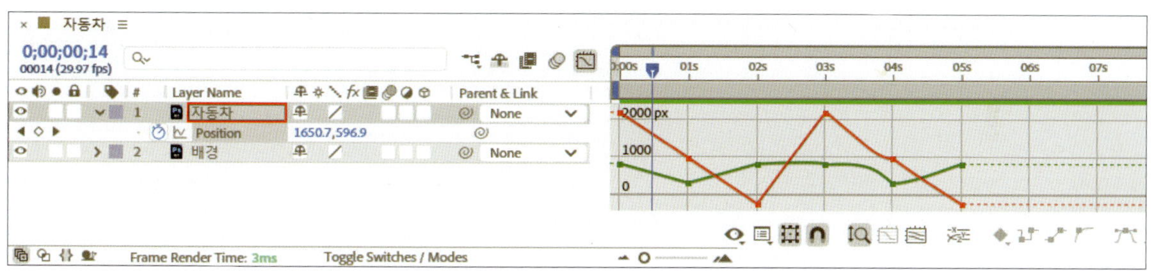

키프레임 애니메이션을 적용한 Position의 그래프

이때 레이어 속성 선택이 해제되면 그래프도 비활성화됩니다. 이러한 실수를 방지하기 위해서는 속성 이름 왼쪽의 'graph editor set' 아이콘(◫)을 클릭하면 항상 그래프 형태를 확인할 수 있습니다.

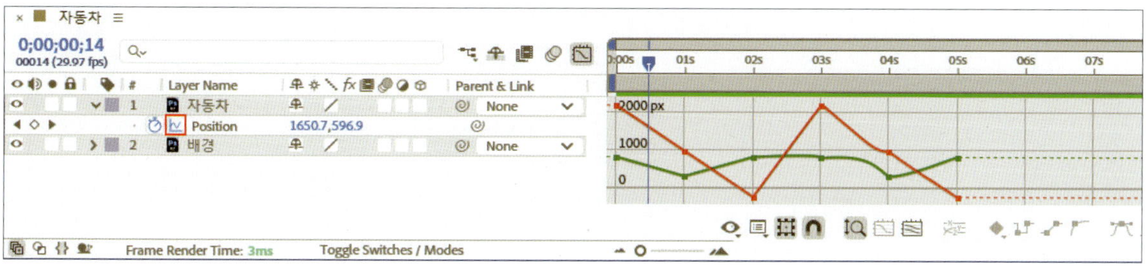

레이어 속성을 선택하지 않아도 활성화되는 그래프

그래프 에디터의 두 가지 속성 이해하기

그래프 에디터는 기본으로 두 가지 항목이 있습니다. 기본 그래프 형태는 스피드 그래프(Speed Graph)이며, Scale 변화로 그래프 에디터를 확인할 때는 밸류 그래프(Value Graph) 형태로 나뉩니다.

물론 Position, Scale 등 모든 애니메이션 속성은 Speed(스피드)와 Value(밸류) 두 가지 그래프를 확인할 수 있습니다. ❶ 'Choose graph type and options' 아이콘(▤)을 클릭하고 ❷ Edit Value Graph나 Edit Speed Graph를 실행하여 그래프 형태를 바꿀 수 있습니다.

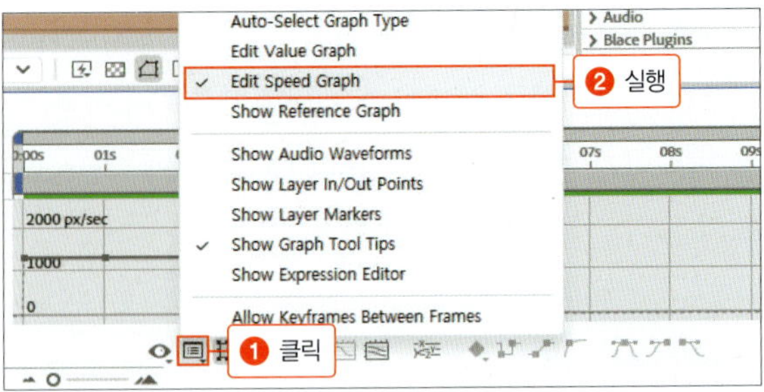

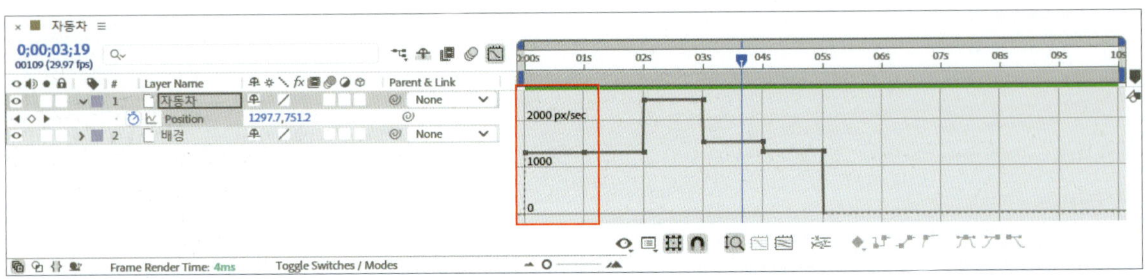

스피드 그래프(Speed Graph)

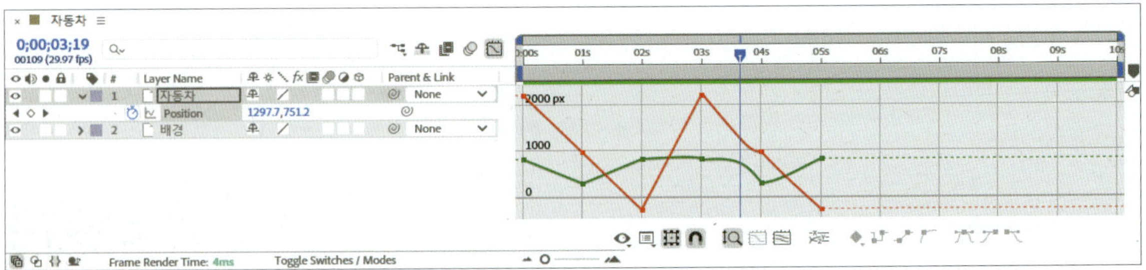

밸류 그래프(Value Graph)

스피드 그래프(Speed Graph) 살펴보기

스피드 그래프는 기본으로 속도를 나타냅니다. 다만 일상에서 사용하는 시속(Km/Hour)과는 다르게, 애프터 이펙트에서는 초당 이동한 픽셀(px/sec)을 기준으로 속도를 표시합니다.

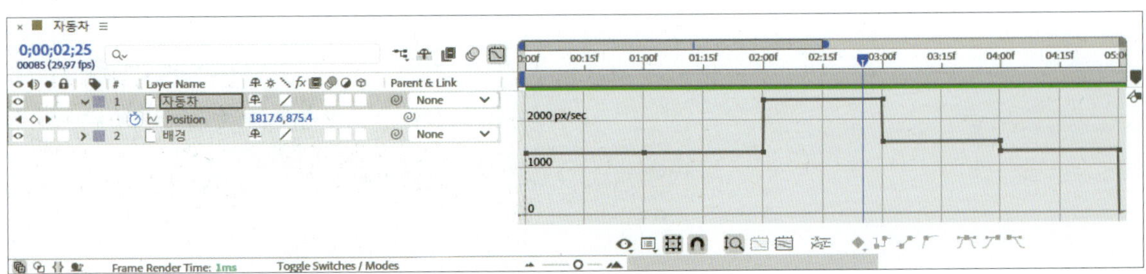

그래프 에디터에서 그래프 높이는 곧 속도를 나타냅니다. 다음 그래프에는 두 개의 구간이 존재합니다. 여기서 마우스 포인터를 선에 위치시키면 팝업 메시지를 통해 속도를 확인할 수 있습니다.

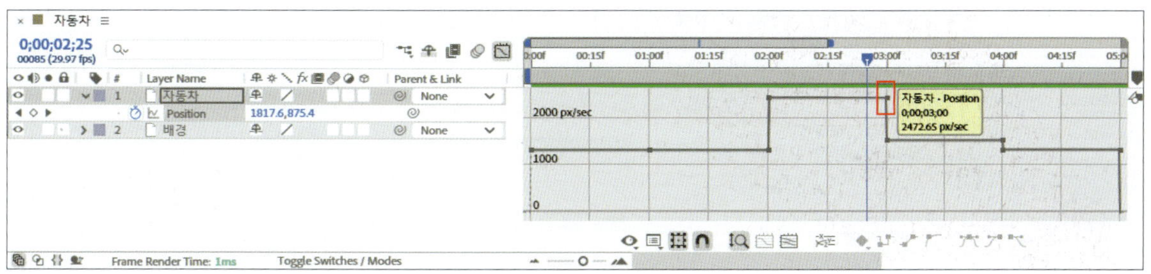

첫 번째 속도 : 2472.65px/sec

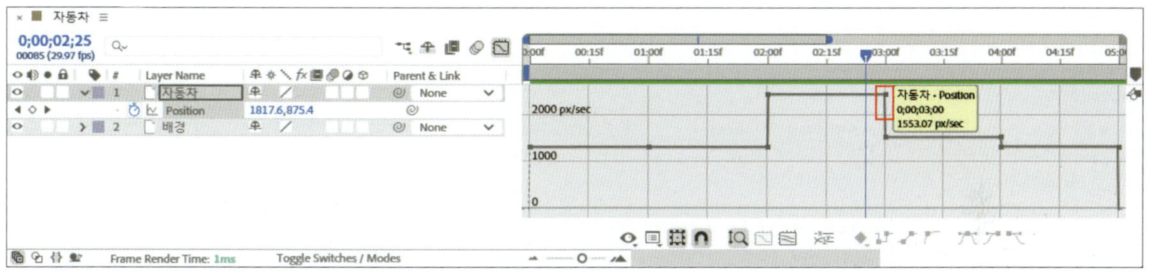

두 번째 속도 : 1553.07px/sec

그래프 에디터에서 속도 조절하기

그래프 에디터에서 키프레임을 선택하면 사각형과 함께 옆에 방향선이 나타납니다. 키프레임을 선택하면 속도 변화와 함께 시간도 달라집니다. 키프레임 옆 방향선을 선택하면 속도 변화만 적용할 수 있어 속도와 함께 시간까지 변경하는 실수를 줄일 수 있습니다.

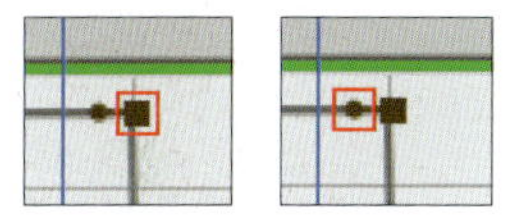

키프레임의 조절점과 방향선

조절점을 위로 드래그하면 속도가 빨라지고, 조절점을 아래로 드래그하면 속도가 점차 느려집니다.

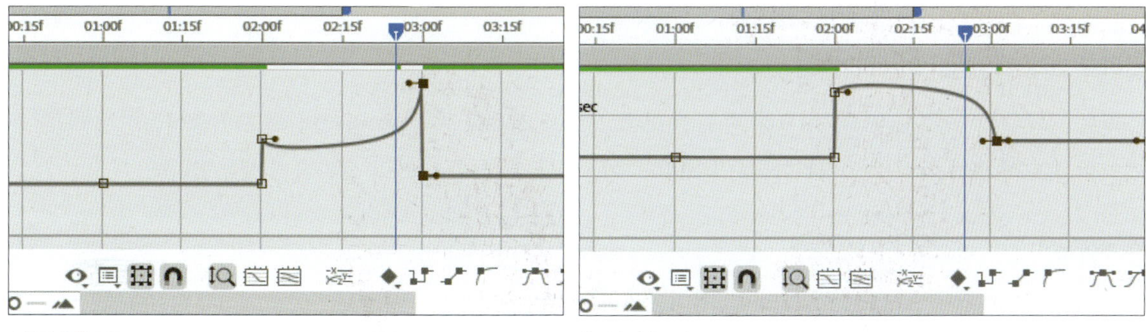

속도를 올린 모습

속도를 낮춘 모습

그래프 에디터 조절점으로 Influence 강도 조절하기

그래프 에디터의 두 번째 역할은 Influence를 설정해 강도를 조절하는 것입니다. 다음은 속도를 줄인 부분의 강도가 작아서 속도가 급격히 줄어들었습니다.

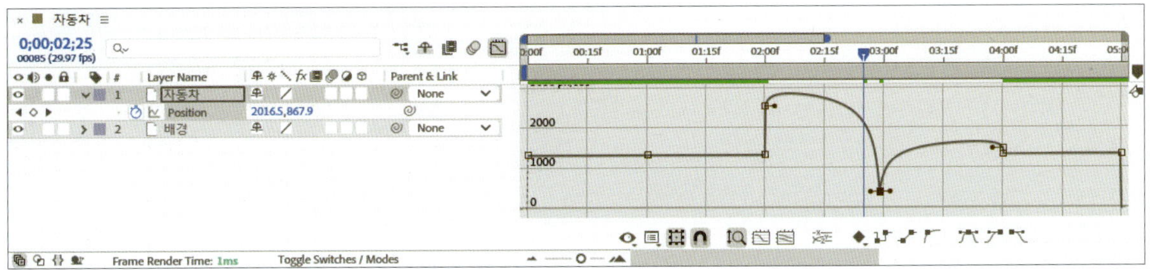

기본 Influence

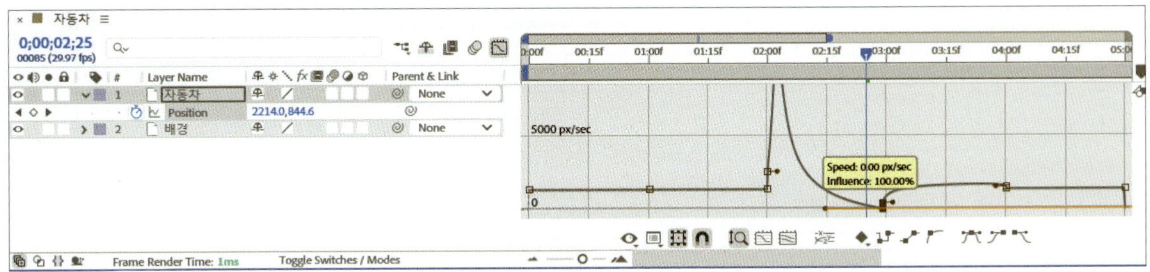

조절점을 드래그하여 Influence를 '100%'로 설정한 모습

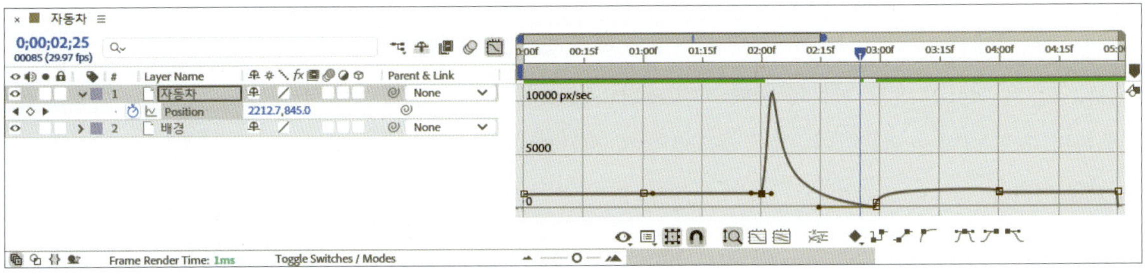

Influence 변화를 통해 속도가 일찍부터 줄어들도록 설정한 모습

스피드 그래프의 원리 이해하기

스피드 그래프의 Influence를 이용해 속도 변화에 강도를 적용하면, 한쪽 영역의 속도가 줄어들면서 다른 쪽 영역의 속도가 빨라지는 것을 확인할 수 있습니다. 이는 이동 거리와 시간의 상관관계 때문입니다.

❶ Type 1

빠르게 시작하여 서서히 멈추는 형태의 애니메이션입니다. 끝 부분의 속도가 느려지면 이동 거리가 줄어들지만, 처음에 설정한 전체 이동 거리는 정해져 있으므로 시작 부분이 빠른 속도로 남은 거리를 이동합니다.

ⓐ 짧은 시간 동안 빠른 속도로 많은 거리를 이동합니다.

ⓑ 긴 시간 동안 느린 속도로 짧은 거리를 이동합니다.

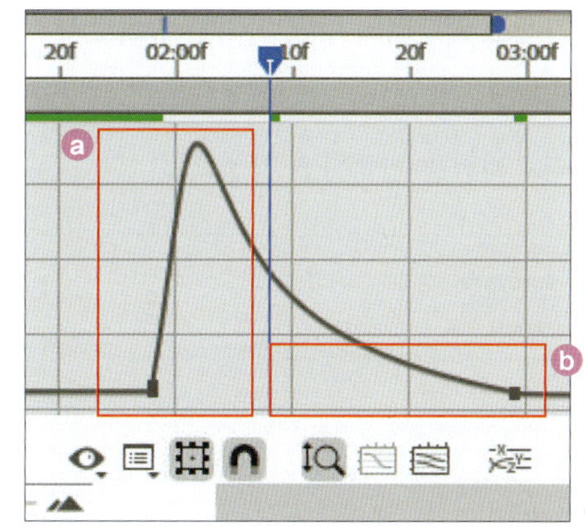

❷ Type 2

느린 속도로 서서히 시작하여 빠른 속도로 멈추는 형태의 애니메이션입니다.

ⓒ 긴 시간 동안 느린 속도로 짧은 거리를 이동합니다.

ⓓ 짧은 시간 동안 빠른 속도로 많은 거리를 이동합니다.

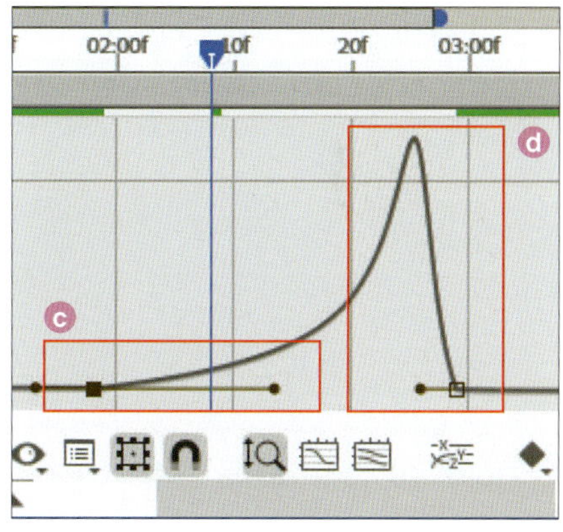

❸ Type 3

느린 속도로 서서히 시작해 중간에 빠른 속도로 이동한 다음 다시 서서히 느려지면서 멈추는 형태의 애니메이션입니다.

ⓔ 일정 시간 동안 느린 속도로 짧은 거리를 이동합니다.

ⓕ 일정 시간 동안 빠른 속도로 많은 거리를 이동합니다.

ⓖ 일정 시간 동안 느린 속도로 짧은 거리를 이동합니다.

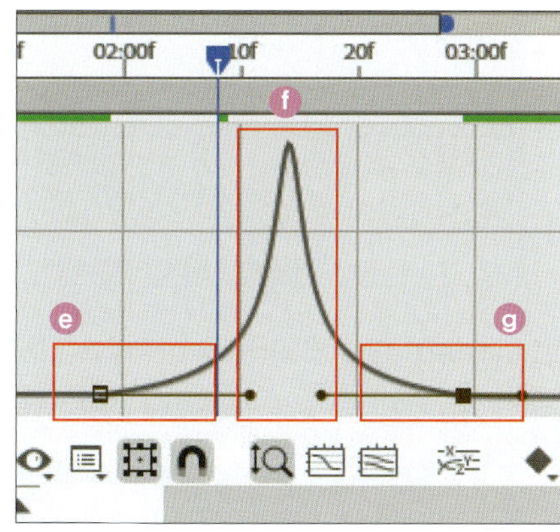

그래프 에디터의 주요 아이콘 살펴보기

그래프 에디터의 다양한 아이콘 중 실제 작업을 도와주는 아이콘은 그래프 에디터 오른쪽 하단의 아이콘들로 키프레임을 선택하면 활성화됩니다.

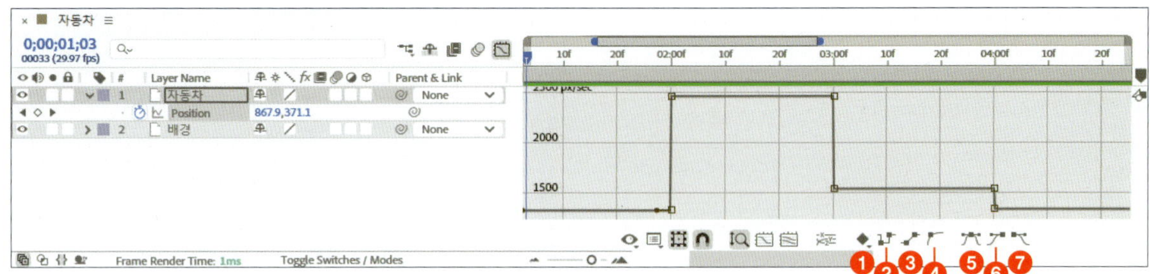

❶ **Edit selected keyframes(◆)** : 조절점에서 마우스 오른쪽 버튼을 클릭하면 표시되는 메뉴와 같은 기능입니다. 앞서 살펴본 Keyframe Interpolation을 설정할 수 있습니다.

❷ **Hold(****)** : 키프레임을 선택하고 'Hold' 아이콘( )을 클릭하면 다음과 같이 그래프가 변화됩니다. 속도는 0px/sec로 설정하면서 공간만 이동하는 것입니다. 애니메이션 중간에 변화되는 것이 아니라 키프레임이 있는 시간에 순간적으로 위치가 바뀌는 기능입니다.

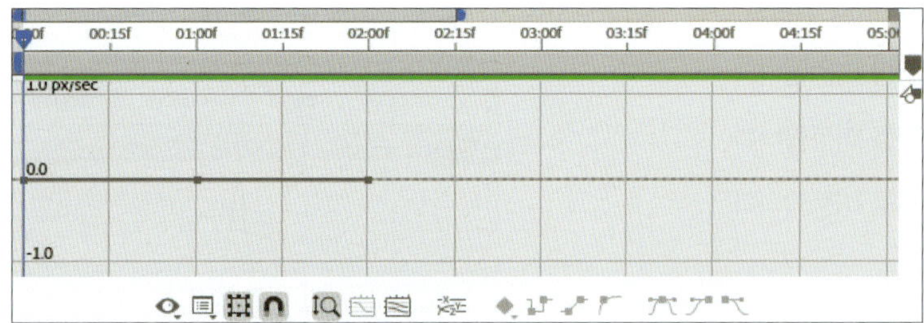

❸ **Linear( )** : 키프레임을 선택하고 'Linear' 아이콘( )을 클릭하면 기본 형태의 키프레임으로 변화됩니다. 기본 형태의 키프레임으로 처음 상태에서는 클릭해도 아무런 변화가 없습니다.

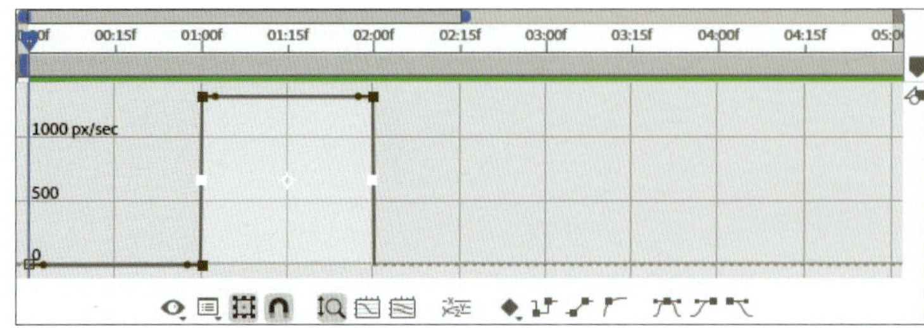

❹ **Auto Bezier( )** : 키프레임을 선택하고 'Auto Bezier' 아이콘( )을 클릭하면 키프레임의 양쪽 속도 변화를 계산해 한쪽 영역은 서서히 속도를 감소하고 다른 영역은 속도를 증가하는 형태의 애니메이션으로 변화됩니다.

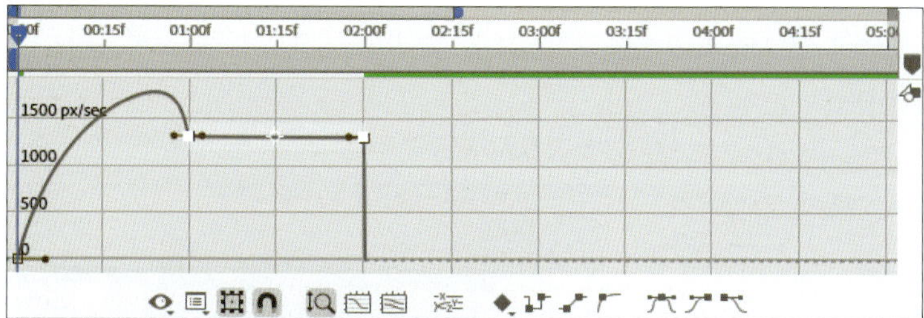

❺ **Easy Ease( )** : 그래프 에디터에서 키프레임에 Easy Ease를 쉽게 만들 수 있는 기능입니다.

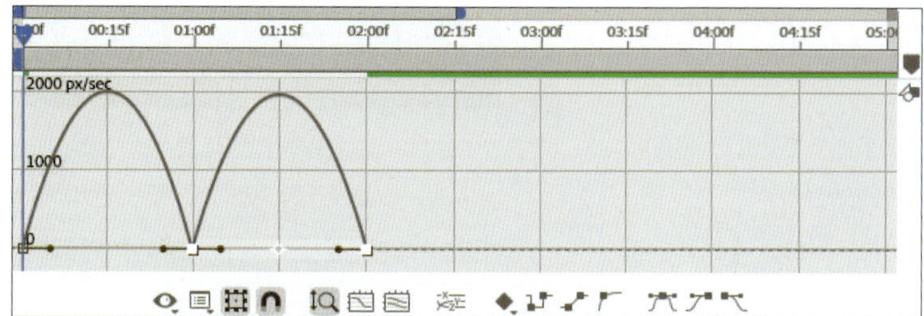

❻ **Easy Ease In( )** : 그래프 에디터에서 키프레임에 Easy Ease In을 쉽게 만들 수 있는 기능입니다.

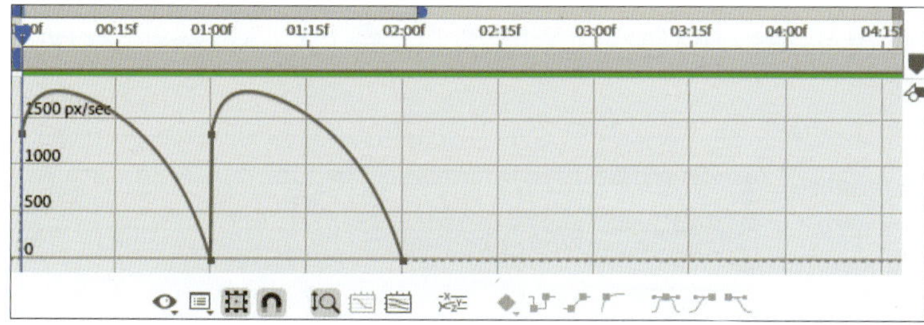

❼ **Easy Ease Out( )** : 그래프 에디터에서 키프레임에 Easy Ease Out을 쉽게 만들 수 있는 기능입니다.

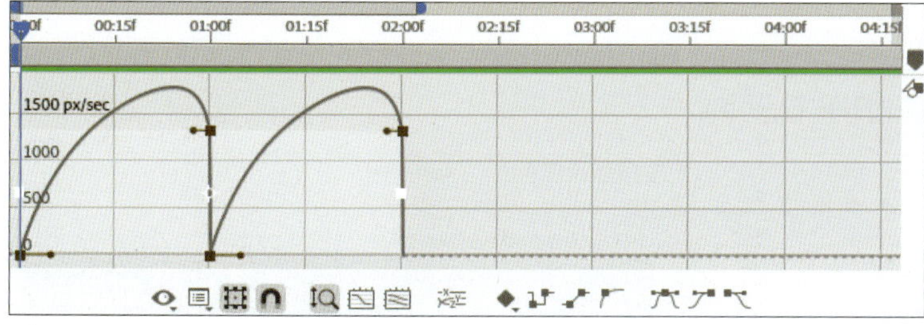

TIP ✦ 스피드 그래프에서 '높이 = 속도'

스피드 그래프에서 곡선이 위로 높게 올라갈수록 이동 속도가 빠르고, 아래로 내려갈수록 속도가 느려집니다. 그래프가 완만하게 올라가면 천천히 가속되고, 급격히 올라가면 빠르게 가속되는 동작이 만들어집니다. 따라서 자연스러운 움직임을 만들려면 속도가 갑자기 튀지 않도록 곡선의 흐름을 부드럽게 유지하는 것이 중요합니다.

EASY 실습 자연스럽게 속도와 움직임 변화하기

그래프 에디터를 이용하여 속도와 움직임에 변화를 만들겠습니다. 속도 변화가 큰 두 키프레임을 자연스럽게 연결하는 애니메이션을 만들어 봅니다.

01 애프터 이펙트 → 05 폴더에서 '야영.psd' 파일을 컴포지션으로 불러옵니다.

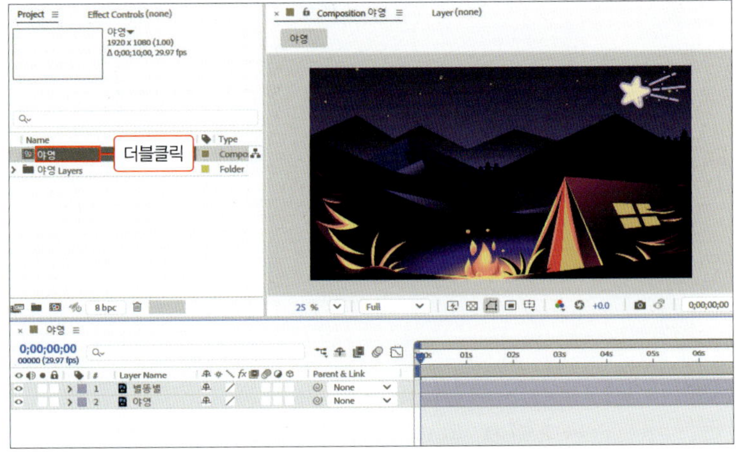

02 속도 변화가 큰 애니메이션을 만들어 봅니다. ❶ Timeline 패널에서 '별똥별' 레이어를 선택하고 ❷ P를 눌러 Position을 표시합니다. ❸ 현재 시간 표시기를 '0초(0:00:00:00)'로 이동한 다음 ❹ Position 왼쪽의 'Stop Watch' 아이콘(⏱)을 클릭하여 키프레임을 만듭니다.

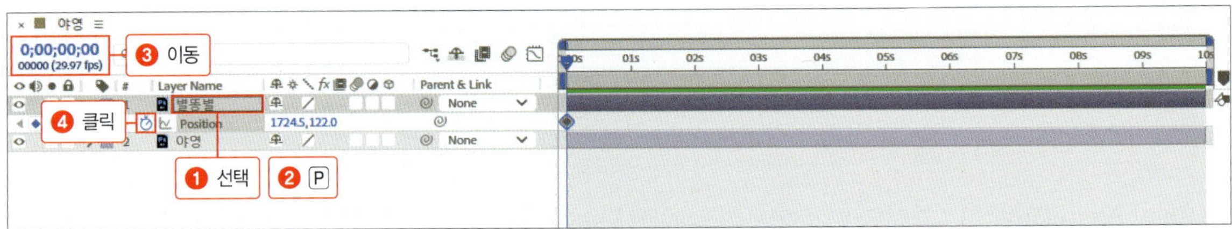

03 ❶ 현재 시간 표시기를 '1초(0:00:01:00)'로 이동합니다. ❷ Composition 패널의 화면에서 '별똥별' 레이어를 그림과 같이 왼쪽 하단으로 드래그하여 키프레임을 만듭니다.

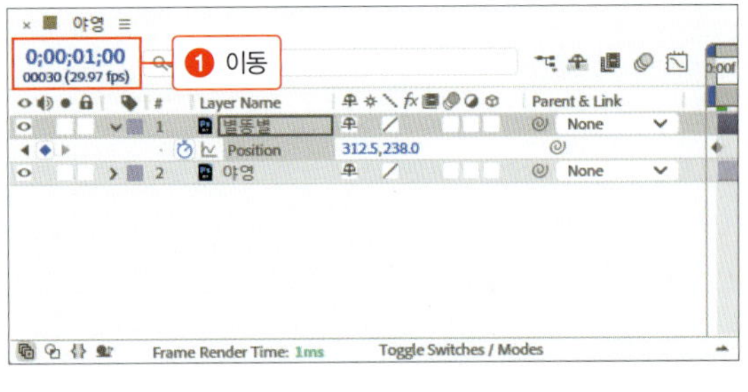

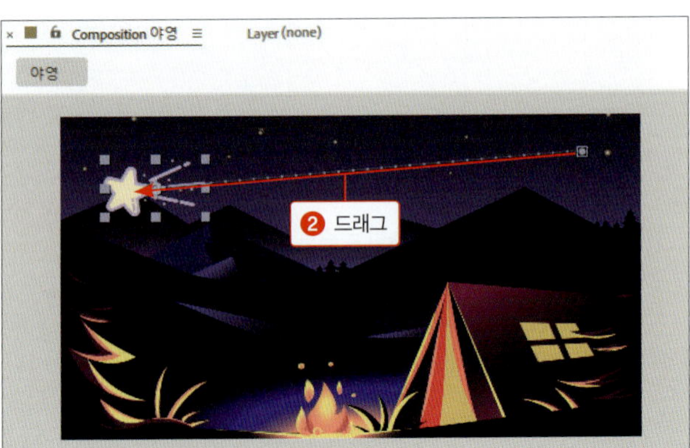

04 ❶ 현재 시간 표시기를 '3초(0:00:03:00)'로 이동합니다. ❷ Composition 패널에서 '별똥별' 레이어를 오른쪽 상단으로 드래그해 첫 번째 구간보다 느린 애니메이션을 만듭니다.

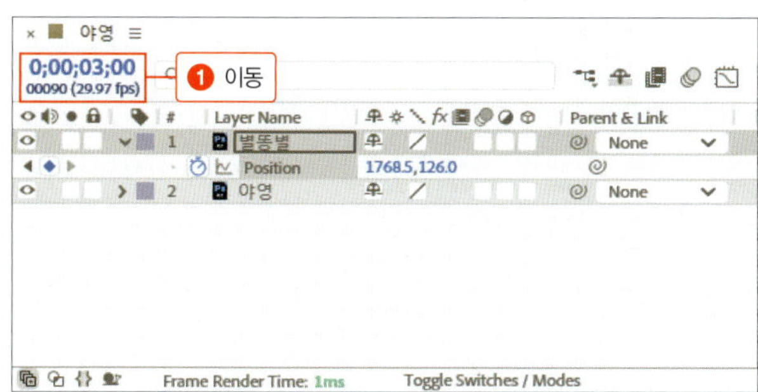

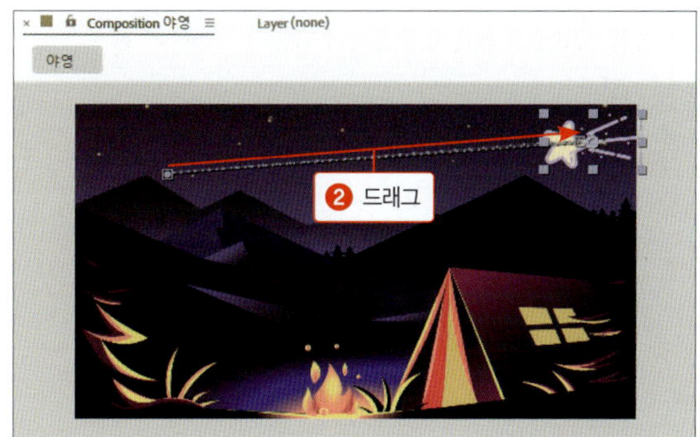

05 Timeline 패널에서 'Graph Editor' 아이콘(▧)을 클릭하여 그래프 에디터를 표시합니다.

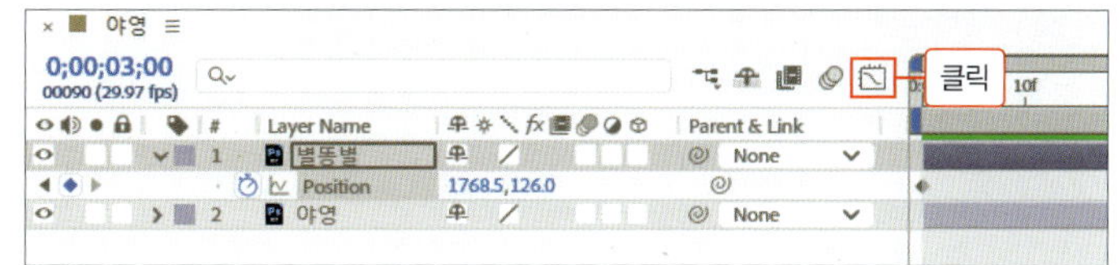

TIP ✧

그래프 에디터가 표시되지 않으면 레이어의 키프레임 속성을 선택하고 'Graph Editor' 아이콘(▧)을 클릭해 활성화합니다. 이때 반드시 속성을 선택해야 해당 아이콘이 활성화됩니다.

06 스피드 그래프에서 In/Out 조절점의 속도를 살펴보면 앞쪽의 빠른 구간은 '1415.34px/sec', 느린 구간은 '729.42px/sec'인 것을 확인할 수 있습니다. 이때 두 개의 조절점 속도는 거의 2배 정도 차이가 납니다.

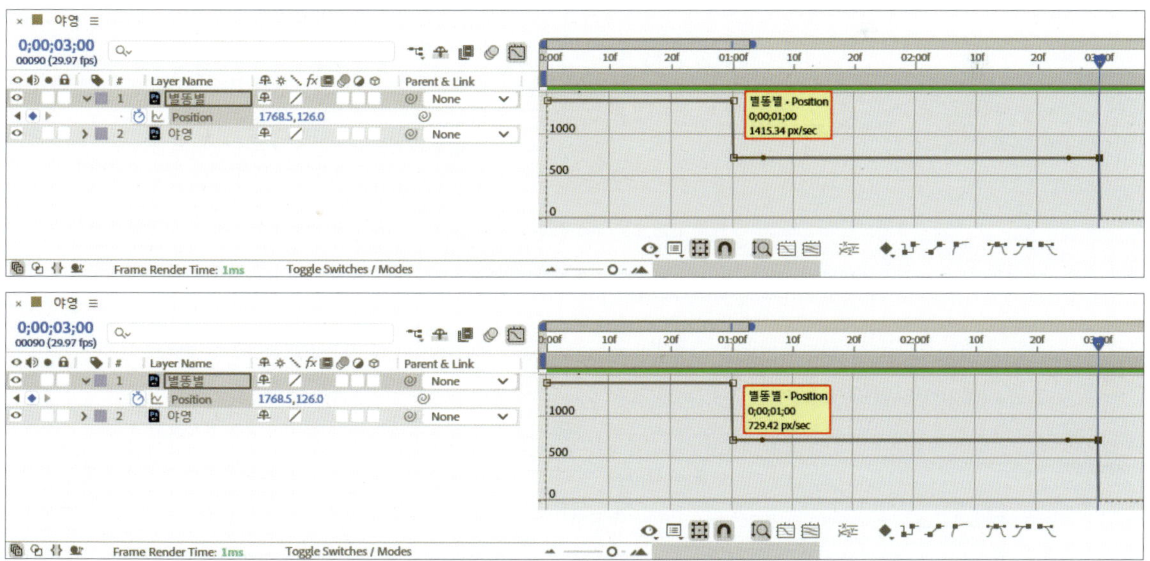

왜? ✧

작업하다 보면 예제와 정확히 같은 속도는 아니더라도, 두 키프레임 사이에 상당한 속도 차이가 생길 것입니다.

07 하나의 키프레임을 기준으로 In/Out에 속도 차이가 있으면 어색하기 때문에 이 사이를 자연스럽게 만들어야 합니다. ❶ 속도 차이가 나는 가운데 부분의 키프레임을 드래그해 선택하고 ❷ 오른쪽 하단의 'Auto Bezier' 아이콘(⌐)을 클릭합니다.

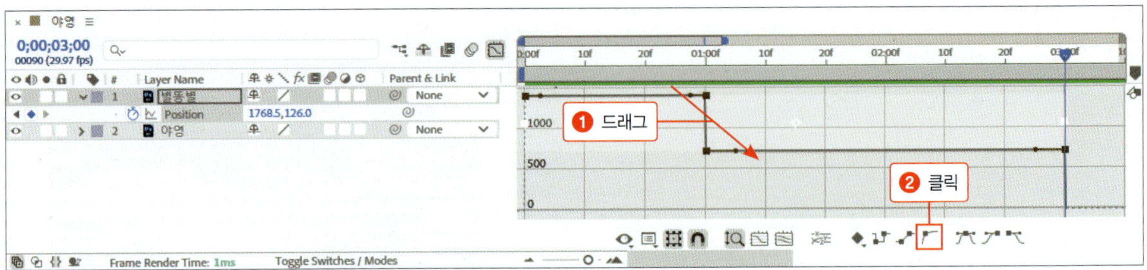

08 서로 떨어져 있는 In/Out 조절점이 하나로 합쳐지면서 빠른 속도는 느려지고, 느린 속도는 빨라져 자연스럽게 연결됩니다.

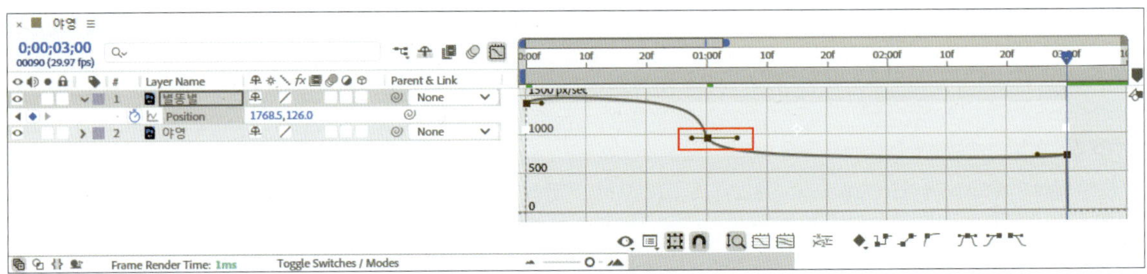

09 그래프 에디터의 Bezier 방향선을 조절하여 움직임을 좀 더 자연스럽게 만듭니다. 가운데 키프레임의 왼쪽 Bezier 조절점을 왼쪽으로 드래그하여 감속 지점을 좀 더 빠르게 지정합니다.

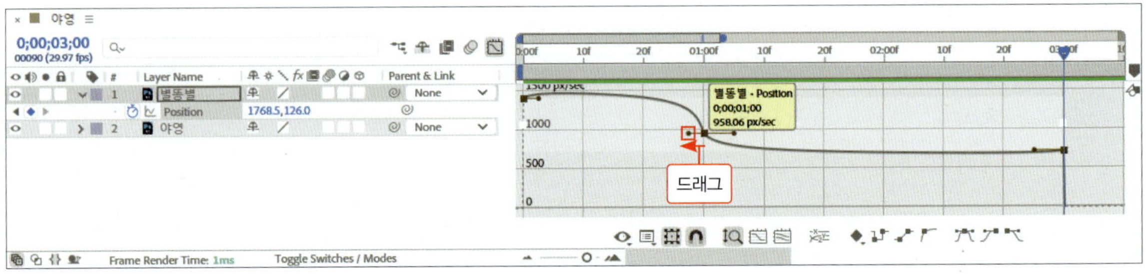

10 세로로 길어진 그래프를 모두 나타내는 기능인 'Auto-Zoom Graph Height' 아이콘(IQ)이 활성화되면 자동으로 높이와 너비가 재배열되면서 그래프가 다음과 같은 형태로 바뀝니다.

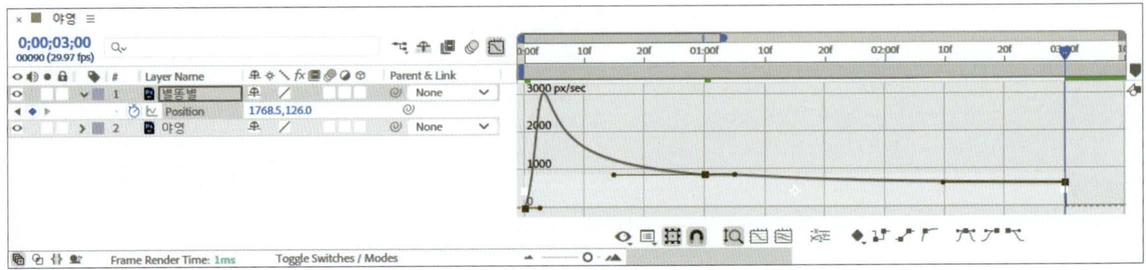

11 속도를 세밀하게 조절하기 위해 먼저 ❶ Timeline 패널의 현재 시간 표시기를 두 번째 키프레임이 있는 '29프레임(0:00:00:29)'으로 이동하고 ❷ [+]를 눌러 확대합니다.

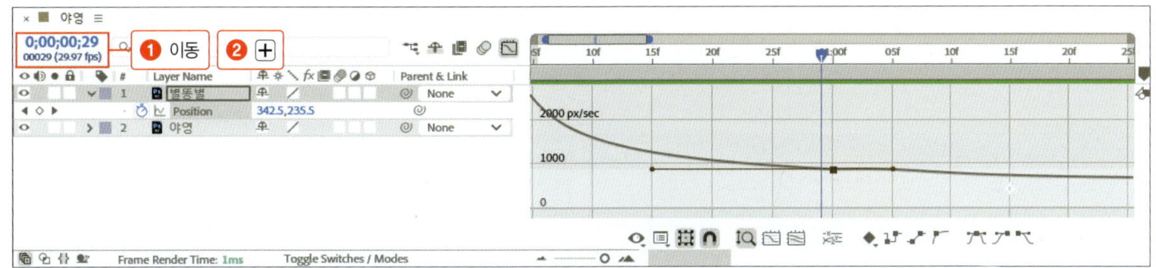

12 조절점을 드래그하여 원하는 속도로 조절합니다. 예제에서는 스피드 곡선을 최대한 부드럽게 만드는 것에 초점을 두었습니다.

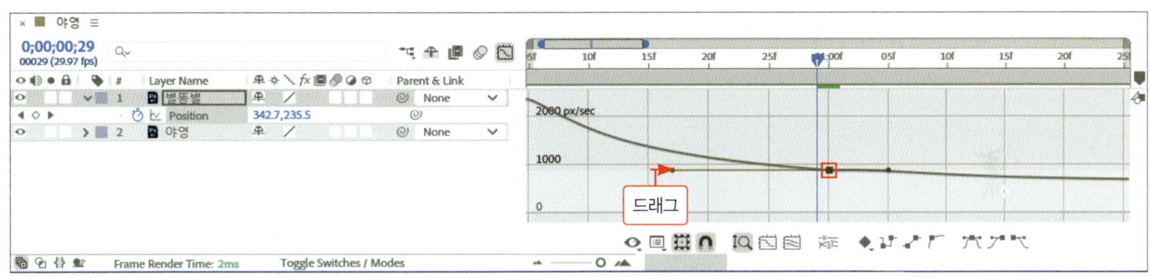

13 속도를 조절하고 나서 Spacebar를 눌러 램 프리뷰를 진행합니다. 자연스러운 속도 변화를 확인할 수 있습니다.

TIP ✧
Graph Editor를 이용한 속도 변화는 Position뿐 아니라 Scale, Rotation, Opacity 등 키프레임 애니메이션이 적용된 모든 속성에 사용할 수 있습니다.

TIP ✧
속도 관련 작업 후에는 반드시 램 프리뷰로 전체 영상을 확인합니다. 정지 화면에서는 자연스러워 보이더라도 실제로 움직임을 확인하기 어렵고, 실제 재생 시에는 속도 변화나 궤적이 어색하게 느껴질 수 있기 때문입니다.

Quick 활용 통통 튀는 공 애니메이션 만들기

공이 바닥에 떨어져 여러 번 튕기는 듯한 애니메이션을 만들어 봅니다. 그래프 에디터를 이용하여 자연스럽게 속도가 변하는 부분과 급격하게 변하는 부분, 두 가지 애니메이션 패턴을 구현합니다.

01 애프터 이펙트 → 05 폴더에서 '농구공.psd' 파일을 컴포지션으로 불러옵니다.

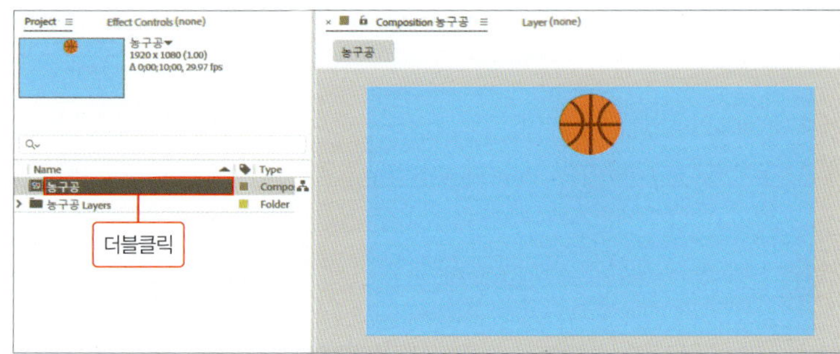

02 시간과 위치를 고려한 애니메이션을 만들기 위해 농구공이 떨어질 때의 시간과 위치를 지정해 봅니다. 보통 공은 1초 이내에 떨어졌다가 다시 튕겨 올라오므로, 0초에서 기본 위치에 있다가 8프레임에서 아래로 떨어진 후 16프레임에서 다시 위로 올라오도록 애니메이션을 만들겠습니다.

❶ 현재 시간 표시기를 '0초(0:00:00:00)'로 이동하고 ❷ '농구공' 레이어를 선택합니다. ❸ P를 눌러 Position을 표시하고 ❹ Position 왼쪽의 'Stop Watch' 아이콘(⏱)을 클릭하여 키프레임을 만듭니다.

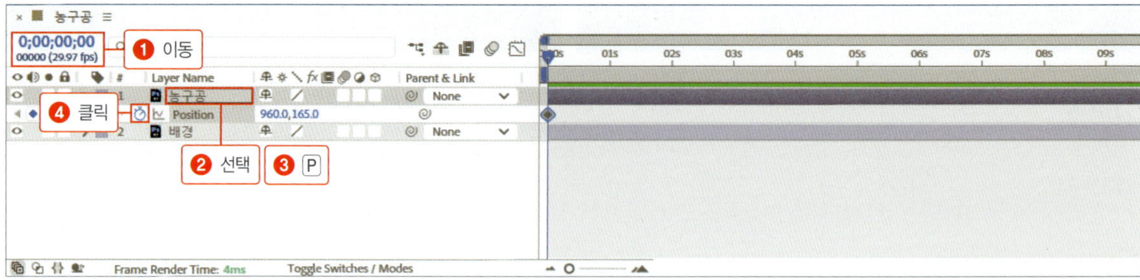

03 ❶ 현재 시간 표시기를 '8프레임(0:00:00:08)'으로 이동한 다음 ❷ '농구공' 레이어를 아래로 드래그하여 키프레임을 만듭니다.

04 ❶ 현재 시간 표시기를 '16프레임(0:00:00:16)'으로 이동하고 ❷ '농구공' 레이어를 위로 드래그하여 키프레임을 만듭니다. 이때 처음 위치가 아닌 실제 튀어 오르는 공을 생각해서 약간 아래에 배치합니다.

지금까지 공이 한 번 아래로 떨어졌다가 다시 위로 튕겨 올라오는 애니메이션을 만들었습니다. Spacebar를 눌러 램 프리뷰를 진행하면 떨어졌다 올라가는 등속도 움직임을 확인할 수 있습니다.

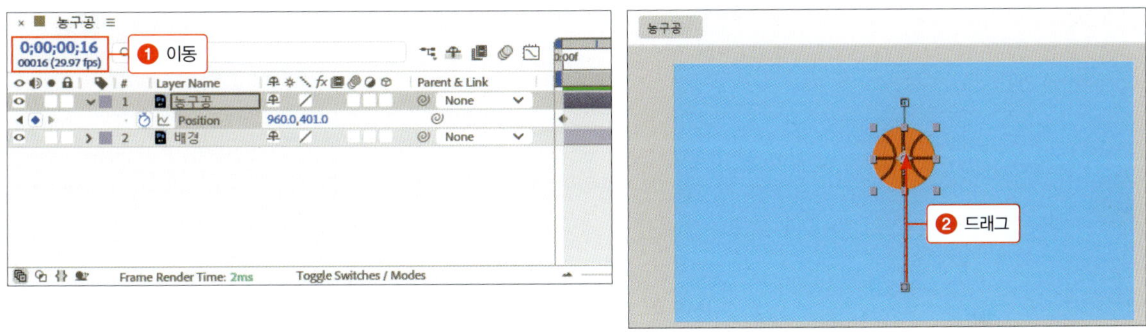

05 그래프 에디터를 이용해 좀 더 자연스러운 움직임으로 바꿔 봅니다. Timeline 패널에서 'Graph Editor' 아이콘( )을 클릭하여 그래프 에디터를 표시합니다.

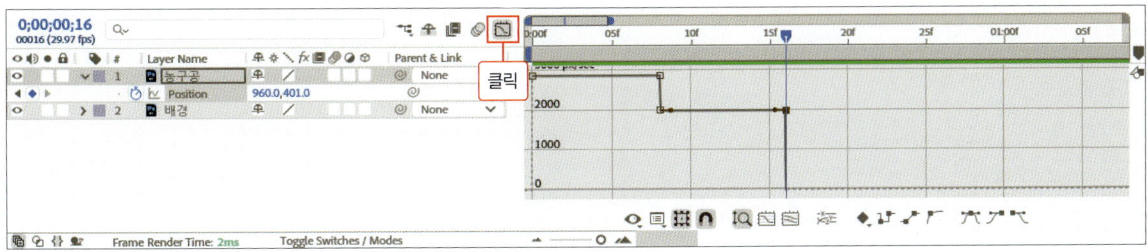

06 첫 번째 애니메이션이 시작되는 키프레임의 그래프를 수정해 봅니다. 왼쪽 키프레임을 선택한 다음 Out Bezier 조절점을 아래로 드래그하여 '0'에 위치시킵니다.

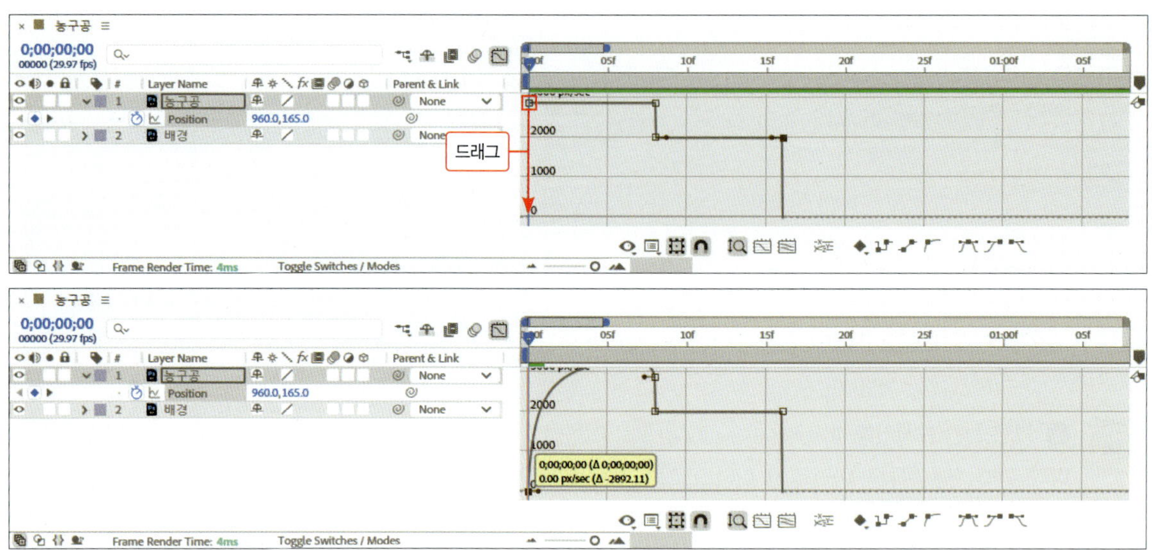

TIP ✦

낙하 애니메이션은 위에서 떨어지면서 시작됩니다. 처음 위에 멈춰 있을 때는 속도가 0이며, 떨어지는 순간부터 중력이 작용하여 속도가 점점 빨라지므로 속도는 0부터 시작해야 합니다.

07 '농구공' 레이어가 두 번째로 바닥에 떨어질 때는 중력이 크게 작용하여 가장 빠른 속도로 떨어지므로, 두 번째 키프레임의 In Bezier 조절점을 위로 드래그합니다.

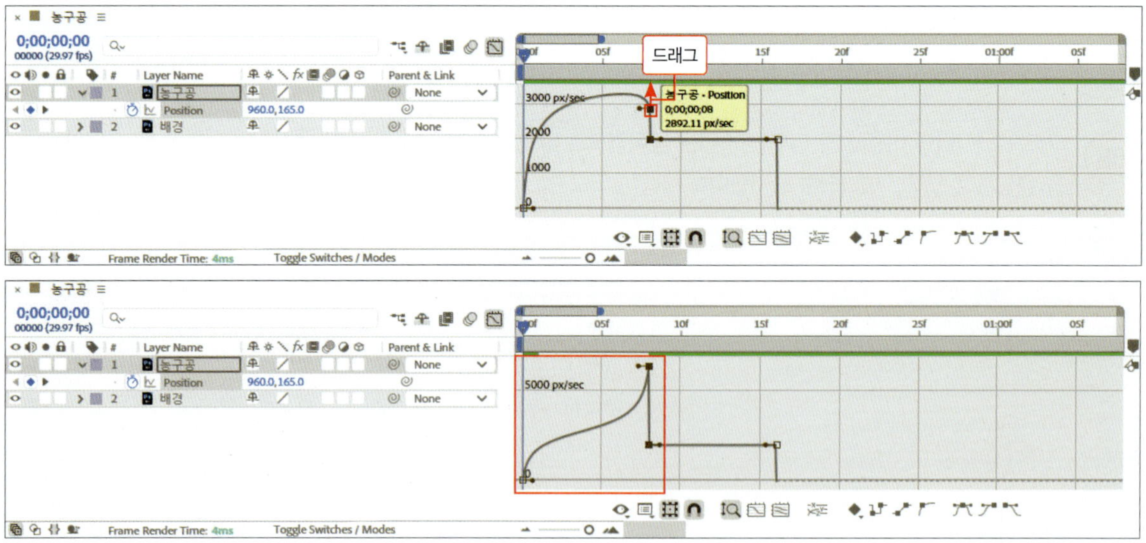

시작 부분은 속도가 느리고 끝 부분은 속도가 빠르게 설정된 모습

08 이번에는 In/Out에 해당하는 Bezier 방향선을 양쪽으로 드래그해 곡선이 서서히 올라가는 그래프 형태로 만듭니다. 0초와 8프레임의 조절점을 드래그하여 그림과 같이 조정합니다.

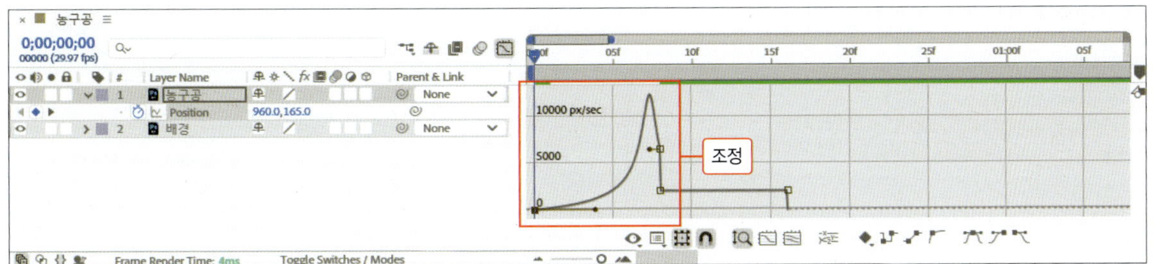

09 두 번째 키프레임의 In이 감소 곡선이 되었습니다. In Bezier 조절점을 위로 드래그하여 증가하는 곡선 형태로 변경합니다.

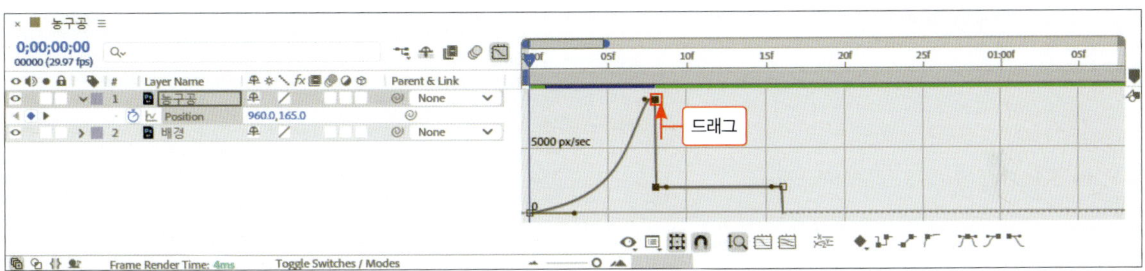

10 두 번째 키프레임의 Out을 작업합니다. '농구공' 레이어가 중력에 의해 가장 빠른 속도로 떨어져 바닥에 닿은 후 다시 튕기듯 빠른 속도로 위로 올라갑니다. 위로 올라가기 시작하는 시점의 속도가 가장 빠르므로 Out Bezier 조절점을 위로 드래그합니다.

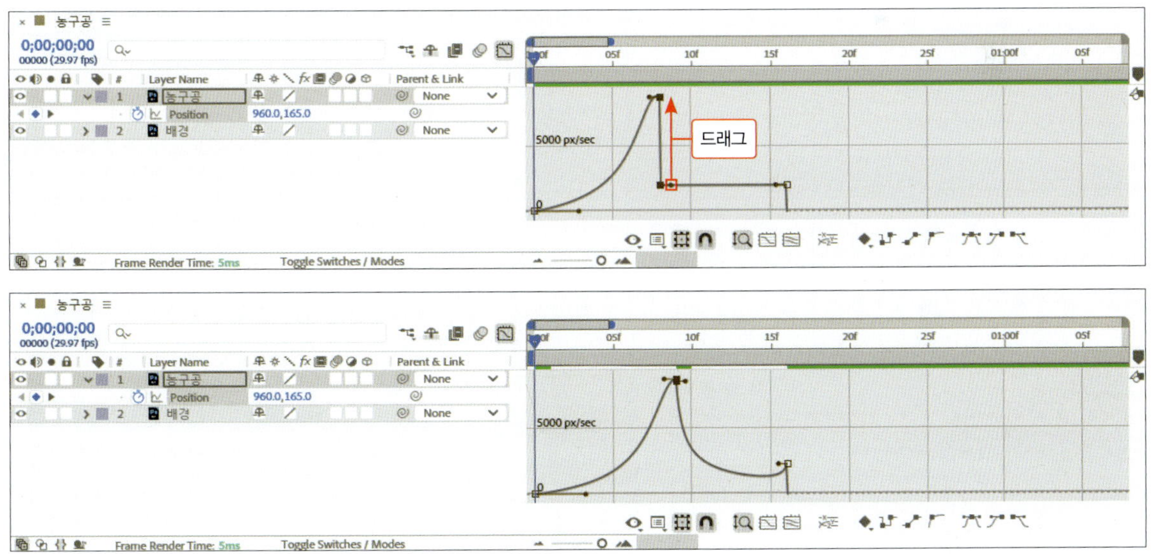

11 다시 공중으로 튕겨 올라갔을 때 반발력은 중력에 의해 서서히 줄어들면서 순간 속도는 '0'이 됩니다. ❶ 세 번째 키프레임의 In Bezier 조절점을 아래로 드래그하여 속도를 '0'으로 만들고 ❷ 오른쪽 조절점을 왼쪽으로 드래그하여 Influence를 '60~80%'로 설정합니다.

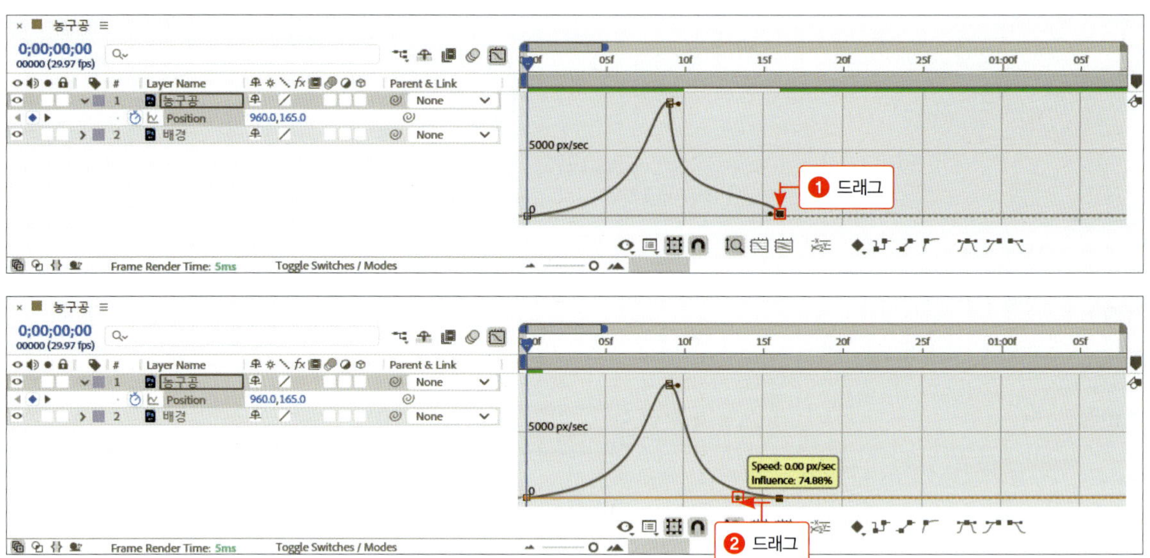

12 '농구공' 레이어가 한 번 떨어졌다가 다시 튕겨 오르는 애니메이션을 만들었습니다. 속도를 변화시키면서 빠른 부분과 느린 부분이 분명하게 나타났지만, 전체적으로 너무 빠른 애니메이션이 되었습니다. 전체 시간을 조절하기 위해 그래프 에디터에서 모든 키프레임을 드래그하여 선택합니다.

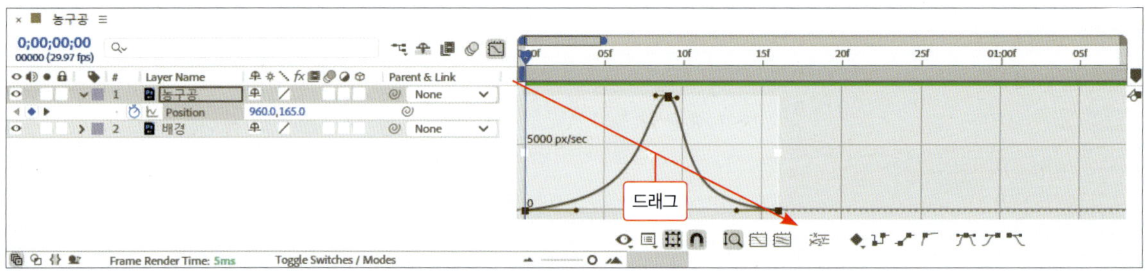

13 흰색 바운딩 박스가 나타나면 오른쪽 조절점을 드래그하여 전체 시간을 변경할 수 있습니다. ❶ 먼저 ⊟를 눌러 화면을 축소하고 ❷ 조절점을 드래그하여 이동합니다. 예제에서는 1초까지 드래그해 시간을 늘렸습니다.

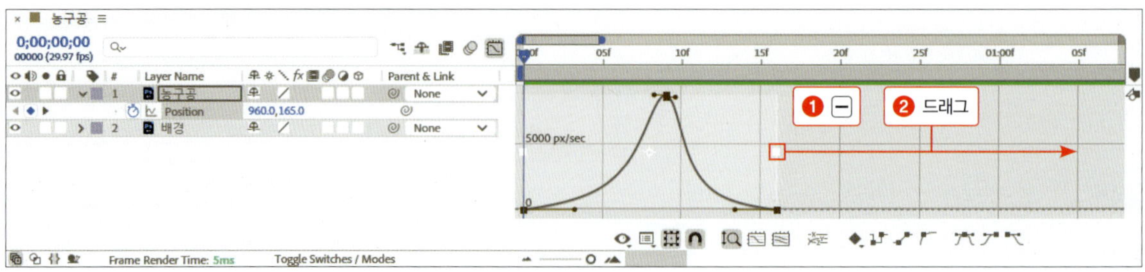

14 그래프가 기존 형태보다 옆으로 길어지면서 전체 시간도 늘어났습니다.

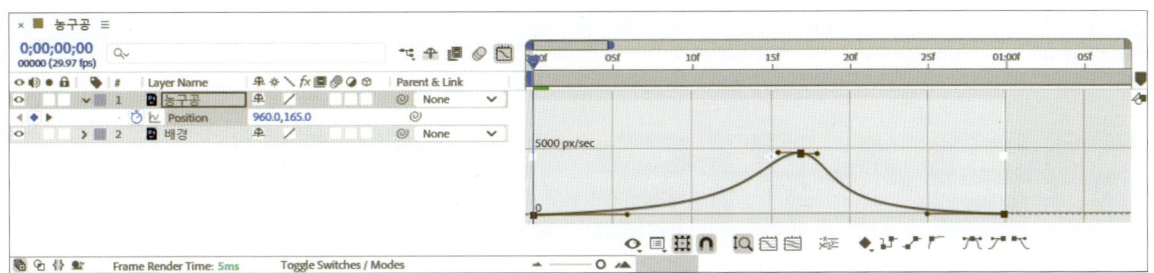

15 취향에 맞게 그래프의 조절점이나 전체 길이 등을 조절하여 원하는 모션을 만듭니다.

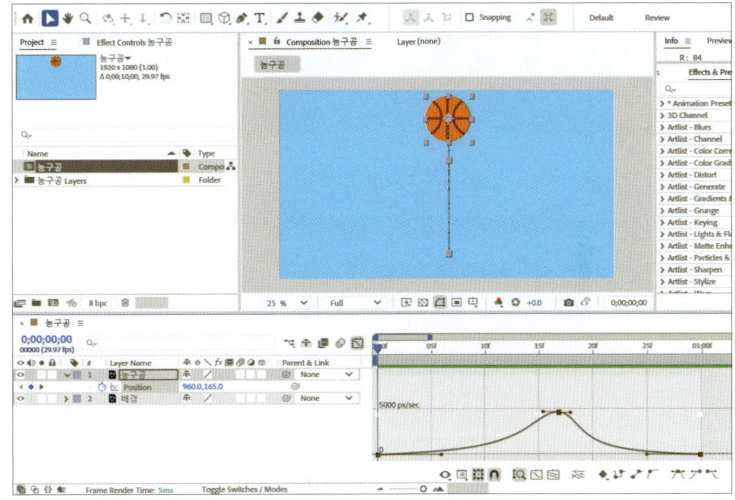

16 그래프 에디터 작업을 마치고 Spacebar를 눌러 램 프리뷰를 진행합니다. 영상에서 공이 한 번 바닥에 떨어졌다 튕기는 애니메이션을 볼 수 있습니다. 예제에서는 한 번 튕기는 애니메이션을 만들었지만, 여러 번 튕기도록 하면 더 사실적인 움직임을 만들 수 있습니다.

Part 06

고급스러운 그래픽 스타일 연출

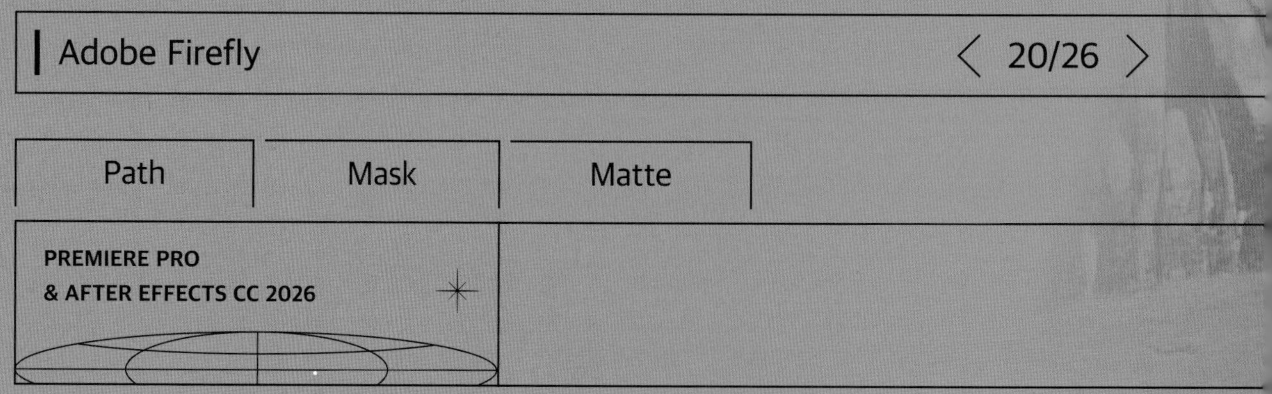

PREMIERE
26
Generate

LESSON 06

마스크와 매트로 구현하는 고급 그래픽 표현

❶ 패스와 마스크 이해하기

패스의 개념 이해하기

애프터 이펙트에는 마스크라는 핵심 기능이 있습니다. 마스크를 이해하려면 먼저 패스 개념부터 알아야 합니다. 마스크를 만들기 위해 패스를 생성하는 과정을 이해해 봅니다. 패스와 마스크는 모두 레이어에 추가하는 기능이므로 반드시 적용할 레이어를 먼저 선택해야 합니다. 레이어를 선택하지 않고 작업하면 마스크가 아닌 셰이프 레이어(Shape Layer)가 만들어집니다.

패스는 주로 펜 도구로 만들 수 있습니다. 패스는 '선'이라는 뜻으로, 레이어를 선택한 다음 펜 도구로 클릭과 드래그 작업을 하여 생성되는 모든 선을 의미합니다. 패스의 시작점과 끝점을 이으면 하나의 도형이 만들어지며, 이것이 패스를 이용한 마스크입니다.

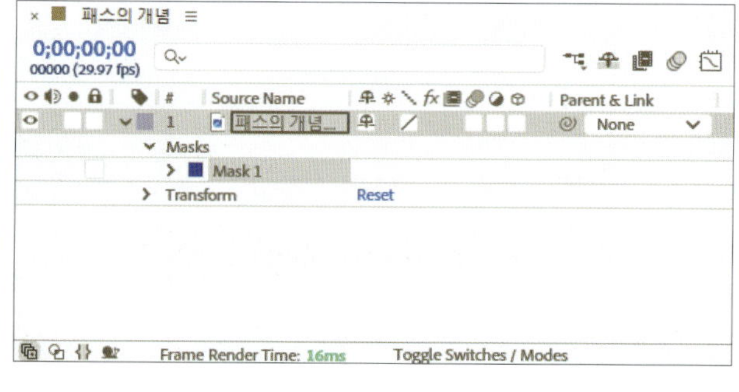

Composition 패널의 화면에서 마스크를 적용할 레이어를 선택하고 패스를 만드는 모습

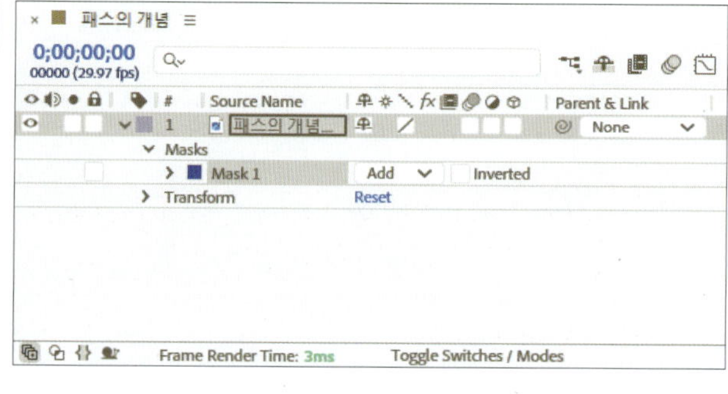

레이어에 패스 도구를 이용하여 마스크 기능이 추가된 모습

마스크 기능 알아보기

패스를 하나의 도형으로 완성하면 패스에 '마스크' 기능이 추가됩니다. 마스크는 선을 이어서 하나의 영역을 지정하는 것으로 이해하면 쉽습니다. 마스크가 만들어지면 마스크로 지정된 영역 이외의 부분은 투명하게 처리되어 보이지 않습니다. 즉, 레이어에 추가된 선은 모두 패스이며, 시작점과 끝점을 이어 하나의 도형으로 완성하면 마스크 기능이 활성화됩니다. 단, 마스크 기능이 활성화된 패스도 여전히 패스 기능을 가지고 있습니다. 이러한 기능을 '마스크'라는 용어로 통일해서 부릅니다. 마스크는 펜 도구로도 만들 수 있지만, 셰이프 도구를 활용하면 특정 모양의 마스크를 한 번에 쉽게 만들 수 있습니다.

펜 도구를 이용한 마스크

원형 도구를 이용한 마스크

마스크를 만드는 셰이프 도구와 패스 도구 알아보기

마스크를 만드는 도구는 레이어에 기본 선택 영역을 만드는 셰이프 도구와 자유롭게 형태를 그려 선택 영역을 만드는 패스 도구로 나뉩니다.

셰이프 도구에는 사각형 도구, 둥근 사각형 도구, 원형 도구, 다각형 도구, 별형 도구가 있습니다.

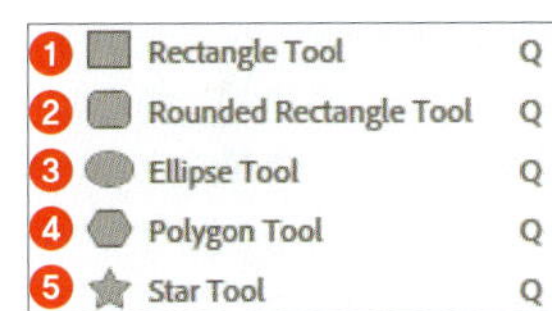

❶ **사각형 도구(Rectangle Tool)** : 사각형 마스크를 만듭니다.

❷ **둥근 사각형 도구(Rounded Rectangle Tool)** : 모서리가 둥근 사각형 마스크를 만듭니다.

❸ **원형 도구(Ellipse Tool)** : 원형 마스크를 만듭니다.

❹ **다각형 도구(Polygon Tool)** : 다각형 마스크를 만듭니다.

❺ **별형 도구(Star Tool)** : 별형 마스크를 만듭니다.

패스 도구에는 기준점 추가 도구, 기준점 삭제 도구, 기준점 변환 도구, 마스크 페더 도구가 있습니다.

6 Pen Tool G
7 Add Vertex Tool
8 Delete Vertex Tool
9 Convert Vertex Tool
10 Mask Feather Tool G

❻ **펜 도구(Pen Tool)** : 펜으로 선을 그려 마스크를 만듭니다.

❼ **기준점 추가 도구(Add Vertex Tool)** : 만들어진 마스크에 기준점을 추가합니다.

❽ **기준점 삭제 도구(Delete Vertex Tool)** : 만들어진 마스크의 기준점을 삭제합니다.

❾ **기준점 변환 도구(Convert Vertex Tool)** : 기준점 형태를 직선에서 곡선으로 변경할 수 있는 도구로, Bezier 조절점을 만들어 곡선으로 만들고 조절합니다.

❿ **마스크 페더 도구(Mask Feather Tool)** : 마스크 영역의 일부분에 페더(Feather)를 적용할 수 있습니다. 경계 부분을 흐리게 하여 배경과 자연스럽게 만들 때 사용합니다.

EASY 실습 패스 도구로 마스크 적용하기

패스 도구를 이용해서 마스크를 활용한 재미있는 영상 효과를 만들어 봅니다.

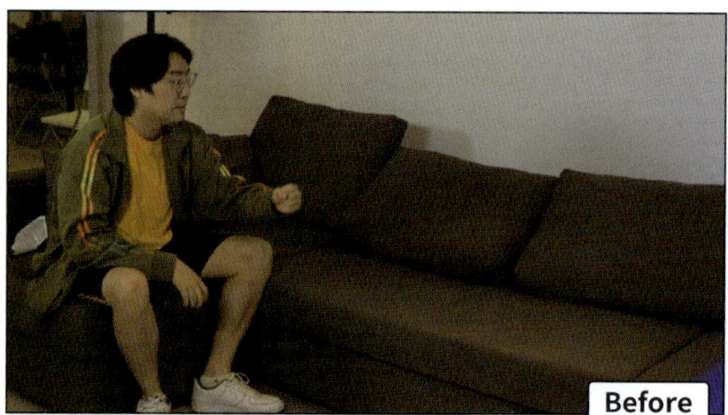

01 애프터 이펙트 → 06 폴더의 '가위바위보.aep' 파일을 불러옵니다.

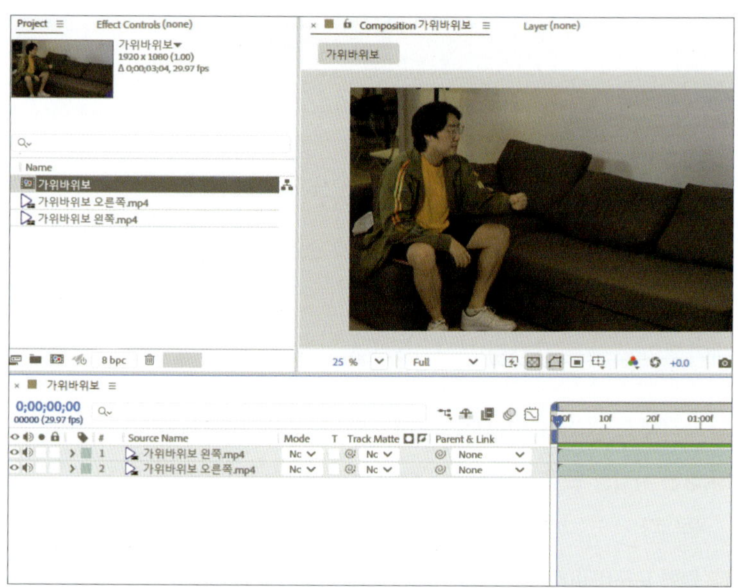

02 예제 영상은 가운데를 기준으로 왼쪽과 오른쪽에 동일 인물이 가위바위보 게임을 하는 장면을 촬영한 것입니다. 마스크 기능을 이용하여 같은 사람이 가위바위보를 하는 효과를 만들겠습니다.

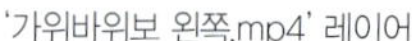

'가위바위보 왼쪽.mp4' 레이어

'가위바위보 오른쪽.mp4' 레이어

03 ❶ Timeline 패널에서 '가위바위보 왼쪽.mp4' 레이어를 선택하고 ❷ Tools 패널에서 펜 도구( )를 선택합니다.

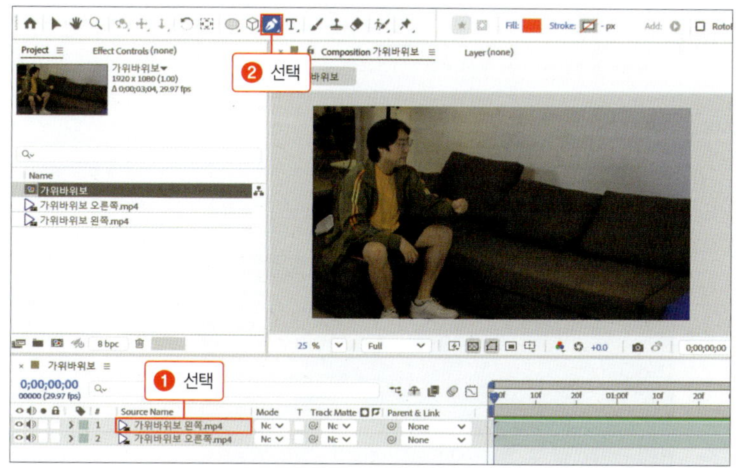

04 현재 시간 표시기를 '1초 15프레임(0:00:01:15)'으로 이동해 가위바위보로 손이 최대로 펼쳐진 상태를 만듭니다.

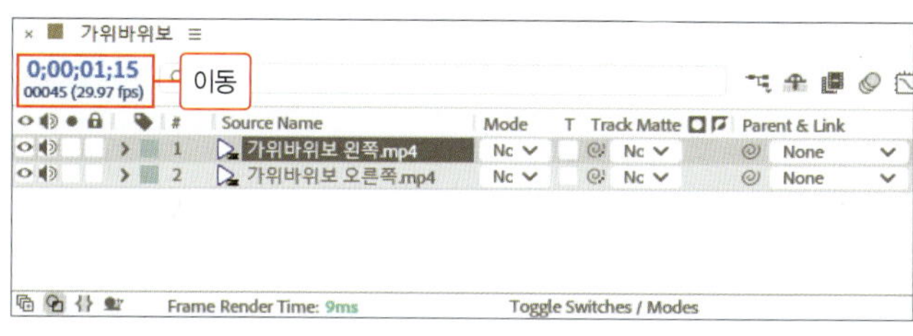

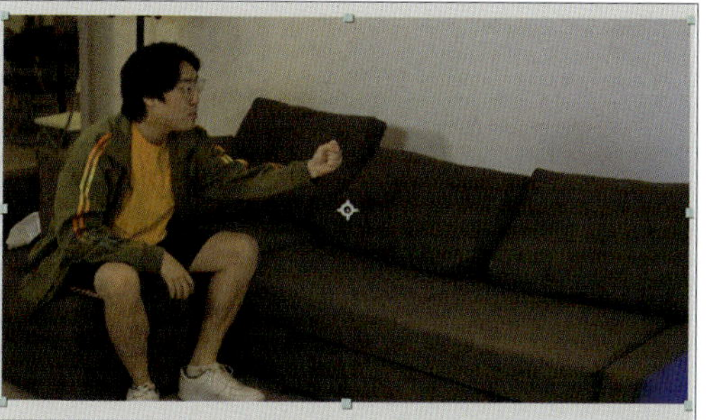

05 Composition 패널 화면에 클릭 또는 드래그하여 마스크를 만듭니다. ❶~❻ 가운데를 기준으로 그림과 같이 왼쪽 화면이 전부 포함되도록 사각형 마스크를 만듭니다.

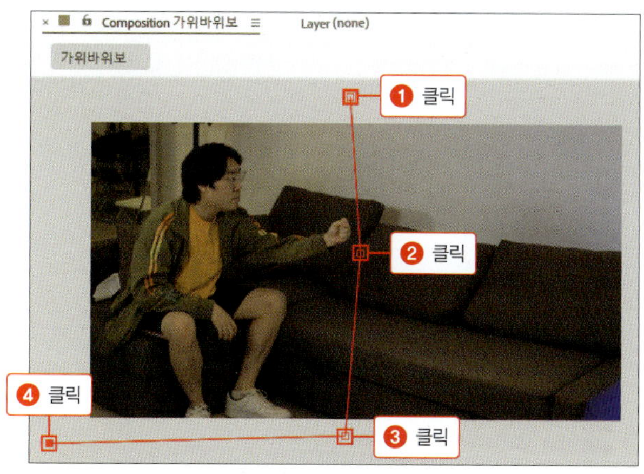

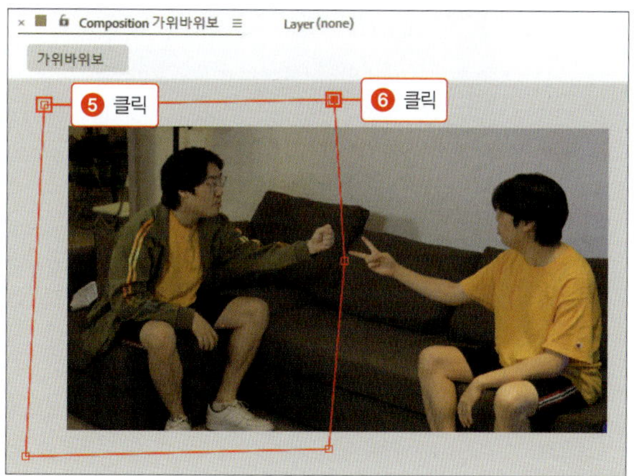

TIP ✧

펜 도구( )를 선택한 다음 화면에 클릭하면 하나의 기준점이 만들어지고, 다른 위치를 클릭하면 또 다른 기준점이 추가되면서 선이 연결됩니다. 이어서 세 번째로 클릭하면 기준점이 추가되며 새로운 패스가 만들어지고, 다시 첫 번째 기준점(시작점)을 클릭하면 마스크가 완성됩니다. 이때 마스크 영역 이외의 부분은 투명하게 처리되어 보이지 않습니다.

06 경계 부분이 그림자로 인해 단절된 느낌이므로 수정하기 위해 ❶ Timeline 패널에서 '가위바위보 왼쪽.mp4' 레이어의 '>'를 클릭하여 Masks – Mask 1 항목을 표시하고 ❷ Mask Feather를 '70.0pixels'로 설정합니다.

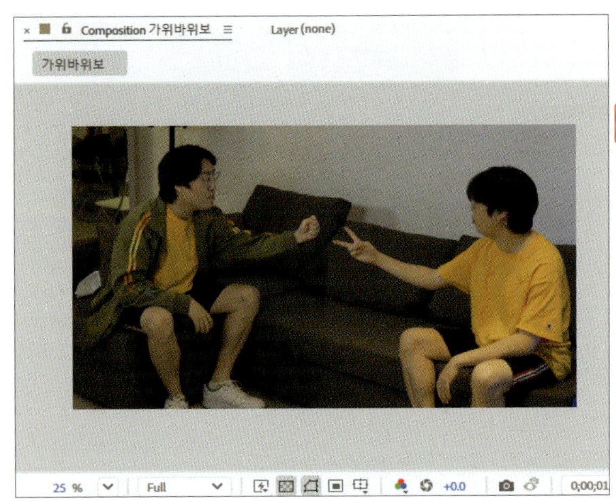

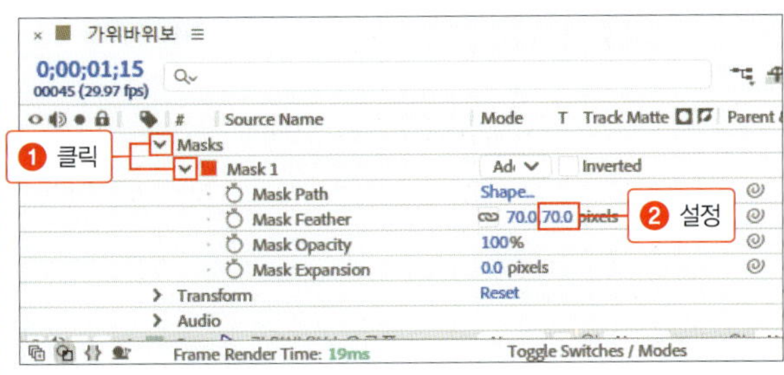

Mask Feather를 적용하기 전

> **TIP ✧**
>
> Mask Feather를 설정하면 경계 부분이 흐려져 뒤쪽 레이어와 자연스럽게 합성되는 효과를 얻을 수 있습니다. 마스크 페더 도구( )를 이용해 기준점을 드래그해도 같은 효과를 낼 수 있습니다.
>
> Mask Feather 수치가 클수록 기준점을 기준으로 흐려지기 때문에, 기준점을 너무 가깝게 설정하면 원치 않는 부분까지 흐려질 수 있습니다.

07 ❶ Composition 패널에서 마우스 휠을 돌려 화면을 축소합니다. ❷ Timeline 패널의 Mask 1 항목을 선택하고 ❸ 기준점을 드래그하면 위치를 이동할 수 있습니다. 그림과 같이 화면에 붙어 있는 기준점들을 드래그하여 화면 끝 부분에서 멀어지게 해서 완성합니다.

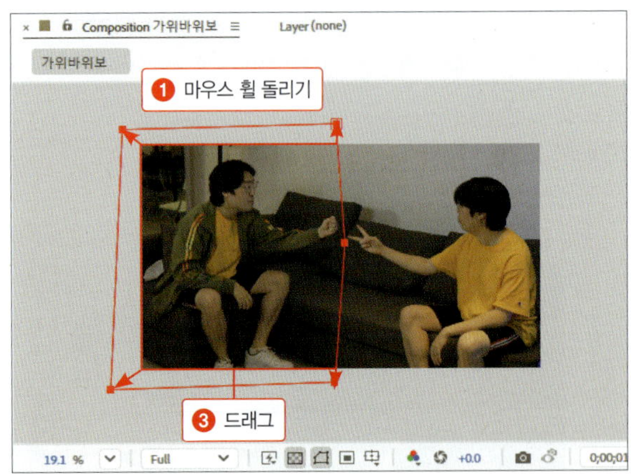

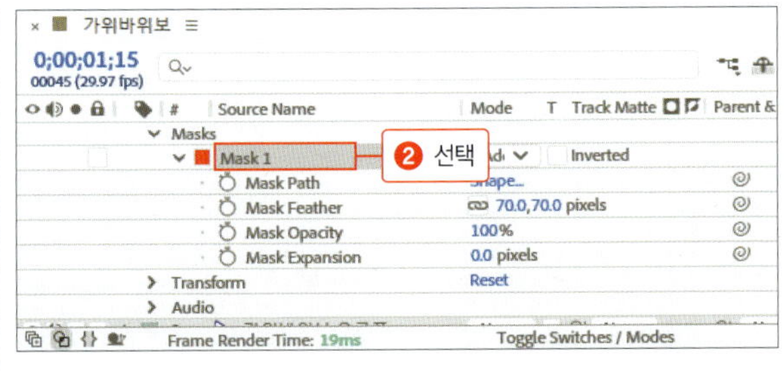

> **TIP ✧**
>
> 마스크를 선택했는데 화면에 패스가 보이지 않으면, Composition 패널의 'Toggle Mask and Shape Path Visibility' 아이콘( )이 비활성화되어 있는지 확인해야 합니다.

❷ 마스크의 다양한 속성 이해하기

Masks 항목 표시하기

도형이나 패스 도구를 이용해 레이어에 마스크를 만들면 Masks 항목의 네 가지 속성이 표시됩니다. 마스크를 중복해서 적용하면 여러 개의 Masks 항목이 표시됩니다.

Masks 항목은 Mask Path, Mask Feather, Mask Opacity, Mask Expansion의 네 가지 속성으로 구성되며, 애프터 이펙트에서 마스크 작업과 마스크 모션 작업을 진행할 수 있습니다.

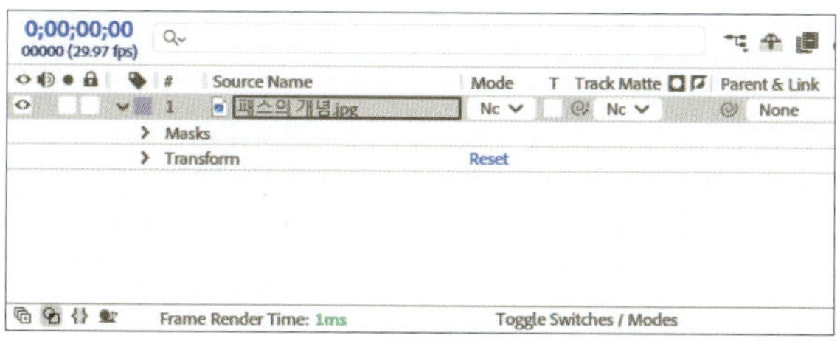

레이어의 기본 항목 : 기본으로 Transform 항목과 마스크를 추가해 Masks 항목이 표시됩니다.

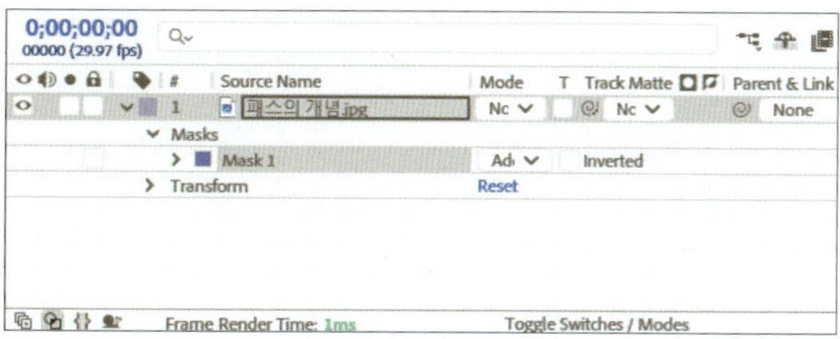

Masks – Mask 1 항목 : 마스크를 여러 개 만들면 Masks 항목에 Mask 1, Mask 2, Mask 3 등 항목이 순차적으로 표시됩니다.

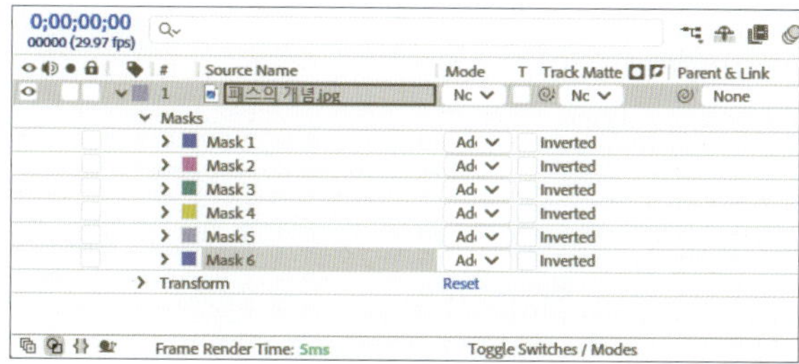

여러 개의 Masks 항목이 표시된 모습

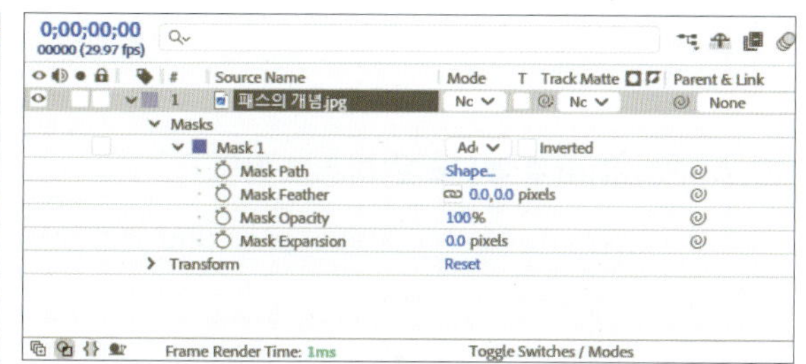

Masks의 네 가지 속성을 모두 표시한 모습

Mask Path로 마스크 지정하기

움직임으로 마스크 영역에 변화를 만듭니다. Transform 항목에 해당하는 Position, Rotation, Scale 등은 각각 물리적인 변화로 나눠지만, Mask Path는 패스(선과 기준점)의 변화로 인식합니다. 따라서 움직임도 패스의 변화이고, Rotation과 Scale도 패스의 변화입니다. 또한 패스 변화를 통해 형태가 달라지는 움직임도 만들 수 있습니다.

Mask Path에서 키프레임을 만들고 Composition 패널에서 기준점을 이동하면 자동으로 마스크가 이동하는 애니메이션이 만들어집니다. Mask Path 애니메이션은 오직 기준점의 변화로 만들어지며, 레이어의 Transform, Scale, Rotation 등 모든 변화를 Mask Path로 표현합니다.

0초의 Mask Path

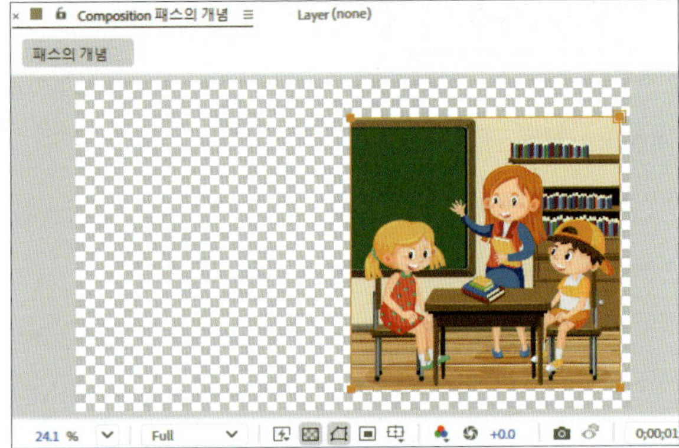

1초의 Mask Path

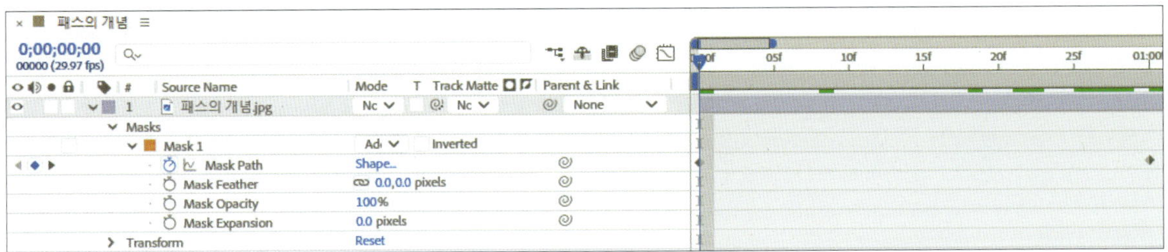

자동으로 키프레임이 만들어진 모습

Mask Feather로 부드러운 마스크 만들기

Mask Feather는 마스크 경계 영역을 부드럽게 만드는 기능으로, 마스크의 뚜렷한 경계를 알아보기 힘들 정도로 부드럽게 처리할 수 있습니다. Mask Feather는 주로 뒤에 있는 레이어와 자연스럽게 합성할 때 사용합니다.

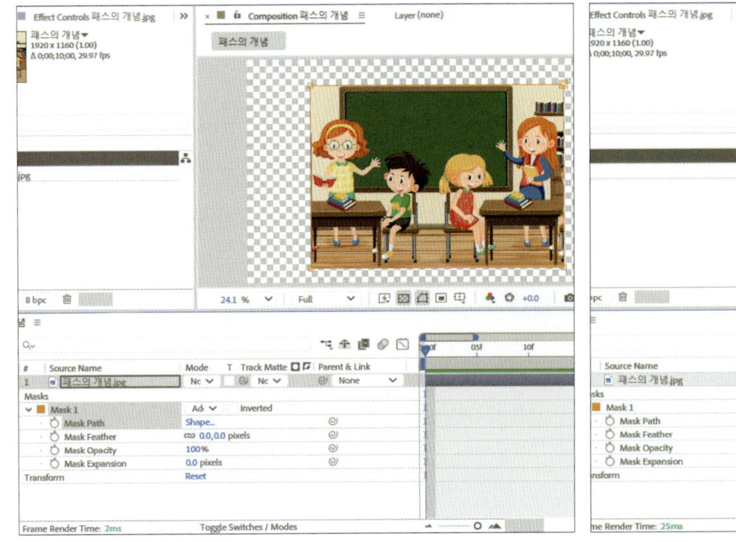

Mask Feather를 '0.0pixels'로 설정한 모습

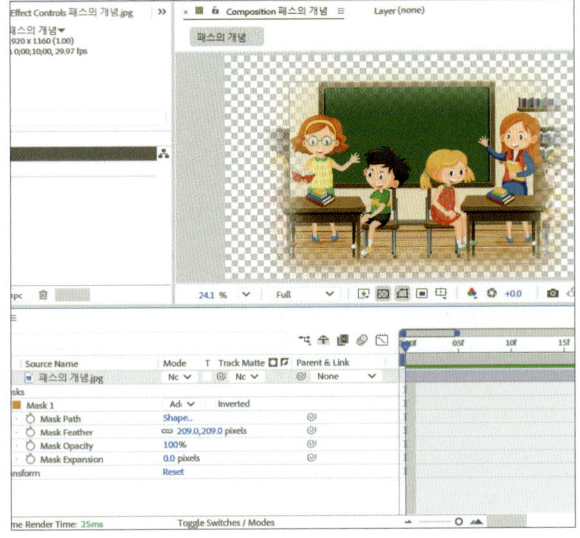

Mask Feather를 '209.0pixels'로 설정한 모습

Mask Opacity로 불투명 마스크 만들기

Transform 항목의 Opacity와 비슷한 기능이지만, 그 대상은 레이어가 아닌 마스크입니다. 레이어에 여러 개의 마스크가 있을 때는 마스크마다 Mask Opacity를 개별적으로 적용할 수 있어, 하나의 레이어에 다양한 불투명도를 적용한 이미지를 만들 수 있습니다.

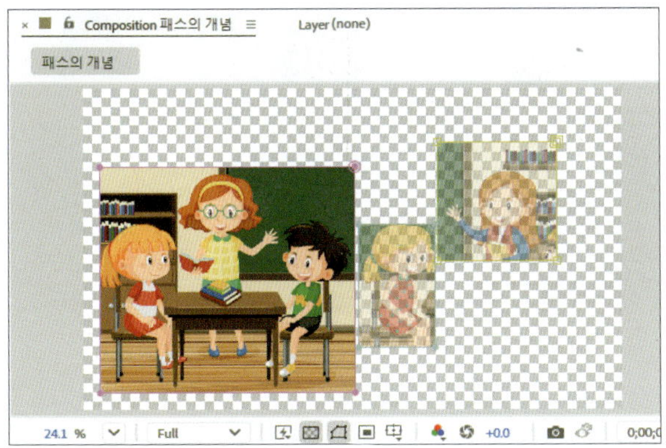

하나의 레이어에 세 개의 마스크를 적용하여 Mask Opacity를 각각 다르게 설정한 모습

Mask Expansion으로 마스크 영역 조정하기

레이어에 적용한 마스크 영역을 확장 또는 축소할 수 있는 기능으로, + 값을 적용하면 영역이 확장되고 – 값을 적용하면 영역이 축소됩니다. 영역 축소는 Mask Path에서 기준점을 이동해 크기를 줄이는 것과 비슷하지만, Mask Expansion을 이용하면 더욱 손쉽게 변화를 만들 수 있습니다. + 값을 적용할 때 각진 부분이 둥글게 변한다는 특징이 있습니다.

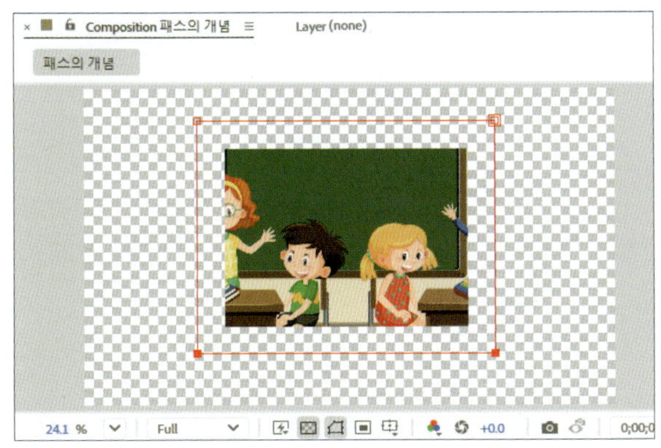

Mask Expansion을 '–100.0pixels'로 설정한 모습

Mask Expansion을 '200.0pixels'로 설정한 모습

TIP ✧

Mask Expansion으로 마스크 영역을 확장하면 모서리 부분이 함께 둥글게 변하는 특징이 있습니다. 따라서 각진 형태를 유지한 채 마스크 크기만 키워야 하는 경우, 마스크를 선택한 상태에서 Ctrl+T를 눌러 변형 박스를 나타낸 다음 핸들을 드래그하여 직접 크기를 조절하는 방식이 더 적합합니다. 이 방법을 사용하면 마스크 형태는 유지하면서 전체 크기만 정확하게 조절할 수 있습니다.

Quick 활용 인트로 느낌의 애니메이션 만들기

마스크를 적용한 레이어에 마스크 패스 키프레임을 활용한 인트로 느낌의 애니메이션을 만들어 봅니다.

01 애프터 이펙트 → 06 폴더에서 '인트로.aep' 파일을 불러옵니다. 마스크가 적용된 3분할 영상이 표시됩니다.

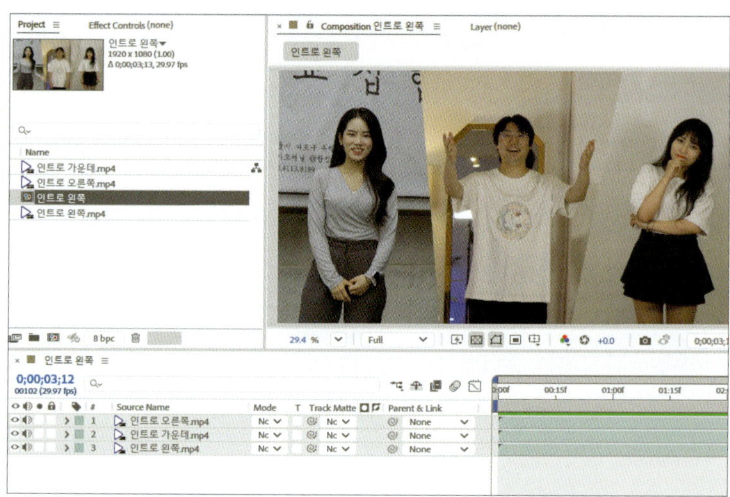

02 마스크의 Mask Path를 이용하여 마스크 애니메이션을 만들겠습니다. 먼저 각 레이어의 Masks 항목을 표시합니다.

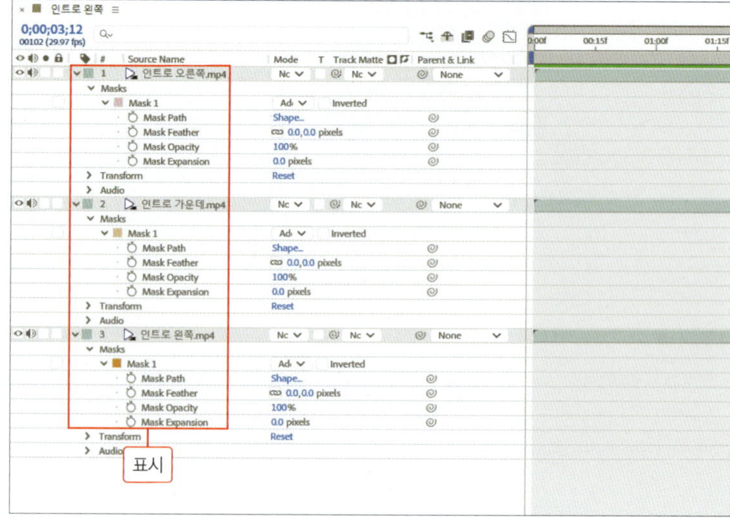

TIP
Timeline 패널을 선택하고 ~를 누르면 전체 화면에 Timeline 패널을 표시할 수 있습니다.

03 ❶ Timeline 패널의 현재 시간 표시기를 '6프레임(0:00:00:06)'으로 이동하고 ❷ 세 개의 Mask Path 왼쪽 'Stop Watch' 아이콘(⏱)을 클릭해 키프레임을 만듭니다.

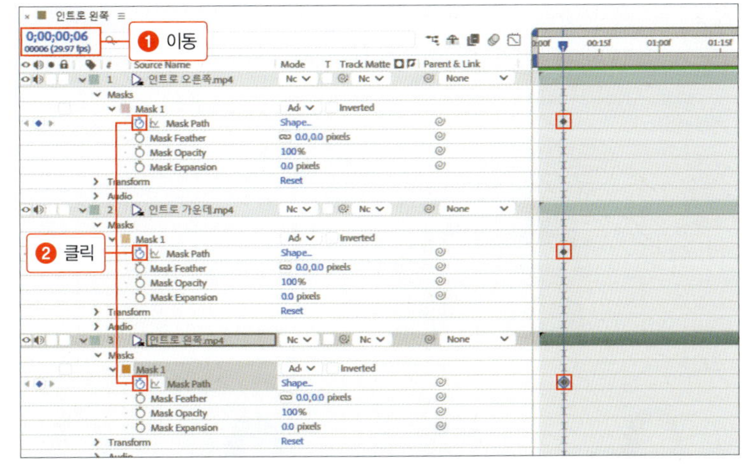

04 편리한 작업을 위해 ❶ Timeline 패널에서 3개 레이어를 Shift를 누른 상태로 모두 선택한 다음 ❷ U를 눌러 키프레임이 만들어진 항목만 표시합니다.

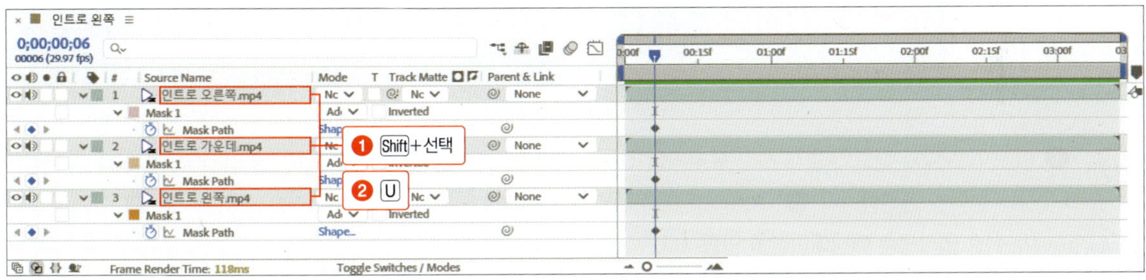

TIP ✦

Timeline 패널이 세로로 줄어들어 간소화된 경우, 다시 Timeline 패널을 클릭하고 ~를 누르면 원래 크기로 되돌릴 수 있습니다.

05 각각의 Mask Path에 변화를 적용해 애니메이션을 만들겠습니다. ❶ Timeline 패널에서 현재 시간 표시기를 '0초(0:00:00:00)'로 이동하고 ❷ '인트로 왼쪽.mp4' 레이어의 Mask 1 항목을 선택합니다. ❸ Composition 패널에 표시된 해당 레이어의 마스크 영역이 활성화되면 아래쪽 두 개의 기준점을 드래그하여 선택합니다.

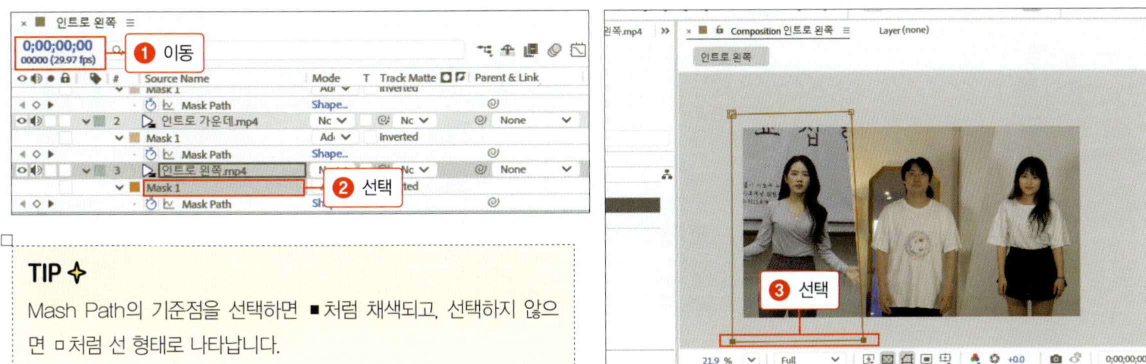

TIP ✦

Mash Path의 기준점을 선택하면 ■처럼 채색되고, 선택하지 않으면 □처럼 선 형태로 나타납니다.

06 Mask Path의 기준점을 위로 드래그하여 이미지의 높이를 줄입니다. 타임라인에서 Mask Path에 자동으로 키프레임이 생성됩니다. 재생하면 위에서 아래로 나타나는 애니메이션을 확인할 수 있습니다.

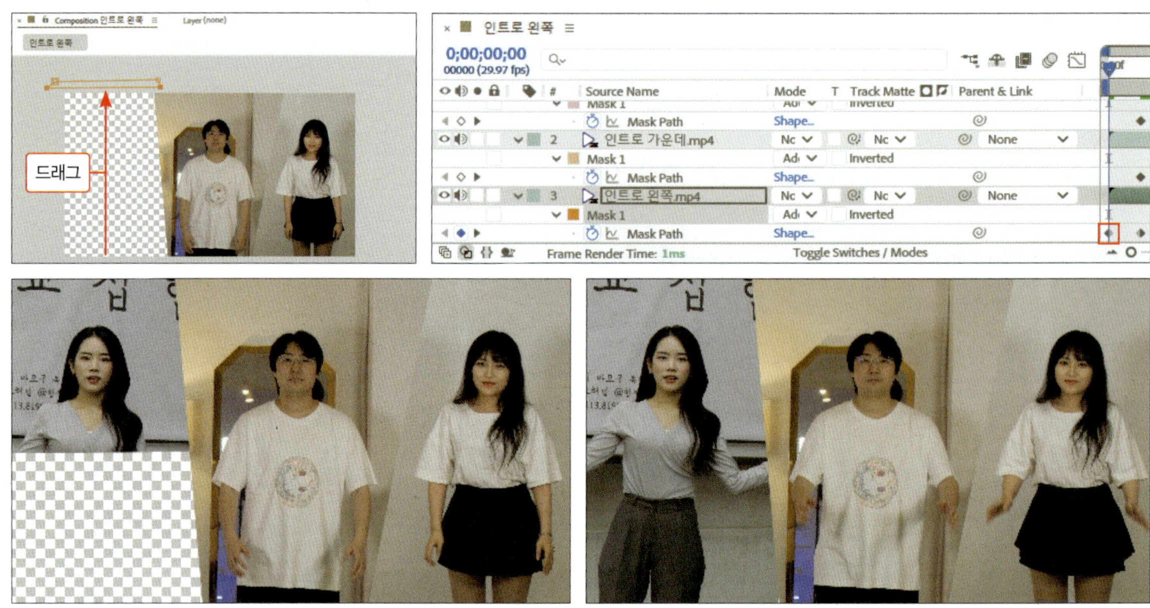

07 ❶ 다시 Timeline 패널의 현재 시간 표시기를 '0초'로 이동합니다. ❷ 같은 방법으로 '인트로 가운데.mp4' 레이어의 Mask 1 항목을 선택합니다. ❸ Composition 패널의 화면에서 이미지 위쪽 기준점을 선택한 다음 ❹ 아래로 드래그해 아래에서 위로 올라오는 애니메이션을 만듭니다.

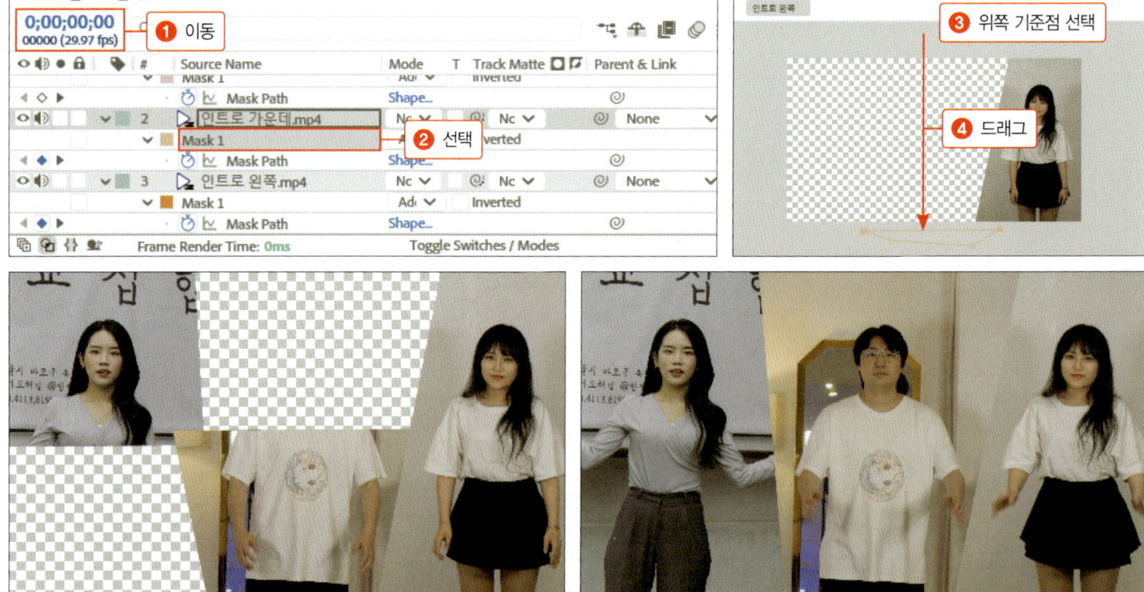

08 '인트로 오른쪽.mp4' 레이어도 같은 방법으로 마스크 애니메이션을 적용합니다. ❶~❸ '인트로 왼쪽.mp4' 레이어와 같은 방향으로 위에서 아래로 진행하는 애니메이션을 적용합니다.

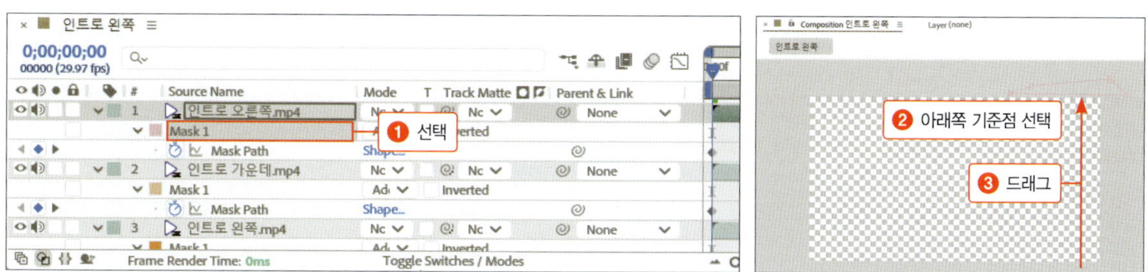

09 마스크 애니메이션 시간을 레이어별로 다르게 조절하겠습니다. ❶ Timeline 패널에서 '인트로 가운데.mp4' 레이어의 시작 점을 오른쪽으로 드래그하여 '6프레임'으로 이동합니다. ❷ '인트로 오른쪽.mp4' 레이어는 시작 점을 '12프레임'으로 이동합니다. 키프레임도 다음과 같이 자동으로 이동됩니다.

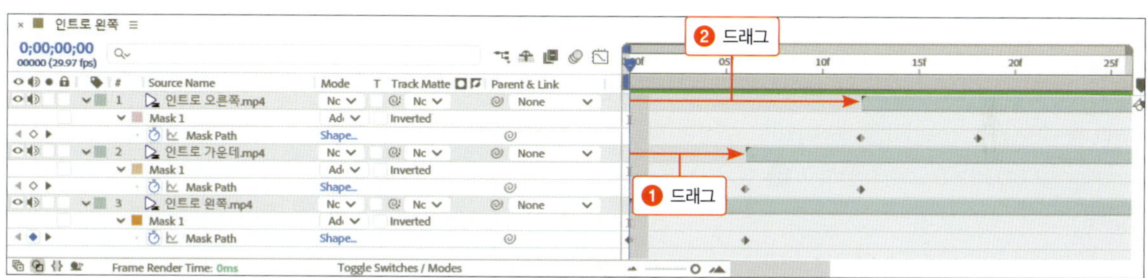

10 완성된 마스크 애니메이션을 재생해서 확인합니다. 원한다면 Timeline 패널의 레이어 맨 하단에 단색 레이어나 다른 배경 요소를 추가해도 좋습니다.

EASY 실습 선 애니메이션 만들기

Null 기능을 마스크 패스로 제어하고 선 애니메이션을 만들어 봅니다.

01 새 프로젝트를 만들고 컴포지션을 만듭니다. Composition Settings 대화상자가 표시되면 ❶ Width를 '1920px', Height를 '1080px'로 설정한 다음 ❷ Duration을 '0:00:10:00'으로 설정하고 ❸ 〈OK〉 버튼을 클릭합니다.

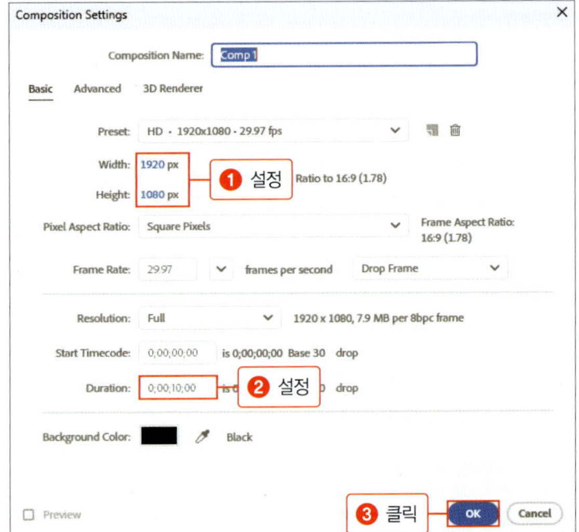

02 Ctrl+Y를 누르고 원하는 색으로 단색 Solid 레이어를 만듭니다.

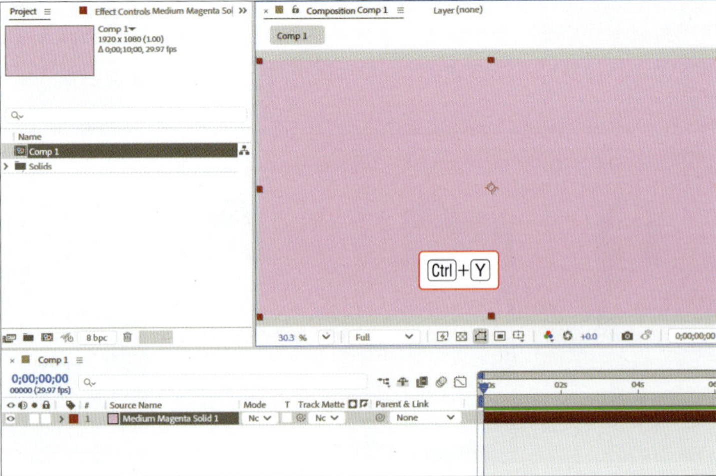

> **TIP**
> Solid Settings 대화상자에서 Color 항목의 색상을 지정한 다음 〈OK〉 버튼을 클릭합니다. 예제에서는 Color를 '#FFBAF8'로 지정했습니다.

03 ❶ Composition 패널의 여백을 클릭해 Solid 레이어 선택을 해제하고 ❷ Tools 패널의 펜 도구( )를 선택합니다. ❸ 선 셰이프 레이어를 만들기 위해 Composition 패널의 화면을 클릭하여 시작 점을 클릭합니다. ❹ 두 번째 기준점에서는 클릭한 채 드래그하여 그림과 같이 곡선을 만듭니다.

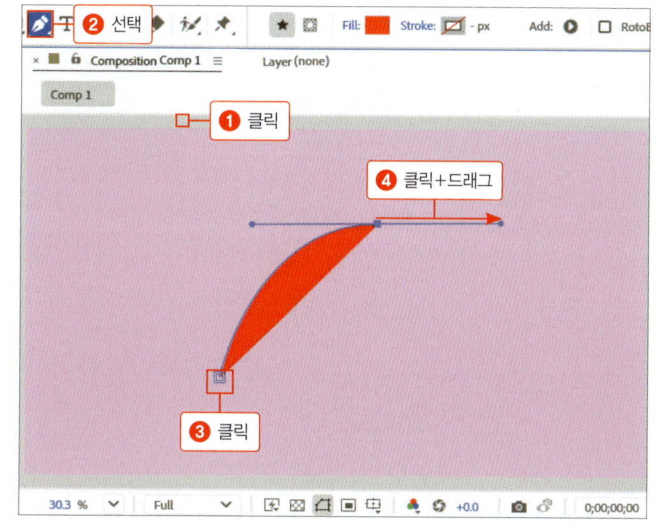

04 끝 점을 클릭하여 그림과 같이 세 개의 조절 점이 표시되도록 셰이프 레이어를 만듭니다.

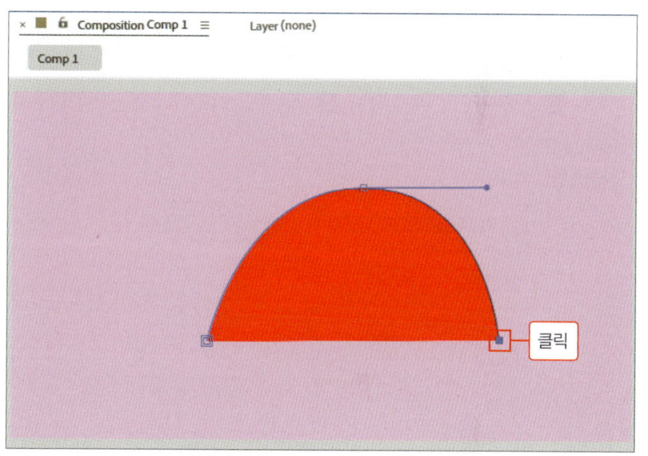

05 선 셰이프 레이어를 만들기 위해 ❶ Tools 패널에서 'Fill'을 클릭합니다. ❷ Fill Options 대화상자가 표시되면 'None'을 선택하고 ❸ 〈OK〉 버튼을 클릭합니다. 셰이프 레이어에 적용된 색이 사라집니다.

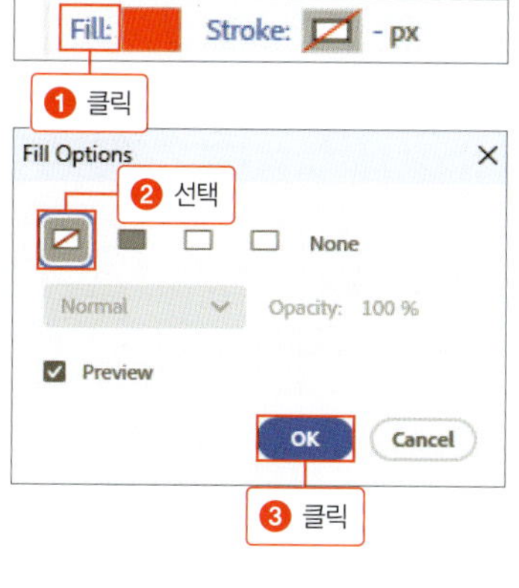

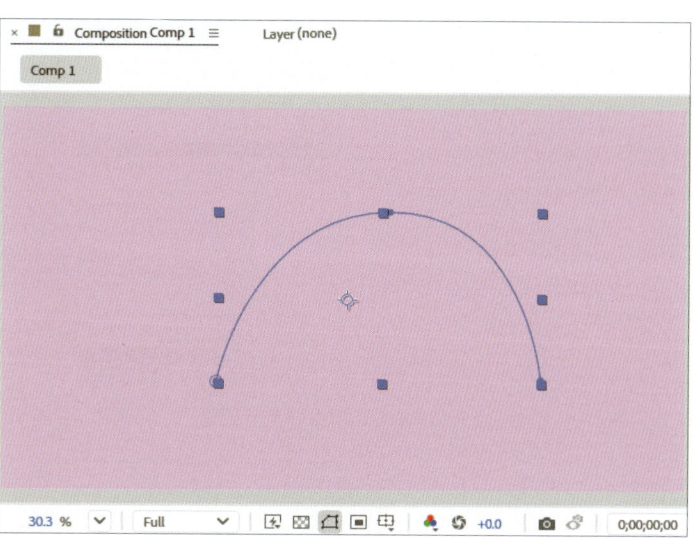

06 ❶ Tools 패널의 Stroke 색상을 '흰색'으로 지정하고 ❷ 두께를 '40px'로 설정합니다. 흰색 선 셰이프가 나타납니다.

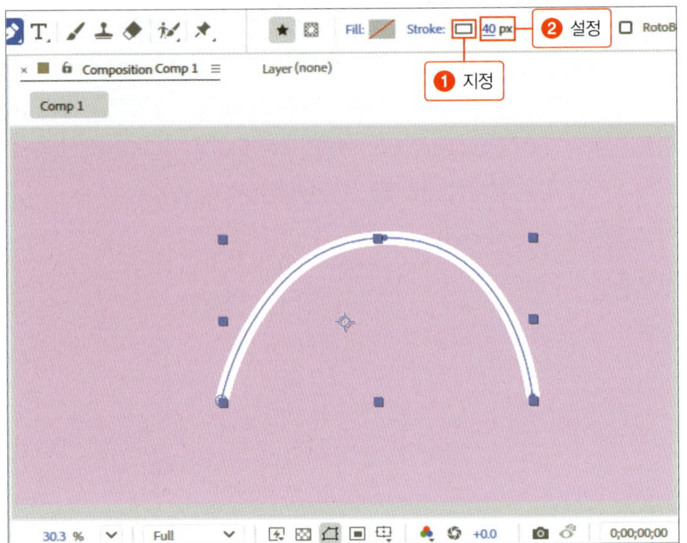

07 ❶ Timeline 패널에서 'Shape Layer 1' 레이어의 '>'를 클릭해 Contents – Shape 1 – Path 1 항목을 표시하고 ❷ Path를 선택한 다음 ❸ 메뉴에서 [Window] → Create Nulls From Paths.jsx를 실행합니다.

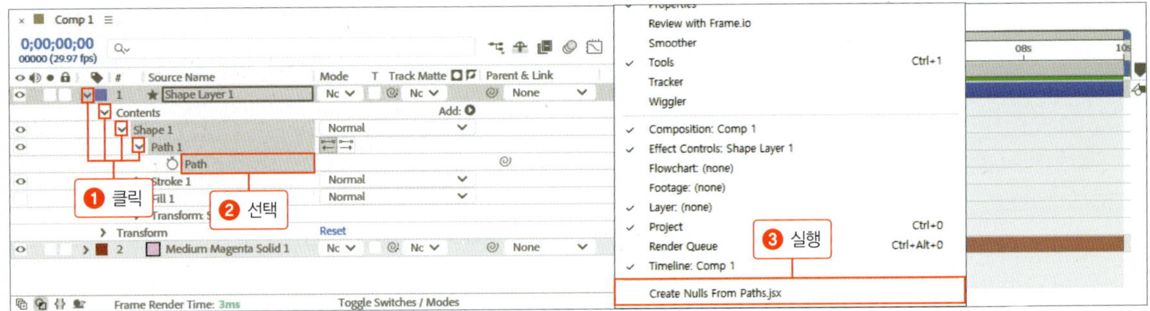

08 Create Nulls From Paths 패널이 표시되면 〈Points Follow Nulls〉 버튼을 클릭합니다. Masks의 조절점 개수에 맞춰 3개의 'Null' 레이어가 만들어집니다.

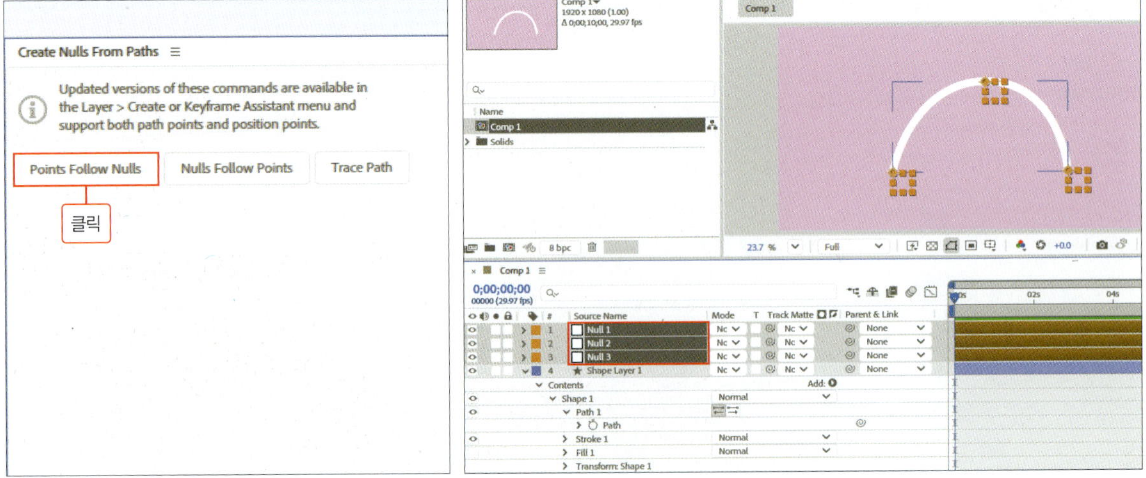

TIP

Create Nulls From Paths 패널에서는 마스크와 셰이프 레이어 모두 적용할 수 있으며, 세 가지 버튼이 있습니다.

❶ **Points Follow Nulls** : Mask Path 또는 Shape 레이어의 Path Point가 Null 레이어를 따라가게 하는 기능으로 가장 많이 이용합니다.

❷ **Nulls Follow Points** : Null 레이어가 Mask Path 또는 Shape 레이어의 Path Point를 따라가게 합니다.

❸ **Trace Path** : Null 레이어가 Mask Path 또는 Shape 레이어의 Path를 따라서 이동합니다.

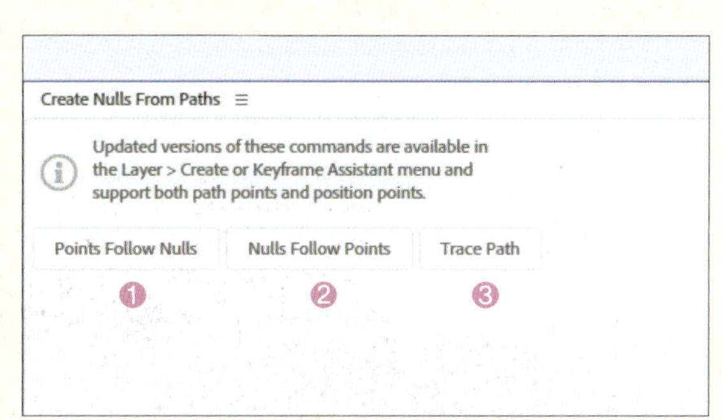

09 ❶ 'Null' 레이어를 선택한 다음 ❷ Composition 패널의 화면에서 드래그해 이동하면 셰이프 레이어의 형태가 달라집니다. 이를 응용하여 키프레임 애니메이션을 적용해서 선 애니메이션을 만들 수 있습니다.

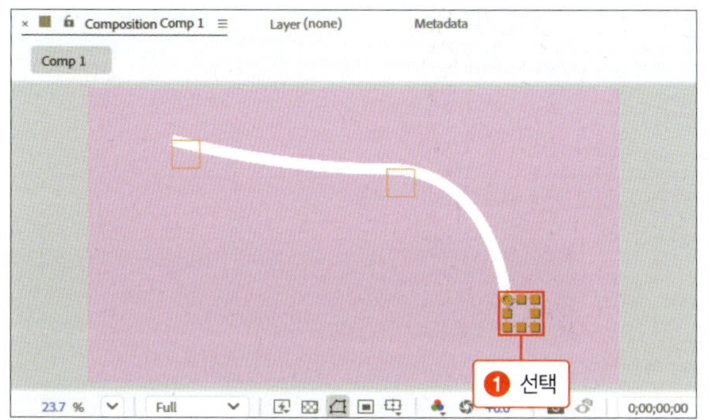

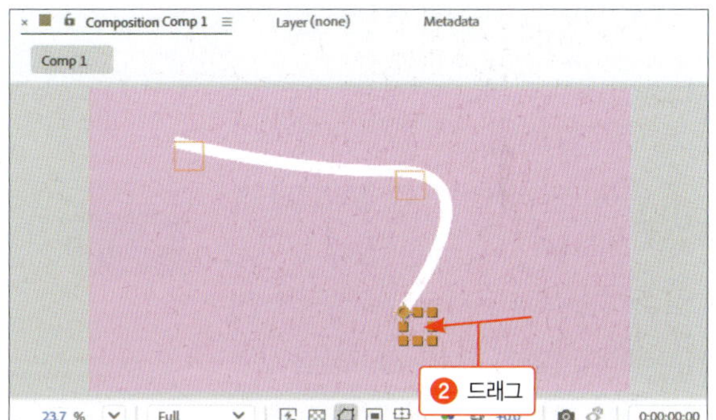

10 ❶ Tools 패널에서 사각형 도구(▭)를 길게 클릭하고 별 도구(☆)를 선택합니다. ❷ 한쪽 셰이프 레이어에 겹치게 배치한 다음 ❸ Timeline 패널의 Parent & Link 항목에서 그림과 같이 셰이프 레이어 근처 레이어를 지정해 연결합니다. ❹ Tools 패널에서 선택 도구(▶)를 선택하고 ❺ 연결한 'Null' 레이어를 선택한 다음 ❻ Composition 패널에서 드래그해 이동하면 연결된 셰이프 레이어와 함께 이동하면서 선 셰이프 레이어 형태가 달라집니다.

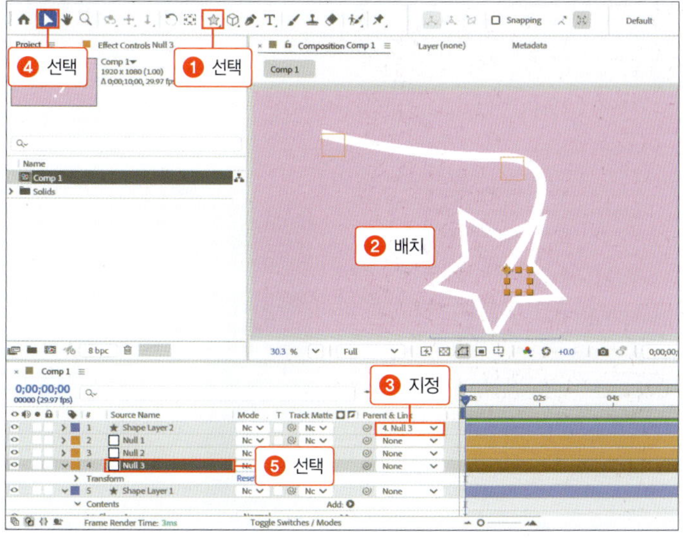

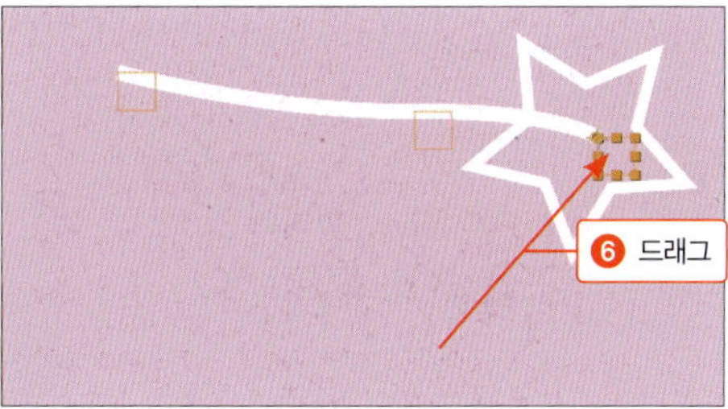

EASY 실습 특정 물체 지우기

영상을 촬영할 때 의도하지 않은 부분이 찍힐 때가 있습니다. Content-Aware Fill(내용 인식 채우기) 기능을 이용하면 이러한 부분을 지워서 보이지 않게 할 수 있습니다. 예제에서는 영상에서 원하지 않는 부분을 삭제하겠습니다.

01 애프터 이펙트 → 06 폴더에서 '삭제.mp4' 파일을 불러옵니다.

Project 패널에서 '삭제.mp4' 파일을 Com-position 패널로 드래그해 컴포지션을 만듭니다.

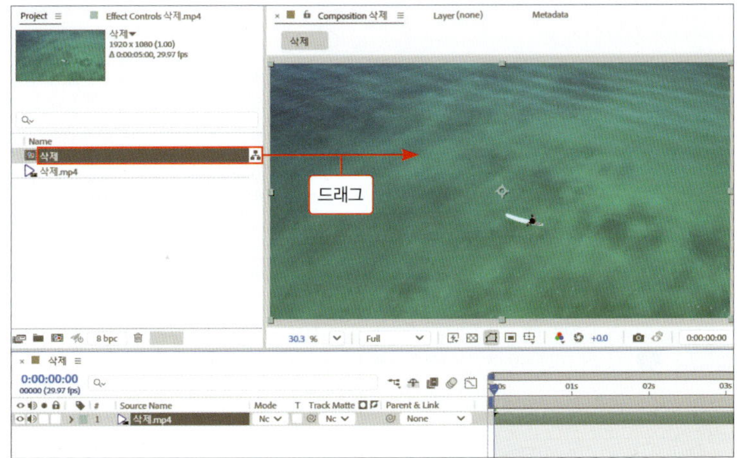

02 메뉴에서 [Window] → Content-Aware Fill을 실행하여 Content-Aware Fill 패널을 표시합니다.

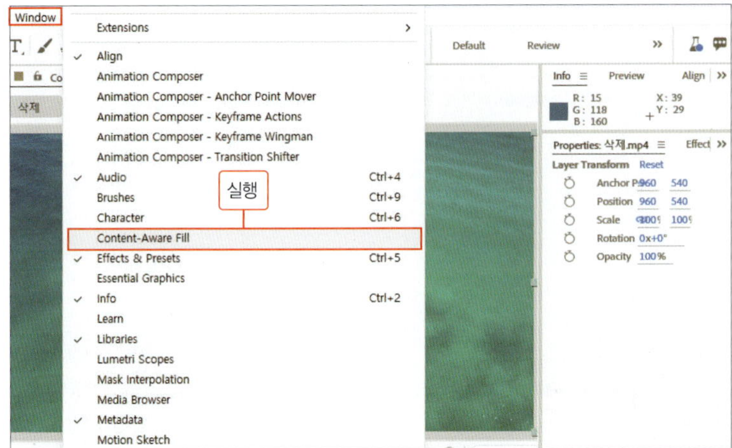

03 영상에서 지울 부분을 확대하겠습니다. 마우스 휠을 사용해 화면을 확대할 수 있습니다. 예제에서는 영상 가운데 있는 사람을 지우겠습니다.

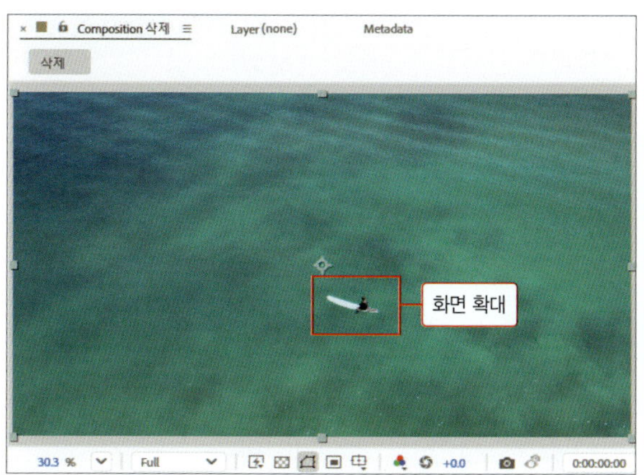

영상의 지울 부분

영상에서 지울 부분을 확대한 모습

04 ❶ Tools 패널에서 펜 도구(✒)를 선택하고 ❷ Timeline 패널에서 '삭제.mp4' 레이어를 선택합니다.

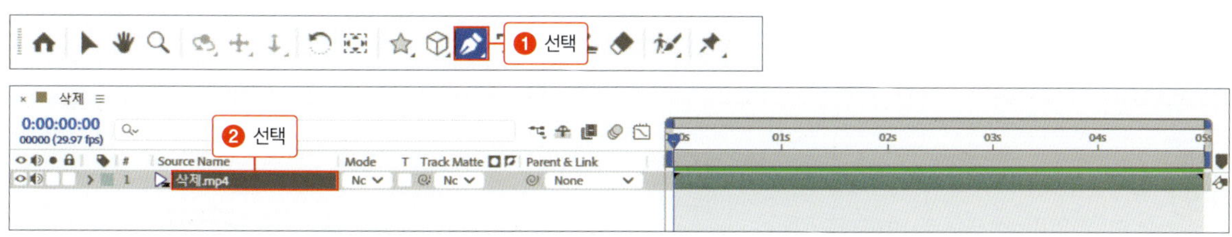

05 Composition 패널에서 화면의 사람 부분을 여러 번 클릭하여 마스크를 만듭니다. 이때 한 번 클릭하면 직선, 클릭한 상태로 드래그하면 곡선 패스가 만들어집니다.

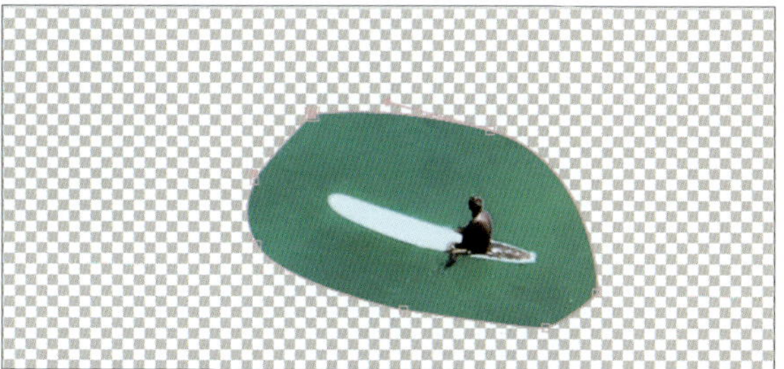

06 마스크 영역을 사람의 움직임에 따라 이동해야 합니다. 예제의 영상에서는 움직임이 많지 않아 ❶ '삭제.mp4' 레이어의 '>'를 클릭하여 항목을 모두 표시하고 ❷ 마스크 영역을 벗어나는 경우 Mask Path 왼쪽의 'Stop Watch' 아이콘(⏱)을 클릭하여 키프레임을 만듭니다.

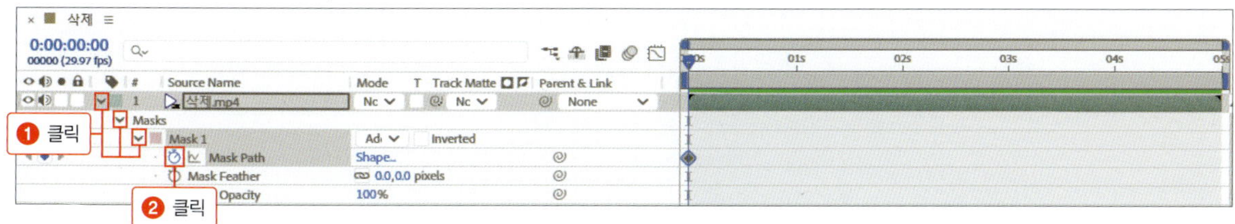

07 조절점을 드래그하여 마스크 영역 안에 지우고자 하는 대상이 위치하도록 Mask Path의 키프레임 애니메이션을 만듭니다.

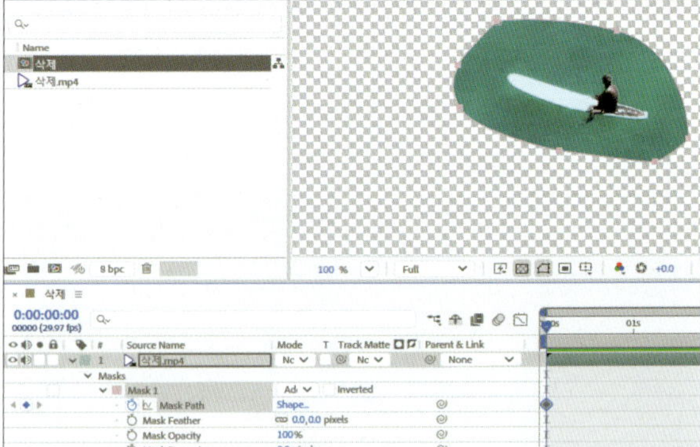

TIP

예제에서는 해당하지 않지만, 움직임이 벗어나는 경우 이 과정을 통해 움직임을 적용해야 합니다.

08 ❶ Timeline 패널에서 Mask 1 항목의 Mode 항목을 'Subtract'로 지정합니다. ❷ 끝 부분이 배경과 자연스럽게 섞이도록 Mask Feather를 '20.0pixels'로 설정합니다.

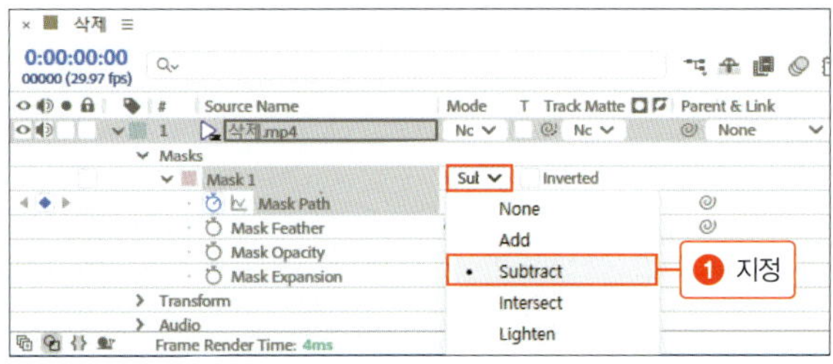

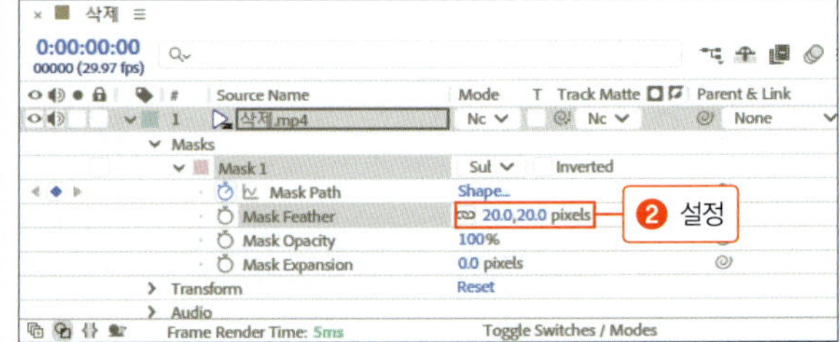

09 ❶ Content-Aware Fill 패널의 마스크 영역이 흰색으로 바뀌었습니다. ❷ 해당 영역을 확인한 다음 <Generate Fill Layer> 버튼을 클릭합니다.

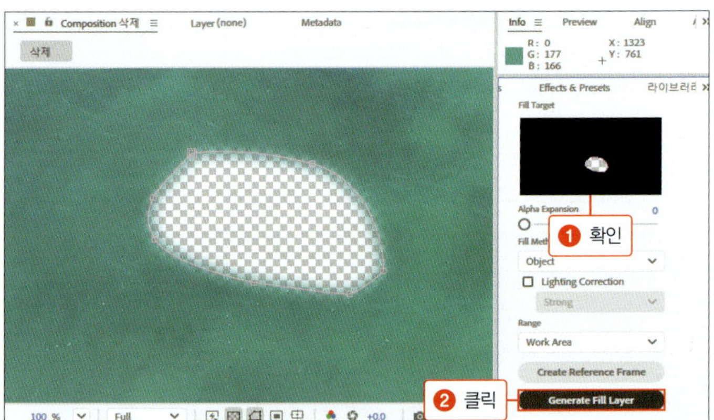

10 Save As 대화상자가 표시되면 프로젝트를 저장하기 위해 <저장> 버튼을 클릭합니다.

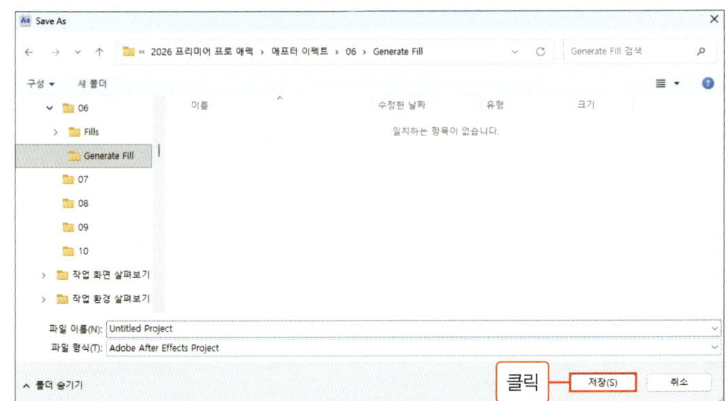

11 자동으로 Content-Aware Fill 기능이 적용됩니다. 프레임 단위로 분석하는 과정을 통해 프레임의 공간을 채웁니다. Generate Fill 기능을 통해 만들어진 레이어는 Project, Composition, Timeline 패널에서 확인할 수 있으며, 사람이 깔끔하게 지워진 것을 확인합니다.

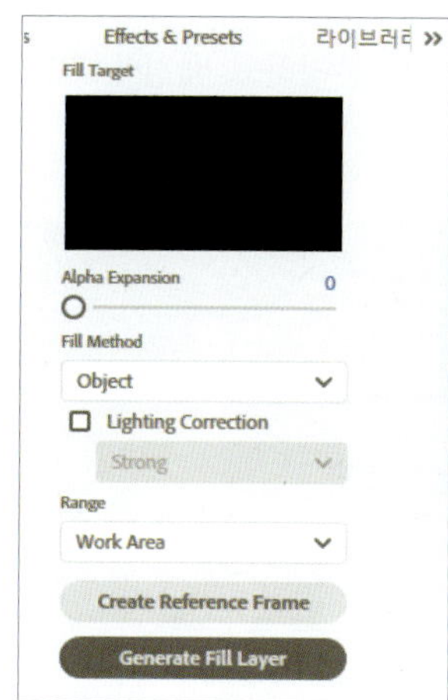

프레임 분석이 완료된 후

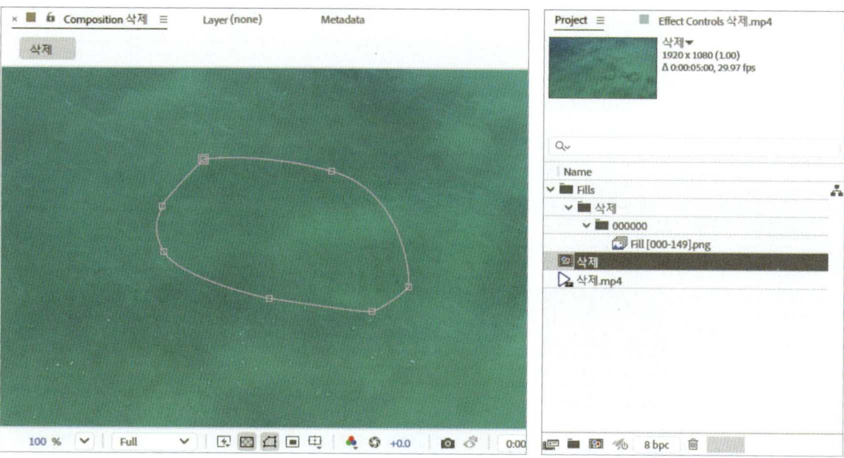

Composition 패널의 'Content Aware Fill' 레이어

Project 패널의 'Fills' 레이어

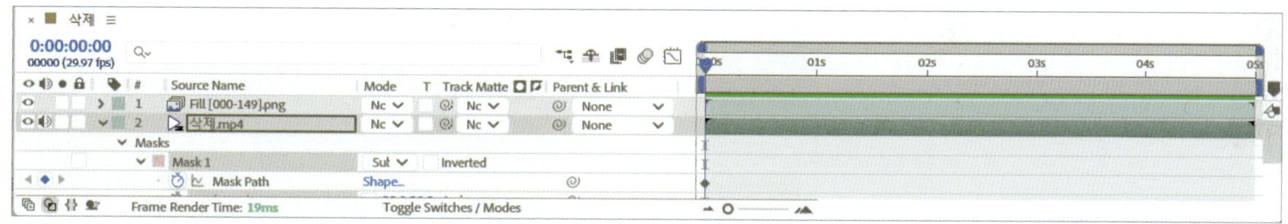

Timeline 패널의 'Fill' 레이어

TIP

Generate Fill 기능은 컴퓨터 사양에 따라 작업 속도가 크게 달라질 수 있습니다. 특히 CPU와 GPU 성능이 높을수록 이미지 분석과 생성 속도가 빨라져 작업 효율을 크게 향상시킬 수 있습니다.

12 Spacebar를 눌러 램 프리뷰를 진행합니다. 영상을 확인하면 마스크로 지정한 영역이 채워진 것을 확인할 수 있습니다.

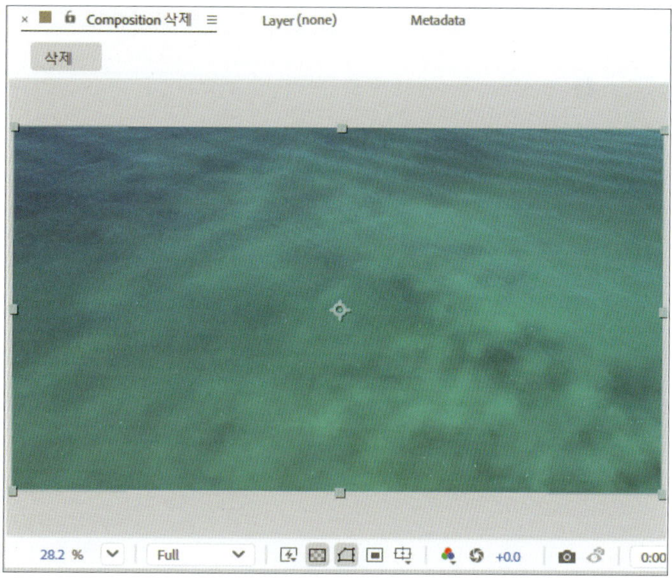

• **실습파일** : 애프터 이펙트\06\강아지들.mp4 • **완성파일** : 애프터 이펙트\06\강아지들_완성.aep

AI EASY 실습 영상에서 피사체 분리하고 자막 넣기

로토 브러시는 어도비의 AI 기능이 크게 개선되어 더 정확하고 빠르게 영상을 분리할 수 있습니다. 애프터 이펙트의 향상된 로토 브러시를 이용해 재미있는 연출이나 합성을 위해 영상의 일부분을 분리하고 배경에 자막을 넣는 방법을 알아보겠습니다.

01 애프터 이펙트 → 06 폴더에서 '강아지들.mp4' 파일을 컴포지션으로 불러옵니다.

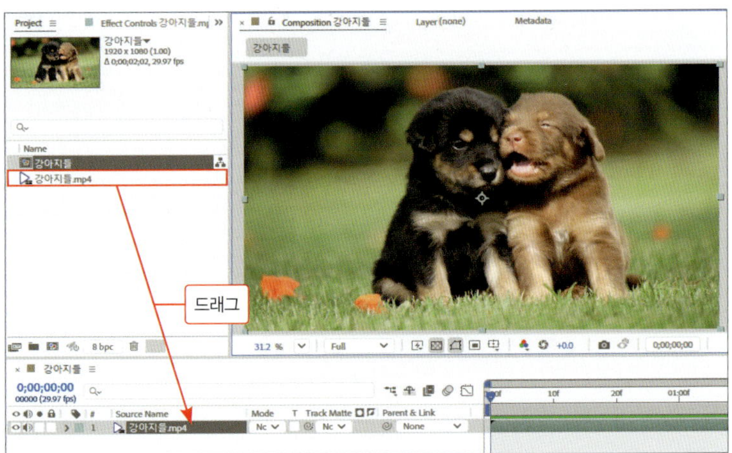

02 ❶ Tools 패널에서 로토 브러시 도구( )를 선택합니다. ❷ Timeline 패널에서 '강아지들.mp4' 레이어를 더블클릭하면 Layer 패널이 표시됩니다.

03 영상에서 분리할 부분을 드래그하여 선택합니다. 선택하면 밝은 분홍색으로 표시되며, 빈 부분은 겹쳐서 드래그하여 채웁니다.

04 ❶ 선택되지 않은 부분은 마우스 휠을 돌려 화면을 확대하고 ❷ 추가로 드래그하여 선택합니다.

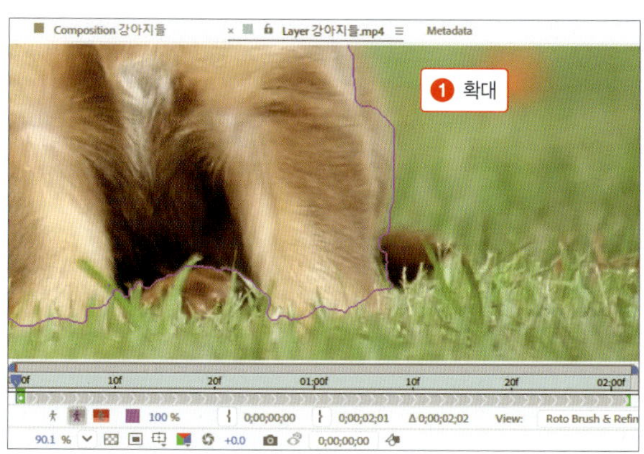

TIP ✦ 불필요한 영역 지우기

만약 필요 없는 영역이 선택되었을 때는 Alt를 눌러 마우스 포인터가 빨간색으로 변경되었을 때 드래그하여 지웁니다.

선택할 때 기본 마우스 포인터의 색상

Alt를 누른 후 마우스 포인터의 색상

TIP ✧ 브러시 영역 키우고 줄이기

Ctrl을 누른 상태로 위로 드래그하면 마우스 포인터 영역이 커집니다. 반대로 Ctrl을 누른 상태로 아래로 드래그하면 마우스 포인터 영역이 작아집니다.

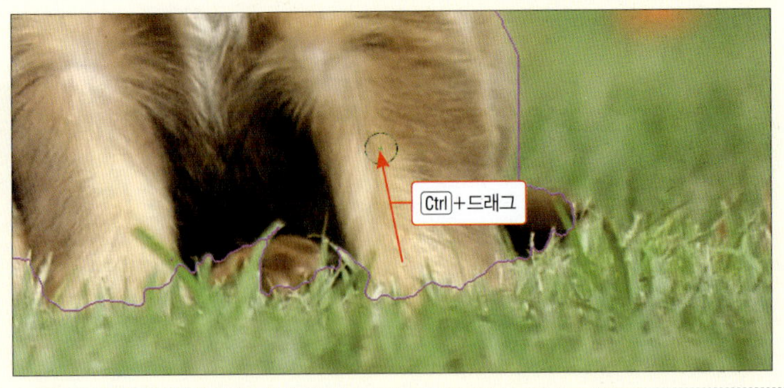

05 Effect Controls 패널에서 Version이 '3.0'으로 설정되어 있는지 확인합니다. 기본값은 3.0이며, 일반적으로 별도의 변경 없이 바로 사용할 수 있습니다.

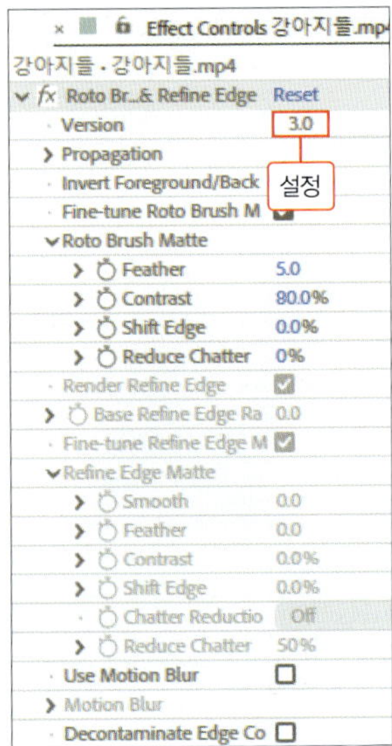

TIP ✧

로토 브러시(Rotobrush) 3.0은 가장 높은 정확도를 제공하며, 복잡한 배경이나 빠르게 움직이는 피사체에서도 안정적인 마스크 추출 결과를 제공합니다.

06 선택이 완료되면 Spacebar를 눌러 로토 브러시(Roto Brush)를 모든 영상 프레임에 적용합니다. 하단의 녹색 바가 끝까지 채워지면 연산이 완료된 것입니다.

07 Composition 패널을 클릭하여 적용된 모습을 확인할 수 있습니다.

TIP ✧

만약 분석된 결과물에 분리되어야 하는 부분이 분리되지 않은 경우 다시 Roto Brush 설정 창에서 Alt를 눌러 해당 영역을 삭제하고 Spacebar를 눌러 로토 브러시를 모든 프레임에 적용합니다. 반대의 상황에서 결과물이 누락된 경우에는 드래그해 해당 영역을 다시 채우고 Spacebar를 눌러 로토 브러시를 모든 프레임에 적용합니다.

08 ❶ Tools 패널의 문자 도구(T)를 선택하고 ❷ Composition 패널의 화면을 클릭한 다음 "우린 사이/좋은 멍뭉이"를 입력합니다. ❸ Character 패널에서 텍스트를 설정합니다.

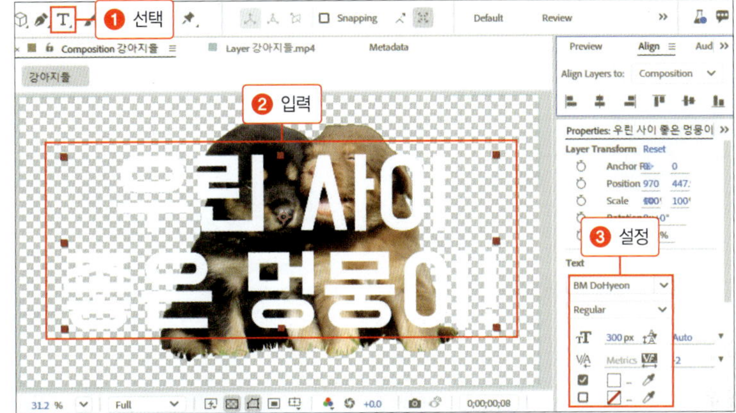

TIP ✧

예제에서는 글꼴을 '배달의민족 도현체', 글자 크기를 '300px', 글자 색을 '흰색'으로 지정했습니다.

09 Timeline 패널에서 텍스트 레이어를 '강아지들.mp4' 레이어 아래로 드래그하여 이동합니다.

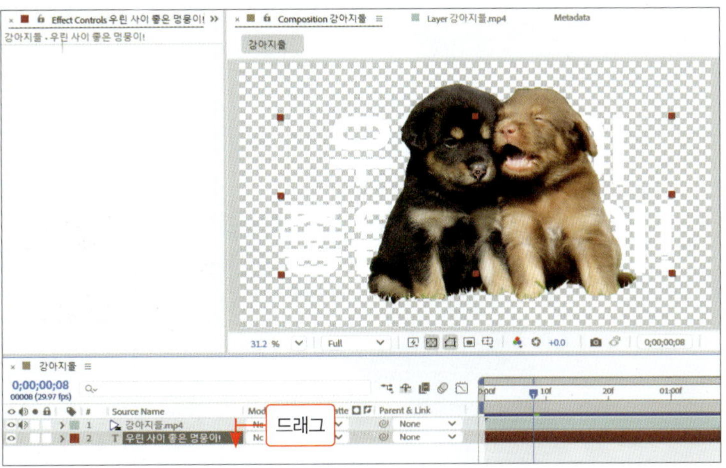

10 Project 패널에서 '강아지들.mp4' 레이어를 Timeline 패널의 세 번째 레이어로 드래그하여 가장 하단에 배치합니다.

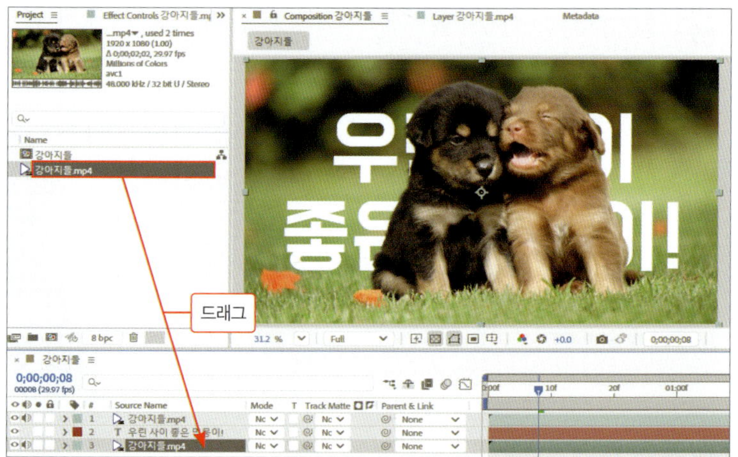

11 텍스트를 Composition 패널 화면의 정중앙에 배치하기 위해 ❶ Timeline 패널에서 '우린 사이 좋은 멍뭉이!' 레이어를 선택합니다. ❷ Align 패널을 표시하고 ❸ 'Align Horizontally' 아이콘(⊞)을 클릭한 다음 ❹ 'Align Vertically' 아이콘(⊞)을 클릭합니다.

12 로토 브러시(Roto Brush)를 이용해 피사체와 배경을 분리한 다음 그 사이에 자막이 있는 영상을 완성하였습니다.

EASY 실습 알파 매트와 알파 반전 매트 적용하기

매트를 적용하기 위한 Modes 항목을 표시하고 알파 매트와 알파 반전 매트를 적용해 봅니다.

01 애프터 이펙트 → 06 폴더에서 '알파매트.psd' 파일을 컴포지션으로 불러옵니다.

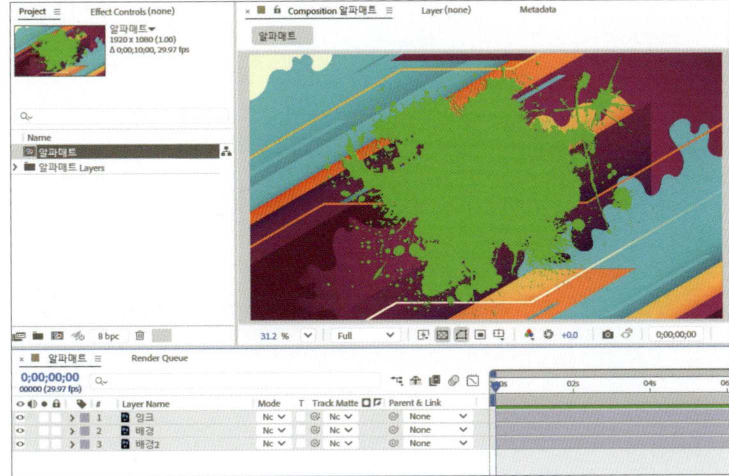

02 Timeline 패널에서 Track Matte 항목을 표시합니다. Track Matte 항목이 표시되지 않은 경우에는 ❶ Mode 항목에서 마우스 오른쪽 버튼을 클릭하고 ❷ Columns → Modes를 실행합니다.

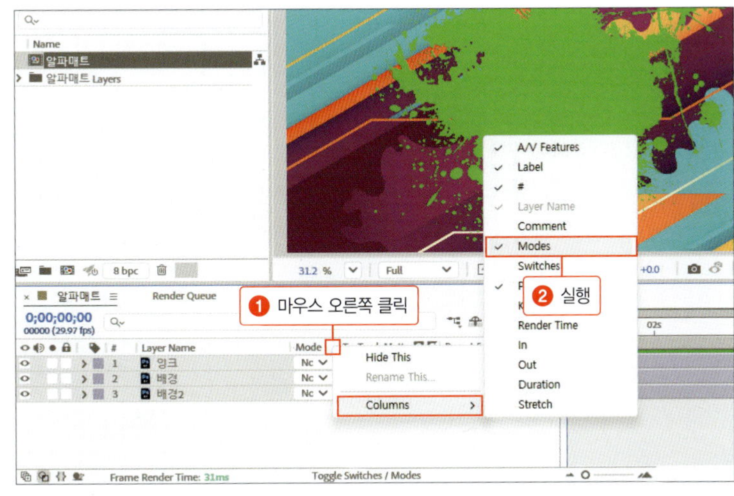

TIP

Track Matte 항목은 Timeline 패널 왼쪽 하단의 'Transfer Controls' 아이콘()을 클릭하여 표시할 수도 있습니다. 항목이 비활성화되면 다시 해당 아이콘을 클릭합니다.

03 '배경' 레이어에 알파 매트를 적용하겠습니다. '배경' 레이어에서 'Track Matte pick whip' 아이콘(◎)을 '잉크' 레이어로 드래그하여 연결합니다.

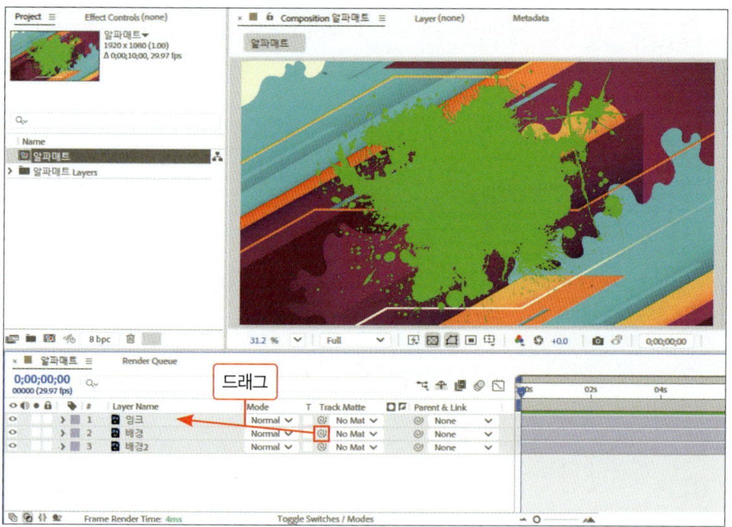

04 기본으로 'Alpha Matte'가 적용됩니다.

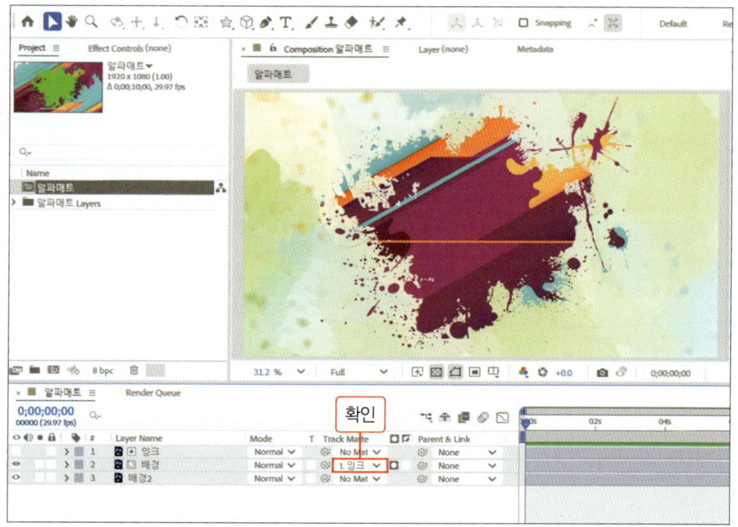

05 알파 매트를 적용하면 '잉크' 레이어가 '배경' 레이어의 알파 채널 영역만큼 나타나고, 그 뒤로 '배경2' 레이어가 보입니다.

06 알파 매트를 적용하면 Timeline 패널에 변화가 나타나며, 매트 역할을 하는 '잉크' 레이어는 자동으로 비활성화되어 보이지 않습니다.

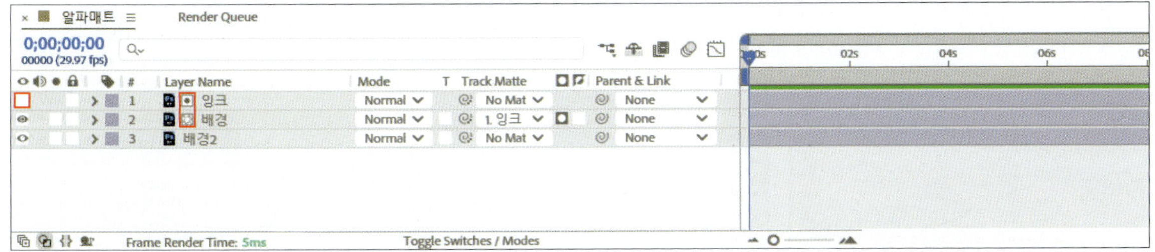

TIP

두 레이어 사이에 다른 레이어가 있거나 순서가 바뀌면 결과가 달라집니다. 매트를 적용했을 때 Timeline 패널의 변화는 알파 매트와 알파 반전 매트 모두 동일합니다. 비활성화된 레이어를 다시 활성화하면 원본 레이어가 나타나므로 활성화하지 않도록 주의하세요.

07 이번에는 알파 매트가 적용된 상태에서 알파 반전 매트로 전환하는 방법을 알아봅니다. '배경' 레이어의 Track Matte 항목에서 오른쪽 아이콘을 클릭하여 매트 반전을 활성화합니다.

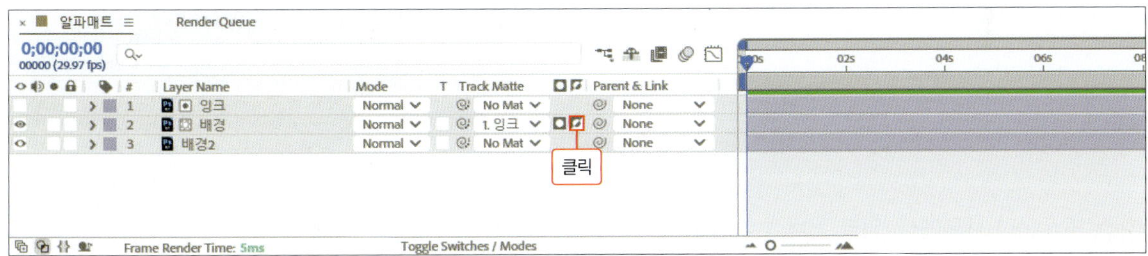

TIP

Track Matte 항목에서 왼쪽 아이콘은 '알파/루마 매트' 아이콘이고, 오른쪽 아이콘은 '반전' 아이콘입니다.

08 알파 반전 매트가 적용된 모습을 확인할 수 있습니다.

EASY 실습 루마 매트와 루마 반전 매트 적용하기

흑백의 잉크 영상을 활용하여 루마 매트를 적용한 다음 반전시켜서 어두운 영역에 레이어를 나타내 봅니다.

01 애프터 이펙트 → 06 폴더에서 '루마매트.psd' 파일을 컴포지션으로 불러오고, '잉크 오버레이.mp4' 파일을 불러옵니다.

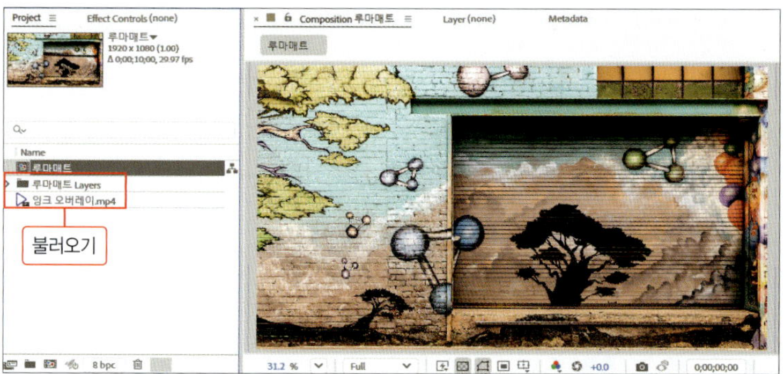

왜? ✧

psd 파일과 mp4 파일을 동시에 불러오면 컴포지션 형태로 불러올 수 없으므로 psd 파일을 먼저 불러온 다음 mp4 파일을 불러옵니다.

02 Project 패널에서 '잉크 오버레이.mp4' 파일을 Timeline 패널로 드래그해 배치합니다.

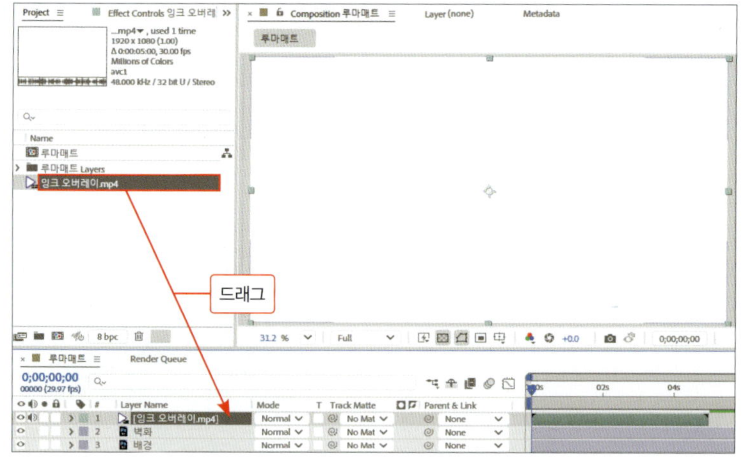

03 Timeline 패널에서 '벽화' 레이어의 Track Matte 항목을 '1. 잉크 오버레이.mp4'로 지정하면 루마 매트가 적용됩니다.

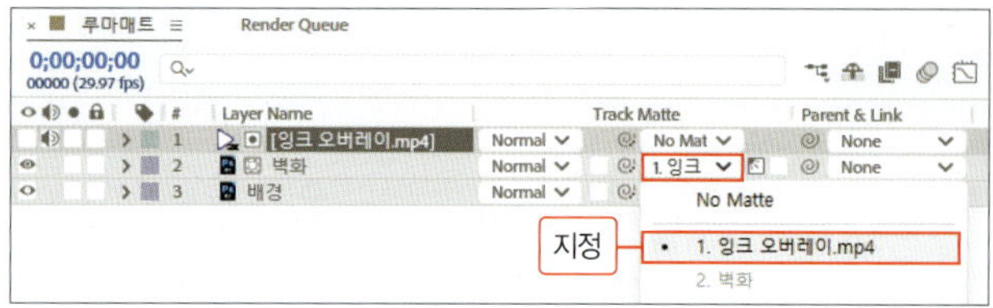

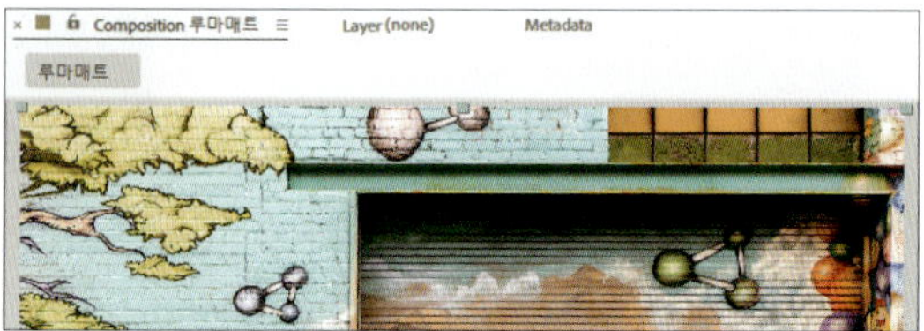

04 Timeline 패널의 현재 시간 표시기를 '2초'로 이동합니다. 루마 매트를 적용하면 밝은 부분만 나타나고, 투명한 부분에는 '배경' 레이어가 보입니다.

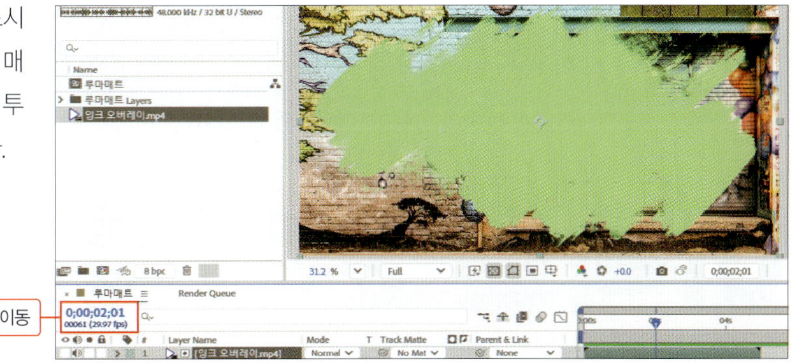

05 루마 매트가 적용된 상태에서 루마 반전 매트로 전환해 봅니다. '벽화' 레이어의 Track Matte 항목에서 오른쪽 아이콘을 클릭하여 매트를 반전합니다.

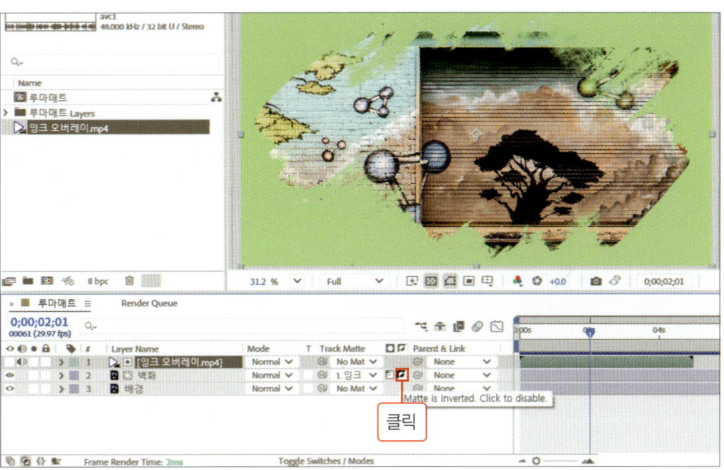

TIP
루마 매트와 루마 반전 매트를 사용할 때는 반드시 무채색 소스를 활용해야 합니다. 소스를 사용하기 전에 흑백인지 확인하고, 흑백이 아니라면 색 보정으로 흑백으로 변경한 후 사용합니다.

06 Timeline 패널의 '잉크 오버레이.mp4' 소스를 아래로 드래그하여 '벽화' 레이어와 순서를 교체합니다.

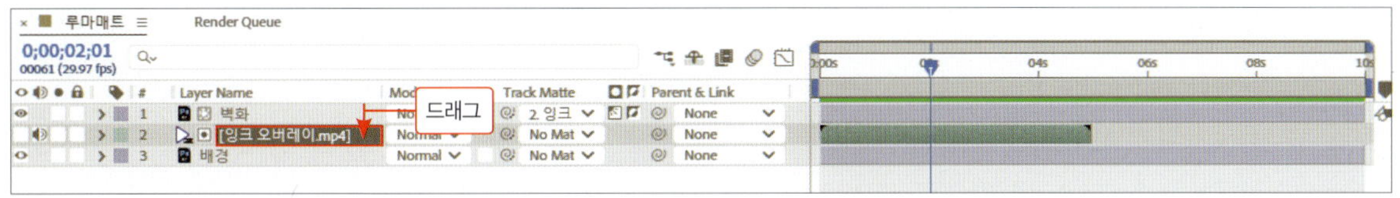

07 레이어 순서를 교체해도 문제없이 작동하는 것을 확인할 수 있습니다. '벽화' 레이어의 Track Matte 항목에서 오른쪽 아이콘을 클릭하여 매트 반전을 비활성화합니다. 이 경우에도 문제없이 작동합니다.

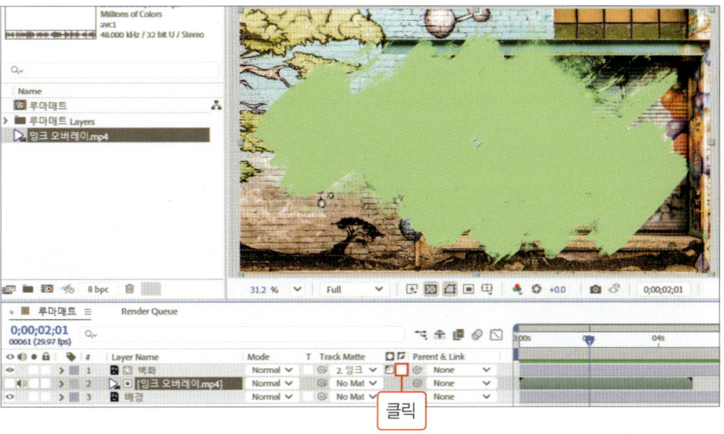

Part 07

이펙트로 완성하는 특수효과

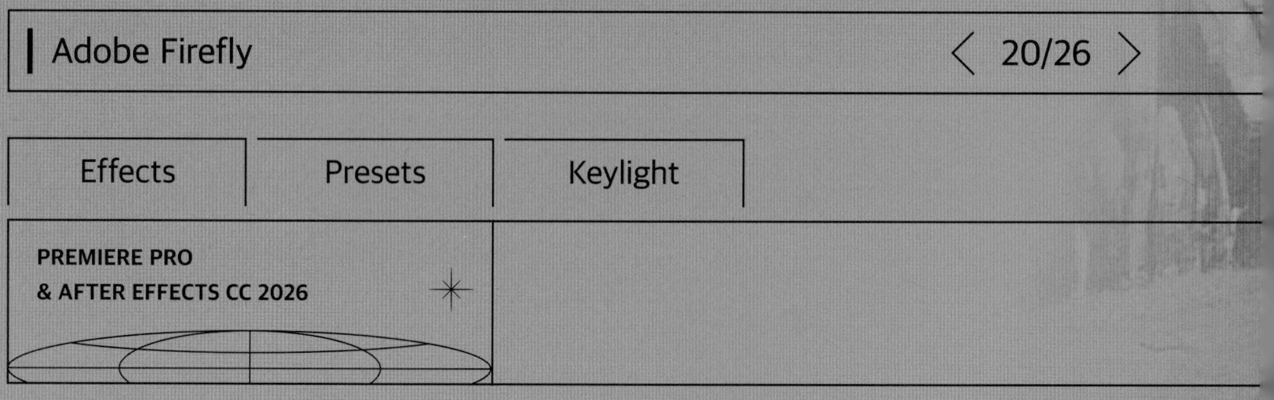

PREMIERE
26
PREMIERE
26
Generate
PREMIERE

Ae

LESSON 07

애프터 이펙트 기본 이펙트 활용

• **실습파일** : 애프터 이펙트\07\좌절.aep • **완성파일** : 애프터 이펙트\07\좌절_완성.aep

EASY 실습 비/눈 효과 만들기

Effects & Presets 패널에는 다양한 이펙트가 있습니다. CC Rainfall과 CC Snowfall은 각각 비와 눈을 내리는 효과입니다. CC Rainfall을 이용하여 예능에서 자주 사용하는 좌절 장면을 만들어 봅니다.

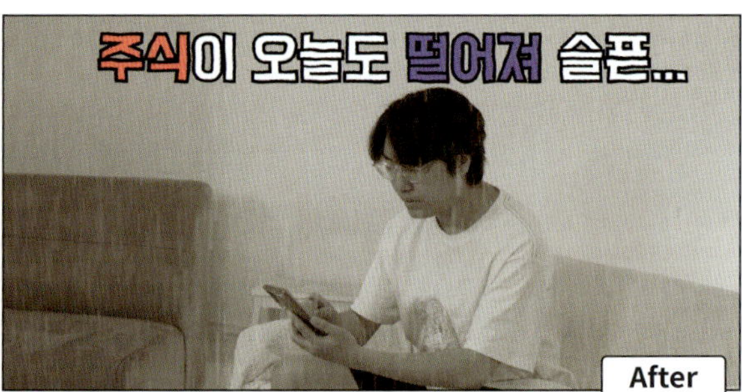

01 애프터 이펙트 → 07 폴더에서 '좌절.aep' 파일을 불러옵니다. Effects & Presets 패널을 표시합니다.

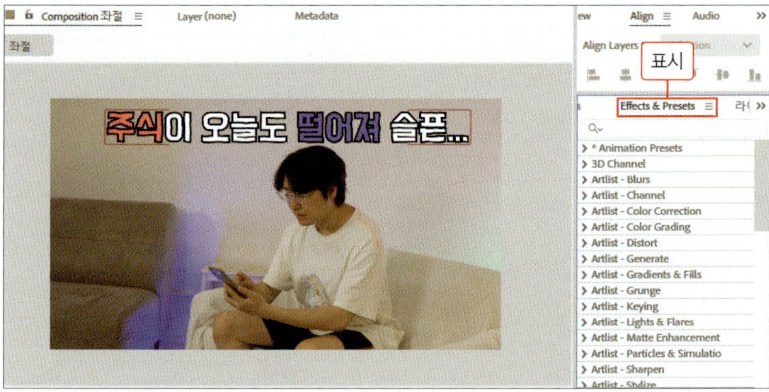

TIP

예제에서는 무료 글꼴인 '배달의민족 도현체'를 이용했습니다.

02 ❶ Effects & Presets 패널에서 'CC Rainfall' 이펙트를 검색합니다. ❷ Simulation – CC Rainfall을 Timeline 패널의 '좌절.mp4' 레이어로 드래그하여 이펙트를 적용합니다.

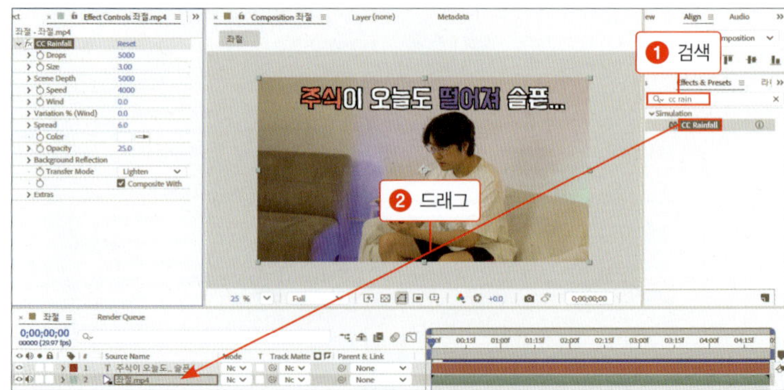

03 Effect Controls 패널에서 CC Rainfall – Size 항목을 '10.00'으로 설정합니다. 빗줄기의 크기가 커지면서 비 내리는 효과가 극대화됩니다.

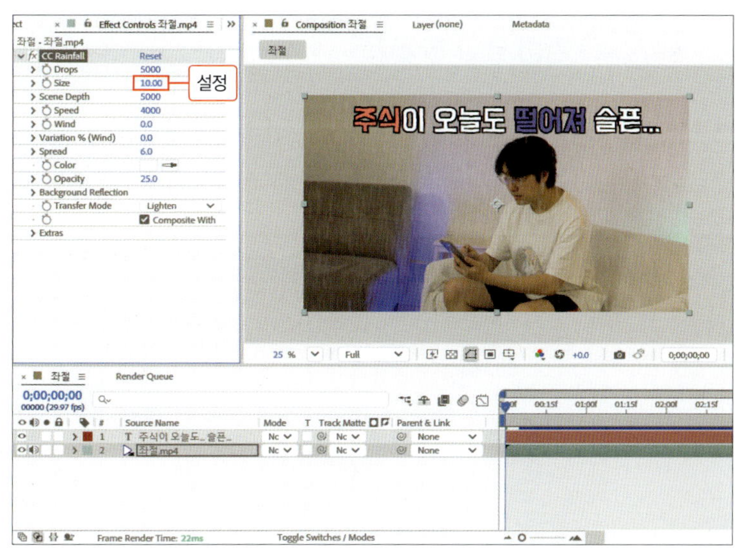

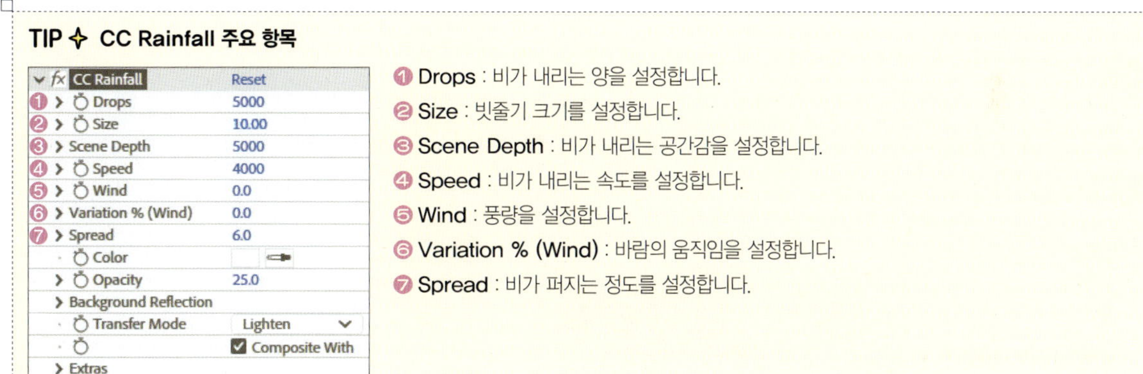

TIP ✦ CC Rainfall 주요 항목

	CC Rainfall	Reset
❶	Drops	5000
❷	Size	10.00
❸	Scene Depth	5000
❹	Speed	4000
❺	Wind	0.0
❻	Variation % (Wind)	0.0
❼	Spread	6.0
	Color	
	Opacity	25.0
	Background Reflection	
	Transfer Mode	Lighten
		Composite With
	Extras	

❶ **Drops** : 비가 내리는 양을 설정합니다.
❷ **Size** : 빗줄기 크기를 설정합니다.
❸ **Scene Depth** : 비가 내리는 공간감을 설정합니다.
❹ **Speed** : 비가 내리는 속도를 설정합니다.
❺ **Wind** : 풍량을 설정합니다.
❻ **Variation % (Wind)** : 바람의 움직임을 설정합니다.
❼ **Spread** : 비가 퍼지는 정도를 설정합니다.

04 좌절하는 모습을 극대화하기 위해 ❶ Effects & Presets 패널에서 'Black & White' 이펙트를 검색합니다. ❷ Color Correction – Black & White를 Timeline 패널의 '좌절.mp4' 레이어에 드래그하면 흑백 효과가 적용됩니다.

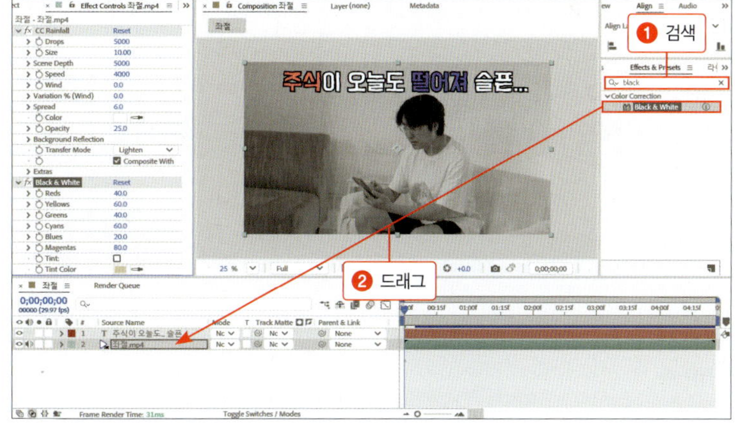

TIP ✦

비나 눈이 내리는 효과를 단순히 날씨 표현이 아닌 기획 의도와 결합하여 예능에서 사용하는 연출 효과로 활용할 수 있습니다.

EASY 실습 흐림 효과 만들기

Gaussian Blur는 흐림 효과 외에 영상 분위기를 조성하고 디자인 영역을 확장하는 필수 이펙트입니다. 특히 세로/정방형 클립을 가로 영상으로 변환할 때 배경을 자연스럽게 채워 세련된 디자인을 완성할 수 있습니다.

01 애프터 이펙트 → 07 폴더에서 '세로 영상.aep' 파일을 불러옵니다.

컴포지션을 확인하면 가운데 메인 세로 영상 하나와 배경에 크기를 키운 세로 영상이 배치되었습니다. ❶ Timeline 패널에서 하단의 배경이 되는 '세로 영상.mp4' 레이어를 선택하고 ❷ 메뉴에서 [Effect] → Blur & Sharpen → Gaussian Blur를 실행합니다.

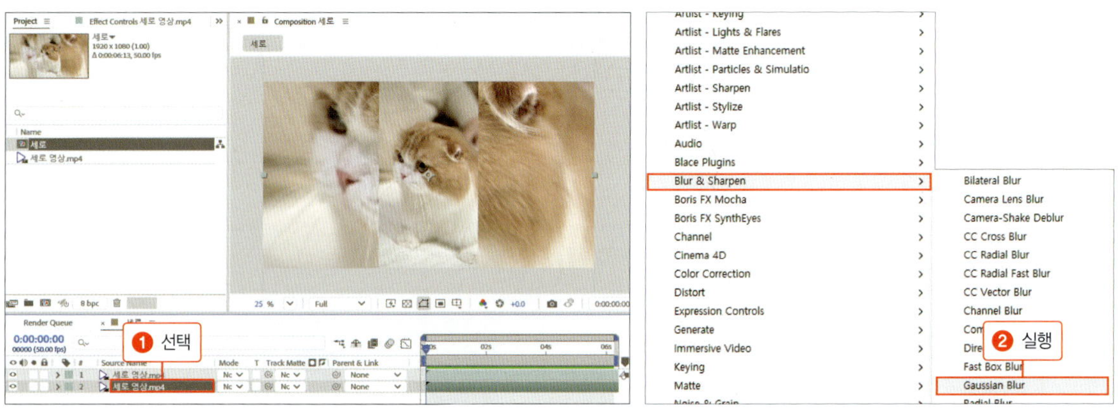

02 Effect Controls 패널에서 Gaussian Blur 항목의 Blurriness를 '100.0'으로 설정합니다.

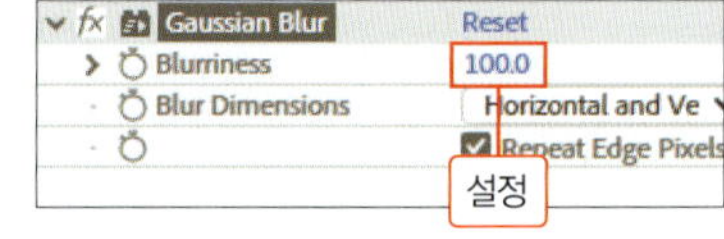

TIP

블러와 같은 이펙트를 적용하면 레이어 외곽이 Composition 패널의 캔버스 안으로 말려 들어가며 배경색이 노출될 수 있습니다. 이때 'Repeat Edge Pixels'를 체크 표시하면 레이어 가장자리를 자동으로 확장해 배경색이 보이지 않도록 처리합니다. 해당 옵션은 기본으로 활성화되어 있습니다.

Repeat Edge Pixels 설정이 해제된 모습

EASY 실습 원근감 적용하기

앞서 살펴본 Gaussian Blur와 비슷하지만 활용 방향이 다른 Camera Lens Blur를 사용해 요소의 원근감과 밀도감을 표현하겠습니다.

01 애프터 이펙트 → 07 폴더에서 '셀카.aep' 파일을 불러옵니다. Effects & Presets 패널을 표시합니다.

02 ❶ Effects & Presets 패널에서 'Camera Lens Blur' 이펙트를 검색하고 ❷ Blur & Sharpen – Camera Lens Blur를 Timeline 패널의 '라 2' 레이어에 드래그하여 적용합니다.

TIP

Composition 패널의 화면에 드래그해도 동일하게 적용됩니다.

03 ❶ Effect Controls 패널에서 Camera Lens Blur – Blur Radius 항목을 '22.0'으로 설정하고 다른 레이어에도 같은 효과를 적용하기 위해 ❷ 'Camera Lens Blur'를 선택한 다음 ❸ Ctrl+C를 누릅니다.

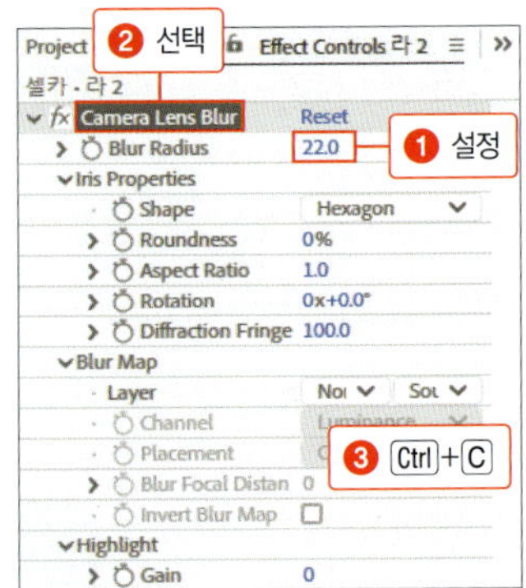

04 ❶ Timeline 패널에서 '셀 2', '프 2', '카 2', '메 2' 레이어를 Shift를 누른 상태로 클릭하여 모두 선택합니다. ❷ Ctrl+V를 누르면 복사한 Camera Lens Blur에 같은 설정이 적용됩니다.

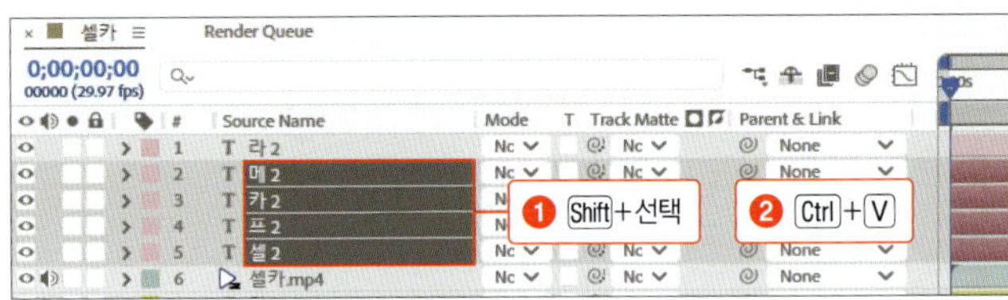

왜? ✧

효과를 일일이 적용하는 것보다 복사한 다음 붙여 넣는 방법으로 시간을 절약하고 작업 효율성을 높일 수 있습니다.

05 02~04와 같은 방법으로 노란색 텍스트 레이어에도 'Camera Lens Blur' 이펙트를 적용하고 Blur Radius 항목을 '12.0'으로 설정합니다. Camera Lens Blur를 통해 색상별 텍스트의 공간감이 만들어집니다.

TIP ✧

3D Layer로 심도를 구현할 수도 있지만, Blur 이펙트를 통해서도 원근감과 밀도감을 표현할 수 있습니다.

EASY 실습 색감 변경하기

Change to Color를 활용해 특정 부분의 색상을 선택해서 변경하는 효과를 만들어 봅니다. 예제에서는 조명 색상을 변경했지만, 이 효과를 응용하면 모션 그래픽의 요소와 텍스트, 실사 촬영의 옷, 건축물, 나뭇잎 등 다양하게 활용할 수 있습니다.

01 애프터 이펙트 → 07 폴더에서 '색상 변경.mp4' 파일을 컴포지션으로 불러옵니다.

02 ❶ Timeline 패널의 '색상 변경.mp4' 레이어를 선택하고 ❷ 메뉴에서 [Effect] → Color Correction → Change to Color를 실행해 이펙트를 적용합니다.

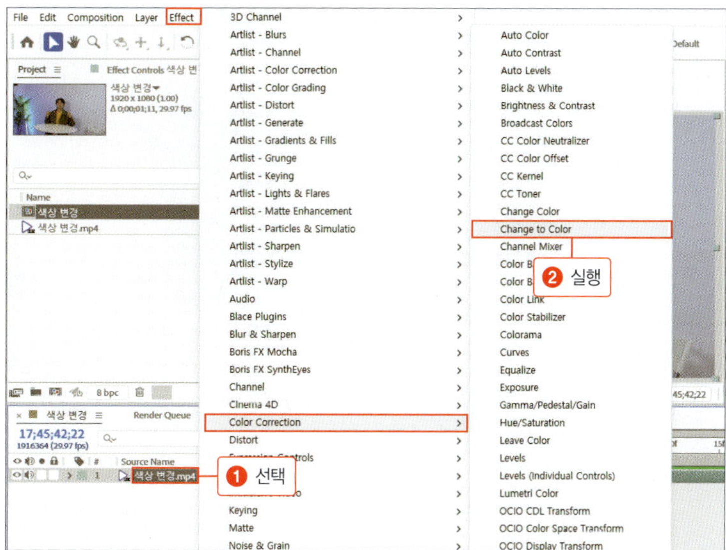

TIP Effects & Presets 패널에서도 이펙트를 검색하고 드래그하여 적용할 수 있습니다.

03 ❶ Effect Controls 패널의 Change to Color 항목에서 From의 '스포이트' 아이콘(⊸)을 클릭하고 ❷ Composition 패널에서 파란 조명이 가장 뚜렷한 부분을 클릭합니다. 파란색 영역이 변경되는 것을 확인할 수 있습니다.

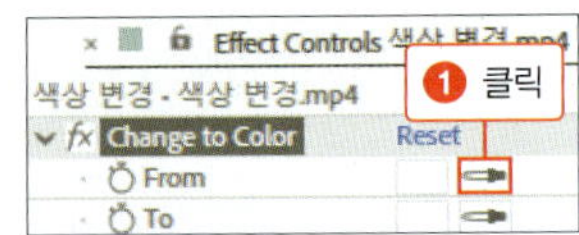

변경 전

변경 후

04 특정 색상으로 변경하기 위해 ❶ Effect Controls 패널에서 To의 색상 상자를 클릭합니다. ❷ To 대화상자가 표시되면 색상을 '#FF7800'으로 지정하고 ❸ 〈OK〉 버튼을 클릭합니다.

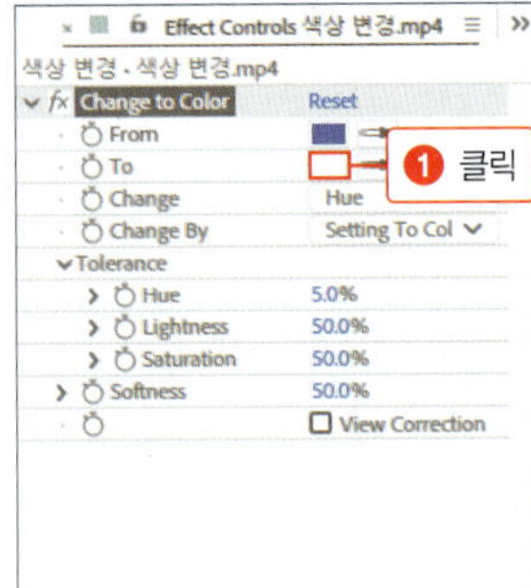

05 Effect Controls 패널에서 Tolerance 항목의 Hue를 '30.0%'로 설정합니다. Composition 패널에서 파란색 조명이 주황색 조명으로 변경된 것을 확인할 수 있습니다.

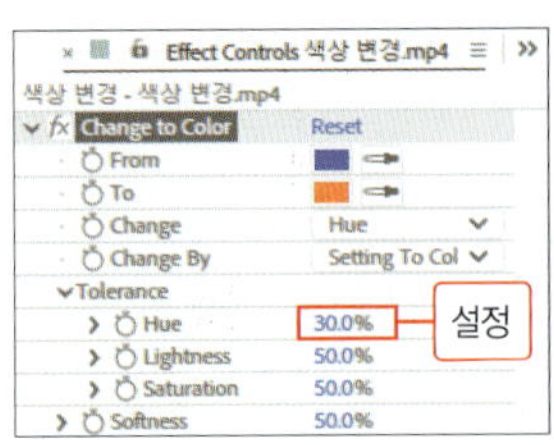

TIP

Tolerance 항목을 지나치게 조절하면 원치 않는 부분의 색상까지 함께 변경될 수 있으므로 주의합니다.

• **실습파일** : 애프터 이펙트\07\벌칙.mp4 • **완성파일** : 애프터 이펙트\07\벌칙_완성.aep

EASY 실습 확대해서 강조하는 효과 만들기

Magnify를 활용하여 예능에서 자주 사용하는 특정 부분을 확대해서 강조하는 효과를 만들어 봅니다.

01 애프터 이펙트 → 07 폴더에서 '벌칙.mp4' 파일을 컴포지션으로 불러옵니다.

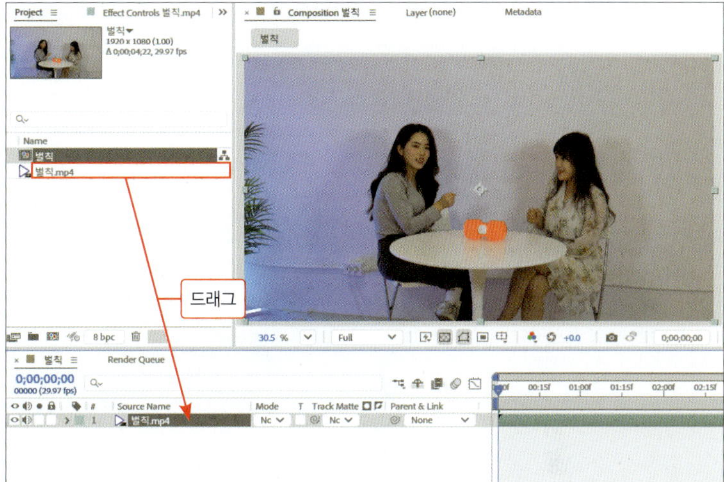

02 ❶ Effects & Presets 패널에서 'Magify' 이펙트를 검색합니다. ❷ Distort – Magnify를 Timeline 패널의 '벌칙.mp4' 레이어에 드래그해 이펙트를 적용합니다.

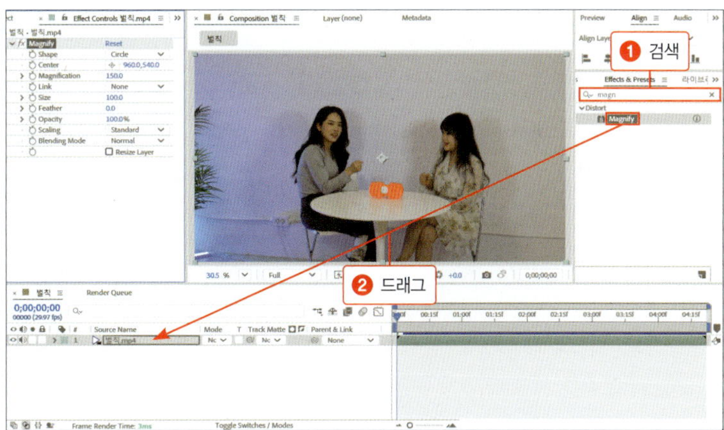

03 ❶ Timeline 패널의 현재 시간 표시기를 '2초 12프레임(0:00:02:12)'으로 이동합니다. 뽕망치를 맞는 부분에 이펙트를 적용하기 위해 ❷ Effect Controls 패널의 Magnify – Center에서 '목표 지점 설정' 아이콘(⌖)을 클릭하고 ❸ Composition 패널에서 뽕망치를 맞는 얼굴 부분을 클릭합니다.

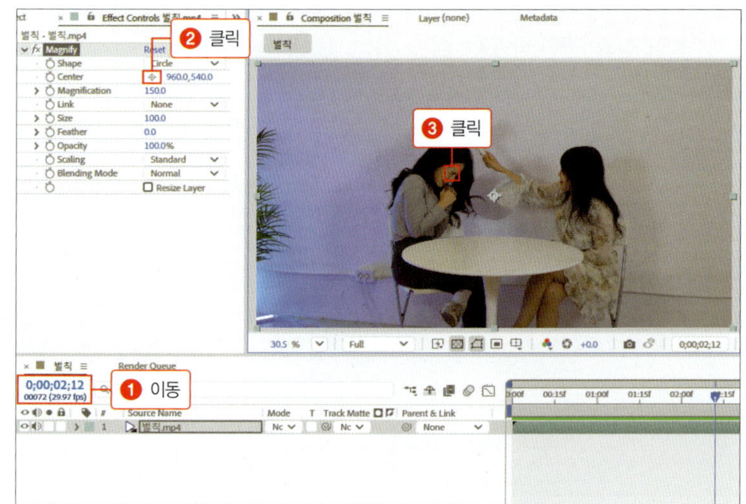

04 ❶ Effect Controls 패널에서 Link를 'Size To Magnification'으로 지정하고 ❷ Magnification을 '180.0', ❸ Size를 '225.0'으로 설정합니다. 뽕망치를 맞는 장면 이전에는 Magnify를 적용하지 않기 위해 ❹ Opacity 왼쪽의 'Stop Watch' 아이콘(⏱)을 클릭하여 키프레임을 만듭니다.

05 ❶ Timeline 패널의 현재 시간 표시기를 '2초 11프레임(0:00:02:11)'으로 이동하고 ❷ Effect Controls 패널의 Opacity를 '0.0%'로 설정합니다. 영상의 2초 11프레임까지는 Magnify가 적용되지 않고 2초 12프레임부터 효과가 적용됩니다.

TIP
Center에 키프레임 애니메이션을 적용하여 확대 영역을 이동할 수 있습니다.

AI EASY 실습 화면 흔들림 보정해서 안정화하기

Warp Stabilizer VFX는 흔들리는 영상을 전문가 수준으로 자동 안정화하는 애프터 이펙트의 핵심 보정 이펙트입니다. 적용 시 Analyzing과 Stabilizing 과정을 거치며 손떨림을 크게 줄입니다. 예제에서는 짐벌로 촬영한 듯 안정된 영상을 만들겠습니다.

01 애프터 이펙트 → 07 폴더에서 '손떨림.mp4' 파일을 컴포지션으로 불러옵니다.

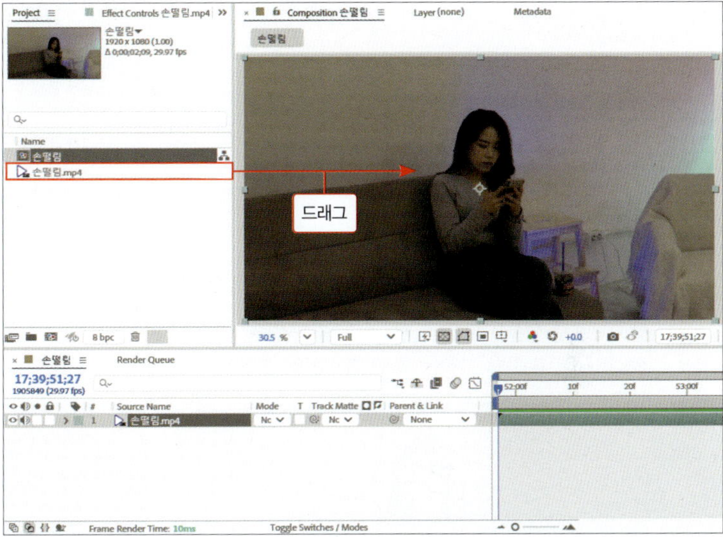

02 Warp Stabilizer를 적용하기 전 영상의 움직임을 확인하기 위해 Spacebar를 눌러 램 프리뷰를 진행합니다. 영상을 확인하면 카메라가 지속해서 흔들리는 것을 확인할 수 있습니다.

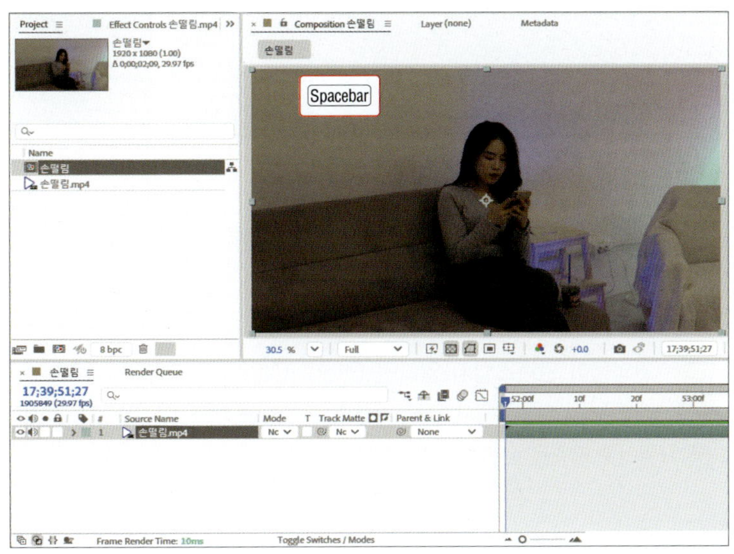

TIP

Stabilizing 작업은 정지 이미지 상태에서 효과를 정확히 확인하기 어렵기 때문에 반드시 램 프리뷰를 통해 실제 움직임을 확인해야 합니다. 정지 화면에서는 자연스러워 보이더라도 영상으로 재생했을 때 미세한 흔들림이나 부자연스러운 보정이 드러나는 경우가 많습니다. 따라서 최종 판단은 반드시 재생 상태에서 이루어져야 합니다.

03 ❶ Timeline 패널의 '손떨림.mp4' 레이어를 선택하고 ❷ 메뉴에서 [Effect] → Distort → Warp Stabilizer를 실행하여 이펙트를 적용합니다.

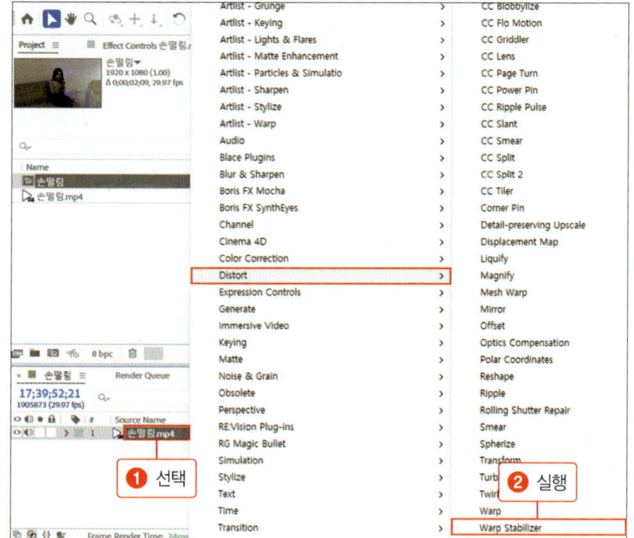

04 Warp Stabilizer를 적용하면 자동으로 Analyzing in background와 Stabilizing 과정을 거쳐 카메라 손떨림을 줄입니다. 램 프리뷰 과정을 통해 확인하면 카메라 손떨림 현상이 줄어든 것을 확인할 수 있습니다.

TIP ✧

Stabilizing 과정에서 흔들림을 보정하기 위해 화면이 약간 확대됩니다. 손떨림이 큰 영상일수록 더 많이 확대되고, 작은 영상은 상대적으로 적게 확대됩니다. 예제에서는 Auto-Scale이 '105.1%'입니다.

05 결과물이 만족스럽지 않다면 Effect Controls 패널의 Warp Stabilizer – Advanced 항목에서 'Detailed Analysis'를 체크 표시합니다. 한 번 더 분석하여 더욱 세밀하게 떨림을 보정합니다.

TIP ✧

Warp Stabilizer는 AI가 프레임 단위로 분석하기 때문에 결과물이 만족스러울 때도 있지만, 반대로 만족스럽지 못하거나 왜곡이 심하게 발생하는 경우도 있습니다.

Quick 활용 어떤 배경이든 합성하는 그린스크린 만들기

그린스크린에서 초록색을 제거하여 배경과 합성하는 것을 '키잉'이라고 합니다. 실무에서 가장 많이 사용하는 Keylight (1.2) 이펙트를 활용하여 키잉을 알아보고 배경과 합성해 봅니다.

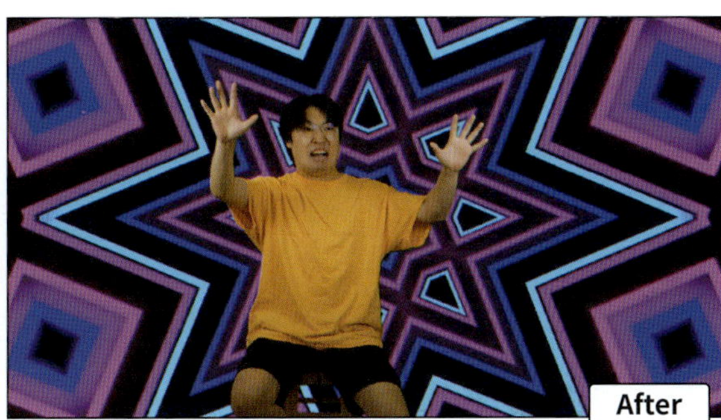

01 애프터 이펙트 → 07 폴더에서 '그린스크린.mp4'와 '배경영상.mp4' 파일을 불러옵니다.

❶ Project 패널의 '그린스크린.mp4' 파일을 컴포지션으로 불러오고 ❷ Timeline 패널에서 '그린스크린.mp4' 레이어를 선택합니다.

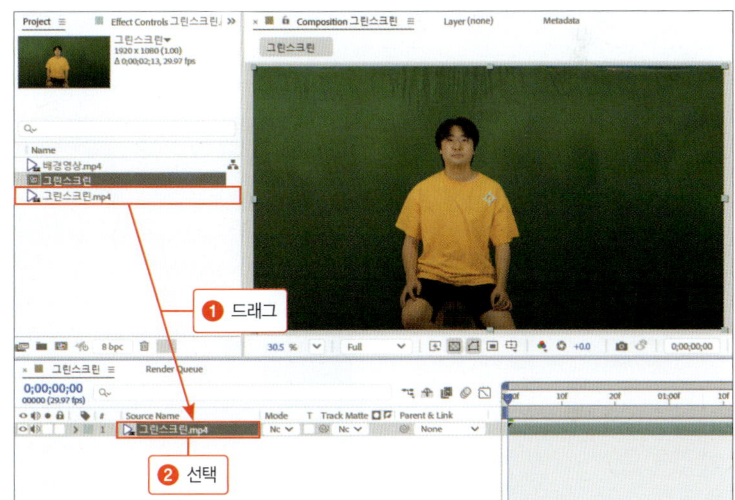

왜? ✜ 블루스크린, 그린스크린에서 촬영하는 이유

영상 합성 작업에서 배경을 분리할 때 주로 블루스크린이나 그린스크린을 사용합니다. 이는 사람 피부에 가장 적게 포함된 색을 찾는 것에서 시작되었고, 그 색이 파란색과 초록색이었습니다.

현재는 채도와 명도가 더 높은 그린스크린을 많이 사용합니다. 빨간색, 노란색 등 다른 색들은 사람 피부에 일부 포함되어 있어 파란색과 초록색 외에는 거의 사용하지 않습니다. 키잉 기술은 주로 블루스크린과 그린스크린 제거 방향으로 발전해왔기 때문에 다른 색을 배경으로 할 경우 키잉 결과가 미흡한 경우가 많습니다. 그래서 사람이 없는 사물 촬영도 블루스크린이나 그린스크린으로 진행합니다. 단, 해당 사물에 파란색이나 초록색이 있다면 다른 색을 배경으로 촬영해야 합니다.

02 메뉴에서 [Effect] → Keying → Keylight (1.2)를 실행합니다.

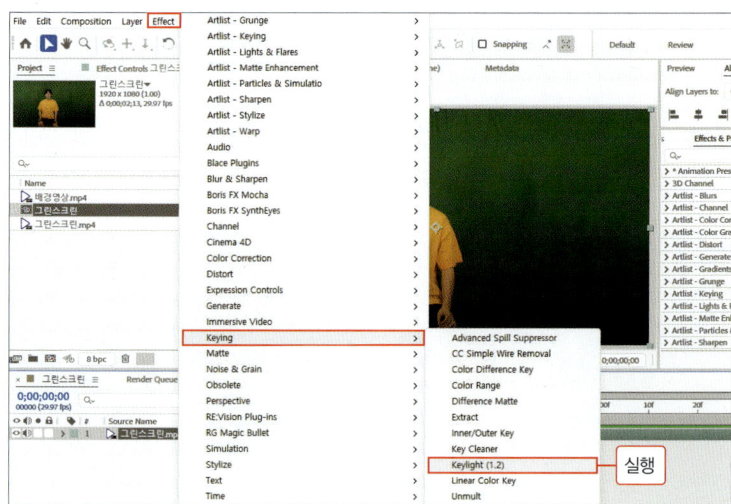

03 키잉 작업을 진행하기 위해 먼저 ❶ Effect Controls 패널에서 Screen Colour의 '스포이트' 아이콘을 클릭하고 ❷ Composition 패널에서 그린스크린 오른쪽 상단의 밝은 부분을 클릭합니다.

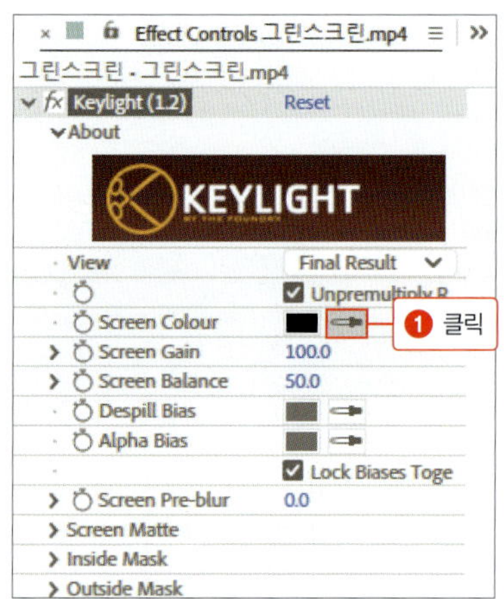

04 초록색이 투명해지는 과정에서 옷이나 피부색도 불투명해집니다. 이를 보정하기 위해 Effect Controls 패널에서 Screen Balance를 '50.0'으로 설정합니다. 옷과 피부의 불투명해진 색이 복구됩니다.

05 키잉 과정에서 생긴 배경의 불필요한 요소를 제거하기 위해 Effect Controls 패널에서 Screen Matte 항목의 Clip Black을 '59.0'으로 설정합니다.

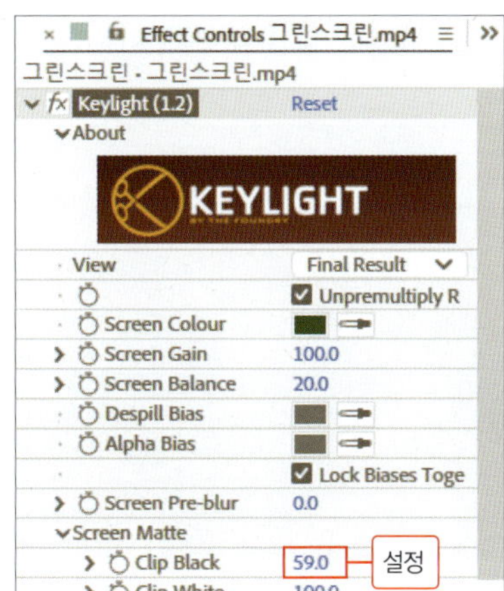

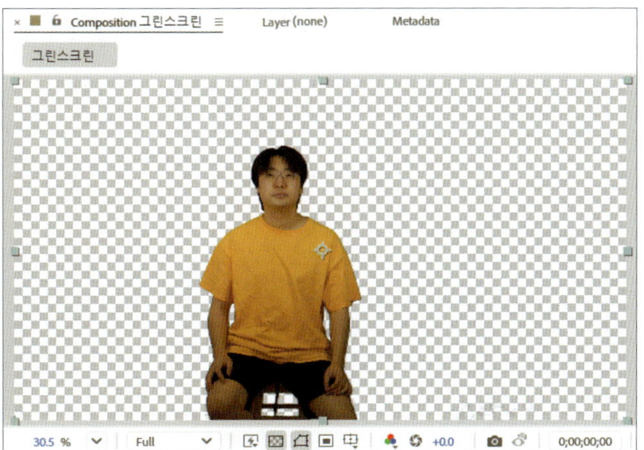

TIP

Screen Matte에서 세밀한 키잉 작업을 조절할 수 있습니다. 주로 사용하는 기능은 Clip Black과 Clip White입니다.

06 Project 패널에서 '배경영상.mp4' 파일을 Timeline 패널의 '그린스크린.mp4' 레이어 아래로 드래그하여 배치합니다. 그린스크린 배경이 투명해져 그림과 같이 두 레이어가 동시에 표시됩니다.

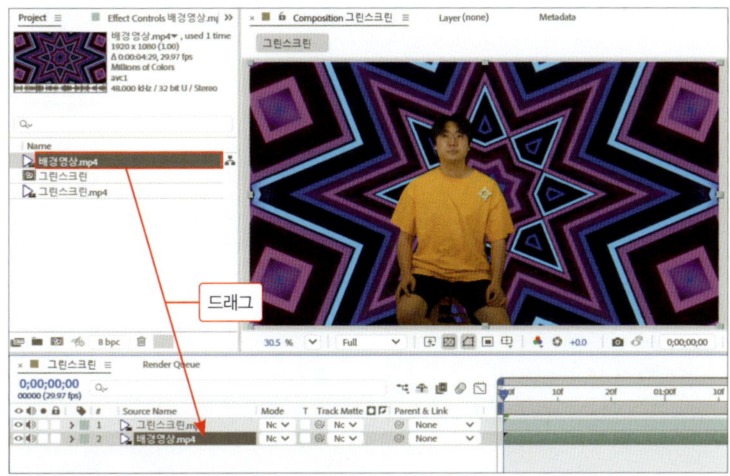

07 Spacebar를 눌러 램 프리뷰를 진행합니다. 영상에서 두 영상이 함께 재생되는 것을 확인합니다.

TIP

'그린스크린.mp4' 영상에 색상 보정 작업(Curves, Hue/Saturation 이펙트 등)을 하여 배경과 더 자연스럽게 조화시킬 수 있습니다. 합성 작업에서 중요한 점은 배경을 분리하는 것뿐만 아니라 배경과 자연스럽게 어우러지게 만드는 것입니다.

EASY 실습 만화 효과 만들기

Cartoon을 이용해 TV 예능이나 유튜브 콘텐츠에서 자주 사용하는 실사 영상의 만화 효과를 만들어 봅니다.

01 애프터 이펙트 → 07 폴더에서 '인터뷰.mp4' 파일을 불러옵니다.
❶ Project 패널의 '인터뷰.mp4' 파일에서 마우스 오른쪽 버튼을 클릭한 다음 ❷ New Comp from Selection을 실행하여 컴포지션을 만듭니다.

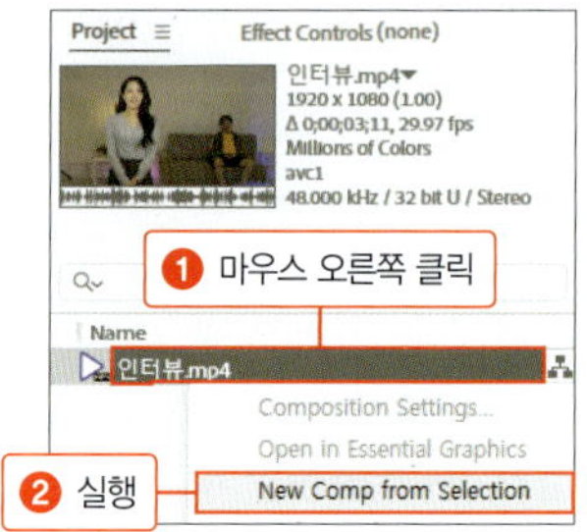

02 ❶ Timeline 패널의 '인터뷰.mp4' 레이어를 선택하고 메뉴에서 [Effect] → Stylize → Cartoon을 실행하여 만화 효과를 적용합니다. ❷ Effect Controls 패널에서 Cartoon 항목의 Detail Radius를 '20.0', Detail Threshold를 '15.0'으로 설정합니다. ❸ Edge의 Threshold를 '2.35', Width를 '1.0'으로 설정합니다.

03 ❶ Advanced 항목을 표시한 다음 ❷ Edge Enhancement를 '10.0', Edge Black Level을 '1.0'으로 설정합니다. Advanced 항목은 세밀한 선화 설정이므로 수치가 확 커지지 않는 이상 큰 변화는 잘 보이지 않습니다.

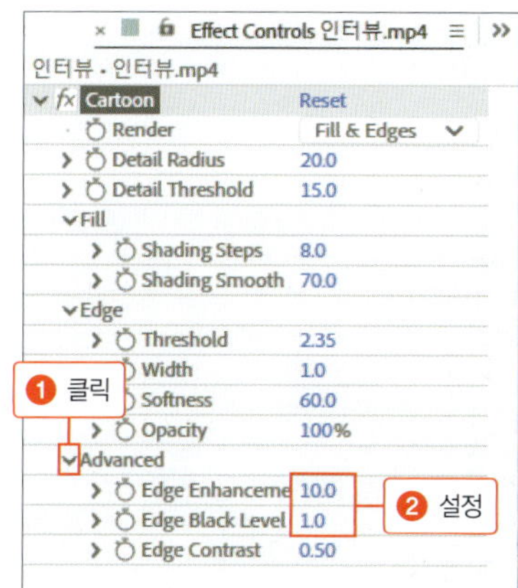

04 선 영역의 설정을 확인하기 위해 Render를 'Edges'로 지정합니다. 사람과 소파 부분에 선이 적용된 것을 확인할 수 있습니다.

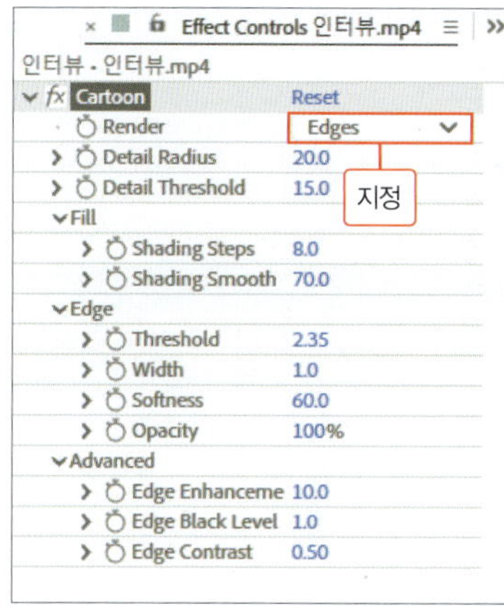

05 다시 ❶ Render를 'Fill & Edges'로 지정합니다. ❷ Spacebar를 눌러 램 프리뷰를 진행합니다. 영상을 확인하면 Cartoon 이펙트가 적용된 상태로 영상이 진행되는 것을 확인할 수 있습니다.

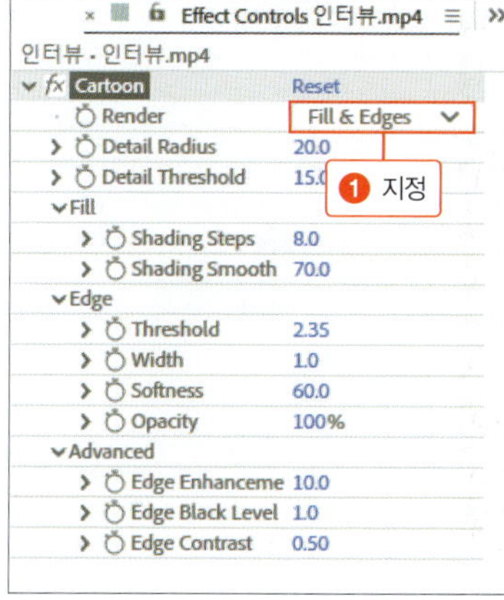

EASY 실습 유리 재질로 장면 전환하기

CC Glass Wipe는 색 차이를 통해서 장면을 전환하는 기능입니다. 경계 부분에 입체 효과를 연출하여 마치 유리와 같은 느낌으로 장면을 전환해 봅니다.

01 애프터 이펙트 → 07 폴더에서 '바다.aep' 파일을 불러옵니다. 영상을 확인하면 '바다2.mp4' 레이어가 2초 동안 나오고 컷 편집 형태로 '바다1.mp4' 레이어가 나타납니다.

02 ❶ Timeline 패널에서 '바다1.mp4' 레이어를 선택한 다음 ❷ 메뉴에서 [Effect] → Transition → CC Glass Wipe를 실행하여 이펙트를 적용합니다.

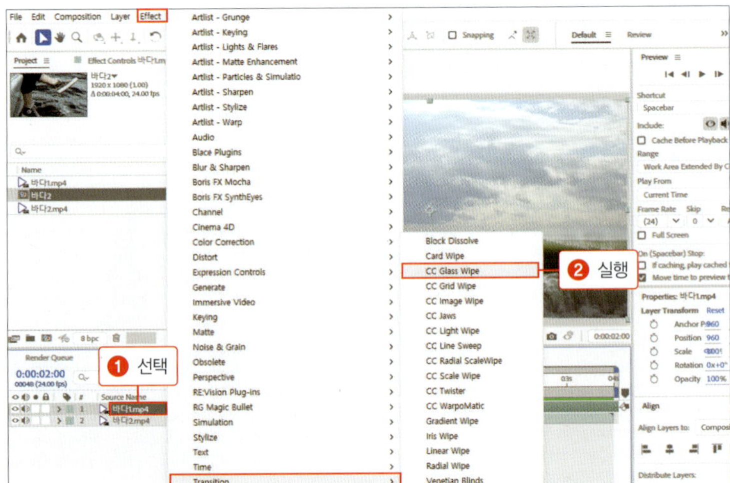

03 ❶ Effect Controls 패널에서 CC Glass Wipe 항목의 Layer to Reveal을 장면 전환 레이어인 '바다2.mp4'로 지정하고 ❷ Gradient Layer를 '바다2.mp4'로 지정합니다.

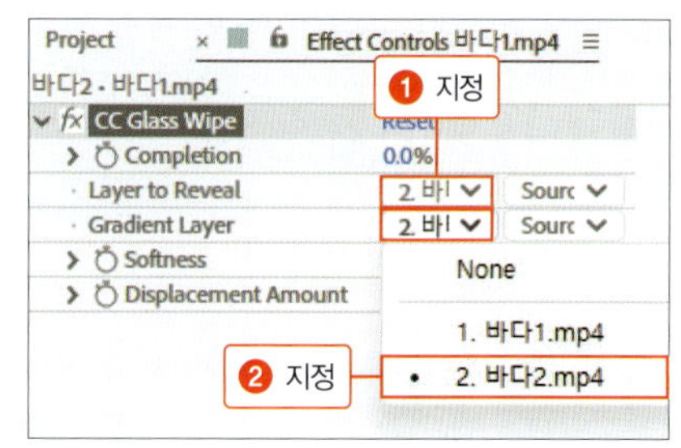

04 장면 전환 애니메이션을 만들기 위해 먼저 ❶ 현재 시간 표시기를 '2초(0:00:02:00)'로 이동하고 ❷ Effect Controls 패널에서 CC Glass Wipe – Completion 항목 왼쪽의 'Stop Watch' 아이콘(⏱)을 클릭해 키프레임을 만든 다음 ❸ Completion을 '100.0%'로 설정합니다.

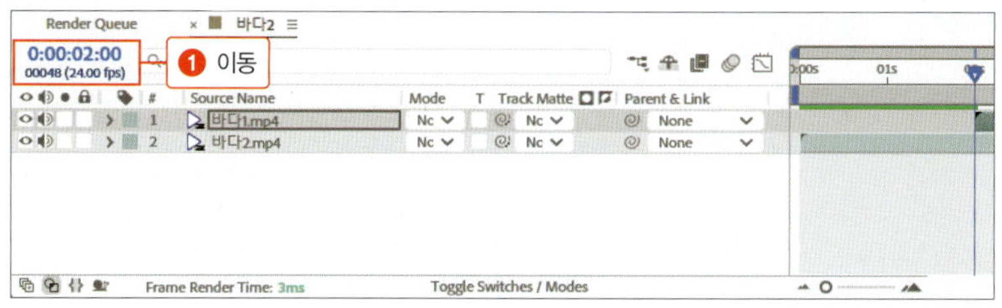

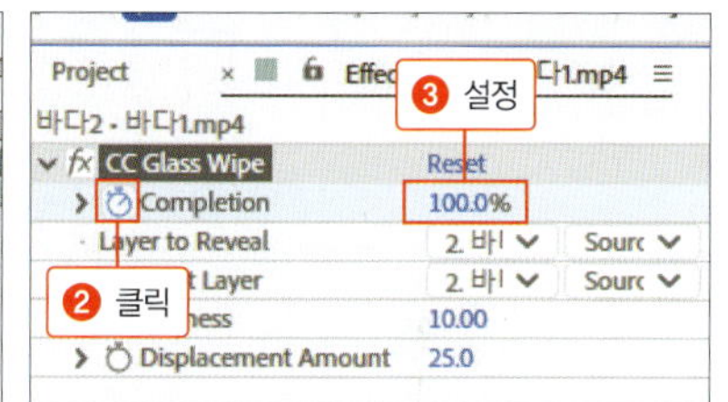

05 ❶ Timeline 패널에서 현재 시간 표시기를 '2초 13프레임(0:00:02:13)'으로 이동합니다. ❷ Effect Controls 패널의 Completion을 '0.0%'로 설정합니다. ❸ U를 누르면 키프레임이 만들어진 이펙트 항목을 표시하여 확인할 수 있습니다.

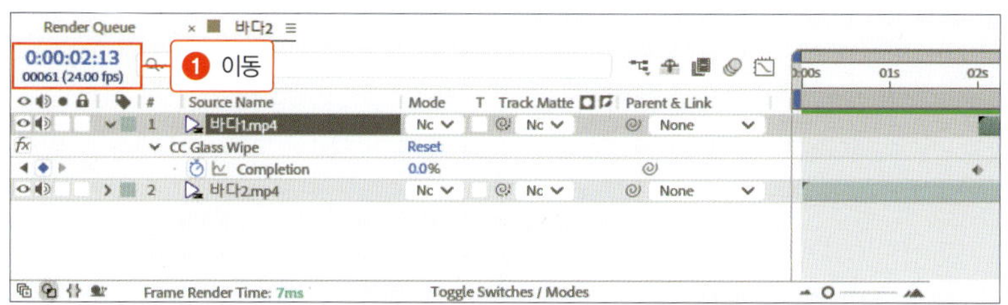

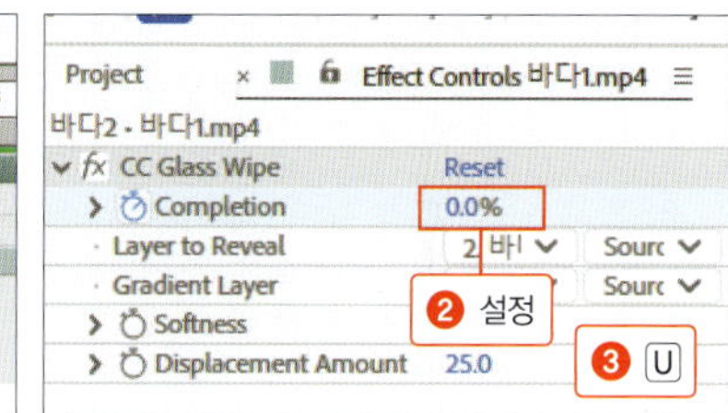

06 램 프리뷰를 진행합니다. 영상을 확인하면 2초에서 2초 12프레임 구간에 CC Glass Wipe 이펙트가 적용되어 화면이 전환되는 것을 확인할 수 있습니다.

Part 08

모션 그래픽의 꽃! 자막 디자인

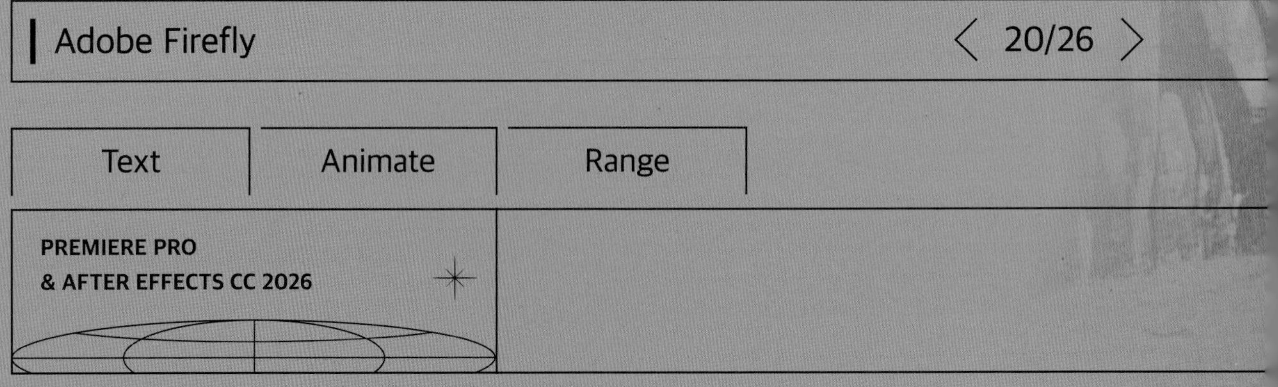

PREMIERE
26
Generate
PREMIERE
26

Ae

LESSON 08

생동감 넘치는 모션 텍스트 디자인

• **실습파일** : 애프터 이펙트\08\문의사항.aep • **완성파일** : 애프터 이펙트\08\문의사항_완성.aep

EASY 실습 텍스트 레이어 만들기

애프터 이펙트에서 텍스트 레이어를 만드는 과정은 간단합니다. 텍스트 레이어를 만들어 프로젝트에 텍스트를 추가해 봅니다.

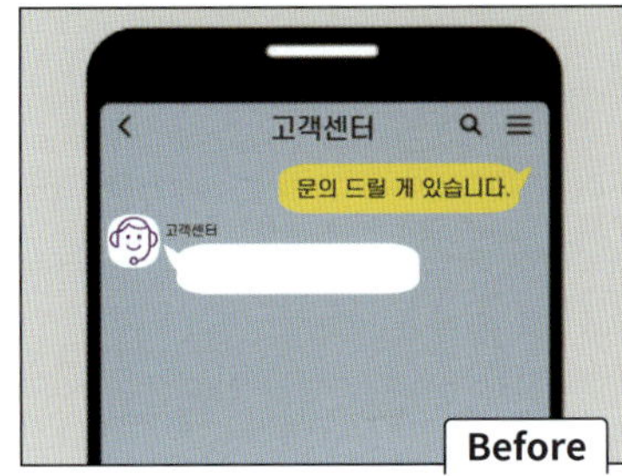

01 애프터 이펙트 → 08 폴더에서 '문의사항.aep' 파일을 컴포지션으로 불러옵니다.

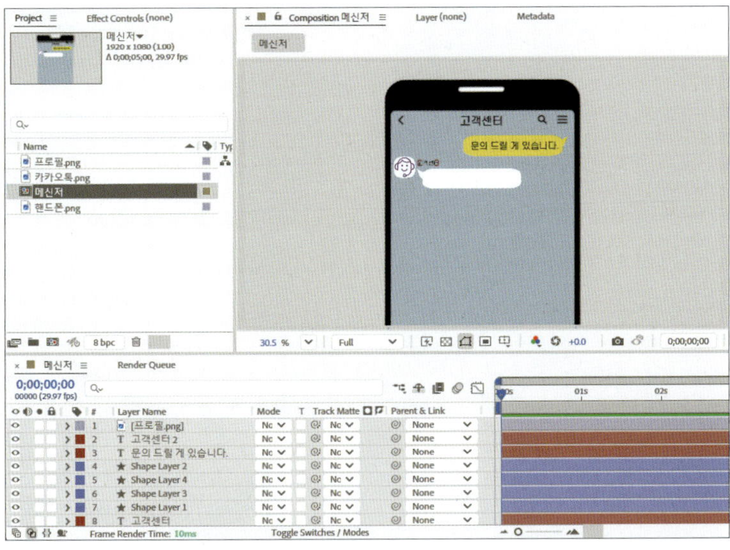

TIP

예제에서는 무료 글꼴인 'S-Core Dream'을 사용했습니다.

02 메뉴에서 [Layer] → New → Text(Ctrl+Alt+Shift+T)를 실행합니다. Timeline 패널에 텍스트 레이어가 만들어집니다.

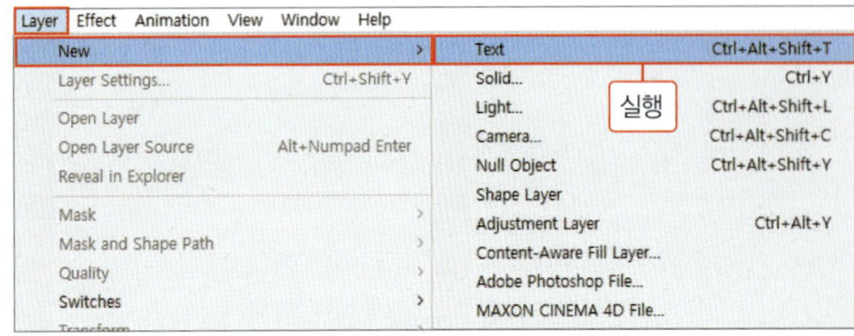

03 텍스트를 입력하면 Composition 패널에 입력한 텍스트가 나타납니다. "무엇을 도와드릴까요?"를 입력합니다.

04 Character 패널에서 텍스트 레이어를 설정할 수 있습니다. ❶ 글꼴을 'S-Core Dream', 스타일을 '3 Light'로 지정하고 ❷ 글자 크기를 '35px'로 설정합니다. ❸ Composition 패널에서 '무엇을 도와드릴까요?' 텍스트를 드래그하여 흰색 말풍선 안에 배치합니다.

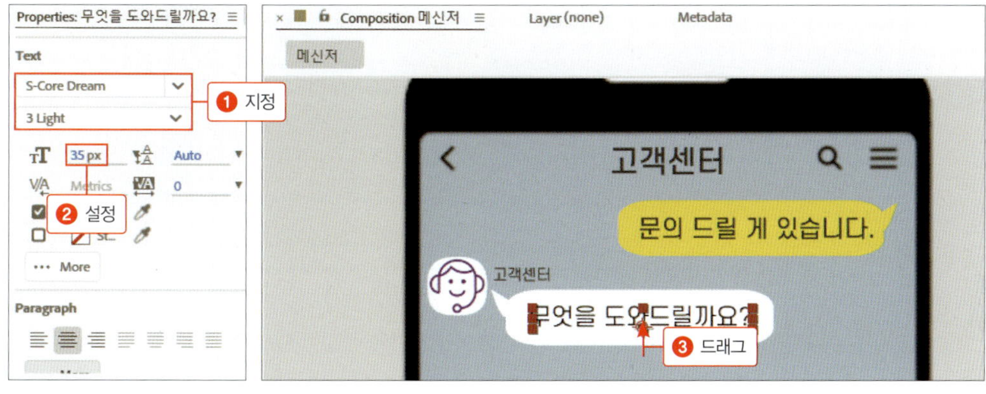

TIP

Character 패널이 없으면 메뉴에서 [Window] → Character를 실행하여 표시합니다.

05 Character 패널에서 텍스트 레이어의 굵기를 조절할 수 있습니다. 사용 중인 글꼴이 여러 단계의 굵기(Thin, Regular, Bold 등)를 지원하는 경우 목록에서 원하는 두께를 선택해 텍스트 스타일을 세밀하게 설정할 수 있습니다.

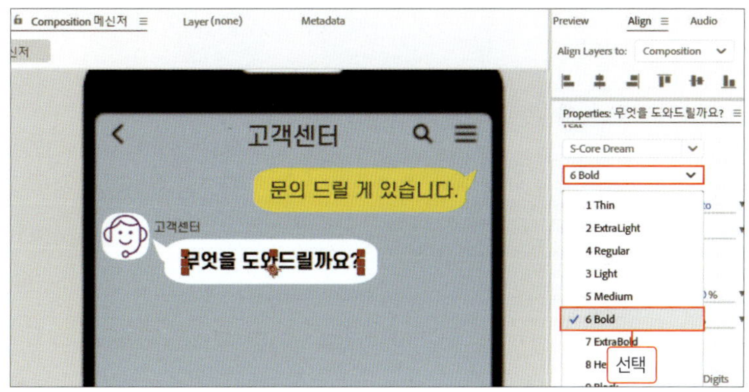

EASY 실습 텍스트가 바뀌는 애니메이션 만들기

단순히 움직이는 것을 넘어 시간이 흐름에 따라 텍스트 내용 자체가 역동적으로 변화하는 애니메이션을 만들겠습니다. 이 기법은 정보 전달의 리듬감을 극대화하는 핵심 모션 디자인 기술입니다.

01 애프터 이펙트 → 08 폴더에서 '모니터.aep' 파일을 불러옵니다.

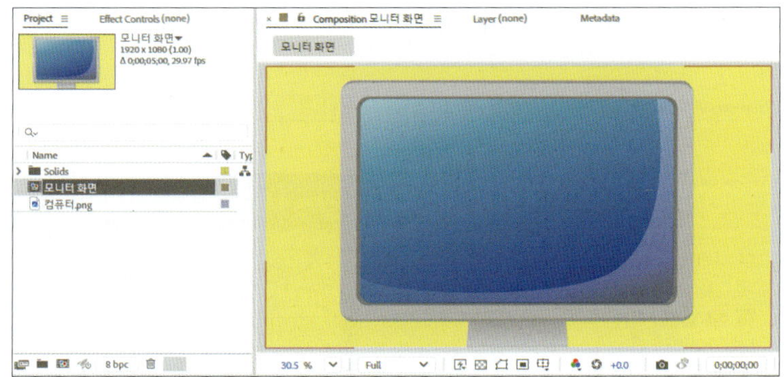

02 ❶ Tools 패널에서 문자 도구(T)를 선택하고 Composition 패널의 화면을 클릭한 다음 "DESIGN"을 입력합니다. ❷ 텍스트를 선택하고 Character 패널에서 글꼴을 '배달의민족 주아', 글자 크기를 '250px', 글자 색을 '흰색'으로 설정합니다. ❸ Paragraph 패널에서 'Center text' 아이콘(≡)을 클릭하여 화면 가운데에 정렬합니다.

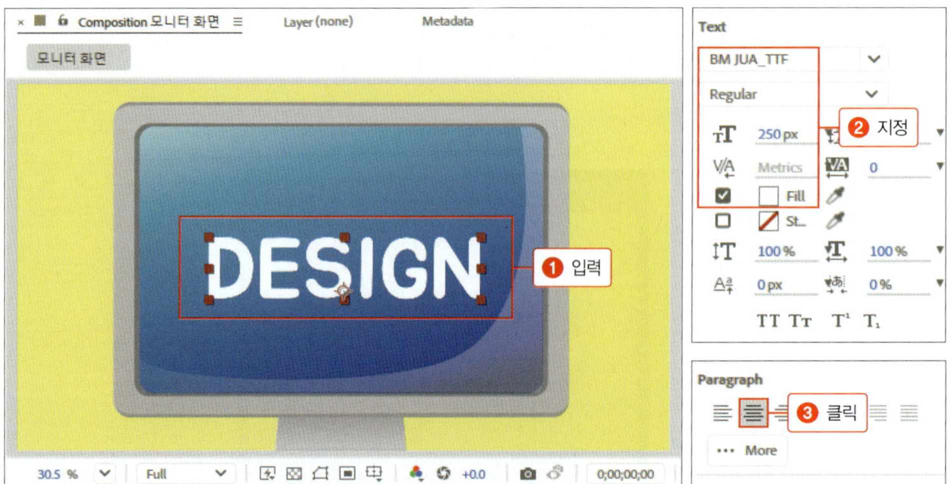

03 Timeline 패널에서 'DESIGN' 레이어의 Text 항목을 표시합니다.

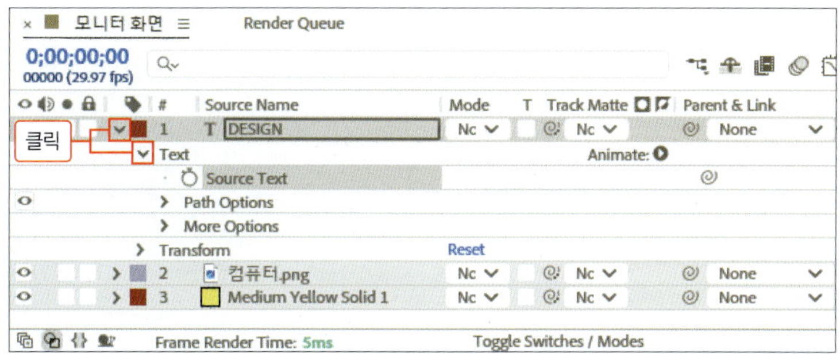

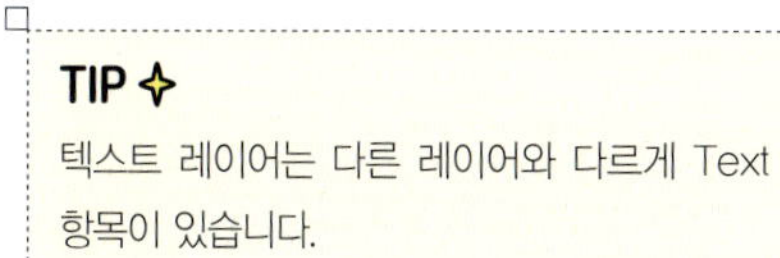

TIP ✧

텍스트 레이어는 다른 레이어와 다르게 Text 항목이 있습니다.

04 Text 항목의 Source Text를 이용해 애니메이션을 만들어 봅니다. Source Text 왼쪽의 'Stop Watch' 아이콘(⏱)을 클릭하여 키프레임을 만듭니다.

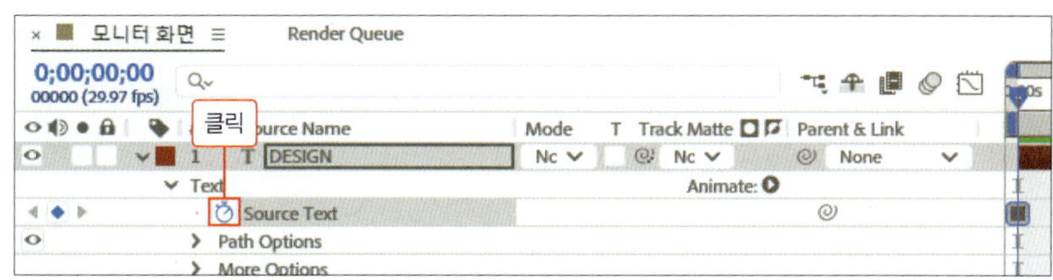

왜? ✧

Source Text에 만들어진 키프레임은 마름모가 아닌 사각형입니다. 이는 키프레임 사이를 부드럽게 이어주는 애니메이션이 아니라 해당 키프레임에서 순간적으로 전환되는 애니메이션을 의미합니다.

05 이번에는 시간에 따라 변화하는 텍스트 애니메이션을 만들어 봅니다. 먼저 현재 시간 표시기를 '15프레임(0:00:00:15)'으로 이동합니다.

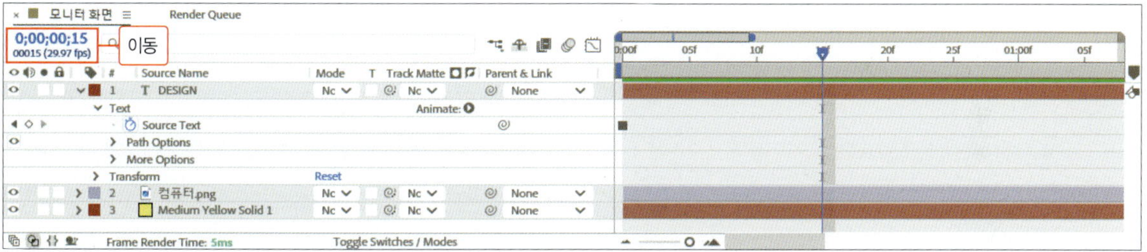

06 Composition 패널에서 ❶ 'DESIGN' 텍스트를 더블클릭해 ❷ 입력 모드로 바뀌면 "MOTION"을 입력합니다.

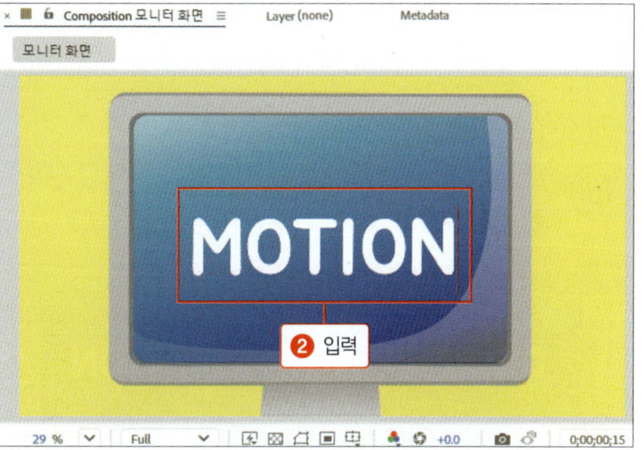

07 같은 방법으로 ❶ 현재 시간 표시기를 '1초(0:00:01:00)'로 이동하고 ❷ "GRAPHIC"을 입력합니다.

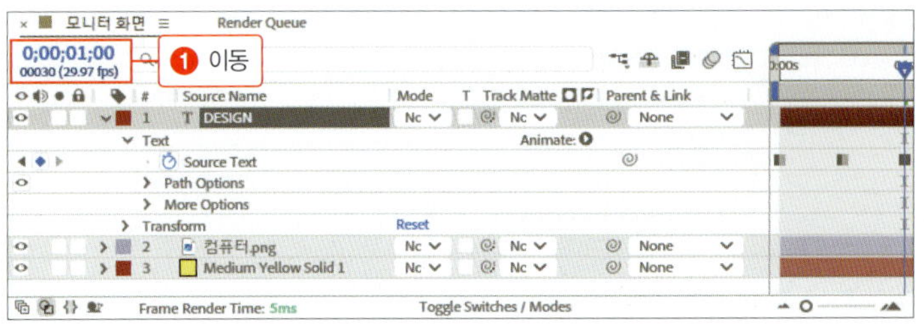

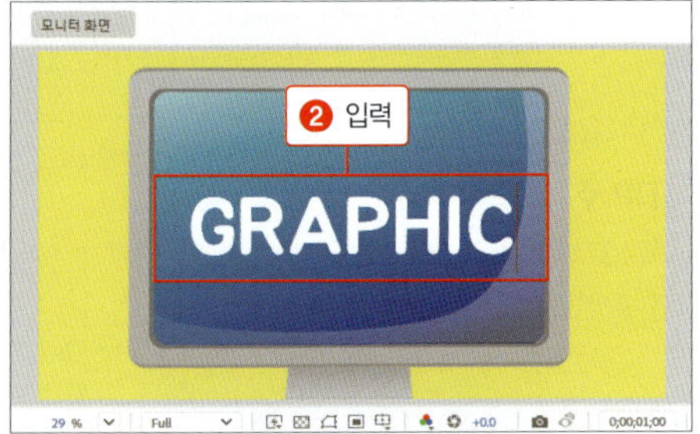

08 한 번 더 같은 방법으로 텍스트 레이어의 텍스트를 바꿉니다. ❶ 현재 시간 표시기를 '1초 15프레임(0:00:01:15)'으로 이동한 다음 ❷ 텍스트를 "CONCEPT"로 수정합니다.

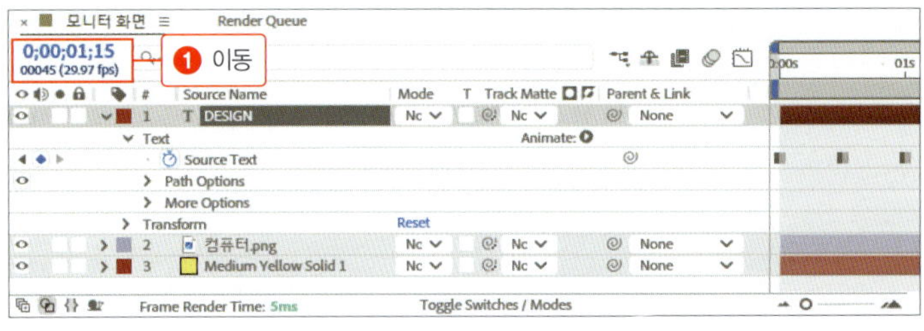

09 Source Text를 이용하여 시간에 따라 달라지는 텍스트 애니메이션을 만들었습니다. Timeline 패널에서 텍스트가 바뀌는 시간마다 사각형 키프레임이 만들어진 것을 확인할 수 있습니다.

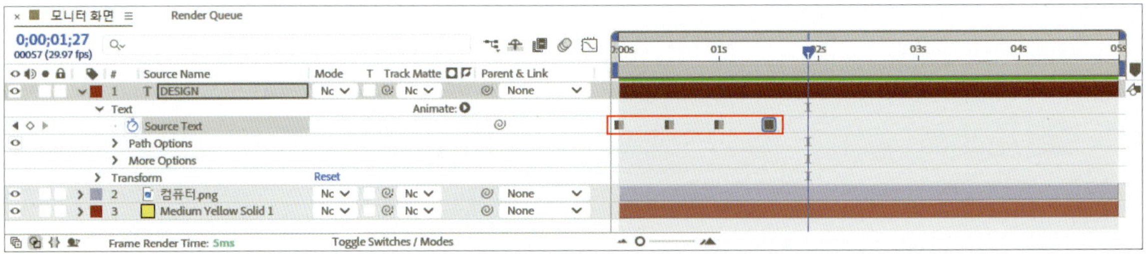

TIP

Source Text를 활용하면 프레임마다 간격을 두어 타자기 애니메이션을 만들 수 있습니다. 타자기 효과음처럼 Source Text를 이용해 타자기 애니메이션을 응용할 수 있습니다.

10 램 프리뷰를 통해 확인하면 'DESIGN – MOTION – GRAPHIC – CONCEPT' 순으로 텍스트가 바뀌는 영상을 확인할 수 있습니다.

Quick 활용 패스를 따라 움직이는 텍스트 애니메이션 만들기

Path 기능을 이용하여 패스를 따라 흘러가는 텍스트 애니메이션을 만들어 봅니다.

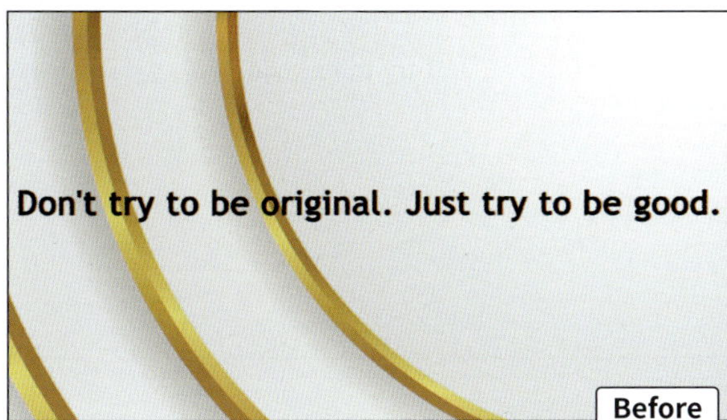

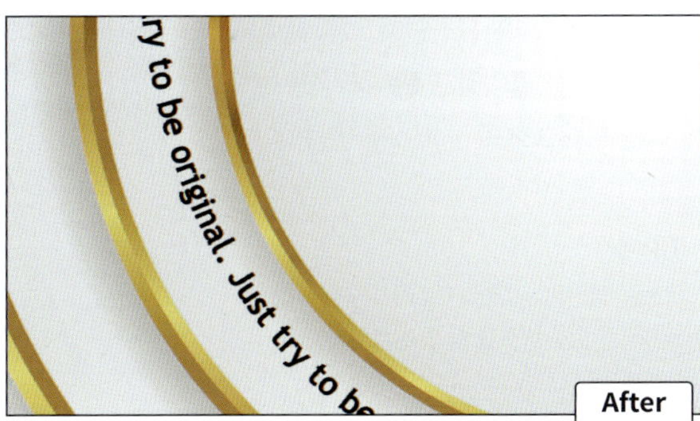

01 애프터 이펙트 → 08 폴더에서 '곡선.aep' 파일을 불러옵니다.

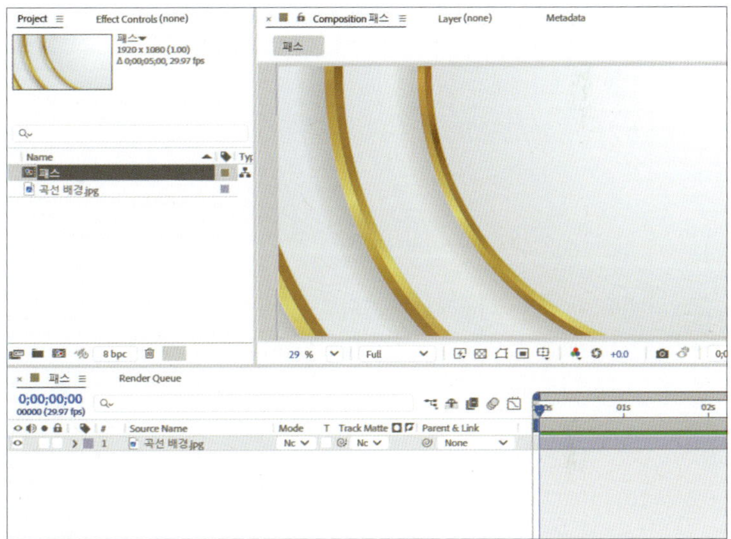

02 ❶ Tools 패널의 문자 도구(T)를 선택하고 Composition 패널 화면을 클릭해 "Don't try to be original. Just try to be good."을 입력합니다. ❷ 텍스트를 선택한 다음 Character 패널의 글꼴을 'Trebuchet MS Regular', 글자 크기를 '88px', Fill을 '검은색'으로 지정합니다.

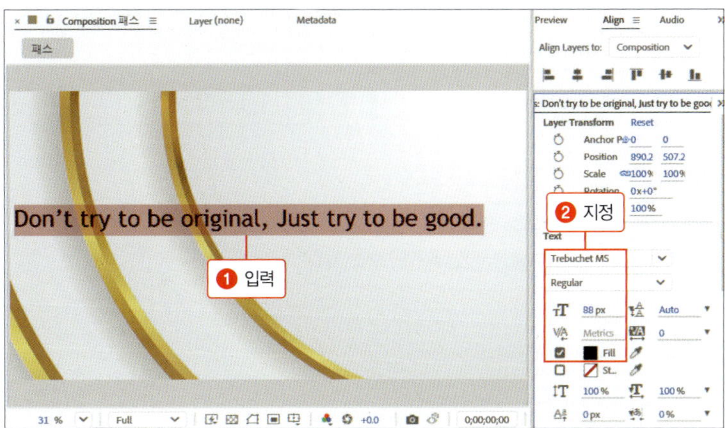

03 패스 애니메이션을 위해 직접 패스를 만들겠습니다. Timeline 패널에서 텍스트 레이어를 선택하고 Tools 패널에서 펜 도구(✒)를 선택합니다. Composition 패널 화면에 그림과 같이 ❶ 시작 점을 클릭하고 ❷ 끝 점을 클릭한 다음 드래그해 곡선 패스를 만듭니다.

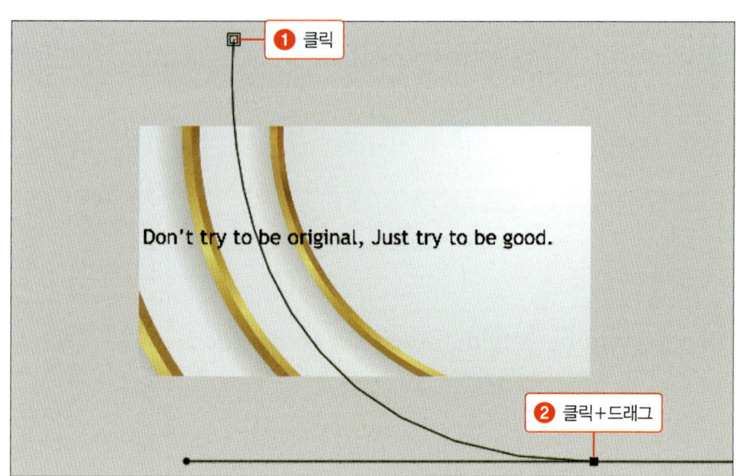

TIP ✦

곡선을 클릭한 상태에서 드래그하면 직선 패스를 곡선으로 변형할 수 있습니다.

04 ❶ Timeline 패널에서 Text – Path Options 항목을 표시하고 ❷ Path를 'Mask 1'로 지정합니다.

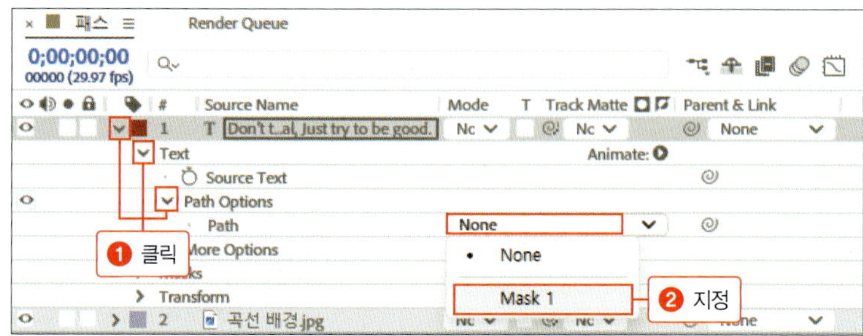

05 Composition 패널에서 패스의 경로에 따라 텍스트가 변형되는 것을 확인할 수 있습니다.

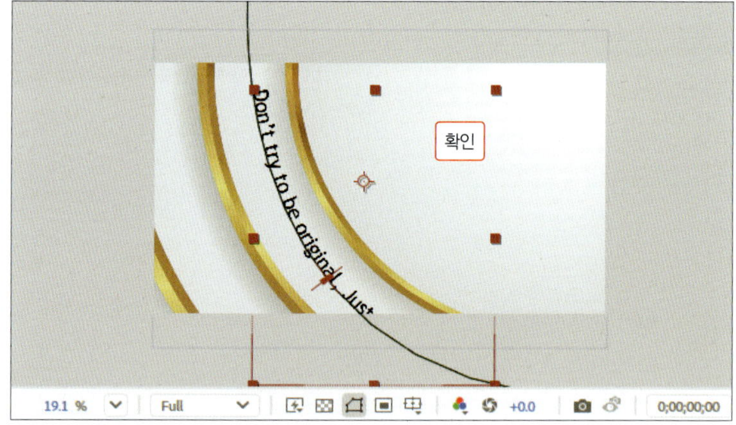

TIP ✦

Timeline 패널의 텍스트 레이어에서 Path Options에 추가되는 여러 요소를 설정하여 애니메이션을 만들 수 있습니다.

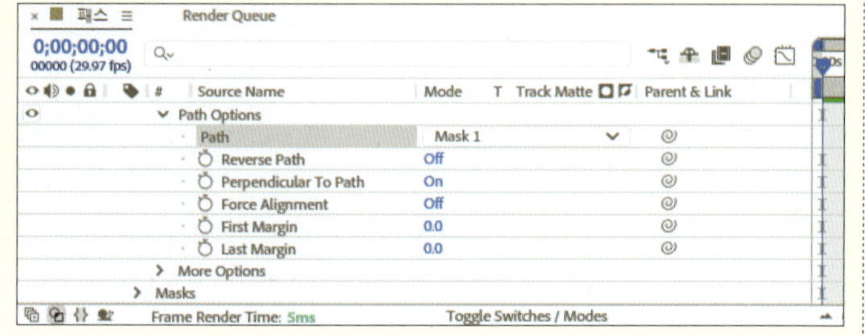

06 Path Options 항목을 설정하여 패스를 따라 이동하는 텍스트 애니메이션을 만들겠습니다. ❶ 현재 시간 표시기를 '0초'로 이동하고 ❷ First Margin 왼쪽 'Stop Watch' 아이콘(⏱)을 클릭해 키프레임을 만듭니다.

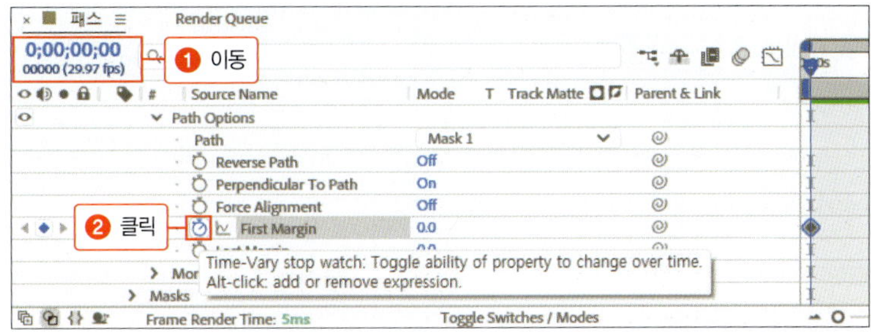

TIP ✦

패스 애니메이션은 First Margin을 설정하여 만들 수 있습니다. 예제에서는 First Margin만 설정했지만, Last Margin으로도 같은 애니메이션을 만들 수 있습니다. First Margin은 시작 점으로부터의 공간, Last Margin은 끝 점으로부터의 공간을 의미합니다.

07 ❶ 현재 시간 표시기가 '0초'에 있는 상태에서 First Margin을 '-1926.0'으로 설정합니다. ❷ 같은 방법으로 현재 시간 표시기를 '4초(0:00:04:00)'로 이동한 다음 ❸ First Margin을 다시 '1325.0'으로 설정합니다. 직접 그린 패스에 맞게 애니메이션이 설정됩니다.

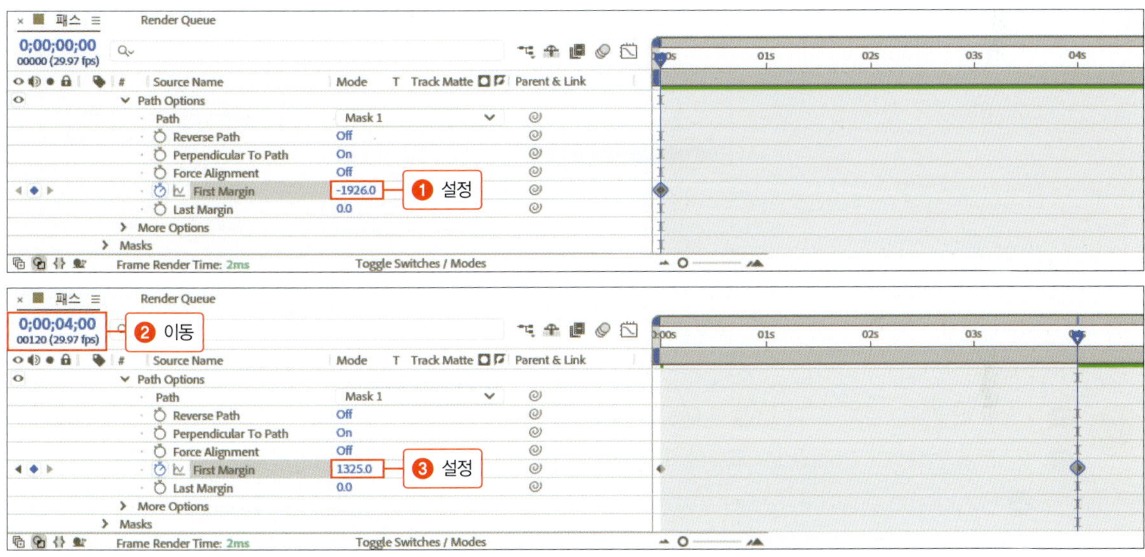

08 램 프리뷰를 통해 패스를 따라 흘러가는 텍스트 애니메이션을 확인할 수 있습니다.

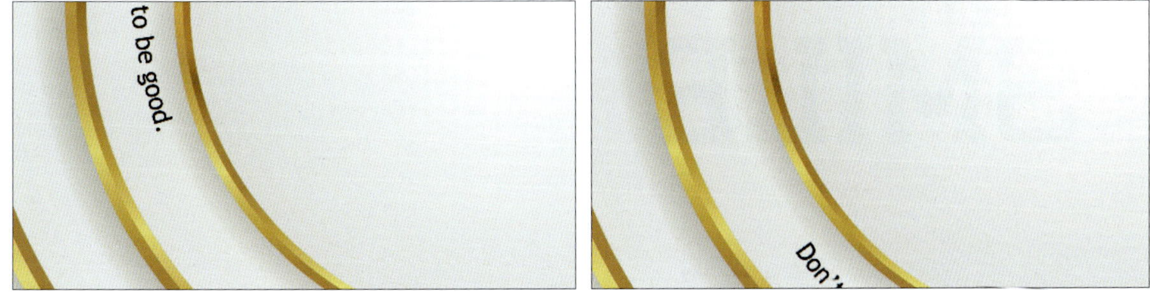

Quick 활용 텍스트 애니메이션 만들기

텍스트 레이어에 원하는 속성을 추가할 수 있습니다. 예제에서는 Animate와 Range를 이용해 텍스트 애니메이션을 만들어 봅니다.

01 애프터 이펙트 → 08 폴더에서 'Smile.aep' 파일을 불러옵니다.

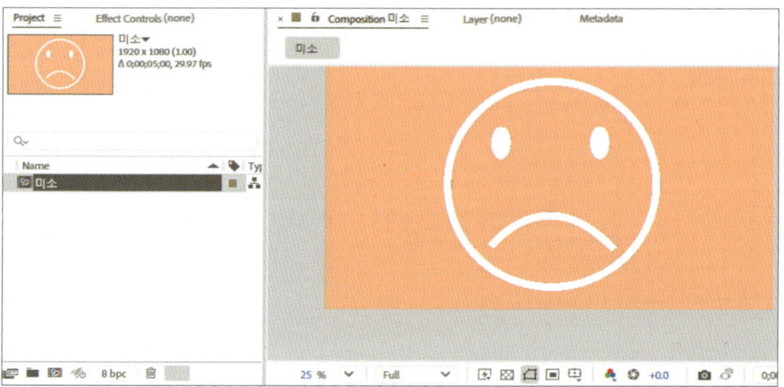

02 ❶ Tools 패널에서 문자 도구(T)를 선택하고 Composition 패널의 화면을 클릭한 다음 "SMILE"을 입력합니다. ❷ 텍스트를 선택하고 Character 패널에서 글꼴을 'I AM A PLAYER'로 지정한 다음 ❸ 글자 크기를 '500px'로 설정합니다. ❹ Paragraph 패널에서 'Center text' 아이콘(≡)을 클릭하여 화면 정중앙에 정렬합니다.

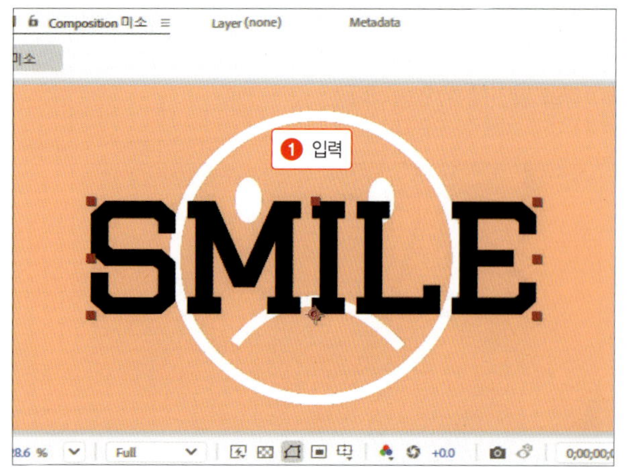

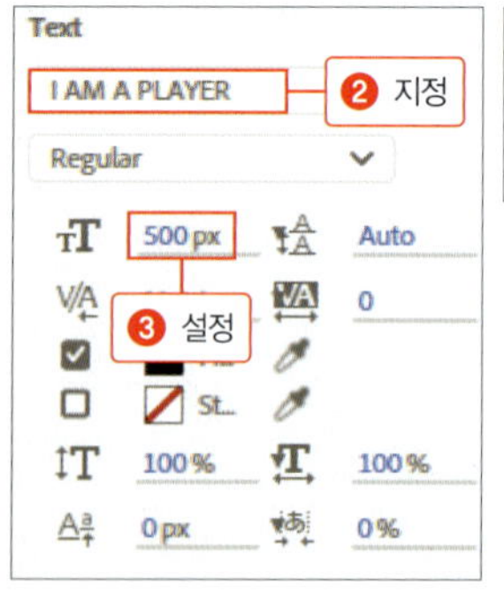

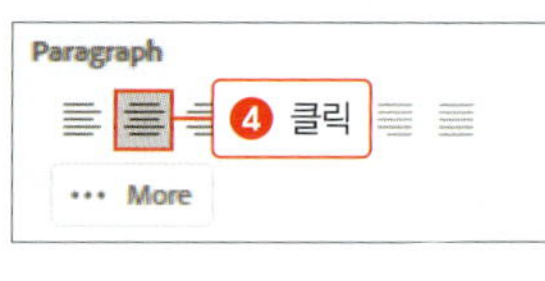

03 ❶ Timeline 패널에서 'SMILE' 레이어의 Text 항목을 표시합니다. ❷ Animate를 추가하기 위해 오른쪽 ⓞ를 클릭하고 ❸ Scale을 실행합니다.

04 Animator 1 – Range Selector 1 항목에 Scale이 표시되면 '0.0%'로 설정합니다. 크기가 최저로 설정되어 Composition 패널에서는 텍스트가 보이지 않습니다.

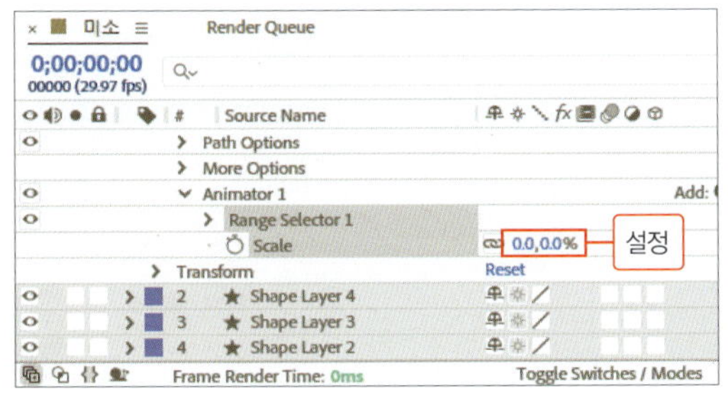

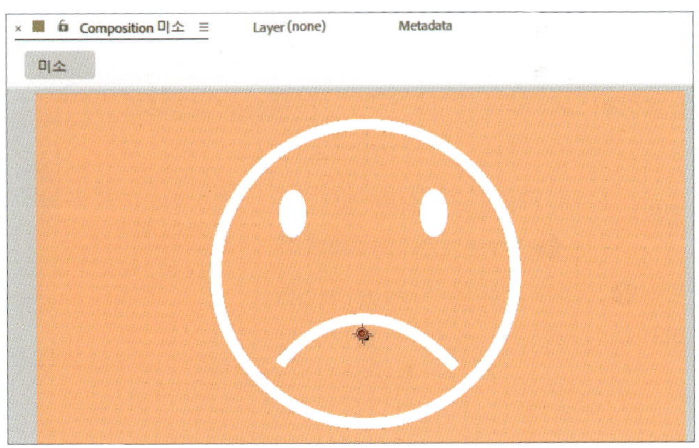

05 Range 항목 변화를 통해 Animate 항목과의 관계를 알아봅니다. ❶ Range Selector 1 항목을 표시하고 ❷ Start를 설정하면 비율만큼 텍스트가 나타납니다. 예제에서는 '50%'로 설정했습니다.

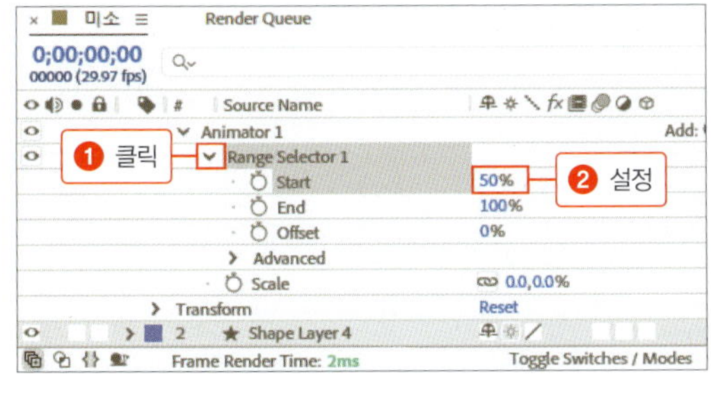

텍스트가 절반만 보이는 모습

왜?

Scale을 '0%', Start를 '50~100%'로 설정하면 'SMILE' 텍스트의 뒷부분만 Scale이 '0%'로 적용됩니다.

06 Range를 이용해 애니메이션을 만들어 봅니다. ❶ 현재 시간 표시기를 '0초'로 이동하고 ❷ Range Selector 1 항목의 Start를 '0%'로 설정한 다음 ❸ 왼쪽 'Stop Watch' 아이콘(⏱)을 클릭하여 키프레임을 만듭니다.

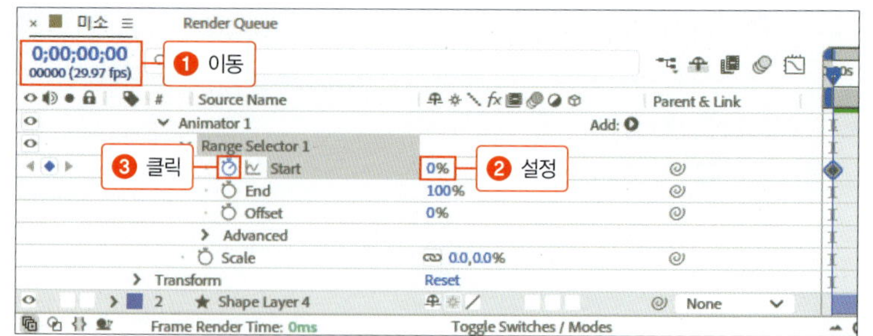

07 ❶ 현재 시간 표시기를 '2초(0:00:02:00)'로 이동하고 ❷ Range Selector 1 항목의 Start를 '100%'로 설정하여 키프레임을 만듭니다.

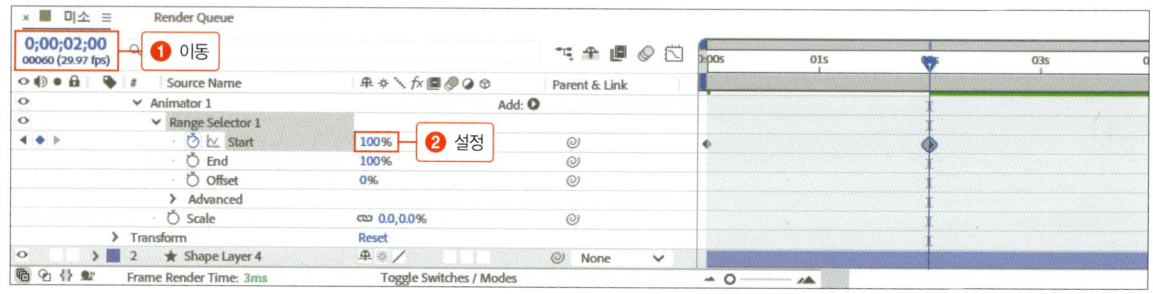

08 좀 더 부드러운 모션을 설정하기 위해 ❶ Advanced 항목을 표시하고 ❷ Ease Low를 '100%'로 설정합니다.

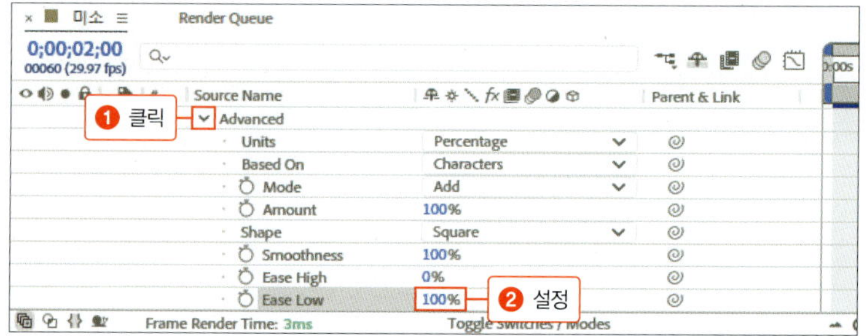

09 다른 속성을 추가하기 위하여 ❶ 현재 시간 표시기를 '2초(0:00:02:00)'로 이동하고 ❷ Animator 1 항목의 오른쪽 ⦿를 클릭한 다음 Property → Fill Color → RGB를 실행합니다.

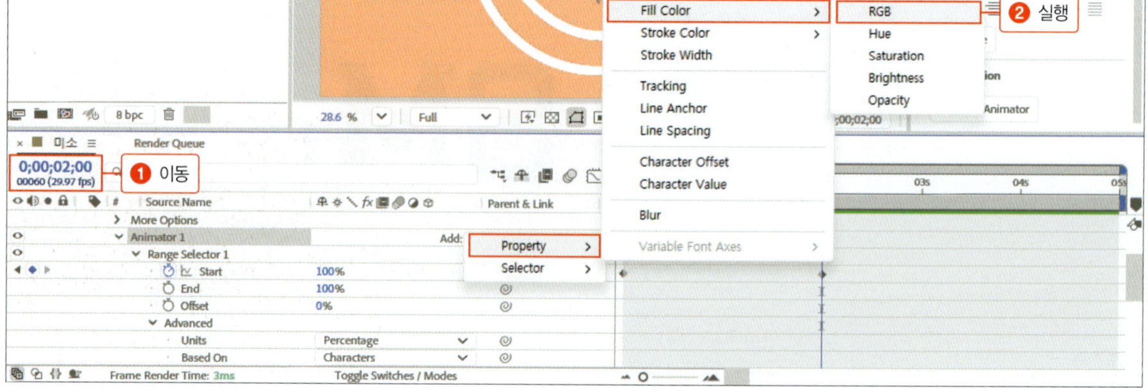

10 Scale을 '20.0%'로 설정하면 작은 빨간색 텍스트가 나타나며, 커지면서 검은색으로 변하는 애니메이션이 만들어집니다.

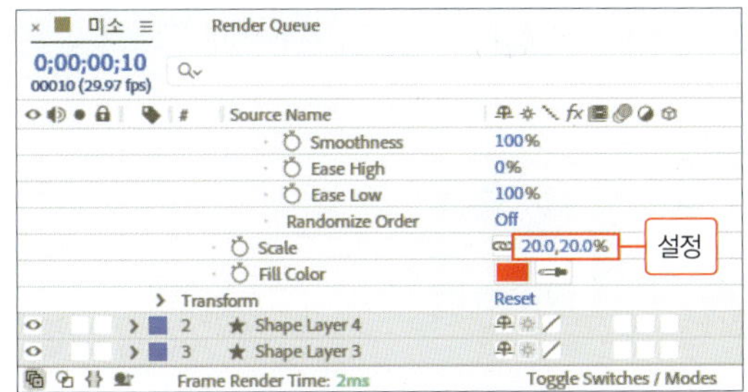

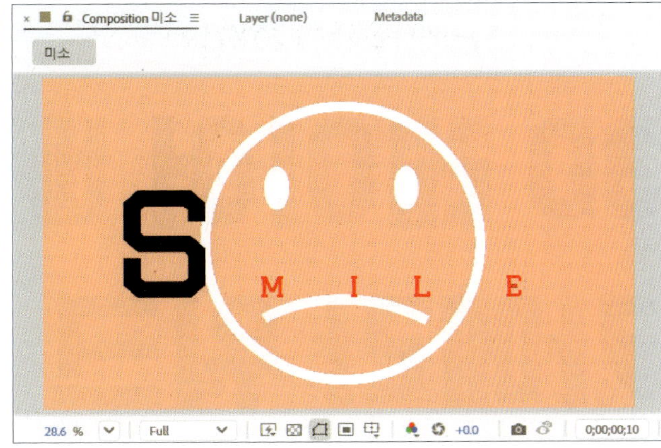

TIP ✦

Property → Fill Color → RGB를 실행하면 Fill Color 속성이 표시되며 자동으로 빨간색으로 지정됩니다. Fill Color의 색상 상자를 클릭하여 텍스트를 원하는 색상으로 변경할 수 있습니다.

11 램 프리뷰를 통해 애니메이션을 확인하면 2개 속성의 텍스트 애니메이션을 확인할 수 있습니다.

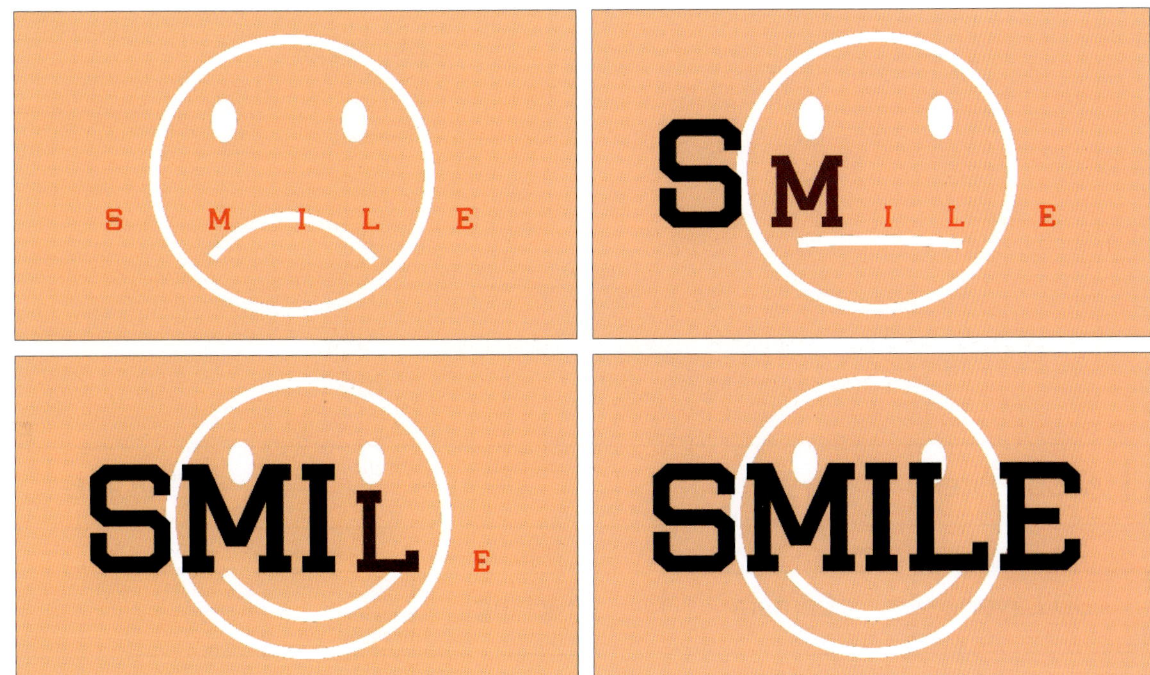

Part 09

3D 레이어 배치와 카메라 워크 기초

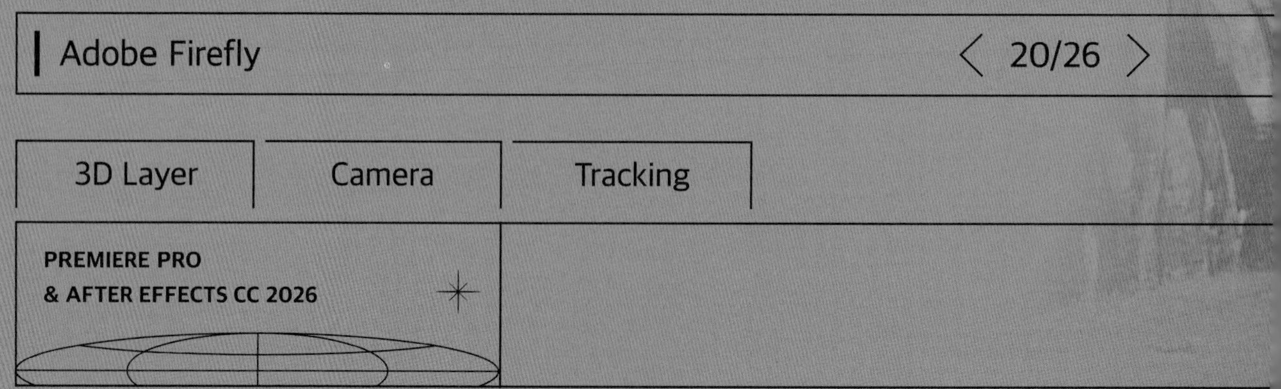

PREMIERE
26
Generate

LESSON 09

입체감 만들기 - 3D 레이어와 카메라 애니메이션

Ae

• **실습파일** : 애프터 이펙트\09\우주.psd • **완성파일** : 애프터 이펙트\09\우주_완성.aep

EASY 실습 3D 레이어 만들기

애프터 이펙트의 3D 레이어 기능을 활용하면 평면 레이어를 3차원 공간에서 자유롭게 이동하고 회전해 입체 영상을 제작할 수 있습니다.

01 애프터 이펙트 → 09 폴더에서 '우주.psd' 파일을 'Composition – Retain Layer Sizes'로 지정하여 불러옵니다. Project 패널에서 '우주.psd'를 더블클릭해 컴포지션을 엽니다.

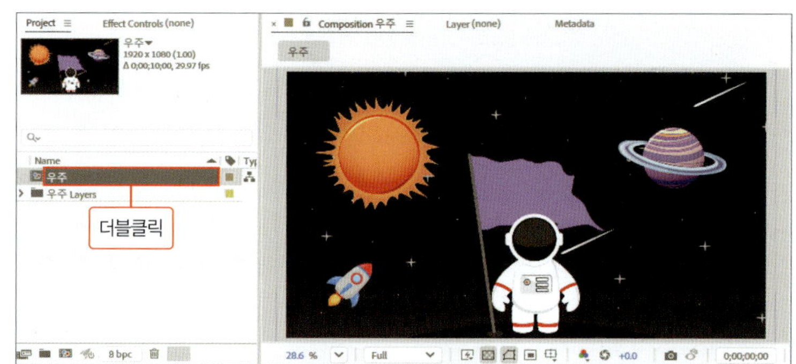

02 ❶ Timeline 패널에서 '우주' 레이어를 제외한 모든 레이어를 선택하고 ❷ '3D Layer' 아이콘(⊡)을 클릭하여 3D 레이어를 만듭니다.

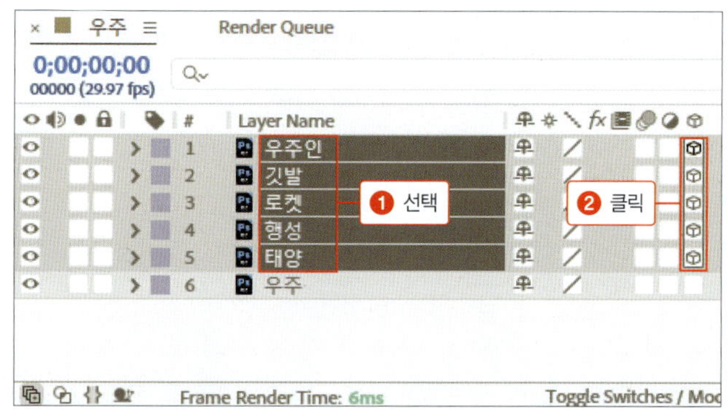

왜? ✧
배경 레이어는 무한하게 확장해야 하므로 2D 레이어로 작업하면 유용합니다.
3D Layer가 안 보이면 Timeline 패널 하단의 'Toggle Switches/Modes' 아이콘을 클릭해 모드를 변경합니다.

03 Composition 패널에서 '우주인' 레이어를 선택하면 3D 레이어로 활성화된 경우 Composition 패널에 X, Y, Z 축 3D 방향선이 표시됩니다. 이를 통해 레이어의 위치(Position)와 회전(Rotation)을 3D 공간에서 직관적으로 조정할 수 있습니다.

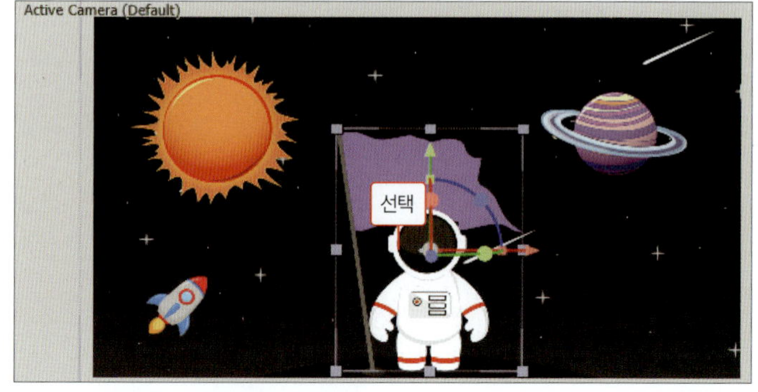

EASY 실습 3D 카메라 애니메이션 만들기

3D 모션 그래픽에서 카메라 애니메이션은 가장 중요한 역할을 합니다. 3D 카메라 레이어 생성과 이동 방법을 알아봅니다.

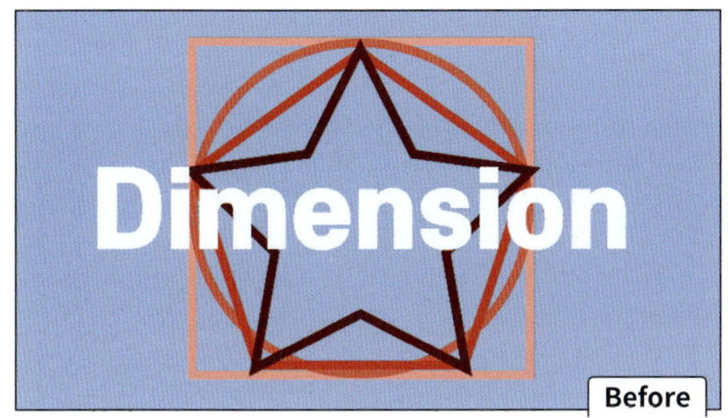

01 애프터 이펙트 → 09 폴더에서 '도형.aep' 파일을 불러옵니다. 메뉴에서 [Layer] → New → Camera (Ctrl+Alt+Shift+C)를 실행합니다.

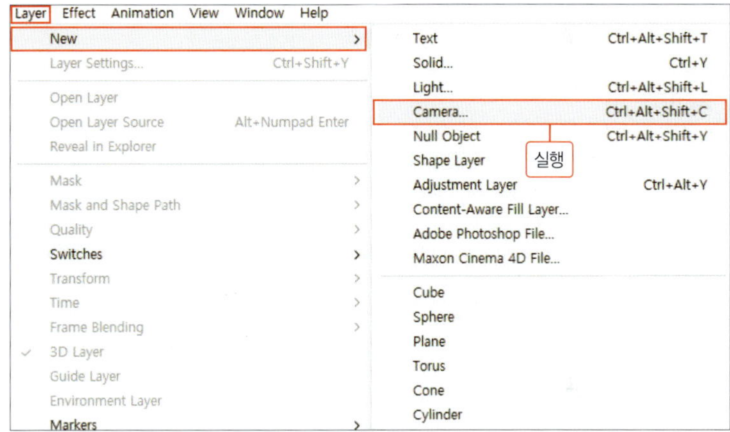

왜? 애프터 이펙트에서 3D Camera는 하나의 레이어로 구성되므로 카메라를 만들려면 [Layer] 메뉴를 이용합니다.

02 Camera Settings 대화상자가 표시되면 ❶ Type을 'One-Node Camera'로 지정하고 ❷ 〈OK〉 버튼을 클릭해 카메라 레이어를 만듭니다.

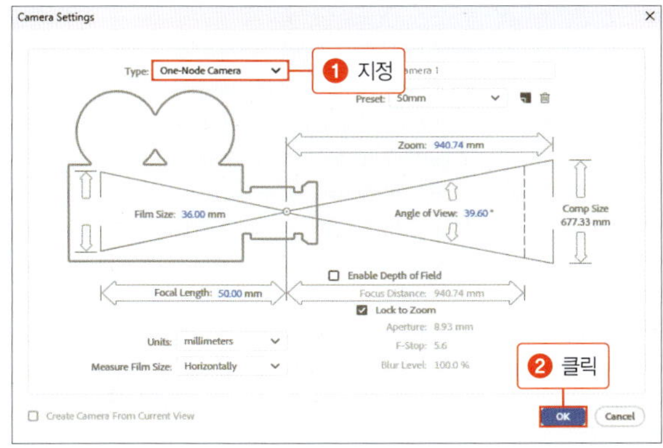

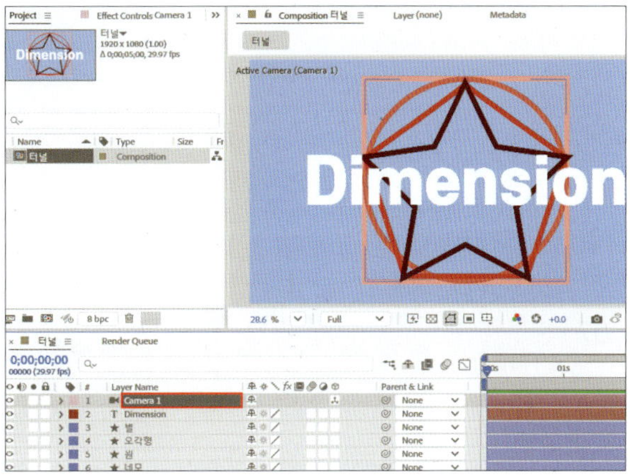

03 카메라 레이어는 3D Layer를 적용해야 변화가 나타납니다. Timeline 패널에서 모든 레이어의 '3D Layer' 아이콘(◎)을 클릭해 3D 레이어를 만듭니다.

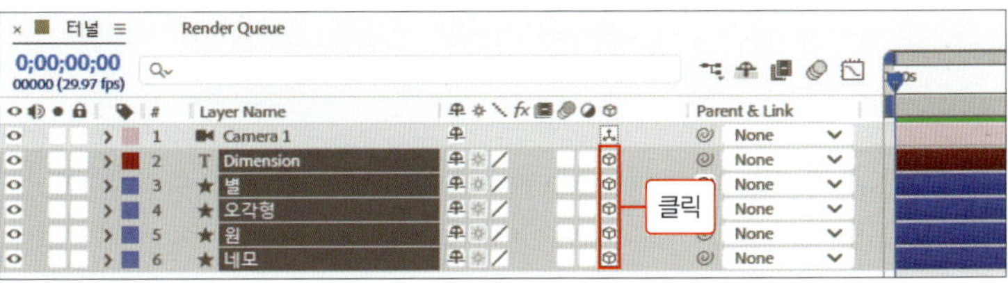

04 ❶ 현재 보이는 Custom View 1~3 또는 Left/Top View에서 카메라를 선택하고 마우스 휠을 돌려 확대하면 카메라 중심에 세 개의 축이 나타납니다. 마우스 포인터를 각 축에 위치시키면 X, Y, Z축이 표시됩니다. ❷ Z축으로 이동하기 위하여 파란색 Z축 화살표를 드래그해서 이동합니다.

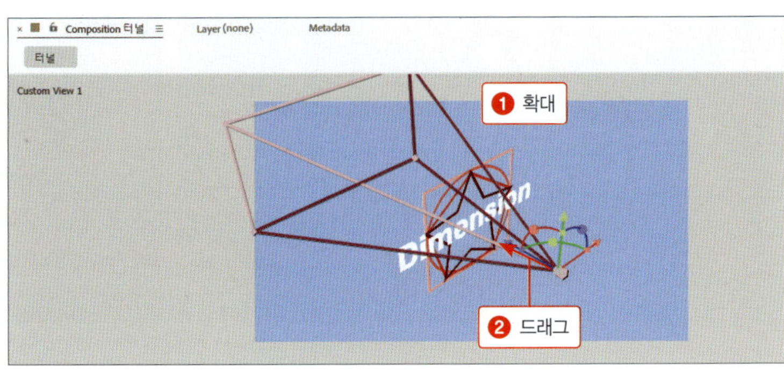

05 '네모 – 원 – 오각형 – 별 – Dimension' 레이어 순서대로 카메라에 가깝게 Z축으로 드래그하여 배치합니다. 이때 카메라 레이어를 이동해 레이어를 배치할 수도 있습니다.

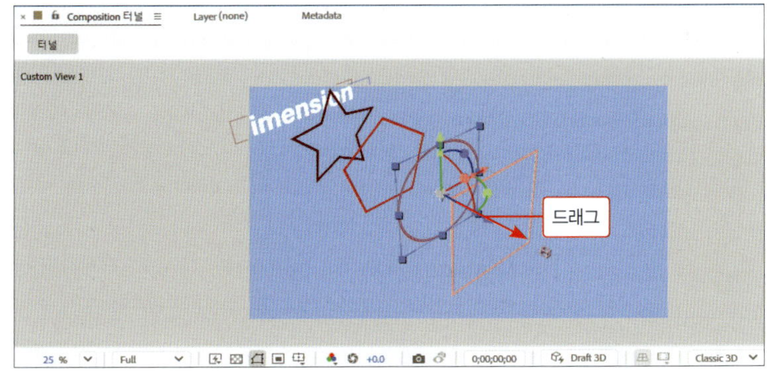

> **TIP**
> 레이어를 선택한 다음 P를 눌러 각 레이어의 Transform 항목에서 Position을 표시한 다음 Z축을 설정해도 됩니다.

06 3D View를 'Active Camera'로 지정하면 그림과 같이 배치가 변경됩니다.

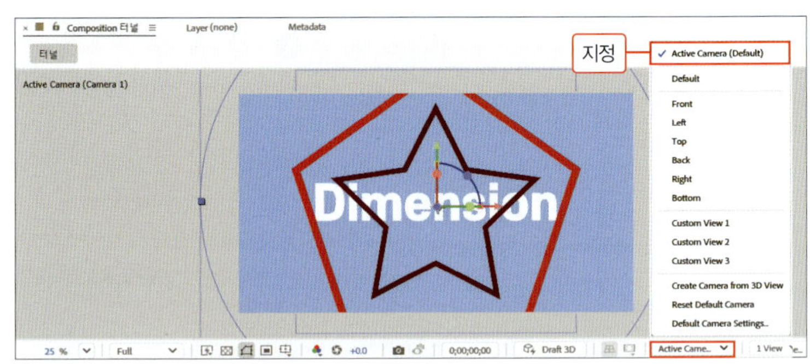

07 카메라를 이동하겠습니다. ❶ Timeline 패널의 'Camera 1' 레이어를 선택하고 ❷ Transform 항목을 표시한 다음 ❸ Position의 Z축을 '–3000.0'으로 설정합니다.

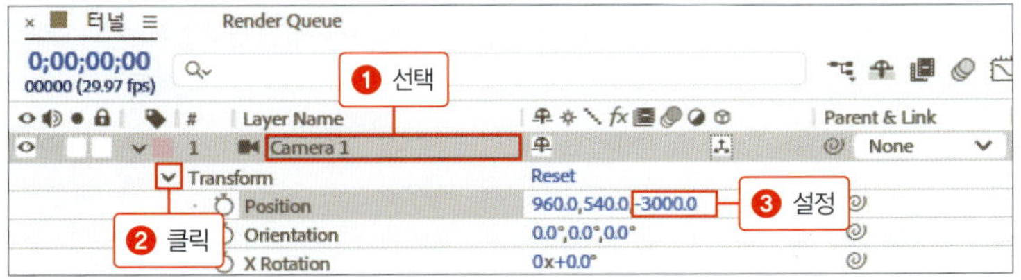

08 Position의 Z축을 '1500.0'으로 설정하면 카메라가 글자에 가까이 이동하는 화면을 볼 수 있습니다.

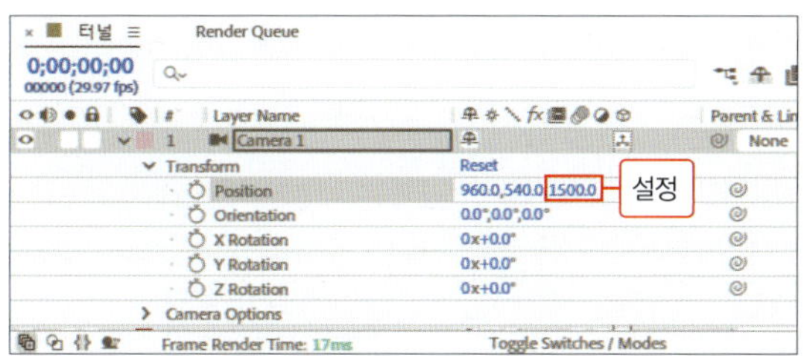

TIP ✧

글자가 보이지 않으면 Custom View로 돌아가 도형을 카메라 위치에 맞게 재배치합니다.

09 이전 과정과 같이 변화를 이용해 키프레임 애니메이션을 만들겠습니다. ❶ 현재 시간 표시기를 '0초'로 이동하고 ❷ Position 왼쪽 'Stop Watch' 아이콘(⏱)을 클릭해 키프레임을 만듭니다. ❸ 'Camera 1' 레이어에서 Position의 Z축을 '1500.0'으로 설정합니다.

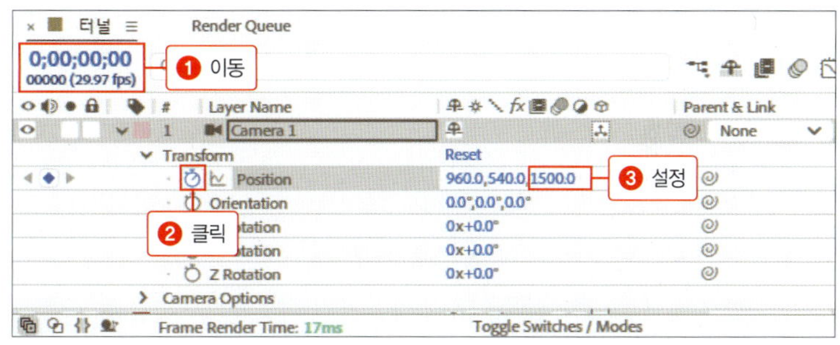

10 ❶ 현재 시간 표시기를 '2초(0:00:02:00)'로 이동하고 ❷ Position의 Z축을 '-3000.0'으로 설정합니다. 점점 카메라가 뒤로 이동하는 애니메이션이 만들어집니다.

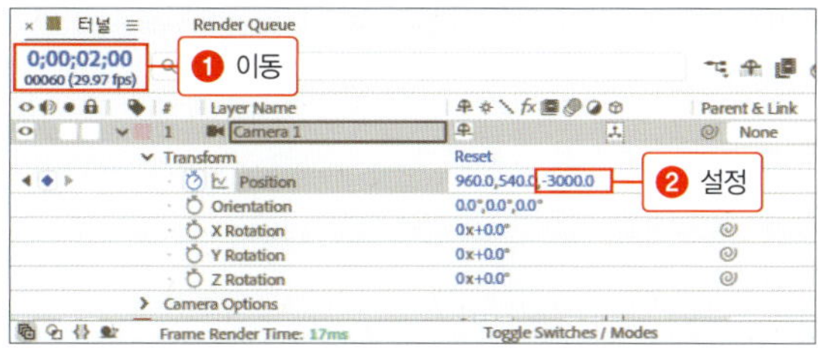

11 이번에는 카메라가 Z축으로 회전하는 애니메이션을 추가하겠습니다. ❶ 현재 시간 표시기를 '0초'로 이동하고 ❷ Z Rotation을 '-45.0°'로 설정한 다음 ❸ 'Stop Watch' 아이콘(⏱)을 클릭하여 키프레임을 만듭니다.

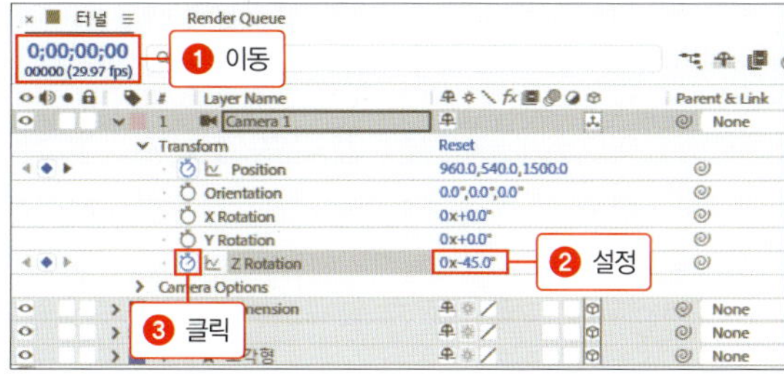

12 ❶ 현재 시간 표시기를 '2초(0:00:02:00)'로 이동하고 ❷ Z Rotation을 '+45.0°'로 설정하여 키프레임을 만듭니다.

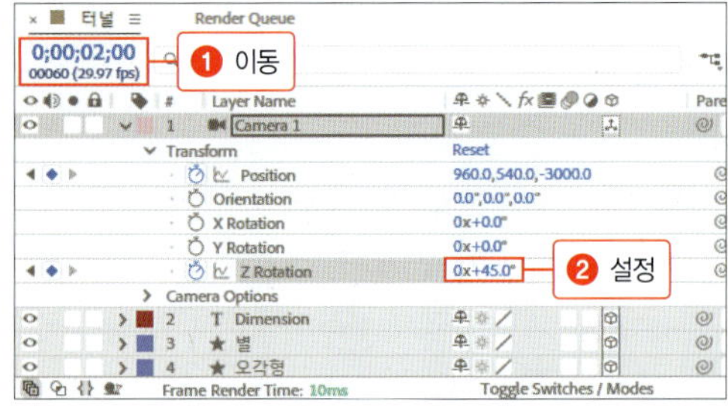

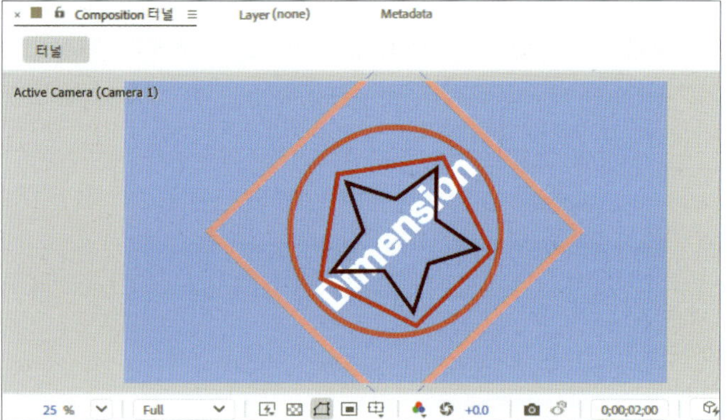

13 Timeline 패널에서 그림과 같이 Switches 항목의 'Motion Blur' 아이콘(◎)을 클릭하여 활성화합니다.

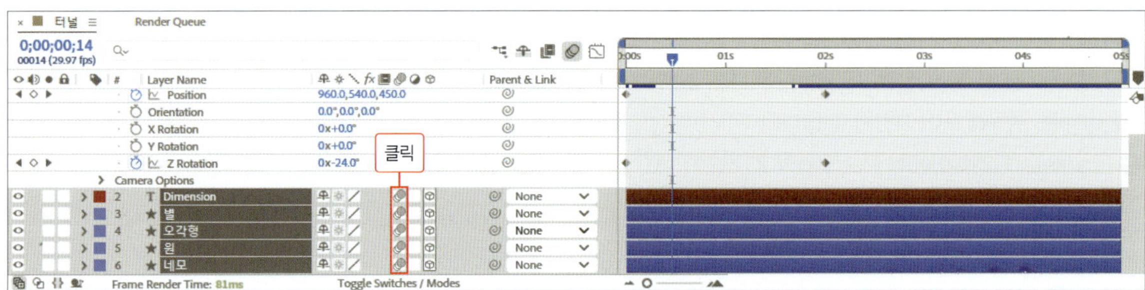

왜?

카메라 애니메이션에 모션 블러(Motion Blur)를 적용하면 소스를 확대할 때 발생하는 픽셀 깨짐 현상을 가리고, 시각적 현실감을 더해 완성도를 높일 수 있습니다.

14 램 프리뷰를 통해 재생하면 도형 터널을 지나면서 회전하는 애니메이션을 확인할 수 있습니다.

TIP

효율적인 작업을 위해 '2 View'로 지정하여 왼쪽에는 Custom View, 오른쪽에는 Active Camera를 표시하면 카메라 및 소스의 배치와 결과물을 동시에 확인할 수 있습니다.

❶ 카메라 설정하기

앞서 Camera 레이어를 이용해 3D 공간에서 애니메이션을 만들었습니다. Camera Settings 대화상자의 Preset에서 렌즈를 어떻게 설정하느냐에 따라 소스 배치가 동일해도 다양한 결과물이 나옵니다.

15mm에 가까울수록 광각 렌즈로 화각이 넓어져 사물을 배경과 함께 넓게 보여주지만, 멀어질수록 이미지 왜곡이 발생합니다. 반면 200mm에 가까울수록 망원 렌즈로 화각이 좁아져 멀리서도 줌을 통해 피사체를 크게 담을 수 있습니다. 일반적으로 공간감을 강조할 때는 광각 렌즈를, 특정 피사체를 강조할 때는 망원 렌즈를 선택합니다.

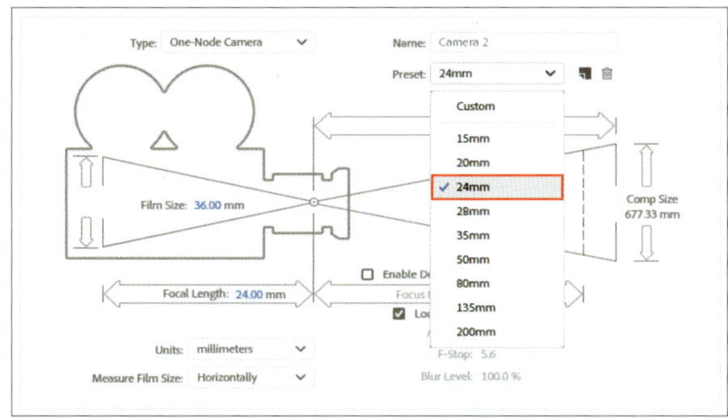
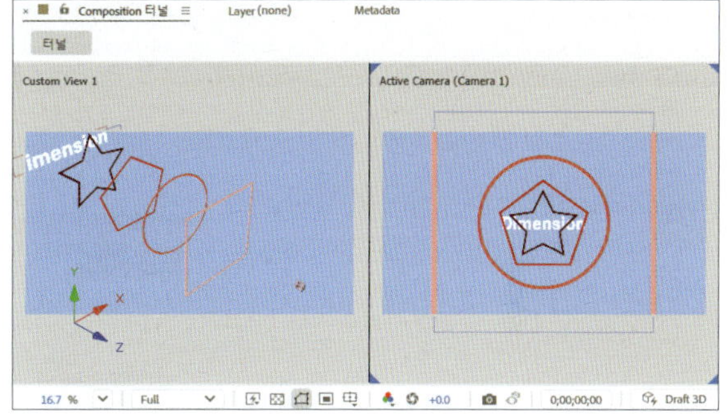

24mm 카메라 – 넓은 화각으로 인해 공간감이 돋보이는 화면

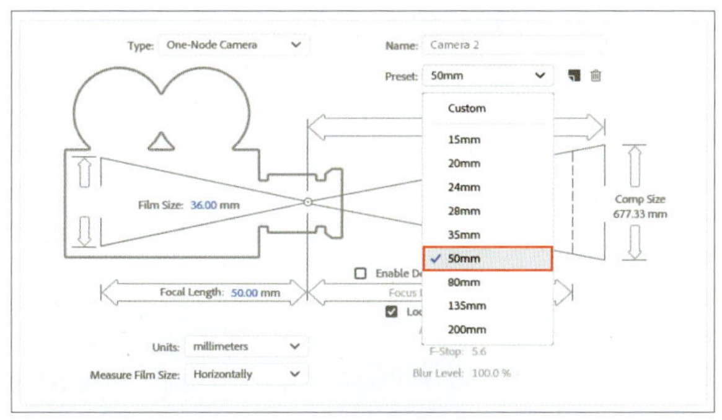
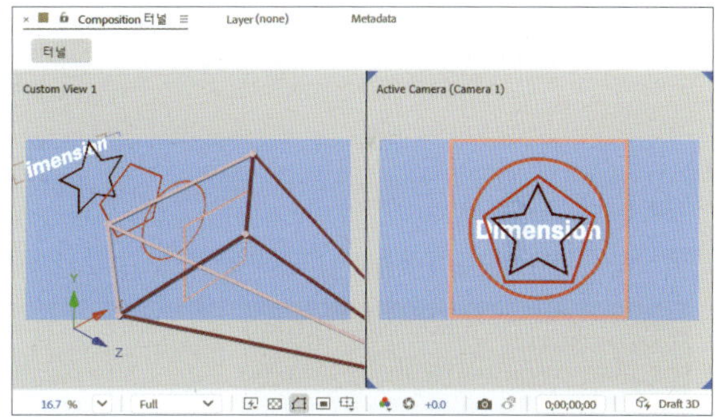

50mm 카메라 – 기본 설정으로 24mm보다 레이어 간 거리가 가까워 보이는 화면

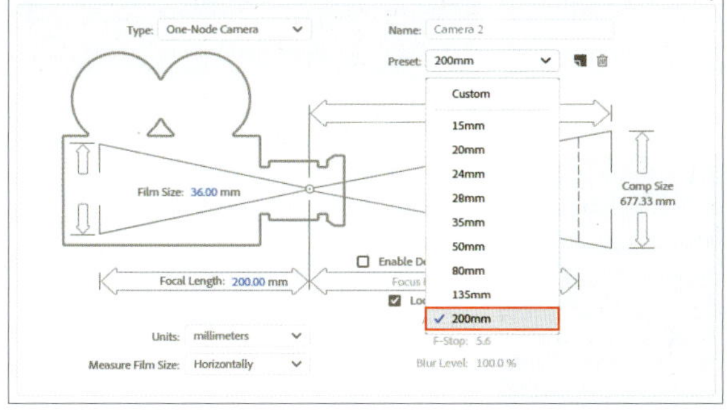
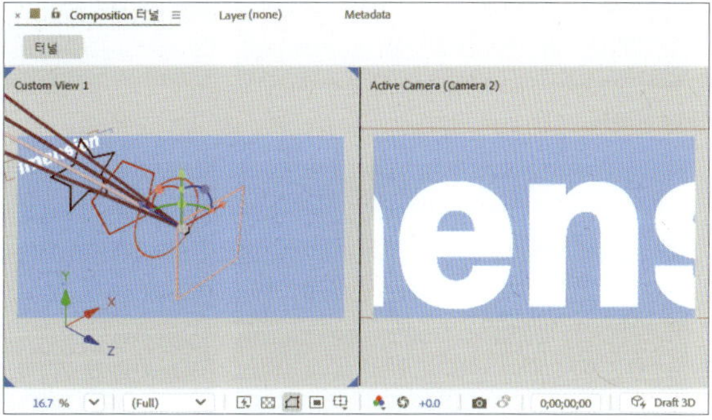

200mm 카메라 – 멀리서 줌을 통해 사물을 보는 느낌처럼 특정 피사체에 집중된 화면

EASY 실습 사진으로 입체감 나타내기

평면 사진을 3D 레이어로 분리 배치하고 카메라 움직임을 더해 입체적인 깊이감을 표현할 수 있습니다.

01 애프터 이펙트 → 09 폴더에서 '들판.psd' 파일을 컴포지션 형태로 불러옵니다.

TIP

'들판.psd' 파일은 입체감을 표현하기 위한 이미지로, 한 장의 사진에서 새, 말, 나무, 하늘 등의 요소를 포토샵으로 분리하여 저장했습니다.

'땅' 레이어 / '하늘' 레이어 / '나무' 레이어 / '말' 레이어 / '새' 레이어

02 '땅' 레이어를 90°로 3D 회전하겠습니다. ❶ Tools 패널의 뒤로 팬 도구()를 선택하고 Composition 패널의 화면에서 '땅' 레이어에 기준점을 클릭한 다음 ❷ '하늘' 레이어의 경계로 드래그합니다.

TIP

이때 Shift를 누른 상태로 드래그하면 일직선으로 바르게 기준점을 이동할 수 있습니다.

03 마우스 휠을 돌려 화면을 확대해 정밀하게 경계선을 맞춥니다.

04 Timeline 패널에서 모든 레이어의 '3D Layer' 아이콘()을 클릭해 3D 레이어를 만듭니다.

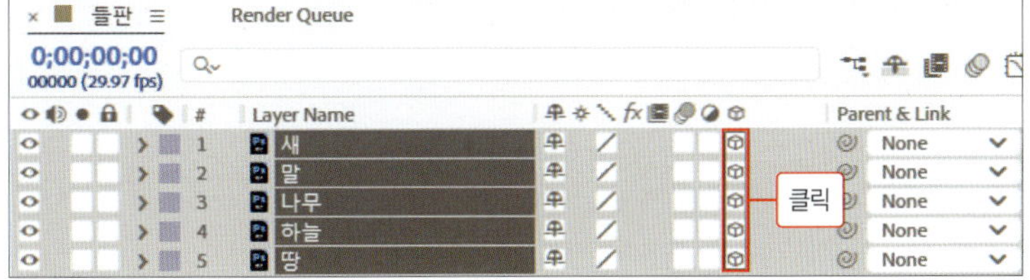

05 메뉴에서 [Layer] → New → Camera(Ctrl+Alt+Shift+C)를 실행합니다.

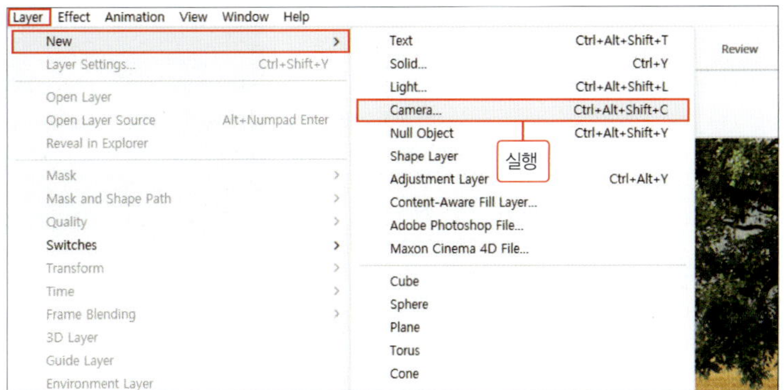

06 Camera Settings 대화상자가 표시되면 ❶ Type을 'One-Node Camera'로 지정하고 ❷ Preset을 '24mm'로 지정한 다음 ❸ 〈OK〉 버튼을 클릭해 Camera 1 레이어를 만듭니다.

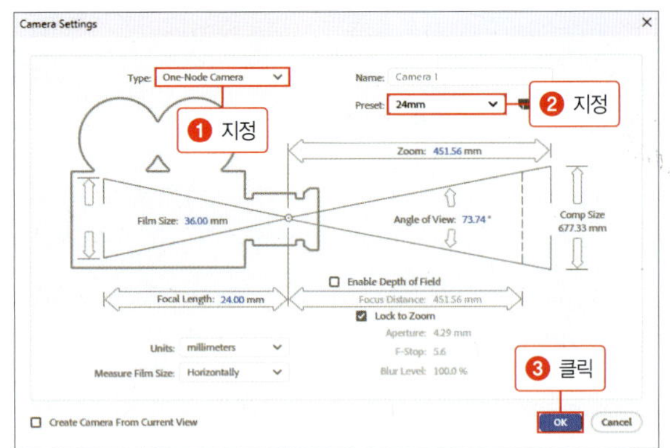

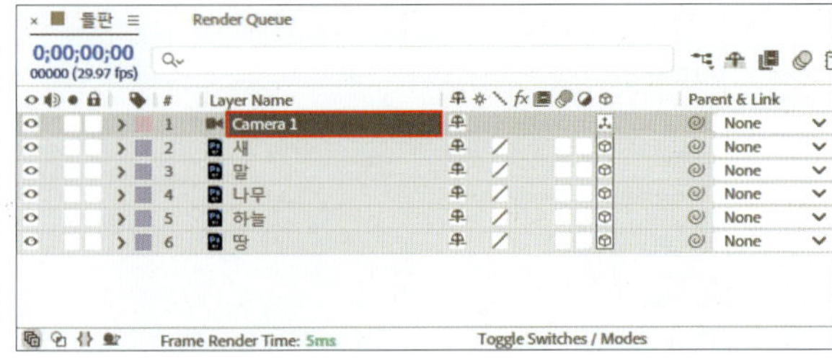

TIP ✦

Preset에서 카메라 렌즈를 지정할 수 있습니다. 값이 작을수록 광각 렌즈로 공간감이 크게 나타나며, 값이 클수록 망원 렌즈로 멀리 있는 피사체를 가까이 보여주지만 공간감은 상대적으로 약해집니다.

07 Composition 패널 하단의 3D View를 '2 Views'로 지정해 두 화면으로 나눕니다. 왼쪽 화면은 'Custom View 1', 오른쪽 화면은 'Active Camera'로 지정합니다.

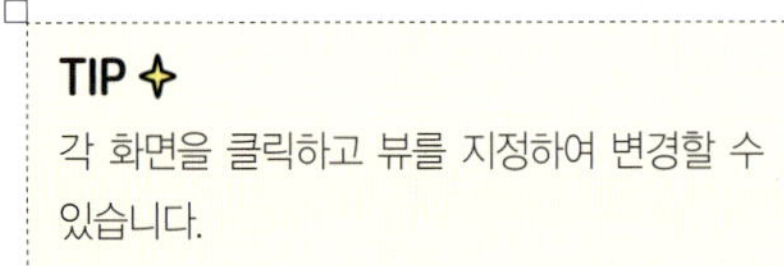

TIP ✦

각 화면을 클릭하고 뷰를 지정하여 변경할 수 있습니다.

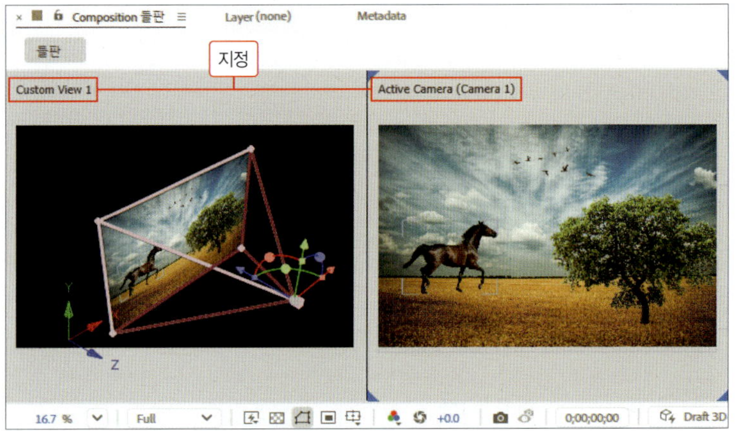

08 ❶ '땅' 레이어를 선택하고 Transform 항목을 표시합니다. 3D 공간처럼 접어서 땅처럼 만들기 위해 ❷ X Rotation을 '-90.0°'로 설정합니다.

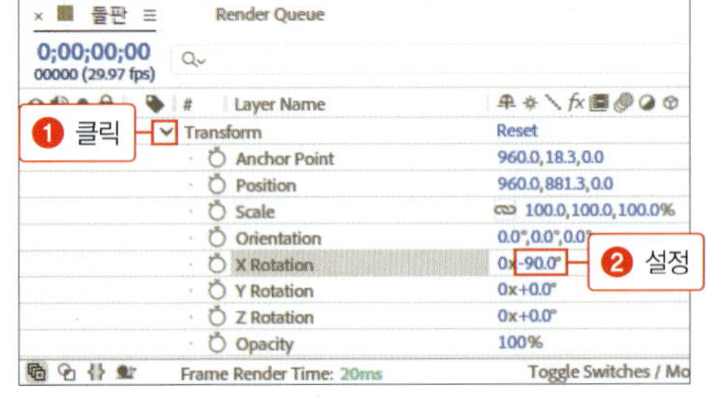

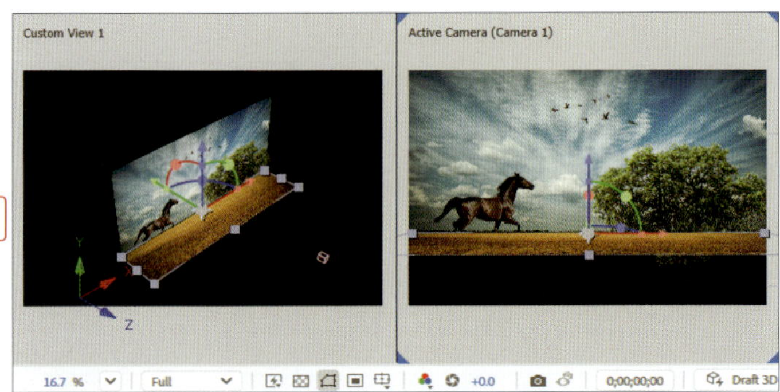

09 Tools 패널에서 선택 도구(▶)를 선택합니다. Composition 패널의 여백을 없애기 위해 Custom View 1에서 '땅' 레이어의 조절점을 Shift를 누른 상태로 드래그해 확대합니다. 이때 '하늘' 레이어와 겹치는 조절점은 제외하고 드래그해야 합니다.

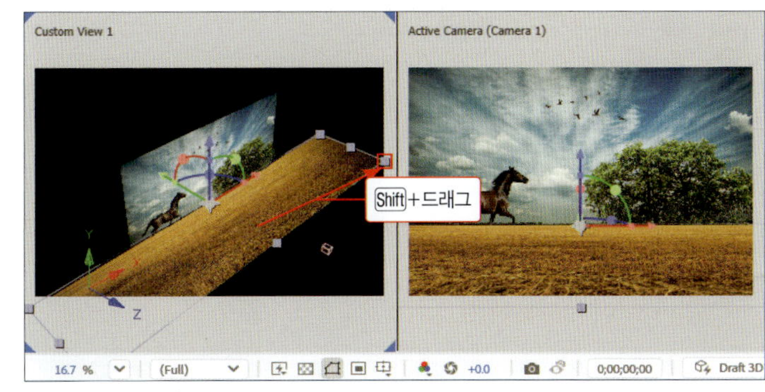

10 ❶ Tools 패널의 커서 주위 궤도 도구(◎)를 선택합니다. ❷ Composition 패널의 'Custom View 1'에서 드래그하면 앵글의 다양한 변화를 만들 수 있습니다.

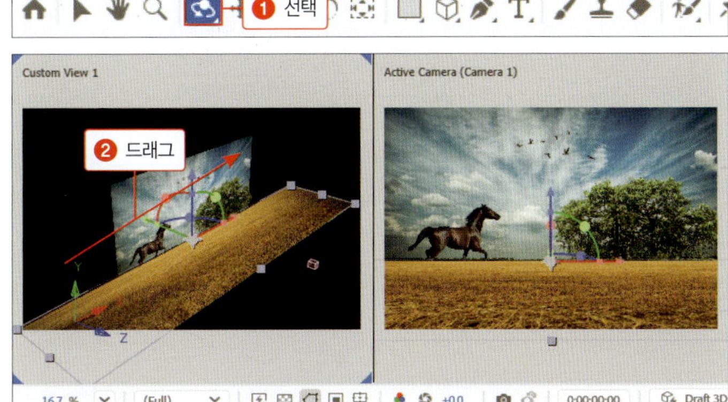

TIP

Custom 뷰의 시각만 변경되므로 오른쪽 Active Camera에는 변화가 없습니다.

11 ❶ Tools 패널에서 선택 도구(▶)를 다시 선택합니다. Custom View 1에서 '말' 레이어와 '하늘' 레이어가 겹친 것을 확인할 수 있습니다. 공간감을 만들기 위해 ❷ Custom View 1에서 '말' 레이어의 파란색 Z축 화살표를 드래그해 이동합니다.

12 이번에는 ❶ '나무' 레이어를 선택하고 ❷ Custom View 1에서 '나무' 레이어의 파란색 Z축 화살표를 드래그해 이동합니다.

13 ❶ '말', '나무' 레이어를 선택한 다음 ❷ 연두색 Y축 화살표를 드래그해서 이동합니다.

14 변화를 이용해 키프레임 애니메이션을 만들겠습니다. ❶ 현재 시간 표시기를 '0초'로 이동하고 ❷ 'Camera 1' 레이어에서 Position 왼쪽의 'Stop Watch' 아이콘(⏱)을 클릭해 키프레임을 만든 다음 ❸ Position의 Z축을 '–1280.0'으로 설정합니다.

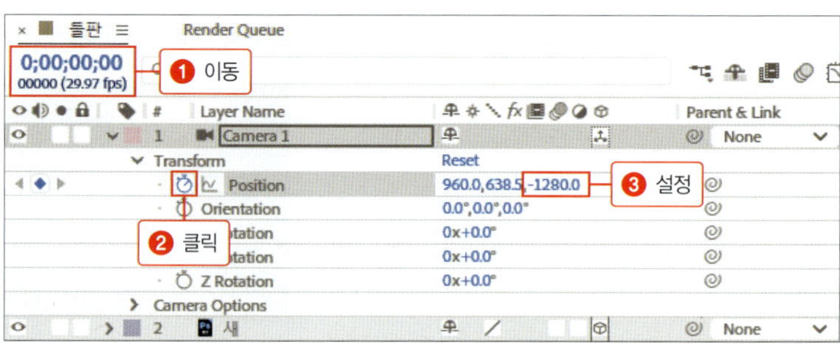

15 ❶ 현재 시간 표시기를 '4초(0:00:04:00)'로 이동하고 ❷ Position의 Z축을 '–445.0'으로 설정합니다. 점점 카메라가 앞으로 이동하는 애니메이션이 만들어집니다.

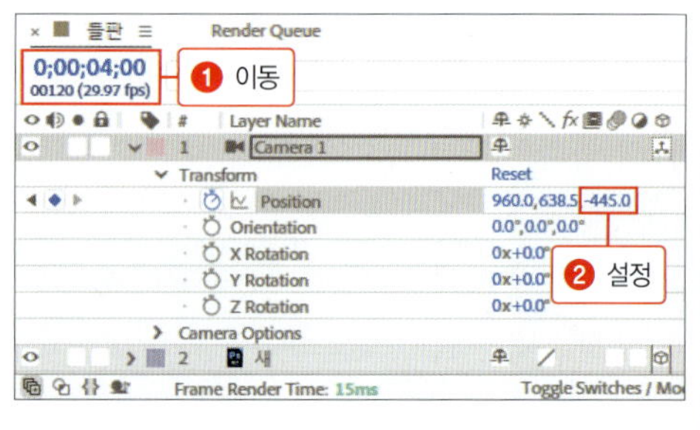

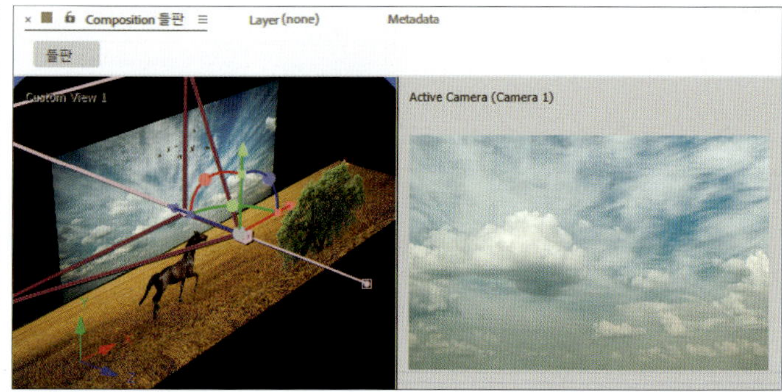

16 ❶ 키프레임을 모두 드래그하여 선택한 다음 ❷ F9를 누릅니다. 키프레임을 Easy Ease로 만들어 자연스러운 움직임을 표현할 수 있습니다.

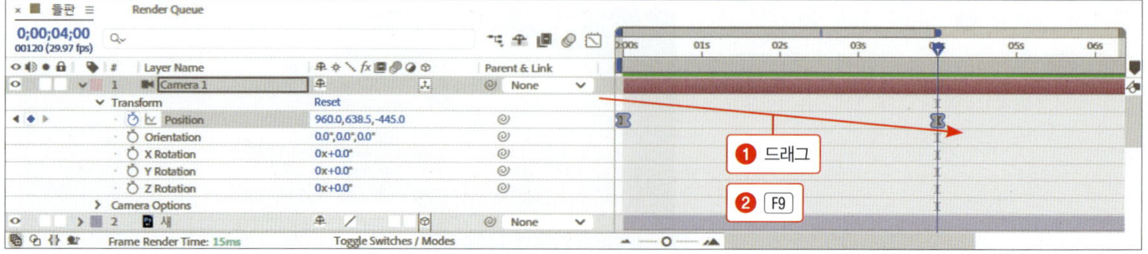

❶ '말', '나무', '새' 레이어를 선택하고 ❷ Switches 항목의 'Motion Blur' 아이콘(◎)을 클릭하여 활성화합니다.

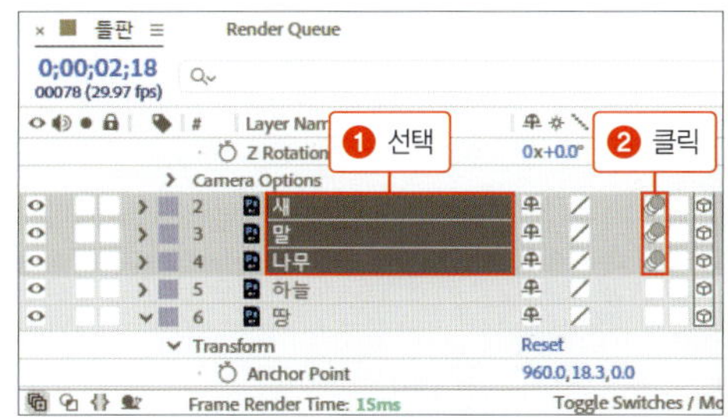

18 램 프리뷰를 통해 재생하면 카메라와 3D 레이어를 활용한 3D 공간을 구성할 수 있습니다.

TIP

애프터 이펙트의 3D 레이어 시스템은 실제 3D 모델을 사용하는 방식이 아니라, 평면 이미지를 Z축으로 배치하여 공간감을 만드는 구조입니다. 따라서 카메라 이동에 따라 원근감은 표현할 수 있지만, 객체 자체가 입체적으로 회전하거나 형태가 변하는 '순수한 3D' 표현에는 한계가 있습니다. 이처럼 2D 이미지를 3D 공간에 배치하여 입체적으로 보이게 만드는 방식을 흔히 2.5D 또는 Fake 3D라고 부르며, 비교적 간단한 작업으로도 깊이감 있는 연출을 만들 수 있다는 장점이 있습니다.

Quick 활용 영상에서 카메라를 추적해 합성하기

3D Camera Tracking을 이용하여 영상에서 카메라를 추적해 봅니다.

01 애프터 이펙트 → 09 폴더에서 '트래킹.aep' 파일을 불러옵니다.

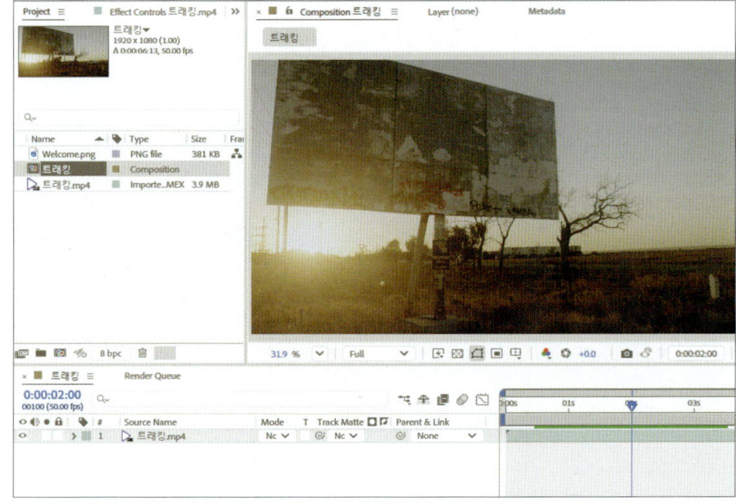

02 ❶ Timeline 패널의 '트래킹.mp4' 레이어를 선택하고 ❷ 메뉴에서 [Animation] → Track Camera를 실행합니다.

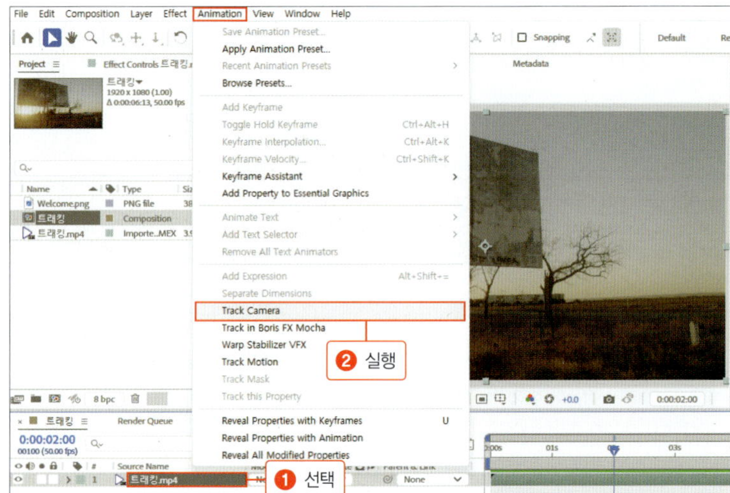

TIP

Effects & Presets 패널의 '3D Camera Tracker' 이펙트를 드래그해 적용해도 같은 결과를 얻을 수 있습니다.

03 자동으로 Composition 패널의 화면에 영상 추적 작업이 진행됩니다.

영상을 분석하는 과정

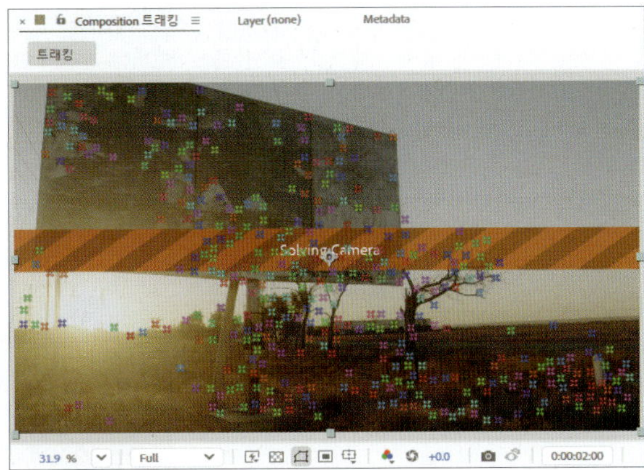

카메라를 세팅하는 과정

04 추적 작업을 마치면 화면에 X 형태의 마커들이 생성됩니다. Timeline 패널에서 현재 시간 표시기를 드래그하면 마커들이 영상을 따라 움직입니다.

05 Ctrl을 누른 상태로 표지판 부분을 드래그하면 다수의 마커를 선택할 수 있습니다. 마커 개수가 많을수록 추적 정확성이 높아집니다. 드래그하면 노란색 원이 나타납니다.

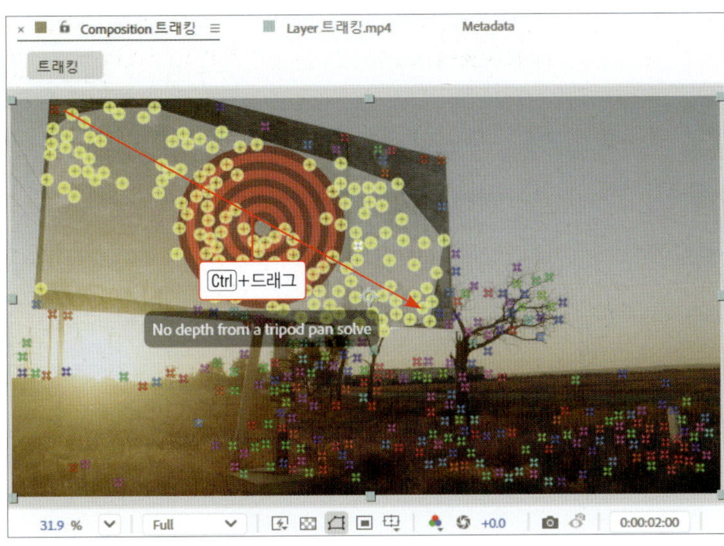

06 ❶ 선택된 마커에서 마우스 오른쪽 버튼을 클릭한 다음 ❷ Create Solid and Camera를 실행하여 단색의 Soild 레이어와 Camera 레이어를 만듭니다.

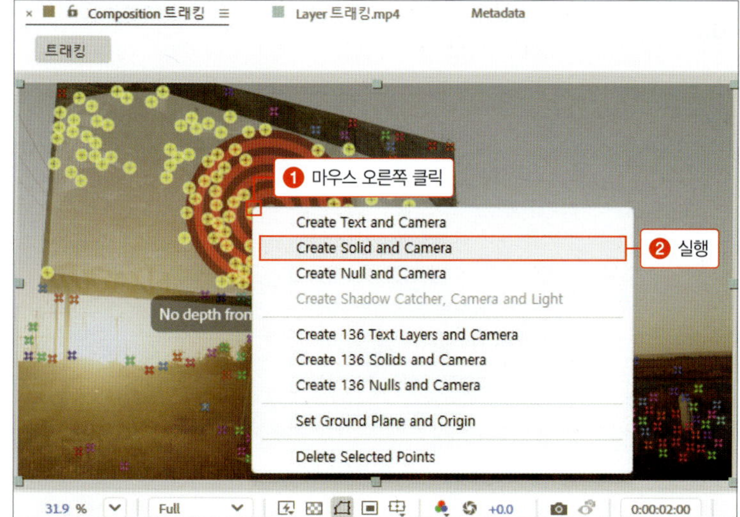

07 ❶ Timeline 패널의 'Track Solid 1' 레이어를 선택합니다. ❷ Project 패널의 'Welcome.png' 파일을 Alt를 누른 채 Timeline 패널의 'Track Solid 1' 레이어에 드래그합니다.

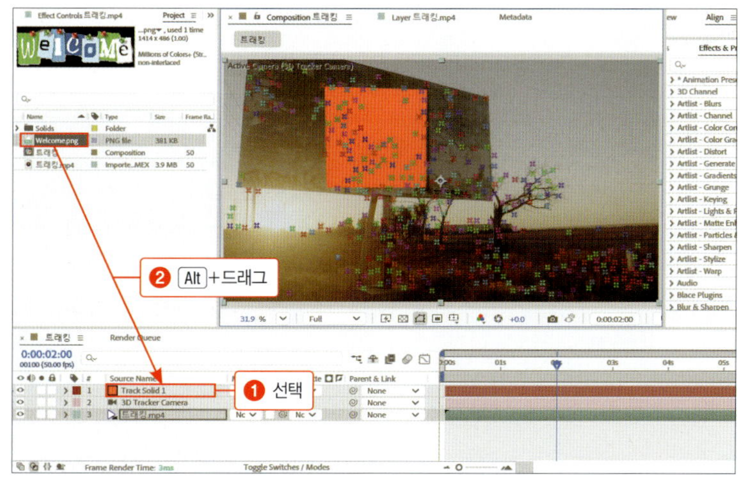

TIP ✦

Project 패널이 보이지 않으면 메뉴에서 (Window) → Project를 실행합니다.
Alt를 누른 상태로 선택된 레이어에 소스를 드래그하면 소스를 대체할 수 있습니다.

08 ❶ 'Welcome.png' 레이어를 선택하고 ❷ Transform 항목을 표시합니다.

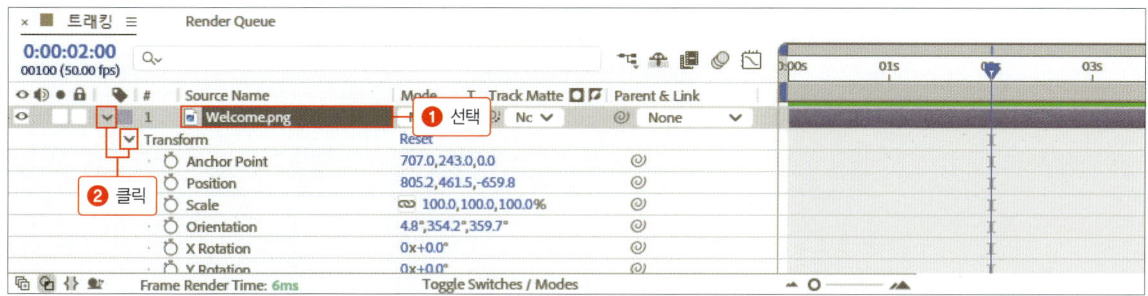

09 광고판 기울기에 맞게 'Welcome.png' 레이어의 Transform 항목을 설정합니다. Scale, X, Y, Z Rotation을 설정하여 그림과 같이 변경할 수 있습니다.

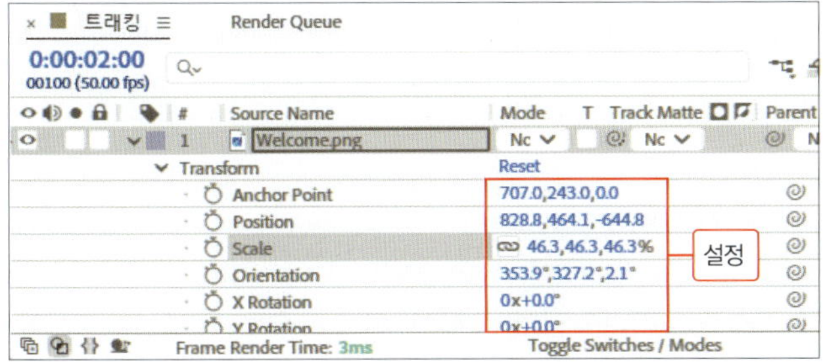

TIP 추적이 완료되었으므로 Scale과 Rotation을 조정해 광고판에 맞게 변형합니다. Position을 변경하면 추적 속성이 어긋나므로 주의해야 합니다.

10 자연스럽게 합성하기 위해 Time-line 패널에서 'Welcome.png' 레이어의 Mode 항목을 'Overlay'로 지정합니다.

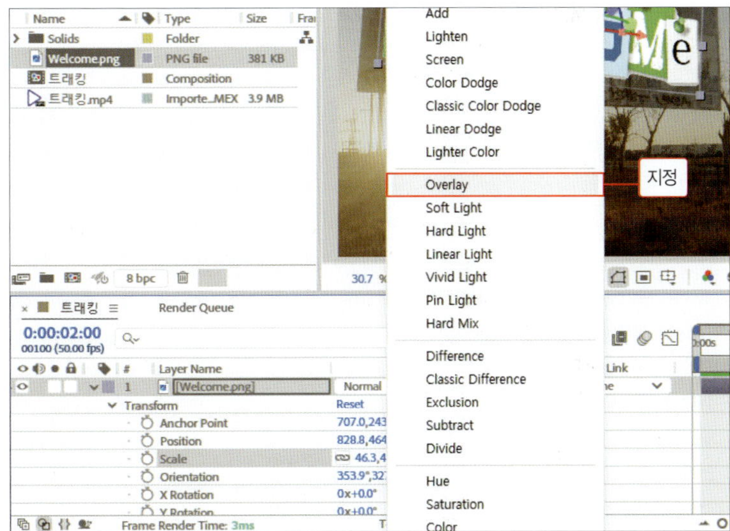

TIP Mode 항목이 없으면 'Renderer'를 'Classic 3D'로 변경합니다. CINEMA 4D 엔진에서는 Blending Mode가 표시되지 않습니다.

11 램 프리뷰를 통해 재생하면 배경에 맞게 소스가 자연스럽게 합성된 것을 확인할 수 있습니다.

AE Special Page PC에서 영상 출력(렌더링)하기

애프터 이펙트에서 모든 작업을 완료한 후에는 결과물을 PC에 영상 파일로 저장하는 과정이 필요하며, 이를 '렌더링(Rendering)'이라고 합니다. 렌더링은 단순히 영상을 저장하는 과정이 아니라, 해상도, 코덱, 색상 정보 등 최종 출력 품질을 결정하는 중요한 단계입니다.

렌더링 방식은 여러 가지가 있지만, 실무에서는 보통 다음 두 가지 방식을 가장 많이 사용합니다. 첫 번째는 저용량 고화질 렌더링으로, 파일 용량을 줄이면서도 화질을 유지할 수 있어 유튜브, SNS, 포트폴리오 업로드용 영상에 적합합니다. 두 번째는 고용량 고화질 렌더링으로, 압축을 최소화한 형태로 출력되기 때문에 방송, 광고, 업체 납품, 또는 추가 후반 작업을 위한 중간 결과물(마스터 파일)로 주로 사용됩니다.

작업 목적에 따라 적절한 렌더링 방식을 선택하는 것이 중요하며, 여기서는 두 가지 렌더링 방식을 각각 어떻게 설정하고 출력하는지 단계별로 살펴봅니다.

❶ 저용량 고화질(mp4)로 SNS 업로드 영상 렌더링하기

• **완성파일** : 애프터 이펙트\09\Render.aep

01 애프터 이펙트 → 09 폴더에서 'Render.aep' 프로젝트 파일을 불러옵니다.

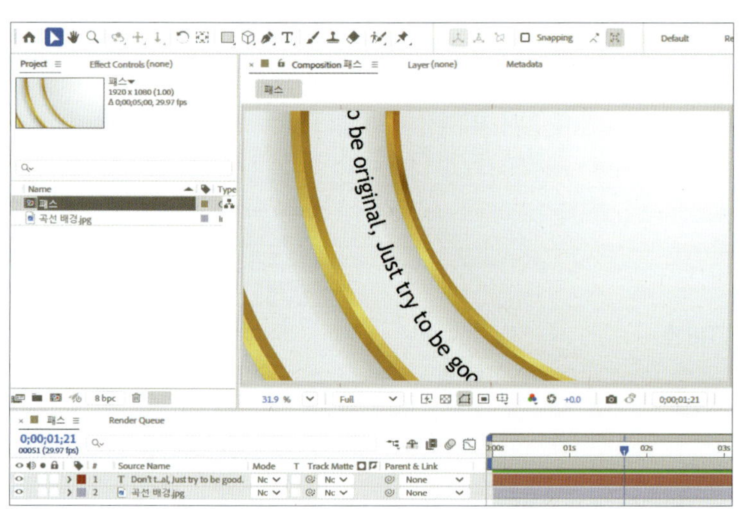

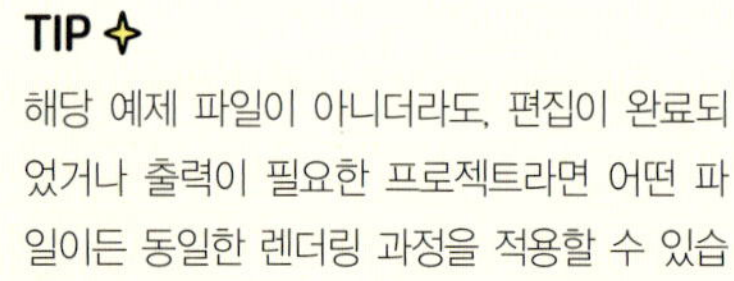

TIP ✧
해당 예제 파일이 아니더라도, 편집이 완료되었거나 출력이 필요한 프로젝트라면 어떤 파일이든 동일한 렌더링 과정을 적용할 수 있습니다.

02 렌더링을 시작할 지점으로 Timeline 패널의 ❶ 현재 시간 표시기를 이동하고, ❷ B를 눌러 작업 영역의 시작점을 지정합니다.

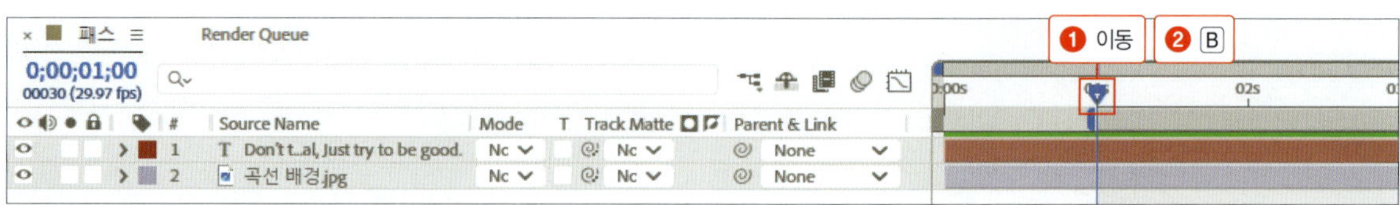

왜? ✧
작업 영역은 현재 시간 표시기가 위치한 프레임부터 시작됩니다.

03 마찬가지로 렌더링이 마무리되는 지점으로 Timeline 패널의 ❶ 현재 시간 표시기를 이동하고, ❷ N을 눌러 작업 영역의 끝점을 지정합니다.

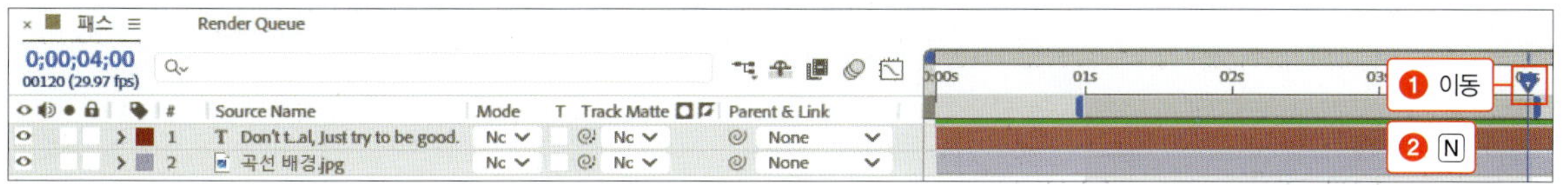

TIP

해당 예제에서는 '1초'~'4초' 구간 사이 영역이 지정된 상태입니다.

04 ❶ Ctrl+M을 눌러 Render Queue를 추가한 다음 ❷ 'H.264 – Match Render Settings – 15Mbps'를 선택합니다.

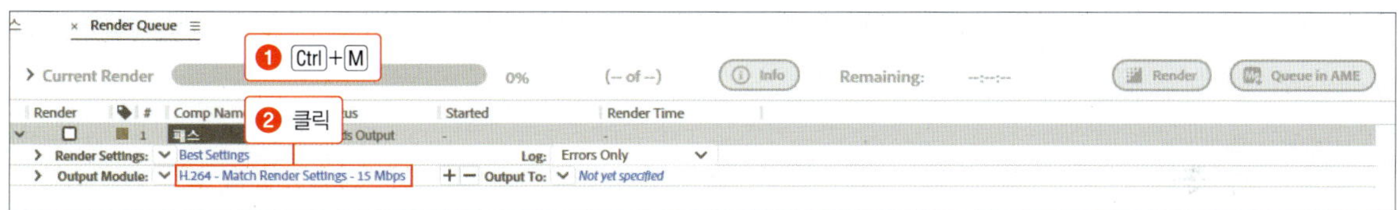

TIP

Output Module 항목을 표시하면 다양한 사전 설정 프리셋을 확인할 수 있습니다.

05 Output Module Settings 대화상자가 표시되면 Format이 'H.264'로 설정되어 있는지 확인합니다.

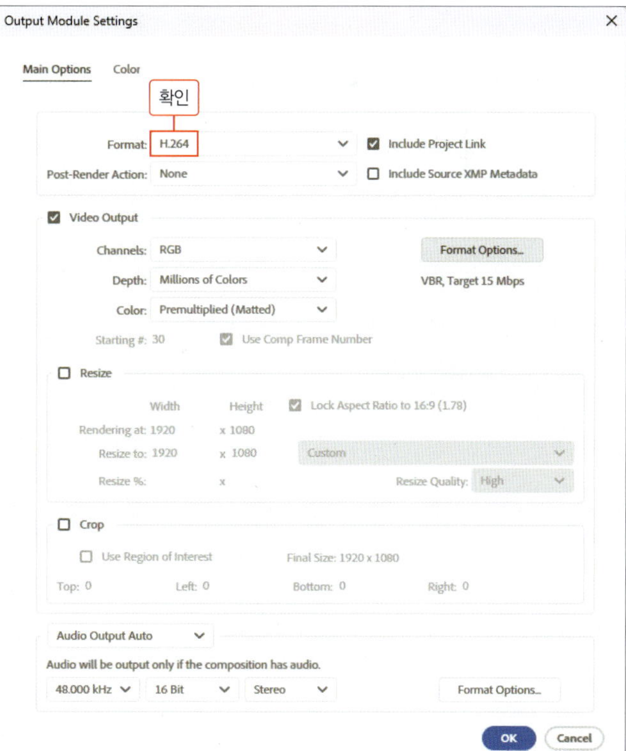

TIP

H.264는 mp4 형식으로 출력되는 코덱으로, 파일 용량을 효율적으로 줄이면서도 비교적 높은 화질을 유지할 수 있어 저용량 고화질 영상 출력에 적합합니다.

06 H.264 Options 대화상자가 표시되면 ❶ Target Bitrate [Mbps]를 기존 '15'에서 '30'으로 설정하고 ❷ 〈OK〉 버튼을 클릭합니다. ❸ Output Module Settings 대화상자에서 〈OK〉 버튼을 클릭합니다.

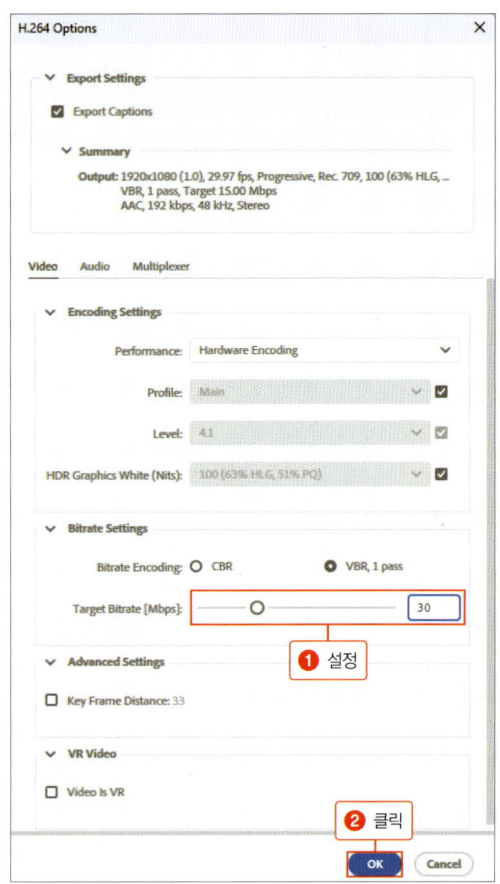

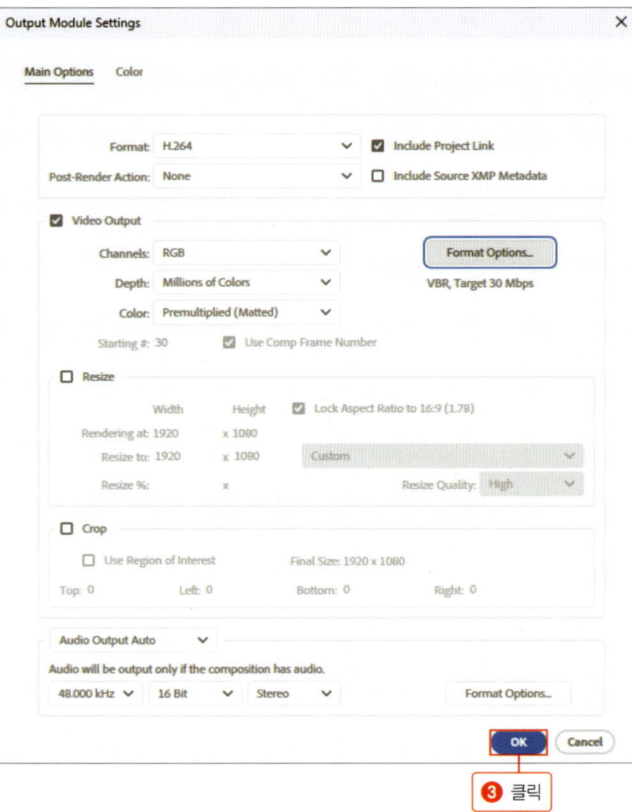

07 ❶ Output To 항목에 표시된 'Not yet specified'를 클릭하면 저장 경로를 지정할 수 있습니다. ❷ Output Movie To: 대화상자가 표시되면 영상 파일을 저장할 폴더를 선택하고 파일 이름을 입력한 다음 〈저장〉 버튼을 클릭합니다.

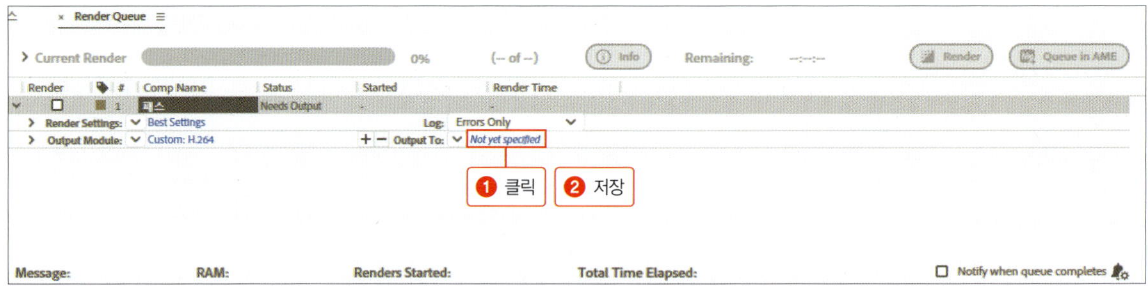

08 경로 설정이 완료되면 오른쪽 상단에 <Render> 버튼이 활성화되며, 해당 버튼을 클릭하면 렌더링이 시작되고 지정한 경로에 영상 파일이 출력됩니다.

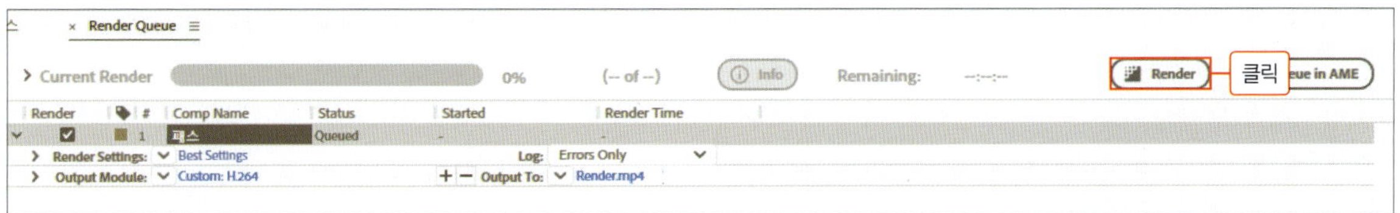

❷ 고용량 고화질(mov)로 납품 영상 렌더링하기

01 애프터 이펙트 → 09 폴더에서 'Render.aep' 프로젝트 파일을 불러옵니다.

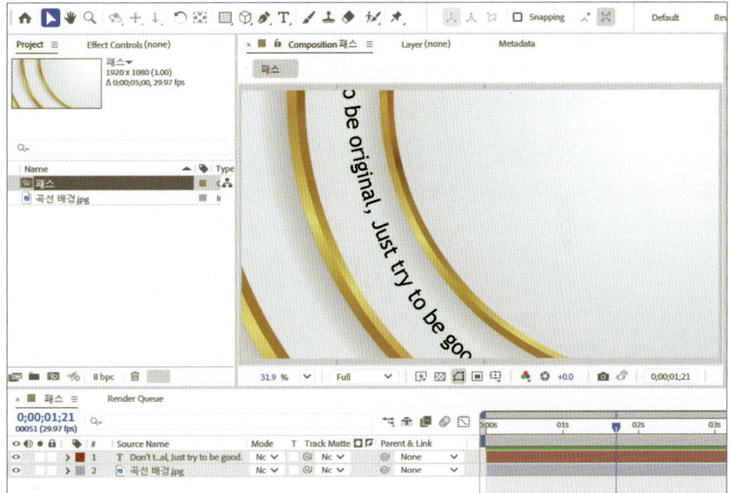

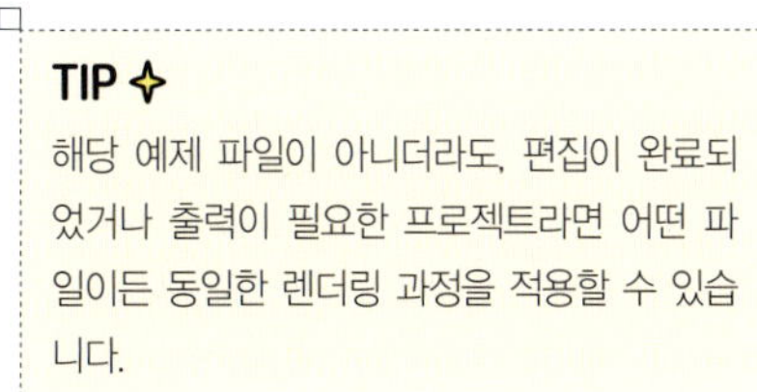

TIP

해당 예제 파일이 아니더라도, 편집이 완료되었거나 출력이 필요한 프로젝트라면 어떤 파일이든 동일한 렌더링 과정을 적용할 수 있습니다.

02 ❶ 렌더링을 시작할 지점으로 Timeline 패널의 현재 시간 표시기를 드래그해 이동하고 ❷ B를 눌러 작업 영역의 시작점을 지정합니다.

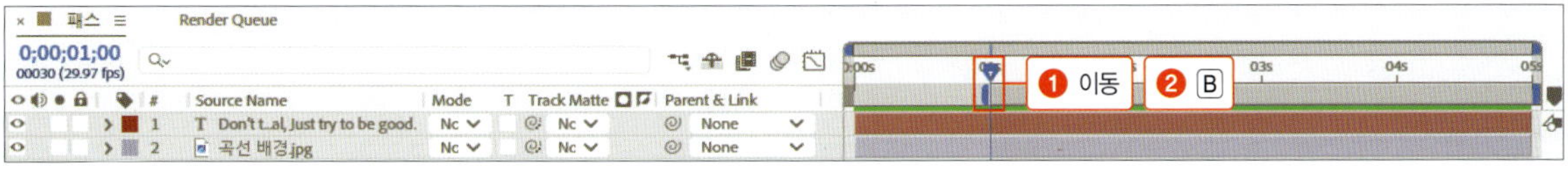

왜?

작업 영역은 현재 시간 표시기가 위치한 프레임부터 시작됩니다.

03 ❶ 마찬가지로 렌더링이 마무리되는 지점으로 Timeline 패널의 현재 시간 표시기를 드래그해 이동한 다음 ❷ N을 눌러 작업 영역의 끝점을 지정합니다.

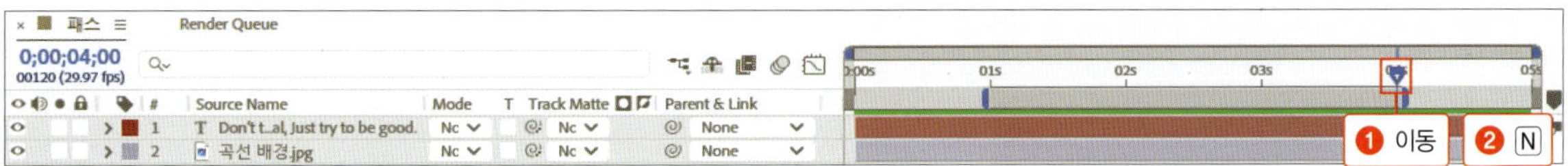

04 ❶ Ctrl+M을 눌러 Render Queue를 추가합니다. ❷ 'H.264 – Match Render Settings – 15Mbps'를 선택합니다.

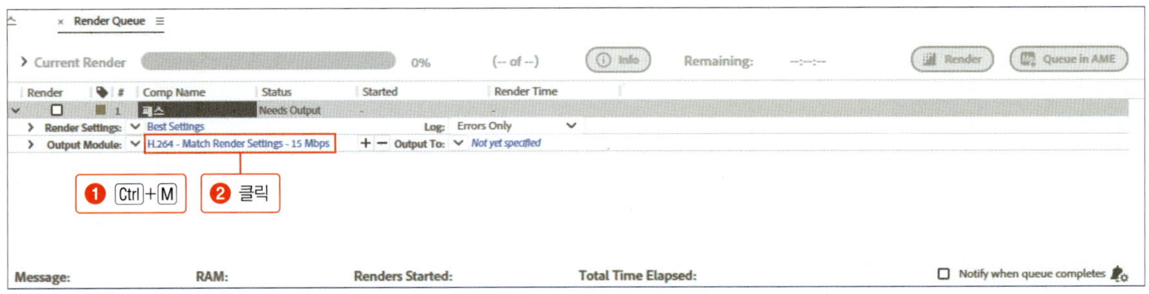

TIP ✦

Output Module 항목을 표시하면 다양한 사전 설정 프리셋을 확인할 수 있습니다.

05 Output Module Settings 대화상자가 표시되면 Format을 'QuickTime'으로 지정합니다.

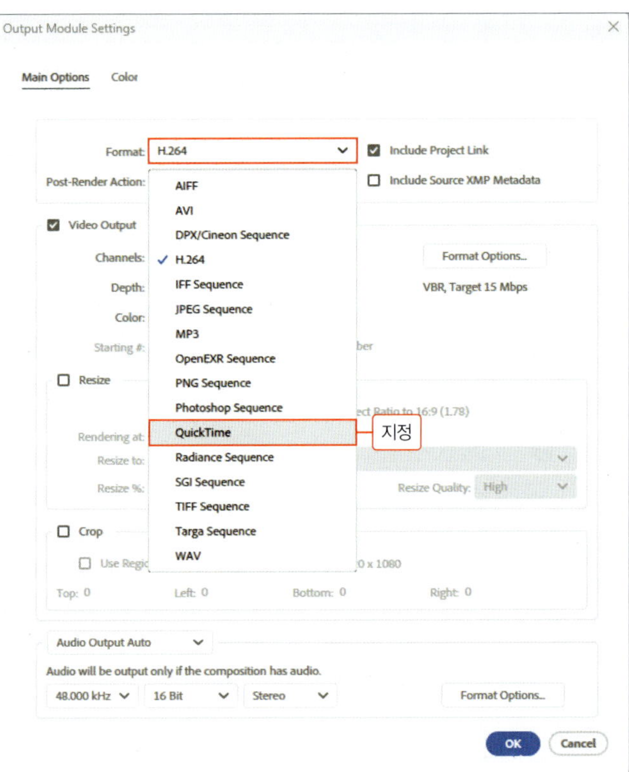

TIP ✦

QuickTime 형식은 mov 파일로 출력되며, 압축이 적어 화질 손실이 거의 없고 고용량 고화질의 납품용 영상이나 후반 작업용 마스터 파일로 적합합니다.

06 〈Format Options〉 버튼을 클릭합니다.

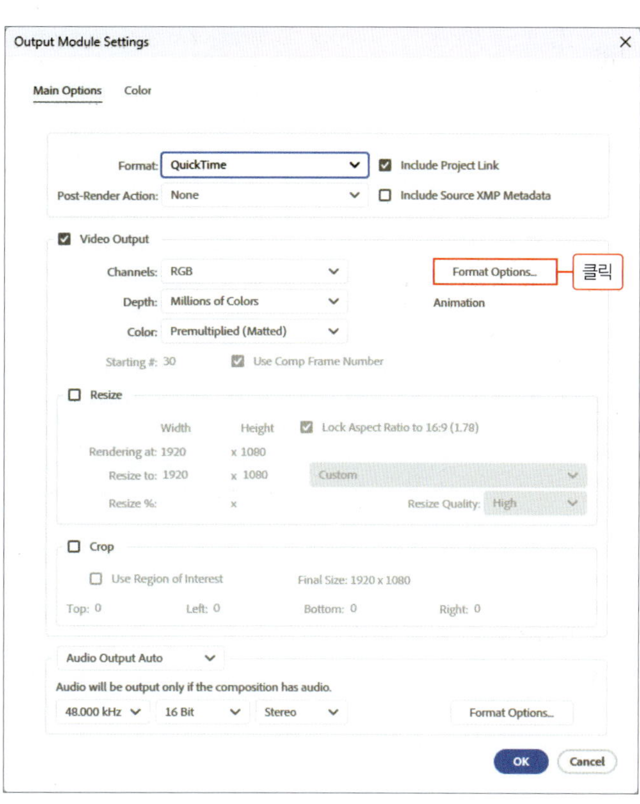

07 QuickTime Options 대화상자가 표시되면 ❶ Video Codec 항목을 'Apple ProRes 4444'로 변경하고 ❷ 〈OK〉 버튼을 클릭합니다.

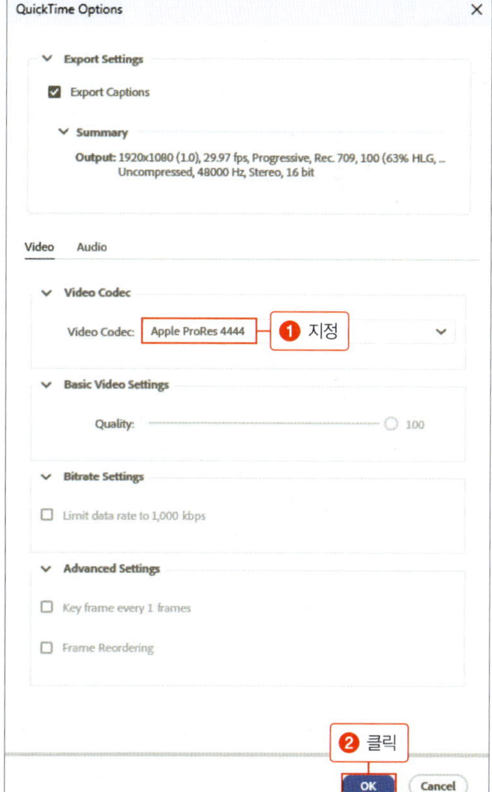

TIP ✦

다양한 코덱이 있지만, Apple ProRes 4444는 Apple ProRes 422와 더 불어 높은 화질과 알파 채널을 지원해 실무에서 납품용 마스터 파일로 가장 많이 사용되는 범용 코덱 중 하나입니다.

08 Output Module Settings 대화상자에서 〈OK〉 버튼을 클릭합니다.

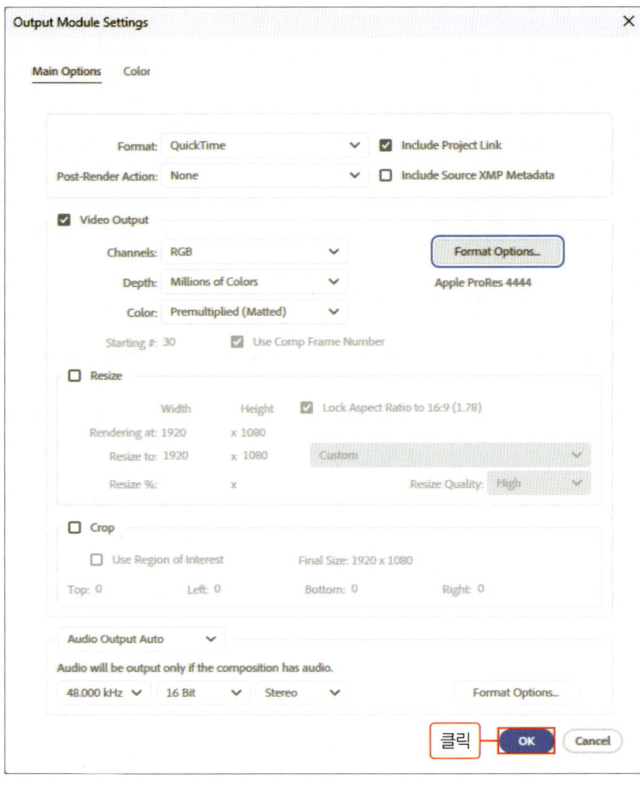

09 ❶ Output To 항목에 표시된 'Not yet specified'를 클릭하면 저장 경로를 지정할 수 있습니다. ❷ Output Movie To: 대화상자가 표시되면 영상 파일을 저장할 폴더를 선택하고 파일 이름을 입력한 다음 〈저장〉 버튼을 클릭합니다.

10 경로 설정이 완료되면 오른쪽 상단에 〈Render〉 버튼이 활성화되며, 해당 버튼을 클릭하면 렌더링이 시작되고 지정한 경로에 영상 파일이 출력됩니다.

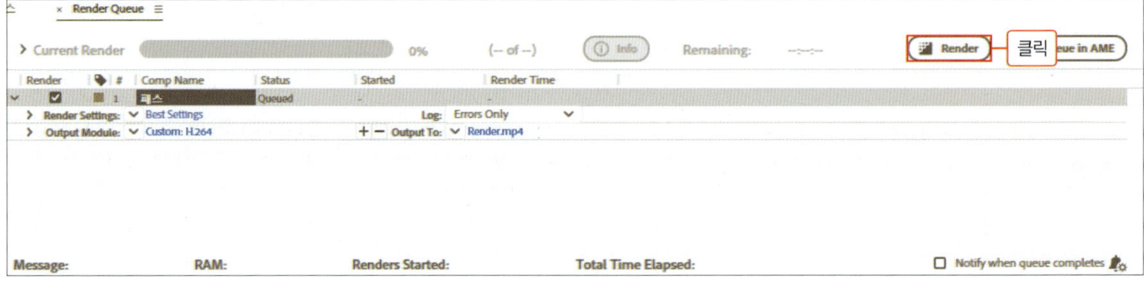

동영상 강의

텍스트 & 셰이프 레이어를 활용한 인트로 제작하기

애프터 이펙트의 기본 기능을 활용하여 세련되고 추상적인 텍스트/셰이프 모션 그래픽을 만들어 봅니다.

#텍스트 #셰이프 #인트로

해상도 1920×1080px 완성 파일 애프터 이펙트\동영상\intro.aep

#셰이프 레이어 #텍스트 레이어 #키프레임 애니메이션 #모션 블러 #Trim Path

① 셰이프 레이어를 활용하여 배경 만들기

② 텍스트 레이어 만들고 Align을 이용해 정렬하기

③ 키프레임 애니메이션 적용하고 모션 블러 넣기

④ 셰이프 레이어를 설정하여 추상적인 패스 형태 만들기

⑤ Trim Path를 활용하여 모션 그래픽 만들기

⑥ 이전 과정을 반복하여 추상적인 곡선 추가하기

동영상 강의

Mocha AE를 활용한 스크린 교체하기

애프터 이펙트에서 기본 제공되는 Boris FX의 Mocha AE는 화면을 추적해 다른 소스로 교체할 수 있는 추적 플러그인으로, 화면을 추적하여 다른 소스로 교체해 봅니다.

#서드파티 플러그인 #스크린 교체

해상도 1920×1080px

실습 파일 애프터 이펙트\동영상\replacement.mp4, screen.mp4 **완성 파일** 애프터 이펙트\동영상\MochaAE.aep

#Mocha AE #추적 #Planer Surface

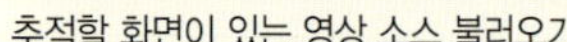

① 추적할 화면이 있는 영상 소스 불러오기

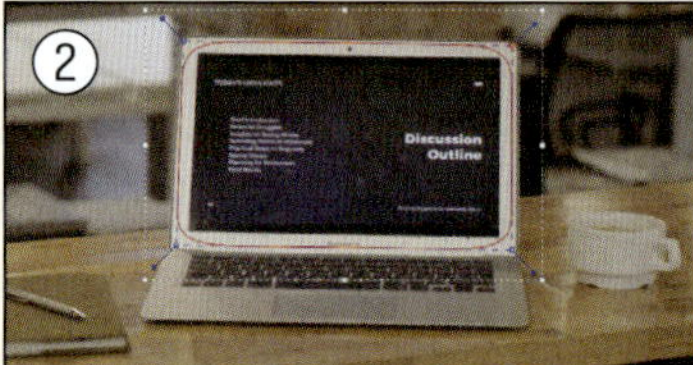

② Mocha AE를 실행하고 추적 환경 구축하기

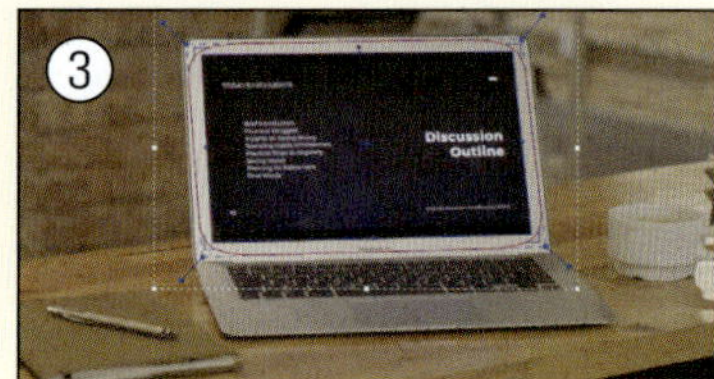

③ 추적 완료 후 Planer Surface 표시하기

④ Mocha AE 종료 후 대체할 영상 소스 불러오고 크기 및 프레임률 설정하기

⑤ Effect Controls 패널에서 Mocha AE 설정하기

⑥ Mocha AE로 추적이 잘 적용되었는지 확인하기

기본 효과를 활용한 글리치 효과 만들기

애프터 이펙트의 다양한 기본 효과를 적절히 조합하면 드라마나 영화 인트로, 유튜브 영상에서 많이 사용하는 글리치 효과를 만들 수 있습니다.

#글리치 #인트로

해상도 1920×1080px

실습 파일 애프터 이펙트\동영상\매트릭스.mp4, Matrix.aep **완성 파일** 애프터 이펙트\동영상\Glitch.aep

#Fractal Noise #Expression #Posterize Time #Pre-comp #Displacement Map

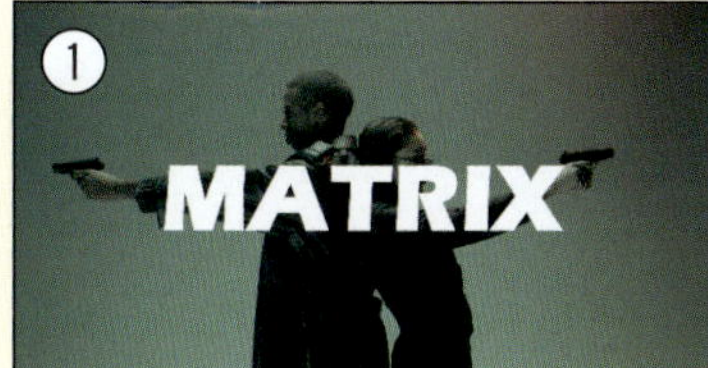

① 배경 영상과 텍스트 넣기

② 단색 레이어 만들고 Fractal Noise 효과를 적용한 다음 설정하기

③ 효과 반복을 위한 Expression 및 Posterize Time 효과 적용하기

④ 단색 레이어를 Pre-comp하고, 조정 레이어를 만든 후 Displacement Map 적용하기

⑤ 텍스트 레이어 복제하고 색상 변경 후 위치 조절하기

⑥ 배경 영상을 제외한 레이어 Pre-comp하고 글리치 효과 확인하기

동영상 강의

이미지 한 장으로 FAKE 3D 효과 만들기

애프터 이펙트는 3D 툴이 아닌 2D/2.5D 효과 중심의 툴이지만, 간단한 기법을 통해 평면 이미지를 3D 처럼 표현할 수 있습니다.

#3D #FAKE 3D

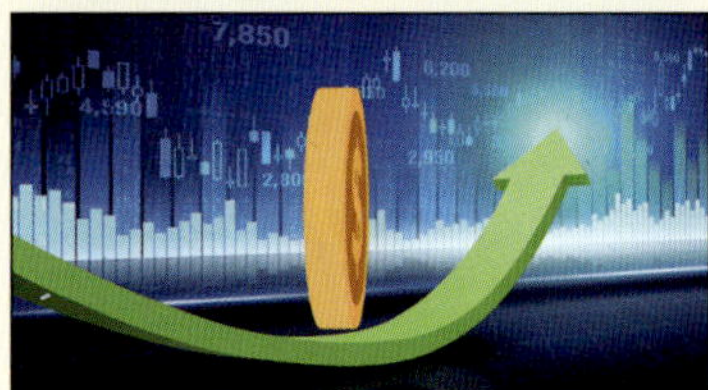

해상도 1920×1080px

실습 파일 애프터 이펙트\동영상\coin.png, Background.png **완성 파일** 애프터 이펙트\동영상\fake3D.aep

#Expression #3D 레이어 #카메라 레이어 #Null 레이어 # Curves

① 컴포지션을 만들고 소스를 불러온 다음 Scale 설정하기

② Position에 Expression 입력하기

③ 3D 레이어 활성화하고 복사하기

④ 카메라 레이어 추가하고 3D 두께 확인하기

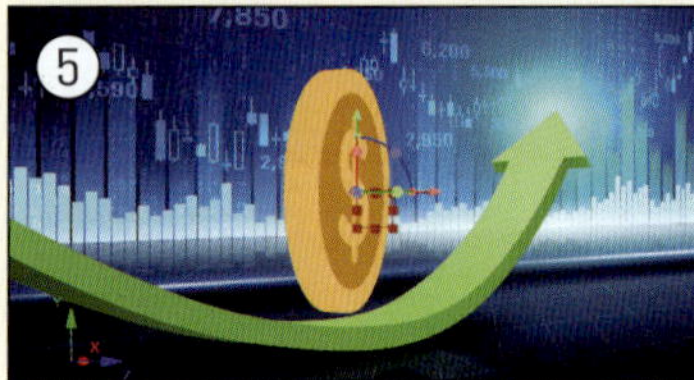
⑤ Null 레이어를 추가하고 레이어와 연결하여 움직임 제어하기

⑥ 맨 앞/맨 뒤 레이어에 Curves 효과로 음영 적용하기

찾아보기

숫자

3D 객체 도구 012
3D 레이어 016
3D 메시 도구 024
3D Ground Plane 049
3D Renderer 049
8 bpc 032

A

Adaptive Resolution 045
Advanced 173
Anchor Point 073
Animation 021
Audio 028
Audio 패널 028
Auto Bezier 102, 113

B

Bezier 102
Blending Mode 021
Brush Tool 025

C

Camera 197
Cartoon 172
CC Glass Wipe 174
Character 028
Character 패널 028
Clone Stamp Tool 026
Close Other Panels in Group 031
Close Panel 031
Color Depth 032
Columns 052, 031, 054
Composition 021, 029, 056
Composition 탭 043
Composition Mini-Flowchart 053
Composition Settings 043, 052
Compressor 014
Continuous Bezier 102
Create a new Composition 032
Create a new Folder 032

D

Density 026
Dependencies 020
Distortion 014
Dolly Tool 024
Duration 075

E

Easy Ease 113
Easy Ease In 113
Easy Ease Out 113
Edit 020
Effect 021
Effect Controls 패널 028, 160
Effects & Presets 패널 027
Enable Motion Blur 043
Enables Frame Blending 053
Eraser Tool 026
Expansion 026

F

Fast Previews 045
File 033
Footage 035

G

Gate 014
Gaussian Blur 180
Gradient Fill 014
Graph Editor 054
Grid 047

H

Hand Tool 023
Help 022
Home 023

I

Import 033
Influence 110
Info 패널 028
Interpret Footage 032

K - L

Keyframe Velocity 021
Label 055
Layer 021, 054
Layer Name 056
Linear 102, 112
Live Update 052

M

Magnification ratio popup 044
Marker 056
Mask 021
Mask Feather 132
Mask Feather Tool 025
Masks 131
Mask Tool 024
Material 013
Mesh 026
Mesh Options 012
Mode 056

O

Opacity 073
Open Layer 021
Orbit Around Tool 023

P

Pan Behind Tool 024
Panel Group Settings 031
Pan Tool 023
Pen Tool 025
Position 073
Preview 패널 027
Preview Time 049
Primary Viewer 044
Project 029
Project Flowchart 031
Project Settings 031
Proportional Grid 047

R

Region of Interest 046
Rendering 208
Render Time pane 058
Reset Exposure 048
Rotation 073
Rotation Tool 024
Roto Brush Tool 026

S

Save Frame As 021
Scale 073
Selection Tool 023
Select view layout 050
Show 3D View Labels 043
Show Grid 022
Show Rulers 022
Show Snapshot 049
Spatial Interpolation 101
Speed Graph 108
Split Layer 020
Stop Watch 195
Substance 3D 013
Switches 021, 056

T

Take Snapshot 049
Temporal Interpolation 101
Time 021
Timecode 053
Toggle Transparency Grid 046
Toggle Viewer Lock 042
Track Camera 021
Track Mask 021
Track Matte 021
Transform 021
Transparency Grid 043
TrkMat 056
Type Tool 025

U

Undock Panel 031
Unmult 012
Use Keyframe Icons 052

V

Value Graph 108
VFX 012
View 022
View Options 043

W

Window 022
Wireframe 045
Work Area & Time Indicator 054

Z

Zoom 056
Zoom In 022
Zoom Out 022
Zoom Tool 023

ㄱ

구 도구 024
그래프 에디터 107
기준점 변환 도구 025
기준점 삭제 도구 025
기준점 추가 도구 025

ㄷ

돌리 도구 024
뒤로 팬 도구 024

ㄹ - ㅁ

로토 브러시 도구 026
마스크 127
마스크 및 셰이프 도구 024
마스크 페더 도구 025
명도 030, 128, 142, 180, 198
문자 도구 025

ㅂ

복제 도장 도구 026
브러시 도구 025

ㅅ

선택 도구 023
손 도구 023
스피드 그래프 110

ㅇ

압축 프레임 015
원뿔 도구 024
원통 도구 025

ㅈ

장면 주위 궤도 도구 023
주위 궤도 도구 023
지우개 도구 026

ㅋ

카메라 POI 궤도 도구 023
카메라 POI를 향해 돌리 도구 024
커서로 돌리 도구 024
커서를 향해 돌리 도구 024
커서 아래로 이동 도구 023
커서 주위 궤도 도구 023
큐브 도구 024
키프레임 072

ㅌ

타임코드 068
토러스 도구 024

ㅍ

팬 도구 023
팬 카메라 POI 도구 023
퍼핏 밴드 핀 도구 026
퍼핏 스타치 도구 026
퍼핏 어드벤스드 핀 도구 026
퍼핏 오버랩 도구 026
퍼핏 포지션 핀 도구 026
퍼핏 핀 도구 026
펜 도구 025
평면 도구 024

ㅎ

현재 시간 표시기 059
확대/축소 도구 023
회전 도구 024

프리미어 프로 단축키 모음

프리미어 프로의 다양한 기능을 빠르게 실행할 수 있는 단축키 모음입니다. 단축키를 외워 두면 빠르고 효율적으로 작업할 수 있습니다.
※ 프리미어 프로 버전에 따라 차이가 있을 수 있습니다.

PREMIERE PRO CC 2026

도구에 관한 키

기능	단축키
선택 도구	V
앞으로 트랙 선택 도구	A
뒤로 트랙 선택 도구	Shift+A
잔물결 편집 도구	B
롤링 편집 도구	N
속도 조정 도구	R
자르기 도구	C
밀어넣기 도구	Y
밀기 도구	U
펜 도구	P
손 도구	H
확대/축소 도구	Z
문자 도구	T

메뉴에 관한 키

기능	단축키
[File] 탭	Alt+F
[Edit] 탭	Alt+E
[Clip] 탭	Alt+C
[Sequence] 탭	Alt+S
[Markers] 탭	Alt+M
[Graphics and Tiles] 탭	Alt+G
[Window] 탭	Alt+W
[Help] 탭	Alt+H

파일에 관한 키

기능	단축키
프로젝트 새로 만들기	Ctrl+Alt+N
시퀀스 새로 만들기	Ctrl+N
Bin 새로 만들기	Ctrl+/
프로젝트 열기	Ctrl+O
프로젝트 닫기	Ctrl+Shift+W
닫기	Ctrl+W
저장	Ctrl+S
다른 이름으로 저장	Ctrl+Shift+S
복사본 저장	Ctrl+Alt+S
캡처	F5
일괄 캡처	F6
미디어 브라우저에서 가져오기	Ctrl+Alt+I
가져오기	Ctrl+I
미디어 내보내기	Ctrl+M
선택 영역 속성 가져오기	Ctrl+Shift+H
종료	Ctrl+Q

편집에 관한 키

기능	단축키
실행 취소	Ctrl+Z
다시 실행	Ctrl+Shift+Z
잘라내기	Ctrl+X
복사	Ctrl+C
붙이기	Ctrl+V
삽입하여 붙이기	Ctrl+Shift+V
속성 붙이기	Ctrl+Alt+V
지우기	Backspace
잔물결 삭제	Shift+Delete

복제	Ctrl+Shift+/
모두 선택	Ctrl+A
모두 선택 해제	Ctrl+Shift+A
찾기	Ctrl+F
원본 편집	Ctrl+E
키보드 단축키	Ctrl+Alt+K

클립에 관한 키

하위 클립 만들기	Ctrl+U
오디오 채널 수정	Shift+G
오디오 게인 옵션	G
속도/지속 시간	Ctrl+R
사용	Shift+E
연결	Ctrl+L
그룹화	Ctrl+G
그룹화 해제	Ctrl+Shift+G

시퀀스에 관한 키

작업 영역의 효과 렌더링	Enter
프레임 일치	F
프레임 일치 반전	Shift+R
편집 추가	Ctrl+K
모든 트랙에 편집 추가	Ctrl+Shift+K
편집 트리밍	T
선택한 편집을 재생 헤드로 확장	E
비디오 전환 적용	Ctrl+D
오디오 전환 적용	Ctrl+Shift+D
선택 영역에 기본 전환 적용	Shift+D
제거	;
추출	'
확대	=
축소	-
시퀀스의 다음 간격으로 이동	Shift+;
시퀀스의 이전 간격으로 이동	Ctrl+Shift+;
스냅	S
하위 시퀀스 만들기	Shift+U

마커에 관한 키

시작 표시	I
종료 표시	O
클립 표시	X
선택 항목 표시	/
시작 지점으로 이동	Shift+I
종료 지점으로 이동	Shift+O
시작 지우기	Ctrl+Shift+I
종료 지우기	Ctrl+Shift+O
시작 및 종료 지우기	Ctrl+Shift+X
마커 추가	M
다음 클립 마커로 이동	Shift+M
이전 클립 마커로 이동	Ctrl+Shift+M
선택한 마커 지우기	Ctrl+Alt+M
모든 마커 지우기	Ctrl+Alt+Shift+M

패널 또는 창 표시에 관한 키

모든 패널	Alt+Shift+1
Assembly 작업 영역	Alt+Shift+2
Audio 작업 영역	Alt+Shift+3
Color 작업 영역	Alt+Shift+4
Editing 작업 영역	Alt+Shift+5
Effects 작업 영역	Alt+Shift+6
Graphics 작업 영역	Alt+Shift+7
Libraries 작업 영역	Alt+Shift+8
Metalogging	Alt+Shift+9
현재 작업 영역 다시 설정	Alt+Shift+0

애프터 이펙트 단축키 모음

애프터 이펙트의 다양한 기능을 빠르게 실행할 수 있는 단축키 모음입니다. 단축키를 외워 두면 빠르고 효율적으로 작업할 수 있습니다.
※ 애프터 이펙트 버전에 따라 차이가 있을 수 있습니다.

AFTER EFFECTS CC 2026

도구에 관한 키

기능	단축키
선택 도구	V
손바닥 도구	H
확대/축소 도구	Z
회전 도구	R
커서 주위 궤도 도구/장면 주위 궤도 도구/카메라 POI 궤도 도구	C
뒤로 팬 도구	Y
사각형 도구/둥근 사각형 도구/원형 도구/다각형 도구/별형 도구	Q
펜 도구/마스크 페더 도구	G
가로 문자 도구/세로 문자 도구	Ctrl+T
브러시 도구/복제 도장 도구/지우개 도구	Ctrl+B
로토 브러시 도구	Alt+W
퍼핏 핀 도구	Ctrl+P

파일에 관한 키

기능	단축키
새 프로젝트 만들기	Ctrl+Alt+N
새 폴더 만들기	Ctrl+Alt+Shift+N
애프터 이펙트 파일 열기	Ctrl+O
브리지에서 애프터 이펙트 파일 찾아보기	Ctrl+Alt+Shift+O
애프터 이펙트 파일 닫기	Ctrl+W
파일 저장하기	Ctrl+S
다른 이름으로 파일 저장하기	Ctrl+Shift+S
증분 및 저장하기	Ctrl+Alt+Shift+S
파일 가져오기	Ctrl+I
여러 파일 가져오기	Ctrl+Alt+I
찾기	Ctrl+F
프로젝트 설정하기	Ctrl+Alt+Shift+K
애프터 이펙트 종료하기	Ctrl+Q

편집에 사용하는 키

기능	단축키
실행 취소하기	Ctrl+Z
다시 실행하기	Ctrl+Shift+Z
잘라내기	Ctrl+X
복사하기	Ctrl+C
속성 링크와 함께 복사하기	Ctrl+Alt+C
붙여넣기	Ctrl+V
지우기	Delete
복제하기	Ctrl+D
레이어 분할하기	Ctrl+Shift+D
모두 선택하기	Ctrl+A
모두 선택 취소하기	Ctrl+Shift+A
모든 메모리 제거하기	Ctrl+Alt+Num/
원본 편집하기	Ctrl+E
환경 설정하기	Ctrl+Alt+;

컴포지션에 관한 키

기능	단축키
새 컴포지션 만들기	Ctrl+N
컴포지션 설정하기	Ctrl+K
미디어 인코더 대기열에 추가하기	Ctrl+Alt+M
렌더링 대기열에 추가하기	Ctrl+M
배경에 작업 영역 캐시하기	Ctrl+Enter
RAM 미리 보기	Num 0
오디오 미리 보기(이 지점부터)	Num.
오디오 미리 보기(작업 영역)	Alt+Num.

다른 이름으로 프레임 저장하기	Ctrl+Alt+S
RAM 미리 보기 저장하기	Ctrl+Num 0
컴포지션 흐름도 표시하기	Ctrl+Shift+F11
컴포지션 미니 흐름도 표시하기	Tab

레이어에 관한 키

문자 레이어 추가하기	Ctrl+Alt+Shift+T
솔리드 레이어 추가하기	Ctrl+Y
라이트 레이어 추가하기	Ctrl+Alt+Shift+L
카메라 레이어 추가하기	Ctrl+Alt+Shift+C
Null 레이어 추가하기	Ctrl+Alt+Shift+Y
Adjustment 레이어 추가하기	Ctrl+Alt+Y
보기에서 가운데 표시하기	Ctrl+Home
다음 블렌드 모드로 이동하기	Shift+=
이전 블렌드 모드로 이동하기	Shift+-
모양 그룹화하기	Ctrl+G
모양 그룹화 해제하기	Ctrl+Shift+G
레이어를 맨 앞으로 가져오기	Ctrl+Shift+]
레이어를 앞으로 가져오기	Ctrl+]
레이어를 뒤로 보내기	Ctrl+[
레이어를 맨 뒤로 보내기	Ctrl+Shift+[

효과에 관한 키

Effect Controls 패널 표시하기	F3
가장 최근 적용한 효과 적용하기	Ctrl+Alt+Shift+E
효과 모두 제거하기	Ctrl+Shift+E

애니메이션에 관한 키

키프레임 고정 전환하기	Ctrl+Alt+H
키프레임 보간 설정하기	Ctrl+Alt+K
키프레임 속도 설정하기	Ctrl+Shift+K
천천히 나가기	Ctrl+Shift+F9
천천히 들어오기	Shift+F9
천천히 들어오기 및 나가기	F9
키프레임이 있는 속성 표시하기	U

보기에 관한 키

확대하기	.
축소하기	,
전체 해상도로 표시하기	Ctrl+J
절반 해상도로 표시하기	Ctrl+Shift+J
1/4 해상도로 표시하기	Ctrl+Alt+Shift+J
디스플레이 색상 관리 사용하기	Shift+Num /
눈금자 표시하기	Ctrl+R
안내선 표시하기	Ctrl+;
안내선에 스냅하기	Ctrl+Shift+;
안내선 잠그기	Ctrl+Alt+Shift+;
격자 표시하기	Ctrl+'
격자에 스냅하기	Ctrl+Shift+'
보기 옵션 설정하기	Ctrl+Alt+U
레이어 컨트롤 표시하기	Ctrl+Shift+H
선택한 레이어 보기	Ctrl+Alt+Shift+₩
특정 시간으로 이동하기	Alt+Shift+J

패널 표시에 관한 키

Audio 패널 표시/끄기	Ctrl+4
Brushes 패널 표시/끄기	Ctrl+9
Character 패널 표시/끄기	Ctrl+6
Effects & Presets 패널 표시/끄기	Ctrl+5
Info 패널 표시/끄기	Ctrl+2
Paint 패널 표시/끄기	Ctrl+8
Paragraph 패널 표시/끄기	Ctrl+7
Preview 패널 표시/끄기	Ctrl+3
Tools 패널 표시/끄기	Ctrl+1
Project 패널 표시/끄기	Ctrl+0
Render Queue 패널 표시/끄기	Ctrl+Alt+0